# महातीर्थ के अंतिम यात्री

(यात्रा वृत्तान्त)

# महातीर्थ के अंतिम यात्री

( ल्हासा–कैलाशनाथ–मानसरोवर )

भू-पर्यटक बिमल दे

अनुवाद
दिलीप कुमार बनर्जी

लोकभारती प्रकाशन

**लोकभारती प्रकाशन**
पहली मंजिल, दरबारी बिल्डिंग, महात्मा गाँधी मार्ग
प्रयागराज-211 001
वेबसाइट : www.lokbhartiprakashan.com
ईमेल : info@lokbhartiprakashan.com

**शाखाएँ :** 1-बी, नेताजी सुभाष मार्ग, दरियागंज
नयी दिल्ली-110 002
अशोक राजपथ, साइंस कॉलेज के सामने
पटना-800 006 (बिहार)
36-ए, शेक्सपियर सरणी
कोलकाता-700 017 (प. बंगाल)

**प्रथम संस्करण** : 1994
**चतुर्थ संस्करण** : 2019

**मूल्य :** ₹ 795



**जे.के. आर्ट प्रेस**
प्रयागराज द्वारा मुद्रित

MAHATIRTH KE ANTIM YATRI
by Bimal Dey

ISBN : 978-81-8031-511-4

# Mahatirth Ke
# Antim
# Yatri

[LHASA—KAILASHNATH—MANAS SAROBAR]

*By*

**World Wanderer Bimal Dey**

# तृतीय संस्करण की भूमिका

असंख्य पाठक-पाठिकाओं की शुभकामनाओं और आशीर्वाद के फलस्वरूप महातीर्थ के अन्तिमं यात्री का तृतीय संस्करण प्रकाशित हो रहा है। मुझे हर्ष है कि कैलासनाथ और मानसरोवर जैसे श्रेष्ठ तीर्थस्थलों का दरवाजा, दीर्घ समय तक बन्द रहने के बाद, पुनः खुल गया है तथा अब वहाँ तीर्थयात्रियों की नियमित आवाजाही होने लगी है। इन दोनों स्थलों पर हिन्दू तीर्थयात्रियों के अतिरिक्त जापान, आस्ट्रेलिया, अमेरिका तथा यूरोपीय देशों से भी हर वर्ष भारी संख्या में कौतूहली पर्यटक और अभियात्री पहुँचने लगे हैं। कैलास परिक्रमा के बाद ये सभी पर्यटक मानते हैं कि यहाँ आकर उन्हें कुछ मिला। क्या मिला, यह अनुभव करने की चीज है, ऐसी अनुभूतियों को व्यक्त करने में भाषा बौनी हो जाती है। कैलास-मानसरोवर का शताब्दियों पहले जो आकर्षण था, उस आकर्षण में आज भी कोई कमी नहीं आयी है।

इस ग्रंथ के प्रथम दो संस्करण प्रकाशित होने के बाद से लेकर अब तक जिन पाठकों ने मेरा हौसला बढ़ाया है, उन सबके प्रति मैं आभारी हूँ। अनेक पाठकों के मन में मेरे विषय में तथा तिब्बत की वर्तमान दशा के बारे में कुछ जिज्ञासाएँ तथा कुछ भ्रांतियाँ थीं जिनका मैं यहाँ उल्लेख करना चाहूँगा। इलाहाबाद तथा नासिक के कुम्भमेलाओं में, वहाँ के ज्ञानी तथा पंडितों से आमंत्रण पाकर जब मैं पहुँचा तब मुझे मालूम हुआ कि उनकी अपेक्षा मुझे किसी वयस्क साधु या योगी के रूप में देखने की थी। मेरा ढाँचा तथा मेरी साधारण वेश-भूषा देखकर उन्होंने माना कि मेरे विषय में वे भ्रांत धारणा पोषण करते थे। मैं पाठकों को यह बता दूँ कि मैं गृहस्थ हूँ, एक आम आदमी की तरह जीता हूँ, भू-पर्यटक हूँ और मेरी उम्र सत्तर की दहलीज पर है। मैं श्रीशंकराचार्य जी की इस उक्ति को मानता हूँ—"वान्धवाः शिव भक्ताश्च स्वदेशो भुवन त्रयम्।" यानी शृष्टिकर्त्ता की जो लोग भक्ति करते हैं वे ही मेरे मित्र हैं और यह त्रिभुवन ही मेरा देश है।

१९५६ में गुरुजी के साथ ल्हासा तथा वहाँ से अकेले मेरे मानसरोवर-कैलास तक जाने का जो वर्णन इस ग्रंथ में है, वह एक राह भटके राहगीर की यात्रा का

विवरण है। वस्तुतः भारत से कैलास जाने का रास्ता वह नहीं है। कैलास तथा मानसरोवर आवागमन के लिए जो संभावित रास्ते अब उपलब्ध हैं उनका आगे उल्लेख है।

भारत तथा चीन सरकार द्वारा अनुमोदित कैलास-मानसरोवर का पथः-दिल्ली (नैनीताल से भी यात्रा में शामिल हो सकते हैं) से हलद्वानी-कौसानी-बागेश्वर-धरचुला-पांगु-बुधी-गुंजी-लिपुलेख दर्रा-ताकलाकोट। वहाँ से मानसरोवर और राक्षसताल के बीच से होकर पारखा। पारखा से और भी उत्तर में तारचेन। ताकलाकोट से तारचेन तक जीप की सवारी उपलब्ध है। तारचने से कैलासनाथ की पैदल परिक्रमा करते हैं। पारखा से ल्हासा राजमार्ग द्वारा जुड़ा है। कैलास-मानसरोवर के तीर्थयात्रियों को उसी रास्ते वापस लौटना पड़ता है।

काठमांडू होकर जाने के लिए निम्नलिखित पथ अधिक सुगम होगा—

काठमांडू से तिब्बत की सीमा पर कोडारी, वहा से 'फ्रेण्डशिप ब्रीज' पैदल पार करने के बाद जीप द्वारा झांसु चेकपोस्ट तक जाना होगा। झांसू से नियालम-सागा-पारियांग होकर तारचेन तक वाहन उपलब्ध है। तारचेन पहुँचकर पूजा-स्नान-प्रार्थना आदि एक ही दिन में निपटाना पड़ता है, उसके बाद उसी रास्ते वापसी।

जो विदेशी पर्यटक कैलास-मानसरोवर ट्रेकिंग के लिए जाते हैं उनके लिए अच्छी व्यवस्था है। ऐसे पर्यटक साधारणतः काठमांडू से ल्हासा हवाई जहाज से पहुँचते हैं। ल्हासा से सीधे कैलास जाने के लिए राष्ट्रीय राजमार्ग है, वाहनें भी उलब्ध हैं। चीन अथवा तिब्बत से माउण्ट एवरेस्ट अभियान पर जाने की अच्छी व्यवस्था है, परन्तु इसके लिए काठमांडू या ल्हासा से अनुमति लेना जरूरी है।

हालाँकि 'महातीर्थ के अंतिम यात्री' में मेरे बहुत पुराने अनुभवों का लेखा-जोखा है, लोग मुझसे अब भी तिब्बत पर सवाल करते हैं तथा वहाँ की वर्तमान दशा पर मेरी राय जानना चाहते हैं। कहना न होगा कि कैलास-मानसरोवर पर चर्चा हो तो तिब्बत का प्रश्न उठेगा ही। विदेश की धरती पर पाँव रखने का पहला मौका मुझे तिब्बत ने ही दिया था और मेरे जीवन के भविष्य की नींव भी वहीं पड़ी थीं। तभी से तिब्बत और तिब्बती मेरा अंतरंग है। तिब्बत मेरा प्रिय तीर्थ है। हाल ही में मैं कई बार तिब्बत गया हूँ। १९५६ के बाद से तिब्बत में जो आमूल परिवर्तन हुआ है और उसका जो वर्तमान रूप है, इस पर मैंने इस संस्करण में एक नया अध्याय जोड़ दिया है। जहाँ तक कैलास-मानसरोवर का प्रश्न है, ये तीर्थस्थल पहले जैसे ही हैं, लेकिन भ्रमण-परिक्रमा अब पहले से सहज है तथा अब परिवहन की अच्छी व्यवस्था है जो पहले नहीं थी।

ल्हासा का पोताला प्रासाद पहले जैसा ही है, अब प्रासाद है, राजा नहीं। पहले पोताला से जोसांग मंदिर दिखाई देता था, अब चारों ओर इतने मकान बन गये हैं कि दूर से जोखांग मंदिर दिखायी नहीं देता। हर साल चीन का राष्ट्रीय त्यौहार मनाने के लिए पहली अक्तूबर को पोताला प्रासाद के सामने के मैदान में चीनी सेना का परेड

तथा झंडा फहराने का धूमधाम देखकर ऐसा नहीं लगता कि ल्हासा तिब्बत की राजधानी है। ल्हासा अब चीन का एक शहर लगता है। चीनी व्यावसायियों की दुकानें, होटलों में चीनी व्यंजन, नाइट क्लब, नारी जगत की व्यवसाय, चीनी भाषा में बोलचाल आदि सब कुछ मिलकर मन में एक ही प्रश्न जगाता है : 'तिब्बत कहाँ है?'

सन् २००६ में चीन ने सबको चौंका दिया था जब उसने तिब्बत में दुनिया के सबसे ऊँचे रेलमार्ग का उद्घाटन किया। गोलमुद-ल्हासा रेलमार्ग अब दुनिया का सर्वोच्च रेलमार्ग है जिस पर से हाई-स्पीड एक्सप्रेस ट्रेन दौड़ती है। इस मार्ग में पड़ने वाले कुछ स्टेशनों की उन्नतांश इस प्रकार है :—वानकुम ४४८५ मीटर, टुओटुओ ४५४७ मीटर, क्वीकियाओ ४८२३ मीटर तथा झीयुडोंगु ५०३० मीटर। ये रेलगाड़ियाँ शिमला या दार्जिलिंग की टाय-ट्रेन जैसी नहीं, बल्कि भारी-भरकम रेलगाड़ियाँ हैं। बर्फीली देश में उतनी ऊँचाई पर भारी-भरकम रेलगाड़ी चलाना कैसे संभव हुआ सोचकर भी हैरानी होती है। सम्प्रति मूल चीन से रोजाना आठ रेलगाड़ियाँ ल्हासा पहुँचती हैं और चीनी नागरिक, सेना तथा तमाम सामग्रियाँ ढोकर लाती हैं। चीन की राजधानी बेजिंग से ल्हासा पहुँचने में केवल अड़तालीस घण्टे लगते हैं। इस परियोजना में चीन से बहुत पैसे व्यय किए हैं और यह व्यय तिब्बत को बचाने के लिए नहीं, तिब्बती धर्म और संस्कृति की विशेषता के लिए नहीं, बल्कि इसके पीछे चीन की अपनी राजनैतिक, आर्थिक तथा सामरिक भविष्य की परिकल्पनाएँ हैं। चीन की सरकार का कहना है, 'तिब्बत की उन्नति ही चीन की उन्नति है।'

तिब्बत का जो रूप मैंने कभी मौनीबाबा के रूप में देखा था, आज एक अविश्वसनीय सपने की तरह लगता है। तिब्बत की आजादी की बात मैं नहीं सोचता, महामना दलाईलामा ने भी इसकी उम्मीद छोड़ दी है। मैं पर्यटक हूँ, और मेरा नजरिया दार्शनिक नजरिया है। मैं सिर्फ सोचता था कि तिब्बत की सांस्कृतिक विरासत को कैसे बचाया जाये? कुछ वर्ष पहले मेकांग के उद्गम से संगम तक की यात्रा के दौरान मुझे एक उत्साहवर्धक जानकारी मिली। ज्ञात हुआ कि गनसु, सिचुआन तथा इउनान प्रदेश की बहुत-सी उप-जातियाँ अब भी अपने धर्म और परंपराओं का अनुपालन करते हैं। उनका मानना है कि सरकार ने उन पर उनकी भाषा, नृत्य-गीत, पोशाक, खान-पान तथा धर्म पर पाबन्दी नहीं लगायी है। यदि ऐसा हो तो यह एक सुखद बात है, हालाँकि उन पर सजग चौकसी हमेशा रखी जायेगी।

यह मेरा भाग्य भी है और कर्मफल भी कि चीन का दूतावास मेरे नाम से परिचित है। उनकी फाइल में उल्लेख है कि मैंने इन्दास और सांपो (ब्रह्मपुत्र) देखा है। मेकांग नदी का उद्गम भी मेरा परिचित है। मेकांग नदी के उद्गम से संगम तक की यात्रा करने के बाद मैंने एक आवेदन दिया था कि मैं आगे चीन की तीन बड़ी नदियों ह्वांग-हो या येलो रिवर, इंयाग-सी-जियांग तथा सालुयेन जियांग, जिनका उद्गम तिब्बत की आम्दो तथा खाम इलाके में है, के उद्गम की यात्रा करना

चाहूँगा। अक्टूबर सन् २००६ में मुझे इस अभियान की अनुमति मिल गयी, विजा भी मिल गया। इस ग्रंथ में उन यात्राओं के वर्णन का प्रश्न नहीं उठता, यह मेरा मकसद भी नहीं। इस घटना का उल्लेख इसलिए कर रहा हूँ कि इस अभियान में मुझे तिब्बत का एक और रूप दिखा जो वर्तमान परिस्थितियों में अविश्वसनीय लगने पर भी सच है। मैं बारबार सुनता आया हूँ कि तिब्बत में प्राचीन धर्म और संस्कृति का उच्छेद किया जा रहा है, इसलिए मुझे हैरानी हुई जब देखा कि तिब्बत में कुछ क्षेत्र ऐसे हैं जहाँ प्राचीन धर्म, संस्कृति और परम्परा अब भी पूरी तरह जीवित है।

खाम क्षेत्र एक अत्यंत दुर्गम पहाड़ी क्षेत्र है जहाँ पहाड़ों और खाइयों की भरमार है। चेंगदू से पश्चिम में बातांग पहुँचने में बस से दो दिन लगे, उसके बाद जीप से उत्तर की ओर गानसी शहर पहुँचने में बीस घण्टे। गानसी और पानसी एक ही शहर के दो नाम हैं, एक तिब्बती तथा दूसरा चीनी भाषा में। गानसी से पाँच हजार मीटर की ऊँचाई पर चोला पहाड़ की बर्फीली चोटी है, चोला दर्रा की ऊँचाई चार हजार मीटर है। दर्रा पार करने के बाद पहाड़ी घाटी का नयनाभिराम दृश्य मन मोह लेता है। चोला पहाड़ का एक अंश खड़ी दीवार की तरह पचीस मीटर नीचे उतर गया है। मेरे गाइड ने मेरा ध्यान नीचे की ओर खींचा जहाँ लाल वस्त्र में सैकड़ों लोग चींटियों की तरह रेंगते नजर आये। मैंने आश्चर्य से पूछा, "वे कौन हैं?" गाइड ने कहा, "शाम का वक्त है, इस समय सब संन्यासिन घर लौटती हैं।" मुझे बहुत हैरानी हुई कि ऐसे दुर्गम और अज्ञात स्थल में इन संन्यासिनों का आगमन कहाँ से हुआ? पहाड़ के और किनारे पहुँचने पर पैगोडा जैसे दो भवन और उसके सामने काठ की बनी हजारों झोपड़ियाँ दिखाई दीं। गाइड ने बताया कि दूर के मठ में महान् टुल्कु रिमपोचे रहते हैं और काठ की झोपड़ियों में संन्यासिनें। सुबह प्रार्थना और भोजन से निवृत्त होकर वे पहाड़ के सूनसान जगहों पर जाकर दिनभर ध्यान-उपासना करती हैं और सूर्यास्त से पहले लौट आती हैं।

पहाड़ के नीचे एक पहाड़ी नदी थी जो शायद इयांगत्सि नदी की कोई शाखा हो। उस पर एक पुल भी था। रात एक सराय में बिताकर हम अगली सुबह बहुत तड़के पुल पार करके महामना टुल्कू रिमपोचे की मंदिर में पहुँचे। प्रार्थना और ध्यान की समाप्ति के बाद टुल्कू रिमपोचे ने हमें बुलाया। दुभाषिये से मेरा परिचय पाकर तथा तिब्बत पर मैंने कोई पुस्तक लिखी है जानकर वे बहुत प्रसन्न हुए। कुछ बातचीत के बाद वे हमें बगल के कमरे में ले गये जहाँ उनकी पाँच शिष्याओं ने मुझे साष्टांग प्रणाम किया, जवाब में मैंने भी ऐसा ही किया। यहाँ हमें भोजन में साम्पा (एक तिब्बती व्यंजन) परोसा गया।

भोजनोपरांत लगभग दो घण्टे बातचीत चली, फिर वे हमें बगल के भवन में, जो पुस्तकालय था, ले गये। वहाँ उन्होंने एक तिब्बती 'धम्मपद' निकालकर उसके कुछ श्लोक पढ़े, फिर गदगद होकर बोले, "मेरे गुरुजी इस ग्रंथ का पाठ करते थे, अब यह अमूल्य निधि मेरे पास है। इसे संभालकर रखने का दायित्व मुझ पर है।"

अपराह्न में टुल्कु रिमपोचे ने बताया कि तिब्बत में पुराने गुम्फाओं या मठाश्रमों में कुशल गुरु के अभाव में छात्रों की संख्या दिन-ब-दिन घटती गयी है। चीनी प्रशासन तिब्बतियों को धर्म के प्रति निरुत्साह करती है। बहुत-से गुम्फा परित्यक्त हो गये हैं। और कुछ ध्वंस हो गये हैं।

मेरे गाइड ने बताया कि इस मठ का नाम इयाचेन गुम्फा है तथा महान टुल्कु रिमपोचे इसके प्रधान हैं। यह गुम्फा चीनी, तिब्बती और स्थानीय भाषाओं का एक अनोखा संगम है। टुल्कु शब्द का मतलब है 'पुनर्जन्म'। टुल्कु रिमपोचे यानी गुरुजी का पुनर्जन्म। उनका असली नाम आचुक था। चीनी सरकारी खाते में उनका नाम आचुक रिमपोचे लिखा है। उनका पूरा नाम 'जामयांग लंगडोक गीयाल्टसेन आचुक रिमपोचे' है। चालीस साल तक निर्जन में साधना द्वारा सिद्धी प्राप्ति के बाद उन्होंने यहाँ एक छोटी-सी कुटिया में अपना अखाड़ा बनाया था। ऐसे अज्ञात निर्जन स्थान में, जहाँ की आबोहवा काफी रूखी है, वास्तविक साधक के सिवा कोई रह नहीं सकता। अतः यहाँ अकारण अवांछित कौतूहली भक्तों की भीड़ नहीं होती। यह स्थल ध्यान व साधना के माध्यम से मुक्ति या निर्वाण लाभ का उपयुक्त स्थल है। तपस्या और अज्ञातवास के लिए भी।

कहते हैं कि सत्रहवीं शताब्दी के महान गुरु लंगसेल नीइंगपो ने आचुक रिमपोचे या आचुक लामा के रूप में पुनर्जन्म लिया है। गुरु नीइंगपो के आदिगुरु भारतीय थे जो संभवतः आठवीं शताब्दी के तांत्रिक गुरु अतीश दीपंकर के किसी शिष्य की पीढ़ी से थे। तिब्बत की प्राचीन नीइंगमा परम्परा का पोषक है यह सम्प्रदाय। इयाचेन गुम्फा इसी परम्परा की एक नवीन संस्था है।

यह पूछने पर कि सन् १९८० में इस नयनाभिराम पहाड़ और पहाड़ी नदी के तट पर अपना आश्रम स्थापित करने के बाद ऐसे निर्जन स्थान में वे कैसे इतने भक्तों को आकर्षित कर सके, उन्होंने बताया कि यह उन्हें भी नहीं मालूम, यह सिर्फ गुरु की कृपा है। वे किसी से एक पैसा भी नहीं लेते, किन्तु भोजन के लिए आटा, चावल, दाल, आलू, गाजर आदि ग्रहण करते हैं। भक्त शिष्यों ने पीठ पर लादकर लकड़ी, सीमेंट, लोहा आदि पहुँचाया था, अक्सर दस-पन्द्रह दिनों तक पैदल चलकर, क्योंकि तब यहाँ पहुँचने का कोई रास्ता नहीं था। आश्रम में पहुँचने के लिए पुल भी भक्तों ने ही बनवाया था। जाड़े में नदी का पानी जम जाता है, तब नदी पार की जा सकती थी, अन्यथा नहीं। दस वर्षों के अन्दर आचुक रिमपोचे के भक्तों की संख्या पाँच हजार तक पहुँच गयी थी। वे उनसे उपदेश ग्रहण करते, फिर दीक्षा लेते, उसके बाद घर लौटने के बजाए वहीं रह जाते ताकि वे ध्यान की विभिन्न प्रणालियों की प्रत्यक्ष शिक्षा ले सकें।

लकड़ी व प्लास्टिक की छोटी-छोटी कुटिया भक्तों ने ही बनायी थी। आवास के लिए कई हजार कुटिया बनाये गये थे। दिन में केवल एक बार खिचड़ी या सत्तू या

साम्पा दिया जाता था भोजन में। यह भी आश्चर्य की बात थी कि जो महिलाएँ वहाँ दो-एक दिन के लिए आतीं, वे सालों-साल रह जातीं। यहाँ महिला शिष्याओं की संख्या ही अधिक थी—लगभग दस हजार, वे जब तक चाहें वहाँ रह सकती थीं। पुरुषों के लिए केवल महीनें भर टिकने की व्यवस्था थी। पुरुषों को लौटकर अपनी गृहस्थी और नौकरी संभालनी होगी, साथ ही भगवान् बुद्ध की अमरवाणी का प्रचार करना होगा। यहाँ जो लोग आते हैं उनमें अधिकांश चीनी तथा स्थानीय आदिवासी हैं, तिब्बतियों की संख्या अधिक नहीं।

आचुक रिमपोचे की सही उम्र का पता नहीं, मुझे लगा कि सौ साल के आसपास उनकी उम्र होगी। कहते हैं कि योगियों से उनकी उम्र पूछना पाप है। जो हो, शाम को उन्होंने हमें मठ में ही ठहरने को कहा और हमें साथ लेकर स्वयं पुल के निकट स्थित पुलिस स्टेशन तक गये क्योंकि वहाँ ठहरने के लिए चीनी सरकार की अनुमति चाहिए। चूँकि मैं ह्वांग-हो तथा इयांगसिजियांग नदियों के उदगम तक जाने वाला अभियात्री था और वहाँ कोई होटल नहीं था, मुझे आसानी से मठ में ठहरने की अनुमति मिल गयी।

रात में बातचीत के दौरान मैंने उनसे पूछा, "आपके धर्म-प्रचार और यहाँ भक्तों की आवाजाही पर सरकार कोई बाधा नहीं डालती? सुना है सरकार तिब्बती धर्म के खिलाफ है?"

"मुझसे ऐसे प्रश्न पूछना बेकार है।" कहकर उन्होंने दुभाषिये की ओर देखा। फिर कुछ झुककर नरम स्वर में बोले, "सरकार अपना कार्य कर रही है, मैं अपना काम कर रहा हूँ। भगवान् तथागत सबसे ऊपर हैं, उन्हीं की इच्छा से जगत चल रहा है।"

सोने से पहले उन्होंने स्वयं ही इस प्रसंग पर अपनी जुबान खोली, "सन् २००० में इयाचेन गुम्फा में अत्यधिक भीड़ थी, सभी मेरा यानी आदिगुरु का दर्शन चाहते थे। चारों ओर इस गुम्फा की चर्चा होने लगी थी। सरकारी नुमाइन्दे छानबीन करने के लिए आ धमके। उन्होंने यहाँ हजारों की भीड़ देखी। इस भीड़ को संभालना सरकार का काम है। जिनके पास कोई परिचय-पत्र नहीं था और जो लोग इस क्षेत्र के नहीं थे उन सबको आश्रम से निकाल दिया गया, हजारों झोपड़ियाँ तोड़ दी गयी। बस संतोष की बात यह थी कि किसी पर शारीरिक अत्याचार नहीं हुआ, किसी को बन्दी नहीं बनाया गया। यह आदेश हुआ कि किसी अनजान अजनबी का यहाँ प्रवेशाधिकार नहीं है। सब उनकी इच्छा है, भगवान् तथागत सर्वद्रष्टा हैं। सन् २००१ में भक्तों की संख्या पाँच हजार से घटकर केवल तीन सौ रह गयी थी। उसके बाद पुनः भक्तों का आगमन शुरू हुआ। यहाँ स्थायी रूप से रहने वाली संन्यासिनों की संख्या दस हजार से ऊपर है। इसका एकमात्र कारण यह है कि हम तिब्बत का आदिधर्म नीइंगमा के अनुयायी हैं। हम लोगों ने कभी भी राजनीति नहीं

की और हम कभी सरकार-विरोधी आन्दोलनों से भी नहीं जुड़े। लोगों को चिंता मुक्त और दोषमुक्त करके उन्हें निर्वाण का पथ दिखलाना ही हमारा व्रत है।"

उनकी बातों से स्पष्ट था कि सरकार से टकराव बचाकर वे धर्म प्रचार का अपना व्रत निष्ठा से निभा रहे थे और यह मठ इसका साक्षी था कि तिब्बत में तिब्बती धर्म-संस्कृति अभी समाप्त नहीं हो गयी है।

ला ब्यूनाज, सेंट पॉल, फ्रांस —बिमल दे

अक्तूबर २००९

# अनुवादक की टिप्पणी

भू-पर्यटक बिमल दे द्वारा लिखित मूल बाङ्ला पुस्तक 'महातीर्थेर शेष यात्री', जिसके अब तक चार संस्करण प्रकाशित हो चुके हैं, बाङ्ला की अन्यतम श्रेष्ठ पर्यटन-कथा के रूप में स्वीकृत है। इस पुस्तक को धर्मगुरु दलाई लामा ने अपनी 'संदर्भ पुस्तक' के रूप में अपनाया है।

यह बहुत आवश्यक था कि अनुवाद के माध्यम से यह अनमोल पुस्तक राष्ट्रभाषा हिन्दी के जागरूक पाठकों तक पहुँचे। मैं लेखक के प्रति कृतज्ञ हूँ जिन्होंने मुझे अनुवाद करने की अनुमति दी। अनुवाद करते समय मूल ग्रंथ में कोई परिवर्तन या परिवर्धन नहीं किया गया है। यह पुस्तक हिन्दी के पाठकों को रुचे, तो मैं अपना प्रयास सार्थक समझूँगा।

इस पुस्तक में जिस मौनी बाबा की सनसनीखेज यात्रा का वर्णन है, उसका जन्म कलकत्ता में होने पर भी वह भारतवासी नहीं, विश्ववासी है। धरती की दैनिक व वार्षिक गति के साथ तालमेल रखते हुए ही मानों बिमल दे भी घूमता रहा है, और अब भी घूम रहा है, पृथ्वी के चारों ओर। चीन, जापान, रूस, यूरोप, अमेरिका, आस्ट्रेलिया आदि देशों का वह निरंतर चक्कर लगा रहा है अब भी। तभी वह भू-पर्यटक है। भ्रमण ही उसका जीवन है, वह थमना नहीं जानता।

अंत में मैं स्व० डॉ० कैलाश नाथ काटजू की सुपुत्री श्रीमती सरोज मुखर्जी के प्रति आभार व्यक्त करता हूँ जिन्होंने इस पुस्तक के हिन्दी अनुवाद के लिए लेखक को उत्साहित किया था और बाद में अनुवाद का कुछ अंश देखकर मेरा हौसला बढ़ाया। साथ ही मैं पत्रकार-लेखक दीप बसु के प्रति भी आभारी हूँ जिसने इस अनुवाद के लिए मुझसे आग्रह किया था।

**दिलीप कुमार बनर्जी**

# अनुक्रम

# महाबोधि सोसाइटी के उपाध्यक्ष का मंतव्य

मेरी राय में 'महातीर्थेर शेष यात्री' पुस्तक तिब्बत की भौगोलिक व सांस्कृतिक परंपरा की धारक व वाहक है। महामान्य दलाई लामा के साथ मैं भी सहमत हूँ कि इस पुस्तक का तिब्बती भाषा में अनुवाद होना चाहिए।

परिव्राजकाचार्य बिमल दे ने इस पर्यटन कथा के माध्यम से तिब्बत का एक मनोहर एवं सहज रूप पाठकों के समक्ष प्रस्तुत दिया है। साथ ही यह भी उल्लेखनीय है कि इस पुस्तक के माध्यम से तिब्बत में बौद्ध-धर्म का प्रभाव, शिक्षा-प्रणाली तथा वहां के लोगों के दैनंदिन जीवन से परिचित हुआ जा सकता है।

धर्मप्राण बिमल दे उपलब्धियों के एक ऊंचे सोपान पर पहुंचे हुए हैं। करुणावतार भगवान बुद्ध के आशीर्वाद के बिना यह उपलब्धि संभव नहीं है। ल्हासा व कैलासनाथ के दुर्गम पथ पर एक बालक की उपलब्धि का यह मार्ग विशेष ध्यान देने योग्य है। मेरा सभी से आग्रह है कि वे इस पुस्तक को अवश्य पढ़ें। सन् १९८६ में मैंने स्वयं ल्हासा के विभिन्न बौद्ध-विहारों का पर्यटन किया था तथा उससे पहले भी तिब्बत की सैर की थी। इन यात्राओं में इस पुस्तक से मुझे बहुत सहायता मिली। 'महातीर्थेर शेष यात्री' पुस्तक गाइड भी है और धर्मग्रंथ भी। इस तरह की और कोई पुस्तक मैंने पहले कभी नहीं पढ़ी।

—बोधिसत्व सी. आर. लामा

**(CHHIMED RIGDZIN LAMA)**

उपाध्यक्ष, महाबोधि सोसाइटी

# घर से भागकर

मैं गुरुजी के चक्कर में नहीं पड़ा था, संभवत: गुरुजी ही मेरे चक्कर में पड़ गये थे। यह देखकर कि वे सड़क के किनारे अस्वस्थ हालत में पड़े हैं, मैं स्वयम् ही उनसे बिना कुछ पूछे जाँचे उनकी सेवा करने लगा था। स्वस्थ होने के बाद से वे एक ही रट लगाए हुए थे, मुझसे बार-बार कहते—''बेटा घर लौटा जा।'' उनकी यह आज्ञा मैं अनसुनी कर देता और मन ही मन यह सोचकर हंसता कि घर लौट जाने के लिए ही क्या मैं घर से भागा था? इछापुर से गया तक की रेलयात्रा मैंने बिना टिकट तय की थी। यहाँ पहुँच कर हर्षोल्लास से इधर-उधर घूमता रहा था। घर से भागते समय जो थोड़े से फुटकर पैसे मेरे पास थे, वह गया पहुँचने से पहले ही मैं लाई-चना खाकर उड़ा चुका था। मेरी स्थिति फक्कड़ों जैसी थी, न मेरे पास पैसे थे, न करने लायक कोई काम ही। ठीक ऐसे समय में वह साधुबाबा मुझे मिल गये थे।

गया कोई सुंदर शहर न होने पर भी उसकी अपनी आकर्षण क्षमता अवश्य है। इहलोक का पुण्य और परलोक का प्रायश्चित्त, इन दो के समन्वय से यह नगर स्थापित हुआ था। कदाचित इसे स्वर्ग और नरक का संगम कहना ही उचित होगा। मुझे यहां रहना बहुत अच्छा लग रहा था। कभी फल्गु के किनारे घूमता तो कभी बौद्ध और हिन्दू साधुओं के सत्संग में समय व्यतीत करता।

कहते हैं कि सत्संग से मानसिक उन्नति होती है। मुझे तो लगता था कि केवल मानसिक नहीं, शारीरिक उन्नति भी होती है। साधु-संग के कारण ही मेरे दो जून की रोटी का प्रबंध हो गया था।

गया के अनेकों आकर्षण हैं। अंधकार में भटकने वाले यहाँ आते हैं प्रकाश ढूंढ़ते हुए, किन्तु अधिकांश लोग यहां पहुंचते हैं आत्मा की मुक्ति की आशा लेकर, मोक्ष की तलाश में। मैं किस उद्देश्य से आया था? यह मैं स्वयम् भी नहीं जानता। मुझे न प्रकाश की चाह थी, न मोक्ष की। मैं जो कुछ देख रहा था और पा रहा था उसी से मैं प्रसन्न था, यहां की मिट्टी में मुझे स्वाधीनता की गंध जो मिली थी।

साधुबाबा कुछ दिनों में मुझसे कन्नी काटने लगे थे। उनका कहना था कि मेरी उम्र बहुत कम है, अभी मैं सत्रह वर्ष का भी नहीं हूँ, मेरे सामने बहुत लम्बी जिन्दगी है, अत: मुझे पढ़-लिख कर आदमी बनना चाहिए। ढोंग करने से जीवन में कुछ नहीं मिलता। इसीलिए वे मुझसे प्रतिदिन कहते-बेटा, घर लौट जा! किन्तु मुझे जो कुछ मिल गया था, उसे मैं त्यागता कैसे? साधुबाबा मेरा आकर्षण बन चुके थे, यह मैं उन्हें बता नहीं पाता था। कलकत्ता के मारवाड़ियों की तरह वे बंगला बोलते थे, मुझे लगता था कि उनकी मातृभाषा हिन्दी थी। उन्हें नेपाली तथा भूटानी भाषा की भी अच्छी

जानकारी थी। वे तिब्बती लामाओं की तरह पोशाक पहनते थे। उन्हें वेदों के श्लोक और गौतमबुद्ध के हितोपदेश कंठस्थ याद थे, हिन्दू धर्म के भी वे अच्छे ज्ञाता थे। उनके विषय में मैं यह भी जानता था कि सारनाथ के बौद्ध-बिहार में उन्होंने कई वर्ष बिताए थे। उनका अपना कोई अखाड़ा या डेरा नहीं था। मेरा अनुमान था कि उनकी उम्र सत्तर वर्ष से कम न होगी। उनसे मेरी पहली भेंट सड़क के किनारे हुई थी, तब से मैं उन्हीं के साथ एक धर्मशाला में रह रहा था। उन्हें मैंने अपने विषय में सब कुछ बता दिया था—यही कि मेरे न तो माता-पिता हैं, न ही छोटे भाई-बहन। न कोई बंधन है, न शिक्षा, न ही जेब में पैसे। यही सब।

कभी मैं उन्हें बाबा कहकर पुकारता, कभी साधुबाबा कहकर। जब मेरा मन कुछ अधिक प्रसन्न होता तब मैं उन्हें गुरुजी कहता। हम एक दूसरे से हिन्दी और बंगला की मिश्रित भाषा में बातें करते। यूं साधुबाबा से मेरी बातचीत कम ही होती। धर्मशाला में उन्होंने एक कमरा लिया था। भोजन सड़क के किनारे तीन ईंटा बिछाकर बनता। वे केवल सब्जियां उबालकर खाते थे। रहने-खाने का खर्च कुछ भी नहीं था। एक मात्र जलाऊ लकड़ी खरीदनी पड़ती थी। मिट्टी के जिस पतीले में सब्जी उबाला जाता था और जिस सुराही में हम पानी रखते थे, वह भी क्रय नहीं करना पड़ा था। प्रतिदिन सुबह बाजार जाना मेरा मुख्य काम था।

बाजार से बिना पैसे व्यय किए सब्जियां लाने का यह काम भी अद्भुत था। सब्जीवालों से मांग-बटोर कर मैं सब्जियां लाता था। दूसरे शब्दों में, प्रत्येक सुबह मैं भीख मांगने जाता था। कभी-कभी एक करैला प्राप्त करने के लिए मुझे घंटों घूमना पड़ता था। यूं दो चीजें अनायास मिल जाती थीं—आलू और आटा। यह काम मैंने स्वयम् ही अपने मत्थे ले लिया था। गुरुजी से यदि मैं कहता कि भीख मांगने जा रहा हूँ तो वे अत्यंत कुपित होते। उनका कहना था कि यह भीख नहीं, विनय और नम्रता का अभ्यास मात्र है। मैं मन ही मन सोचता—आप भूंजा चावल कहिए, मैं तो लाई ही कहूंगा!

बाईस दिनों के उपरांत एक दिन दोपहर को मैं बाजार से सब्जियाँ बटोरकर पसीने से तर होकर धर्मशाला में लौटा तो देखा साधुबाबा कमरे में तीन लामाओं के साथ गंभीरता पूर्वक कुछ बातचीत कर रहे हैं। उन्हें बिना छेड़े मैं रसोई में जा जुटा। बार-बार मेरी दृष्टि कमरे की ओर जाती। चेहरे से तीनों लामा पहाड़ी लग रहे थे। संभवतः वे नेपाली या शेरपा थे। साधुबाबा की तरह ही थे उनके चेहरे।

मुझे रसोई से निपटने में अधिक देर नहीं लगी। पांच रोटियां सेकीं, चार आलू, एक मकई और पालक साग उबाल लिए। अर्थात् हाट से मैं जो कुछ संग्रह कर लाया था, सारा ही बना दिया था। साधु बाबा एकाहारी थे। उनका निर्देश था कि बाजार से जो कुछ मिले उसमें से कुछ भी अगले दिन के लिए न बचाया जाए। यदि कभी आवश्यकता से अधिक सब्जियां मिल जातीं तो वे सड़क पर किसी को बुलाकर उसे दे आते, रखते नहीं।

तीनों आगंतुक लामाओं ने हमारे साथ ही भोजन किया। अत: यह कहने की आवश्यकता नहीं कि गुरुजी के या मेरे हिस्से में खाने के लिए कुछ था ही नहीं।

भोजनापरांत लामाओं के साथ गुरुजी भी उठे। उसके बाद अपने कंधे की छोटी सी झोली मेरे माथे पर टिकाकर गुरुजी बोले, ''जीते रह बेटा, भगवान् तेरा भला करे!''

इस तरह अचानक आशीर्वाद दिए जाने पर मेरा माथा ठनका। मेरा दिल सहसा धड़क उठा। मैंने पूछा, ''क्या मतलब?''

उन्होंने निर्लिप्त भाव से उत्तर दिया—''विदा!''

उनके इस तरह एकाएक 'विदा' कह देने से मैं सहसा बुझ गया था, मेरे मुंह से कोई शब्द न निकला। क्षणभर पहले भी उन्होंने मुझे कुछ नहीं बताया था। इस आकस्मिक विदाई के लिए मैं प्रस्तुत नहीं था। मैं हतवाक् सा उन्हें देखता रहा और वे मेरी उपेक्षा करते हुए लामाओं के साथ धर्मशाला से बाहर हो गये।

मेरी मानसिक स्थिति उस समय विस्फोटक हो गयी थी। क्रोध और अभिमान से मेरा पारा सातवें आसमान पर चढ़ गया। मैं अपना गुस्सा जब्त नहीं कर सका, क्रोध से दाँत पीसते हुए मैंने मिट्टी का पतीला उठाकर सड़क पर दे मारा। उसके बाद आसपास के लोगों की ओर देखते हुए मैं चीख पड़ा—''साधुबाबा की ऐसी-तैसी! पाखंडी, नमकहराम! बेईमान! गठिया से पीड़ित थे, मैंने सेवा करके उन्हें चंगा किया, अब देख रहे हैं न-अपने बिरादर के लोग मिल गये तो मुझे तत्काल भूल गये! एक रत्ती भी माया-ममता नहीं है उनमें!''

इस तरह अपने मन ही भँड़ास निकालने के बाद टूटे पतीले की ओर देखते हुए मुझे लगा कि जिस गया में मुझे इतना आनंद आ रहा था, वह आनंद उस पतीले की तरह ही चकनाचूर हो गया था। पिछले दिन भी भरपेट भोजन नहीं मिला था, आज जो जुटाया था वह अतिथियों को ही खिलाना पड़ा। ऊपर से साधुबाबा का साथ भी छूट गया! मेरा सर चकराने लगा और हाथ-पांव ठंडे होने लगे। मैं उस टूटे पतीले की बगल में पितृवियोग से दुखी श्मशान-यात्री की तरह बैठ गया। उनकी सेवा करने का यही फल मिला! कुछ पल मैं यों ही बैठा रहा, मुझे ढाढ़स देने के लिए वहां कोई नहीं था। फिर मैंने स्वयम् को संभाला और उठकर उसी राह पर दौड़ पड़ा जिस राह साधुबाबा गये थे। कुछ दूरी तय करने के उपरांत वे चारों दिखाई पड़े। साधुबाबा के पीछे पहुँचकर मैंने उनकी झोली पकड़ ली। वे मुस्कराए। उनकी मुस्कराहट कुछ ऐसी थी मानों वे मेरी प्रतीक्षा में ही थे। उस मुस्कराहट में अभय और सहजता, दोनों का समावेश था। मेरी ओर देखते हुए वे बोले, ''मुझे मालूम है कि तुझे कष्ट होगा, किन्तु इस जग में सब कुछ मायामय है, इसलिए तू इस पचड़े में मत पड़। हम बहुत दूर जा रहे हैं, कहीं आसपास जाना होता तो तुझे भी साथ ले जाते।''

अपना अभिमान भूलकर मैंने पूछा—''वह 'बहुर दूर' कहाँ है?''

उन्होंने कहा—''गैंगटक।''

—"मैंने आपको गलत समझा था, मुझे क्षमा कर दें!" यह कहकर मैंने उनके पाँव छूकर उन्हें प्रणाम किया। वे अपने साथियों के साथ स्टेशन की ओर बढ़ गये। मैं उन्हें ओझल होते देखता रहा। उसके बाद मैं फल्गू की ओर बढ़ गया।

साधु बाबा के प्रस्थान के बाद दो दिन बीत गये थे। इस बीच मेरे मस्तिष्क में एक ही शब्द रह रह कर कौंध रहा था—गैंगटक। गैंगटक सिक्किम की राजधानी है। मैं कई बार सिलीगुड़ी और दार्जिलिंग जा चुका हूं, इसलिए मुझे यह मालूम था कि सिक्किम जाने के लिए सिलीगुड़ी होकर जाना पड़ता है। तीसरे दिन राह चलते-चलते मन में यह विचार आया कि मैं भी गैंगटक जाऊँ तो कैसा रहेगा? इस विचार के आते ही मैं आनंद से झूम उठा। साधुबाबा से बिछोह के बाद से मेरा सारा आनंद लुप्त हो गया था। अब जैसे मुझे एक दिशा मिल गयी थी। मैं तत्काल गया से कूच कर गया।

सिलीगुड़ी पहुँचने के बाद मैं एक ट्रक पर सवार होकर तिस्ता बाजार पहुँचा जो भारत की सीमा पर हिमालय की तराई में स्थित थी। यहां सेना की तथा मालवाही ट्रकों की भरमार थीं। शहर छोटा था, किन्तु व्यवसायिक केन्द्र होने के कारण यहां चहल पहल और व्यस्तता बहुत थी। शहर के बगल से ही तिस्ता नदी बहती थी। तिस्ता नदी का पुल भारत और सिक्किम को जोड़ता था (उस समय सिक्किम का भारत में विलय नहीं हुआ था)।

भारत की सीमा लांघते हुए मुझे कोई असुविधा नहीं हुई। सेना तथा पुलिस के सिपाहियों ने मुझसे कोई पूछताछ नहीं की। लगता था कि उनका ध्यान आयात-निर्यात की सामग्रियों तथा विदेशी नागरिकों पर ही केंद्रित था। भारतीयों को वे विदेशी नहीं मानते थे। पैदल चलते हुए मैं तिस्ता नदी का पुल पार कर गया। उस पार पहुँचकर मैं आनंद से उछल पड़ा—मैं अब विदेश की धरती पर था! मैंने ईश्वर को धन्यवाद दिया—जय माँ काली!

तिस्ता के इस पार यानी सिक्किम क्षेत्र में भी यान-वाहनों की लम्बी कतार थी—ट्रक, बस, जीप, लैंडरोवर आदि। इनमें कुछ भारत की ओर जा रही थीं तो कुछ भारत से आ रही थीं। सड़क के दोनों ओर लेपचा, सिक्किमी और भूटानी लोगों की जमघट थी। इधर-उधर पूछताछ करने पर मालूम हुआ कि ऊपर की ओर जानेवाली सड़क सीधे गैंगटक तक गयी है। यहाँ की मुख्य सड़क भी यही थी। किसी ने बताया कि पैदल जाने में तीन दिन लगेंगे, किसी ने चार दिन बताया तो किसी ने और अधिक। गैंगटक की सही दूरी कोई बता नहीं पा रहा था, यहाँ के आम लोगों को मील या किलोमीटर का हिसाब नहीं मालूम था।

गया में अंतिम तीन दिन मैं एक होटल में बर्तन मांजने और कमरों में चाय पहुँचाने का काम करता था जिससे मुझे तीन रुपये मिले थे। गया से यहाँ तक की यात्रा में मुझे कहीं किराया नहीं देना पड़ा था, सिर्फ खाने में पैसे खर्च होते रहे। अब मेरे पास मात्र तेरह आने बचे थे। एक ढाबे में घुसकर मैंने दो रोटियाँ और एक गिलास गर्म चाय ली। उसके बाद मैं गैंगटक के रास्ते चलना शुरू किया।

सड़क के चारों ओर का दृश्य बहुत सुहावना था। पहाड़ी पेड़ों की गंध मेरे नथुने में प्रवेशकर मेरी स्फूर्ति बढ़ा रहे थे। वनों और पर्वतों के नयनाभिराम दृश्य देखते हुए मुझे लगा कि इस पथ पर अनंतकाल तक चलते रहने से भी श्रांति नहीं आएगी। बाँयी ओर पहाड़ की तलहटी में तिस्ता बह रही थी, कुछ आगे बढ़कर वह पहाड़ की गोद में खो गयी थी। पत्थर और बालू पर से फिसलती वह नीचे की ओर उतर रही थी किसी आनंद में। तिस्ता नदी का यह आकर्षक रूप देखकर यह अनुमान भी नहीं किया जा सकता था कि यही तिस्ता कितना भयंकर रूप लेकर गाँव, शहर और अगणित जीवन को ग्रास करती रहती है। तिस्ता यहाँ शिवजी की शव-मूर्ति सरीखी थी, नीचे जाकर जो तांडव रूप धारण करती है।

फरवरी का अंतिम चरण था और इस क्षेत्र में सर्दी बहुत थी। मेरा पहनावा इस ठंड को झेलने के लिए अपर्याप्त था। मैंने हाफ पैंट, बनियान और कमीज पहन रखी थी तथा मेरे पास और कोई कपड़े नहीं थे। यहाँ के मौसम के विषय में मैंने कुछ नहीं सोचा था, बस एक जिद् थी जो मुझे यहाँ तक खींच लायी थी। अब मेरे लौटने का प्रश्न ही नहीं था, जैसे भी हो मुझे गैंगटक तक जाना ही है। अत: ठंड से समझौता करते हुए मैं आगे बढ़ता गया। सड़क चढ़ाई पर थी जिससे आगे उतनी ठंड नहीं लग रही थी।

कई ट्रक के ड्राइवर खिड़की से चेहरा निकाल कर मुझसे पूछ चुके थे कि मैं ट्रक पर सवार होना चाहूंगा या नहीं। मैंने मुस्कराकर उन्हें ना कह दिया था। मुझे मालूम था कि ट्रक के छत पर बैठाने के लिए वे बहुत कम पैसे लेते हैं, किन्तु वह 'कम पैसे' भी तो नहीं थे मेरे पास! अत: उन्हें मना करना मेरी मजबूरी थी।

हिमालय का अपना एक अलग ही सौंदर्य है। इसीलिए हिमालय की सड़कों का आकर्षण भी निराला है। किन्तु लगभग चार घंटे की यात्रा के बाद मैंने अनुभव किया कि मैंने इस यात्रा को जितना सहज समझा था, वह उतनी सहज थी नहीं। फिर भी भाग्य अच्छा था कि इस पथ पर पानी का अभाव नहीं था। राह में यत्र-तत्र पहाड़ी झरने मिल जाते जो शायद पहाड़ का वक्ष चीरकर पथिकों की प्यास बुझाने के लिए ही निकले थे। रह-रह कर मैं भी तृष्णा मिटाता, फिर आगे बढ़ता। क्रमश: लगा कि यह पथ बहुत दुर्गम है। चलता, हाँफता, रुकता, और इसी तरह आगे बढ़ता। ऐसे में दैवी इच्छा से एक ट्रक मेरी बगल में आकर रुक गया। चालक चेहरे से बिहारी लग रहा था। उसने मुझसे पूछा—"कहाँ जाओगे?"

—गैंगटक।" मैंने कहा।

—"ऊपर चढ़ कर बैठ जाओ।"

मैंने कहा, "मेरे पास पैसे नहीं हैं।"

उसने मुस्कराकर कहा, "वह तो तुम्हारा चेहरा ही बता रहा है।"

मुझे लगा कि वह मुझ पर तरस खाकर मुझे ट्रक पर बैठाना चाह रहा है। किन्तु उसने स्वयम् ही मेरा भ्रम दूर कर दिया। उसने कहा, "तुम्हें भीतर नहीं, पीछे बैठना

पड़ेगा। त्रिपाल की रस्सी कुछ कटी हुई है, किसी भी क्षण वह टूट सकती है। तुम्हें उस पर निगाह रखनी है। रस्सा टूटे तो तुरंत मुझे आवाज देना!''

उसका प्रस्ताव मान लेने में हम दोनों की भलाई थी। वह निश्चिंत होकर ट्रक चला पाएगा और मैं भी बिना खर्चे के गैंगटक पहुँच जाऊँगा। उसने यह भी बताया कि उसका खलासी किसी काम से तिस्ता पुल पर रुक गया था, इसलिए उसे किसी मददगार की ऐसे भी आवश्यकता थी।

मैं ट्रक पर चढ़ गया। पहाड़ी सड़क पर ट्रक की गति धीमी रहती, किन्तु जहां भी सड़क कुछ सपाट होती, चालक गियर चढ़ाता और चाल तेज कर देता। ट्रक की गति तेज होते ही ऊपर खुले में बैठना मेरे लिए दूभर हो गया। ठंडी हवा तीर की तरह मेरी कनपटियों में चुभ रही थी। क्रमशः मेरी स्थिति ऐसी हो गयी कि ट्रक की गति मंथर होने पर भी मैं उस हवा को सहन नहीं पर पा रहा था। लगभग एक घंटा उस हवा को झेलते रहने के बाद मैंने ड्राइवर के सर के ऊपर के छत को ठोक कर उसे ट्रक रोकने को कहा। ट्रक के रुकते ही मैं बोला, ''रस्सी तो अभी तक नहीं टूटी है, पर मैं अवश्य टूट गया हूँ! अब मुझे उतार दो, मैं पैदल ही चला जाऊंगा। इतनी ठंड में खुले छत पर बैठकर यात्रा करना असंभव है!''

ड्राइवर मेरी स्थिति समझकर मुस्कराया। वह बोला, ''ठीक है, हमने आधा रास्ता पार कर लिया है, तुम अब भीतर आकर बैठो।''

मैं ड्राइवर की बगल की सीट पर बैठ गया। रास्ते में एक जगह ट्रक रोककर उसने एक भूटानी की दुकान में मुझे चाय पिलायी। उसके बाद हम फिर आगे बढ़े। शाम के लगभग चार बजे हम गैंगटक पहुँच गये। तिस्ता बाजार से गैंगटक पहुँचने में वाहनों को लगभग तीन घंटे लगते हैं। ड्राइवर को धन्यवाद देकर मैं गैंगटक के बाजार के पास ट्रक से उतर गया।

महीने भर पहले घर छोड़ते समय मैं कल्पना भी नहीं कर सकता था कि कभी गैंगटक भी पहुँच जाऊंगा। यहाँ का समस्त परिवेश मेरे लिए नया था। यहाँ के दुकान, हाट, लोग, सभी इतने अपरिचित थे कि मुझे निरंतर यह अहसास हो रहा था कि मैं घर से बहुत दूर निकल आया हूँ। मुझे भरोसा था कि जो थोड़ी-बहुत हिन्दी मैं जानता था उससे यहाँ काम चल जाएगा, किन्तु यहाँ घूमते हुए लगा कि यहाँ अधिकांश सिक्किमी को हिन्दी से सरोकर नहीं था।

गैंगटक में मेरा पहला काम था साधुबाबा को ढूँढ़ निकालना। मैंने सोचा था कि वे मुझे सहजता से मिल जाएंगे। बाजार में घूमते हुए मैं पचासों व्यक्तियों से साधुबाबा के बारे में पूछ चुका था। किन्तु जब मैंने यह समझ लिया कि गैंगटक में किसी विशेष साधुबाबा को ढूंढ़ निकालना कीचड़ में धँसी सूई को तलाशने जैसा काम है, तब मेरा माथा ठनका। इस शहर में सैकड़ों लामा रहते थे, उनके बीच एक ऐसे साधुबाबा को, जिनका मुझे नाम भी नहीं मालूम था, ढूंढ़ पाना टेढ़ी खीर थी।

क्रमशः रात हो गयी। पहाड़ की गोद में रोशनी जुगनू की तरह चमक रही थी। यहाँ का बाजार दार्जिलिंग के बाजार जैसा ही था। अंतर इतना ही था कि यहाँ दार्जिलिंग की तरह बंगाली नहीं दिखाई पड़ते थे। सर्वत्र पहाड़ियों की जमघट थी। रात बढ़ रही थी, किन्तु मेरे पास न कुछ खाने के लिए पैसे थे, न ही ओढ़ने-बिछाने के लिए कपड़े। घूमते-घूमते दीवाली बाजार पहुँचा तो मेरी समस्या का हल निकल आया। वहाँ ड्राइवर लोग टिकते थे और आग तापने का समुचित प्रबंध था। आग के पास मैंने रात बिताई। वहीं के एक लेपचा सज्जन ने मुझे चाय और रोटी दी थी।

अगले दिन सुबह से ही मैंने फिर से साधुबाबा को ढूंढ़ना आरंभ किया। वे गैंगटक आए हैं तो कहीं न कहीं होंगे अवश्य। क्रमशः समझ में आया कि यहाँ हिन्दू मंदिर पूछने पर कोई नहीं बता पाता, बौद्ध धर्म ही यहां का धर्म है। चारों ओर छोटे बड़े स्तूप, मठ और बौद्ध विहार दिखाई पड़ते हैं। अब मैं किसी से साधुबाबा के बारे में पूछता तो साधुबाबा न कहकर कहता कि मैं अपने गुरु लामा को ढूंढ़ रहा हूँ।

सिक्किम के लोग भोले भाले, हँसमुख और परोपकारी हैं। मैं जिसे भी अपनी समस्या बताता, वही मेरी सहायता करने के लिए प्रस्तुत हो जाता। मैं उनकी भाषा नहीं जानता था, किन्तु इससे कोई असुविधा नहीं हो रही थी। सर्वत्र कोई न कोई ऐसा मिल ही जाता जो हिन्दी समझता था या बोल सकता था। ऐसे में मेरा परिचय आंचू से हुआ और यह परिचय मैत्री में बदल गया। वह मेरी ही उम्र का था। आंचू भी औरों की तरह सीधा-साधा और परोपकारी था। वह बाजार में ही रहता था। बस, ट्रक और दुकानों के सामान ढोने का काम करता था वह। जब उसके पास काम न होता तब वह बाजार के सड़क के किनारे की रेलिंग पर बैठा रहता और टुकुर-टुकुर लोगों को देखता रहता। बाजार के सभी को वह पहचानता था। गैंगटक में कोई भी विदेशी पहुँच जाए और आंचू को इसका पता न हो, ऐसा हो ही नहीं सकता था। लेपचा और नेपाली भाषा के साथ कुछ टूटी-फूटी हिंदी के शब्द जोड़कर वह मुझसे बातें करता था। उसकी बोली मुझे बहुत मीठी लगती। बहुत शीघ्र ही हम दोनों घुल-मिल गये थे। उसके पास मेरा सबसे बड़ा परिचय यही था कि मैं कलकत्ता का निवासी था, क्योंकि कलकत्ता उसका स्वप्न था। उसने मुझे ढाढ़स दिया और कहा कि साधुबाबा को ढूंढ़ने में वह मेरी सहायता करेगा। आंचू ने मुझे रोटी खिलायी, चाय पिलाया, फिर हम दोनों बाजार से निकल पड़े। बाजार के ठीक पीछे की एक पगडंडी से वह मुझे ले चला, उस संकरे पथ से हम क्रमशः ऊपर की ओर चढ़ रहे थे।

कुछ ऊँचाई पर चढ़ने के बाद गैंगटक शहर और पहाड़ का मनोरम दृश्य दिखाई पड़ने लगा था। यहाँ पहुँचने के बाद यह पहला अवसर था जब मेरा ध्यान यहां के पर्वतीय सौंदर्य पर गया। पहाड़ों के नयनाभिराम दृश्य आँखों को तो तृप्त करते ही हैं, हृदय को भी भरपूर आनंद देते हैं। दार्जिलिंग के मॉल से हिमालय का एक रूप दिखाई पड़ता है, गैंगटक से हिमालय का दूसरा रूप दिखता है। गैंगटक शहर पहाड़ के ऊपर

नहीं, बल्कि पहाड़ की गोद में बसा है। शहर का फैलाव लम्बाई में है। यहाँ कोई समतल सड़क नहीं है।

गैगटक का प्रधान आकर्षण कांचनजंघा की चोटी है जो यहाँ से स्पष्ट दिखती है। क्या ही अपरूप सौंदर्य है वह! लगता था कि हरे-भरे पहाड़ों की शृंखला के ऊपर सफेद रूई के फाहों से एक और पहाड़ गढ़ा गया है। हरे-भरे पहाड़ों के ठीक पीछे हिमाच्छादित कांचनजंघा सर उठाए खड़ा है। कांचनजंघा की पवित्रता के स्पर्श से ही संभवत: सिक्किम वासियों का मन इतना पवित्र है। कांचनजंघा का रूप मानों अभय और शांति का चरमोत्कर्ष है। निराकर, निर्विकार, अव्यक्त ब्रह्म जैसे उस पर्वत के रूप में स्वयम् को व्यक्त कर रहे हैं। लगता था कि यहां धरती कुछ और ही है।

हम लोग धीरे-धीरे और ऊपर उठे। पहाड़ के ठीक ऊपर की एक चोटी को काटकर समतल बनाया गया था। यहां से सिक्किम के चारों ओर का दृश्य दिखाई पड़ता था तथा वह और भी मनोरम लगता था। कुछ आगे बढ़कर हम एक भव्य इमारत के सामने रुके। सुंदर नक्काशी किए गये काठ से यह इमारत बनवायी गई थी। बेलबूटे और उनमें भरे गये रंग अत्यंत आकर्षक थे। आंचू ने बताया कि यही सिक्किम का राजमहल है। लकड़ी का यह प्रासाद बहुत कुशल कारीगरों ने इतने कलात्मक ढंग से बनाया होगा। सामने उज्ज्वल रंग और उत्तम बेलबूटों से सजा यह राजमहल, ऊपर बादलों से भरा आकाश और दूर में कांचनजंघा का वह अपरूप दृश्य-लगा कि मैं किसी स्वर्गराज्य में पहुँच गया हूँ। विस्मय से चारों ओर निहारते हुए मुझे महसूस हुआ कि मेरा गैंगटक पहुँचना सार्थक हो गया है।

दूर में और कुछ भवन दिखाई पड़ रहे थे। वे भी काष्ठनिर्मित थे। आंचू मेरी कलाई पकड़कर मुझे एक फाटक के पास ले गया। वहां के पहरेदार ने आंचू से कुछ पूछा जिसका आंचू ने हँसकर उत्तर दिया। लगा कि वह यहाँ परिचित है। उसके बाद हम दोनों छोटे से मैदान को पार कर एक भवन के सामने रुके। उस भवन के दरवाजे से भीतर झाँकते ही मेरी दृष्टि अंदर की विशाल बौद्ध-मूर्ति पर पड़ी। मैं समझ गया कि वह एक बौद्ध मंदिर है। आंचू ने मंदिर में माथा टेका, फिर बोला—''इस मंदिर का नाम सुलाखाङ् है, यह राजमहल का मंदिर है, यहाँ राजा प्रार्थना करने आते हैं।'' हम दोनों मंदिर में प्रविष्ट हुए। गौतम बुद्ध की मूर्ति के सामने पहुँचकर हमने वहाँ रखे प्रदीप को स्पर्श किया। भगवान् बुद्ध के चेहरे से जागतिक रोशनी निकलती लग रही थी। यहाँ भी काठ पर लाल पीले और सुनहरे रंग के अति सुंदर बेलबूटे बने थे। मूर्ति के दोनों ओर छोटे-छोटे ताखे बने थे जिनमें बौद्ध-लिपियाँ **रखी** हुई थीं। दीवाल पर तांखा टंगे थे। दीपकों से मद्धिम प्रकाश फैल रहा था। मंदिर में प्रवेश करते ही मुझे लगा कि मेरा सारा परिश्रम सार्थक हो गया है, मन में लेश मात्र अवसाद नहीं है, शरीर और मन दोनों ही हल्का हो गया है।

बौद्ध मंदिर से निकलकर हम लोग कुछ दूरी पर बने नाट्यमंदिर की ओर बढ़े। यह भी इमारती लकड़ी का बना था। आंचू ने उधर इंगित करते हुए बताया कि देश-

विदेश के बहुत से लामा वहाँ आते-जाते रहते हैं, संभवत: मेरे गुरुजी वहाँ मिल जाएँ। यह सुनकर मैं पुलकित हो उठा, उसकी बाँह थामकर मैंने कहा, ''आंचू, तुम मेरे सचमुच के मित्र हो!'''

नाट्य-मंदिर में प्रवेश करने पर वह मुझे किसी धर्मशाला की तरह लगा। अंतत: लामाओं ने वहाँ जिस तरह आधिपत्य जमा रखा था उससे वह धर्मशाला ही प्रतीत होता था। कोई माला जप रहा था, कोई कमंडल लिए घूम रहा था, कोई ऊंचे स्वर में **मंत्रोच्चारण कर रहा था, कोई खाने में** जुटा था, कोई अपने झोले का सामान सहेज रहा था, और बहुत से लोग तो कोने में बैठे सर से जुएं निकाल रहे थे। लगता था कि वहां लामाओं का कोई छोटा-मोटा मेला लगा हुआ था। मैं एक के बाद एक लामाओं का चेहरा गौर से देखता हुआ उस भीड़ में अपने प्रिय लामा को ढूँढ़ने लगा। भारतीय साधुओं की तरह इनके चेहरे दाढ़ी-मूँछों से ढंके न होने के कारण इन्हें पहचानना सहज था तिब्बती लामाओं की दाढ़ी-मूँछें नहीं होती। नेपाली, लेपचा, भूटानी लामाओं की दाढ़ी-मूँछें बहुत हल्की होती हैं। कुछ विशेष गोष्ठी वाले दाढ़ी-मूंछों के साथ सर भी मुड़ा देते हैं, विशेषत: वृद्ध लामागण। मुझे विश्वास था कि इन लगभग डेढ़ दो सौ लामाओं में मेरे गुरुजी होंगे तो वे मुझे अवश्य मिल जाएंगे; यह भी संभव था कि वे स्वंयम् ही मुझे देख लें। मैंने आंचू से कहा कि वह अपने धंधे पर लौट जाए, मैं यहीं ठहरकर अपने गुरु को ढूढूंगा। गुरुजी मिल जाएँगें, तब मैं उसे बताने जाऊंगा।

उसने कहा, ''ठीक है, तुम यहीं रुको।'' फिर उसने बताया कि दोपहर को राजा वहाँ उपस्थित सभी लामाओं और गरीब भिखारियों को रोटी और सब्जी खिलाते हैं। वह जाने के लिए मुड़ा तो मैं उसके साथ राजमहल के मंदिर तक आया।

आंचू चला गया। मेरी दृष्टि पुन: राजमहल के बौद्ध मंदिर पर पड़ी। अब तक मैंने भारत के तीर्थस्थलों में ईंटा-सिमेंट या पत्थर के बने मंदिर ही देखे थे, इसीलिए लकड़ी के बने पैगोडा के आकार का यह मंदिर मुझे अभिनव लग रहा था। इसका बाहरी आकार कलकत्ता के जैन मंदिर से कुछ मिलता-जुलता था। लकड़ी पर खुदे हुए बेलकूटे और उनमें भरे गये रंग ही संभवत: इसे और अधिक आकर्षक बना रहे थे।

आंचू से विदा लेकर मैं धीरे-धीरे नाट्य-मंदिर में लौट आया और लामाओं के बीच चक्कर काटने लगा। उनमें दो-तीन लामा मुझे ऐसे मिले जो हिन्दी जानते थे। उनसे मैंने अपनी समस्या की बात कही तो वे मेरी सहायता के लिए तैयार हो गये। उनके माध्यम से वहाँ उपस्थित सभी लामाओं को क्रमश: मेरी समस्या की जानकारी हो गयी। सभी को यह ज्ञात हो गया कि मैं अपने गुरु लामा को ढूँढ़ रहा हूँ। लगभग आधे घंटे के भीतर लगभग दो सौ लामा मेरी सहायता के लिए तैयार थे। जो लामा चुपचाप बैठे माला जप रहे थे, वे मेरी समस्या को लेकर इस तरह विचलित हो पड़ेंगे यह मैं सोच भी नहीं सकता था। उनकी आंतरिकता देखकर मुझे चकित होना पड़ा। कुछ लामाओं ने मुझसे पूछा, 'गुरुजी का नाम क्या है? उनकी उम्र कितनी है? किस धर्म के

हैं? बौद्ध धर्म के किस शाखा से उनका संबंध है? किस मठ में रहते थे? वे कौन सा यान् मानते हैं? वे लेप्चा हैं, या भूटानी, या नेपाली?'

उनके इन प्रश्नों का कोई उत्तर नहीं था मेरे पास। गया में उन्हें मैं साधुबाबा या गुरुजी कहकर पुकारता था, वे बौद्ध भिक्षुओं की तरह पोशाक पहनते थे, चेहरा पहाड़ियों की तरह था तथा गया से चलते समय उनके साथ तीन लामा और थे, बस उनके बारे मे मेरी इतनी ही जानकारी थी और यही मैंने बताया भी।

मेरी मदद करने को उत्सुक लामाओं को निराश होना पड़ा। वे मुझे ढाढ़स बँधाते रहे कि गुरु को तलाशने की इच्छा एक सदिच्छा है, अत: मेरी चाह अवश्य पूरी होगी। उनसे ऐसी ही बातें हो रही थीं जब एकाएक तिब्बती चोंगा ध्वनित हुआ। चोंगा के विकट और गंभीर नाद से सभी चौंक पड़े। उस शब्द की प्रतिध्वनि हिमालय और कांचनजंघा से भी गूंज कर आती सी लग रही थी। चोंगा एक ही बार बजाया गया था, किन्तु उस ध्वनि की प्रतिध्वनि एक लहर सी बार-बार पहाड़ों से टकराती लग रही थी। उस शब्द से मैंने लामाओं को भी चंचल होते देखा। वे थाली और कटोरा लेकर बाहर के मैदान की ओर चल पड़े। मैं भी उनके साथ चल पड़ा और मैदान में आ गया। वह नाद इनके भोजन की घंटी थी। एक लामा ने मुझसे कहा, ''तुम शायद खाओगे नहीं?'' एक अन्य लामा ने मुझे भी उनके साथ बैठने को कहा। मैं बैठ तो गया, किन्तु मेरे पास कोई बरतन नहीं था। यहाँ पत्तल दोने आदि का कोई प्रबंध नहीं था, अत: यह आवश्यक था कि जो भोजन करना चाहे वह अपना भोजन-पात्र अवश्य लाए।

एक साधु ने मेरे रिक्त हाथों की ओर देखकर पूछा, ''तुम्हारे पास कोई बर्तन नहीं है?''

—''जी नहीं, मेरे पास कुछ भी नहीं है।''

—''जब कुछ भी नहीं है तो लोगे कैसे? देकर ही तो लेना पड़ता है, कुछ बिना दिए तुम कुछ लोगे कैसे?''

उनके इस कथन में कोई गूढ़ सत्य छिपा था, किन्तु उसे परख करने की क्षमता उस समय मुझमें नहीं थी। मुझे भूख लगी थी, भोजन परोसा जा रहा था, किन्तु उसे ग्रहण करने के लिए मेरे पास कोई बरतन नहीं था। मेरी स्थिति को भाँपकर एक लामा ने एक अल्यूमिनियम की कटोरी मेरी ओर बढ़ा दी और इशारे से कहा कि उससे मेरा काम चल जाएगा। काम तो चलता, किन्तु कटोरी बहुत गंदी थी, उसमें उंगलियाँ फेरी तो उंगलियाँ काली हो गयी। मेरी स्थिति स्वाभाविक होती तो उस कटोरी को मैं छूता भी नहीं। कूड़े-कर्कट के ढेर में जो टूटे बर्तन पड़े मिलते हैं वे भी संभवत: इससे स्वच्छ होते हैं। किन्तु पेट में चूहे कूद रहे थे, ऐसे में कटोरी की गदंगी देखूँ तो भूखा ही रहना पड़ेगा। अत: कटोरी स्वीकार करते हुए मैंने लामा को धन्यवाद दिया। लामा ने मुझसे कहा, ''कटोरी सामने बढ़ाओ और पेट भरकर खाओ!''

मिलीजुली सब्जी और चावल पाकर सभी लामा अत्यंत संतुष्ट थे। सेंत के भोज में इससे अधिक कोई क्या प्रत्याशा करता? सभी अपने बर्तन जीभ से चाट रहे थे, उसके

बाद मुझे यह देखकर हैरानी हुई कि किसी ने भी जूठे बर्तन न मांजे, न धोए, बस चाट-पीट कर अपनी-अपनी झोली में डाल लिया। मैंने सुना था कि तिब्बती बहुत गंदे होते हैं, अब वही मैं प्रत्यक्ष देख रहा था। सामने तुषार-शुभ्र स्वच्छ हिमालय की चोटी और मेरे बगल में ही गंदे लामा—यह दृश्य मुझे छन्द-पतन की तरह लगा। स्वयम् को समझाते हुए मैंने मन ही मन सोचा कि जगत् यही है, अच्छे और बुरे को लेकर ही यह सृष्टि है। इन अस्वच्छ लामाओं के हृदय भी तो कांचनजंघा की तरह ही निर्मल और सुंदर हैं।

शाम तक मेरा मन बहुत हल्का और संयत हो गया था। मैंने स्वयम् को सांत्वना दी—साधुबाबा नहीं मिले तो क्या हुआ, उन्हीं के कारण तो मैं गैंगटक देख सका। गया से यहाँ तक की यात्रा में मैंने जो अनुभव बटोर लिया था, वह तो कोई मुझसे छीन नहीं सकता! हिमालय का यह सुंदर दृश्य, यह रंगीन बेलबूटे से सज्जित राजमहल, बौद्ध-मंदिर की यह पवित्रता, यहाँ के लामाओं और लोगों का आत्मीय व्यवहार, कुल मिलाकर मेरा अनुभव जगत और भी सम्पन्न हुआ है। यहाँ आकर मैंने कुछ खोया नहीं, पाया ही है। हो सकता है कि साधुबाबा ने जानबूझ कर गैंगटक का नाम लिया था, ताकि कभी मैं यहाँ आऊँ और अपने अशांत चित्त को शांत कर सकूँ। संभवत: वे यहाँ आएंगे ही नहीं, हो सकता है कि वे कहीं और चले गये हों—कहीं दूर, बहुत दूर।

मेरे गैंगटक पहुँचने का उद्देश्य अब गौण हो गया था। मैं यहाँ तक आ सका, यही मेरी उपलब्धि थी। इस बार मेरा घर से भागना मेरे पिछले पलायनों से बहुत-बहुत अधिक सार्थक हो चुका था।

यूँ मैं घर से न भागता तो क्या करता? **प्रत्यह** छ: घंटे स्कूल की चहार-दीवारी के भीतर बंदी बने रहना मुझे असहनीय लगता था। मैं बहुधा अपने अग्रजों से पूछता—पढ़-लिख कर क्या होगा? वे उत्तर देते—आदमी बनोगे। उनका यह नीरस उत्तर मुझे सदैव प्राणहीन लगता। आदमी बनोगे—यह भी कोई बात हुई? जो पढ़ते-लिखते नहीं, वे क्या मनुष्य नहीं बनते? मनुष्य बनने के लिए क्या चहार-दीवारी का घेरा चाहिए? मुझे तो लगता था कि शिक्षकों की पारिवारिक तथा मानसिक समस्या के निदान के लिए ही हमारा स्कूल बना था। वे हमें अपने कालीबाड़ी का इतिहास न बताकर इंग्लैंड का इतिहास बताते थे। घर और स्कूल की जो व्यवस्था थी उसके विरुद्ध मौन रहकर मैं अपना प्रतिवाद जताता था और बदले में मेरे कान उमेठे जाते थे और मुझ पर बेंत बरसते थे। ज्यों ही मेरा प्रतिवाद जिद में बदल जाता, मैं घर से भागता। घर से भागने में मुझे बहुत आनंद आता, यह मेरे लिए एक खेल जैसा था। सिक्किम पहुँचकर मेरे मन में आनंद का जो गागर था, वह सागर में परिणत हो गया था।

लोग गर्व करते हैं अपने गुणों को लेकर, मुझमें कोई गुण नहीं था—अत: मैं दंभ नहीं कर सकता था। किन्तु सिक्किम में मुझे जो आंतरिक आनंद मिला, हिमालय का उन्मुक्त दृश्य देख-देख कर मुझे जो सुख मिला, उससे अनायास मेरा वक्ष गर्व से फूलने लगा था और मेरी इच्छा हो रही थी कि सबको चीख-चीख कर यह बताऊँ कि मैंने

यहाँ क्या देखा और क्या पाया। देखने और पाने की प्रक्रिया में मेरा हृदय बाग-बाग हो रहा था। मेरी इच्छा लौटकर सबसे पूछने की हो रही थी कि जो लोग पुस्तकों में उलझे हैं तथा चहारदीवारी में बंद हैं वे क्या एक बार भी प्रकृति के इस वैभव को प्रत्यक्ष करने के लिए ऐसी जगहों पर नहीं आ सकते? इस महानंद का किंचित अंश भी वे पा जाते तो समझ पाते कि यह धरती कितनी आनंदमयी है। पवन के साथ मन का योग साधन ही तो परम मिलन है!

मंदिर प्रांगण में बैठकर मैं ऐसी ही निरर्थक बातें सोचता रहा, भावनाओं में बहता रहा। मेरा भाग्य भी कितना अदभुत था! चाहता तो सुबोध बालकों की तरह मैं भी अपने घर मैं निश्चिंत जीवन व्यतीत करता। किन्तु मुझे भागने की सूझी, अब मैं कहाँ से कहाँ पहुँच गया था। कोई भी भद्रव्यक्ति मुझे देखता तो उसे मेरी वर्तमान स्थिति और मेरा परिवेश अति अरुचिकर लगता, मेरे परिचित लोग इस स्थिति की कल्पना भी नहीं कर सकते थे। रात मैं सड़क पर सोता था और दिन में गरीब कुली और भिखारियों के संग रहता था। कब भोजन जुटेगा और कब नहीं, इसका भी निश्चय नहीं रहता था। कभी-कभी भूख से अंतड़ियाँ जलने लगतीं, ईंटा या पत्थर सिरहाने रखकर सोते-सोते सर भी जैसे ठोस बन गया था, किन्तु मेरे आनंद और उत्साह में भाटा नहीं पड़ा था।

साँझ होने को थी। मैं शनैः शनैः पहाड़ से नीचे उतर आया। आंचू को अधिक ढूँढ़ना नहीं पड़ा। मेरा चेहरा देखकर वह भाँप गया कि मुझे गुरुजी नहीं मिले। मैंने आंचू से कहा कि साधुबाबा से भेंट न होने पर भी मुझे कोई असुविधा नहीं है। सिक्किम मुझे बहुत अच्छा लग रहा है, यदि सर छिपाने लायक थोड़ी सी जगह मुझे मिल जाए तो मैं गैंगटक में ही रह जाऊँगा। यह सुनकर आंचू बहुत हैरान हुआ। गैंगटक जैसे बड़े नगर में जहाँ इतने मकान हैं, बाजार है, सड़कें हैं, तारों भरा आकाश है, मुझे सर छिपाने की जगह नहीं मिलेगी—यह बात उसकी समझ से परे थी। उसने बताया कि रात में ओढ़ने के लिए कम्बल-रजाई आदि न हो तो जिस चीज की बहुत आवश्यकता होती है वह है आग-जीने के लिए भोजन और आग-बस यही दो चीजें आवश्यक हैं। ये दोनों चीजें मिल जाएँ तो और क्या चाहिए?

आंचू ने भोलेपन से जो कहा, उस पर मैं मनन करता रहा। उसने बहुत सही बात कही थी। भोजन बिना हम जी नहीं सकते और आग बिना रह नहीं सकते। आग हमारी सेवा करती है। आधुनिक सभ्यता इसी अग्नि की देन है। मैं आंचू के प्रति कृतज्ञ था, मुझे लगता कि वह अपना सर्वस्व मुझ पर उड़ेल रहा था जबकि मेरे पास उसे देने के लिए कुछ भी तो नहीं था।

गैंगटक शहर के साथ मैं क्रमशः परिचित होने लगा था। शहर में बौद्ध-भिक्षुओं और लामाओं की अच्छी संख्या थी। यहाँ अनेकों चैत्य और गुम्फाएँ यानी बौद्ध-मंदिर थे। गुम्फाओं की एक अलग ही विशेषता थी। गुम्फा में केवल देवालय नहीं, बल्कि लामाओं के रहने का समुचित प्रबंध था, और उसी के संलग्न अतिथिशालाएँ भी बनी थीं। सिक्किम में ऐसे गुम्फाओं की संख्या लगभग साठ-सत्तर थी जिनमें से अधिकांश

गैंगटक से चालीस-पचास मील के अंदर ही होगी। समतल भूमि पर चालीस-पचास मील की दूरी भले विशेष दूरी न लगे, पहाड़ व वनों में वेष्ठित इस क्षेत्र में इतनी दूरी कुछ कम भी नहीं। नेपाली, भूटानी (स्थानीय लोग उन्हें भोटिया कहते हैं), गोरखा, लेप्चा और तिब्बती साधारणत: यह दूरी पैदल ही तय करते हैं। गैंगटक के अलावा अन्य शहरों से दूर के गाँवों तक जाने के लिए भी पैदल ही चलना पड़ता था। गाँवों तक सड़कें नहीं थीं, पगडंडियाँ थीं। बौद्ध धर्म ही सिक्किम का राज-धर्म था। कांचनजंघा को लोग पवित्र शिखर मानते थे। कांचनजंघा की चोटी किसी अधिष्ठात्री देवी की तरह ऐसे स्थल पर शोभित है जो गैंगटक के हर स्थान से दिखाई पड़ती है। लगता था कि श्रांत पथिकों को आश्वस्त करने के लिए तथा सभी को राह दिखाने के लिए ही वह सर्वोच्च आसन पर विराजमान है।

पाँच दिन और बीते। इस बीच गैंगटक की सड़कों से मैं लगभग परिचित हो चुका था। राह चलते मुझे कुछ बंगाली भी दिखाई पड़े थे, जिनसे मैं कन्नी काटता और दूर ही रहता। मुझे भय था कि उनसे हेलमेल होते ही वे मुझे घर वापस जाने के लिए कहेंगे।

शहर के आसपास जितने भी बौद्ध मंदिर और गुम्फा थे, सभी जगह मैं साधुबाबा का संधान कर चुका था। इस बीच मेरा हाफ्-पैंट और कमीज दोनों ही पहाड़ी कुलियों के पहनावे की तरह गंदे हो गये थे। इससे लाभ यह हुआ कि मैं जिनके बीच रहता था, उन्हीं की तरह लगता भी था।

आंचू से मेरी मैत्री प्रगाढ़ हो गयी थी। उसी के साथ मैं खाता-पीता, सोता। जब वह अपने धंधे में लगता यानी सामान-चढ़ाता या उतारता तब मैं उसकी सहायता करता। फालतू के वक्त उसे मैं अंग्रेजी और बांगला के शब्द सिखाता। गैगटक की ठंड अब सहनीय लगती थी।

कालिम्पंग, सिलीगुड़ी, दार्जिलिंग आदि शहरों से जो बस आते, आंचू उन बसों के पीछे दौड़ता ताकि किसी यात्री का सामान ढोने के लिए मिल जाए। कभी-कभी वह चलती बस की छत पर उठ जाता सामान उतारने के लिए। मुझे बस में चढ़ने या सामान ढोने का अधिकार नहीं था क्योंकि मैं यहाँ का नागरिक नहीं था। कुलियों के सरदार ने मुझे चेतावनी दे दी थी, किन्तु उन्हें इस पर आपत्ति नहीं थी कि मैं आंचू की मदद करूँ।

उस दिन तिस्ताबाजार की एक बस सड़क से बस-अड्डे की ओर मुड़ते समय ज्यों ही उसकी गति कम हुई, कुली का काम करने वाले शेरपाओं का झुंड उस बस पर पिल पड़ा। आंचू भी फुर्ती से पीछे की सीढ़ी से छत पर चढ़ गया और मैं बस की खिड़की से चिपक गया ताकि आंचू जो माल देगा उसे थाम सकूँ। बस रुकने पर धीरे-धीरे यात्रीगण उतरने लगे। अचानक एक यात्री को देखकर मैं चौंक पड़ा। उस यात्री को ठीक से देखने के लिए मैं उन्हीं की ओर बढ़ा। संदेह निवारण होते ही मैं आनंद से चिहुँक उठा—''मिल गये, साधुबाबा मिल गये!'' उनके सामने पहुँचते ही उन्होंने मुझे आलिंगन में भर लिया। आह! क्या ही आनंद की घड़ी थी वह! साधुबाबा यथार्थ ही

मिल गये थे। मैंने चीखकर आंचू को बताया—"देख आंचू, मैं इन्हीं को ढूँढ़ रहा था!" मेरी गुहार सुनते ही आंचू बस की छत से नीचे उतर गया। मैंने साधुबाबा को आंचू का परिचय दिया।

थोड़ी ही देर के बाद साधुबाबा के साथ के तीनों लामा भी बस से उतरे।

साधुबाबा का चेहरा देखकर लगा कि मुझे वहाँ देखकर वे विस्मित नहीं हुए थे। उन्होंने मुझसे यह भी नहीं पूछा कि मैं वहाँ कैसे पहुँचा। किन्तु उनके चेहरे पर इस बात की स्पष्ट झलक थी कि मुझे पाकर वे प्रसन्न हुए थे।

आंचू ने ही उन्हें मेरे विषय में दो-एक वाक्यों में जानकारी दे दी कि मैं कहाँ रहता हूँ, क्या खाता हूँ, आदि। यह कहने की आवश्यकता नहीं कि साधुबाबा के साथ जो तीन लामा थे वे मुझे देखकर चकित हो गये थे और उन्हें आश्चर्य था कि ऐसे शहर में जहाँ हजारों लामा आते रहते हैं, मैं अपने गुरुजी को कैसे ढूंढ़ निकाला। उनके प्रश्न के उत्तर में मैंने एक पुरानी कहावत दुहरा दी—"इच्छा हो तो उपाय भी निकल आता है।"

साधुबाबा फिर से मिल गये थे, मेरे लिए इससे सुखद और क्या हो सकता था? लगा कि गैंगटक का सौंदर्य दुगना बढ़ गया है। कांचनजंघा का धवल पवित्र शिखर मुझे और भी पवित्र लगने लगा।

गैंगटक के बौद्ध लामाओं के बीच उन्हें साधुबाबा पुकारना ठीक न होगा सोचकर मैं उन्हें गुरुजी कहकर संबोधन करने लगा। उनके पास कोई सामान न था, किन्तु उनके संगी लामाओं के पास एक बक्सा था। आंचू ने कहा कि वह बक्सा पहुँचा देगा। मैंने उसे कहा कि वह थक जाए तो सामान मैं ढोऊंगा। पीठ पर सामान ढोने के लिए जिस रस्सी की आवश्यकता होती है,वह मेरे पास थी नहीं, अतः आंचू की मदद तो लेनी ही थी।

बस अड्डे से निकलकर हम सीधी सड़क पर ऊपर की ओर बढ़े। सड़क चौड़ी और साफ-सुथरी थी।दार्जिलिंग के बाजार से मॉल की ओर जाने वाली मुख्य सड़क जैसी थी यह सड़क। आंचू लचक-लचक कर आगे-आगे चल रहा था, हम सब उसके पीछे थे। संभवतः गुरुजी उसे बता चुके थे कि उन्हें कहाँ जाना है, इसीलिए हम सबको पीछे छोड़कर आंचू तेज कदमों से आगे बढ़ता जा रहा था। गुरुजी राह चलते बात नहीं करते, गया में मुझे इसका अनुभव हो चुका था। वे चुपचाप चलना पसंद करते हैं, अतः हम भी चुपचाप चल रहे थे। लगभग एक घंटे के बाद हम लोग पहाड़ के ऊपर एक बौद्ध-मंदिर में पहुँचे, इस मंदिर का स्थानीय नाम एचे-गुम्फा था। गैंगटक के सर्वोच्च शिखर पर था एचे-गुम्फा। और पहाड़ शहर से बाहर थे। यहाँ से पूरा गैंगटक शहर दिखाई देता था। राजमहल और उसका संलग्न मंदिर भी यहाँ से स्पष्ट गोचर होता था। कंचनजंघा यहाँ से और भी सुंदर लगता था।

गुम्फा में पहुँचते ही लगभग-बीस-पच्चीस बच्चों ने आकर गुरुजी को घेर लिया, लगा कि वे गुरुजी के अपने लोग है। पाँच-छः वयस्क लामा भी गुरुजी की अभ्यर्थना में

आगे बढ़ आए। जिस साधुबाबा को गया जी में मैं भिखमंगा समझता था, उनकी यहाँ धाक ही निराली थी। उनका आदर होते देखकर मैं स्वयम् को भी सम्मानित महसूस करने लगा।

सामान पहुँचाकर आंचू लौट गया। उसने कहा कि वह बाद में फिर आएगा। गुरुजी ने मुझे अपने साथ ही रहने को कहा। यह मेरे लिए परम् सौभाग्य की बात थी।

एचे गुम्फा एक पहाड़ के ऊपर अत्यंत मनोरम परिवेश में स्थापित था। इसके चारों ओर पाइन तथा झाऊ वृक्षों का वन था। बौद्ध-मंदिर, एक मठ और एक छोटे से धर्मशाला को लेकर यह गुम्फा बना था। बौद्ध मंदिर में उपासना तथा पूजा-अर्चना होती। साधु-संत मठ में रहते थे तथा अतिथियों को धर्मशाला में टिकाया जाता था। मंदिर व मठ की नींव पत्थर की थी, फर्श भी पत्थर से बने थे, किंतु दीवारें व छत काठ के बने थे। धर्मशाला पूर्णतया काठ से बनी थी। धर्मशाला में बहुत से छोटे-छोटे कमरे बने हुए थे। इनमें से एक में गुरुजी के साथ ही मेरे भी रहने का प्रबंध हुआ था।

गुम्फा के चारों ओर ढलान पर सीढ़ीनुमा बगीचा था। उसके बगल में ही इलायची का वन। गुम्फा में रहने वाले बालकों की संख्या छब्बीस थीं, उनकी उम्र नौ-दस वर्ष से लेकर चौदह-पंद्रह वर्ष तक थी। परिचालक मंडली में आठ लामा थे, इनमें दो ज्येष्ठ या गुरु लामा, शेष छः साधारण लामा। बालकों को नवीन ब्रह्मचारी कहा जा सकता है, इन्हें 'दाबा' कहते हैं। दूसरे शब्दों में मठ के व्यवस्थापक व शिक्षक 'लामा' थे तथा शिक्षार्थी 'दाबा'। सभी छात्र पीतवस्त्र पहनते थे।

गुम्फा का परिवेश मुझे बहुत पावन लगता । किसी बौद्ध-विहार में रहने का मुझे पहले कभी अवसर नहीं मिला था। गया में मैं प्रत्यह भीख मांगने जाता था। यहाँ सुबह उठकर प्रार्थना करने जाता । गया की तुलना में अब मैं स्वर्ग में था! गुरुजी को भी सेवा की आवश्यकता नहीं थी, वे पूर्णतः स्वस्थ थे। मुझे एक नया काम मिल गया था, मंदिर की मूर्तियों की धूल पोंछकर उन पर रंग चढ़ाने का। यह काम वस्तुतः दो लामा कर रहे थे, मैं उनकी मदद करता। यह काम दिन में होता। यहीं मैं भगवान् बुद्ध के विभिन्न रूपों के साथ परिचित होने लगा। बहुत से तांत्रिक विग्रह के साथ भी यहीं मेरा परिचय हुआ। यहाँ बौद्ध धर्म का अर्थ बौद्ध तत्व से लिया जाता था। ये दोनों पथ ही मेरे लिए नए थे। भाषा न जानने के कारण मैं सब से बातचीत नहीं कर पाता था, किन्तु तब भी मुझे यहाँ रहने में कोई असुविधा नहीं हो रही थी।

कुछ ही दिनों में मुझे यह पता चला कि मेरे साधुबाबा या गुरुजी वस्तुतः एक प्रख्यात बौद्ध-भिक्षु थे। वे सिक्किम के आसपास के ही मूल-निवासी थे। कभी वे यहां के किसी संघ से जुड़े थे, बाद में सब कुछ त्यागकर वे पूर्णतः मुक्त हो गये। वे लामा थे, किन्तु हिन्दूधर्म के प्रति भी उनमें अनुराग था। उनका मत था कि भगवान् तथागत तो वेद के संस्कारक मात्र थे, भारत की मिट्टी में ही भगवान बुद्ध ने जन्म लिया था और महान् भारत की पवित्र भूमि पर ही उनकी वाणी तथा उनके धर्म को मान्यता मिली

थी। इसीलिए गुरुजी भारत को विश्व का श्रेष्ठ तीर्थ मानते थे जहाँ आनंद की वाणी देकर हर युग में अवतार अवतरित हुए हैं।

पिछले पन्द्रह वर्षो में गुरुजी अनेकों बार लासा, गया और सारनाथ गये हैं। वे भूटान, सिक्किम और नेपाल के लामाओं को तीर्थ कराने तिब्बत ले जाते तथा तिब्बती लामाओं को भारत ले आते। अर्थात् वे लामा तीर्थयात्रियों के पथ-प्रदर्शक या गाइड थे। भिक्षा-वृत्ति को वे बुरा नहीं मानते थे। वे कहते थे कि भारत की सड़कों पर भीख मांगने से एक महान् और विशाल देश की जनता और उसकी संस्कृति के साथ प्रत्यक्ष सम्पर्क होता है। भिक्षावृत्ति द्वारा विभिन्न लोगों के स्वभाव का परिचय मिलता है तथा व्यक्ति के अंतर्मन के साथ सीधा सम्पर्क होता है। साधु दान ग्रहण करके औरों को उबारता है, व्यक्ति-आत्मा से वह भीख मांगता है परमात्मा के दर्शन के लिए। मनुष्य में जो हरि छिपे होते हैं, उनको देख पाने में ही साधु का आनंद है। किन्तु साधारण भिखारी भीख मांगते हैं केवल भूख मिटाने के लिए, वह युक्ति का पथ नहीं है, मात्र जीने का पथ है।

इस बार गुरुजी का गैंगटक पदार्पण लामाओं का एक दल लासा ले जाने के लिए हुआ था। गया में उनसे जो तीन लामा मिले थे वे तिब्बत के किसी गुम्फा से एक वर्ष पहले तीर्थयात्रा एवम् अध्ययन के लिए भारत आए थे, उन्हें लगभग एक महीने बाद तिब्बत लौटना था। गया, सारनाथ, बनारस, कलकता, सिलीगुड़ी तथा गैंगटक के एचे गुम्फा में इस तरह की यात्राओं की योजना बनती तथा इच्छुक लामा लोग इन्हीं स्थलों में मिलते और यात्रा की प्रस्तुति करते। महीने भर के अन्दर इनके कूच करने की बात थी। यद्यपि साधुबाबा ने इस यात्रा के विषय में स्वयम् मुझसे कुछ भी नहीं कहा था, किन्तु मुझे पता लग ही गया था।

दस दिन और बीते। इस बीच और भी अठारह लामा वहाँ उपस्थित हो चुके थे। मार्च महीने के प्रथम सप्ताह तक एचे गुम्फा में सभी तीथयात्रियों के पहुँचने की बात थी। मैंने हिसाब लगाया कि और आठ दिन बाकी रह गये थे। अर्थात् आठ दिनों के बाद फिर गुरुजी मुझे छोड़कर चले जाएंगे। यह सोचकर मन उदास हो गया। फिर यह भी सोचा कि इस बार गुरुजी से बिछोह एकाएक नहीं होगा, अभी समय था कि मैं अपने मन को प्रस्तुत रख सकूँ।

शाम को मठ प्रांगण में गुरुजी के साथ पदचारण करते हुए मैंने उनसे पूछा, ''आप लासा जा रहे हैं, गुरुजी?''

—''हाँ!'' उन्होंने संक्षिप्त उत्तर दिया।

—''आपके साथ मैं भी चलूंगा।''

मेरी बात सुनकर वे स्मित हँसी के साथ बोले, ''और कोई होता तो मैं उसे सीधे मना कर देता। किन्तु तुझे ना कहने से तो तू सुनेगा नहीं! मैं यह भी जानता हूँ कि तुझे रोकनेवाला भी कोई नहीं है। मैं सोच-विचार कर लूँ, तुझे बाद में बताऊंगा।''

—''बाद में क्यों? इसमें असुविधा क्या है?''

—''असुविधाएँ बहुत सी हैं?'' मेरी ओर देखकर वे कहने लगे—''अव्वल तो यह कि तू लामा या साधु नहीं है, संन्यासियों के सिवा मैं किसी को भी अपने दल में नहीं ले सकता। इसका कारण यह है कि आजकल तिब्बत की सीमा पर सर्वत्र चीनी सैनिकों का पहरा है, वे साधुओं के सिवा और किसी को तिब्बत में घुसने नहीं देते। दूसरी असुविधा यह है कि तू तिब्बती भाषा नहीं जानता। ये दो मुख्य असुविधाएं हैं, अन्य जो असुविधाएं हैं वे गौण हैं।''

—''किन्तु गुरुजी, मैं तो नेपाली, भूटानी, गोरखा आदि भाषा नहीं जानता, तब भी मुझे कोई असुविधा नहीं होती, सभी से घुलमिल भी गया हूँ।''

मेरा तर्क सुनकर गुरुजी बोले, ''बहस मत कर! मुझे सोचने दे।''

मैं चुप हो गया। उनका कहना ठीक ही था, बहस करने से लाभ न होता, इससे गुत्थी सुलझने के बजाय और उलझती। गया के वह भिखारी साधुबाबा गैंगटक में गुरुजी थे। यहाँ उनका व्यक्तित्व भी मुझे परवर्तित लगता था। यह भी हो सकता है कि मेरे मन में परिवर्तन हुआ था जिससे मुझे लगता था कि उनमें परिवर्तन हुआ है। जो भी हो, अब प्रतीक्षा करने के सिवाय मेरे पास चारा ही क्या था!

आंचू ने मेरी जो सहायता की थी, उसे मैं भूला नहीं था। मुझे जब भी समय मिलता, बाजार पहुँचकर उससे मिलता। अथवा वह रात में गुम्फा में आता मुझसे मिलने। आंचू गुम्फा में देर तक नहीं रुकता, गुम्फा का तपोवन जैसा निस्तब्ध परिवेश उसे अच्छा नहीं लगता था। वह कहता कि यह स्थान निष्प्राण है, बाजार की चहल पहल ही जीवंत है।

गुरुजी की कृपा दृष्टि आंचू पर थी, इसीलिए आंचू कभी-कभी हमारे साथ गुम्फा में भोजन करता था। एक दिन मैने बातों ही बातों में उसे बताया कि मैं तिब्बत जा रहा हूँ। उसने विस्मय से पूछा, ''तिब्बत? तिब्बत में क्या है?''

उसके इस प्रश्न का उत्तर गुरुजी ने दिया, —''तिब्बत एक तीर्थ-स्थल है। यही नहीं, वह देश भी बहुत अच्छा है।''

आंचू ने सुन तो लिया, किन्तु उसने गुरुजी से कुछ न कहा। बाद में वह मुझसे बोला, ''यदि कभी ईश्वर ने चाहा और मेरे कहीं जाने का उपाय हुआ, तो मैं कलकत्ता जाऊंगा।'' आंचू का मत था कि तिब्बत एक मरुभूमि है, वहाँ जाकर मरने से तो अच्छा है कलकत्ता जाना, क्योंकि कलकत्ता में हर तरह के मजे हैं, और पैसे भी।

मैं सुबह सात बजे सोकर उठता था। उसके पश्चात् प्रार्थना करता और फिर रसोईघर में चला जाता। भोजन तैयार करने में मैं हाथ बँटाता। कोयले की आँच में रोटियाँ सेंकना आसान होता है, किन्तु यहाँ लकड़ी के चूल्हे पर खाना बनता था, लकड़ी की आग में रोटी सेंकने के लिए अलग निपुणता चाहिए। मैं रसोई में हाथ बँटाने जाता तो रोटियाँ सेंकने की कला सीखता। उस दिन चूल्हे में लकड़ियाँ डाल ही रहा था

कि गुरुजी मेरे पीछे आकर खड़े हो गये। मेरे सर पर उन्होंने अपना हाथ रखकर कहा, ''चल, मुझे तुझसे कुछ बात करनी है।''

दूसरे लामा को अपना काम सौंपकर मैं रसोई से बाहर निकला।

गुरुजी के साथ मैं मठ से बाहर निकला, फिर हम पहाड़ की छोटी सी पगडंडी पकड़कर वन की ओर चले आए। एक पत्थर की ओर इशारा करते हुए गुरुजी बोले, ''वहाँ बैठ।''

पत्थर पर बैठकर मैंने गुरुजी की ओर देखा। वे मुस्कुराकर बोले, ''तुझे एक काम दे रहा हूँ, मनोयोग से सुन! तू दिन भर इसी शिला के आसपास रहेगा, कहीं जाएगा नहीं। दोपहर में एक बार मठ में भोजन के लिए जाएगा, इसके अलावे शेष समय अर्थात् सारा दिन तुझे यहीं बिताना है। क्यों, तू राजी है न?''

मैंने तत्काल गर्दन हिलाकर हामी भरी—''ठीक है।''

—''दिन भर तुझे एक ही बात सोचनी है—तू अपने घर के विषय में सोचेगा। आज सारा दिन तू घर की बातें सोचेगा, अपने घर के सभी लोगों के चेहरे याद करेगा; सगे-संबंधी, मित्र आदि किसी को भूलना नहीं! उन सबको स्मरण कर, अपनी कल्पना में घरवालों के साथ सम्बन्ध स्थापित करने की चेष्टा कर!''

मैंने कहा, ''ठीक है।''

स्नेहपूर्वक मेरे सर पर हाथ फेरते हुए वे बोले, ''कल प्रात: काल चाय-जलपान के पश्चात् फिर यहीं पहुँच जाना, तब तुझसे और बातें होंगी।

गुरुजी की आज्ञा से मैं चाय-जलपान के लिए गुम्फा लौटा, तत्पश्चात् उसी शिला के पास आ गया। शिला पर न बैठकर मैं चारों ओर देखने लगा। वह वन मुझे किसी तपोवन जैसा लग रहा था। परिकथाओं में तपोवन का जो वर्णन पढ़ा था, यह स्थल वैसा ही था। झाऊ के पेड़ों की फाँक में कांचनजंघा की चोटी दीख रही थी, दूसरी ओर एक विस्तृत घाटी। घाटी के पार्श्व में जो पर्वत खड़ा था, उसके ही उस पार तिब्बत था, अर्थात् दलाई लामा का देश। मेरा मन उड़ चला तिब्बत की ओर। वहाँ के विषय में मुझे कुछ भी ज्ञान नहीं, किन्तु वह नाम ही मुझे आकर्षित करने लगा था।

एकाएक ध्यान आया कि गुरुजी ने मुझे अपने घर के विषय में सोचने को कहा था। दूर की उड़ान न भरकर मुझे गुरुजी की आज्ञा माननी चाहिए। मैंने मन को संयत किया और घरवालों के चेहरे याद करने लगा। सबसे पहले दादी, उसके बाद क्रमश: दीदी, भैया व मुहल्ले के चेहरे याद आए। मुझे लेकर घर-घर अवश्य चर्चाएँ होती होंगी कि मैं कहाँ हूँ, क्या करता हूँ, आदि। मैंने स्कूल के मित्रों को भी याद किया। किन्तु इस तरह के सोच-विचार का कोई महत्व मेरी समझ में नहीं आया। मुझे तो बारम्बार यही महसूस हो रहा था कि एकबार यदि मैं उन सबको यहाँ ला पाता, यदि एक बार वे अपनी परिधि से बाहर निकलकर इस अनंत सौन्दर्य को अपनी आँखों से देख पाते तो संभवत: मुझमें और उनमें जो अंतर था वह नहीं रह जाता।

घर से पलायन मेरे बचपन का स्वभाव था। हर बार लौटकर मैं मित्रों को अपने नए अनुभव सुनाता था जिसे वे चाव से सुनते, उन अनुभवों के विषय में सविस्तार जानने की उनमें ललक होती, किन्तु वे किसी अज्ञात सुख का साँकल तोड़कर बाहर निकलने को तैयार न होते। वे मुझे यायावर और फक्कड़ आदि कहते। मैं मन ही मन सोचता कि सारे विश्व में जो आनंद व्याप्त है उसका स्वाद लेने के लिए यदि मुझे बारम्बार फक्कड़ के रूप में जन्म लेना पड़े तो हे ईश्वर! मुझे अनंतकाल तक तुम ऐसा ही जीवन देना। धरती की रंगीन मिट्टी पर घूमते हुए बाउल एकतारा बजाकर स्वर के जिस आनंद में विभोर हो जाता है वह आनंद क्या पाठशाला की चहारदीवारी में मिल सकता है?

गुरुजी ने कहा था कि सारा दिन मुझे घर की चिंता करनी है, किन्तु मैं किसके विषय में सोचूँ? घर में दादी के सिवा किसी से मेरा विशेष लगाव नहीं था। माता-पिता बचपन में ही चल बसे थे, भैया-भाभी मेरा लालन-पालन कर रहे थे। मुझे अनाथ होने का दु:ख नहीं था, कभी-कभी लगता कि यह मेरा दुर्भाग्य न होकर सौभाग्य था कि मैं बंधनों से मुक्त था। अत: मेरे लिए यह असंभव था कि दिनभर शिला पर बैठ किसी का मनन करूं, मुझे किसी से इतना लगाव था ही नहीं। कुछ देर तक गुरुजी के आदेश के अनुसार मैं प्रयत्न करता रहा, किन्तु मुझे एक पत्थर पर चुपचाप बैठे रहना अच्छा नहीं लग रहा था, लगता था कि इस प्रकार मैं समय नष्ट कर रहा था। गुरुजी की आज्ञा टालने की भी इच्छा नहीं थी। मेरे गुरुजी गंभीर प्रकृति के तथा उच्चस्तरीय नहीं थे, वे मेरे मित्र जैसे थे और उनकी बातों में जो आत्मीय स्नेह व प्यार मुझे मिलता था उसका मैं आदर करता था। गया की धर्मशाला में उनकी पीठ पर उंगलियाँ फेरकर मैं उन्हें सुलाता था। और उनकी नाक में दूब डालकर उन्हें जगाता था। उनका कौपीन पहनकर न जाने कितनी बार मैं सड़क पर निकल गया हूँ और इसके लिए उनकी अ-श्राव्य गालियाँ सुनकर प्राण भरकर हँसा भी हूँ। वे मेरे फुटपाथ के साथी थे, एक ही दातून के एक छोर से वे दातौन करते थे, दूसरे छोर से मैं। यहाँ गैंगटक के गुम्फा में भी एक ही बर्तन में हम दोनों भोजन करते थे। वे तो मेरे आंतरिक गुरु और मेरे दु:ख के साथी थे।

घर की चिंता न करके मैं गुरुजी के संबंध में सोचता रहा। फिर मन में यह प्रश्न जगा, उन्होंने मुझसे ऐसा कहा ही क्यों? क्या दादी को कुछ हो गया? यदि हुआ भी हो तो मैं क्या कर सकता हूँ? उनकी सेवा-सुश्रुषा के लिए लोग तो हैं!

सारा दिन इसी उधेड़बुन में बीता। जब भी घर की सोचना चाहता, गुरुजी का ध्यान करने लगता। गया में वे मेरा हर कहा मानते थे। उनके खानपान-स्नान-ध्यान-विश्राम-निद्रा आदि सभी विषयों पर मेरी कड़ी दृष्टि रहती थी। उन्होंने कई बार धर्मशाला बदलना चाहा था, मैंने ऐसा करने नहीं दिया। वे नन्हें शिशु की तरह मेरी बात मानते थे। हमारा सम्पर्क दादा और पोता जैसा था। अब भी हमारे बीच ऐसे ही सम्बन्ध थे, किन्तु यहाँ के परिवेश में वह उतना प्रत्यक्ष नहीं रह गया था। इसीलिए उनसे मेरी बातचीत भी कम ही हो पाती थी।

गुरुजी पर मुझे अटूट आस्था थी। इसीलिए संभवत: उन्होंने ऐसा सुझाव दिया था! अपरान्ह तक इस एकरस चिंता से मैं ऊब गया। तब मैं शिला पर से उठकर खड़ा हो गया और एक वृक्ष को सम्बोधन कर बोला—''बहुत हो चुका, अब और नहीं! घर पहुँचकर घर की बात सोचूंगा। गैंगटक में बैठकर अपने घर के विषय में सोचते रहने से यहाँ का सारा आनंद किरकिरा हो जाएगा!''

शाम ढलने पर मैं वन से निकलकर मठ में आ गया। उस रात गुरुजी से मेरी कोई बातचीत नहीं हुई।

अगले दिन निर्दिष्ट समय में गुरु-शिष्य उसी प्रस्तर पर जाकर बैठे। उन्होंने मुस्कराकर पूछा, ''क्या आज भी घर की याद आ रही है?''

मैंने कहा, ''नहीं।''

वे बोले, ''यदि तेरी इच्छा घर लौटने की है तो मुझे बता, मैं तेरे टिकट का प्रबंध कर दूंगा।''

''टिकट''! मुझे घोर आश्चर्य हुआ। भीख से जिस व्यक्ति का निर्वाह होता है, वह मुझे गैंगटक से कलकत्ता तक का किराया देगा!

संभवत: गुरुजी ने भाँप लिया था कि मैं क्या सोच रहा था। वे पहले जैसे स्वर में ही बोले, ''हाँ बेटा, तू टिकट लेकर ही जाएगा। अच्छे घर के बच्चे जिस तरह यात्रा करते हैं, वैसे ही तेरे लौटने की व्यवस्था मैं कर दूंगा, मेरे पास रुपये हैं, तू खर्च की चिंता मत कर!''

''नहीं, मैं घर लौटना नहीं चाहता, मैं आपके साथ तिब्बत जाऊंगा। आप मेरे लिए चिंतित न हों, आप नहीं ले जाएंगे तो भी मैं आपके पीछे-पीछे वहाँ भी अवश्य पहुँच जाऊंगा।'' मैंने आत्मविश्वास के साथ कहा।

—''वह तो मैं जानता हूँ बेटा! ठीक है, चलने की तैयारी कर।''

उनके इस कथन से मैं आनंद से झूम उठा। इससे अच्छी बात और क्या हो सकती थी? उनकी कमर को जकड़ते हुए मैंने भावावेग में कहा, ''ठीक है गुरुजी, आप मुझे तैयार कीजिए।''

कुछ पल वे कुछ सोचते रहे, फिर बोले, ''मैं जो कहूँगा उसे ध्यान से सुन।''

मैंने कहा—''आपकी आज्ञा मेरा व्रत होगा।''

गुरुजी कहने लगे, ''इसी शिला पर तू जितनी देर हो सके बैठे रहने का अभ्यास कर। बैठे-बैठे कमर ऐंठ जाए या बहुत कष्ट हो तो उठकर आसपास थोड़ा चहलकदमी कर लेना, उसके बाद पुन: इसी शिला पर बैठ जाना। समझा कि नहीं?'' थोड़ा रुककर वे फिर बोले, ''आज की चिंता और प्रकार की होगी। ठीक से समझ ले, इस शिला पर तू जैसे चाहे वैसे बैठ सकता है। यहाँ बैठकर सीधे सामने देखेगा, वहाँ देख, दूर में पहाड़ और आकाश का संगम हुआ है, है न?''

''जी।'' मैंने कहा।

—"तेरी दृष्टि सदैव सामने टिकी रहेगी। आकाश को ध्यान से निहारेगा। मन ही मन तू यह सोचेगा कि यह आकाश अनंत है। महाशून्य है, सुख-दु:ख से परे है। और पहाड़ की ओर देखकर सोचेगा कि यह पहाड़ विराट् है, उसका अस्तित्व है, किन्तु वह सीमा में बंधा है।"

गुरुजी ने अपना वक्तव्य मुझे दुबारा अच्छी तरह समझा दिया, उसके बाद मुझे आश्वस्त करते हुए बोले—"यदि तुझे यह सब एक रस लगे या कोई असुविधा हो तो मठ में मेरे पास चले आना।"

—"जी, आपने जैसा कहा, मैं वैसा ही करूंगा।"

कुछ पल गुरुजी उस वन में टहलते रहे, तदनंतर शहर की ओर उतर गये। संभवत: शहर में उन्हें कुछ काम था।

उनके जाते ही मैंने कहा 'जय गुरु'। फिर उस प्रस्तर पर अपना चादर बिछाकर उस पर बैठ गया। मठाधीश ने मुझे एक चादर और एक कम्बल दिया था। उनकी यह कृपा न होती तो यहाँ की ठंड में मुझे कष्ट अवश्य होता।

गुरुजी के निर्देश के अनुसार मैंने आकाश की ओर देखा, असीम नीले आकाश पर से तैरते हुए बादल जा रहे थे अनंत क्षितिज की ओर। अनंत-असीम, इन शब्दों पर गौर करते हुए मैं सोचता रहा कि आकाश के साथ इन शब्दों का क्या सामंजस्य है? अनंत महाशून्य तो समझ में आ भी रहा था, किन्तु सुख-दु:ख से परे होना क्या है? कुछ देर सोचकर मैं युक्ति द्वारा इसका विश्लेषण करता रहा। यथार्थ ही तो अनादि-अनंत आकाश दु:ख से परे है; दु:ख आकाश से नहीं, शरीर से जुड़ा है, अत: दु:ख की सीमा यह शरीर और यह धरती है। देह नश्वर है, मरणशील है। अनादि अनन्त आकाशं में शारीरिक दु:ख नहीं रह सकता। अनादि और अनंत काल की तुलना में इस शरीर का दु:ख तो तुच्छ है। हो सकता है कि यदि मन को हम ऊपर ले जाएं, उसे अनादि-अनंत-असीम आकाश के साथ जोड़ें, तो जागतिक क्लेश हमें पीड़ा नहीं देगा। यह तो दु:ख की बात थी, किन्तु गुरुजी तो सुख-दु:ख की बात कह रहे थे। मन को ऊँचे लेने पर दु:ख से परे जा सकते हैं हम, किन्तु सुख से परे जाने की हमें क्या पड़ी है? सुख कौन नहीं चाहता? मैं सोचता रहा। मुझे दर्शनशास्त्र का ज्ञान नहीं, धर्म का भी मैं कुछ नहीं जानता था, किन्तु गुरुजी का आदेश था तो मुझे यही सब सोचना पड़ रहा था!

आज का विषय अच्छा था, पिछले दिन की तरह इस चिंतन में एकरसता नहीं थी। सुबह की धूप बहुत अच्छी थी। पाइन वृक्षों के बीच से हिमालय का जो दृश्य गोचर होता था उसके प्रभाव से यूँ ही मन हल्का हो गया था। कभी शिला पर आसन जमाए तो कभी टहलते हुए मैं सोच रहा था कि ज्ञानी सुख-दु:ख से परे जाने की बात क्यों कहते हैं? कोई सुख क्यों लांघना चाहेगा? सुख और दु:ख एक दूसरे की विपरीत स्थितियाँ हैं, अथवा दोनों यों ओतप्रोत ढंग से जुड़े हैं कि एक को चाहने से दूसरे को भी पाना पड़ेगा, अर्थात् सुख की चाह दु:ख की भी चाह है। इनका संबंध प्रकाश और अंधकार की तरह है। संभवत: इसीलिए गुरु जी ने कहा था कि आकाश, अनंत,

महाशून्य सुख-दुःख से परे है। हमारा मन या हृदय निश्चय ही आकाश की तरह है जहाँ विभिन्न वस्तुओं के कारण सुख-दुःख रूपी बादल मंडराते हैं, मन के ऊर्ध्व में जो आत्मा है वहाँ अवश्य ही सुख-दुःख जैसा कुछ नहीं है। यदि हम अपने मन को वश में करें और उसे अनंत की ओर ले जाएं तो हम सुख-दुःख से परे जा सकते हैं।

यह तर्क मुझे अच्छा लगा, मैं कुछ आश्वस्त हुआ। मध्यान्ह तक ऐसे ही विचार मस्तिष्क में कौंधते रहे। विचारों का क्रम बनता और टूटता, किन्तु इस तरह के सोच-विचार से मन बोझिल नहीं होता बल्कि और भी एकाग्र होकर चिंतन की प्रेरणा देता है।

सूरज चढ़ने पर मैं भोजन के लिए गया, भोजनोपरांत वहीं लौट आया। अब मुझे दूसरे विषय पर मनन करना था। गुरुजी ने कहा था कि पहाड़ विराट् है, उसका अस्तित्व है, किन्तु वह सीमा में बंधा है। ठीक ही तो, कितना विशाल था वह दूर का पहाड़, किन्तु वह कितना भी विशाल क्यों न हो, उसकी एक निश्चित सीमा तो थी ही। रूप भी तो सीमा में ही मिलता है, रूप के दर्शन से ही तो हममें सुख और दुःख के उद्रेक होते हैं, अतः सुख-दुःख भी एक सीमा में आबद्ध है। क्या ही अद्‌भुत है यह जगत्, इस अनंत-असीम के मध्य ही सीमा भी है। हमारी देह सीमा में बँधी है, किन्तु मन को असीम तक पहुँचाया जा सकता है। मैं जो इस शिला पर आसीन था, मेरा मन अपने स्थूल रूप को लेकर यहाँ जड़ होकर बैठा था, आँखें, कान तथा दूसरी इंद्रियाँ मन को विभिन्न संवाद पहुँचा रहे थे, तब भी मेरा मन और विचार शक्ति तो जड़ता से मुक्त था। मन कहीं भी जा सकता है। अनंत नीले आकाश को भी वह महसूस कर सकता है। कितना अद्‌भुत! मुझमें ही निहित है आत्मारूपी अनंत और देहरूपी सीमा। क्या इसी तथ्य को समझने के लिए गुरुजी ने मुझे यहाँ बैठाया था, मुझे ऐसा चिंतन करने को कहा था? क्या पता, इससे भी गूढ़ कोई तथ्य छिपा हो उनके इस उपदेश में! जो भी हो, इससे अधिक चिंतन या व्याख्या मैं नहीं कर पा रहा था, अतः कुछ समय तक वन में टहलता रहा, फिर उसी शिला पर बैठकर पवित्र कांचनजंघा का नयनाभिराम दृश्य देखता रहा।

तीसरे दिन गुरुजी ने नया निर्देश दिया। वे बोले, ''यह मान ले कि तेरा मन आकाश है और मन की चिंताएँ आकाश में विचरते बादल हैं। ज्यों तू बादलों को आकाश में तैरते देखता है, त्यों ही मन की चिंताओं को भी देखने का प्रयत्न कर। नीरव दर्शक की भाँति उन्हें देख और सोच कि चिंता के बादल कहाँ से आ रहे हैं और कहाँ जा रहे हैं?''

आज्ञाकारी बालक की तरह मैं गुरुजी के प्रथम, द्वितीय और तृतीय दिन के उपदेशों का पालन करता रहा।

चौथे दिन उन्होंने पूछा, ''तुझे कोई कष्ट तो नहीं हो रहा?''

—''जी नहीं।''

—''इस वन में एकाकी रहते अकेलापन तो नहीं कचोट रहा?''

—"नहीं।"

कष्ट का प्रश्न ही नहीं था। खाने की घंटी बजती तो मैं भी औरों के साथ मठ में उपस्थित होता। उसके बाद यहाँ आ जाता। सारा दिन इस निर्जन में काटकर रात में मठ में लौटकर प्रार्थना करता, फिर सो जाता। अब यही मेरी दिनचर्या थी। मुझे यह मालूम था कि गुरुजी प्रत्यह जो निर्देश दे रहे थे उसके पीछे कोई कारण अवश्य था, इसलिए मैंने उनसे कुछ पूछा नहीं था। क्रमशः ऐसे निर्जन परिवेश में रहने में मुझे आनंद का अनुभव होने लगा था, एक नशा-सा छा गया था मुझ पर। निर्जन में एकाकी बैठे रहने का यह पहला अवसर था। लगता था कि गुरुजी मेरे आचरण से संतुष्ट थे। एक दिन उन्होंने कहा, आज वन में जाने की आवश्यकता नहीं।" फिर उन्होंने धीमे स्वर में पूछा, "तू क्या यथार्थ ही तिब्बत जाना चाहता है?"

मैंने दृढ़ता से कहा, "अवश्य। किन्तु मुझे साथ ले जाने में आपको आपत्ति या असुविधा हो तो मैं आपके साथ नहीं जाऊंगा। आप मुझे वहाँ जाने का रास्ता बता दें और वहाँ के विषय में कुछ आवश्यक निर्देश दे दें तो मैं स्वयम् ही चला जाऊंगा।"

यह उत्तर सुनकर गुरुजी ने एक ठोस प्रश्न उछाल लिया—"तू तिब्बत क्यों जाना चाहता है?"

उनसे इस प्रश्न की अपेक्षा नहीं की थी मैंने। वे स्वयम् यायावरों की तरह घूमते रहते थे, अतः उन्हें इस प्रश्न का उत्तर अवश्येमव ज्ञात था। इस प्रश्न का कोई सदुत्तर नहीं था मेरे पास। गुरुजी मेरी ओर एकटक देख रहे थे। उन्हें उत्तर की प्रतीक्षा थी, अतः मुझे कुछ तो कहना ही था। मैंने कहा, "कांचनजंघा के ऊपर से जो बादल आवाजाही करते हैं, क्या आपको मालूम है कि उनकी यह गतिविधि क्यों है?"

गुरु जी ने मेरा उत्तर सुनकर प्रसंग बदला—"तू आज शिल्पी लामा को मूर्तियाँ रंगने में सहायता कर , कल सुबह मैं दूसरा काम बताऊँगा।"

—"ठीक है गुरुजी, जैसी आपकी इच्छा!"

अगले दिन बहुत तड़के गुरुजी ने मुझे जगाया। मैंने आंखें खोली तो वे बोले, "जा, प्रातः कृत्य से निवृत्त हो आ।"

सूर्योदय में अब भी विलम्ब था। कम्बल छोड़कर बाहर निकलने की इच्छा नहीं हो रही थी। किन्तु गुरुजी का आदेश था, उठना ही पड़ा। मैदान में लौटकर हौज के ठंडे पानी से मुँह-हाथ धोया, फिर गुरजी के पास पहुँचा। वे मुझे मंदिर से ले गये। मंदिर में घी का दीया सदैव जलता था, उन्होंने उसकी लौ को कुछ तेज कर दिया, फिर वहीं पर रखे नए वस्त्र को लेकर भगवत् प्रणाम किया। उनकी देखा-देखी मैंने भी भगवान् तथागत की मूर्ति को प्रणाम किया। इसके बाद उन्होंने मुझे प्रार्थना की वेदी पर बैठने को कहा। प्रार्थना की लम्बी वेदी पर गद्दा बिछा रहता था, वहाँ बैठकर कोई भी किसी भी समय प्रार्थना कर सकता था या ध्यान मग्न हो सकता था। गुरुजी ने मुझे ध्यान से भगवान् तथागत की मूर्ति का चेहरा देखने का कहा।

दीपक के मृदु आलोक में वह विशाल मूर्ति अस्पष्ट दिख रही थी। वर्षों से निरंतर दीया जलते रहने के कारण शिखा की कालिख से देवालय का भीतरी भाग काला हो गया था। भगवान् तथागत की मूर्ति इतनी विशाल थी कि निकट से उसका सम्पूर्ण अवयव एक साथ देख पाना दुरूह था। मैं उनके चेहरे पर दृष्टि साधे रहा। दीये की प्रकाश उनकी आँखों पर पड़ रहा था, जिससे सफेद आँखों पर जड़ी नीले रंग की पुतलियाँ चमक रही थीं। मेरी दृष्टि उन पुतलियों पर टिक गयी। ऐसा प्रतीत हो रहा था कि वे पुतलियाँ मुझे ही देख रही हैं। मैं वहाँ से अपनी आँखें नहीं हटा सका। मेरे सामने ध्यानमग्न पवित्र बुद्ध की अपरूप ज्योतिर्मय मूर्ति थी जिसे मैं अपलक देखता ही रहा। क्रमश: लगा कि उनकी आँखों की ज्योति से धीरे-धीरे सारा मंदिर आलोकित होने लगा है। तथागत का चेहरा भी अब स्पष्ट दिखाई पड़ रहा था। वह एक अपूर्व अनुभूति थी...।

जब मैं इस तरह विभोर हो रहा था, गुरुजी ने मेरे कानों में फुसफुसाकर कहा, "अब धीरे-धीरे अपनी आंखें बंद कर, स्थिर एकाग्रचित् से भगवान् बुद्ध की अपूर्व ज्योति अनुभव करने की चेष्टा कर। अनुभव कर कि उनकी ज्योति धीरे-धीरे तुझ पर पड़ने लगी है जिससे तेरा मन आलोकित होने लगा है। इसी तरह कुछ क्षण तथागत के उज्ज्वल चेहरे का ध्यान कर। अब आँखें बंद रखकर ही मुँह से बोल—'ओम् मणि पद्मे हुम्, ओम् मणि पद्मे हुम, ओम् मणि पद्मे हुम्....; मन ही मन इस मंत्र का जाप कर। मंत्र को खोना नहीं, मुँह से उच्चारण कर और कानों से सुन!"

गुरुजी की आज्ञानुसार मैं चुपचाप बैठकर उस मंत्र को जपने लगा। किन्तु कुछ समयोपरांत मंत्र को थामे रहना कठिन हो गया। चिंता और मंत्र के बीच मानों सहसा संघर्ष छिड़ गया था। मैं जितना ही मंत्र को थामने की चेष्टा करता, उतनी ही चिंताएं मंत्र का स्थान लेने के लिए भीड़ करने लगतीं। भाँति-भाँति की चिंताएं मस्तिष्क में कुरुक्षेत्र की लड़ाई छेड़ने लगी थीं। ऐसे में गुरुजी का कंठस्वर सुनाई पड़ा—"मन को हलका रख, मन में चिंताएं आती हैं तो उन्हें आने दे, उनसे जूझ नहीं। चिंता को प्रेम से जय करना पड़ता है। कोई भी चिंता बुरी नहीं होती, भले-बुरे का विचार मत कर, धीरे-धीरे चिंता के स्थान पर मणिमंत्र को बैठा दे।"

पाँवों को थोड़ा हिला-डुला कर मैं पुन: स्थिर होकर बैठा और मणिमंत्र जपने लगा, 'ओम् मणि पद्मे हुम्, ओम् मणि पद्मे हुम्, ओम मणि पद्मे हुम्'....।

न जाने कितनी देर तक मैं इस तरह जाप करता रहा। सहसा जैसे मेरी नींद खुली, लगा कि मैं बैठे-बैठे सो गया था। आँखें खोलकर देखा, वहाँ गुरुजी नहीं थे। बाहर की धूप कमरे में आ रही थी। सहसा मैं चौंका, देवालय का दरवाजा उत्तर की ओर था जिससे धूप केवल शाम को ही भीतर आती थी। अत: यह अपरान्ह का समय था। समझ में नहीं आ रहा था कि मुझे उठना चाहिए या नहीं। देह हलका हो गया था, और मन तो बादल से भी हलका था—क्या ही सुखद अनुभूति थी वह! दरवाजे पर कोई आकृति उभरी, किन्तु उधर देखते ही वह आकृति ओझल हो गयी। संभवत: वह

मठ का कोई दाबा था। मैं चुपचाप देवालय की मूर्तियों को फिर से देखने लगा। ऐसे में गुरुजी आए, मुस्कराकर उन्होंने पूछा, "कैसा लग रहा है?"

—"बहुत अच्छा, शरीर और मन दोनों हलका हो गया है, लगता है कि मैं उड़ सकता हूँ।" मैंने उत्तर दिया।

गुरुजी हँसते हुए बोले, "अब उठ, जाकर कुछ खा ले, रसोई में नाउका तेरे लिए बैठा है।

मैं आसन छोड़ कर उठा। भगवान् तथागत की मूर्ति को प्रणाम करने के बाद गुरुजी को प्रणाम किया। उन्होंने मुझे आलिंगन में भर लिया।

मैंने पूछा, "क्या आप मुझे बौद्ध-भिक्षु के रूप में दीक्षित कर रहे हैं?"

वे बोले, "उन्हें जानना ही मूल उद्देश्य होना चाहिए। मत और पथ के चक्कर में पड़कर मूल उद्देश्य से भटकना नहीं चाहिए।"

"गुरुजी, यह जानने की इच्छा हो रही है कि आज मैंने जिस तरह ध्यान या प्रार्थना किया, क्या वही महायान या हीनयान पंथ है? सुना है कि तिब्बत में वज्रयान का ही अधिक प्रचलन है!"

उन्होंने संक्षिप्त उत्तर दिया—"सभी यान उस महासत्य तक पहुँचाते हैं।"

उनका उत्तर सुनकर मैं चुप हो गया। यह समझ गया कि दर्शन का तर्क लेकर वे महासत्य का पथ खोना नहीं चाहते। उनका मत था कि सर्व-साधारण के लिए भजन-पूजन और ध्यान का माध्यम ही सत्य का सहज पथ है। जो दर्शन के कठिन तत्व और रहस्य को लेकर विवाद करते हैं, उनका पथ भी कठिन होता है।

गुरुजी बोले, "अब सदैव मणिमंत्र जपते रहना। जितनी देर संभव हो, जाप करते रहना-मन ही मन जपना, बिना विराम दिए।"

गुरुजी का वचन शिरोधार्य करते हुए मैं मंदिर से बाहर निकला। बाहर अपरान्ह की धूप थी। सूर्योदय से पहले मैं मंदिर में गया था। इतना समय इतनी शीघ्रता से बीत गया था, इसका मुझे आश्चर्य हो रहा था। सुबह के चार बजे से शाम के चार बजे तक मैंने एक ही स्थान पर बैठकर बिताए थे, यह भी मेरे लिए एक नयी अभिज्ञता थी—एक नया स्वाद था—नया जगत्। पुनः ध्यान में बैठने की इच्छा होने लगी। मुझे लगा कि यह अनुभूति ही आनंदानुभूति है। इसमें मेरा कोई श्रेय नहीं था, यह गुरुजी की ही महिमा थी—'गुरु कृपाहि केवलम्'।

अगले दिन सुबह गुरुजी ने सबको यह बताया कि मैंने उनसे बौद्ध धर्म की दीक्षा ली है। इससे सभी प्रसन्न होकर मुझे समानधर्मा समझने लगे। शाम को मठ के एक लामा ने मेरा मुंडन कर दिया और उसके बाद से मुझे अन्य मठवासियों की तरह पीतवस्त्र पहनने को कहा गया। मैं भी उनके दल में शामिल हो गया।

यह सब कुछ अति साधारण ढंग से हुआ था। किसी तरह का दिखावा, दीक्षा-पर्व, पूजा-अर्चना कुछ भी नहीं हुआ। बिना उपवीत धारण किए ही मैं दीक्षित हो गया

था। गुरुजी बोले थे, ''सत्य का पथ अति सहज है। आवश्यकता आडम्बर की नहीं, हृदय की भक्ति व सच्चाई की होती है।''

गुरुजी ने मठ के शिक्षक लामा से अनुरोध किया कि वे मुझे तिब्बती वर्णमाला सिखा दें। अब समय विशेष रह ही नहीं गया था, मुझे यथा शीघ्र तिब्बती अक्षर और शब्दों से परिचित होना था। दीक्षा होने पर भी मेरा कोई नामकरण नहीं हुआ था, लोग मुझे ऐ, ओए आदि कहकर पुकारते थे। मेरे दिन चैन से बीत रहे थे, लामा का बौद्ध-भिक्षु के परिधान में मेरा व्यक्तित्व ही बदल गया था—यह संभवत: उस पहिनावे का ही गुण था। मैंने तिब्बती भाषा की प्रार्थनाएं बंगला लिपि में लिख ली थी, इससे जब समवेत प्रार्थना के लिए मैं उपस्थित होता था तब मुझे असुविधा नहीं होती थी। गुरुजी ने मुझे बातचीत करने के लिए मना किया था, इससे प्रार्थना व मणिमंत्र पाठ के सिवाय मैं बोलता नहीं था। तिब्बती भाषा की कक्षा में भी मुझे सुनना और लिखना पड़ता था किन्तु कुछ बोलने की मनाही थी। मौन रहना मेरे लिए स्वाभाविक बनता जा रहा था।

गुरुजी ने बताया था कि मार्च के प्रथम सप्ताह यात्रा शुरू होगी। सभी यात्री एचे गुम्फा में उपस्थित भी हो चुके थे। किन्तु मार्च का आधा बीतने पर भी यात्रा की तैयारी न थी, इसलिए गुरुजी से मुझे पूछना पड़ा।

उन्होंने बताया—''तिब्बत की यात्रा निरंतर असंभव होती जा रही है। पहले हम इच्छानुसार आ-जा सकते थे, न किसी कागजात की आवश्यकता होती थी न सीमा पर रोक-टोक थी। किन्तु सन् १९५० के बाद से नेपाली, सिक्किमी और भूटानी नागरिकों को सरकारी अनुमति-पत्र की आवश्यकता होने लगी है। काठमांडू के दूतावास से यह प्रवेशपत्र मिलता है। एकमात्र लामाओं को ही आजकल तीर्थाटन के लिए तिब्बत में घुसने देते हैं, भारतीयों को वे प्रवेशपत्र नहीं देते, उन पर प्रतिबंध है।''

यह सुनकर मैंने बुझे स्वर में पूछा, ''मैं तो भारतीय हूँ गुरुजी, तब वे मुझे भी वहाँ नहीं जाने देंगे!''

—''हाँ, तुझे वे सीमा पर ही रोक देंगे, किन्तु मैं उनसे कहूंगा कि तू मेरा शिष्य है, सिक्किम का रहने वाला है।''

—''किन्तु गुरुजी, मैं तो यहाँ की भाषा ही नहीं जानता, और वे मेरा चेहरा देखकर ही समझ जाएंगे कि मैं यहाँ का नहीं हूँ।''

मेरे कंधे पर हाथ रखकर मुझे आश्वस्त करते हुए गुरुजी बोले, ''घबड़ा नहीं, मैंने इसका उपाय निकाला है। मेरी बातें ध्यान से सुन। तू तो जानता है कि मेरा दायाँ पाँव कुछ दुर्बल है, इसलिए तू अपने सामान के साथ मेरा कम्बल भी ढोएगा। तू अभी सोचता होगा कि गुरुजी ने इतना हल्का काम बताया, आगे राह चलते तू समझ जाएगा कि यह कैसा काम है। जो भी हो, इससे मेरा बहुत उपकार होगा। मैंने बावन यात्रियों के लिए प्रवेश-पत्र मांगा है, किन्तु लगता है कि इस बार तीस से अधिक यात्री न होंगे। तिब्बत पर चीन का अधिकार होने के बाद से इच्छा रहने पर भी लामा वहाँ जाना नहीं चाहते। प्रवेश-पत्र पर किसी का नामोल्लेख नहीं रहेगा, अत: मैं जिसे भी चाहूँ अपने साथ ले

सकता हूँ। स्मरण रहे कि तू मेरा चेला बनकर जाएगा और जहाँ भी चीनी सिपाही मिलेंगे या पूछताछ करेंगे, तू मौन रहेगा, मैं उन्हें यही बताऊँगा कि तू मौनी लामा है, इसलिए बात नहीं करता। तेरी ओर से मैं ही उनके प्रश्नों का उत्तर दूंगा। यह मत भूलना कि हमारे साथ तुझे मौनी बनकर जाना है।''

अंधे को क्या चाहिए, दो आँखें! गुरुजी की बातें सुनकर मैं आनंद से उछल पड़ा। मैं अपना उच्छ्वास रोक न सका, 'जय साधुबाबा की जय!' कहते हुए मैंने उन्हें जकड़ लिया, फिर झुककर उन्हें प्रणाम किया और कहने लगा—''गुरु कृपाहि केवलम्, गुरु कृपाहि केवलम्!''

गुरुजी ने मुझे टोका—''उच्छ्वास नहीं, अपने में बौद्ध भाव लाने की चेष्टा कर, 'ओम् मणि पद्मे हुम्, ओम् मणि पद्मे हुम्'....।''

मैं भी उनके कंठ से कंठ मिलाकर तथागत की कृपा पाने के लिए उच्चारण करने लगा—''ओम् मणि पद्मे हुम्, ओम् मणि पद्मे हुम्, ओम् मणि पद्मे हुम्....।''

# यात्रा

लामाओं में एकाएक आनंद की लहर दौड़ गयी। ८ अप्रैल सन् १९५६ को काठमांडू से अनुमति-पत्र आ गया था। काठमांडू के चीनी दूतावास का एक कर्मचारी गुरुजी के नाम जारी अनुमति-पत्र पहुँचाने आया था। उसमें गाइड के रूप में गुरुजी का नाम लिखा था। उनका नाम गेशे रेपतेन था, यह मुझे पहली बार मालूम हुआ। किन्तु गेशे रेपतेन नाम न होकर तिब्बती पदवी थी जो अति सम्मानीय तथा उच्चस्तरीय मानी जाती थी। दूसरे लामाओं ने भी गुरुजी के साथ तिब्बत जाने के लिए अनुमति-पत्र की मांग करते हुए आवेदन भेजा था। उसी के उत्तर में चीनी दूतावास ने उन सज्जन को भेजा था जिन्होंने सभी लामा यात्रियों को कई बार गिना, फिर सबके पाँचों अंगुलियों के निशान लिए, और अंत में अनुमति-पत्र गुरुजी को थमा दिया। दूतावास का वह कर्मचारी नेपाली था और गुरुजी को पहचानता था।

इस अनुमति पत्र की ही अधीर प्रतीक्षा थी। उसके प्राप्त होते ही सबका उत्साह बढ़ गया और वे यात्रा की तैयारी में जुट गये।

एचे धर्मशाला में ठहरने और खाने का जो व्यय हुआ था उसका भुगतान कर दिया गया। प्रति व्यक्ति प्रतिदिन का दस आने की दर से भुगतान करना पड़ा था, इसे सस्ता ही कहा जाएगा। उसी दिन शाम को सिक्किम के राजमहल से हम सब के लिए नए कम्बल और चादर भेजे गये। सिक्किम के महाराज का यह नियम था कि वे सदैव ऐसे तीर्थयात्रियों को अपनी शुभकामनाओं व आशीष के साथ दान-सामग्री भेजते थे। यह व्यवस्था कैलास तथा लासा के यात्रियों के लिए ही थी। उसी रात गुरुजी ने यात्रियों को कुछ आवश्यक बातें समझा दीं। इस दल में उन्हें छोड़कर शेष सभी ऐसे थे जो पहली बार तिब्बत की यात्रा पर जा रहे थे। अतः हममें आनंद, उत्साह और कौतूहल का ठिकाना न था!

अगले दिन, अर्थात् ९ अप्रैल को, पौ फटने से पूर्व हम तैयार हो गये थे। अपना सामान्य सामान हमने पीठ पर लाद लिया था। भारी पोशाक पहने, एक हाथ में जॉप की माला, दूसरे हाथ में लाठी-बस, महातीर्थ के यात्री तैयार! जो सामग्रियाँ हम लिए थे, उनमें कम्बल, आटा, सत्तू और नमक ही मुख्य था। प्रत्येक ने कम-से-कम पाँच-छः किलो नमक रख लिया था, क्योंकि तिब्बत में नमक का मूल्य बहुत है, जितनी ऊँचाई पर जाएंगे उतना ही इसका मूल्य बढ़ता जाएगा।

समवेत प्रार्थना के उपरांत हम गुम्फा से निकल पड़े। बाहर निकलकर दूर का एक पहाड़ दिखाते हुए गुरुजी बोले,—"वही चुम्बी घाटी है, उसे छूते हुए जो पर्वत ऊँचा

होता गया है, हमें उस पर चढ़ना है। उसके उस पार ही है हमारा रहस्य जगत तिब्बत, महातीर्थ कैलासनाथ व मानसरोवर।''

मठ से कई लोग हमें सड़क तक छोड़ने आए थे। उनसे विदा लेने से पहले हमलोगों ने पुन: एक बार तथागत के उद्देश्य में समवेत प्रार्थना की,—उस प्रार्थना का भाव इस प्रकार था—

**'प्रज्ञाहीन व्यक्ति ध्यान नहीं कर सकता**
**ध्यानहीन व्यक्ति की प्रज्ञा नहीं होती,**
**हे भगवान् करुणासिंधु जगतपिता**
**तुम हमें प्रज्ञा के पथ पर ले चलो,**
**बुद्ध, धर्म व संघ के पथ पर ले चलो।'**

यह कहने की आवश्यकता नहीं है कि इस मठ के सभी लोग तिब्बती भाषा जानते थे। तिब्बती प्रथा में ही यहां पूजा-पाठ का अनुष्ठान होता था। गुरुजी ने सबसे मेरा परिचय कराते हुए मुझे नया नाम दिया-गेलङ् लामा।

छोटे-बड़े सभी को एक-एक करके विदा कहने के उपरांत हमारी यात्रा शुरू हुई। बड़ी सड़क पर पहुँचते ही वहाँ आंचू खड़ा मिला। मुझे बांहों में भरकर उसने रूँधें स्वर में कहा—''मुझे भूल मत जाना!'' उसे आश्वस्त करने के लिए उसकी पीठ थपथपायी। उसे ज्ञात ही था कि मैं मौनीबाबा बन गया हूँ, अत: बोल नहीं सकता।

एचे गुम्फा गैंगटक शहर से बाहर स्थित था। वहाँ से निकलकर हम जिस बड़ी सड़क पर पहुँचे थे, वही सड़क नाथू-ला की ओर जाती थी। सड़क क्रमश: पहाड़ से नीचे उतर कर घाटी में से होकर पुन: दूसरे पहाड़ पर ऊँचाई की ओर बढ़ गयी थी। हमें नाथू-ला के दर्रे से होकर तिब्बत जाना था।

पहाड़ से उतरते हुए मुझे कोई असुविधा नहीं हुई। मेरी पीठ पर जो सामान लदा था, उसका कुल वजन दस किलो से अधिक न होगा। मेरे सामान के साथ गुरुजी का कम्बल तथा एक अल्यूमिनियम की देगची मैं ढो रहा था। मुझे उलझन हो रही थी तो बस उस वस्त्र के कारण जो मैं बौद्ध-भिक्षुओं की तरह पहने हुए था। पुरुषों की लुंगी और स्त्रियों की कुरती एक साथ जोड़कर उस पर स्वेटर और चादर ओढ़ने जैसा ही था मेरा यह वस्त्र। बहुत भारी न होने पर भी यह पहनावा जटिल अवश्य था। इस परिधेय को पहनने का जिन्हें अभ्यास है वे कह सकते हैं कि ठंडे प्रदेशों में इससे उपयुक्त पहनावा दूसरा नहीं हो सकता। सच है, जो लुंगी पहनने का अभ्यास करता है, वह लुंगी पहनकर दौड़ भी लेगा, उसे असुविधा नहीं होगी। अभ्यस्त होने पर सब सहज हो जाता है। किन्तु इस परिधान में मैं मठ के बाहर एक डग भी नहीं चला था, इसी से मैं साँसत में था, विशेषत: ऐसे ऊँचे-नीचे पहाड़ी रास्ते के कारण भी।

लगभग चार घंटे की यात्रा के उपरांत हम पहाड़ी ढलान से उतरकर समतल भूमि पर आ गये थे। वहाँ सड़क के दोनों ओर सेनावाहिनी का पड़ाव था। हम धीरे-धीरे

आगे बढ़ रहे थे। गुरुजी की आज्ञा थी कि कोई तेज नहीं चलेगा तथा चलते हुए कोई बातचीत भी नहीं करेगा। चूंकि यात्रा का यह पहला दिन था, सभी स्वस्थ व सबल थे, मन का उत्साह और उमंग चलने की भंगिमा ही व्यक्त कर रही थी।

मध्यान्ह में एक स्थान पर हम लोग रुके। सूखे डाल या टहनियाँ बिनकर हमने दोपहर के भोजन की व्यवस्था की। चावल और उबले आलू खाकर हमलोगों ने पुनः अपना-अपना सामान पीठ पर लादा और प्रसन्नता से आगे बढ़ने लगे। अब तक हम पहाड़ से उतरे थे और समतल पर चले थे, इसलिए कोई भी थका नहीं था। आगे चढ़ाई शुरू होती थी।

यात्रियों के इस दल में मैं सबसे छोटा था और गुरुजी उम्र में सबसे वृद्ध थे। अन्य लामाओं में अधिकांश की उम्र चालीस से पचास के बीच थी। ये सभी पहाड़िया थे, अतः पहाड़ से इनका जन्मजात संबंध था। पहाड़ इनका नित्य का सखा था, पहाड़ इनका प्राण भी। उनके साथ ताल मिलाकर मैं भी धीरे-धीरे चल रहा था। गैंगटक की तरह यह अंचल भी देवदारू और चीड़ आदि वनों से घिरा था। काई लगे पत्थरों के कारण सील की गंध फैली हुई थी। सिक्किम की सड़क छोड़कर हमने नाथू-ला की सड़क पकड़ ली थी। नाथू का अर्थ था नाम और ला का अर्थ था संकट। दो पहाड़ों के बीच में थी यह सड़क जो एक दर्रे से गुज़रती थी। यहाँ से एक सड़क मुड़ गयी थी जिलाप-ला की ओर। जिलाप-ला भी एक दर्रा था।

कारपोनाङ् नामक गाँव पीछे छोड़कर हम ज्यों-ज्यों ऊँचाई पर चढ़ रहे थे, त्यों-त्यों गैंगटक तथा समस्त हिमालय का दृश्य भी बदलता जा रहा था। अरण्यवेष्टित पहाड़ से सटकर हम आगे बढ़ रहे थे। मौसम अच्छा था, हवा की शीतलता हमारी श्रांति को कुछ कम कर रही थी। किन्तु क्रमशः हम क्लांत होने लगे, चढ़ाई ही इतनी थी। सभी यात्री हाँफने लगे थे, हमारी चाल भी बतला रही थी कि हम श्रांत हो चुके हैं। साँझ होने को थी जब गुरुजी ने कहा कि और कुछ दूर जाकर हम रुकेंगे। लगभग और एक घंटा चलने के बाद हमें एक गाँव मिला। उसे गाँव न कहकर सराय कहना ही उचित होगा। लकड़ी के बने एक मकान के सामने हमलोग पहुँचे तो वहाँ के कुछ लोग हमारी ओर बढ़ आए। गुरुजी ने उनसे कुछ कहा, वह भाषा मैं समझ नहीं सका। वे हमें राह बताते हुए उस मकान की दूसरी मंजिल पर ले गये। वहाँ दो कमरे में किसी तरह बत्तीस लोगों के लेटने की व्यवस्था हुई। रात वहीं बितानी थी। गुरुजी ने उस गाँव का नाम चेंगु बताया था।

रात में सोने से पहले गुरुजी भगवान् बुद्ध की वाणी पाठ करते थे जिसे सब लोग ध्यान से सुनते थे। चेंगु के उस मकान की छत इतनी नीची थी कि कमरे के भीतर बैठा भी नहीं जा सकता था, बैठने के लिए बरामदे में जाना पड़ता, वहाँ भी स्थानाभाव होता। गुरुजी ने सबसे कहा कि १०८ बार माला जपें, फिर सो जाएं। इससे पहले रात के भोजन के रूप में हमने कच्ची सब्जियाँ खायीं, मूली और फूलगोभी। भूख के समय जो मिले उसी से संतुष्ट होना पड़ता है। उस समय हमें भोजन से भी अधिक आवश्यकता थी विश्राम एवम् नींद की।

अगले दिन तड़के उठकर हम चेंगु से चल पड़े। नाथू-ला वहाँ से आठ मील की दूरी पर था। मार्ग भी अब कठिन हो गया था। सँकरे तथा चक्करदार रास्ते से होकर और भी ऊँचाई पर उठना था। आगे सेना की टुकड़ियाँ थीं। कांचनजंघा का दृश्य यहाँ से और भी सुंदर लग रहा था, वह छवि ही हमारी थकान को पराभूत कर रही थी।

एकाएक एक सैनिक ने आगे बढ़कर हमारा रास्ता रोककर कहा,—"अब आगे मत बढ़ो, यहाँ से सीधे वापस लौटो।"

उसके इस आदेश ने हमें चौंका दिया था। गुरुजी हिन्दी भी अच्छी बोल लेते थे, उन्होंने उस सैनिक को समझाते हुए कहा कि हमलोग ताशिलुम्पा तथा मानसरोवर की ओर जाने वाले तीर्थयात्री हैं।

यह सुनकर सैनिक हँसकर बोला, "सब तीरथ बन्द हो गए हैं, वापस जाओ!"

गुरुजी ने हमें इस सैनिक की बातें अनसुनी कर आगे बढ़ने को कहा। किन्तु हमारे आगे बढ़ते ही सैनिक ने दुबारा रास्ता रोककर कहा, "ठीक है, आगे जाना ही चाहते हो तो जाओ, आगे सीमा के पहरेदारों के चक्कर में पड़ोगे तब समझोगे!"

उससे बिना बहस किए हम लोग आगे बढ़े। आधे घंटे के पश्चात् हम सीमा सुरक्षा बल की चौकी के निकट पहुँचे। पेड़ का एक तना सड़क पर रखकर वहाँ कृत्रिम अवरोध बनाया गया था। दो जाट सैनिकों को हमारी ओर बढ़ते देखकर गुरुजी ने उनसे कहा, हमारे पास तिब्बत जाने के लिए आवश्यक अनुमतिपत्र है, अत: वे हमें आगे बढ़ने दें।

वे हमें पास के एक तंबू में ले गये जहाँ उनके अधिकारी बैठे थे। उस अधिकारी ने कागजात ध्यान से देखकर हमें छोड़ दिया। तिब्बत की सीमा वहाँ से भी बहुत दूर थी। इस क्षेत्र में भारतीय सीमा सुरक्षा बल के जवान चौकसी में तैनात थे। लगभग तीन घंटे और चलने के बाद रास्ता और भी संकीर्ण हो गया। घने वन की आर्द्रता के कारण हवा में भारीपन था। देह भी पहले से बोझिल हो गयी थी। सड़क कच्ची थी, पत्थरों और धूल से भरी। हमारे सामने एक और पहाड़ दीवार की तरह खड़ा था, उससे हमारी दूरी क्रमश: घट रही थी। गुरुजी ने हमें रुकने के लिए कहा तो हम सड़क पर ही बैठ गये, हम उनके इस आदेश की प्रतीक्षा में ही थे। बहुत चढ़ाई थी, न जाने अभी और कितनी चढ़ाई तय करनी थी।

आधा घंटा विश्राम लेकर हम आगे बढ़े। सामने का मोड़ घूमते ही हम सम्मुखीन हुए एक विशाल सेना-वाहिनी के। लगभग साढ़े चार हजार मीटर ऊँचे नाथू-ला दर्रे का दृश्य सामरिक वाहिनी का दृश्य था, लगता था कि वे सब किसी कुरुक्षेत्र की लड़ाई की तैयारी में हैं। सेना के साथ होड़ करते हुए गोला-बारूद और बंदूकें भी वहाँ इकट्ठी थी। लगता था कि सब तैयार हैं, केवल रणभेरी बजने की देर है। हाथों में बंदूक ताने लगभग सौ जवानों ने हमें चारों ओर से इस तरह घेर लिया था मानों वे वहाँ हम लोगों की प्रतीक्षा में ही तैनात थे। भारत और सिक्किम के साथ तिब्बत की सीमा यहीं थी।

इन सतर्क जवानों की दृष्टि बचाकर एक मक्खी भी सीमा नहीं लांघ सकती थी। इनकी क्षमता और कर्म-तत्परता देखकर महान् भारत के फौजी जवानों की प्रशंसा करनी पड़ती है।

सड़क के किनारे एक लकड़ी के मकान में सीमा चौकी थी, हमें वहाँ पहुँचाया गया। अधिकारी महोदय ने हमें बैठने को कहा। उनके हावभाव और हिन्दी उच्चारण से मुझे लगा कि वे बंगाली हैं, मेरी इच्छा उनसे बाङ्ला में कुछ बातें करने की हो रही थीं, किन्तु मुझे इस इच्छा का दमन करना पड़ा। मेरी थोड़ी सी असावधानी से यह यात्रा ही चौपट हो सकती थी।

सेना के उक्त अधिकारी अत्यंत विनयी थे। उन्होंने गुरुजी को यह कहकर आश्वस्त किया कि हमारी यात्रा के विषय में उन्हें पहले ही सरकार से सूचना मिल गयी थी, हमारे कागजात भी ठीक हैं, अतः कोई असुविधा नहीं होगी। वे हमें मिलिटरी तंबू में स्थित कैंटीन के क्वार्टर-मास्टर से मिलाए। यह सुनकर कि हम लासा तथा कैलास के यात्री हैं, क्वार्टर-मास्टर ने चौंक कर पूछा, आप लोग पागल तो नहीं हो गये? अभी भी उधर भयंकर ठंड है, रास्ता भी दुर्गम है, आप लोग जाएंगे कैसे? इसके बाद वे यात्रियों के इस साहस की प्रशंसा करने लगे। कुछ ही देर में सैनिकों ने हमें मग भरकर चाय और उसके साथ रोटी-सब्जी परोस दिया। उन्होंने हमें भरपेट भोजन कराया, चाय पिलाई। कहाँ तो हम फौजी छावनी के नाम से ही भीत थे, और कहाँ इन भारतीय सैनिकों का यह अप्रत्याशित सुंदर आचरण था! सीमांत के उन वीर पहरेदारों को जी भरकर आशीर्वाद देते हुए हम नाथू-ला की चौकी से आगे बढ़े।

नाथू-ला का दर्रा पहाड़ के सबसे ऊँचे भाग पर था। आगे बढ़ते हुए इस दर्रे को ठीक से देखने का अवसर मिला। यहाँ से पाँच मील दक्षिण से एक और रास्ता गया था, जो जिलाप-ला के दर्रे से होकर जाता था। यहाँ से सिक्किम, व कांचनजंघा के मनोहर दृश्य दिखाई पड़ रहे थे, और हमारे सामने चुम्बी उपत्यका का रास्ता था। थोड़ी दूर और बढ़ने पर बाँई ओर बहुत गहरी खाई दिखाई पड़ी जिससे सामने के पहाड़ और हमारे बीच सहसा व्यवधान बढ़ गया। गहरी खाई के बाद ही एक पहाड़ी झरने का प्रचण्ड रूप था। प्रकृति के सामने हम सब क्षुद्र व नगण्य कीट जैसे थे। पहाड़ से हमलोग नीचे खाई की ओर उतरने लगे। हमें अत्यंत सावधानी से उतरना पड़ रहा था, किसी भी क्षण भुरभुरे चट्टान के खिसकने की संभावना थी।

सड़क के किनारे एक स्थान पर छोटे-छोटे पत्थरों का एक विशाल स्तूप था। वहाँ रुककर गुरुजी ने बताया, इस पथ से यात्रा करने वाले वहाँ एक पत्थर चढ़ाते हैं, महान् हिमालय को प्रणाम जताने की यह एक विधि है। हमने भी एक-एक पत्थर उठाकर उस स्तूप पर रखा। मैंने प्रार्थना की, हे देव और देवियों! हमारी यात्रा की सफलता के लिए हमें आशीर्वाद दो।

नाथू-ला के सैनिक-शिविर में हमारे भोजन का प्रबंध हो जाने से हमारा कुछ समय बच गया था, अन्यथा कहीं रुककर हमें बनाना-खाना पड़ता। हम बिना रुके

चलते रहे। सामने चुम्बी की विशाल घाटी थी। भौगोलिक सीमा के अनुसार हम तिब्बत की धरती पर पहुँच गये थे। मातृभूमि भारत हम पीछे छोड़ आए थे।

समतल भूमि पर आठ मील चलने में दिक्कत नहीं होती, किन्तु पर्वतीय क्षेत्र में इतनी दूरी तय करना भी कष्टसाध्य था। प्रारंभ में हम प्रत्येक आधे घंटे पर रुक कर दम साधते, बाद में हर १५-२० मिनट के बाद ही हमें रुकना पड़ रहा था। यात्रा क्रमशः दुरूह होती जा रही थी। कंकड़ीली कच्ची पहाड़ी सड़क खड़ी चट्टान पर लगभग सीधे उठती थी जिससे पथ दुरारोह हो गया था। किन्तु हम जितनी ऊँचाई पर चढ़ते जाते, हिमालय की श्रेणियों की प्राकृतिक सुन्दरता और भी मनमोहक लगती। सिक्किम का रूप भी और निखरता लग रहा था, पहाड़ों की विभिन्न चोटियाँ ऊँची-ऊँची लहरों की तरह लग रही थी। लगता था कि दूर के पहाड़ बादलों से ही नीचे उतर आए हैं।

हिमालय की कई श्रेणियाँ लांघकर हम यहाँ तक पहुँचे थे। शाम ढलने को थी, चारों ओर सूर्यास्त की लाली फैल गयी थी। हठात् गुरुजी ने हमें पीछे की ओर देखने को कहा। हमने पलटकर सिक्किम और भारत की ओर देखा। हम अंतिम बार उधर देख रहे थे, आगे और भारत के दृश्य नहीं दिखाई पड़ेंगे। सिक्किम कोहरे में अदृश्य होने लगा था।

हमें पुनः एक स्तूप मिला। लगता था कि किसी बच्चे ने आसपास से पत्थर बिनकर बिना गारे और सिमेंट के वहाँ स्तूप बनाने की चेष्टा की थी। हमने यहाँ भी हिमालय के प्रति अपनी श्रद्धा-स्वरूप पत्थर रखे। वहाँ पत्थर चढ़ाकर श्रद्धा निवेदन करने की परंपरा बहुत प्राचीन थी। तिब्बत से भारत आनेवाले तथा भारत से तिब्बत जाने वाले तीर्थयात्री अति प्राचीनकाल से ही वहां पत्थर डालते आए हैं जिससे एक विशाल स्तूप जैसा बन गया था। नाथू-ला दर्रे की ऊँचाई यहाँ १४००० फीट थी जो कि उसकी सर्वोच्च ऊँचाई थी।

विश्राम के लिए हम बहुत बड़े चट्टान के पीछे जाकर रुके। भारतीय सेना वाहिनी के बाद राह में हमें कहीं एक भी आदमी का दर्शन नहीं हुआ था। कुछ कौए सर के ऊपर का-का करते हुए मंडराए अवश्य थे, उन्होंने ही हमारे तिब्बत पहुँचने का स्वागत किया था। गुरुजी ने सबको समझाते हुए कहा,—"शीघ्र ही हम तिब्बत के प्रथम गाँव में पहुँचेंगे। गाँव में प्रवेश से पहले ही हमें हान् (तिब्बती चीनियों को हान् कहते हैं) मिलेंगे। संभवतः वे हमारी हर प्रकार से जाँच करेंगे। वे यह निश्चय करना चाहेंगे कि हम यथार्थ ही लामा तीर्थयात्री हैं या नहीं। तुम सबको धीरज बनाए रखना होगा, अतः इसके लिए तैयार रहो।"

यह कहकर मेरे लामा गुरु, जिन्हें दल के और लोग रेप्तेन लामा कहते थे, चुप हो गये। वहाँ से आगे बढ़कर समतल भूमि के निकट हमें एक चौकी मिली। वहाँ सभी प्रहरी तिब्बती थे, उनके साथ दो चीनी फौजी थे जो अपनी पीठ पर वायरलेस रेडियो बाँधे हुए थे। तिब्बती प्रहरियों ने गुरु जी से कुछ पूछताछ की जिसके उत्तर में गुरुजी ने

अपने कागजात निकाल कर उन्हें दिखाना शुरू किया। चीनी प्रहरियों ने उन कागजों का निरीक्षण आंरभ किया तो एक तिब्बती प्रहरी उन कागजों में लिखे शब्दों को चीनी भाषा में अनुवाद करके उन्हें बतलाने लगा। कागजातों में चीनी दूतावास का अनुमति पत्र था, सिक्किम सरकार का प्रशंसा-पत्र तथा शुभेच्छा वाणी थी, और गुरुजी का व्यक्तिगत परिचय पत्र था। अर्थात् गुरु गेशे रेप्तेन का परिचय पुष्ट होने से ही चलेगा, हम सब उनके सहचर मात्र थे।

यात्रियों के विषय में चीनी बहुत सतर्क थे। सब कुछ समझ लेने के बाद उन्होंने अपने ऊर्ध्वतन कार्यालय को वायरलैस से सूचना भेजी। चीनी तथा तिब्बती भाषा के वे शब्द मुझे अद्‌भुत लग रहे थे। किन्तु मेरे मन में कोई शंका न थी, भारत से विदेश पहुँचने के आनंद में ही मेरा मन उत्फुल्ल था, यात्रा की क्लांति से भी उस उत्साह में कमी नहीं आई थी।

गुरुजी ने हमें पहले ही सचेत कर दिया था कि आगे धीरज की परीक्षा है, हमें धीरज बनाए रखना है। तिब्बत की पहली चौकी पर आगे बढ़ने की अनुमति के लिए प्रतीक्षा करते हुए हम उसी धैर्य की परीक्षा दे रहे थे। एक घंटा बीता, किन्तु ऊपर के कार्यालय से हमारे लिए कोई आदेश नहीं पहुँचा। इस बीच शाम ढलकर साँझ हो गयी थी, फिर क्रमश: अंधेरा भी घना होने लगा किन्तु हमारे लिए कोई आज्ञा नहीं पहुँची। लकड़ी की बनी उस चौकी में एक लालटेन जला दी गयी। उसकी क्षीण रोशनी में हम बत्तीस लामा, चार तिब्बती सैनिक तथा दो चीनी सैनिक चुपचाप बैठे थे। कोई कुछ भी नहीं कह रहा था। लामाओं के श्वाँस-प्रश्वास तथा उनके माला फेरने की ध्वनि उस निस्तब्धता को भंग कर रही थी। यात्रा की थकान के कारण कुछ लामा बैठे-बैठे ही सो गये थे। फिर ज्यों ही एकाएक चीनी रेडियो से चीनी भाषा में कोई निर्देश आने लगा तो हम चौकन्ने हो गये। हमारी उत्कंठा भी बढ़ने लगी कि वह रेडियो-वार्ता हमारे लिए है भी या नहीं।चीनी सैनिकों ने ध्यान से उस निर्देश को सुनने के बाद बताया—''ठीक है, तुम लोग आगे जा सकते हो, किन्तु उससे पहले तुम लोगों की तलाशी ली जाएगी।'' यह हमारे लिए शुभ-समाचार था। उन सैनिकों ने हमारे पहनावे और सामानों की भली-भाँति जाँच की तथा संदेहजनक कुछ न पाकर हमें छोड़ दिया।

वहाँ से मुक्त होते ही हम आनंद से झूम उठे थे और उन सैनिकों को धन्यवाद देकर सड़क पर आ गये थे। किन्तु अंधेरे में चलना और भी दूभर काम था। रात का अंधकार चारों ओर व्याप्त हो गया था और उस घने अंधेरे में सड़क भी नहीं सूझ रहा था। ऐसे में कहीं रुकना ही संगत होता, किन्तु संतरियों ने हमें सावधान कर दिया था कि इस क्षेत्र में कहीं रुकने में खतरा है क्योंकि सेना के जवान भ्रमवश हम पर गोली भी चला सकते हैं। इस समस्या का गुरुजी ने समाधान निकाला। वे बोले, तुमलोग मेरे पीछे एक कतार बनाओ, सबसे आगे मैं रहूँगा। उन्होंने अपनी लाठी मेरी ओर बढ़ा दी, मैंने बाएं हाथ से उनकी लाठी का एक सिरा थामा और दाँए हाथ से मेरी लाठी का दूसरा सिरा मेरे पीछे वाले लामा को पकड़ाया। इस तरह लाठी का साँकल बनाकर हम

अंधेरे में आगे बढ़ते रहे। आधे घंटे तक इस तरह धीरे-धीरे चलते रहने के बाद हमें तारे दिखाई दिए। फिर हमें तारों के प्रकाश में सड़क भी दिखने लगी।

पहाड़ पर चढ़ते हुए पाँव थक जाते हैं और पहाड़ से उतरने के बाद वही थके पाँव काँपने लगते हैं। पहाड़ पर चढ़ने-उतरने का जिन्हें अनुभव है, उन्हें इस बात की जानकारी होगी। मेरे साथी लामाओं की स्थिति क्या थी यह तो वे ही जानें, मुझे लग रहा था कि गुरुजी यदि हमें लेटने के लिए कहें तो लेटते ही मुझे गाढ़ी नींद आ जाएगी। किन्तु ऐसा कुछ नहीं हुआ, यात्रा जारी रखना ही था। हम निरंतर चल रहे थे। ऊपर नक्षत्रों का प्रकाश, आसपास झींगुरों की तान और हमारे पदचाप की आहट को साथी बनाकर हम अपने पाँव आगे घसीटते जा रहे थे। न जाने हम नींद में चल रहे थे या चलते हुए सो रहे थे, सहसा ऐसा लगा कि किसी ने हम पर आक्रामण कर दिया है। हम चौंक कर रुक गये। स्थिति कुछ वैसी ही थी जैसे किसी निद्रित गाँव में एक साथ कई राक्षस प्रकट हो गये हों! हम होश में आए तो देखा कि लगभग एक दर्जन कुत्तों ने हमें घेर लिया था और वे लगातार भौंक रहे थे। हम और एक डग भी आगे बढ़ना चाहें तो वे हमें नोच डालेंगे। घबड़ाहट में मैं मणिमंत्र भूलकर चीख पड़ा—रक्षा करो माँ काली! अगले ही क्षण याद आया कि इस यात्रा में मैं मौनी बाबा हूँ, मुझे हर स्थिति में मौन रहना है। संभवत: कुत्तों की विकट चीत्कार में मेरे शब्द किसी को सुनाई नहीं पड़े थे। कुत्तों के घेरे में हम चोर की तरह खड़े थे। कुछ ही देर के बाद दूर से रोशनी लेकर कुछ लोग आते दिखाई दिये। मैं मन ही मन प्रसन्न हुआ कि चलो, अच्छा ही हुआ, संभवत: यह कोई गाँव है। जो पहला व्यक्ति हमारे निकट पहुँचा, उसे गुरुजी ने कहा—''हम तीर्थयात्री हैं, लासा जा रहे हैं गुरु चेन्रेजी के दर्शन के लिए।'''

गाँव वालों के पहुँचने पर धीरे-धीरे कुत्ते शांत हो गये थे। ग्रामीणों से गुरुजी ने कुछ बातचीत की। अंधेरे में किसी का चेहरा स्पष्ट नहीं दीख रहा था। गुरुजी ने मुझे धीमे स्वर में बताया—''इन्होंने सोचा था कि कुत्ते चीनी फौजियों को देखकर भौंक रहे हैं, इसीलिए घबराहट में कोई बाहर नहीं निकल रहा था। अब से बहुत सावधान रहना और मुझे गुरुजी मत पुकारना, गेशे रेप्तेन कहना।'' मैंने आहिस्ता कहा—''ठीक है।'' यद्यपि मेरा परिचय मौनी बाबा था और मेरे बात करने का प्रश्न नहीं था, फिर भी गुरुजी ने संभवत: यह सोचकर सावधान कर दिया कि कहीं भूले-भटके मैं बोल ही पड़ूँ!

ग्रामीणों के पीछे-पीछे चलते हुए हम एक छोटे से पुल को पार करते हुए गाँव में पहुँचे। लकड़ी का एक वृहत् सिंह-दरवाजा मिलते ही मुझे लगा कि हम किसी मठ में प्रवेश कर रहे हैं। किन्तु लालटेन की क्षीण रोशनी में हमें आसपास का कुछ भी गोचर नहीं हो रहा था, किसी तरह हम रास्ता ही तय कर पा रहे थे।

ग्रामवासियों ने हमें एक मकान के बरामदे में ले जाकर बैठाया। ठंड और थकावट तो थी ही, किन्तु मैं अधिक पीड़ित हो रहा था भूख से। पेट में चूहे कूद रहे थे। अन्य लामाओं के चेहरे पर भूख से अधीर होने का भाव न था। अद्‌भुत थी उनकी

सहनशक्ति, अद्भुत था उनका धीरज। वे आपस में बातचीत भी बहुत कम ही करते थे। यूँ गुरु रेप्तेन जी का भी कहना था कि बातचीत करने से शक्ति का क्षय होता है, चुपचाप रहने से शक्ति बनी रहती है। जब आवश्यक हो, तभी देह की शक्ति खर्च की जाए। जो भी हो, मौनी लामा के परिचय ने ही मुझे विवश कर रखा था, अन्यथा मैं अवश्य ही चीखकर कहता कि मुझे भूख लगी है। यद्यपि इसकी आवश्यकता नहीं थी, गुरुजी सब समझते थे और उन्होंने यहाँ पहुँचते ही गाँव वालों से पूछा था कि लामाओं के लिए भोजन की व्यवस्था हो पाएगी या नहीं। रात काफी हो गयी थी, सारी दुकानें बंद थीं, अत: भोजन-सामग्री नहीं मिल सकती थी। फिर भी भगवान् तथागत् की असीम कृपा से एक स्थानीय चाय दुकान का मालिक साधुओं की सेवा के लिए चाय बना देने को तैयार हो गया था, अवश्य ही वह चाय के पैसे लेगा।

तिब्बत में चाय को चैङ् कहते हैं। चाय के चूर्ण के साथ मक्खन और नमक मिलाकर चैङ बनाते हैं। अब जो भी मिले, भूख के समय हम उसी से आश्वस्त थे। थोड़ी ही देर के बाद चायवाला अपनी बेटी और बेटे को लेकर वहाँ उपस्थित हुआ चैङ् बनाने के लिए। बत्तीस लोगों के लिए चैङ् बनाना था, अत: इसमें समय भी लगेगा। थकावट के कारण हम लोगों से और बैठा नहीं जा रहा था, इसलिए मठ के दालान में अपना-अपना कम्बल बिछाकर हम लोग लेट गये थे। गेशे रेपतेन सजग थे। उनकी शारीरिक क्षमता और मानसिक शक्ति यथार्थ ही बेजोड़ थी। इतनी थकान के बाद भी वे जिस तत्परता से अपनी भूमिका का निर्वाह कर रहे थे, वह प्रशंसनीय थी।

चैङ् बनाने के लिए लकड़ी का चूल्हा जलाकर एक बड़े से डालडा के कनस्तर में पानी चढ़ाया गया था। चायवाले की बेटी बगल में बैठकर टीन के दो चोंगे में ईंटे की तरह कुछ डालकर उसे कूट रही थी। मेरा कौतूहल क्रमश: बढ़ रहा था। यह सोचकर कि ऐसा अवसर फिर संभवत: नहीं मिलेगा, मैंने नींद को झटक दिया और उठकर अंगीठी के पास जा बैठा। मैं कूटे जाने वाले पदार्थ की गंध लेने की कोशिश कर रहा था यह जानने के लिए कि वह है क्या! मेरा कौतूहल देखकर वह लड़की हँसकर बोली, ''चैङ्!'' गंध से भी चाय ही लगी। चाय के बुरादे को ईंटे की तरह जमाकर रखने में शायद इन्हें आसानी होती थी। चाय का वह जमाया खंड ईंट की तरह ठोस और मजबूत था। उसे कूट कर पावडर बनाने के बाद उस बर्तन में गरम पानी डालकर लकड़ी की सींक से उसे हिलाया जाने लगा। लगभग आधे घंटे तक ऐसा करने के बाद उस घोल को चूल्हे पर चढ़ाया गया। उसके बाद उसमें एक कटोरी सत्तू या आटा डाल दिया गया। उसे कुछ देर तक खौलाने के बाद उसमें मक्खन और दूध मिलाया गया।

चाय बनाने की यह विधि मेरे लिए नयी भी थी, अजीब भी। इसे चाय न कहकर चाय का रसा कहना ही उचित होगा।

सभी को गर्म चाय कटोरी में भरकर दी गयी। कुछ लामा आग सेंकने के लिए भट्टी के बगल में बैठ गये थे। शेष सभी लामा सो गये थे, उन्हें जगाकर चाय दी गयी। यह तिब्बती चाय पीने में सुस्वादु नहीं होती। किन्तु पेट भरने के लिए यथेष्ट था। एक

कटोरी चैङ् की कीमत उन्होंने चार पैसे ली। एक कटोरी के पैसे देकर आप जितनी बार खुशी चैङ् पी सकते हैं। गेशे रेपतेन ने बताया कि चाय-मालिक ने अवसर देखकर कीमत बढ़ा दी है और पैसे अधिक ले रहा है, उस चैङ् की कीमत प्रति कटोरी दो पैसे से अधिक नहीं हो सकती। जो हो, पैसे पाकर चायवाले ने अपना सामान सहेजा, किन्तु चूल्हे में तब भी आग थी, इसलिए उसने लामाओं की सेवा के लिए चूल्हा वहीं छोड़ दिया, साथ ही कुछ लकड़ी भी छोड़ गया। हम लोगों ने चूल्हा बरामदे में कर लिया और उसके इर्द-गिर्द कम्बल ओढ़कर हम सब लेट गये। तिब्बत में हमारा यह पहला पड़ाव था, किन्तु हममें किसी ओर भी देखने की क्षमता नहीं थी, नींद ने हमें इस तरह दबोच लिया था।

हम लोग कितनी देर तक सोए थे इसका तो पता नहीं, इतना अवश्य है कि जब कुछ चीख-पुकार सुनकर हम जगे, उस समय हम गाढ़ी नींद में थे। कौन और क्यों शोर मचा रहा था जानने के लिए हम आँखें भी नहीं खोल पा रहे थे। किसी तरह मैंने आँखें खोली तो देखा, सभी लामा सो रहे थे, शायद मैं ही सबसे पहले जगा था। भोर होने को थी। हमारे चारों ओर तिब्बती लोगों की भीड़ इकट्ठी थी। दो हान् यानी चीनी सैनिक बंदूक के कुंदे से खोद-खोद कर लामाओं को जगा रहे थे।

गुरुजी मेरे बगल में लेटे थे। बंदूक के कुंदे की आघात से उन्हें बचाने के लिए जरूरी था कि मैं उन्हें जगा दूँ। श्रांत, वृद्ध गुरु की नींद में विघ्न पहुँचाना शायद बहुत बड़ा पाप है, किन्तु मेरे पास और उपाय ही क्या था? मैं उनके पाँवों को पकड़कर झकझोरता रहा, बड़ी मुश्किल में उनकी आँखें खुलीं। संगी लामाओं में सभी कमोवेश तिब्बती भाषा जानते थे, किन्तु किसी भी स्थिति का सामना करने के लिए हमारे गाइड गेशे रेपतेन जी को आगे कर देने में ही बुद्धिमत्ता थी। गुरुजी ने आँखें खोलकर अपने इर्द-गिर्द देखा और संभवत: तत्काल भाँप गये कि वहाँ क्या हो रहा था।

भोर के धूमिल प्रकाश में मैं तिब्बत के उस प्रथम गाँव को और वहाँ के ग्रामवासियों को देख रहा था। स्थानीय लोगों को देखते ही लगा कि वे निर्धन हैं। चेहरे से वे सिक्किमी, विशेषकर भोटियाओं की तरह लगते थे। उनके पहनावे अत्यंत गंदे थे। किन्तु सभी का स्वास्थ्य अच्छा था। स्त्री-पुरुष सभी लम्बे बाल रखते थे। बच्चों को देखकर लगता था कि उनके अविन्यस्त बालों में कभी पानी या कंघा नहीं पड़ा होगा।

गुरुजी ने हमें तैयार होने को कहा। उन्होंने बताया कि हमें तत्काल चुम्बी शहर पहुँचना है। चुम्बी भारत-तिब्बत सीमा पर तिब्बत का मुख्यालय था। नाथू-ला तथा जिलाप-ला होकर तिब्बत जाने वाले यात्रियों को चुम्बी होकर जाना पड़ता था।

मठ से बाहर निकल कर गुरुजी ने हमें स्थिति की जानकारी देते हुए कहा कि पिछले दिन शाम को हमें जिस चौकी पर रोका गया था, वहां से चुम्बी के मुख्यालय के अधिकारियों को यह सूचना भेज दी गयी थी कि तीर्थयात्रियों का एक दल सीमा पार कर चुका है और वह शीघ्र ही चुम्बी पहुँचने वाला है। इस सूचना के अनुसार चुम्बी थाने में हमारी प्रतीक्षा हो रही थी। किन्तु जब रात भर में हम वहां नहीं पहुँचे तो

उन्होंने तड़के ही हमें तलाशना शुरू किया। ये दो सैनिक हमें चुम्बी थाने में ले जा रहे हैं, आगे बातचीत वहीं होगी।

सड़क पर आकर गेशे रेपतेन ने कहा, ''इस गाँव का नाम चुबितांग है। इस मठ को ठीक से देख लो। भारत से आनेवाले तीर्थयात्री साधारणतः पहली रात यहीं बिताते हैं, यह मठ है भी बहुत पुराना। अब तो तीर्थयात्रियों का अभाव हो गया है। दुर्भाग्यवश हमें सिपाहियों के साथ जाना पड़ रहा है, नहीं तो मठ को ठीक से देखने का हमें अवसर मिल जाता। इस मठ का नाम है कारगीड गुम्फा। यह गुम्फा तिब्बत के अन्य गुम्फाओं से कुछ भिन्न है। साधारणतः गुम्फा का अध्यक्ष कोई लामा ही होता है, किन्तु इस गुम्फा का मालिक लामा नहीं, सिक्कम महाराज का एक वंशज है जो इसकी देखभाल करता है। कारगीड गुम्फा में अनेकों उच्च श्रेणी के लामा भी रहते हैं। निम्नकोटि के या नौसिखिए छात्र लामाओं को इस क्षेत्र में त्रापा कहते हैं। कारगीड गुम्फा का पुस्तकालय भी देखने योग्य है। यह अत्यंत दुर्भाग्य की बात है कि हमें यहां से बिना कुछ देखे-सुने ही प्रस्थान करना पड़ रहा है। उपाय भी तो नहीं है। इनके साथ सहयोग न करने पर हमारी तिब्बत यात्रा ही रोक दी जाएगी।''

बाहर से कारगीड गुम्फा बहुत आकर्षक दिखता है। लकड़ी का सिंह दरवाजा बहुत बड़ा है। गुम्फा की दीवार पत्थर की बनी है। ग्रामवासियों के पेयजल की व्यवस्था सोते से की गयी है। गुंफा का निर्माण मठ की तरह होने पर भी आवश्यकता पड़ने पर इसका उपयोग दुर्ग की तरह किया जा सकता था। जहाँ भी नक्काशियाँ थीं, वे उच्चकोटि की थीं।

सीमा के पहरेदारों से बार-बार मुलाकात होते रहने से हमारा ध्यान प्रकृति से हटकर उन पर ही अधिक लगा रहता था। हमारे मन में निरंतर यह भय बना हुआ था कि हमें आगे जाने को मिलेगा या नहीं?

नाथू-ला की सड़क तिब्बत में पहुँचते ही एकाएक ढाल की ओर उतरती थी। ढाल से उतरते समय सामने नीचे फैली हुई चुम्बी उपत्यका दिखती। हमें आगे कई दिनों तक इसी घाटी से होकर लासा का पथ तय करना था। यह स्थल ऐसा था जहाँ लगता था कि तिब्बत कुछ सँकरा होकर भूटान और भारत में प्रवेश कर गया था। हमारे दाएँ भूटान का पर्वतीय भाग था तथा बाएँ सिक्किम और भारत में स्थित पर्वत श्रृंखला। दोनों ही ओर पर्वतों की चोटियाँ बर्फ से ढंकी थी। चुम्बी घाटी से कांचनजंघा का नयनाभिराम दृश्य और दिखाई नहीं पड़ता था। हमारे दोनों ओर ही बहुत ऊँचे पर्वत थे, हम हिमालय लांघकर उसके दूसरे छोर पर पहुँच चुके थे। सड़क के किनारे-किनारे एक छोटी पहाड़ी नदी बह रही थी। सड़क को देखकर ऐसा नहीं लगता था कि यही सड़क तिब्बत और सिक्किम के बीच आवागमन की प्रधान सड़क थी।

मठ से निकलकर लगभग आधे घंटे भर की यात्रा के बाद चुम्बी शहर दिखाई पड़ा। तिब्बती इसे शहर भले ही कहते हों, मुझे चुम्बी भारत के किसी बड़े गाँव की तरह लगा। सड़क के दोनों ओर असंख्य तम्बू गड़े थे जिनमें चीनी सैनिक रहते थे। हान्

या चीनी सैनिकों के साथ तिब्बती सैनिकों में जो प्रभेद था वह गुरुजी ने हमें समझा दिया था, अत: हम यह अंतर कर पा रहे थे कि सैनिकों में कौन चीनी है तथा कौन तिब्बती। तिब्बतियों के चलने की ढंग में जो स्वच्छंदता दिखती थी उसी से यह अनुमान लगाया जा सकता था कि वे उसी मिट्टी के हैं। किन्तु चीनी सैनिक अपनी चाल से ही विदेशी लगते थे, उनकी चाल में मिट्टी को रौंदने का दंभ था; उसमें छंद का अभाव था। सीमा के इस पार आने के बाद से ही हम समझ रहे थे कि हमें अब सतर्क रहना पड़ेगा।

चुम्बी एक विकासशील गाँव था। हमें थाने के सामने रोका गया। थाना जिस भवन में था, वह लगभग सौ वर्ष पुराना था। भवन पत्थर और सीमेंट का बना था, ऊपर एक बारजा था। थाने के सामने सशस्त्र प्रहरी तैनात थे और वहाँ मिलिटरी की दो जीप खड़ी थी। हमें बाहर रोककर गुरुजी चीनी सैनिकों के साथ कागज़ात जाँच कराने के लिए फाटक के अंदर चले गये। हम रास्ते के किनारे बैठ गये। घाटी यहाँ चौड़ी हो गयी थी और दोनों ओर के पर्वत दूर खिसकते गये थे। चुम्बी के मकान स्थानीय पत्थर और लकड़ी के बने थे, उनमें कोई विशेष शिल्प नहीं था। थाना से कुछ ही दूरी पर बाजार था जहाँ कुछ किराने की दुकानों, कम्बल तथा कपड़े की दुकानों और चाय के ढाबों पर स्थानीय लोगों की आवाजाही लगी हुई थी। मेरा ध्यान उधर ही लगा था। सुबह की धूप भी अच्छी लग रही थी।

लगभग एक घंटे के बाद गेशे रेपतेन हमारे पास लौट आए और बोले कि हमें धीरज नहीं खोना है, यहाँ एक-एक करके सभी लामाओं की जाँच-पड़ताल होगी और हमारे सभी सामान देखे जाएंगे। उनकी जाँच में हम कोई बाधा न डालें, अन्यथा उन्हें संदेह होगा कि हम कुछ छिपा रहे हैं। यूँ हमारे पास छिपाने लायक कुछ था ही नहीं, किन्तु हमारे हाव-भाव भी सहज और स्वाभाविक होने चाहिए।

हमारे दल के विषय में इतनी कड़ाई से जाँच पड़ताल का कारण यह था कि लासा तीर्थाटन के लिए अनुमति पत्र काठमांडू के चीनी दूतावास से जारी होने पर भी गेशे रेपतेन के साथ आए सभी यात्री या तो भोटिया थे अथवा नेपाली। गुरुजी ने मुझे फिर एक बार सतर्क किया—"स्मरण रहे कि तू नेपाली लामा है और मेरा शिष्य है!" हम सबने गुरुजी को आश्वस्त किया कि हम उनकी सतर्कवाणी का अक्षरश: पालन करेंगे।

जाँच शुरू होने पर पहले जिस लामा को अंदर बुलाया गया, वह लौटा लगभग एक घंटे के बाद। मैंने मन ही मन हिसाब लगाया कि इसी गति से सबकी जाँच हुई तो उस दिन क्या, अगले दिन भी हम वहाँ से शायद ही मुक्ति पा सकें। क्रमश: दोपहर हो गया। सड़क के किनारे ही हम भोजन से निपटे। इसमें कोई झंझट नहीं था। आटा में पानी और नमक मिलाकर उसे लीलना ही हमारा भोजन था। जीने के लिए कुछ पेट में डालना आवश्यक था, हमने वही किया!

जाँच-कर्ताओं को संभवत: संदेहजनक कुछ नहीं मिल पा रहा था, इसलिए पूछताछ में वे क्रमश: समय कम लेने लगे थे। आधे-आधे घंटे में एक-एक लामा से वे

निपट रहे थे। एक समय थाने के भीतर से चार चीनी अधिकारी बाहर आए और उन्होंने हमें आदेश दिया कि हम सब अपनी झोली खाली करके उसके सामान सड़क पर बिछा दें ताकि जाँच में सुविधा हो। आदेशानुसार हमने सारा सामान फैला दिया। यह कहने की आवश्यकता नहीं कि हमारे दल में किसी के पास छिपाने लायक कोई सामान था ही नहीं। मग, थाली, चिथड़ा, आटा, नमक, आलू, चावल, दाल, माला, स्वेटर, कम्बल, कमीज, बनियान, जूते, चादर आदि ही तो हमारे कुल सामान थे। सामान फैलाने के बाद वहाँ का दृश्य ऐसा था मानों हम सड़क के किनारे चोर बाजार का सामान बेचने बैठे थे।

अधिकारियों ने ध्यान से सारा सामान देखा, यहाँ तक कि हमारी लाठियों को भी हाथ में लेकर वे परखते थे। उन्होंने हमारा शरीर टटोला, हमारे पहनावे के कपड़ों में जेब ढूँढ़ते रहे यद्यपि लामाओं के वस्त्रों में जेब थे ही नहीं! चीनी अधिकारियों को पाँच तिब्बती सैनिक मदद कर रहे थे। वे खोद-खोद कर प्रत्येक लामा से अद्भुत सब प्रश्न पूछ रहे थे। एक तिब्बती सैनिक मेरे सामने पहुँचकर ठिठका। उससे आँखें मिलते ही मैंने अपनी आँखें झुका लीं और माला कसकर थामते हुए मणिमंत्र की जाप करने लगा। वह व्यक्ति स्थिर दृष्टि से मुझे घूरता रहा, फिर संदेहजनक स्वर से उसने मुझसे कुछ पूछा। उसका प्रश्न क्या था, यह मैं नहीं समझ सका। मुझे निरुत्तर पाकर उसने मेरा हाथ पकड़ा, फिर वही प्रश्न दुहराया। अब मैं उसकी उपस्थिति नकार नहीं सकता था, मैंने उंगलियों से गेशे रेपतेन की ओर इशारा किया। मेरा आशय यह था कि उनसे बात कीजिए, मेरे विषय में जो कुछ जानना है वे ही बताएंगे। तिब्बती संतरी ने गुरुजी को बुलाकर मेरे सम्बन्ध में बहुत पूछताछ की। किन्तु लगा कि वे गुरुजी के उत्तर से भी संतुष्ट नहीं हुए। वे अपने चीनी अधिकारी को लेकर थाना के अंदर चले गये।

उनके वहाँ से हटते ही गुरुजी हिन्दी में फुसफुसाकर बोले, ''उन्हें विश्वास नहीं हो रहा है कि तू नेपाली है या मौनी लामा है। वे तेरी अलग से जाँच करेंगे, अतः बहुत सावधान रहना और तथागत को स्मरण करते रहना।'' यह कहना तो सहज था, किन्तु तथागत के शरण में जाने के लिए जिस मानसिक स्थिति की आवश्यकता थी, वह मुझमें नहीं थी। मैंने जल्दबाजी में दीक्षा ली थी, मानसिक प्रस्तुति के पहले ही मुझे बीजमंत्र मिल गया था। अतः ऐसी स्थिति में पड़कर मानसिक संतुलन बनाए रखते हुए तथागत को स्मरण करना सहज नहीं था। फिर भी, मेरे मन में चाहे जैसे भी भाव थे, मैंने चेहरे पर उसे झलकने नहीं दिया। रुद्राक्ष की माला को धीरे-धीरे ऐसे फेर रहा था मानों कुछ हुआ ही नहीं था। थोड़ी देर बाद गेशे रेपतेन अंदर बुलाए गये। आधे घंटे तक उनसे मेरे बारे में पूछताछ की गयी। वे बाहर निकले तो मेरी बारी थी। मैं जाप करता हुआ कार्यालय में घुसा।

कमरा बहुत पुराना था। थाने के पीछे शायद कोई पहाड़ी झरना था, जहाँ से पानी गिरने का शब्द उस कमरे में सुनाई पड़ रहा था। कमरे में सील भी बहुत थी। एक छोटी सी खिड़की से बहुत कम रोशनी कमरे में आ पाती थी। कमरे में एक तख्त था,

उसके इर्दगिर्द टूटी बाँह की कुर्सियाँ और मेज बिछाकर उसे कार्यालय बनाया गया था। चार चीनी अधिकारी और उनके दो तिब्बती सहकर्मी वहाँ बैठकर मेरा बाट जोह रहे थे। इससे गंभीर परिवेश की मैं कल्पना भी नहीं कर सकता था।

ज्यों ही मैं कमरे में घुसा, उन अधिकारियों ने मुझसे कुछ पूछा। मैं चुप रहा। उन्होंने दुबारा कुछ पूछा। मैं तब भी चुप रहा। उसके बाद तिब्बती संतरी ने मुझे धमकाते हुए उसी प्रश्न को दुहराया। मैं मौन ही रहा। मेरी चुप्पी से वे कुछ परेशान से लगे। मेरा मनोबल तब तक लौट आया था। पाँवों में थोड़ी-सी कम्पन थी, उसे मैंने संयत किया। सौभाग्य से भिक्षुओं का जो वस्त्र मैं पहने हुए था उसकी लम्बाई मेरी एड़ी तक थी, अन्यथा मेरे पाँवों को काँपते हुए वे देख लिए होते। मैं मन ही मन सोच रहा था कि तिब्बत और कैलासनाथ अति प्राचीन काल से हमारा तीर्थस्थल रहा है, शिव-शंभु हमारे घर के देवता हैं, उनके मंदिर का दर्शन तो हमारा जन्मसिद्ध अधिकार है, यह तीर्थ तो हमारा ही तीर्थ है! हिन्दुओं की पवित्र भूमि चीनियों की तो नहीं, पवित्र हिमालय भी उनका नहीं, वे जर्बदस्ती इस पर अधिकार जमा रहे हैं, फिर उनसे क्या डरना? इस विचार से मेरा आत्मविश्वास लौट आया था, मैंने निश्चय किया कि धीरज बनाए रहूंगा। मैंने स्वयम् को सचेत किया कि सावधान! इनकी थोड़ी-सी डाँट-डपट के सामने मुझे घुटने नहीं टेकने हैं! अब देखा जाय इस चुनौती में कौन जीतता है। ये लोग मुझे खा तो नहीं जाएंगे, अधिक-से-अधिक यही न होगा कि मुझे भारत वापस लौट जाने को कहेंगे! ठीक है, लौट जाऊंगा। फिर डर काहे का?

डर काहे का? कहना सहज है। सोचना और भी सहज। किन्तु चुनौती के सामने जब पाँव ठक-ठक काँपने लगते हैं, तब उस कंपन को रोकना भी कठिन हो जाता है। मुझे निरंतर मौन पाकर तथा अपने प्रश्नों का उत्तर न पाकर अधिकारीगण आपस में कुछ बातचीत कर रहे थे और सही या गलत कोई निष्कर्ष निकाल रहे थे। ऐसे में उनमें से एक तिब्बती सैनिक उठकर बाहर गया और कुछ ही देर के बाद एक तिब्बती युवक को साथ लेकर वह लौट भी आया। उस तिब्बती युवक ने मुझे आपादमस्तक घूरा, फिर मेरे चेहरे को एकटक देखते हुए टूटी-फूटी हिन्दी में पूछा—"तुमका नाम क्या है?"

उसके बोलने का ढंग और उच्चारण सुनकर मुझे लगा कि वह शायद सिक्किम के बाजार में कुछ दिनों तक ठेला चलाता रहा है। उसके हाव-भाव भी अभद्र लोगों जैसे थे। मुझे निरुत्तर पाकर उसने फिर पूछा—"दार्जिलिंग से आया तुम, नेपाली नहीं!"

मैंने सोचा कि वह कह तो ठीक ही रहा था! मेरा चेहरा देखकर ही वह ताड़ गया था कि मैं नेपाली नहीं था। फिर सोचा, जिस झूठ का सहारा लेकर मैं यहाँ तक पहुँचा था, उस झूठ को थामे रहने में ही मेरा कल्याण था, अतः मुझे जैसे भी उकसाया जाए, मुझे शांत रहना है और धैर्य नहीं खोना है। मेरी चुप्पी से उस युवक का पारा खौल उठा। मुझे एक भद्दी गाली देकर वह चीखा—"नाम बोल!" लगा कि अब चुप रहूंगा तो वह मुझ पर हाथ भी उठाएगा। उसका हावभाव देखकर चीनी अधिकारियों ने आपस में कुछ परामर्श किया, फिर मुझे और उस युवक को वहीं छोड़कर शेष सभी

लोग कमरे से बाहर चले गये। अब मुझे अकेला पाकर वह युवक मेरे और पास आकर बोला—"हम जानता तुम नेपाली नहीं छ, नाम बोलो!"

मेरी स्थिति अत्यंत दयनीय थी। यदि गलती से भी मैं अपना नाम उगल दूँ तो पुलिस मेरे साथ झमेला तो करेगी ही, शायद मुझे गुप्तचर समझकर मुझे बंदी भी बना लेगी। किन्तु कितना समय मैं इस तरह काट सकता था? वह युवक चेहरे से गुंडा लगता था, शायद कुछ ही देर में वह मुझे मारने-पीटने भी लगेगा! तभी मुझे एक उपाय सूझा। मैंने रुद्राक्ष की माला लेकर दो बार शीघ्रता से जाप करने का भान करते हुए उस पर उंगलियाँ फेरी और उसके बाद उस माला को उस युवक के माथे पर टिकाकर मैंने क्रोध से अभिशाप देने की भंगिमा में कहा—'ओम् भू भूर्व स्वः तत् सवितुर वरेण्यम्...।'

बस, एक चमत्कार ही हो गया। मुझे मंत्र पूरा नहीं पढ़ना पड़ा। वह तत्क्षण छिटक कर दूर जा खड़ा हुआ और मुझसे तिब्बती भाषा में कुछ बोला जो मैं समझ नहीं सका। उसका चेहरा बता रहा था कि वह अत्यंत घबरा गया था। मैं फिर से शांत होने का बहाना बनाकर पहले की तरह माला फेरने लगा। वह युवक हाथ जोड़कर वहाँ से निकल भागा। उसकी दशा देखकर मेरे लिए हँसी रोकना मुश्किल हो रहा था। इच्छा तो हँसी से फट पड़ने की हो रही थी, किन्तु मुझे हँसी पर नियंत्रण रखना पड़ा, चारों अधिकारी कमरे में लौट आए थे। उन्होंने शायद अपनी इच्छा के विरुद्ध ही मुझे वहाँ से बाहर जाने को कहा। मुझ पर मंडराता संकट टल गया था।

मैंने जो कुछ किया, वह गुरुजी का सिखाया हुआ एक कौशल था। गुरुजी ने एक बार बातों ही बातों में बताया था कि तिब्बती तंत्र में विश्वास रखते हैं। तिब्बत देश ही ऐसा है जहाँ भूत-प्रेत-जादू-टोना-ओझा और दैत्य-दानवों को अहमियत दी जाती है! यहाँ की परंपरागत मान्यता यही है कि कोई भी ऊँचे दर्जे का लामा भूत-प्रेत को वश में कर सकता है और उन्हें कभी भी बुला सकता है। लामा लोगों के सर पर हाथ रखकर आशीर्वाद देता है, और रुद्राक्ष की माला छुवाकर अभिशाप देता है। लामा अभिशाप दे तो वह अश्वय फलेगा, विशेषतः उग्र तांत्रिक लामाओं के अभिशाप का खंडन कोई कर ही नहीं सकता। इस अंधविश्वास में लोगों की कितनी आस्था थी, इसका मुझे प्रत्यक्ष प्रमाण मिल गया था।

अभिशाप के भय से वह युवक जो भागा, फिर लौटकर नहीं आया। मेरी ओर इंगित करते हुए वहाँ के अधिकारियों ने गुरुजी से उत्तेजित होकर फिर कुछ पूछा था, जिसके उत्तर में शायद वे यही आश्वासन देते रहे कि मैं एक शुद्धचारी लामा ही हूँ।

अन्य लामाओं से पूछताछ करने के बाद और सारे सामान देखने के बाद जब उन्हें कुछ भी नहीं मिला तो अधिकारियों ने हमें छोड़ दिया। इस जाँच-पड़ताल में सारा दिन बीत गया था।

# एक तिब्बती परिवार

शाम को हम लोगों ने हल्की चाय पी थी। हलकी चाय से मेरा आशय उस चाय से है जो चाय के साथ नमक और मक्खन मिलाकर वे बनाते हैं। यह सस्ती भी थी, मात्र तीन पैसे में बाँस का चोंगा भरकर चाय पीने को मिलती, एक चोंगे में छः सात प्याली चाय तो आ ही जाती थी। चाय पीकर हमने सामान पीठ पर लादा और आगे बढ़े। क्रमशः हम लोगों के आसपास ग्रामीणों की भीड़ बढ़ने लगी थी, भीड़ में अधिकांश बच्चे थे, कुछ युवा और वृद्ध भी थे।

राह चलते मुझे तिब्बतियों की एक आदत कुछ विचित्र लग रही थी। हमें देखकर वे माँ-काली की तरह जीभ बाहर निकालते। बहुत से लोग सड़क पर ही हमें दंडवत् प्रणाम भी करने लगे थे। गुरुजी ने बताया कि तिब्बती लोग प्रणाम या नमस्कार करते समय साधारणतः जीभ बाहर निकालते हैं, यह सम्मान सूचक है। भारतीय विधि में साष्टांग प्रणाम करने की भी यहाँ परंपरा है।

बाजार से हमने कुछ जलाऊ लकड़ी मोल लिया। जलाऊ लकड़ी यानी साल की लकड़ी के छोटे-छोटे टुकड़े जो देखने में चंदन-काठ के टुकड़े जैसे लगते थे। लकड़ी के इतने छोटे टुकड़े असम तथा उत्तर बंगाल में अंगीठी जलाने के समय काम में लाया जाता है।

यहाँ की प्राकृतिक छटा भी निराली थी। दोनों ओर हिमालय की बर्फ से ढकी चोटियाँ, पहाड़ों पर बर्फ काफी नीचे तक फैली हुई थी। उसके बाद झाऊ के वन थे। सड़क एक पहाड़ी नदी की बगल से जाती थी। इस सुंदर दृश्य के विपरीत यहाँ के निवासी गंदे दिखते थे। छोटे-छोटे बच्चों को देखकर लगता था कि कभी भी किसी ने उनके नाक साफ नहीं किए होंगे। कंघा करना संभवतः कोई जानता ही न था। इनके कपड़े-लत्ते भी यही जताते थे कि साबुन का आविष्कार हो चुका है यह भी इन्हें संभवतः मालूम ही नहीं। ये दातून भी शायद ही कभी करते हों। इनके खानपान के विषय में अभी तक मैं जान न पाया था; किसी तिब्बती युवक या युवती से परिचित होने का अवसर अब तक हाथ नहीं लगा था, इसलिए उनके रहन-सहन के विषय में जिज्ञासा बनी ही रही। किन्तु उन्हें देखकर यह सहज ही कहा जा सकता था कि वे अत्यंत रसिक और विनोदी स्वभाव के हैं। राह चलते अक्सर उनके ठठाकर हँसने की आवाज सुनाई पड़ती थी जो उनकी सरलता और सहजता को ही उजागर करती।

चुम्बी तिब्बत के प्राचीन गाँवों में से एक है। गाँव का मुख्य आकर्षण उसका बाजार था। लकड़ी के मचान जैसे कुछ घर थे यहाँ, चार-पाँच चाय के ढाबे, छः किराना दुकान, सूखे मांस और चमड़े का एक बड़ा-सा दुकान-यही यहाँ के पुराने संभ्रांत दुकान माने जाते थे। रास्ते के अगल-बगल और भी छोटी-छोटी दुकानें थीं। सब्जी बाजार बहुत छोटा था। तीन कतार में कुछ दुकानें लेकर ही चुम्बी का बाजार बना था।

चुम्बी के चेकपोस्ट से ही एक सत्रह-अठारह वर्षीय तिब्बती युवक लामाओं का अनुसरण कर रहा था। गुरुजी से वह बार-बार पूछता कि हम रात कहाँ बिताएंगे? गुरुजी ने उत्तर नहीं दिया था। इसके बाद भी वह हमारे दल के साथ लगा रहा। चुम्बी बाजार पहुँचने पर और एक युवक उस युवक के साथ हो लिया। वे दोनों आग्रह कर रहे थे कि लामाओं के लिए रहने-खाने और आग का प्रबंध वे कर देंगे। गुरुजी ने एक स्थान पर रुककर सबकी राय मांगी। वे बोले, ''कुछ ही देर में रात हो जाएगी, अतः हमें कहीं रुकना पड़ेगा ही। हम दो-एक लोग तो नहीं, पूरे बत्तीस हैं, इतने लोगों की व्यवस्था करना भी सहज नहीं , अतः इन युवकों से बात की जा सकती है।

हमलोगों की शारीरिक और मानसिक स्थिति यह थी कि गुरुजी आदेश करते तो हम सड़क पर ही लेट जाते। पिछली रात हम सो भी नहीं पाए थे। तड़के लेटने के कुछ ही देर बाद चीनी सैनिक हमें जगाकर चौकी में ले गये थे। फिर सारा दिन भयानक दुश्चिंता में बीता था। अब हमारे लिए नींद बहुत जरूरी थी। सबकी राय जानकार गुरुजी ने उन युवकों से मोल-भाव शुरू किया। यह तय हुआ कि बत्तीस लोगों के लिए कुल तीस रुपये हम देंगे, इसके बदले ये हमें सोने के लिए एक बड़ा कमरा देंगे जिसमें सारी रात लकड़ी की आग रहेगी, साथ ही वे हमें रात का भोजन भी देंगे।

सड़क से हटकर निचले मैदान से चलते हुए हम एक छोटे से टीले पर चढ़े। शाम ढल गयी थी और तेजी से अंधेरा फैलने लगा था। युवकों ने हमें तेज कदमों से चलने को कहा। कुछ देर के बाद हम एक बड़े से मकान के सामने पहुँचे। दरवाजे के सामने पहुँचकर हमें रुकने को कहा गया। उन दो युवकों में से एक पिछले दरवाजे से मकान में प्रविष्ट हुआ। उसने ज्योंही सामने का दरवाजा खोला, अंदर से एक कुत्ता भौंकता हुआ हम पर झपटा। दूसरे युवक ने, जो हमारे साथ ही खड़ा था, लपक कर उस कुत्ते को संभाला। दरवाजे से अंदर घुसकर हम आंगन में खड़े हो गये। धुंधली रोशनी में मकान का अस्पष्ट चेहरा हमारे सामने था। नींव सिमेंट की थी, ऊपर का हिस्सा लकड़ी का। जीर्ण होने पर भी यह स्पष्ट था कि वह मकान कभी भव्य रहा होगा। काठ की सीढ़ी से होकर हम ऊपर की मंजिल पर पहुँचे। यह मकान स्कूल-भवनों जैसा था जहाँ एक साथ बहुत से लोगों को टिकाया जा सकता था। ऊपर के बारजे में मकान मालकिन एक लालटेन लेकर खड़ी थीं। वे प्रौढ़ा थीं। उन्होंने सभी लामाओं को अभिवादन किया। उनके झुर्रीदार चेहरे पर आभिजात्य की छाप थी। उनसे परिचय होने पर ज्ञात हुआ कि उनके पति का स्वर्गवास हुए कई वर्ष बीत चुके थे। उनके तीन

पुत्र और दो कन्याएँ थीं जो कि सिक्किम में रहते थे। मकान मालकिन अपने घर द्वार का मोह न त्याग कर सकीं थीं, इसलिए वे अकेली ही वहाँ रहती थीं। उनके भाई के बच्चे इस मकान की देखभाल करते थे। इस मकान के सिवा उनकी बहुत बड़ी जमींदारी भी थी जो अब देखरेख के अभाव में जंगल में परिवर्तित हो गयी थी। जब भारत के साथ तिब्बत का संबंध बना हुआ था तब इस मकान में प्राय: यात्री ठहरते थे, अब सीमा चौकी के झमेले के कारण कोई भी नहीं आता। अपनी व्यथा-कथा सुनाकर उन्होंने लम्बी उसाँस ली, फिर बोलीं,—"सब ईश्वर की मर्जी, न जाने कब तक ऐसा चलेगा!"

हम जैसे साधु तीर्थयात्रियों के दर्शन से उक्त महिला अत्यंत प्रसन्न थीं। उन्होंने हमें तीन कमरे खोल दिए, जिसमें दो बड़े थे, एक छोटा। दो कमरे अगल-बगल थे, तीसरा कुछ दूरी पर। गुरुजी ने दो बड़े कमरों में लामाओं के रहने का प्रबंध किया, छोटे कमरे में उनके साथ मुझे रहने को कहा। यही मैं चाहता भी था। नीचे आंगन में एक वृहदाकार चूल्हे में लकड़ी का कोयला जलाने की तैयारी हो रही थी। लामाओं ने आग के पास रहना ही उचित समझा, इसलिए वे आंगन में पहुँचे गये। ठंड बहुत थी, इस ठंड में आग जैसा मित्र और क्या हो सकता था! हमारे हाथ-पाँव तो ठंड से यों भी जमने लगे थे। जब और सभी लामा आंगन में चूल्हे के पास पहुँच गये तब भी मैं गुरुजी के पीछे-पीछे ही चक्कर लगा रहा था। उनकी बातें तो अब तक मैं सुनता ही रहा था, किन्तु मुझे कुछ बोलने का अवसर ही नहीं मिल रहा था। इसलिए मैं चाहता था कि गुरुजी अकेले में मिलें तो कुछ बातें करूँ। मेरे मन में बहुत से प्रश्न इकट्ठे हो गये थे, अब गुरुजी की कृपा न हो तो मैं एक भी शब्द नहीं उगल सकता था और अपनी जिज्ञासाएँ शांत भी नहीं कर सकता था। ऐसे में मौनी लामा की भूमिका मुझे अकसर त्रासद लगती।

हमें जो दो युवक यहाँ ले आए थे, उनमें बड़े का नाम थांमे था, छोटा उसी का अनुज था, उन दोनों ने मिलकर कड़ाही में जलते अंगार भरकर सभी कमरों में रख दिया, इससे शीघ्र ही कमरे पहले की अपेक्षा कुछ गर्म हो गये। गुरुजी मुझसे बोले, "अब भय का कोई कारण नहीं है, तू मुझसे बोल सकता है।"

कमरे में हम दो ही प्राणी थे। यही अवसर था जब मैं खुलकर बातें कर सकता था। मैंने कहा, "मैं चुम्बी सीमा की चौकी की घटना से ही शुरू करता हूँ। आपको याद होगा गुरुजी, आपने एक दिन मुझे बताया था कि तिब्बती किस तरह लामाओं के अभिशाप से डरते हैं। सीमा चौकी पर गुंडे की तरह दिखने वाला तिब्बती दो-भाषिया जब मुझे छोड़ ही नहीं रहा था तो मैं उसके माथे पर रुद्राक्ष की माला छुवाकर ज्यों ही गायत्री मंत्र पाठ करने लगा, वह एकाएक घबराकर वहाँ से भागा। मेरी किस्मत अच्छी थी कि मुझे यह उपाय सूझा, नहीं तो जाने मेरी क्या गत होती!"

मेरी बात सुनकर गुरुजी क्षीण मुस्कराए, फिर बोले, "तेरी किस्मत अच्छी थी कि तुझसे उन्होंने तेरा 'इदम' नहीं पूछा।"

—"इदम? इदम क्या है?"

—"इदम का मतलब इष्टमंत्र होता है।"

"ओम् मणि पद्मे हुम्' क्या इदम नहीं है?"

—"सभी तिब्बती इस मंत्र को जानते हैं, पर यह कोई गुप्त मंत्र नहीं 'इदम' गुप्तमंत्र है। गुरु और शिष्य के सिवा उसे कोई नहीं जान सकता। हिन्दुओं में ज्यों 'ओम् नारायणाय, ओम् नमोः शिवाय्,सोहम्' आदि है, त्यों ही तिब्बती बुद्ध साधुओं में भी है।"

—"तिब्बतियों ने तो महाकाल को देवता मान लिया है। अथवा तारा, भुवनेश्वरी इत्यादि नामों से जो तांत्रिक देवता हैं, उनके नाम क्या इदम या इष्टमंत्र के रूप में व्यवहार किए जा सकते हैं?"

गुरुजी बोले,—"तूने ठीक समझा। विपदा के समय यही मूल मंत्र है।"

—"गुरुजी, अब प्रसंग बदला जाए। सभी आपको गेशे रेपतेन कहकर पुकारते हैं, किन्तु में सिर्फ गुरुजी कहकर पुकारना चाहता हूँ, इसमें आपको आपत्ति तो नहीं है?"

—"ठीक है तू जैसा चाहे!"

—"एक और अनुरोध है गुरुजी। आप तो यह मानते ही होंगे कि ऐसी तीर्थयात्रा का सौभाग्य बहुत कम लोगों को दुबारा मिल सकता है। आप जब और लामाओं से बातें करते हैं, तब यदि उनसे नेपाली और हिन्दी मिलाकर बातें करें तो उन बातों को मैं भी समझ सकता हूँ। हमारे दल के सभी लामा नेपाली भाषा जानते हैं, अधिकांश की मातृभाषा नेपाली है और उन्हें यह मालूम ही है कि मैं वास्तव में भारतीय हूँ। उन्होंने जब अब तक मेरा विरोध नहीं किया है, आशा है कि हिन्दी मिश्रित नेपाली सुनकर भी वे आपत्ति नहीं करेंगे!"

मेरा अनुरोध सुनकर गुरुजी बोले, "मैं प्रयत्न करूंगा। किन्तु यह स्मरण रहे कि जब हम दोनों औरों से दूर होंगे या अलग कमरे में रहेंगे, तभी तू मुझसे बातचीत कर पाएगा, अन्यथा तुझे मौन ही रहना है। इससे यात्रा में सुविधा होगी।"

हमारी यह बातचीत चल ही रही थी कि सीढ़ियों पर किसी का पदचाप सुनाई पड़ा। मुझे चौंकते देखकर गुरुजी ने आश्वस्त किया,—"घबड़ा मत, मौनी शिष्य अपने गुरु से बातचीत कर सकता है, इसमें दोष नहीं होता। यदि हमारी बातचीत किसी ने सुन भी ली है तो इसमें घबराने की कोई बात नहीं।"

दरवाजा खोलकर मकान मालकिन अंदर आयीं। उनके साथ एक युवती भी थी। उन दोनों ने हमें प्रणाम किया, फिर चौखट के पास उठंग कर बैठ गयीं। प्रौढ़ा ने गुरुजी से तिब्बती भाषा में कुछ कहा, जिसका गुरुजी ने उत्तर दिया। गुरुजी ने मुझे बताया कि वह लड़की थांमे की बहन थी, यानी इस महिला की भतीजी। वे यह आग्रह लेकर आयीं थीं कि गुरुजी उस लड़की को आशीष दें ताकि वह सुखी हो सके तथा वह सुशील लड़की अपने पति के घर जा सके।

गुरुजी का आशीर्वाद लेकर वे चली गयीं। युवती अनिंद्य सुंदरी थी। उसका चेहरा अत्यंत कमनीय था और उसके गाल लाल-लाल थे। मैंने गुरुजी से पूछा, ''उस लड़की की उम्र क्या होगी?''

गुरुजी बोले, ''ईश्वर जानें! चौदह हो सकता है, चौबीस भी हो सकता है, मैंने ठीक से देखा नहीं।''

गुरुजी ही फिर बोले, ''चलो, नीचे चलकर देखें कि वे क्या पका रहे हैं। तुम्हें इनके खान-पान के विषय में भी कुछ जान लेना चाहिए।''

मैंने कहा, ''गुरुजी, यहाँ आने से पहले रास्ते में हमने जो चैङ् पी थी, वह बहुत अच्छी बनी थी।''

गुरुजी बोले, ''तिब्बत के अलग-अलग शहरों में चैङ् अलग-अलग विधि से बनाए जाते हैं। किन्तु थुकमा, मक्खन, चाय और बीयर सर्वत्र एक जैसे होते हैं।''

नीचे उतर कर गुरुजी चूल्हे के पास बैठे लामाओं के बीच मुझे लेकर बैठ गये। थांमें और उसका भाई, दोनों मिलकर खाना बना रहे थे। उनकी बुआ और बहन भी उन्हें मदद कर रहे थे। तिब्बत की भूमि पर यही हमारा पहला सुखद दिन था।

मेरे सहयात्रियों की एक विशेषता यह थी कि वे बोलते बहुत कम थे, लगता था कि उन्हें कम बोलने की ही शिक्षा मिली थी। मुझसे किसी की आंखें टकरातीं तो वह केवल मुस्कराता। कोई मुझसे कुछ पूछता नहीं था। वे परस्पर भी बातें नहीं करते थे। कभी-कभी मुझे लगता था कि इन लामाओं में न कोई कौतूहल था, न कोई जिज्ञासा। इसीलिए इनके पास प्रश्न भी नहीं था। गुरुजी स्वयम् जो कुछ बता देते, उसी से वे संतुष्ट हो जाते। गुरुजी के प्रति उनकी श्रद्धा और भक्ति देखने लायक थी। चलते-चलते थक जाने पर भी कोई विश्राम करने का आग्रह नहीं करता था और नींद से आतुर होकर राह पर लुढ़कने की दशा होने पर भी सोने की इच्छा व्यक्त नहीं करता था। संभवत: लामाओं का व्रत ही ऐसा है। इनके समक्ष मैं एक नौसिखिया था। उम्र और अनुभव दोनों में ही मैं इन सबसे छोटा था।

जब तक चूल्हे में आग थी, तब तक दिया-बत्ती का प्रश्न ही नहीं था। मिट्टी का तेल यहाँ बहुत महंगा था।

गुरुजी ने बताया, हमारे लिए जो पकाया जा रहा था, उस तिब्बती भोजन का नाम थुक्मा था। थुक्मा बनाने की पद्धति पर मेरी निगाह थी। गरम पानी में कुछ आलू काटकर डाल दिए गये। जब आलू उबलकर काफी नरम हो गया तब उसमें आटे की सेवईं डाल दी गयी। इसके कुछ देर के पश्चात् भेड़ के मांस के बहुत ही छोटे-छोटे सुखाकर रखे गये टुकड़े उसमें डाले गये। देर तक पकाने के बाद जब उस पकवान में से सुगंध निकलने लगी तो मक्खन, नमक, हल्दी और सुगंधित पत्ते उसमें मिलाकर चूल्हे से उतार लिया गया। अंग्रेज लोग स्टू बनाते हैं, यह कुछ वैसा ही था। थुक्मा की खुशबू से मेरी भूख बढ़ चली थी। लग रहा था जैसे मैंने बहुत दिनों से भोजन नहीं

किया था। किन्तु एक बात मुझे अचरज में डाल रही थी, इसलिए संदेह निवारण के लिए मैंने फुसफुसाकर गुरुजी से पूछा—"थुक्मा में तो मांस डाल दिया, हम लोग खाएंगे कैसे?" गुरुजी ने शंका का निवारण यह कहकर किया—"तिब्बती लामा शाकाहारी नहीं होते, वे सब कुछ खाते हैं।" उसके बाद वे सबको संबोधन कर बताने लगे—"धार्मिक या संभ्रांत तिब्बती परिवार मांसाहारी तो होते हैं, किन्तु वे स्वयम् कभी प्राणी हत्या नहीं करते। तिब्बत में भारत की तरह ब्राह्मण, क्षत्री, शूद्र, वैश्य आदि जाति भेद नहीं है। यहाँ कोई भी व्यक्ति, चाहे वह जिस परिवार का भी हो, लामा बन सकता है। यहाँ एकमात्र लोहार को निम्न जाति का मानते हैं क्योंकि लोहार ही प्राणी हत्या के लिए हथियार या औजार बनाता है। तिब्बत में मुसलमानों की संख्या बहुत कम है, साधारणत: वे ही कसाई का काम करते हैं। जहाँ वे नहीं मिलते वहाँ कोई भी यह काम कर सकता है, किन्तु यदि वह बौद्ध धर्म मानने वाला हो तो उसे साल में एक बार प्राणी हत्या के लिए प्रायश्चित करना पड़ता है अथवा ईश्वर के नाम पर एक भेड़ या बकरी छोड़ देना पड़ता है जो कि मुक्ति का प्रतीक है। इस तरह छोड़ दिए गये भेड़ या बकरी की सींग में लाल रंग का फीता बाँध देते हैं, इससे कोई उसे पकड़ता नहीं।"

गुरुजी हमें यह सब जानकारी दे रहे थे जब थांमे की बहन ने आकर सबसे भोजन के लिए तैयार होने को कहा। हम लोग कमरे में जाकर अपनी-अपनी थाली ले आए। सिक्किम से कूच करने के बाद यह पहला मौका था जब हम ढंग से भोजन करने बैठे थे और हमें भोजन परोसा जा रहा था। समवेत प्रार्थना के उपरांत हमने खाना शुरू किया।

अहा! क्या ही स्वादिष्ट भोजन था! थुक्मा, जिसे इतनी सहजता से बनाया गया था, स्वाद में तो अमृत ही लग रहा था। जितना चाहो मांग लो, कोई कमी नहीं थी। तृप्त होकर हम लोगों ने आहार किया, फिर अपने-अपने कमरे में बँट गये। कमरे में कड़ाही में अंगार पहले ही रखे गये थे जिससे अब कमरा कुछ गर्म हो गया था। थांमे की बुआ को उनकी अतिथिपरायणता के लिए कोटिश: धन्यवाद देकर हमने अपना कम्बल बिछाया और लेट गये।

अगले दिन हम लोग सूरज काफी चढ़ने के बाद जगे। गुरुजी ने यह सोचकर किसी को नहीं जगाया था कि हमें पर्याप्त विश्राम मिल जाए तो आगे की यात्रा में सुविधा होगी। हम लोगों ने संभवत: नौ बजे के आसपास बिस्तर छोड़ा था। मैदान जाकर झरने के पानी से शौच करने की बात सोची भी नहीं जा सकती थी। झरने का पानी बहुत ही ठंडा था जो कि बर्फ पिघलने से लगभग सौ मीटर ऊपर से रिसकर आ रहा था। मेरे पास कुछ पुराने अखबार थे जिससे मेरा काम चलता था। और लामा साधारणत: वनों से पत्ते तोड़कर अपना काम चलाते थे। मेरे साथी लामा तिब्बतियों की तरह ही दातुन नहीं करते थे, मैं अकेला ही इनसे भिन्न था। दातून, लकड़ी का कोयला, राख, जो भी मुझे मिल जाता, मैं उसी से दाँत साफ करता। लगभग एक महीने से मैं नहाया नहीं था,

किन्तु तिब्बती साल में मात्र दो-एक बार ही नहाते हैं, इसलिए उनकी तुलना में मैं काफी साफ सुथरा था।

सुबह के साढ़े दस बजे के आसपास हम लोग फिर कूच करने के लिए तैयार हो गये। गुरुजी ने थांमे की बुआ को चालीस रुपये दिए। प्रौढ़ा का चेहरा आनंद से चमक उठा। वे बारंबार आग्रह करने लगीं कि वापसी यात्रा के समय भी हम उनके यहाँ अवश्य टिकें। गुरुजी ने उन्हें आशीर्वाद दिया। थांमे, उसका भाई और बहन हमें मुख्य सड़क तक छोड़ने आए। फिर हमने उनसे भी विदा ली।

---

# इयाटुंग शहर तथा दुंकार गुम्फा

चुम्बी से आगे बढ़ते समय सड़क के किनारे जो अंतिम चाय की दुकान थी, वहाँ हमने मक्खन-मिश्रित चाय पी। तिब्बत की चाय मुझे पहली बार अच्छी नहीं लगी थी, किन्तु अब लगता था कि वह उतनी बुरी भी नहीं है। भारत की तरह यहाँ चाय की पत्ती नहीं मिलती, यहाँ चाय की पत्ती तथा कोमल शाखों का चूर्ण बनाकर उसे ठोस ईंटे की तरह जमाकर रखा जाता है। आवश्यकतानुसार उस ठोस खंड से टुकड़े निकालकर उससे चैंग बनाया जाता था। अत: कहा जाय तो यहाँ चाय की पत्ती नहीं, चाय की ईंटे रखते थे दुकानों में, घरों में। संभवत: इसे ढोने में आसानी होती थी और यह प्रथा चीन से यहाँ आई थी। किसी दुकान पर जाकर चैङ् मांगते ही नहीं मिल जाता यदि वह पहले से तैयार नहीं है। चाय बनने में घंटों लग जाते। गरम पानी में ठोस चाय के टुकड़ों को देर तक खौलाया जाता। चोंगे में चाय का गरम पानी लेकर उसमें मक्खन मिलाने में भी आधा घंटा लगता। तिब्बत में ठंड ही इतनी है कि गर्म पानी में भी मक्खन सहजता से नहीं पिघलता। घंटों खौलाकर जो चाय वे बनाते हैं, उस पत्ती को वे फेंकते नहीं, आगे भी उसी को खौलाकर चाय बनाते हैं, आवश्यक हुआ तो ऊपर से ठोस चाय के कुछ और टुकड़े उसमें डाल देते हैं। चाय का लिकर भी नहीं फेंकते, सप्ताह में मात्र एक बार पुरानी पत्ती का लिकर बदलते हैं। साम्पा भी चाय की तरह बनती है, किन्तु उसे जौ या सत्तू का घोल कहना ही उचित होगा।

अच्छे भोजन और अच्छी नींद के उपरांत हममें ताजगी थी, हम नए उत्साह से आगे बढ़ रहे थे। हमारे सामने का दृश्य भी अनुपम था। बर्फ से ढकी हुई चोमलहरि की उत्तुंग चोटी हमारे सामने थी। मुझे यह अहसास हो रहा था कि हमारे पीछे से कांचनजंघा भी झांक रहा है हमें अभय देने के लिए। पहाड़ी नदी का रूप अब और भी निखरा हुआ लग रहा था, उसके तटों पर नन्हें नन्हें वनफूल खिले हुए थे तथा नन्हें बच्चे जंगलीफल बीन रहे थे। हमें देखते ही बच्चे स्तब्ध होकर खड़े हो जाते और हमें टुकुर-टुकुर घूरने लगते। शायद उन्होंने इतने लामाओं को एकसाथ पहले कभी नहीं देखा था।

धूप अच्छी थी। सूरज धीरे-धीरे ऊपर चढ़ रहा था। हवा भी अनुकूल थी जिससे चलने में कठिनाई नहीं हो रही थी। यदा-कदा कोई पथिक मिल जाता तो समीप पहुँचते ही वह जीभ निकालकर या सर झुकाकर हमें अभिवादन करता। सुबह से किसी चीनी सैनिक या सिपाही का दर्शन नहीं हुआ था, इससे भी हम आश्वस्त थे। मेरे पीठ का बोझ खरीदी गयी लकड़ी के चलते पाँच किलो और बढ़ गया था। हम कभी-कभी रुककर विश्राम करते, फिर आगे बढ़ते। घाटी में चलना सहज था क्योंकि

हम ऊँची-नीची पहाड़ी सड़क पर नहीं थे। हम बिना रुके बढ़ते जा रहे थे, कहीं रुके भी थे तो क्षणिक विश्राम के लिए। मध्यान्ह भोजन के लिए भी हम नहीं रुके, किन्तु इससे असुविधा नहीं हो रही थी। गुरुजी ने कहा था कि हम जितनी दूर निकल जाएँ, उतना ही अच्छा, और खाद्य-सामग्री भी हम जितना बचा लेंगे उतना ही भविष्य में लाभवान् होंगे।

शाम को हम इयाटुंग नामक एक शहर में पहुँचे। शहर में प्रवेश के समय एक सुंदर पुल मिला, जिसे पार करने के बाद हम शहर में पहुँचे। बाँयीं ओर फौजी छावनी थी जो चीनी फौज की थी। यहाँ भी एक चेक-पोस्ट में हमें जाना पड़ा, किन्तु गुरुजी के कागजात देखकर बिना किसी झंझट के उन्होंने हमें आगे जाने दिया। चौकी से निकलने के बाद मेरा ध्यान इयाटुंग शहर की ओर गया। अब तक जो शहर हमें मिले थे, उन्हें शहर न कहकर बड़ा गाँव या कस्बा कहना ही उचित होगा। किन्तु इयाटुंग एक छोटा और सुंदर शहर था। रास्ते में कहीं कोई यान-वाहन नहीं था, अतः सड़क-दुर्घटना का भय भी नहीं था।

चुम्बी एक पुराना और गरीब गाँव लगा था, किन्तु इयाटुंग उससे भिन्न था। यहाँ लोग अपने धंधे में व्यस्त थे। यहाँ क्रय-विक्रय का धंधा भी अच्छा होता है। गदहे और घोड़े की पीठ पर सामान लदे थे, दुकानों में भी अच्छी खासी भीड़ थी। हमें देखकर बहुत से लोग हमें अभिवादन करने आए। तीर्थयात्रियों का दर्शन पाना और उन्हें प्रणाम कर पाना ये पुण्य मानते थे। एक तिब्बती परिवार ऊन के मोजे और टोपियाँ खरीदने के लिए इस तरह गुरुजी के पीछे पड़ा कि हमें बाध्य होकर वहाँ रुकना पड़ा। वे हमारे पाँवों की ओर इशारा करते और बार-बार यह कहते कि वहाँ ऊन बहुत सस्ता है, अतः हम अवश्य खरीदें। हममें किसी के पास भी ठंड से बचाव के लिए उपयुक्त ऊनी मोजे नहीं थे, अतः उनसे खरीदने में ही लाभ होता। गुरुजी ने पहले तो उनसे पिंड छुड़ाना चाहा, किन्तु उन लोगों ने ऐसे घेरकर अनुरोध शुरू किया था कि उन्हें लामाओं से पूछना पड़ा कि कोई मोजे खरीदना चाहता है या नहीं। कुछ लामाओं ने पहले आनाकानी की, किन्तु अंत तक सभी सम्मत हो गये। इसमें तो संदेह नहीं कि ठंड से हम सभी त्रस्त थे, हममें से सात ने तो कैनवस के जूते पहन रखे थे जिससे उन्हें ठंड भी अधिक झेलनी पड़ रही थी। ऊनी वस्त्र बेचने वाला यह परिवार एक बंजारा परिवार था जो जाड़े में मोजे, कम्बल, स्वेटर, टोपियाँ आदि बुनते थे और गर्मी के दिनों में घूम-घूमकर बेचते थे। वे सामग्रियाँ शुद्ध ऊन की ही थीं, इसमें संदेह नहीं था। भेड़ के ऊन से वे धागे बनाते थे और धागे से ऊनी वस्त्र बुनते थे। हस्तनिर्मित ऊन के ये सामान नरम तो नहीं थे, गरम अवश्य थे। हमें सस्ते में मोजे बेचने के दो कारण थे, एक तो यह कि पैसे कम मिलने पर भी बहुत से मोजे एक साथ बिक जाएंगे, दूसरे लामाओं को सस्ते में देकर उन्हें पुण्य मिलेगा। उस परिवार के मुखिया ने अत्यंत नम्रता के साथ हँसकर कहा,—"मैं अमीर होता तो इन मोजों के लिए आप लोगों से पैसे न लेता!"

हमें वे मोजे, वस्तुत: पानी के भाव मिले। शुद्ध तिब्बती ऊन के बत्तीस जोड़े मोजे की कीमत उन्होंने मात्र दस रुपये मांगा। लामाओं की एक विशेषता यह थी कि किसी को सीधा पाकर उसे लामा ठगते नहीं, इसलिए इतनी कम कीमत में कोई खरीदना नहीं चाह रहा था। किन्तु उस बंजारे ने पहले की तरह निर्मल हँसी बिखेर कर कहा—"मैं इससे अधिक कीमत नहीं लूंगा। आप लोगों को तो मालूम है कि आजकल तीर्थयात्रियों की संख्या घट गयी है। आप लोग लामा भी हैं, तीर्थयात्री भी, हमारे ये मोजे पहनकर आप लोग सभी तीर्थधामों में घूमेंगे तो यह हमारे लिए परम् सौभाग्य की बात होगी!" हम लोगों ने मोजे ले लिए। अतिरिक्त दो रुपये देकर उस व्यक्ति व उसके परिवार को आंतरिक आशीर्वाद देते हुए हम वहाँ से आगे बढ़े।

इयाटुंग के आवासीय मकान, दुकान, हाट आदि देखकर ही लगता था कि यह शहर अभी बढ़ोत्तरी पर था। लकड़ी के बने बहुत से नये मकान दिखाई पड़े। यहाँ की दुकानें भारतीय सामानों से सजी थीं। टार्च, बैटरी, कापी, पेंसिल, स्लेट, अल्यूमिनियम के बर्तन, अंगोछा, कपड़े आदि पर पड़े छाप ही बता रहे थे कि ये सामान भारत से मंगाये गये थे। गैंगटक तथा सिलीगुड़ी से ही मुख्यत: यहाँ सामान मंगाया जाता था। यहाँ के निवासी अपेक्षाकृत साफ-सुथरे थे, बहुत से लोग स्वच्छ एवम् अच्छे पोशाकों में दिखे। सड़क के किनारे बहुत से युवक और युवतियाँ भी दिखे जो भद्र एवम् शिक्षित लग रहे थे। तिब्बत की सारी शिक्षा व्यवस्था गुम्फा या मठ के अधीन थी। शिक्षा प्राप्त करने के लिए त्रापा बनना पड़ता था।

इयाटुंग में थाना व टैक्स वसूली का कार्यालय भी था। बहुत से मकानों के सामने फूलों के बाग भी थे, मकान भी स्वच्छ और सुंदर थे। भारत व लासा के बीच इयाटुंग तिब्बत का पहला वाणिज्य केंद्र जैसा लगा। किन्तु यहाँ ऐसा कोई होटल या सराय नहीं था जहाँ बत्तीस लामाओं के टिकने का प्रबंध हो पाता। अत: हम लगातार उत्तर की ओर बढ़ते जा रहे थे। एक टीले के पास हमें छोड़कर गुरुजी आश्रय ढूँढ़ने गये थे, कुछ देर के बाद वे लौटकर बोले कि यहाँ रात में टिकने में असुविधा नहीं होगी, किन्तु एक ही स्थान पर सबकी व्यवस्था नहीं हो पाएगी, अलग-अलग रहना पड़ेगा। किन्तु कोई भी लामा गुरुजी का साथ छोड़ने को तैयार न था। इसलिए वे हमें लेकर आगे बढ़ते हुए बोले—"कुछ दूरी पर एक पुराना मठ है, वहाँ के मठाध्यक्ष को मैं पहचानता हूँ, चलो देखते हैं—वे वहाँ होंगे तो हमें कोई असुविधा नहीं होगी, भोजन हम बना लेंगे, इससे खर्च भी बचेगा।"

सड़क छोड़ कर हम लोग पहाड़ पर चढ़ने लगे। एक घंटे के बाद पहाड़ की गोद में एक मठ दिखाई पड़ा। गुरुजी ने बताया—"देखो, कितना सुंदर लग रहा है वह मठ। उस मठ का नाम दुंकार गुम्फा है! भगवान् तथागत प्रसन्न होंगे तो हम वहीं आज की रात बिताएंगे।"

विश्राम के लिए हम एक स्थान पर बैठ गये तो गुरुजी हमें दुंकार गुम्फा के विषय में जानकारी देने लगे—"तिब्बत में बौद्ध-धर्म की जो अनेकों शाखा-प्रशाखाएं हैं, उनमें

गोलुग-पा नामक सम्प्रदाय को ही तिब्बत का प्रधान सम्प्रदाय मानते हैं। गोयाङ् लोबसाङ् चोदेन इस मठ के प्रतिष्ठाता थे। एक विदेही आत्मा को इस मठ का मूल पुजारी बताया जाता है, उनका स्थानीय नाम त्रुलपु है। इस मठ में छोटे बालक-बालिकाओं को भविष्य में लामा बनाने के लिए भर्ती करते हैं। वैसे भी यह मठ देखने लायक है।''

वहाँ से और आगे बढ़ने पर हमें पहले एक चैत्य मिला जिसे स्थानीय भाषा में 'चोरतेन' कहते हैं। उसके आगे भी कई चैत्य बने हुए थे। उन चैत्यों के बगल से हम मणिमंत्र पाठ करते हुए अग्रसर हुए। सामने पत्थर की ऊँची दीवाल थी जिसे देखकर लगता था हम किसी दुर्ग के सामने पहुँच गये थे। ज्यों ही हम गुम्फा के मुख्य दरवाजे पर पहुँचे, दो कुत्ते भौंकते हुए इस तेजी से लपके कि हमें सहम कर पीछे हटना पड़ा। सौभाग्यवश दोनों कुत्ते लम्बे साँकल से बंधे हुए थे जिससे वे एक सीमा के बाद हमारी ओर नहीं बढ़ सके। उन दोनों पहरेदारों की चीत्कार से कुछ त्रापा अर्थात् शिक्षार्थी लामा दौड़े आए और आकर कुत्तों को संभाला। हमें लामाओं के वस्त्र में देखकर उन त्रापाओं ने हमें संभ्रम पूर्वक प्रणाम किया, फिर आगे बढ़कर गुरुजी से पूछा,—''क्या आप लोग अंदर आएंगे?''

हम लोग गुम्फा की दीवार या फाटक देखने के लिए तो वहाँ नहीं गये थे, हमें वहाँ रात बितानी थी। गुरुजी ने कहा—''अवश्य!'' फिर हम लोग अंदर घुसे। दुंकार गुम्फा मठ नहीं, दुर्ग ही लगता था। पहाड़ी की गोद में स्थापत्य कला का एक अपूर्व नमूना था वह। इस यात्रा में पहली बार मुझे लगा कि हम किसी सचमुच के बौद्ध-विहार में ही खड़े हैं। फाटक से बहुत दूर जाने पर हम एक आंगन में पहुँचे जिसके चारों ओर त्रापाओं के रहने के कमरे थे और कोने में गुम्फा का कार्यालय था। हमें कार्यालय तक नहीं जाना पड़ा, संभवतः किसी त्रापा ने पहले ही दौड़कर लामाओं के दल की आगमन वार्ता वहाँ पहुँचा दी थी। उस कमरे से भारी डीलडौल का एक वयस्क लामा निकलकर हमारी ओर बढ़ आए। उन्होंने विस्मय से हमारे दल को घूरते हुए पूछा, ''कहाँ से पधारे हैं, कहाँ जाना है?''

इस रूखे प्रश्न के उत्तर में गुरुजी ने संक्षेप में उन्हें हमारी यात्रा के विषय में जानकारी दी। फिर उन्होंने पूछा,—''गुरु चू-मिन्जेन् यहाँ हैं या नहीं? वे मुझे पहचानते हैं।''

—''अच्छा, अच्छा, ठीक है, आप लोग पधारें। गुरुजी गालिगंग गये हैं, आप लोग तो उसी रास्ते आए-उनसे भेंट नहीं हुई?''

—''नहीं, उनसे हमारी भेंट नहीं हुई।'' गुरुजी ने कहा और उसके बाद सीधे से प्रश्न किया, ''हम बत्तीस लोग आज यहाँ टिक सकते हैं या नहीं?''

उनके पास इस प्रश्न का उत्तर नहीं था। गुरु चू-मिन्जेन् यहाँ के मठाध्यक्ष थे और उनकी अनुपस्थिति में दूसरा कोई निर्णय नहीं ले सकता था। अतः गुरुजी ने कहा कि जब तक मठाध्यक्ष नहीं लौटते, हम उनकी प्रतीक्षा करेंगे। कंधे का सामान कार्यालय में

रखकर हम लोग मठ को भली-भाँति देखने के लिए निकल पड़े। मैं गुरुजी के साथ ही रहा। एक बड़े चोरतेन के सामने रुककर गुरुजी बोले, इसके शिल्प को ध्यान से देखो। बहुत ही सूक्ष्म शिल्प का यह एक अपूर्व स्तूप है। उन्होंने ठीक ही कहा था। विविध रंगों के प्रयोग से वहाँ जो बेलबूटे बने थे वे अपने आप में बेजोड़ थे। मैं स्तंभ के चारों ओर घूमता रहा। उस चोरतेन पर अजस्र मणिमंत्र खुदे थे अत्यंत कलात्मक ढंग से। छोटे मझोले बड़े अक्षरों में तथा 'ओम् मणि पद्मे हुम्' मणिमंत्र लिखने या खुदाई करने में शिल्पी ने अपनी विशेष छाप रख दी थी। गुरुजी से मैंने पूछा—"गैंगटक से यहाँ तक राह में बहुत से चोरतेन (स्तूप या चैत्य) देखा, विशेषत: तिब्बत में तो चोरतेन की भरमार है, इसका मूल अर्थ क्या है मुझे बताइएगा?"

मेरे प्रश्न पर गुरुजी ने सिर हिलाकर कहा,—"चोरतेन शब्द का अर्थ बहुत व्यापक है। विभिन्न सम्प्रदाय के लोग इसकी भिन्न-भिन्न व्याख्या करते हैं, किन्तु मूल अर्थ एक ही है। चोरतेन हमारे इस जड़ जगत का प्रतीक है। इसीलिए किसी महान् या धार्मिक व्यक्ति के देहत्याग करने पर चोरतेन स्थापित कर उनके प्रति सम्मान दर्शाया जाता है। भारत में भी ऐसे स्तूप तूने देखा होगा। बहुधा चोरतेन समाधि की वेदी से तुल्य है, अत: जब भी कोई चोरतेन मिले, उसे बाँए रखकर आगे बढ़ जाना, उसे यथेष्ट मर्यादा दिखाना। चोरतेन धर्म का प्रतीक है, संघ का प्रतीक है, बुद्ध का प्रतीक है। चोरतेन का निर्माण चाहे जैसा भी हुआ हो, उसे तू कभी असम्मान मत दिखाना। चोरतेन मंदिर का प्रतीक है, उसमें प्राण है, वह क्षिति, अप्, तेज, मरुत, व व्योग का प्रतीक है। चोरतेन को अच्छी तरह परख करने से ही ये पाँचों तत्व तू समझ पाएगा। आगे कभी समय निकालकर तुझे मैं अच्छी तरह समझा दूंगा।"

दुंकार गुम्फा के विषय में गुरुजी ने बहुत सी जानकारी दी। दूसरे गुम्फाओं की तरह यहाँ भी मंदिर, विद्यालय, लामा व त्रापाओं के निवास की व्यवस्था थी। शिल्प-शिक्षा के लिए अलग भवन था। यहाँ के शिक्षायतन में दो सौ छात्रों की व्यवस्था थी, किन्तु इस समय केवल पचपन छात्र थे। दुंकार गुम्फा की प्रसिद्धि का एक कारण यह भी था कि शिक्षा तथा बौद्ध-धर्म के प्रचार-प्रसार से संबंधित सभा-समितियों के लिए विभिन्न स्थानों से लामा वहाँ आते रहते थे और वह गुम्फा उच्च श्रेणी के लामाओं को एक मंच प्रदान करता था। गुम्फा में ध्यान करने के लिए जो कमरे बने थे वे भी इतने सुंदर स्थल पर थे जहाँ से चोमलहरि तथा हिमालय के नयनाभिराम दृश्य दिखाई पड़ते थे।

संध्या होने को थी जब पास ही कहीं तिब्बती भेरी गूंज उठी। यह नाद संभवत: सबको एकत्र करने के लिए थी क्योंकि जो जहाँ था वहाँ से तत्काल दौड़ पड़ा। उसके बाद ही मुझे एक गुंजन सुनाई पड़ा। बर्रे के छत्ते पर ढेला मारने से ऐसा ही गुंजन होता है। मठ के सभी लामा प्रार्थना में जुटे थे, यह शब्द उसी का था। ये बहुत धीमे स्वर में, रुक-रुक कर, प्रार्थना करते हैं। जिन्हें तिब्बती शब्दोच्चारण का परिचय नहीं है, वे इस गुंजन को सुनकर कभी नहीं समझ सकते कि वह तिब्बती भाषा में प्रार्थना के बोल हैं। उधर बढ़ते हुए मुझे लगा कि हिमालय की गोद से इन भोलेभाले त्रापाओं के सरल

प्रार्थना ईश्वर तक अवश्य पहुँचती होगी। प्रार्थना के उपरांत वे भोजनागार में चले गये। हमलोग कार्यालय के इर्द-गिर्द चक्कर लगाते रहे।

गुरु चु-मिन्जेन काफी देर के बाद लौटे। यहाँ लोग संवाद भेजने में बहुत कुशल हैं, क्योंकि मठ में उपस्थित होने से पहले ही उन्हें आगंतुकों का समाचार मिल गया था। कार्यालय के सामने पहुँचकर लालटेन की रोशनी में गेशे रेपतेन जी को देखते ही वे उनके निकट पहुँचे, फिर दोनों ने एक-दूसरे को आलिंगन में ऐसे भर लिया जैसे एक अंतराल बाद दो भाई मिले हों। आनंद के उच्छ्वास से मुक्त होने पर गुरुजी ने गुरु चु-मिन्जेन् को एक-एक कर सभी तीर्थयात्रियों का परिचय दिया। वहाँ रुकने की इच्छा व्यक्त करते ही वे सम्मत हो गये, बोले—"एकदिन क्या, जितने दिन चाहो, रहो।" हमें रसोईघर में ले जाकर बड़ी कड़ाही और हंडिया दिखाकर वे बोले कि हम उन बर्तनों में भोजन पका सकते हैं, भट्टी और लकड़ी भी वहीं मौजूद है। उन्होंने एक मठवासी से परिचय कराते हुए कहा कि वह हमलोगों की सहायता करेगा। इसके बाद वे बोले, "चलो, मंदिर में चलकर आज का संध्या-ध्यान कर लें।"

टेढ़े मेढ़े सँकरे गलियारे से होकर हम एक बड़ी इमारत के सामने पहुँचे। लालटेन के प्रकाश में लकड़ी के दरवाजे की नक्काशी ठीक से दिखाई नहीं दे रही थी। हम लोग भीतर प्रवेश किए। बौद्ध मंदिरों में प्रवेश के लिए जूते नहीं उतारे जाते। हो सकता है कि अत्यधिक ठंड के कारण ही यह छूट हो। सामने एक कतार में घी के दीए जल रहे थे, उसी के प्रकाश में अवलोकितेश्वर भगवान् की विराट शांत मूर्ति दिख रही थी। इस मूर्ति को यहाँ मूल देवता माना जाता था। मूर्ति के चार हाथ थे, ऊपर के दो हाथों में वज्र तथा पद्म थे, नीचे के दो हाथ अभय देने की मुद्रा में थे। अवलोकितेश्वर के दोनों ओर और भी अनेकों मूर्तियाँ थीं। मेरी दृष्टि बगल के बड़े-बड़े ताकों पर गयी। उनमें बड़ी-बड़ी पुस्तकें थीं। पुस्तकों के ऊपर और नीचे की जिल्द लकड़ी की थी। ताक के सामने रंगीन कपड़े का आवरण था, संभवत: दिए की कालिख से पुस्तकों को बचाने के लिए ऐसा किया गया था। अपना कौतूहल दबा न पाने के कारण मैं ताक की ओर बढ़ा और उन पुस्तकों को छू कर देखने को हुआ। ऐसे में मठाध्यक्ष मेरे समीप आकर मुस्कराते हुए मुझे तिब्बती भाषा में कुछ बोले। वे क्या कह रहे थे, यह समझ न पाने के कारण मैं चुपचाप उन्हें ही देखता रहा। इस पर वे हिंदी से पूछे, "तुम किधर का आदमी हो।?"

अन्यत्र कहीं इस स्थिति में पड़ता तो अवश्य ही मैं मौनी बाबा होने का भान करता, किन्तु यहां के पवित्र परिवेश में मुझे ऐसा करना अनावश्यक लगा। मौनी लामा का स्वरूप चीनी सैनिकों के लिए सुरक्षित रखते हुए मैंने उत्तर दिया, "कलकत्ता का!"

वे प्रसन्न दिखे। मैंने गेशे रेपतेन को दिखाते हुए कहा, "उनसे पूछिए, उन्हें सब कुछ मालूम है।"

मेरे ऐसा कहने पर गेशे रेपतेन ने बहुत धीमे स्वर में यानी फुसफुसाकर उन्हें मेरा परिचय दिया। मठाध्यक्ष मेरा परिचय पाकर खुश होकर बोले, "कम उम्र में तीर्थ

करना ही उचित है, वह अनुभव बाद के जीवन में बहुत काम आता है। खासकर गेशे रेपतेन जैसे ज्ञानी व्यक्ति का संग तो सौभाग्य से ही मिलता है। जानते हो, मैं और गेशे रेपतेन लद्दाख में चार साल तक एक साथ रहे।''

मैंने ग्रंथों की ओर इंगित कर पूछा, ''क्या इन पुस्तकों में महायान ग्रंथ की टीका है?''

चु-मिनजेन बोले, ''नहीं, रुको-तुम्हें दिखाता हूँ।'' ऐसा कहकर उन्होंने बगल के एक ताक से दोनों हाथ लगाकर एक मोटी पुस्तक निकाली। वह पुस्तक ढाई फीट लम्बी और दो फीट चौड़ी थी। उसे एक तख्ता पर रखकर उन्होंने पहले उस पुस्तक को प्रणाम किया, फिर बोले, ''यह हमारा तिब्बती उपनिषद् है—हमारा पवित्र धर्मग्रंथ। यह बौद्ध-नीतिशास्त्र है जिसे भारत के संस्कृत ग्रंथ से तिब्बती भाषा में अनुवाद किया गया था। इसे कांगीउर कहते हैं। इस तरह के ग्रंथ तुम्हें ऐसे बड़े-बड़े गुम्फाओं के सिवा और कहीं नहीं मिलेंगे। यहां चारों ओर जो ताख बने हैं उनमें क्रम संख्या दिए हुए हैं। इनमें ठूँस कर जो पुस्तकें रखी गयी हैं, ऐसी १०८ पुस्तकों को मिलाकर कांगीउर पूर्ण होता है, अर्थात् कांगीउर के एक सौ आठ भाग हैं, प्रत्येक खंड की अलग पुस्तक है।''

हाथ की छपाई वाली भारी-भारी पुस्तकों को देखते हुए मैंने पूछा, ''इन्हें एक स्थान से दूसरे स्थान पर कैसे ले जाते होंगे?''

वे मुस्कराकर बोले, —''हाँ, यह समस्या तो है ही। ऐसी चार पुस्तकें गदहे की पीठ पर दोनों और दो-दो लटकाकर ले जाना पड़ता है। उस गदहे को कोई लामा या त्रापा ले जाता है ताकि पुस्तकों पर कोई बुरी दृष्टि ने पड़े।''

—''क्या छोटे लामा भी इन पुस्तकों को पढ़ते हैं?''

—''नहीं, उसके लिए प्रस्तुति आवश्यक होती है। पन्द्रह-सोलह वर्ष मठ में रहने के बाद वे धीरे-धीरे तांगीउर के सहज भाष्य समझने लगते हैं।''

—''तांगीउर? वह क्या है?''

—''कांगीउर के सरल भाष्य को तांगीउर कहते हैं। वह भी तिब्बती भाषा में लिखित है। चलो, तुम्हें दिखाएं।''

उनके पीछे-पीछे हम बगल के एक कमरे में पहुँचे। घी के दो दिए जलाकर उन्होंने हमें चारों ओर देखने को कहा। यह कमरा काठ का था और उसकी दीवारें पुस्तकों से सजी हुई थीं। गुरु चु-मिनजेन ने फिर कहना शुरू किया—''यह कमरा विशेषरूप से तांगीउर रखने के लिए ही बनवाया गया था। यहाँ सभी पुस्तकें तांगीउर के भाग हैं। इस कमरे में २२५ खाने बने हुए हैं जिसमें तांगीउर के २२५ खंड रखे गये हैं। प्रत्येक खंड पर लकड़ी का जिल्द चढ़ा है और उसमें पन्ने अलग-अलग रखे हुए हैं, इन पृष्ठों पर कोई क्रम संख्या अंकित नहीं है, किन्तु वे एक क्रम में रखे गये हैं। जो लामा यहाँ अध्ययन करने आते हैं वे यथेष्ट सम्मान, मनोयोग और यत्न के साथ इन पुस्तकों का व्यवहार करते हैं।''

चु-मिनजेन मेरी और देखकर बोले,—''तांगीउर पढ़ना रामायण और महाभारत से अधिक कठिन है।''

हमें मूल मंदिर में वापस छोड़कर मठाध्यक्ष गेशे रेपतेन जी को लेकर बाहर निकल गये। शांति और सुरक्षा के एहसास से निश्चिंत होकर हम लोग वहाँ आसन जमाकर ध्यान करने के लिए बैठ गये।

अगले दिन सुबह गुरु चु-मिनजेन हमें अन्य मंदिरों का दर्शन कराने ले गये। गुम्फावासी सुबह कुछ नहीं खाते, वे दिन में केवल दो बार भोजन करते हैं, दोपहर को और संध्या से पहले।

पिछली रात देखे गये मंदिर की तुलना में दूसरा मंदिर अधिक सजावटपूर्ण था। पहाड़ काटकर इसे बनाया गया था। यहाँ बहुत-सी मूर्तियाँ सोने की थीं। इनमें पद्मसंभव, कुबेर, धर्मराज, यवयूम तथा विभिन्न असुरों की मूर्तियाँ भी थीं। मंदिर में एक ही दरवाजा था, कोई खिड़की नहीं, इसलिए भीतर दिन में भी अंधेरा रहता। तीसरे मंदिर में देव-देवियों की अनेकों मूर्तियाँ एक ही स्थान पर रखी थीं, शायद स्थानाभाव के कारण। इन सभी मंदिरों में रंग-बिरंगे तांखा अर्थात् कपड़े से जड़े विचित्र रंग के यंत्र, मंडला, बौद्धमूर्ति व जन्म-मृत्यु-जरा के प्रतीक चिन्ह झूल रहे थे। इन देवालयों में सोने के बने दीपकों की नक्काशी भी देखने योग्य थी। मंदिर कुछ इस तरह बने थे कि कोई जानकार व्यक्ति साथ में न हो तो कोई उनमें अकेले जा ही नहीं सकता था।

मध्यान्ह भोजन के लिए भेरी बजते ही हमलोग देवालय से लौट आए। हमें छात्रों के साथ भोजन करने का निमंत्रण मिला था। गुरु चु-मिनजेन हम लोगों से कुछ भी लेने को तैयार नहीं हुए। उन्होंने कहा, **''तथागत की इच्छा से और कुबेर जी की कृपा से हमारे** भंडार में कोई कमी नहीं है, तीर्थयात्रियों के यहाँ एक जून भोजन करने से गुम्फा का मंगल ही होगा।''

यद्यपि गुरु चु-मिनजेन कुछ गंभीर प्रकृति के थे, उनकी उदारता ने हमें छू लिया था। छात्रों के साथ मध्यान्ह-भोजन करने के उपरांत सबको धन्यवाद देते हुए गेशे रेपतेन जी ने घोषणा की कि आगे की यात्रा के लिए हम गुम्फा से तत्काल प्रस्थान करेंगे।

# फारी

भोजनोपरांत हम दुंकार गुम्फा से निकल पड़े थे। चूँकि हमें निकलते यथार्थ ही विलंब हो गया था, गुरुजी ने यह कह दिया था कि आज हम अविराम यात्रा करेंगे, केवल रात में कहीं रुककर हम भोजन करेंगे, उसके बाद पुनः चलना जारी रखेंगे। गुरु चु-मिनजेन की आवभगत से हमारा मन व स्वास्थ्य पूर्णरूपेण स्वस्थ था, हमें पर्याप्त विश्राम भी मिल चुका था, अतः अविराम यात्रा हम कर ही सकते थे।

हिमालय के सुंदर दृश्य से हमें प्रेरणा मिल रही थी। सूर्यास्त की रंगीन छटा देखते हुए हम शांति के साथ आगे बढ़ते रहे। हममें उत्साह की कमी न थी।

राह के एक खंडहर में रुककर हमलोगों ने रोटियाँ बनायीं और नमक के साथ रोटियाँ खाकर नैश-आहार से निवृत्त हुए। उसके बाद हम पुनः चलते रहे। अगला पड़ाव बहुत दूर था, निरंतर यात्रा में कुछ ऊब भी होने लगी थी। हम लोग सारी रात चलते रहे, बीच में तीन-चार बार थोड़ी देर विश्राम भी किए। तड़के हम जिस शहर में पहुँचे, उसका नाम फारी था।

शहर में प्रवेश करते ही एक चाय की दुकान मिली। हम लोगों ने दुकान के मालिक के उद्देश्य से गुहार लगायी। इससे मालिक की नींद तो नहीं खुली, किन्तु उनकी पत्नी जाग गयीं, और उन्होंने ही उठकर दरवाजा खोला। उनकी उम्र तीस-पैंतीस के आसपास थी। दरवाजा खोलकर सामने लामा तीर्थयात्रियों का इतना बड़ा दल देखकर वे चौंकीं। उनके चेहरे के भाव से ही लग रहा था कि यह उनके लिए सुप्रभात ही नहीं, सौभाग्य की भी बात थी। लामाओं को साष्टांग प्रणाम करने के बाद उन्होंने पूछा, ''क्या चाहिए आप लोगों को?''

—''चाय।''

इतनी सुबह कोई चाय की दुकान में शरबत पीने तो जाएगा नहीं, किन्तु प्रश्न का उत्तर तो देना ही था। हमें रुकने के लिए कहकर वे अंदर गयीं और अपने पति को धक्के मारकर उठाया। उनके पास दूसरा चारा भी नहीं था, भला इतने ग्राहकों का झमेला वे अकेली कैसे संभालतीं? उस कमरे से एक-एक करके लगातार तीन व्यक्ति बाहर निकल आए। गुरुजी ने अस्फुट स्वर में मुझसे कहा, ''संभवतः ये तीनों भाई हैं और तीनों भाई की एक ही पत्नी है।''

गुरुजी का मंतव्य सुनकर मैंने आश्चर्य से उनकी ओर देखा। मेरा मनोभाव ताड़कर गुरुजी बोले, ''इसमें चौंकने की कोई बात नहीं है। तिब्बत में ऐसे बहुत से परिवार

मिलेंगे, ठीक जैसे महाभारत में पाँच भाइयों की एक पत्नी थी—द्रौपदी। तिब्बत में यह प्रथा है कि पहले ज्येष्ठ भाई विवाह करता है, फिर यदि भाइयों में सद्‌भाव है तो दूसरे सभी भाई उसी स्त्री को अपनी पत्नी के रूप में स्वीकार कर लेते हैं। किन्तु बड़े भाई का अधिकार और दावा अन्य भाइयों से अधिक रहता है।''

चाय बन गयी तो चाय के साथ ही हमलोगों ने गरम पानी में सत्तू घोलकर पी लिया। फिर हम चलने तो लगे किन्तु अब थकावट भी थी और नींद भी लग रही थी। गुरुजी ने हमें आश्वासन दिया, ''वह जो सामने एक गुम्फा दिख रहा है, अभी हम वहीं जाएंगे; फिर वहाँ से शाम को प्रस्थान करेंगे।''

गुम्फा के थामों में झूलते पताके हमें दूर से दिखाई दे रहे थे। ऊँचे बाँस या लकड़ी के स्तंभों के सहारे कपड़े की छोटी-छोटी कतरनों पर प्रार्थना लिखकर रस्से में टांग दिए जाते हैं। ऐसा तिब्बत के सभी गुम्फाओं में है। मान्यता यह है कि जितनी अधिक ऊँचाई पर प्रार्थना टांगी जाएगी, उतनी ही शीघ्र वह ईश्वर तक पहुँचेगी। कुछ लोग यह भी मानते हैं कि भक्तों की वे प्रार्थनाएं हवा ही सीधे भगवान् बुद्ध तक पहुँचा देती है।

एक छोटी पगडंडी पर से चलते हुए हम गुम्फा की दीवार के सामने पहुँचे। दीवार का निर्माण स्थानीय पत्थर और मिट्टी से हुआ था। लगता था कि गुम्फा की दीवार बहुत पुरानी थी, जिसमें कोई फाटक नहीं था, दीवार के बीच में एक दरार छोड़ दिया गया था गुम्फा में प्रवेश के लिए। भीतर एक बहुत बड़ा आंगन था, बिहार के किसी बड़े किसान के खलिहान की तरह। आंगन के चारों ओर चारदीवारी के साथ छतवाले बरामदे थे। भीतर सभी सो रहे थे, वहाँ कोई ऐसा न था जिससे पूछताछ की जा सके। गुरुजी का संकेत पाकर हमने बरामदे में कम्बल बिछाया और भारी मोजे पहनकर वहीं सो गये। जब तक कोई विघ्न न डाले तब तक हम अनायास सो सकते थे। रात्रि जागरण और थकान के कारण लेटते ही हमें नींद आ गयी।

दोपहर को नींद खुली। उस समय दिन के एक या दो बज रहे थे। गुम्फा के त्रापा हमें घेरकर खड़े थे। लामाओं को उठते देखकर वे कुछ पीछे हटकर खड़े हो गये। मठ के गुरु वृद्ध लामा भी त्रापाओं के संग खड़े थे। हमारे दल का परिचय मिलते ही वे प्रसन्न होकर बोले कि यात्रियों का स्वागत है, हम जब तक चाहें वहां ठहर सकते हैं, किन्तु मठ की दशा दिनोंदिन बिगड़ती ही जा रही है, अत: हम भोजन के लिए खरच करें तो वे व्यवस्था कर देंगे, अन्यथा केवल रहने की ही व्यवस्था होगी। उन्होंने बताया कि लासा से अनुदान भी नियमित प्राप्त नहीं होता, इसलिए शिशुओं या बच्चों को मठ में लेना लगभग बंद कर दिया गया है। मठ का खर्च बहुत कठिनाई से चलता है।

उन्हें टालने के लिए गुरुजी ने कहा कि यदि कुछ करना होगा तो वे बाद में बताएंगे। फिर उन्होंने यात्रियों को शहर घूमने की अनुमति देते हुए कहा—''सबके एक साथ घूमने से लोगों का ध्यान आकृष्ट होगा, इसलिए अच्छा यही हो कि दो-दो तीन-

तीन लामाओं की टोलियाँ बनाकर तुम लोग घूम आओ। तिब्बत का यह एक दर्शनीय शहर है। जिसका जब भी चाहे गुम्फा में लौट आए। किन्तु कोई चीनी सिपाही दिखे तो उससे कन्नी काटना ही उचित होगा।''

गुरुजी की आज्ञा पाकर यात्रीगण अलग-अलग टोलियाँ बनाकर शहर की ओर चले गये। मैं गुरुजी के साथ ही रहा। जब सब चले गये तो गुरुजी वृद्ध लामा के साथ परामर्श करने लगे। इस यात्रा में मैं कुछ तिब्बती शब्द सीखने लगा था, कोई नया शब्द सुनता तो मंत्र के बदले उसे ही रटता। हमारे दल में सभी लामा थोड़ी-बहुत तिब्बती भाषा जानते थे, एक मात्र मैं ही अपवाद था। मैं उनकी बातें ध्यान से सुनता और समझने का प्रयत्न करता। गुरुजी ने वृद्ध लामा से यह तय किया कि दो जून के भोजन के लिए कुल दस रुपये मिलेंगे, साथ ही उपहार स्वरूप कुछ नमक भी। इसके बदले गुम्फा हम लोगों को आज रात और कल सुबह रस्सेदार साम्पा देगा। मैंने बाद में गुरुजी से कहा कि दस रुपये में बत्तीस लोगों का भोजन तो बहुत ही सस्ता है! गुरुजी बोले, ''क्या कह रहा है तू? दस रुपये तो बहुत हैं! साम्पा तो यहाँ बार्ली से बनाते हैं, उसमें थोड़ा आटा और गिने चुने सूखे मांस के टुकड़े डालते हैं। बार्ली की उपज तो यहीं होती है जो बहुत सस्ते में मिल जाती है।''

गुरुजी के साथ मैं गुम्फा से निकला और हम दायीं ओर की एक सड़क से होकर शहर की आरे बढ़े। इस क्षेत्र का यही सबसे बड़ा शहर था। ज्यों-ज्यों हम तिब्बत के केन्द्र की ओर बढ़ रहे थे, त्यों-त्यों गांव के आकार भी क्रमशः बड़े होते लग रहे थे। देखने में यह शहर कुछ बड़ा ही लगता था, घाटी में चारों ओर आवासीय मकान फैले हुए थे। नगर में इतस्तत: घूमते हुए बहुत से मकानों के सामने सूचनापट्ट या साइनबोर्ड दिखाई पड़े। उन्हें मैं पढ़ तो नहीं सका, किन्तु लगा कि वे आवश्यक ही होंगे। इससे पहले तिब्बत के अन्य स्थानों में मैंने ऐसे साइनबोर्ड नहीं देखे थे। यहाँ किराना की दुकानें भी अधिक उन्नत किस्म की थीं। एक चाय की दुकान के सामने कुछ युवक एड़ी के बल बैठ गपशप कर रहे थे। याक द्वारा खींची जाने वाली गाड़ियाँ भी यहाँ दिखाई पड़ीं। सड़क पर कुछ याक विचर रहे थे। याक तिब्बत का मुख्य पशु है। एक मांस की दुकान के सामने कुछ लोग पैसे से गुच्ची खेल रहे थे। यहाँ की किशोरियाँ और युवतियाँ बाल पीछे की ओर खींचकर बाँधती थीं। वे बाकू यानी लम्बी सेमिज पहनती थीं। वयस्क महिलाओं और पुरुषों के पहनावे एक जैसे थे। सभी के वस्त्र लगभग एक ही रंग के थे, लगता था कि कत्थई रंग इन्हें विशेष प्रिय है। शहर में काफी चहल-पहल थी, क्रय-विक्रय यहां अच्छी होती थी। शहर में अलग से कोई विद्यालय नहीं था, शिक्षा व्यवस्था मठों के अधीन थी। बच्चे जब तक मठ में रहते हैं, उनके खाने-पीने पहनने का खर्च मठ ही उठाता है, अभिभावकों को कुछ देना नहीं पड़ता। लड़कियों के लिए भी यही व्यवस्था है। किन्तु लड़कियाँ जवान होते ही उनकी शादी का प्रस्ताव आ जाता है, इसलिए युवा संन्यासिनी नहीं दिखाई पड़तीं। तिब्बत में पुरुषों की अपेक्षा नारी की संख्या बहुत कम है, इसी कारण एक परिवार के सभी भाई

मिलकर एक ही कन्या से विवाह करते हैं और इस तरह सामाजिक दायित्व निभाते हैं।

फारी शहर का स्थानीय नाम फारी जोङ् था। जोङ् का अर्थ दुर्ग होता है। फारी दुर्ग के इर्दगिर्द यह शहर पनप उठा था। दुर्ग एक मठ को केंद्र में रखकर बनाया गया था। यह शहर तिब्बत का मुख्य व्यवसाय केंद्र था और इसका व्यावसायिक सम्बन्ध सिक्किम, भूटान तथा सिलीगुड़ी से था। भारत-तिब्बत वाणिज्य के लिए यहाँ कई वर्ष पहले 'ट्रेड-सेंटर' नामक एक संस्था बनायी गयी थी जिसकी देखरेख के लिए एक भारतीय प्रतिनिधि यहाँ रखा गया था।

यद्यपि यहाँ भी बहुतों के कपड़े साफ-सुथरे थे, किन्तु यहाँ की गंदगी के विषय में न बताऊँ तो इस शहर का वर्णन ही अधूरा रह जाएगा। अत: अनचाहे भी मुझे इसका उल्लेख करना पड़ रहा है।

घूमते हुए हम फारी शहर के ठीक केन्द्र में पहुँच गये थे। हमारी दाँयी ओर एक छोटी सी पहाड़ी नदी थी। बाढ़ के समय गंगा का पानी जब मटमैला हो जाता है तब भी वह इस नदी के पानी से स्वच्छ ही रहता होगा। कोई पहाड़ी नदी इतनी गंदी हो सकती है, इसकी कल्पना भी नहीं की जा सकती। मेरे इस वर्णन में कोई अतिशयोक्ति नहीं है, जिसने भी फारी शहर देखा है वह मुझसे एकमत होगा। इस शहर की अस्वच्छता के विषय में कोई अन्दाज नहीं लगा सकता। शहर में कहीं कोई निष्कासन व्यवस्था नहीं है। कहीं संडास या सरकारी शौचालय की व्यवस्था नहीं थी। मैदान और घाट का अभाव न होने पर भी लोग निवृत्त होने के लिए घर से दूर जाते ही नहीं थे। अस्वस्थता या अन्य किसी मजबूरी की बात तो फिर भी समझ में आती, किन्तु लोगों का अभ्यास ही ऐसा था। घर की रसोई की खिड़की या दरवाजे के बाहर ही वे कूड़ा फेंकते थे जिससे खिड़की या दरवाजे के सामने कूड़ा-कर्कट का दुर्गंधयुक्त ढ़ेर जमते-जमते कूड़े का टीला जैसा बन गया था। सभी मकानों के आसपास एक ही दृश्य था। घर की सारी गंदगी वे घर के सामने की सड़क पर भी निस्संकोच डालते रहते थे। इससे किसी को परेशानी होगी या नहीं इसकी उन्हें चिंता नहीं थी। सुबह उसी कूड़े के ढेर पर वे टट्टी करने के लिए बैठ जाते थे। कहा जाय तो सड़क पर ही। दिन के किसी भी समय चहल-पहल भीड़-भाड़ वाली सड़कों के किनारे वे फारिग होने के लिए बैठ जाते थे, इसमें कोई लाज-शरम की बात नहीं थी। केवल पुरुष नहीं, स्त्रियाँ भी।

फारी में एक ही चौराहा था। चौराहे के एक ओर डाक-चौकी थी। लासा तथा भारत-तिब्बत सीमा से पेमाचौकी होकर यहाँ डाक आती थी। उस चौकी पर सप्ताह में एक दिन डाक का वितरण होता था। उस चौकी को फारी का तथा इस क्षेत्र का प्रधान डाकघर कहा जा सकता है। डाकघर के बाँए छ:-सात छोटे-छोटे तख्त बिछाकर बचकानी ढंग से एक मचान बनाया गया था जिसके ऊपरी भाग में फटे-पुराने टाट का घेरा था। मचान की ऊँचाई ९-१० फीट होगी। मचान के नीचे मल का पहाड़ जैसा बन गया था, यदि कोई पथिक थोड़ा भी असावधान हो तो उसी विष्ठा के टीले में जा गिरे।

इतनी गंदगी के बाद भी शहर के लोग जैसे भी हो टिके हुए थे। कई बार हैजा और चेचक का भयंकर प्रकोप यहाँ हो चुका था, किन्तु इससे आबादी चिन्तित नहीं हुई थी। गंदगी और बीमारी से समझौता करते हुए वे अभ्यस्त हो चुके थे। चौराहे से आगे बढ़ने पर हम जिस सड़क पर पहुँचे, वहाँ तो गंदगी की सीमा भी पार हो गयी थी। बरसों से दोनों ओर के मकानों से सड़क पर कूड़ा फेंकते-फेंकते सड़क की ऊँचाई बढ़ गयी थी। मैंने लगातार ग्यारह मकान ऐसे देखे जहाँ सड़क इतनी ऊँची हो गयी थी कि उन मकानों में घुसने के लिए सड़क से चार सीढ़ी के बराबर नीचे उतरना पड़ता है। इस ऊँचाई को कूड़े के ढेर ने ही बनाया था।

इतना होने पर भी एक खास बात यह थी कि इस गंदे शहर के वातावरण में जितनी दुर्गंध होनी चाहिए थी, उतनी थी नहीं। इसका कारण यह था कि यहाँ की अत्यधिक ठंडी हवा में सब कुछ हिम हो जाता था।

एक ओर चोमलहरि चोटी की श्वेतशुभ्र तुषाराच्छादित अपरूप शोभा और दूसरी ओर उसी के पदतल में विश्व का संभवत: सबसे गंदा शहर! एक ओर सौंदर्य, दूसरी ओर भयंकर गंदगी। ऐसा विरोधाभास और कहीं शायद ही उपलब्ध हो।

फारी तिब्बती शब्द है जिसका अर्थ सूअर होता है। नामकरण की दृष्टि से इससे उत्तम कोई नाम इस शहर का नहीं हो सकता था! इन तुच्छ बातों पर गुरुजी का ध्यान नहीं रहता था। किन्तु मेरा अनुन्नत पापी मन इस नरक को देखने के लिए विवश था। फारी शहर घूमते हुए मुझे आश्चर्य हो रहा था कि यह धरती कितनी विचित्र है—जहाँ स्वर्ग है, वहीं नरक भी है!

—"नमस्कार जी!" किसी ने हिन्दी में अभिवादन किया तो मैं चौंका। हमारे पीछे एक सज्जन कम्बल ओढ़े खड़े थे और मुस्करा रहे थे। उनके चेहरे और पोशाक से ही स्पष्ट था कि वे तिब्बती नहीं थे। गुरुजी ने उनकी ओर देखकर कहा, "नमस्कार।"

उनकी ओर देखकर मैं भी क्षीण मुस्कराया। उनका ध्यान गुरुजी पर नहीं था। मुझे घूरते हुए वे स्पष्ट हिन्दी में ही पूछे, "लगता है कि तुम्हारी उम्र बहुत कम है, क्या तुम हिन्दुस्तान से आए हो?"

मैं इस उधेड़बुन में था कि मैं उत्तर दूँ या नहीं। गुरुजी ने ही उत्तर दिया, "हम लोग नेपाल से आए हैं, यह बच्चा मेरा शिष्य है।"

—"ओह! तो ये बात है। मुझे लगा कि यह बालक भारतीय है। आप लोग कहाँ जा रहे हैं?" उस सज्जन ने बातचीत शुरू की।

—"हम तीर्थयात्रा पर निकले हैं।" गुरुजी बोले।

—"कहाँ-कहाँ जाएंगे?"

—"भगवान् जाने, अभी तो गीयात्से की ओर जाना चाहते हैं।"

—"आपके भाग्य अच्छे हैं, नेपाली होने के कारण ही इधर आने की अनुमति पा गये। लगता है अब भारतीय साधुओं का आना बिलकुल बंद हो गया है।"

अब गुरुजी ने उनसे पूछा, ''क्या आप भारतीय है? आप यहाँ क्या करते हैं?''

—''जी हाँ। मैं ऊन का व्यापार करता हूँ। यहाँ से ऊन खरीदकर भारत में भेजता हूँ, और भारत से कुछ माल लाकर यहाँ बेचता हूँ। वैसे यह मेरा निजी कारोबार नहीं है, असली व्यापारी सिक्किम में रहते हैं, मैं उनका कर्मचारी हूँ।''

वह व्यक्ति मिलनसार था। वे खुलकर बातें करने लगे। वे समस्तीपुर के रहने वाले थे। पिछले चार वर्ष से फारी में रह रहे थे, साल में एक बार गाँव जाते। बातों ही बातों में उन्होंने बताया कि अब धंधा बहुत मंदा चल रहा था। तिब्बत का व्यवसाय क्रमश: चीनिओं के हाथों चला जा रहा था। लामा या तिब्बती इतने दुर्बल थे कि वे चाहें तब भी चीनिओं से लोहा नहीं ले सकते। उन्होंने लम्बी उसाँस छोड़कर कहा, ''यदि ऐसा ही चलता रहा तो मुझे भी धंधा समेटकर वापस जाना होगा। तिब्बती क्रमश: भारत की सीमा पर इसी उम्मीद से बढ़ रहे हैं कि शायद उन्हें भारत की मदद मिल जाए, किन्तु इसके भी आसार नहीं हैं! बहुत मुश्किल है, समझे बाबाजी, बहुत मुश्किल! आप लोग साधु-संत हैं, यह सब आपलोग नहीं समझेंगे—यह सब राजनीति है!''

एक खास ढंग से इतना कहने के बाद उस सज्जन ने प्रस्ताव रखा, ''आइए, एक प्याली चाय पीजिए, अच्छी चाय। मैं दार्जिलिंग की चाय पिलाऊंगा। यहाँ की जंगली चाय नहीं।''

तीर्थ यात्रियों को जो मिले, ग्रहण करना चाहिए। कहते हैं कि कोई यदि भिक्षा की झोली में पत्थर भी डाल दे तो प्रसन्न होकर उसे स्वीकार कर लेना चाहिए। उस सज्जन के साथ हम उनके घर पहुँचे। यहाँ के अधिकांश मकान स्थानीय पत्थर और मिट्टी के बने थे। दरवाजे, खिड़कियाँ, बारजे लकड़ी के। ऐसे ही एक मकान में वे रहते थे। उनके घर के सामने कुछ छोटे-छोटे तिब्बती बच्चे पत्थरों को सजाकर खेल रहे थे। दरवाजे से आगे बढ़ते समय एक तिब्बती पुरुष ने जीभ निकालकर हमें अभिवादन किया। उस सज्जन के साथ हम दुमंजिले के एक लकड़ी के घर में घुसे। कमरा कुछ अस्त-व्यस्त था। चारपाई से कुछ सामान हटाकर उन्होंने हमें बैठने को कहा। उसके बाद बार्लि का एक डिब्बा खोलकर उन्होंने हमें दार्जिलिंग की चाय की पत्ती दिखाई। मिट्टी तेल का स्टोव जलाकर उन्होंने चाय के लिए पानी चढ़ाया। मेरी बहुत इच्छा हो रही थी कि उनसे कुछ बातचीत करूं। गुरुजी मेरे हावभाव से अच्छी तरह परिचित थे, मेरा मनोभाव ताड़कर वे बोले, ''ठीक है बेटा, किन्तु सावधान रहना!''

गुरुजी क्षीण मुस्कराए। बात करने की अनुमति पाकर मैं भी खुशी से झूम उठा। स्टोव के निकट पहुँचकर मैंने उस सज्जन से कहा, ''मेरा नाम विमलानंद है,असल में मैं बंगाली हूँ!''

मेरा इतना कहना था कि वे आनंद से चिहुँक उठे, ''कलकत्ता का बंगाली!''

उनके चहकने पर अंकुश लगाते हुए गुरुजी बोले, ''हाँ, किन्तु इस यात्रा में वह नेपाल का मौनी बाबा है, परिचयपत्र में ऐसा ही लिखा है।''

स्थिति को समझ लेने के बाद उस सज्जन ने सर हिलाकर कहा, ''समझ गया! बहुत अच्छा किया आपने बाबाजी, किन्तु सावधान रहिएगा—इस यात्रा में कहीं यह भेद न खुले। गीयात्से और सीगात्से के लोग भारतीयों को बिलकुल पसंद नहीं करते!''

चाय में दूध के बदले उन्होंने भी मक्खन ही डाला था। चाय पीते हुए उनसे मेरी घनिष्ठता और बढ़ी। उनका नाम था श्री शिवशंकर तिवारी। तिवारी जी ने खेद के साथ कहा कि दुर्भाय से तिब्बत की स्थिति पहले जैसी नहीं रही। पहले की स्थिति होती तो वे हमें इतनी जल्दी वहाँ से जाने नहीं देते। मेरी ओर इशारा करते हुए वे गुरुजी से बोले, ''ऐसे बाल ब्रह्मचारी तीर्थयात्री बहुत विरले ही गोचर होते हैं!'' तिवारी जी ने बातों-ही-बातों में यह भी बताया कि फारी शहर के किले के बाहर ही एक जाँच-चौकी है जहाँ बहुत कड़ाई बरती जाती है।

यह सुनकर गुरुजी बोले, ''हम साधु-संत हैं, हमें चौकी का भय नहीं है। हम तो ईश्वर के भरोसे निकल पड़े थे, उनकी कृपा होगी तो आगे जाएंगे, नहीं तो लौट जाएंगे!''

तिवारी जी ने पाँच रुपये के दो नोट मेरी हथेली में डालते हुए कहा, ''इसे स्वीकार करना ही पड़ेगा।''

मैंने कहा, ''ठीक है, जब आप कह रहे हैं तो आपका अनुरोध मैं टाल नहीं सकता।''

तिवारीजी की उन्नति के लिए उन्हें शुभकामनाएँ देकर हम उनके घर से बाहर निकले।

किन्तु तिवारी जी ने हमारा साथ नहीं छोड़ा। चौराहे के निकट पहुँचकर एक बड़े दुकान के सामने रुककर उन्होंने मुझसे पूछा, ''तुम्हें कुछ खरीदना है? कुछ चाहिए तुम्हें?''

मैंने दुकान की ओर देखा। वहाँ किराने का सामान, मिठाई, मांस आदि सब कुछ बिकता था। कुछ पल सोचकर मैं बोला, ''यदि आप मुझे कुछ कापियाँ और पेंसिलें खरीद दें तो मुझे प्रसन्नता होगी।''

मेरे कहने की देर थी, उन्होंने तत्क्षण मुझे बत्तीस पृष्ठ वाली तीन कापियाँ और दो पेंसिलें मोल दी। एक टार्चलाइट खरीदकर गुरुजी को भेंट किया। उनका यह बहुमूल्य उपहार हम कभी नहीं भूल सकते। इस प्रसंग पर यहाँ यह बता दूँ कि मेरी तिब्बत यात्रा का विवरण मैंने उन्हीं कापियों में लिखना आरंभ किया था। तिवारी जी को आंतरिक कृतज्ञता ज्ञापन करते हुए और उनकी मंगल कामना करते हुए हम गठ की ओर बढ़े। गुरुजी चाहते थे कि संध्या का जाप और प्रार्थना हम मठ के त्रापा व लामाओं के साथ ही करें।

अगले दिन फिर हमने यात्रा शुरू की। फारी शहर के छोर पर बहुत बड़ी फौजी छावनी थी। सड़क के दोनों ओर चीनी सेना ने पड़ाव डाल रखा था। इस सीमा की यही

मुख्य घाटी भी थी। फारी के दो बड़े मठ पर सेना का कब्जा था। गुरुजी की इच्छा हमें उन मठों को दिखाने की थी, किन्तु वे सेना के अधीन होने के कारण वहाँ जाना संभव नहीं था।

अब हम लोग एक झुंड में नहीं थे। अलग-अलग टुकड़ियों में बँटकर चल रहे थे ताकि चौकी के पहरेदारों का ध्यान हम पर न पड़े। चौकी के आसपास लगभग पाँच हजार सैनिक थे। हम सावधानी के साथ किन्तु कुछ सहज ढंग से ऐसे बढ़ रहे थे मानों हम वहीं के तिब्बती निवासी हों। हमारा भरोसा हाथ की जाप-माला और मन में मणिमंत्र था।

चीनी सैनिक अभिवादन से बहुत प्रसन्न होते थे। हम लोग उन्हें अभिवादन करते हुए बढ़ते गये। ईश्वर की असीम कृपा थी कि हमें न किसी ने रोका, न टोंका। चौकी पार करने के बाद आगे फिर चढ़ाई थी। हमें क्रमशः ऊँचाई पर चढ़ना था। लासा के पथ पर यही अंतिम पर्वत था जिसे हमें पार करना था। क्रमशः दिन चढ़ने लगा था। सामने चोमलहरि की चोटी थी जिसे तिब्बती चोमलहारी भी कहते हैं। धूप में चोमलहरि की शोभा निखर गयी थी। पहाड़ की चोटी बर्फ से ढकी थी, उसके बदन में भी बर्फ की पर्तें बिछी थीं। हम मंत्रमुग्ध सा चोमलहरि की ओर बढ़ रहे थे।

---

# चोमलहरि के उस पार

हम लोग तिब्बत के केन्द्र की ओर यानी उत्तरी दिशा में बढ़ रहे थे। चोमलहरि पर्वत की चोटी और हमारे बीच की दूरी क्रमश: घट रही थी। उस पर्वत के प्रति हमारा आकर्षण भी क्रमश: बढ़ता जा रहा था। यूँ भी पहाड़ का वास्तविक सौंदर्य उसके शिखर पर से नहीं दिखता, वह दृष्टिगोचर होता है उसे कुछ दूर से देखने पर ही। पिछले कई दिनों से चोमलहरि पर्वतश्रृंग हमें आकर्षित कर रहा था, अब कुछ करीब पहुँचने पर उसकी अपरूप छटा ने हमें और भी मुग्ध कर दिया। इस राह पर से गुजरते पथिकों के लिए वह शिखर ही एकमात्र दर्शनीय चीज थी। अब तक मैंने हिमालय की अनेकों चोटियाँ देखी थीं, किन्तु चोमलहरि को देखकर मुझे लगा कि उसका सौंदर्य बेजोड़ था और लासा की ओर जाने वाले यात्रियों में शायद ही ऐसा कोई अंधा होगा जिसे हिमालय का यह विशेष रूप दिखाई न पड़े।

किसी पर्वत को एक बार देखने से उसके वास्तविक सौंदर्य का पता नहीं चलता, उस सौंदर्य से परिचित होने के लिए पर्वत को बारम्बार देखना पड़ता है। सूर्योदय के साथ ही जब सूर्य की सुनहरी किरणों का रंग शिखर पर छा जाता है तभी पर्वत की सुंदरता की पहली झाँकी देखने को मिलती है। उसके बाद प्रकाश की छटा क्रमश: उसके सारे अंग में छाने लगती है और पर्वत का समूचा अवयव दिखने लगता है। प्रकाश में अंतर होने के साथ ही पर्वत के रूप और स्वभाव में भी परिवर्तन होने लगता है। हमें हर क्षण चोमलहरि के चेहरे में होने वाले परिवर्तन दिखाई पड़ रहे थे, कभी वह रूप भयंकर लगता, कभी शांत, तो कभी परम् स्निग्धा मातृभूमि सरीखा। किसी क्षण उसका वज्रधारी रौद्ररूप सामने आता तो अगले ही क्षण लगता कि गौतम बुद्ध के जितने भी रूपों की कल्पना की जा सकती है, वे सभी रूप इस पर्वत में समाहित हैं। चारों ओर की भयंकर निस्तब्धता और अतिशय ठंडक से जूझते हुए आगे बढ़ते पथिकों या तीर्थयात्रियों का दल चोमलहरि के रूप-सौंदर्य से उत्साहित होकर अपना पथ तय करते हैं, नहीं तो यह यात्रा नीरस और कष्टप्रद लगती। लगता है कि इस पर्वत श्रृंग की अपूर्व शोभा के आकर्षण से ही अनादि काल से तीर्थयात्री इस दुर्गम पथ की कठिन यात्रा को तय करने में सफल रहे हैं। हम स्वयं भी तो चोमलहरि की ओर देखते हुए तमाम बाधाओं की परवाह किए बिना मंत्रमुग्ध-सा निरंतर आगे बढ़ते जा रहे थे।

शाम होते-होते ठंडक भी तेज होने लगी थी। ढलते सूरज की सुनहली किरणों के स्पर्श से बर्फ से ढँकी चोमलहरि की चोटी, जिसकी ऊँचाई ४७०० मीटर है, जब कोई रहस्यमय मूरत जैसी लगने लगी, ठीक उसी समय ठंडी हवा हमारे सर्वांग में बर्फ की

तरह चुभने लगी थी। सूर्यास्त के साथ ही वातावरण की रही-सही ऊष्मा भी जाती रही और प्रचंड शीत से हमारा शरीर शिथिल पड़ने लगा। हवा की गति भी एकाएक तेज हो गयी थी। इस स्थिति के लिए हम कतई प्रस्तुत नहीं थे, क्योंकि नाथू-ला की चढ़ाई पार करते समय भी हमें तेज ठंडक और शीतलहरी का सामना नहीं करना पड़ा था। हम लोगों ने अपने-अपने कम्बल निकालकर ओढ़ लिए और **इयाटुंग** में खरीदे गये मोटे ऊन के मोजे भी पहन लिए। किन्तु मोजे पहनने के बाद फिर एक समस्या खड़ी हो गयी। इतने मोटे मोजे पहनकर किसी भी तरह जूते में पाँव डालना संभव नहीं हो रहा था। इस तरह के मोजे विशेष तिब्बती जूते के साथ ही पहने जा सकते थे। ठंड के कारण हममें से चार-पाँच की तो कँपकँपी छूटने लगी थी। हम लोगों की हालत देखकर गुरुजी ने हमें आग जलाने का कहा। ईंधन की लकड़ी साथ थी ही। एक चट्टान की आड़ में जाकर हमने आग जलाया। इतनी लकड़ी खरीदकर बोझा बढ़ाने की क्या आवश्यकता थी यह अब मेरी समझ में आ गयी थी। उस भयंकर शीत में आग **सेंककर** जो राहत मिली उस अनुभव को शब्दों में नहीं पिरोया जा सकता।

आग सेंकने में कुछ समय व्यतीत हुआ। गुरुजी ने खेद के साथ कहा, ''हम और कुछ पहले चले होते तो अब तक किसी पड़ाव पर पहुँच जाते। यहाँ आसपास कोई आबादी नहीं है, ऐसे में हमें आगे बढ़ना ही पड़ेगा।'' अत: हम लोगों ने पुन: चलना आरंभ किया। चलते हुए हमें साँस की तकलीफ होने लगी थी। कहीं बैठते तो ठंडी हवा हमें बुरी तरह चुभने लगती, और खड़े होते तो ठंड की गलन हमारे भीतर तक पैठ जाती। ऐसे में चलते रहना लगभग दु:साध्य था। लगता था कि यूँ चलते रहने से सभी यात्री इसी पथ पर ढेर हो जाएंगे। रास्ते में और भी दो बार रुककर हमें आग तापना पड़ा। गुरुजी का हौसला और मनोबल मुझे चकित कर रहा था।

सौभाग्य से दैवी इच्छा हमारे अनुकूल थी। शाम के झुटपुटे में हमें एक तम्बू दिखाई पड़ा जो रास्ते के किनारे गड़ा था। उस तम्बू को देखते ही हमारी बाँछे खिल गयीं, जैसे किसी डूबते को तिनके का सहारा मिल गया हो। हम खुशी-खुशी तम्बू की ओर लपके ताकि हमें वहाँ आश्रय मिल जाए। किंतु पास पहुँचने पर मालूम हुआ कि वह तम्बू न होकर एक शामियाना था जो चारों ओर से खुला था। शामियाने के नीचे बत्तीस लोगों के खड़े होने की भी जगह नहीं थी, बैठने की कौन कहे! हमें देखकर शामियाने से दो व्यक्ति खाँसते-खखारते हुए बाहर निकल आए। गुरुजी उनसे बातचीत करने लगे। यह सोचकर कि गुरुजी वहाँ आश्रय मांग रहे हैं, मुझे अपनी साधारण बुद्धि में पहली बार ऐसा लगा कि गुरुजी की मति मारी गयी है! उस शामियाने के नीचे इतने लोगों का स्थान कदापि नहीं हो सकता था। दल के सभी लामा हमेशा की तरह चुपचाप खड़े थे। मुझे भी बहस करने का अधिकार नहीं था, क्योंकि मैं मौनीबाबा था! किन्तु मेरा सोच ही गलत था, क्योंकि उनसे गुरुजी की चाहे जो भी बातचीत हुई, कुछ ही क्षणों में फिर से अलाव जलाने की तैयारी होने लगी। अलाव तैयार होते ही शामियाने

के एक यायावर ने अल्यूमिनियम का एक पुराना भगौना लाकर उस आँच पर रख दिया और उसमें पानी भर दिया। बंजारों का वह परिवार इसी क्षेत्र का था, इसलिए शीतलहरी से वे बचपन से ही परिचित थे और अनायास यह समझ जाते थे कि हवा का उत्स कहाँ है। तीर्थयात्रियों को राह में जो परेशानी हुई थी उसके बारे में सुनकर वे बोले कि कष्ट होना स्वाभाविक था, दोपहर के भोजन के बाद ऐसी ठंडी हवा में हमारा निकलना उचित नहीं था, क्योंकि बहुत देर तक चलने के बाद ही कहीं देह में गर्मी आती है और तब कहीं इस शीत लहरी को झेल पाने की क्षमता बढ़ती है।

इतनी ठंडी हवा इस क्षेत्र में सदैव नहीं बहती। कुछ दिन पहले चोमलहरि पर्वत से बर्फ का एक बहुत बड़ा खंड नीचे खिसक आया था। अब ऊपर से आने वाली हवा उस बर्फ के ऊपर से आ रही थी जिससे ठंड बढ़ गयी थी। जब तक बर्फ पिघल न जाए, तब तक ऐसी ही ठंडी हवा बहेगी। गुरुजी ने हमें बताया कि तापमान हिमांक से काफी नीचे था, अब तुषारपात हो तो इस गलन वाली ठंडक से छुटकारा मिलेगा। जो भी हो, ठंड से हमारे पाँव जम गये थे और पाँव से होकर ठंड हमारे सर को भी जकड़ने लगी थी।

भगौने का पानी गर्म होते ही उसमें कुछ जड़ी-बूटियाँ और मक्खन डाल दिया गया। जड़ी-बूटियों को देर तक खौलाने के उपरांत हमें वह काढ़ा चाय की तरह पीने के लिए दिया गया। उस चाय को पीते हुए हम आग में अपना पाँव सेंकते रहे। उस पेय का स्वाद अदरख की चाय जैसा था। उसे पीते ही शरीर में ताजगी आ गयी। चाय में मानो मंत्र जैसी कोई शक्ति थी।

यह चाय उस यायावर परिवार की विशेषता थी। राहगीरों को चाय बेचना ही उनका पेशा था। हमने जो चाय पी, वह कीमती चाय थी जिसे निर्धन यात्री नहीं खरीद सकते थे, क्योंकि उसमें कीमती जड़ी-बूटियाँ डाली गयी थी। बत्तीस लामाओं के लिए चालीस गिलास पानी, कीमती जड़ी-बूटियाँ, थोड़ी-सी चाय की पत्ती और मक्खन से बनी उस चाय की कीमत उन्होंने मात्र तीन रुपये ली थी जो मेरी राय में बहुत कम थी किन्तु गुरुजी का कहना था कि चाय बहुत महंगी मिली। जो भी हो, मैं यह दावे के साथ कह सकता हूँ कि उन जड़ी-बूटियों में किसी चमत्कारिक औषधि का गुण था। रक्त में गर्मी पहुँचाने की ऐसी अचूक क्षमता किसी जड़ी-बूटी में हो सकती है यह बात मेरी कल्पना से भी परे थी। तिब्बती बंजारों को ऐसे बहुत से टोटका औषधियों का पता है।

वहाँ से कूच करने से पहले गुरुजी ने हमें रात्रिकालीन यात्रा के बारे में कुछ हिदायतें दीं। रात अंधेरी थी। आगे पथ भी पथरीला था। गुरुजी ने एक नक्षत्र-पुंज की ओर इशारा करते हुए कहा कि हमें उत्तर दिशा में बढ़ना है, इसलिए उत्तर के उस नक्षत्र पुंज को हम ठीक से पहचान लें और उसी ओर बढ़ें। हमारा ध्यान उस उज्ज्वल तारे की ओर रहेगा तो हम भटकेंगे नहीं। किसी भी सूरत में हमारा ध्यान उन तारों से हटना नहीं चाहिए। कहीं हम एक-दूसरे से अलग भी हो जाएँ तो भी हमें उसी लक्ष्य

की ओर बढ़ते रहना है। इस तरह कितनी दूरी तय करनी है यह वे यथावसर बता देंगे। एक और बात के लिए उन्होंने हमें बार-बार सावधान किया—गलती से भी हम मुँह से श्वाँस न लें। यदि आवश्यक हुआ तो नाक से साँस खींचकर मुँह से छोड़ सकते हैं। सभी को यह समझाकर वे आगे बढ़े। मैं उनके ठीक पीछे छाया की तरह चिपक गया। हम लोगों ने कम्बल समेट कर कंधे पर रख लिया था ताकि आवश्यकता पड़ते ही उसे फिर से ओढ़ सकें।

रात गहरा गयी थी। हममें से किसी के पास घड़ी नहीं थी, इससे हम समय का सही अंदाज नहीं लगा पा रहे थे। ठंडक बहुत थी, किन्तु तापमान कितना था, इसकी हमें जानकारी नहीं थी। यह भी पता नहीं था कि हमें कितने मील लगातार चलना था। सिर्फ एक समय रेपतेन जी ने यह बताया कि हम चोमलहरि पर्वत की तलहटी में हैं। यहाँ से पहाड़ी सड़क क्रमशः ऊँचाई की ओर उठ गयी थी। हमें अब एक ही पहाड़ पार करना था, जो कि हिमालय पर्वत माला का आखिरी सोपान था, उसे पार करने पर हम तिब्बत के पठार की समतल भूमि पर पहुँच जाएंगे। इस सड़क के सबसे ऊँचे भाग में एक गिरि-कंदरा या दर्रा था जिसके आसपास हमें रात्रि का शेष भाग बिताना था। अब तक मैंने गुरुजी से इस यात्रा की परिकल्पना के विषय में कुछ नहीं पूछा था, अतः मुझे आगे की यात्रा के बारे में विस्तृत जानकारी नहीं थी। मुझे यह भी नहीं मालूम था कि इस तीर्थ-यात्रा का अंतिम पड़ाव कहाँ है या हम कितने दिन तिब्बत में रहेंगे? मैं केवल आँखें मूंदकर गेशे रेपतेन का अनुसरण कर रहा था और जानता था कि हम लासा के यात्री हैं।

चारों ओर निस्तब्धता थी! इस क्षेत्र में पेड़-पौधे नहीं के बराबर थे। हमारे चारों ओर हल्के अंधकार की दीवार थी। बड़े-बड़े पत्थर कभी-कभी दिख भी जाते, किन्तु छोटे-छोटे पत्थर हमारे पथ के रोड़े बनने लगे थे जिनसे उलझते टकराते हुए हमें अंधेरे में आगे बढ़ना पड़ रहा था। सन्नाटे में सिर्फ लामाओं की साँस-उसाँस की आवाज स्पष्ट सुनाई पड़ रही थी। ठंड के बावजूद आकाश स्वच्छ था जिसमें असंख्य तारे झिलमिला रहे थे। उन तारों ने ही जैसे हमारे पथ को आलोकित कर रखा था। ऐसा लग रहा था मानों सड़क के दोनों किनारे सहस्त्रों तारों से सजाए गये हों। लगातार नक्षत्रपुंजों की ओर निगाह रखकर सफर तय करते हुए हमारी आँखें कुछ इस तरह अभ्यस्त हो गयी थीं कि हम सड़क पर दृष्टि डालते तो वहाँ भी तारों का भ्रम होता। अंधेरे में अभ्यस्त होने के बाद से हम लाखों चमकीले तारों के बीच छिपे नन्हें तारों को भी देख पा रहे थे। अब उतनी ठंड भी नहीं लग रही थी। हमारे पदचाप में जो धीमी लयबद्धता थी, उस लय के साथ आसपास के सन्नाटे ने भी जैसे ताल मिला लिया था। इस लय को अनुभव करते हुए मैं रोमांचित हो रहा था—न जाने वह अनुभूति आनंद के अतिरेक में थी अथवा चारों ओर के सन्नाटे को महसूस कर पाने के कारण। मुझे लगा कि मेरा सारा शरीर ही हल्का हो गया था, मानों मैं एक स्वर्गीय आनंद की उपलब्धि लेकर अनंतकाल से महातीर्थ के पथ पर बादलों के ऊपर से चल रहा था।

न जाने कितनी देर तक मैं इस तरह चलता रहा। सहसा एक सुरीले कंठस्वर ने मेरा ध्यान खींचा। हम सभी का ध्यान उधर ही खिंच गया। वह कंठस्वर गेशे रेपतेन जी का ही था। हम लोग रुक गये और गुरुजी के कंठ से कंठ मिलाकर निस्तब्ध रजनी की अधिष्ठात्री देवी के उद्देश्य में आवृत्ति करने लगे। उसके बाद गुरुजी बोले, ''हम लोग तांला पहुँच गये हैं। तांला चोमलहरि पर्वत की चोटी के बहुत निकट है और यह स्थल इस सड़क का सबसे ऊँचा भाग है। अत: अब हमें धीरे-धीरे नीचे उतरना है। आगे तुंला नामक एक शहर है, हम लगभग एक घंटे में वहाँ पहुँच जाएंगे।''

कुछ देर तांला में विश्राम करने के बाद हम लोग तुंला की ओर बढ़े। आकाश के तारे क्रमश: निष्प्रभ होने लगे थे जिससे हम समझ गये कि पौ फटने में विशेष देर नहीं है। सारी रात चलते रहने के बाद भी हम मंत्रमुग्ध की तरह यात्रा का यह अंश भी पार कर रहे थे। तारों की ओर देखते हुए चलने का एक निराला आनंद है जिससे हम शारीरिक थकान तक भूल गये थे। शायद निस्तब्धता के बीच ही ऐसी यात्रा संभव है। मन को दूर के किसी नक्षत्र के प्रति एकाग्र कर चलते रहने पर देह की क्लांति को तुच्छ समझने की शक्ति आ जाती है मन में। हम जो सारी रात बिना थके चल पाए थे, उसका यही कारण था। तिब्बती साधुओं और तीर्थयात्रियों को यात्रा के इस कौशल का पता है। गुरुजी हमें यह कौशल न बताते तो इतनी शीघ्रता से हम चोमलहरि का रास्ता पार नहीं कर पाते।

तड़के जब हमने पर्वतीय सड़क का अंतिम भाग पार किया, तब सामने का दृश्य अत्यंत मनोरम था। पहाड़, बरफ और सुनहरी किरणों का एक नयनाभिराम दृश्य-दार्जिलिंग के टाइगर हिल से सूर्योदय का जो दृश्य दिखाई पड़ता है बहुत कुछ उसके अनुरूप ही।

अब लासा जाने का पथ हमारे सामने खुला था, क्योंकि आगे समतल-भूमि थी। यहाँ पर स्पष्ट कर दूं कि समतल-भूमि का अर्थ सपाट-मैदान नहीं है। पहाड़ी क्षेत्र में बहुत अधिक उतार-चढ़ाव का रास्ता न हो तो उसी को समतल कहते हैं। आगे लासा तक रास्ते में कोई बड़ा पहाड़ नहीं था, हमें इसी से प्रसन्नता थी। यहाँ से और उत्तर में कुएन-लान की पर्वत श्रेणी थी जिसे हमें पार नहीं करना था।

तिब्बत हमारे लिए अब अपेक्षाकृत सहज हो रहा था। यहाँ की शीतल हवा, यहाँ के लोग और यहाँ की खाद्यसामग्री के साथ हमने धीरे-धीरे समझौता कर ही लिया था। अब रास्ता भी पहले की तरह दुर्गम या बीहड़ नहीं था। पथ सुगम होने के कारण हम और भी उत्साह के साथ आगे बढ़ रहे थे। फारी के बाद हमें रास्ते में कुछ और कस्बे मिले थे, इनमें कहीं-कहीं हम रात में रुके थे। छठें दिन दोपहर को हम सामादा नामक एक शहर में पहुँचे। फारी के बाद हम जिन बस्तियों में रात बिताए थे उनके नाम क्रमश: तूना, राम और दोसेन थे जिनमें से केवल दोसेन को छोटा शहर कहा जा सकता था।

तिब्बत में सड़कों की संख्या बहुत कम थी। इन शहरों में भी। हमारे देश में ज्यों बड़ी सड़कों से छोटी-छोटी सड़कें और पगडंडियाँ फूटती दिखाई देती हैं, यहाँ वैसा कुछ नहीं है। राह-चलते यदा-कदा यायावर मिल जाते, इसके अलावा आबादी बहुत कम थी। दूर-दूर तक का क्षेत्र सुनसान था।

सामादा, दोसेन की तरह ही एक छोटा शहर था। अब तक रास्ते में हमने कहीं भी बिजली नहीं देखी थी। यान-वाहन के नाम पर कुछ चीनी सेना की जीप गाड़ियाँ दिखाई पड़ी थीं। ट्रक, मोटर या बस शायद इस अंचल के लोगों ने कभी नहीं देखी थी। यहाँ रेलगाड़ी होने का तो प्रश्न ही नहीं था।

सामादा शहर में दाखिल होते समय सड़क के किनारे के एक दुमंजिले सफेद मकान पर हमारी निगाह पड़ी। यह मकान चारों ओर से रंगीन कागज और कपड़े से सुसज्जित किया गया था। मकान के सामने एक शामियाना तहाकर रखा हुआ था। इससे यह अनुमान लगाया जा सकता था कि वहाँ किसी उत्सव आदि का आयोजन था। शामियाने के सामने सड़क पर बहुत से लोग और कुछ भिखारी बैठे हुए थे और उनके बगल में कुछ बाजा वाले भी उपस्थित थे। बाजा वालों के पास दो चोंगा-भेरी, एक बहुत बड़े आकार की टूटी हुई खंजनी और एक अदद एक ओर से बजने वाला ढोलक-यही वाद्ययंत्र थे। हम लोग ज्यों ही उनके करीब पहुँचे, त्यों ही वे सब उठ गये। तिब्बती कायदे में हमें अभिवादन करते हुए वे सड़क के किनारे खड़े हो गये। उन्हें आशीर्वाद करते हुए हमारा दल आगे बढ़ गया। उस मकान को पीछे छोड़कर हम कुछ ही आगे बढ़े थे कि कुछ लोग पीछे से दौडते हुए हमारे पास आए। उनमें से एक ने अति भक्तिभाव से हमें प्रणाम जताने के बाद कहा—"कृपया आप लोग हमारे घर चलें, गृहस्वामी ने आप लोगों को बुलाया है।"

यह सुनकर गुरुजी बोले, "क्यों, क्या बात है? कोई उत्सव है क्या?"

—"जी हाँ, मेरी बहन की शादी है। पिताजी आप लोगों को बुला रहे हैं।"

उसका यह प्रस्ताव सुनकर गुरुजी सहमत हो गये तो हम लोग उस युवक के साथ उत्सव वाले मकान की ओर लौटने लगे।

गृहस्वामी दरवाजे के सामने खड़े थे। जब हम लोग उस मकान के अहाते में पहुँचे, उन्होंने झुककर लामाओं को प्रणाम किया। सड़क पर एक दरी बिछा दी गयी। गृहस्वामी ने तीर्थयात्रियों को वहाँ बैठने के लिए अनुरोध किया। गुरुजी ने भी इशारा किया तो हम सब बैठ गये।

गृहस्वामी ने अपना परिचय देते हुए कहा कि वे उस क्षेत्र के जमींदार थे। उस दिन उनकी ज्येष्ठ कन्या की शादी थी, इसलिए यह परम् सौभाग्य की बात थी कि ऐसे शुभ दिन में उन्हें इतने साधु तीर्थयात्रियों का दर्शन मिला। ईश्वर की असीम कृपा से उनकी कन्या को ऐसा सौभाग्य प्राप्त हुआ था। ब्याह के दिन एक साथ इतने महात्माओं का दर्शन मिल पाना एक दुर्लभ घटना थी। यह कहकर उन्होंने कहा कि हम वहाँ ठहरें,

दोपहर को गुरुजी वहाँ भोजन करें और उनकी कन्या को दीर्घ एवम् सुखी जीवन का आशीर्वाद दें।

अन्य लामा उस समय क्या सोच रहे थे यह तो मुझे नहीं मालूम, किन्तु मेरे लिए वह एक स्वर्णिम अवसर था। तिब्बत में प्रवेश करने के बाद से सड़क और मठों को देखते-देखते मैं उकताने लगा था। मेरे संगियों को तिब्बती समाज या समुदाय से कोई दिलचस्पी नहीं थी, स्थानीय लोगों के विषय में उनकी कोई जिज्ञासा नहीं थी, वे सर्वथा उदासीन थे और उनका लक्ष्य ही अलग था। किन्तु मैं तो उनकी तरह नहीं था, अंततः तब तक उस वैराग्य की स्थिति में नहीं पहुँचा था, अतः तिब्बतियों के आचार-व्यवहार रीति-रिवाज के बारे में कुछ जानने का यह अवसर मैं गंवाना नहीं चाहता था। कुछ देर वहाँ रुकने में गुरुजी को भी लाभ था, क्योंकि उन्हें मध्यान्ह भोजन का आश्वासन मिल चुका था जिससे उनकी कुछ तो बचत होती! उनकी राय थी कि शुरू में जितना बचा लिया जाए, बाद में वही काम आता है।

किसी संभ्रांत तिब्बती परिवार को पास से देखने का यह मेरा पहला अवसर था। वहाँ के पुरुषों की पोषाक ढीली-ढाली थी। महिलाओं की पोशाक सिक्किम की महिलाओं की पोशाक जैसी थी, वे लम्बी बाकू पहनती थीं। जो भिन्नता थी वह केश प्रसाधन में। वे लकड़ी के एक छोटे फ्रेम के साथ बालों को सर के ऊपर पहाड़ की चोटी की तरह फैलाकर बाँधती थीं। स्वभाव से सभी स्त्री-पुरुष विनोदी लगे। इनकी पोशाकों में आभिजात्य के चिन्ह भी विद्यमान थे। सड़क पर मुझे जो लोग दिखाई पड़े थे उनमें और इस संभ्रांत परिवार के लोगों में काफी भिन्नता थी। उस परिवार के सदस्य जो वस्त्र पहने थे वैसी पोशाकें संभवतः विवाह या अन्य उत्सवों में ही पहनी जाती हैं।

गृहस्वामी कुछ देर के बाद पुनः हम लोगों के पास आए। उन्होंने गुरुजी से धीमे स्वर में कुछ कहा जिसे ध्यान से सुनकर गुरुजी ने सम्मतिसूचक ढंग से सिर हिलाया।

घर के पिछवाड़े तम्बू लगाकर वहाँ रसोई की व्यवस्था की गयी थी। उस परिवार के अधिकांश लोग वहीं मंडरा रहे थे, लगता था कि इस रस्म का सबसे आकर्षक स्थल वही था। युवक-युवतियाँ ठिठोली कर रहे थे, छोटे बच्चे उछल-कूद मचाए हुए थे और वयस्क लोग सलाह-मशविरा देने तथा अन्य कामों में जुटे थे।

गुरुजी से गृहस्वामी की बातचीत के उपरांत हमें यह बताया गया कि किसी को चाङ् लाने के लिए बाजार भेजा गया था। चाङ् का मतलब चैङ् की तरह चाय नहीं था, वह एक शीतल पेय है जिसमें चाय की पत्ती नहीं पड़ती। तिब्बती उस पेय को बहुत ही चाव से पीते थे। किसी पर्व के समय चाङ् की मांग बढ़ जाती थी। चाङ् बार्लि या जौ से बनती है तथा उसमें थोड़ी सी मादकता भी होती है—लगभग ताड़ी जैसी। चाङ् पीने में कोई सामाजिक प्रतिबंध नहीं है, दादा-दादी, बाप-माँ, लड़के-बच्चे सभी एक साथ बैठकर चाङ् पीते हैं। गोद के बच्चों को भी चम्मच से चाङ् पिलाते हैं, कहते हैं कि इससे शिशुओं को नींद अच्छी आती है। समाज के सभी वर्ग के लोग यह पेय पीते हैं, यहाँ तक कि लामा भी। केवल दलाईलामा सम्प्रदाय के यानी गोलुक् पा

पंथी लामा चाङ् नहीं पीते। लगभग एक घंटा इंतजार करने के बाद एक मजदूर अपनी पीठ पर एक बड़ा सा पीपा लादे हाजिर हुआ। वह चाङ् लेकर आया था।

गुरुजी ने बताया कि तीर्थयात्रियों विशेषत: साधु तीर्थयात्रियों की सेवा करना तिब्बती अपना परम् धर्म मानते हैं। अत: वे दूरागत तीर्थयात्रियों की सेवा करने के लिए जो आग्रह दिखा रहे हैं उसकी उपेक्षा करना अनुचित होगा, इससे यात्रा में विघ्न भी आ सकते हैं।

गृहस्वामी फिर लौट आए थे। उन्होंने आकर बताया कि जलपान की व्यवस्था हो चुकी है। फिर उन्होंने विनयपूर्वक कहा, ''हमारे परिवार की हार्दिक इच्छा है कि हम आपलोगों का पदोदक रख लें। आप भगवान् बोधिसत्व के देश से पधारे हैं, हमें ऐसे सुअवसर तो बहुत कम ही प्राप्त होते हैं। आशा है आप यह प्रार्थना स्वीकार कर लेंगे। यह तो भगवान् चेनरेजि की कृपा थी कि ऐसे शुभ दिन में आपका दर्शन मिला।''

मैं गुरुजी को घूर रहा था। पदोदक वाली बात मैं समझ नहीं पाया था। गुरुजी ने खुलासा किया, ''भारत से आनेवाले साधु-संतों को ये वास्तविक पुण्यात्मा मानते हैं। इसलिए इनकी निगाह में हम अति पुण्यवान् महात्मा हैं। गृहस्वामी हमारे चरण धुलवाकर उस जल को संग्रह कर रखना चाहते हैं। पदोदक का अर्थ यही है। इस पदोदक का वे गंगाजल की तरह विभिन्न पवित्र कामों में व्यवहार करेंगे, यहाँ तक कि बीमारी आदि में पीएंगे भी। तिब्बत की यह एक प्रचलित प्रथा है।''

गुरुजी की व्याख्या सुनकर सभी राजी हो गये। सहमत न होने का किसी के पास कोई कारण नहीं था। किन्तु मेरा मन सम्मत नहीं हो पा रहा था। मुझे लगा कि चरणामृत केवल देवता और सत्गुरु ही दे सकते हैं, दूसरे नहीं। इन लामाओं के बीच मैं तो अव्वल दर्जे का ढोंगी था। तिब्बत में जो हजारों बाल-संन्यासी थे, वे सब भी मुझसे लाख दर्जा पवित्र थे। मुझमें कहीं भी पवित्रता नहीं थी—न देह में, न मन में, न बातचीत में, न आचार-निष्ठा में, न और कहीं। अत: मुझ जैसे पापी का पदोदक रखकर इनका कोई कल्याण तो होगा ही नहीं, बल्कि बिवाई पड़े इन पाँवों को धोकर रखा गया पानी जो भी पिएगा वह अवश्य ही बीमार पड़ जाएगा।

शीघ्र ही टीन के बड़े आकार के एक पात्र में पानी लाया गया। गुरुजी ने सबको जूते उतारने के लिए कहा। कहना जितना सहज था, उस ठंड में जूते उतारना उतना ही कठिन काम था। जो भी हो, औरों की तरह मैंने भी जूते उतारे। सर्वप्रथम गुरुजी ने उस बर्फीले ठंडे पानी में पाँव डुबोकर धो लिए, उसके बाद और लामा भी वैसा ही करते रहे। जब मेरी बारी आई तो ज्यों ही मैंने बाँया पैर उस पानी में डाला, मुझे लगा कि मेरे पाँव की धमनियों का रक्त जमने लगा है और क्रमश: छाती तक का खून जमता जा रहा है। किसी तरह खुद को जब्त करते हुए मैंने दोनों पाँव उस पानी में डुबो कर धो लिए। एक महीने के बाद मेरे पाँवों का पानी का स्पर्श मिला था। बगल में ही एक महिला गमछा लेकर खड़ी थी। पाँव पोंछकर मैंने उस महिला के सर पर हाथ रखा और उन्हें आशीष दिया। उसके बाद दरी पर आकर बैठ गया।

पानी में पाँव डालते ही पाँव जमने लगे थे, अब फिर से रगों में खून दौड़ने लगा था और पाँव भी गर्म होने लगे थे। मुझे थोड़ी सी ताजगी महसूस हुई। शायद पाँव धोना फायदेमंद था, आवश्यक भी। सभी लामा पाँव धो लिए तो परिवार के सदस्य एक-एक करके हमें प्रणाम करने आए। सबके अंत में वह कन्या आयी जिसकी शादी थी, वह अपनी छोटी बहन के साथ आयी थी। कन्या बहुत सुंदर थी। वह रेशमी कपड़े पहने थी, कमर में पट्टा बंधा था। तिब्बत की अधिकांश लड़कियाँ कमर में पट्टा बाँधती हैं, शायद ठंड से राहत पाने के लिए भी यह जरूरी हो। भूटान और सिक्किम की युवतियों को भी मैंने कमर में पट्टा बाँधते देखा था। तिब्बत के अधिकांश पुरुष अंग्रेजों की तरह टोपी पहनते थे। इसके अलावा पुरुष और महिला के वस्त्र में कोई विशेष अंतर न था। इनके कमीज की आस्तीन बहुत लम्बी होती है जिसे गर्मियों में प्रयोजनानुसार खोलकर अलग भी किया जा सकता है।

कन्या ने सभी लामा को प्रणाम किया, दंडवत होकर। मुझे भी। मैंने उसके माथे पर हाथ रखकर उसे जी भरकर दुआएँ दी—नारायण तुम्हारी रक्षा करें, तुम्हारा जीवन सुखमय हो! इसके बाद कन्या चाङ् ले आई। चाङ् लकड़ी और बाँस के गिलास में भरकर सबको दिया गया, साथ में सत्तू का लड्डू भी। जलपान ग्रहण करने से पहले हमलोगों ने इस परिवार के कल्याण के लिए समवेत प्रार्थना की।

चाङ् यानी बार्लि के बीयर में कुछ कडुआपन और मिठास दोनों थी, शाम को झरे खजूर के रस की तरह। मैंने एक गिलास पी। और लामा तो तीन-तीन गिलास गटक गये। गुरुजी ने कन्या को रुद्राक्ष की एक माला भेंट की। उसके बाद उनसे विदा लेकर हम सड़क पर आए तो गुरुजी ने फुसफुसाकर मुझसे कहा, ''हमारे दल में इतने अधिक लोग न होते तो वे अवश्य ही हमें भोजन कराकर ही छोड़ते!''

हम लोग सामादा शहर में दाखिल हुए। शहर साफ-सुथरा था। मकान भी सुंदर थे, पत्थर और मिट्टी से बने हुए। खिड़की, दरवाजे और रेलिंग काठ के थे। सड़क के बाँयी ओर सेना की चौकी थी। सड़क के किनारे बहुत-सी औरतें भेड़ का ऊन धूप में सुखा रही थीं और बोरे में भर रही थीं। इतने लामाओं को एक साथ जाते हुए देखकर शहर के लोग दौड़कर सड़क पर आते और हमें प्रणाम करते। उनके लिए शायद हम लोग आकर्षण का केंद्र बन गये थे। न जाने कितने वृद्ध और वृद्धाओं ने भक्तिभाव से प्रणाम करते हुए हमसे आशीर्वाद मांगा। वे सभी हँसमुख थे। राह चलते शहर में बहुत से टीन और लकड़ी के घर भी मुझे दिखाई पड़े जो शायद बाजार था। मेरी इच्छा सामादा शहर घूमकर देखने को हो रही थी, किंतु गुरुजी रुके नहीं। सेना हमें परेशान कर सकती थी, अत: वहाँ से चुपचाप आगे बढ़ जाने में ही हमारा कल्याण था।

सामादा पार करने के बाद लगभग दो घंटे की यात्रा के उपरांत हमें एक प्रकांड गुम्फा दिखाई पड़ा। गुरुजी ने कहा कि आज हम उसी गुम्फा में रुकेंगे। यदि वहाँ ठहरने की व्यवस्था न हो सकी तो हमें सामादा लौटना पड़ेगा। ठंड अब भी थी, किन्तु

धूप अच्छी थी जिससे हमें काफी राहत मिल गयी थी। धूप न होती तो हम शायद ही इस तरह चल पाते।

ऊबड़-खाबड़ रास्ते से होकर ऊँचाई में उठना पड़ा था गुम्फा तक पहुँचने के लिए। जब हम गुम्फा के निकट पहुँचे, कुछ कुत्ते भौंकते हुए हमारी ओर लपके। तिब्बत के लगभग सभी गाँव, नगर और मठों के कुत्तों ने ही पहले हमारा स्वागत किया था, अतः हम इस आप्यायन से अभ्यस्त हो चुके थे।

---

# कियांफु गुम्फा

कुत्तों के भौंकने की आवाज पाकर गुम्फा के भीतर से एक प्रौढ़ लामा बाहर निकले। उनकी आँखों की दृष्टि क्षीण हो गयी थी। उन्होंने पहले गुरुजी को नहीं पहचाना, क्योंकि वे ठीक से देख नहीं पाते थे।

गुरुजी से ज्ञात हुआ कि उनका नाम लामा शेरिंग जोङ् था। वे यहाँ सहकारी लामा थे, किन्तु दो वर्ष पूर्व मठ के प्रधान लामा के अन्यत्र चले जाने के बाद से लामा शेरिंग जोङ् ही मठाध्यक्ष थे।

गुम्फा छोटा था। इसकी दीवारें मिट्टी की बनी थीं। काफी ऊँची। ऊपर हलकी नक्काशी की हुई लकड़ी की छत थी। गुम्फा की दशा देखकर ही लगता था कि वह बहुत पुराना था। भीतर प्रवेश करने के बाद एक हाल में खड़े होकर गुरुजी ने मतलब की बात शुरू की।

गुम्फा में मात्र तीन लामा थे। यहाँ की आर्थिक स्थिति बहुत खराब थी, लामाओं का गुजारा कठिनाई से होता था। पहले सिक्किम के जमींदार गुम्फा की देखभाल करते थे, किन्तु जब से वे सपरिवार सिक्किम चले गये हैं तब से गुम्फा की अवहेलना होती रही, कोई इधर ध्यान ही नहीं देता। यह विवरण देकर लामा शेरिंग जोङ् ने खेदपूर्वक कहा कि इतने लोगों को वहाँ आश्रय देना संभव नहीं है, इसका उन्हें दु:ख है।

गुरुजी ने उन्हें समझाकर कहा कि हम वहाँ उनके खर्चे पर नहीं टिकेंगे, हमारे साथ खाद्य-सामग्री है; हमें केवल विश्राम के लिए थोड़ी सी जगह चाहिए और लकड़ी की आग भी, लकड़ी की कीमत हम दे देंगे। इसके अलावा हम गुम्फा को पाँच रुपये भेंट भी करेंगे।

कुछ झिझक के बाद शेरिंग जोङ् राजी हो गये। उनकी गंभीर मुद्रा देखकर मुझे लगा कि वे या तो हँसना जानते ही नहीं, अथवा किसी कारण से वे हँसना भूल गये थे।

हम दालान में ही बैठे थे। दिन ज्यों-ज्यों ढल रहा था, ठंड की चुभन त्यों त्यों बढ़ रही थी। यहाँ की सर्दी बहुत कष्टदायक थी। तापमान में निरंतर इसी तीव्रता से गिरावट होने पर वहाँ हमारे लिए रात बिताना असंभव हो जाएगा। इसलिए गुरुजी ने लामा शेरिंग जोङ् से कहा कि हमें कोई कमरा मिल जाता तो बहुत अच्छा होता। वे शायद इसी अवसर की ताक में थे क्योंकि कमरा देने के लिए वे राजी तो हुए, पर और तीन रुपये मांग लिए।

मठ के एक पुराने मंदिर में हमें ठहराया गया। वहाँ घी का दीया जलाकर शेरिंग जी ने बताया कि वह मंदिर बहुत पुराना है और पवित्र है। तेरह वर्ष पहले भी वही

मूल मंदिर था, नया मंदिर बनने पर वहाँ से भगवान बुद्ध का विग्रह नए मंदिर में स्थानांतरित कर दिया गया था। पुराने मंदिर में बाकी सब पहले की तरह ही था, वहां प्राचीन काल की बहुत सी बेदियाँ भी थीं। उन्होंने कहा कि हम मठ की रसोई में अपना भोजन तैयार करेंगे और मंदिर में सोएंगे।

यह व्यवस्था मुझे ठीक लगी। मंदिर भी मुझे अच्छा लगा। दीपक की हलकी रोशनी में मंदिर की हर मूर्ति प्राणवंत लग रही थी। दीवाल तथा खंभों के साथ बहुत से तांखा लटक रहे थे, उन कपड़ों पर जो शिल्प थे वह देखने लायक थी। असंख्य मंडला व देव-देवियों की मूर्तियों से सज्जित कियांफु गुम्फा का वह प्राचीन मंदिर मुझे उलझाए रहा। पर्याप्त प्रकाश होने पर मैं प्रार्थना-चक्र और उन मूर्तियों को और गौर से देख सकता था। किन्तु जितना गोचर हो रहा था, उसी से मैं खुश था। मुझ जैसे व्यक्ति के लिए यह मंतव्य कर पाना असंभव है कि मंदिर के प्रकोष्ठ का परिवेश पवित्र था या नहीं, किन्तु यह अवश्य कह सकता हूँ कि वहाँ रहस्य और रोमांच जैसा वातावरण था। कमरे में जो सबसे बड़ी मूर्ति थी, उस पर बार-बार आँखें ठहर जातीं। वह तिब्बती देवता यवयुंग की मूर्ति थी। हिन्दुओं के मत से इसे प्रकृति व पुरुष के मिलन-दृश्य की मूर्ति कह सकते हैं। पुरुष के विराटत्व के साथ प्रकृति का अहं एकात्म होकर घुल-मिल गया था उस मूर्ति में। उस युगल मूर्ति में शांत भाव नहीं था, था शिव का रौद्र रूपी ध्वंस का विकट रूप, प्रकृति के साथ लिंगावद्ध अवस्था में खड़ी थी वह मूर्ति। हिमालय के हर बौद्ध विहार या गुम्फा में मैंने ऐसे चित्र या मूर्तियाँ देखी हैं। मौनी बाबा होने के कारण मुझे उस मूर्ति के विषय में पूछताछ करने का कहीं अवसर नहीं मिला था। मैं सिर्फ निर्जन में या रात में गुरुजी से बोल सकता था, यहाँ मुझे अपनी जिज्ञासा शांत करने का मौका मिल गया।

भोजनोपरांत जब सब सोने गये, मैंने गुरुजी से पूछा, ''मुझे इस मूर्ति के सम्बन्ध में थोड़ा समझाइएगा?''

इस तरह के प्रश्न पूछने पर गुरुजी कभी निराश नहीं करते थे, बल्कि उत्साह बढ़ाते हुए सहज उत्तर देते थे। उन्होंने उस मूर्ति के विषय में बताया—''इस मूर्ति का उद्देश्य शिव और शक्ति के मिलन को साधारण आदमियों को समझाना है। व्यक्ति-आत्मा प्रकृति का प्रतीक है और विश्वात्मा शिव का प्रतीक है। किन्तु यह हिन्दू मत की व्याख्या है। तिब्बत बौद्ध-तांत्रिकों का देश है, यहाँ बौद्ध धर्म के साथ तंत्र का गूढ़ रहस्य ओतप्रोत ढंग से जुड़ा है। उस तत्व को समझने के लिए बहुत साधना करनी पड़ती है। ध्यान से देखो, पुरुष मूर्ति के साथ नारी मूर्ति एक दूसरे से कंठ से कंठ मिलाए आलिंगनबद्ध होकर लिंगबद्ध अवस्था में खड़ी है। बीजमंत्र की सहायता से जब हम उस महाशक्ति के साथ इसी तरह एकाकार हो जाएंगे, तभी हमें मुक्ति मिलेगी। साधना की अंतिम सीढ़ी वही है। यवयुम् या पिता-माता के मिलन से यह जगत बना है, अतः इस जगत को समझने के लिए पहले उस परम पिता व परम माता का मिलनरहस्य समझना पड़ेगा—वह गुह्यसूत्र है; अवलोकितेश्वर का वह सृष्टि-रहस्य

अत्यंत कठिन साधना के पथ से जाना जा सकता है। दीर्घ समय तक इस मूर्ति का ध्यान करते रहने पर उस रहस्य को समझा जा सकता है। तिब्बती भाषा में इसे 'जिग्-तेन्-बाङ्-फिउग्-ग्साग्-ग्रुब' कहते हैं, यही इष्टमंत्र या बीजमंत्र भी है। इस मूर्ति का भयंकर रूप वज्रहुंकार मुद्रा है, जिसका ध्यान करने पर प्रज्ञा देवी का दर्शन मिलता है। कमल के फूल पर आसीन इस मूर्ति का ध्यान करने से जागतिक भय से सदैव के लिए छुटकारा मिल जाता है।''

इतना कहकर गुरुजी रुक गये। वे और अधिक व्याख्या करते तो मैं सारी बातें याद नहीं रख पाता, न तो समझ ही पाता। इसलिए मैंने भी और प्रश्न नहीं पूछा। मैं साश्चर्य उस तांत्रिक देव-देवी की मूर्ति को घूर रहा था। गुरुजी ने नीरवता भंग करते हुए कहा, ''चुपचाप घूर क्या रहे हो, मन ही मन मणिमंत्र जाप करते रहो। एक ऐसा समय आएगा जब मंत्र और देवता एक हो जाएंगे। प्रयास करो, धैर्य के साथ अभ्यास करते रहो।''

इतना कहकर गुरुजी कम्बल तानकर सो गये। मैं कुछ देर तक बैठा रहा। मध्य हिमालय की उस निस्तब्ध रात्रि में मैं प्रज्ञादेवी की आराधना में मग्न हो गया।

---

# खांमा

कियांफु गुम्फा से अगले दिन चलते समय लामा शेरिंग जोङ् ने पूछा था कि रास्ते में जो झील पड़ी थी वहाँ हमने अपनी यात्रा के लिए प्रार्थनाएँ की थी या नहीं। वस्तुतः सामादा पहुँचने से पहले हमने रात में दोसेन नामक एक शहर पार किया था और तभी हमें एक बड़ी सी झील दिखाई पड़ी थी। रात में इतनी भयंकर ठंड थी कि गुरुजी ने हमें एक पल भी वहाँ ठहरने नहीं दिया था। शेरिंग जोङ् ने आग्रह किया कि गुम्फा से निकलकर सड़क पर पहुँचते ही हम अवश्य उस झील के उद्देश्य से प्रार्थना करें। उन्होंने बताया कि भारत के तीर्थयात्री उस झील के किनारे के मंदिर में पूजा चढ़ाते थे। उस झील का नाम राम झील है जिसे राम सरोवर भी कहते हैं। राम सरोवर को भी मानस सरोवर की तरह ही पवित्र माना जाता है।

सड़क पर पहुँचकर हमने समवेत प्रार्थना की। गुरुजी ने बताया कि उनकी भी इच्छा राम सरोवर के किनारे एक दिन रहने की थी, किन्तु उन्हें कई लोगों ने सावधान कर दिया था कि मंदिर के आसपास हान् शिविर है, वे तीर्थयात्रियों को नेक नजर से नहीं देखते। इसलिए ही वह क्षेत्र हमने सूर्यास्त के बाद पार किया था।

तांला के बाद से ही रास्ता सुगम था। किन्तु पथ पर्वतीय ही था, भारतीय मैदानों की तरह सपाट नहीं, अतः हमें कभी ऊपर चढ़ना पड़ता, कभी नीचे उतरना पड़ता, फिर भी अब हमें दुर्गम पहाड़ नहीं लांघना पड़ रहा था। हम हिमालय के छत के ऊपर से गुजर रहे थे। वहाँ औसत उच्चता (समुद्र की सतह से) ग्यारह-बारह हजार फीट से ऊपर ही थी।

गैंगटक से कूच करने के बाद से हम सहर्ष रास्ते की चुनौतियों को स्वीकार करते आए थे। नाथू-ला का दर्रा पार होते हुए हमें कठिन पत्थरों से जूझना पड़ा था। फिर हमारा स्वागत किया था चुम्बी की सुंदर वादियों ने। वहीं से हम बर्फ से ढँकी चोटियों की मनोरम छटा देखते हुए और ठंड से जूझते हुए आगे बढ़े थे। कुछ दिनों के बाद फिर चढ़ाई, तांला की पर्वत कंदरा हमने १५६०० फीट की ऊँचाई पर चढ़कर पार किया था। हमारा यह दल यदि पर्वतारोहियों का दल होता तो मैं इस साहसिक रोमांचक यात्रा का वर्णन दूसरे ढंग से कर पाता। किन्तु तीर्थयात्री ऐसा दंभ नहीं भर सकते। विशाल हिमालय के सामने हम अत्यंत क्षुद्र थे, इस विराट् शक्ति के सामने अत्यंत तुच्छ थे, इस असीम महिमान्वित तुषार शोभित सौंदर्य के सामने कोई भी अहंकार करना पाप करने जैसा होता। तीर्थयात्रियों को प्रत्येक पदक्षेप में भक्ति, नम्रता और आत्मसमर्पण का भाव लेकर चलना पड़ता है। पथ ही तीर्थयात्रियों की साधना है—इस साधना में वैचित्र्य के

साथ ही भगवान् तथागत के प्रति आत्मसमर्पण का व्रत भी निहित है। जागतिक पथ का अंत ही तो आध्यात्मिक पथ की शुरुआत है।

यात्रा के कठिनतम हिस्से में भी हमारे देह और मन में उत्साह की कमी नहीं थी। रास्ता कुछ सहज पाकर वह उत्साह और बढ़ गया था। पिछले दो दिन से लग रहा था कि हमारी शारीरिक शक्ति भी बढ़ गयी है। अब जो ठंड थी, वह सहनीय थी। उच्चता के कारण जिन्हें साँस और खाँसी की तकलीफ थी, वे भी अब अपेक्षाकृत स्वस्थ थे।

तुना के बाद से प्राकृतिक दृश्य मनोहर था, चारों ओर सिर्फ बर्फ के पहाड़ थे। बर्फ के सफेद श्रृंग मानों रंग के खेल में ही मस्त रहते थे। प्रकाश के साथ उनके वर्ण में अद्‌भुत परिवर्तन होता रहता था। हमारे सामने अब हिमालय की दीवार नहीं थी, हम हिमालय के उत्तर में पहुँच चुके थे।

भारत में जब गर्मी बढ़ने लगती है, तब भी तिब्बत में तुषार का अनंतोत्सव लगा रहता होगा, ऐसा ही लगा मुझे। यहाँ ठंड अत्यंत सूखी और चुभनेवाली होती है। दिन में तापमान कुछ चढ़ता, रात में काफी घट जाता। सूर्यास्त के समय दृश्य बिलकुल बदल जाता, उस समय बर्फ का रंग धीरे-धीरे चाँदी की तरह हो जाता और फिर प्रकाश और अंधकार का खेल शुरू होता। तब लगता कि तिब्बत की धरती पर रहस्यमय तंत्र-जगत् उतर आया है।

अत्यधिक ठंड के कारण यहां पेड़ नहीं उगते। इसलिए वन-जंगल नहीं है। गर्मियों में घास उगती है।

सामादा के बाद भी हम उत्तर दिशा में बढ़ रहे थे। दूसरा कोई रास्ता था ही नहीं। हमारे साथ जो जलाऊ लकड़ी का भंडार था, वह लगभग शेष होने को था। सामादा में कुछ बार्लि और जौ का सत्तू खरीदा गया था। दोपहर को हम एक पथरीली मिट्टी के मकान के सामने रुके तो बहुत से लोग हमें घेरकर खड़े हो गये और पारंपरिक ढंग से लामाओं का अभिवादन करने लगे। उस भीड़ में युवा-युवतियाँ तथा वृद्ध भी थे। लामाओं का परिचय एवम् वहाँ पहुँचने का उद्देश्य जानकर वे प्रसन्न हुए। सत्तू गूंथने के लिए गर्म पानी मांगने पर वे सहर्ष गर्म पानी की व्यवस्था में लग गये। एक-एक परिवार पाँच-छः लामाओं के लिए गर्म पानी ला दे तो शीघ्र ही सबकी व्यवस्था हो जाएगी। बच्चे हमें घेर कर बैठे थे। धरती की इस छत पर प्रकृति की गोद में इन शिशुओं को देखकर मुझे बहुत अच्छा लग रहा था। शिशुओं की आँखों की स्वच्छ ज्योति, उनके चेहरे का भोलापन और पवित्रता भला किसे न भाता? किंतु शिशु ही नहीं, यहां के सभी लोगों के चेहरे पर शिशु सुलभ पवित्रता की ही झलक थी। इस निष्कलंक स्वर्गभूमि को पाप की हवा ने स्पर्श नहीं किया था। हिमालय की उत्तुंग चोटियों को लांघकर शायद पाप वहाँ प्रवेश कर ही नहीं सकता था। इनकी जीवनयात्रा चाहे जैसी हो, पोशाक में ये चाहे कितने भी दरिद्र हों, इन्हीं में सत्य, शिव और सुंदर का प्रकाश देखा जा सकता था। ये लोग जिस तरह दिल खोलकर हँसते हैं, वैसे शायद

ही विश्व की अन्य कोई भी जाति हँस पाती हो! मुझे तो लगा कि यहाँ तक पहुँचना ही मेरी बहुत बड़ी उपलब्धि थी, अब आगे की यात्रा स्थगित भी हो जाए तो कोई क्षति नहीं!

गरम पानी में सत्तू घोलकर उसमें कुछ नमक मिलाकर हमने बच्चों और ग्रामीणों के संग मिल-बाँटकर खाया। इतने साधुओं के साथ आहार करते हुए ग्रामीण बहुत प्रसन्न थे। उनके चेहरे ही बता रहे थे इसमें उन्हें स्वर्गीय आनंद का अनुभव हो रहा था। इस मध्यान्ह भोजन के बाद हमने फिर यात्रा जारी रखा।

सामादा के बाद एक पहाड़ी नदी पड़ती है। इस नदी का नाम नीयांग है। आसपास के क्षेत्र से बर्फ पिघलकर वह पानी नाले की शकल में नीयांग नदी में जा मिलता है। इस नदी को खरस्त्रोता कहना ही उचित होगा। उसकी कल-कल ध्वनि हमारी यात्रा को प्राणवंत बना रही थी। इससे हम एकरसता नहीं महसूस कर रहे थे। इसी नदी के नाम के अनुसार इस घाटी का नाम नीयांगचु पड़ा था। नीयांग के किनारे-किनारे आजीवन चलने पर भी शायद किसी को थकान न महसूस हो। हमारी चाल में भी अब द्रुतता आ गयी थी, एक छंद आ गया था। मन भी बहुत हल्का लगता था। भारत-तिब्बत की सीमा पर अत्यधिक सैनिक समावेश देखकर हमारा मन भी भारी था, यहाँ वैसी कोई बात नहीं थी। सीमा जैसी चिंताजनक आबोहवा यहाँ नहीं थी, हमें अब भय भी नहीं था।

रात हम एक छोटी सी बस्ती में गुजारे, अगल दिन फिर चलते हुए दोपहर को खांमा नामक एक गाँव में पहुँचे।

खांमा गाँव में घुसते ही एक खाम्पा श्रेणी के ग्रामीण सिपाही ने हमारे दल को प्रणाम करने के बाद पूछा, "क्या आप लोग नेपाली तीर्थयात्री हैं, गैंगटक से आ रहे हैं?"

हमें तो हामी ही भरनी थी। किंतु यह शंका भी थी कि वह हमें हान् चौकी पर पूछताछ के लिए ले जाएगा। उसने कहा भी, "ठीक है, आप लोग मेरे साथ आइए।"

आधे घंटे बाद उसने हमें एक बंगले में पहुँचाया। बंगले के बरामदे में एक लामा की तरह दिखने वाले तिब्बती सज्जन ने हँसकर हमारा स्वागत किया। उनके चेहरे की हँसी देखकर हम शंका से मुक्त हो गये। उन्होंने झुककर लामाओं को प्रणाम किया, उनकी देखादेखी वहाँ उपस्थित और लोगों ने भी ऐसा ही किया। गुरुजी ने तथा लामाओं ने उन्हें आशीर्वाद दिया।

उस सज्जन ने अत्यंत विनय के साथ कहा, "हमारे इस गाँव में आप सबका स्वागत है। हमें गैंगटक से तार-द्वारा आप लोगों के आने की सूचना मिल गयी थी। पवित्र सिक्किम के महाराजा ने हमसे आग्रह किया है कि आप लोगों की उचित देखभाल की जाए। मेरा भाई सिक्किम के पवित्र महाराज के यहाँ काम करता है, उसी ने यह सूचना भेजी है।"

यह एक अप्रत्याशित शुभ समाचार था, किंतु हम खुशियों से चहक नहीं सकते थे क्योंकि लामाओं को शांत रहना चाहिए। धीर स्थिर होकर लामाओं ने यह समाचार सुना और फिर महान् पंडितों की तरह हाथ उठाकर उक्त सज्जन के भाई के उद्देश्य से आशीर्वचन कहा।

उक्त सज्जन का नाम सोरेन थापे था। हम जिस बंगला में पहुँचाए गये थे वह भारत की सम्पत्ति थी। गैंगटक और गीयात्से के बीच भारतीय व्यापार के लिए तथा भारत-तिब्बत सम्पर्क बनाए रखने के लिए इस मार्ग पर ऐसे कई बंगले थे। भारतीयों का यातायात कम हो जाने के कारण इन बंगलों का उपयोग नहीं होता था। हान् सेना के चलते तीर्थयात्री भी तिब्बत नहीं आना चाहते थे। अब यह भारतीय बंगला खांमा गाँव की सम्पत्ति बन गया था। सोरेन थापे गाँव के मुखिया थे, कानून व अनुशासन की जिम्मेदारी उनकी थी। गाँव की जनसंख्या लगभग चार सौ थी। गर्मियों में यहाँ बार्लि की उपज होती थी। लोगों का मुख्य धंधा भेड़ पालना था। भेड़ों से यहां उत्कृष्ट किस्म के ऊन मिलते थे।

सोरेन थापे ने कहा कि हम जितने दिन चाहें खांमा गाँव में रह सकते हैं। उन्होंने आश्वस्त किया कि हमें कोई असुविधा नहीं होगी, गाँव के लोग हमारी सेवा के लिए सदैव उपस्थित रहेंगे। इससे भी अच्छी खबर उन्होंने यह दी कि हमें रसोई की चिंता नहीं, गाँव वाले मिलजुल कर हमारे भोजन की व्यवस्था करेंगे।

बंगले का पुराना ताला खोलकर सोरेन जी ने हमें कमरा दिखाया, हमें वहीं टिकना था। इससे अच्छी व्यवस्था हमारे लिए और क्या हो सकती थी? तिब्बत की धरती पर यह पहला मौका था जब हमें अतिथि का सम्मान प्राप्त हो रहा था। बंगला बुरा नहीं था, अंग्रेजों के जमाने में बना था वह। इसके चारों ओर कभी घेरा और बगीचा था जो अब स्थानीय बच्चों के खेलकूद की जगह बन गयी थी। देखकर लगा कि गर्मियों में इस बंगले के अहाते में भेड़ टिकते हैं। पलंग और अन्य असबाब देखने से लगा कि पिछले पांच वर्षों में उन कमरों में कोई न टिका होगा। कमरे की धूल ठंड में जमकर गोंद की तरह चिपक गयी थी। यूँ यह बंगला सुंदर और आरामदायक था। इमारत पत्थर और सिमेंट की बनी थी। सोरेन थापे इस बंगले से कुछ दूरी पर रहते थे।

अपना सामान नीचे उतारकर हम लोग बैठ गये तो गुरुजी मुझे बोले, ''यहाँ सब कुछ ठीक ही लगता है। तू चाहे तो बात कर सकता है।''

मैंने इस यात्रा में कुछ तिब्बती शब्द सीख लिए थे, जिनका प्रयोग करने का मुझे कहीं अवसर नहीं मिला था। बात करने की अनुमति जब मिल ही गयी थी तो उन शब्दों का प्रयोग मैं कर सकता था जिससे भाषा सीखने में सुविधा हो। यह सोचकर मैं अकेले ही बंगले से बाहर निकला। सड़क के किनारे-किनारे ही गाँव फैला था। गाँव छोटा था, ग्रामीणों में पवित्रता की वही झलक यहाँ भी थी जो तिब्बत की एक विशेषता है। पथरीली मिट्टी के बने मकानों में कोई घेरा नहीं था, सभी घर एक दूसरे से सटे थे। यहां कोई सड़क बनायी नहीं गयी थी, लोगों के चलने से पगडंडी बन गयी थी, फिर

उस राह के दोनों ओर पत्थर रखकर उसे सड़क का रूप दिया गया था। यहां किसी घर में लकड़ी का बरामदा या बारजा नहीं था, लगता था कि यहां लकड़ी बहुत ही दुष्प्राप्य चीज थी।

गाँव में लामाओं के पहुँचने की खबर फैल चुकी थी। मैं ज्यों-ज्यों आगे बढ़ता जा रहा था, बच्चे, बूढ़े, युवा सभी अपने घरों से निकल कर मुझे प्रणाम करने लगे थे। कई लोगों ने, विशेषत: युवाओं ने मुझसे न जाने क्या-क्या पूछा। कुछ शब्द सीखने-समझने पर भी सम्यक भाषा ज्ञान के अभाव में मैं किसी को उत्तर नहीं दे सका, अधिकांश के प्रश्न मैं समझा भी नहीं। मुस्कराते हुए और हाथ उठाकर उन्हें आशीर्वाद देते हुए मैं आगे बढ़ता गया। कुछ ही देर में मैं गांव में परिचित हो गया था। छोटे से गाँव का एक चक्कर लगाकर कुछ देर बाद मैं बंगले में लौट आया।

शाम को गाँव वाले लामाओं से मिलने आए। इनमें बहुतेरे ऐसे थे जिन्हें सिक्किम देखने का मौका मिला था। हम लोग बरामदे में कम्बल बिछाकर बैठ गये और हमारे चारों ओर ग्रामीण जनता बैठ गयी। हमने समवेत प्रार्थना की—

**''नमो तस्य भगवतो अरहतो सम्मासम्बुद्धस्य,**
**अर्हन्तम् सम्मासम्बुद्धम् विज्जीचरण सम्पन्नम् सुगतम्**
**लोकविदुम् अनुत्तमम, पुरीसधम्म सारथीम् सथ्थारम्**
**देवमनुस् सानाम् शिरसा नमामि!''**

हमने पहले पाली में, फिर तिब्बती में प्रार्थनाएं की। तिब्बती भाषा की प्रार्थना मुझे अच्छी लगती थी। रुक-रुक कर शब्दों के उच्चारण की ध्वनि मुझे श्रुतिमधुर लगती। तिब्बती भाषा में मंत्रोच्चारण के समय प्रत्येक शब्द का अलग और स्पष्ट उच्चारण किया जाता, इसे समवेत कंठ में अनुसरण किया जाता। ऐसा लगता कि हर शब्द नाभिदेश से उच्चारित हो रहा है। तिब्बत के गाँवों में मणिमंत्र और कुछ प्रार्थनाएँ सभी लोग जानते हैं। लगभग आधे घंटे बाद प्रार्थना खत्म हुई। सूर्य उस समय पश्चिम में ढल रहा था। क्रमशः तापमान में गिरावट आ रही थी। ठंड की मात्रा बढ़ने लगी थी। बरामदे में बैठे लोग एक-दूसरे से और भी सटकर बैठ गये। बरामदा बहुत बड़ा नहीं था, किंतु वहां लगभग ढाई सौ लोग समा गये थे। इनमें शिशु और विभिन्न उम्र की लड़कियाँ भी थीं। गृहस्थी का काम निपटाकर महिलाएं भी आ गयी थीं।

हमारे पास करने को कुछ था नहीं। गाँव वाले भी साधु दर्शन से ही प्रसन्न थे। सूर्यास्त के साथ ही चारों ओर अंधेरा छा गया और सर्दी भी बढ़ गयी। बहुत से लोग लोहे की कड़ाही में लकड़ी का कोयला जलाकर ले आए, फिर उन कड़ाहियों के इर्द-गिर्द छोटे-छोटे झुंड में बँटकर लोग आग तापने लगे। ऐसा लगा कि वे सब वहाँ आग तापने के लिए ही आए थे। पूरा गाँव एक परिवार की तरह लग रहा था। वे आपस में बातचीत-गपशप कर रहे थे। बीच-बीच में कोई उठकर गुरुजी से कोई प्रश्न पूछ जाता। उनकी जिज्ञासाएँ भी कितनी सहज और सरल थीं—

—यहाँ पहुँचने में आपलोगों को कितने दिन लगे?

—क्या आपलोग चेन्-रे-जी के दर्शन के लिए जा रहे हैं?

—राह में आपलोग क्या खाते हैं? फिर कब आइएगा?

—हमारे गाँव में कितने दिन ठहरेंगे?

ऐसे ही थे उनके प्रश्न। माताओं और बहनों के प्रश्न कुछ भिन्न प्रकार के होते थे, जैसे—मेरे और कितने बच्चे होंगे? लड़की की शादी ठीक से होगी या नहीं? पति बीमारी से छुटकारा पाएगा या नहीं? आदि।

हम लोगों के पास थोड़ा चावल था। रात जब कुछ गाढ़ी हुई, गुरुजी ने उपस्थित सभी को एक-एक करके बुलाया और प्रत्येक को दो-तीन चावल के दाने प्रसाद की तरह बाँट दिया। गुरुजी का प्रसाद पाकर वे भी संतुष्ट हुए। अब उन्हें लौटना था। ऐसे समय में सोरेन थापे ने गुरुजी के कानों में कुछ कहा। गुरुजी मन्द मुस्कराए, फिर उन्होंने मुझे बुलाकर कहा, "गाँव वालों ने इतने कम उम्र का भारतीय तीर्थयात्री कभी नहीं देखा था। उनकी राय में तुम बहुत भाग्यवान और पुण्यात्मा हो। वे तुमसे कुछ सुनना चाहते हैं। उन्हें मालूम है कि तुम भारतीय हो।"

गुरुजी से मैंने पूछा "ठीक है, किंतु मैं क्या बोलूँ?"

—"जो खुशी।"

मैंने गुरुजी से कहा कि मैं हिन्दी में बोलूंगा, वे उसका तिब्बती में अनुवाद कर उन्हें सुना दें। उन्होंने हामी भर दी। मैं कहने लगा—"मेरे प्रिय भाइयों, बहनों, माताओं और पिता तुल्य पूज्य ग्रामवासियों! आप लोगों के आंतरिक व आत्मीय व्यवहार से हम बहुत संतुष्ट हुए हैं। भारत से इतनी दूर पहुँचकर भी मुझे लगा कि मैं अपने ही भाई-बहनों से मिल रहा हूँ। मुझे दुःख है कि मैं आपलोगों की भाषा नहीं जानता, किंतु अगली बार जब यहाँ आऊँगा तब अवश्य ही तिब्बती भाषा सीखकर आऊंगा। यह मेरे गुरुजी की कृपा थी कि मैं यहाँ तक आ सका। ऐसा सुंदर देश मैंने दूसरा नहीं देखा। महातीर्थ के इस पथ में आप लोगों का दर्शन पाकर मेरी यात्रा सार्थक हो गयी है। आपलोगों का सहज और सरल आचरण देखकर लगता है कि आप सब कैलास के शिव-चरित्र के प्रतीक जैसे हैं। मैं आप लोगों के मंगल की कामना करता हूँ—'ओम् त्रयम्बकम् इजामहे सुगंधि पुष्टि वर्धनम् उर्वरुकमिब बंधनन् मृत्युरमुक्षि मामृतत्, ओम् शांति, शांति, शांति!'"

प्रार्थना के बाद मैं चुप हो गया। गुरुजी ने मेरा वक्तव्य उन्हें तिब्बती में सुना दिया। उसके बाद वे एक-एक कर उठ पड़े और हमसे विदा लेकर चले गये।

उस रात ग्रामीणों ने हमें दाल-चावल खिलाया। बहुत दिनों के बाद दाल-भात पाकर हम भी खुश थे।

तिब्बत के जिन गाँवों व शहरों से होकर हमने अब तक की यात्रा की थी, कहीं भी बिजली नहीं थी। सड़क के किनारे केवल टेलीग्राफ के खंभे दिखाई पड़ते थे।

तिब्बतियों ने अब तक बिजली भले ही न देखी हो, वहाँ रोशनी की कमी न थी। घी के दीये तथा लालटेन से उनका काम चल जाता था।

तिब्बत की रातें बहुत निस्तब्ध होती हैं। लगता है कि सारी धरती ही सो गयी है। उस नींद में विघ्न पहुँचाने के लिए एक उल्लू भी शायद कहीं नहीं है।

ग्रामीणों के आग्रह पर अगले दिन भी हमें वहाँ रुकना पड़ा। हमें पाकर वे इतने प्रसन्न थे कि सारादिन हमारे इर्द-गिर्द ही चक्कर काटते थे। लामाओं को घर पर बुला पाना वे सौभाग्य मानते थे। किसी लामा को अपने घर में भोजन करा पाना तो परम् सौभाग्य की बात थी। उस दिन मुझे भी एक परिवार से शाम को उनके घर जाने का निमंत्रण मिला। गुरुजी को सोरेन थापे पहले ही ले गये थे। दूसरे लामाओं को और लोग ले गये थे। मेरा बुलावा था दोरजे के घर से। उनका घर पास ही था।

भारतीय गाँवों में मिट्टी के जो मकान बनते हैं, वैसा ही था दोरजे का घर। दरवाजे और खिड़कियाँ छोटी-छोटी थीं। चार कमरे थे जिनमें से दो में खिड़कियाँ नहीं थीं। दोरजे का परिवार छोटा था। उनकी उम्र चालीस के आसपास थी। उनकी स्त्री उनसे अधिक चतुर लगती थीं। वैसे भी तिब्बत में महिलाओं का प्रभाव अधिक है, विवाहिता औरतों का गृहस्थी में प्रभुत्व रहता है। वे बहुत मेहनती भी होती हैं, एक ओर घर का काम-काज, पति तथा बच्चों की देखभाल करना और दूसरी ओर खेतों में जाकर पुरुषों के साथ बराबर का काम भी करना। उनकी यह कर्म-तत्परता प्रशंसनीय है।

दोरजे के घर के एक बड़े कमरे में टाट का एक गद्दा बिछा था जिसमें शायद पुआल भरा था। उसी गद्दे पर दोरजे ने मुझे बैठाया। उनकी पत्नी तुरंत वहाँ आयीं, उन्हें मालूम था कि मैं उनकी भाषा नहीं जानता, इसलिए उन्होंने मुझे बांह पकड़कर गद्दे से उठाया और रस्से में लटकते अपने गंदे पेटीकोट को लाकर गद्दे पर बिछाकर मुझे दुबारा वहीं बैठा दिया। ऐसा करते हुए वे बहुत खुश थीं और फिर पति से वे भर्त्सना के स्वर में जो कुछ बोलीं उसका तात्पर्य शायद यही था कि क्या इतने गंदे टाट पर साधु व्यक्ति को बैठाना उचित था? यद्यपि इस परिवर्तन से मुझे कोई फर्क नहीं पड़ता था, किंतु मेरे प्रति उनकी निष्ठा और यत्न देखकर मैंने मुस्कराकर कहा, "माँ, ईश्वर तुम्हारा मंगल करें!"

मुझे शयनकक्ष में बैठाकर श्रीमती दोरजे बगल के कमरे में चली गयीं। वह उनका रसोईघर था जिसमें कोई खिड़की नहीं थी। उस छोटे कमरे में कोई दरवाजा भी न था। उन्होंने लकड़ी का चूल्हा जलाया तो सारे घर में धुँआ भर गया। शायद अतिथि सत्कार के लिए वे चाय बना रही थीं। जिस बर्तन में चाय का पानी चढ़ाया गया, वह शताब्दियों पुराना लग रहा था। मैं उन्हें चाय बनाते देखता रहा। चीन की चाय का एक टुकड़ा तोड़कर उन्होंने उसे पानी में खौलने के लिए छोड़ दिया। तिब्बत में साधारणत: चाय की पुरानी पत्ती को बारबार इस्तेमाल में लाते हैं, शायद मुझ जैसे अतिथि के सम्मान में ही श्रीमती दोरजे नयी पत्ती से चाय बना रही थीं। तिब्बत में चाय बनाना भी

मेहनत का काम है क्योंकि लकड़ी के चोंगा में गरम पानी डालकर उसमें मक्खन पिघलाने के लिए उसे देर तक मथना पड़ता है। इस काम में मदद के लिए श्रीमती दोरजे ने अपने पति को बुलाया।

कुछ ही देर के बाद उनके बच्चे वहाँ आ गये। पहले दो लड़कियाँ, जिनकी उम्र १९-२० के आसपास होगी; फिर चार और छोटे बच्चे। दोरजे ने मक्खन घोलने का काम बड़ी कन्या को सौंप दिया, फिर वे मेरे पास आकर बैठ गये। खरल में मसाला कूटने की तरह वह मक्खन कूट रही थी और बीच-बीच में माँ से बातें कर रही थी। चाय में मक्खन मिलाने के लिए वह लड़की लगभग एक घंटा कसरत करती रही। इसके बाद चाय को पुन: गरमाकर बाँस के चोंगें में भरकर मुझे दिया गया। श्रीमती दोरजे ने और किसी को चाय नहीं दी, केवल मुझे ही, शायद साधु सेवा के लिए ही इतनी मेहनत से वह चाय बनायी गयी थी, अत: अच्छी ही होगी। मैं उस भोले-भाले दोरजे परिवार को यह कैसे समझाता कि वस्तुत: मैं साधु था ही नहीं! अत: उन्हें प्रसन्न करने के लिए ही मैंने चाय का चोंगा लेकर मुस्कराते हुए उसे होंठों से लगाया। न जाने उस चाय का क्या थी कि मुझे दुर्गंध मिली और मैं बहुत असमंजस में पड़ गया कि अब उस चाय में क्या करूँ जिसे पीना संभव नहीं था। यूँ मैंने अपना मनोभाव छिपा लिया। तिब्बती बहुत स्वाभिमानी होतें हैं, विशेषकर चाय के मामले में। उन्हें असंतुष्ट करना सर्वथा अनुचित होता। कमरे में कोई खिड़की भी नहीं थी कि उनकी निगाह बचाकर चाय खिड़की से बाहर फेंक दूँ। विचित्र स्थिति थी। ये लोग मुझे सादर बुलाकर ले गये थे, अतिथि सत्कार के लिए यत्नपूर्वक विशेष चाय बनाए थे जो केवल अतिथि को ही दी गयी थी। इस चाय में दोरजे परिवार की पवित्रता झाँक रही थी। ये निर्धन हैं, इनसे जैसे बनता है वैसे ही ये अतिथि की सेवा करते हैं। अब ऐसे चाय के स्वाद को मैं बुरा भी कैसे कहूँ? हो सकता है कि वे ऐसी चाय ही पसंद करते हों! इस तरह के तर्कों द्वारा मैंने खुद को समझाया, किंतु दुबारा मुंह तक चोंगा ले जाकर भी मैं पी नहीं सका। जब और कोई उपाय न सूझा तो मैंने दोरजे के छोटे लड़के को प्यार से बुलाकर उसे पुचकारते हुए अपनी गोद में बिठा लिया, फिर उसके मुँह के पास चोंगा ले जाकर कहा, "पी लो!"

आश्चर्य! मेरे ऐसा करने का किसी ने बुरा न माना! किसी ने मुझे या बच्चे को नहीं टोका। उस बच्चे ने एक घूंट पीकर मुंह हटा लिया तो मैंने उसके बड़े भाई को बुलाया। फिर कोई असुविधा न रही। अंत में दोरजे की पुत्रियों ने भी मेरे जूठे चाय को प्रसाद की तरह सुड़का। खाली चोंगा श्रीमती दोरजे को थमाते हुए मैंने कहा, "चाय बहुत अच्छी थी।"

मेरे ऐसा कहने पर श्रीमती दोरजे उसी चोंगा में पुन: चाय भर लायीं। अच्छा कहना भी बुरा हुआ! उन्होंने इशारे से मुझे समझा दिया कि अब वह चाय भी खुद पी जाऊँ, बच्चों को न दूँ। वे सब मुझे घेरकर बैठे थे, सभी मुझे घूर रहे थे, और मुझे लग रहा था कि मुझे जबर्दस्ती चिरौते का पानी पिलाया जा रहा है।

अब और कोई चारा नहीं था। उन्हें दुखी करना अनुचित होगा। तिब्बत में यह पहला अवसर था जब कोई परिवार मुझे इतने आत्मीय ढंग से अपने घर में ले जाकर बैठाया था, मैं कैसे इनका दिल तोड़ूँ? जब इस देश में आ ही गया हूँ तो इनकी सामाजिक रीति और खानपान के साथ मुझे समझौता करना ही पड़ेगा, प्रयत्न से सब होता है। ऐसा सोचकर मैंने चाय का घूँट हलक के नीचे उतारा। चाय में मिठास का नामो-निशान नहीं था, शायद थोड़ा नमक मिलाया गया था। मक्खन का स्वाद भी भिन्न तरह का था, शायद वह याक के दूध का हो। खांमा में हमने सड़क पर जो चाय पी थी, उसमें कुछ गुड़ मिलाया गया था। चोंगें में चार-पांच प्याली चाय थी, उसे किसी तरह मैं गटक गया, फिर मुस्कराकर उन्हें धन्यवाद दिया। उस चाय से मुझे जो मिचली आ रही थी उसे किसी तरह छिपाए रहा।

मेरे साधु बाबा ने मुझे यहाँ मौनव्रत तोड़ने का आदेश दिया था, किंतु ऐसा अवसर पाकर भी मेरे पास उपाय नहीं था। मैं तिब्बती भाषा बोल पाता तो उस परिवार से बहुत-बहुत बातें कर सकता था। वे मुझे घेरकर बैठे थे और हमारे बीच एक स्तब्ध मौन पसर गया था। चेहरों पर आंतरिक श्रद्धा और भक्ति के भाव लेकर वे बैठे ही रहे। समय काटने के लिए मैं छोटे बच्चे को देख-देखकर मुस्करा रहा था। फिर सोचा, शायद वे मुझसे कोई प्रार्थना या श्लोक सुनना चाह रहे हों। ऐसा सोचकर मैं आँखें मूंदकर प्रार्थना की भंगिमा में बैठ गया और कविगुरु रवीन्द्रनाथ टैगोर की एक कविता, जो मुझे प्रिय थी और कंठस्थ थी, बाङ्ला में आवृत्ति करने लगा। वह कविता वहां के स्थान-काल-पात्र के अनुरूप नहीं थी; किंतु मुझे कुछ कहना था, सो काव्यपाठ करता रहा!

मैं चुप हो गया तो श्रीमती दोरजे बच्चों को बाहर ले गयीं, उनके पति भी उठकर बाहर चले गये। उनकी देखादेखी मैं भी उठ रहा था, किंतु श्रीमती दोरजे ने मुझे इशारे से बैठे रहने को कहा। सब चले गये थे, कमरे में मैं था और उनकी ज्येष्ठ कन्या, जिसने माँ को चाय बनाने में मदद की थी। वह मेरे सामने बैठी थी। मैं हैरान था। मैं समझ नहीं पा रहा था कि श्रीमती दोरजे उस जवान बेटी को अकेले मेरे पास क्यों छोड़ गयीं?

वह युवती मेरे और करीब खिसक आयी। हम दोनों आमने-सामने थे। उसके चेहरे पर जिस पवित्रता की झलक थी, वह तुषारावृत्त चोमलहरि की तरह निष्कलंक थी। फिर भी मेरे मन में वही पुराना बिमल हथौड़े पीट रहा था—क्यों, यह लड़की मेरे पास अकेले में क्यों? क्या चाहते हैं वे?

उस युवती ने सलज्ज आँखों से मुझे देखते हुए कुछ कहा, जो मैं समझ नहीं पाया। मैंने उसके मस्तक पर हाथ रखकर उसे समझाना चाहा, ''ईश्वर तुम्हारी रक्षा करें, मैं तुम्हारी बात नहीं समझ पा रहा हूँ, तुम मुझे क्षमा करना।''

मेरे मन का मौनीबाबा उस समय अंर्तधान हो गया था। सहसा मैंने आविष्कार किया कि मैं एक सोलह वर्षीय युवक था जो कि एक तिब्बती युवती के सामने बैठा

था। मेरे हृदय का रक्त प्रवाह तेज होने लगा था। समझ में नहीं आ रहा था कि वह क्या चाहती है, इनके रिवाज़ क्या हैं, मुझे क्या करना चाहिए? ऐसा न हो कि मैं जो उचित समझूँ, वह अनुचित पदक्षेप हो! मेरा एक गलत पदक्षेप लामा तीर्थयात्रियों के पूरे दल को संकट में डाल सकता था। मन की चंचलता और कौतूहल दबाने के लिए तथा अपना कर्तव्य ठीक करने के लिए मैंने आंखें मूंद ली और मणिमंत्र जाप करने लगा।

मुझे ध्यानस्थ देखकर उस युवती ने खुद ही बोलना शुरू किया। मैं उसकी बात समझूंगा या नहीं शायद उसे इसकी चिंता नहीं थी। वह अनर्गल बोलती ही रही, कभी-कभी आँखें उठाकर मुझे घूरती, और फिर बड़बड़ाती। लगता था कि वह अपने मन की सारी बातें मुझे सुना रही थी। ईश्वर जाने वह क्या कह रही थी, क्यों कह रही थी, वह भी ऐसे व्यक्ति से जो एक शब्द भी नहीं समझ रहा था। कुछ देर तक बोलते रहने के बाद वह चुप हुई, फिर उसने भक्तिभाव से मुझे प्रणाम किया और एकटक मेरी ओर देखती रही। काफी देर तक चुपचाप बैठे रहने के बाद वह उठकर बाहर चली गयी। उसके बाद श्री और श्रीमती दोरजे और बच्चों के साथ कमरे में आए। उनके साथ और थोड़ी देर बैठने के बाद मैं उठा। दोरजे अपने पूरे परिवार के साथ मुझे बंगले तक छोड़ने आए। सोचा था कि वहाँ गुरुजी होंगे तो उनसे जान लूंगा कि वह परिवार मुझसे क्या चाहता था और वह युवती मुझसे क्या कह रही थी? किंतु गुरुजी तब तक नहीं लौटे थे। मैंने मुस्कराकर उस परिवार को विदा किया।

दल के सभी लामा के साथ मेरी घनिष्ठता हो गयी थी, यद्यपि भाषा के अभाव में हम इशारा से ही काम लेते थे। इनमें जो लामा सबसे चतुर लगता था, उसकी उम्र औरों से कम थी। गुरुजी जब नहीं रहते थे, छोटे-मोटे दायित्व का निर्वाह वही करता था। मुझे कमरे में घुसते देखकर उसने आगे बढ़कर मुस्कराकर कहा, "भक्तों ने कुछ सीधा पहुँचाया है—चावल, गेहूँ, सब्जियाँ। चलो देखें, क्या पकाया जा सकता है।"

यह क्षेत्र तिब्बत के ऊँचे भाग में था। फारी जोङ् की उच्चता १५००० फीट थी। तुना की भी उच्चता लगभग इतनी ही थी। खांमा या नीयांग नदी की घाटी अपेक्षाकृत कम ऊंचाई पर होने पर भी दार्जिलिंग या गैंगटक की तुलना में काफी ऊँचाई पर थी। यहां केवल बर्फ का ही राज था। भारत से व्यवसायिक सम्बन्ध के कारण ही यहाँ के गाँव और शहर आबाद हुए थे, अन्यथा यहाँ खेतीबारी लगभग असंभव ही थी। पशुपालन (याक व भेड़) यहाँ का मुख्य धंधा था। गर्मी की ऋतु बहुत कम समय के लिए होती जब बार्लि और जौ उगाय जाते। अक्सर वह उपज भी कटने से पहले ही बर्फ पड़ने से नष्ट हो जाती। इसलिए जब लामा ने कहा कि भक्तगण सब्जियाँ दे गये हैं तो खुश होने के स्थान पर मैं चकित ही हुआ।

रसोई में जाकर सचमुच हैरान हुआ। लगभग पाँच किलो आलू, एक दर्जन पहाड़ी शलगम, बार्लि आदि रखा था वहाँ। कोई मक्खन भी पहुंचा गया था। अतः यह हमारे लिए विशेष पर्व जैसा दिन था। लामा अमात्य ने (उसका यही नाम था) मुझे सब्जियाँ काटने को कहा। बार्लि की खिचड़ी बनेगी।

अगले दिन सोकर उठा ही था कि बरामदे पर निगाह पड़ी। एक कड़ाही में आग लिए श्रीमती दोरजे और उनकी बड़ी बेटी सोमम् वहाँ बैठकर आग सेंक रही थी। मुझे घोर आश्चर्य हुआ कि इतने भोर में वे वहाँ क्यों आए हैं? क्या मेरे आचरण में इन्हें कल कोई खोट नजर आया था? जो हो, कम्बल तहाकर आँखें मलता हुआ मैं गुरुजी के पास पहुँचा। वे तब भी सो रहे थे। मैं उनके जागने की प्रतीक्षा में वहीं बैठ गया। इस बीच खिड़की से मेरी निगाह श्रीमती दोरजे पर पुनः पड़ी। उन्होंने और सोमम् ने जीभ दिखाकर मुझे सुप्रभात जताया। मैं उनके पास नहीं गया, गुरुजी के पास ही बैठा रहा। कुछ देर के बाद गुरुजी की आँखें खुली तो मुझे अपने पास बैठे देखकर उन्होंने पूछा, "नींद अच्छी हुई थी?"

मैंने हामी भर दी, फिर बोला, "लगता है कि बाहर एक महिला आपकी प्रतीक्षा कर रही है।"

"अच्छा?" कहकर वे उठे और कमरे से निकले। मैं भी उनके साथ बरामदे में आया। हमारे बाहर निकलते ही श्रीमती दोरजे बरामदे के कोने से एक पतीला लाकर हमें देते हुए विनय के साथ बोलीं, "आप लोगों के लिए चाय लायी थी।"

फिर चाय! वह भी इतनी सुबह! मेरे पेट में कुछ घुमड़ उठा। फिर मैंने मन को शांत किया, ये गरीब श्रद्धापूर्वक जो भी लाएं उसे परमानंद के साथ ग्रहण करना चाहिए इसी से भगवान् तथागत प्रसन्न होंगे। चाय गरमाकर मैं और गुरुजी श्रीमती दोरजे के सामने बैठे। आग की कड़ाही हमारी ओर कुछ खिसकाकर वे बोलीं "आपसे कुछ सुनने के लिए ही आयी हूँ।"

गुरुजी ने मुझे कहा, "वह तुझे कह रही है।"

मैं पुनः असमंजस में पड़ा। पिछले शाम की सारी घटना गुरुजी को बताकर मैंने उनसे कहा, "बहुत प्रयत्न कर भी मैं यह नहीं समझ सका कि यह लड़की मुझे क्या बता रही थी!" गुरुजी मेरी बात सुनकर कुछ देर मौन रहे फिर उनसे बातचीत करने लगे। वह युवती कुछ शरमा-सकुचा रही थी, कपड़े का एक कोना मुँह में डालकर उसे चबा रही थी वह। रह-रह कर वह मुझे घूरने लगती।

श्रीमती दोरजे से बातचीत करने के बाद गुरुजी ने मुझे बताया कि दोरजे परिवार के घर मैं पिछली शाम को गया था, इससे वे स्वयम् को बहुत सम्मानित महसूस कर रहे हैं। मेरा मधुर आचरण उन्हें बहुत अच्छा लगा था। तिब्बती परंपरा के अनुसार साधु-संत मिलने पर वहां की युवतियाँ साधु को अपने मन की बातें बता देती हैं और विभिन्न विषयों में उनसे प्रश्न पूछती हैं। यदि कोई युवती कोई अन्याय कर चुकी है तो उसके लिए भी वह साधु से क्षमा मांगती है। सोमम् ने भी कल मुझे अपने मन की बातें बतायी थीं। उसे यह ज्ञात था कि मैं उसकी भाषा नहीं समझता, फिर भी उसने सारी बातें बता दी थीं और इससे उसका मन बहुत हलका हो गया था। उसे विश्वास था कि मैं अंर्तयामी हूँ, मैं चेहरा देखकर ही सब कुछ समझ जाता हूँ।

उम्र में सोमम् मुझसे कुछ बड़ी थी। फिर भी मुझमें उसकी आस्था और भक्ति देखकर मैं सोच रहा था उसने अपने मन की बात गुरुजी या अन्य किसी लामा से कहा होता तो वे उसे कुछ परामर्श दे सकते थे। शायद उसे अपनी समस्या का कोई हल मिल गया होता। मुझ जैसे ढोंगी की शरण में आकर उसे क्या मिला? ईश्वर तक उसकी प्रार्थना पहुँचाने की शक्ति मुझमें कहाँ थी? मुझे लग रहा था कि साधु का छद्म ओढ़कर मैंने बहुत बड़ा पाप किया था। मैं खुद को अपराधी महसूस कर रहा था, कहाँ उनकी यह निष्ठा-भक्ति और कहाँ मेरा यह छद्म! मेरी कोई क्षमता नहीं थी, उस छोटे से परिवार की भलाई के लिए मैं कुछ भी नहीं कर सकता था। सोमम् मुझे अंतर्यामी समझ रही थी, वह सोच रही थी कि उसकी समस्या मैं समझ गया हूँ, अत: वह उन बातों को और किसी से नहीं कहेगी। उसके इस प्रगाढ़ विश्वास के सामने मैं खुद को असहाय महसूस करने लगा।

बहुत देर तक हमलोग चुपचाप बैठे थे। फिर मैंने गुरुजी से कहा, ''मेरी ओर से उसे कुछ कह दीजिए।''

गुरुजी ने सर हिलाकर नकारते हुए कहा—''प्रश्न बिना जाने उत्तर नहीं दिया जा सकता। विशेषत: ऐसे नाजुक विषयों को लेकर बचकाना करना अनुचित है।''

गुरुजी की बातें सुनकर मैं मन ही मन हँसा। बचकाना! उनसे पूछने की इच्छा हुई, मुझे दीक्षा देना उनका बचकाना नहीं था? मुझे मौनीबाबा सजाना बचकाना नहीं था? किंतु गुरुजी के कार्य का दोष-गुण विचार करना मेरा काम नहीं था। अब मेरा कर्तव्य था कि इस समस्या का समाधान निकालूँ। श्रीमती दोरजे और सोमम् इसी की प्रतीक्षा में बैठे थे, मेरा उत्तर बिना सुने वे शायद उठेंगी ही नहीं। मेरे लिए यह एक कठिन समस्या थी। उत्तर मुझे ही देना था, गुरुजी इस विषय में मेरी कोई सहायता नहीं करेंगे, मैं जो कुछ कहूँ उसका वे तिब्बती अनुवाद भर कर देंगे। मैंने सोमम् की ओर देखा। वह कितनी सहज, सरल और पवित्र थी, उसे ऊट-पटांग कुछ कहने की प्रवृत्ति नहीं हो रही थी। कौन जाने, शायद मेरी मानसिक उन्नति के पथ में यह भी परीक्षा थी। इसी उधेड़-बुन में मन में एक विचार कौंधा। गुरुजी से कहा, ''ठीक है, मैं कहता हूँ, आप तिब्बती में अनुवाद कर इन्हें समझा दीजिए।''

मैंने सोमम् के उद्देश्य में कहा, ''सोमम्, तुमने मुझे सम्बोधन कर कल जो कुछ कहा था, वह मैं न भी समझ सका तो भी अंतर्यामी ज्ञानी व ध्यानी बुद्ध ने उसे अवश्य सुना है। उन पर आस्था रखकर तुम जीवनपथ में आगे बढ़ो, वे अवश्य तुम्हारी सहायता करेंगे। मैं तिब्बत के श्रेष्ठतम मंदिर में तुम्हारे मंगल के लिए प्रार्थना करूंगा, यह मैं तुम्हें वचन देता हूँ।''

गुरुजी ने मेरा कथन अनुवाद कर उन्हें सुना दिया तो माँ और बेटी ने साष्टांग लेटकर मुझे प्रणाम किया। उनके चेहरे आनंद से खिल उठे थे। लगा कि इससे बड़े उपकार की वे अपेक्षा नहीं कर सकते थे। श्रीमती दोरजे मुझे छूकर

बोलीं,—"मैं जानती हूँ कि तुमने सब सुना है और समझा है, तुम्हारी जय हो! तुम्हारी जय हो!"

तिब्बती भाषा मैं सीधे से समझ पाता तो कितना अच्छा होता। वे हमसे विदा लेकर चले गये। मैं एकटक उन्हें जाते हुए देखता रहा। निष्कलंक और निर्मल चरित्र की ऐसी छवि देख पाना मेरे जीवन का एक स्मरणीय अध्याय था। जो लोग मनुष्य को ही ईश्वर मानकर अपने मन में स्थान देते हैं, वे ही संभवत: ईश्वर की प्रिय संतान होते हैं।

# खांमा से प्रस्थान

श्री सोरेन थापे के आतिथ्य में हमें भरपूर विश्राम का अवसर मिल गया था। हमें ग्रामीणों से हेलमेल बढ़ाने का भी मौका मिला था। कभी इस बंगले में रसोइया, नौकर आदि थे, जो अब अतिथियों के आगमन के अभाव में कार्यमुक्त हो गये थे। इसलिए हम लोगों की देखभाल गाँव वाले कर रहे थे। लामाओं की आवश्यकता सीमित थी, फिर भी लोग हमें घेरे रहते और हमारी सेवा के लिए तत्पर रहते। जब आगे की यात्रा के संबंध में विचार-विमर्श के लिए स्थानीय विशिष्ट लोगों के साथ लामाओं की बैठक शुरू हुई तब और लोग चाय की व्यवस्था में जुट गये।

श्री थापे तथा गाँव के अन्य चार विशिष्ट लोग हम लोगों की हर तरह से सहायता करना चाहते थे। उन्हें इस क्षेत्र की सड़कों की अच्छी जानकारी थी, इसलिए आगे की यात्रा के विषय में वे अपना सुझाव देना चाहते थे। गाँव के प्रमुख व्यक्तियों के साथ आलोचना चक्र मेरे लिए उत्साह की बात थी, क्योंकि हमें कैसे और किस रास्ते से होकर कहाँ पहुंचना है इसकी कोई जानकारी गुरुजी ने हमें नहीं दी थी। सिक्किम से चलते समय बस इतना ही ज्ञात था कि हम लासा यानी तिब्बत जा रहे हैं, और अब यह मालूम था कि हम तिब्बत में ही हैं, लासा तक जाएंगे। खांमा से कहाँ जाएंगे, कहाँ-कहाँ रुकेंगे, क्या खाएंगे, यह सब गुरुजी के जिम्मे था, हमारा काम था केवल उनका अनुसरण करना।

आलोचना के समय मैं यह जान सका कि अब हमें यहाँ से सीधे गीयात्से जाना है। खांमा से लासा को एक सीधी सड़क भी जाती थी, गुरुजी उसी रास्ते जाना चाहते थे। किंतु सोरेन जी ने बताया कि हमें गीयात्से होकर ही जाना पड़ेगा क्योंकि उनके पास गीयात्से से तार आया है जिसमें वहाँ के पुलिस कार्यालय से यह सूचना दी गयी है कि हमें वहाँ रिपोर्ट करना ही पड़ेगा।

आलोचना के समय यह भी तय हुआ कि गीयात्से से हम पूरब की सड़क पकड़कर लासा जाएंगे। यदि वहाँ सब ठीकठाक रहा और यात्रीगण स्वस्थ रहे तो वापसी यात्रा में हम ब्रह्मपुत्र के किनारे-किनारे चलकर शीगात्से नामक शहर में पहुँचेगे। वहाँ से हम नए लक्ष्य की ओर प्रस्थान करेंगे। वह लक्ष्य था कैलासनाथ व मानसरोवर। वहाँ से अल्मोड़ा के रास्ते हम भारत लौटेंगे।

भारत के मंदिरों की तरह तिब्बत के सभी गुंफा तीर्थस्थल माने जाते हैं। इनमें जो मुख्य हैं, उन्हीं में युगों से तीर्थयात्री यातायात करते आए हैं। इनमें लासा, शीगात्से तथा कैलासनाथ के मंदिर उल्लेखनीय हैं। लामाओं तथा साधुओं के लिए ये तीनों स्थल ही

महातीर्थ हैं। कैलासनाथ को इन महातीर्थों में सर्वोच्च स्थान प्राप्त है। पाँच साल पहले भी भारतीय बिना रोकटोक के तिब्बत के तीर्थस्थलों में आते-जाते रहते थे, किंतु राजनैतिक कारणों से भारतीयों की यात्रा पर प्रतिबंध लग गया था। चीनी या हान् धर्म नहीं मानते, राजनीति ही उनका धर्म है और उनके नेता ही ईश्वर का स्थान लिए हुए हैं। इतना होने पर भी उन्होंने तीर्थयात्रियों को छूट दे रखी थी, जो निषेधाज्ञा थी वह केवल भारतीय पर्यटक एवम् तीर्थयात्रियों के लिए। निषेधाज्ञा नेपालियों पर लागू नहीं होती थी, इसीलिए गुरुजी ने मुझे नेपाली लामा के परिचय से इस दल में शामिल किया था। यूँ साधारण तिब्बती यही समझते थे कि नेपाल, सिक्किम और भूटान भारत के अंग हैं और उनमें कोई फर्क नहीं है।

सिक्किम से यहां तक पहुँचते-पहुँचते जलवायु में बहुत अंतर हो गया था। नाथू-ला के आसपास हवा आर्द्र तथा ठंडी थी। तांला के बाद ठंडी तथा शुष्क जिससे हड्डियों में भी कँपकपी होने लगती। यदि रात में आग तापने की व्यवस्था न होती तो हम शायद ही यहाँ तक पहुँच पाते, रास्ते में ही ढेर हो गये होते।

चुम्बी घाटी से हम ज्यों-ज्यों उत्तर की ओर बढ़े हैं त्यों-त्यों बर्फ की मात्रा भी बढ़ती गयी है। अब हम बर्फ के राज्य में थे। हिमालय पार करने में हमें पन्द्रह दिन लग गये थे। यहाँ चारों ओर छोटे-छोटे पहाड़ और घाटियाँ थीं और पिघले बर्फ का पानी ढोती छोटी-छोटी नदियाँ। दिन की धूप में ठंडी हवा मानों कुछ दूर हटकर खड़ी हो जाती थी और शाम ढलते ही वह वापस आ जाती थी। यहाँ की रातें भयंकर ठंडी होती हैं। उत्तर में कुएनलुन और दक्षिण में हिमालय, इन दो पर्वत श्रेणियों की दीवारों के मध्य भीषण ठंडक का यह देश छिपा हुआ है जिसकी उच्चता १३००० से १५००० फीट के बीच है तथा तापमान १०५ डिग्री तक चढ़ता है और उतरता है हिमांक से भी ४५ डिग्री नीचे।

सभा में कई लोगों ने यह सुझाव दिया कि एक साथ जाने के बजाय हम दो-तीन दलों में विभक्त होकर जाएँ तो ठीक रहेगा क्योंकि लगभग दस मील की दूरी पर हान् सेना की बहुत बड़ी छावनी है। चूँकि यह दल भारत से चला था, चीनी फौज तीर्थयात्रियों को भारतीय गुप्तचर समझ कर तंग कर सकती है। हम जिस नीयांग नदी के किनारे-किनारे चलकर खांमा पहुँचे थे, उसी नदी के किनारे-किनारे आगे बढ़ने पर गीयात्से पहुँच जाएंगे। नीयांग नदी गीयात्से से और भी उत्तर में जाकर ब्रह्मपुत्र में मिली थी।

सभा की राय यह भी थी कि जहाँ तक हो सके हम बड़े गुम्फाओं से दूर ही रहें। गीयात्से के मंदिरों में हान् सैनिक तैनात किये गये हैं, विदेशियों से वे बहुत पूछताछ करते हैं। चूँकि हमारा गंतव्य लासा था जिसके लिए गुरुजी के पास अनुमति पत्र था, अतः लासा में कोई भय नहीं था।

सभा में गाँववासियों ने आग्रह किया कि हम और कुछ दिन वहाँ रुकें, किंतु गुरुजी बोले कि जितनी जल्दी हम अपने लक्ष्य तक पहुँच जाएँ उतना ही अच्छा। इस सभा में

भी ऐसा कोई न था जो हमारे आगे की यात्रा की दूरी मील या किलोमीटर में बता पाता। दूरत्व का हिसाब तिब्बत में सर्वत्र पहर या दिन के हिसाब से होता था, अर्थात् यहाँ से वहाँ पहुँचने में पाँच दिन लगेंगे, साढ़े सात दिन लगेंगे या एक पहर लगेगा आदि। फारी जोङ् तथा गीयात्से के बीच कभी-कभी ट्रकें चलती थीं किंतु वे सवारी नहीं लादते थे। कहीं-कहीं गधे, घोड़े और याक द्वारा खींची जाने वाली गाड़ियों का उपयोग होता था, इसके अलावा आवागमन का अन्य साधन नहीं था। संभ्रांत लोग पालकियों में चलते थे, शेष पैदल।

चाय के साथ सभा का अंत हुआ। हम लोगों को प्रस्थान करना था इसलिए हम यथाशीघ्र अपना सामान लादकर तैयार हो गये।

खांमा में हम तीन रात रुके थे। जब हम चलने लगे तो ग्रामवासियों में बहुतों ने गमलों में पानी लाकर हमलोगों का पाँव धुलाया। हमने उन्हें उनकी आवभगत के लिए धन्यवाद एवम् आशीर्वाद दिया, फिर समवेत प्रार्थना के उपरांत हम सड़क पर आ गये। गाँववाले हमें कुछ दूर तक छोड़ने आए। दोरजे परिवार के लोग मेरे साथ-साथ चल रहे थे। अकारण ही मेरी निगाहें बार-बार सोमम् पर पड़ रही थीं। मुझे दुःख था कि उसे मैं कुछ भी नहीं दे पाया। अचानक मुझे याद आया कि मेरे पास कुछ अतिरिक्त रुद्राक्ष की मालाएँ हैं। मैंने झोली से एक माला निकाल लिया। उसके बाद विदा के अंतिम क्षण वह माला सोमम् की हथेली में डाल दिया और मुस्कराकर मन ही मन बोला— यही मेरा अंतिम उपहार है। मुझे मालूम था कि लामाओं के पास से जाप की माला मिलना तिब्बती अहोभाग्य समझते थे।

---

# गीयात्से की यात्रा

अलगी सुबह। दोनों ओर के पहाड़ क्रमशः हमारे करीब आते जा रहे थे और नीयांग नदी की चौड़ाई भी क्रमशः क्षीण होती जा रही थी। हम चलते हुए नीयांग-चु घाटी में पहुँचे जहाँ लगता था कि दो पहाड़ों के बीच नदी को रखकर घाटी किसी रहस्यमय लोक की ओर चली गयी है।

नाथू-ला में चढ़ते समय भी सड़क ऐसी ही थी, किन्तु वहाँ लगातार चढ़ाई थी, यहाँ सड़क क्रमशः ढाल की ओर उतर गयी थी। ऐसा लगता था कि नीयांग नदी धीरे-धीरे पाताल में प्रवेश कर गयी है। इस दृश्य ने यात्रियों का कौतूहल और उत्साह सौ गुना बढ़ा दिया था।

ऊपर नीला आकाश और नदी को छूते हुए उसके दोनों ओर दीवाल की तरह खड़े ऊँचे पहाड़, जिनकी ऊँचाई कम-से-कम तीन हजार फीट तो होगी ही! नीयांग नदी को अपने बहाव का यह रास्ता बनाने में हजारों बरस लगे होंगे। ठोस चट्टानों को काटकर पहाड़ को भेदते हुए नदी ने अपना रास्ता बनाया था, बहुत बड़े-बड़े चट्टान अब भी नदी के वक्ष में पड़े थे; लगता था कि नदी को रोकने की असफल चेष्टा की कहानी वे अब भी सुना रहे थे। राह की समस्त बाधाओं को तोड़ती हटाती नदी यहाँ अपने भीषण रौद्र रूप में थी और उसकी गर्जना दूर से भी सुनाई पड़ती थी।

बारिश में नदी का चेहरा बदल जाता है, बाढ़ के समय वह संहारमूर्ति धारण करती है। किन्तु नीयांग नदी का यहाँ जो रूप था, वह बाढ़ की नदी जैसी नहीं, बल्कि पहाड़ तोड़ती नदी का प्रचंड रूप था। ऐसे स्थलों में नदी का सौंदर्य कुछ अलग ही होता है। उस सौंदर्य में सराबोर होकर और कुछ आगे बढ़ने पर सहसा चौंक कर रुकना पड़ा। लगा कि मेरे सामने स्वप्न राज्य का दरवाजा खुल गया है। प्रकृति के उस अद्‌भुत सौंदर्य ने मुझे एकबारगी चौंका दिया। आगे धरती का ऐसा विस्मय छिपा है इसकी मुझे कुछ देर पहले भी भनक नहीं थी। उस अनिंद्य सुंदर दृश्य का वर्णन करने की मेरे पास भाषा नहीं है। मेरे दल के सभी लामा मंत्रमुग्ध की तरह ठिठक कर रुक गये थे। उस अनंत सुंदर दृश्य ने सबके पाँव बाँध दिए थे, हमारे हृदय आनंद से बल्लियों उछलने लगे थे। अपनी विह्वलता से मुक्त होने में मुझे कुछ समय लगा, उसके बाद हमलोगों ने रुद्रारूपी सुंदरी भैरवी की आराधना की—

**''हे देवी ! तुम रूप व अपरूप की अधिष्ठात्री हो**

**तुम प्रकाश व अंधकार की देवी हो**

**तुम विराजित हो ज्ञान व अज्ञान पर।**

**हमें शक्ति दो तुम्हें अनुभव कर पाने की**
**हमें नैन दो तुम्हारे दर्शन को**
**तुम्हारे निराकार रूप का हमें साकार दर्शन दो**
**हमें आगे ले चलो—आगे ले चलो—आगे ले चलो!'**

नदी अपनी सारी शक्ति के साथ मानों एकाएक कूदकर नीचे जा गिरी थी और इस कारण उसका पानी फटकर दूधिया सफेद हो गया था। नीयांग नदी सहसा सहस्त्रों झरनों में बदल गयी थी। लगता था कि हजारों नर्तकियां अपनी सफेद मेखला फैलाकर किसी अज्ञात देवता के उद्देश्य में यहां नर्तनरत हैं। सूर्य की किरणों ने यहाँ कई-कई इंद्रधनुष रच दिए थे। विभिन्न आकार के पत्थरों को केन्द्र में रखकर इन्द्रधनुष भी अपना अलग खेल खेलते से लग रहे थे। पत्थर भी यहां विभिन्न रंग के थे, कुछ पर काई जमकर हरे झालर सा बन गया था। बहुत ही सुंदर है नीयांग नदी का यह जलप्रपात।

ऐसे अनुपम दृश्य के बगल में ही बहुत से चैत्य या चोरतेन बने थे। पहाड़ की दीवाल पर किसी अज्ञात कलाकर की अमर शिल्प प्रतिभा का साक्षी बनकर ज्योतिर्मय भगवान बुद्ध की शांत मूर्ति खड़ी थी। धरती के इस निर्जन प्रांगण में प्रकृति और पुरुष में एक अनंत लीला चल रही थी। शिवमय पहाड़ और नदीमय प्रकृति की इस रहस्यमय लीला में ही सृष्टि का रहस्य छिपा था।

पहाड़ पर बहुत सी बौद्ध-मूर्तियाँ खुदी हुई थीं। अजंता की गुफाओं की तरह ये मूर्तियाँ भी बहुत पुरानी थीं। लाल, पीले, हरे, नीले रंग की इन मूर्तियों में मुख्य मूर्ति भगवान् पद्मसंभवा की थी। पहाड़ की दीवाल पर एक शिलालेख था,—'मुझे पूजा चढ़ाए बिना आगे जाने वालों के पथ में अंधेरा!' अतः तीर्थयात्रियों को यहाँ पूजा चढ़ाना ही पड़ता था। कैलाशयात्री भी अपना प्रथम अर्घ्य यहीं चढ़ाते थे।

पद्मसंभवा को तिब्बत का मुख्य देवता कहा जा सकता है, यह भी भगवान् बुद्ध का ही एक रूप है। तिब्बत के हर गुम्फा में उनकी मूर्ति है। कहते हैं कि पद्मसंभवा वास्तव में एक नामी कश्मीरी पंडित थे, तिब्बत के राजा उन्हें बौद्ध धर्म के प्रचार के लिए तिब्बत ले आए थे। उन्होंने ही गूढ़ तंत्रशास्त्र और बौद्धधर्म को मिलाकर बौद्ध-तंत्र का प्रवर्तन किया था। उनकी अलौकिक क्रिया तथा अगाध पांडित्य का परिचय पाते ही तिब्बतियों ने उनके चरणों में आत्मसमर्पण किया था। तिब्बत के किसी भी मठ में व मंदिर में भगवान बुद्ध से भी ऊँचा आसन पद्मसंभवा को दिया जाता है। तिब्बत के भोले निवासी उन्हें गुरु रिम्पोचे के नाम से जानते हैं। गुरु रिम्पोचे का शाब्दिक अर्थ है अमूल्य गुरु, अर्थात् ऐसा गुरु जिनके गुण किसी जागतिक पदार्थ द्वारा क्रय नहीं किए जा सकते। बहुत से तिब्बती ग्रंथों में उनका उल्लेख उरगीयान लामा के नाम से भी मिलता है।

कहते हैं कि गुरु रिम्पोचे की अलौकिक क्षमता असीम थी। उनके तिब्बत पहुँचते ही वहाँ के आदि दानव व प्रेतात्माओं में भयंकर आतंक फैल गया था। गुरु रिम्पोचे ने उन्हें अपने वश में कर लिया था और लोगों के मन में आस्था जगाया था। वे अक्सर

शून्य पथ से कैलास चले जाते थे जहाँ वे दुष्ट आत्माओं को वश में करते थे। उनकी ऐश्वरिक क्षमता और जादू के प्रभाव से पूरब के पिशाच और सिद्धक लोग उनके अधीन हो गये थे और वे पद्मसंभवा का धार्मिक एकाधिकार मान लिए थे।

तिब्बत में बौद्ध धर्म को स्थायी रूप में प्रतिष्ठित करने वाले पद्मसंभवा ही थे। उन्होंने ही बौद्ध धर्म के साथ तंत्र साधना का सम्मिश्रण किया था और तिब्बत में बुद्ध-तंत्र का प्रचार किया था। उन्हीं के उपदेश से तिब्बत के तत्कालीन राजा त्रि-स्रोन-दे-सान् ने देश में सर्वत्र मठ और बुद्ध विहार की स्थापना की थी। यह घटना संभवत: सातवीं शताब्दी के अंतिम चरण की है। सिक्किम या भूटान होकर कैलास जाने वाले तीर्थयात्री गुरु रिम्पोचे को पद्मासन बाबा के नाम से जानते थे।

पद्मसंभवा की मूर्ति के आसपास और भी जो मूर्तियाँ बनी थीं, उनमें ध्यानी-बुद्ध, मंजुश्री तथा अवलोकितेश्वर की मूर्तियाँ ध्यानावस्था में दिखाई गयी थीं। ध्यान करने के लिए इससे सुंदर स्थान धरती पर विरला ही होगा। इन मूर्तियों के आगे सड़क के किनारे-किनारे बहुत से चैत्य बने थे। प्रपात और चैत्य के प्रभाव से ही इस स्थान का नामकरण हुआ था नीयांग-चु-चोरतेन।

और आगे बढ़ने पर एक छोटा-सा गुम्फा मिला जिसे किसी पुराने मंदिर का भग्नावशेष कहना ही उचित होगा। वहाँ रुकते हुए गुरुजी ने कहा, ''यहाँ हम एक घंटा रहेंगे। पूजा-पाठ और भोजन से निवृत्त होकर शाम तक यहाँ से आगे की यात्रा करेंगे। जलप्रपात के कारण यहाँ हवा में जो आर्द्रता है, उसे हममें से कोई भी, जिसे जुकाम-खाँसी आदि की शिकायत है, सहन नहीं कर पाएगा, इसलिए हम शाम के बाद यहाँ नहीं रुक सकते!''

सामान उतार कर प्रार्थना के लिए तैयार होते ही गुरुजी ने सबसे कहा, ''ध्यानस्थ होकर इस स्थान की महानता को अनुभव करने का प्रयत्न करो।''

मैंने स्थान-महात्म के बारे में सुना तो था, किन्तु उसे अनुभव किया जा सकता है ऐसी बात पहली बार सुन रहा था। कैलास जानेवाली इस सड़क पर यह एक नया अनुभव था मेरे लिए।

गीयात्से पहुँचने से पहले कुछ बातों की जानकारी देना आवश्यक समझकर गुरुजी कहने लगे, ''भगवान् बुद्ध के तीन प्रधान रूप हैं—ध्यानी बुद्ध, ध्यानी बोधिसत्व तथा मानसी बुद्ध। तिब्बती भाषा में ये नाम इस प्रकार हैं—ओ-पा-मे, चेन-रे-जि तथा शाक्य थुप। संस्कृत में ये नाम अमिताभ, अवलोकितेश्वर तथा शाक्य मुनि हैं। तिब्बत के बौद्धमठ तथा बिहार इन्हीं तीन श्रेणियों के हैं, किन्तु इसके अलावा भी बहुत सी शाखा-प्रशाखाएँ हैं। पांचेन लामा को अमिताभ बुद्ध या ताशिलामा कहते हैं। दलाईलामा को अवलोकितेश्वर का रूप माना जाता है, इसीलिए उनका स्थानीय नाम चेन्-रे-जि है। हम पांचेन लामा तथा दलाई लामा का दर्शन करेंगे, उसके बाद कैलास की यात्रा करेंगे।''

उन्होंने आगे कहा, ''देह ही दुःख का कारण है, मन उसे केवल व्यक्त भर करता है। दुःख है, और दुःख के मूल में उसका कारण है। दुःख नाश करने के लिए उस कारण का नाश करना जरूरी है। देखो, हम लोग दुर्गम हिमालय को लांघकर तिब्बत पहुँचे हैं, यहाँ की तरह शुद्ध हवा और कहीं नहीं है, ऐसी पवित्र भूमि भी कोई दूसरी नहीं है। यहाँ की प्रचंड सर्दी में हमें कुछ कष्ट अवश्य हो रहा है, किन्तु ऐसी शांत नीरवता भी तो अन्यत्र कहीं नहीं है। इस पवित्र भूमि पर बैठकर गंभीरता से यह सोचो कि क्या तुम्हें कोई कष्ट है, यदि है तो उस दुःख का कारण क्या है? दुःख आधिभौतिक है, आधिदैविक है, या आध्यात्मिक? सोचो, मनन करो, यदि तुम एकाग्रता और विश्वास के साथ यह जानना चाहो तो स्वयम् पद्मसंभवा तुम्हारी सहायता के लिए प्रकट होंगे।''

प्रत्येक लामा ज्ञानी थे, कहा जाय तो वे दार्शनिक भी थे। गुरुजी की भूमिका अब तक पथ-प्रदर्शक की थी, किन्तु आज सुबह से उन्होंने एकाएक गुरु की भूमिका ले ली थी। नदी के किनारे सबको बैठाकर उन्होंने हमें बतला दिया कि हमें क्या करना था।

दिन धीरे-धीरे चढ़ रहा था और धूप भी तेज होने लगी थी। नदी के पास ही एक गरम पानी का सोता था जहाँ छोटे से कुँए की तरह एक स्थान पर वह पानी इकट्ठा हो गया था। उस जल को स्पर्श कर मुझे घोर आश्चर्य हुआ कि जहाँ चारों ओर केवल बर्फ ही बर्फ है वहाँ ऐसा उष्ण पानी का सोता फूटा कहाँ से? सोते के पानी का तापमान हमारे शरीर के तापमान से दो-एक डिग्री ऊपर ही था। उसी के किनारे बैठकर हमलोग ध्यान करने लगे।

लगभग एक घंटे की उपासना के बाद हम सब नंगे होकर उस गर्म पानी में कूद पड़े। लगभग डेढ़ महीने बाद मैं नहा रहा था। मेरे आनंद का ठिकाना न रहा। यह प्रकृति का ही अद्भुत चमत्कार था कि ऐसे बर्फीले प्रदेश में, जहाँ चारों ओर बर्फ ही बर्फ था, हम नंगे होकर नहा रहे थे! गुरुजी ने हमें सावधान करते हुए कहा, ''सब कोई अच्छी तरह से नहा लो, इस यात्रा में फिर शायद हम नहा नहीं पायेंगे। और हाँ, सोते का पानी कोई मत पीना। यह पानी देह के लिए अच्छा है किन्तु पीने लायक नहीं, इसे पीने से बदहजमी और पेट की अन्य बीमारियाँ हो सकती हैं। इस पानी में गंधक का परिमाण बहुत अधिक है।''

नहाकर जैसे हमें नव-जीवन मिल गया था। उसी सोते के किनारे हमने भोजन पकाया, लकड़ी तो साथ में थी ही। पिछली रात हमें एक खंडहर में बितानी पड़ी थी, वहाँ हम भोजन नहीं कर पाए थे, इससे हम सभी भूखे थे। भोजनोपरांत हमने फिर चलना शुरू किया।

पहाड़ी रास्ता तय करते हुए गुरुजी ने हमें एक स्थान पर रुकने को कहा। फिर उन्होंने पहाड़ की स्थिति ध्यान से देखकर कहा, ''हम शीघ्र ही गीयात्से पहुँचेंगे। वहाँ भी हमें हान् चौकी पार करनी है, अतः तुम लोग धीरज बनाए रखना। भगवान् से प्रार्थना करो कि यह अंतिम चौकी भी हम अनायास पार कर सकें।''

गुरुजी की घोषणा से सभी उत्साहित थे कि थोड़ी ही देर में हम तिब्बत के एक महिमामंडित शहर में प्रवेश करेंगे। तिब्बत के तीन शहर व्यवसाय, वाणिज्य और शिल्पकला के लिए प्राचीनकाल से ही प्रसिद्ध हैं। इनमें प्रथम है लासा, जो तिब्बत की राजधानी थी। दूसरा शहर है शीगात्से तथा तीसरा शहर गीयात्से। लासा में महामान्य दलाईलामा का निवास था, शीगात्से में शाक्य-अवतार पांचेन लामा रहते थे। गीयात्से बौद्ध स्थापत्य तथा तीर्थ के लिये प्रसिद्ध था। गीयात्से को गीयान्से या गीयाच्चे भी कहा जाता था। और कुछ चलकर एक पहाड़ लांघते ही पहाड़ के ठीक नीचे की समतल भूमि पर बसा गीयात्से शहर हमें दिखाई पड़ा। इतनी ऊँचाई से वह एक जादुई-नगरी की तरह लग रहा था। सूर्य की सुनहरी किरणें शहर पर ऐसे पड़ रही थीं और कुछ सुनहरे छत ऐसे चमक रहे थे मानों किसी ने आकाश से शहर पर सोना उड़ेल दिया हो।

गुरुजी ने बताया, ''गीयात्से शहर दो हिस्सों में बँटा है। यहाँ से जो अगणित घर-द्वार सड़क आदि दिख रहे हैं वह शहर का प्रथम हिस्सा है। उससे आगे देखो, उधर शहर का दूसरा हिस्सा है, हमें वहीं जाना है। शहर का दूसरा हिस्सा ऊँची दीवार से घिरा है। उसी अंश में गीयात्से के पवित्र मंदिर तथा विभिन्न धर्मीय संस्थाएँ हैं। गीयात्से का मूल मंदिर भी वहीं स्थित है। उस चारदीवारी के भीतर जो सबसे बड़ा सुनहरा छत देख रहे हो, वही मूल मंदिर है। पास पहुँचकर समझ जाओगे कि वह मंदिर बौद्ध-जगत की एक अमर सृष्टि है, तिब्बती भास्कर-विद्या का वह एक अनूठा निदर्शन है।''

मैंने चारों ओर ध्यान से देखा। अब तक हमने तिब्बत के जिन शहरों को देखा था, उनके साथ गीयात्से की तुलना नहीं की जा सकती थी। यह यथार्थ ही एक समृद्ध शहर था। कुछ देर तक हम खड़े-खड़े शहर को देखते रहे, उसके बाद निकट के एक चैत्य के पास बैठकर शहर में प्रवेश करने से पहले का अंतिम विश्राम लेने लगे। इसके बाद हमें पहाड़ से नीचे उतरना था।

आधा घंटा चलने के उपरांत हम शहर की सीमा में पहुँचे। दाँयी ओर मकानों का सिलसिला शुरू हुआ। मकानों के पीछे बंजारों के तम्बू गड़े थे। आसपास की पथरीली जमीन पर घास की तलाश में बहुत से गद्हे और याक विचर रहे थे।

हम सभी लामा के पोशाक में थे और हमारी संख्या भी कम न थी। इसलिए हमारे अनचाहे भी लोगों का ध्यान हमारी ओर खिंच रहा था। कुछ याक हमें देखकर ठिठक कर खड़े हो गये, कुछ भेड़ों ने अपनी भाषा मे मिमियाकर हमें स्वागतम् कहा और हमारी आवभगत के लिए मुहल्ला सुरक्षा वाहिनी का दस्ता भौंकता हुआ हमारी ओर दौड़ा आया। हम इस अभ्यर्थना में अभ्यस्त थे, अत: हमें रुकना पड़ा। तिब्बत में कहीं भी इन यमदूत जैसे पहरेदारों की आँखों में धूल झोंककर गाँव या शहर में घुस पाना असंभव था। इनकी चौकन्नी निगाह से बचकर एक मक्खी भी नहीं घुस सकती थी। फिर भी मुझे लगता था कि ये कुत्ते भी चीनी ड्रैगॉन से डरते थे, नहीं तो उन्होंने तिब्बत पर कब्जा कैसे जमाया?

इन कुत्तों की एक विशेषता यह थी कि खड़े हो जाने पर वे कुछ नहीं करते थे, धीरे-धीरे भौंकना बंद कर वे इधर-उधर चले जाते थे। शहर में प्रवेश करते ही ऐसी अभ्यर्थना मुझे अपशकुन जैसी लगी। कुत्तों के भौंकने से आसपास के लोग हमारी ओर आने लगे थे। वे तिब्बती प्रथा में जीभ निकालकर हमें श्रद्धा दिखाने लगे। नगर परिसर से आगे बढ़कर हम गीयात्से शहर में घुसे। सड़क के दोनों ओर मिट्टी, पत्थर और सीमेंट की बनी भव्य दुकानें थीं। साथ ही आवासीय मकान भी। मकानों में ढलवाँ छत थे। सड़क के किनारे ही चाय व भूँजा की दुकानें थीं। ऊन और पनसारी की दुकानें बहुत सजी हुई थीं। एक गली में मांस की दुकान थी। दुकानों में क्रय-विक्रय करने वालों में अधिकतर महिलाएँ थीं। यहाँ का बाजार दार्जिलिंग के सब्जी बाजार जैसा था, किन्तु उससे छोटा और गंदा। ढलुवाँ छत वाले मकानों में आंगन तथा बरामदे भी थे जलसा आदि के लिए।

सड़क पर खूँटी गाड़कर बहुत से भेड़ तथा याक बाँधकर रखे गये थे, संभवत: बिक्री के लिए। यह सब देखते हुए हम जिस गति से बढ़ रहे थे, उससे भी तीव्र गति से हमारी आगमन-वार्ता फैल गयी थी, क्योंकि तीर्थयात्रियों के दर्शन के लिए लोगों का ताँता लगने लगा था। वैसे तीर्थयात्री यदि भिखारी हुआ तो उसे कोई देखेगा भी नहीं, किन्तु लामा तीर्थयात्रियों का सम्मान था तथा भारतीय साधुओं को तो गुरु की मर्यादा दी जाती थी।

सड़क मंडी के बीच से गुजरती थी। मंडी पार करने के बाद एक बड़ी सी चाय की दुकान के सामने हम रुके। दुकान के बाहर दो लड़कियाँ लकड़ी के चोंगे में मक्खन के साथ चाय मिला रही थीं। यहाँ की बड़ी दुकानों में इस काम के लिए अलग से कर्मचारी रखे जाते हैं। हम लोग दुकान में घुसे। भीतर ठीक बोचीबीच एक बोरसी रखी हुई थी जिसे घेर का दस-बारह ग्राहक बैठे थे। वे चाय पी रहे थे। हमें देखकर उन्होंने सम्मानपूर्वक हमें भी बोरसी के आसपास बैठने की जगह दे दी। हम सब गोलाई में बैठ गये। एक-एक गिलास चाय पीकर पैसे चुकाकर हम फिर सड़क पर आ गये थे।

गीयात्से भारत के किसी छोटे शहर की तरह था अंतर यह था कि यहाँ यान-वाहन नहीं थे। एक बात और, भारत के गया या पुरी की तरह यहाँ पंडाओं का उपद्रव नहीं था। अब तक तिब्बत में हमें कहीं भी पंडे नहीं मिले थे। यहाँ कुछ भारतीय दिखाई पड़े थे, हमें नमस्कार करते हुए वे आगे बढ़ गये थे। पत्थर बिछाकर सड़क बनायी गयी थी, सीमेंट या तारकोल से नहीं।

अचानक तीन हान् सैनिकों ने हमारा रास्ता रोका। उनके साथ एक तिब्बती चौकीदार भी था। हमें अभिवादन करते हुए उन्होंने पूछा, ''कहाँ से आ रहे हैं?''

—''नेपाल से।'' गुरुजी ने उत्तर दिया।

—''क्या आप लोग सिक्किम होकर आए हैं?''

—''जी हाँ। हम गैंगटक, पेमा चौकी, जोङ् आदि होकर यहाँ पहुँचे हैं।'' गुरुजी बोले।

गुरुजी का उत्तर तिब्बती चौकीदार ने हान् सैनिकों को समझा दिया। हान् सिपाही खाकी पोशाक पहनते थे। पतलून, कमीज, जैकिट, बेल्ट, बूट, सर पर टोपी तथा हाथों में राइफल, यह था हान् सिपाही का पोशाक। तिब्बती सिपाही या चौकीदार तिब्बती लुंगी की तरह ही पोशाक पहनते थे, साथ ही ढीली-ढाली कमीज। इन कमीजों की बाँह अलग से जुड़ी होती है जिसे आवश्यकता न होने पर उतारकर अलग रख सकते हैं। इस पोशाक के ऊपर वे भारी भरकम स्वेटर पहनते हैं। कुल मिलाकर तिब्बती चौकीदारों का पोशाक इतना भारी होता है कि आवश्यकता पड़ने पर भी वे शायद ही दौड़ सकें। हान् सिपाही अपने पोशाक से ही चुस्त व फुर्तीले लगते थे। वे कद में तिब्बतियों से नाटे थे और उनका रंग पीला था।

सिपाहियों ने हमें उनके साथ चलने को कहा। अर्थात् हम फिर एक पुलिसी जाँच के सम्मुखीन होने जा रहे थे। यूँ गुरुजी ने हमें पहले ही बता दिया था कि गीयात्से की चौकी ही अंतिम चौकी है, उसके बाद हमें कोई भय नहीं रहेगा। शहर के भीतर के एक दूसरे रास्ते से होकर हम सैनिकों के पीछे-पीछे शहर के बाहर निकल गये। वहाँ कतारों में सिपाहियों के तम्बू तथा लकड़ी व टीन के अस्थायी घर नजर आए। बैरक के चारों ओर सैनिकों का परेड हो रहा था। बीच में एक बड़ा तम्बू था जिसके बगल में कुर्सी-मेज बिछाकर अस्थायी मिलिटरी दफ्तर बनाया गया था। हमें वहाँ के सबसे बड़े अधिकारी के सामने ले जाया गया।

एक नाटे गोलगाल व्यक्ति को सैनिकों ने सैल्यूट ठोंका तो हम समझ गये कि वे ही यहाँ के अधिकारी हैं। अधिकारी ने मुस्कराकर हम सबसे हाथ मिलाया। उसके बाद उन्होंने तिब्बती भाषा में पूछा, ''आपके दल का नेतृत्व कौन कर रहा है?'' उनके प्रश्न के ढंग से लगा कि तिब्बती भाषा उन्होंने बहुत अच्छी तरह सीख लिया है।

गुरुजी ने अपने कागजात निकाल कर कहा, ''मैं इनका गाइड हूँ। हम सब काठमांडू के स्वयंभूनाथ गुम्फा से आए हैं। यात्रा संक्षिप्त बनाने के लिए हम सिक्किम होकर आए। हम तीर्थ के लिए जा रहे हैं, तीर्थ के बाद हम वापस लौट जाएंगे।''

अनुमति-पत्र का निरीक्षण करते हुए अधिकारी ने गंभीर होकर पूछा, ''इसमें बावन यात्री लिखा है, किन्तु केवल बत्तीस ने सीमा पार किया था, और लोग कहाँ गये?

—''और लोग नहीं आए।''

—''क्यों?''

—''इतनी ठंड में यहाँ आने की उन्हें हिम्मत नहीं हुई।''

—''हुँ! आप लोग इससे पहले भी कभी यहाँ आए है?''

—''तीर्थयात्रियों को लेकर मैं पहले भी कई बार आ चुका हूँ, केवल मुझे ही यहाँ का रास्ता मालूम है, शेष सभी की यह पहली तिब्बत यात्रा है।''

"हुँ! साथ में क्या है?"

"कम्बल, कपड़े और खाने-पीने के सामान।"

उन्होंने किसी का नाम लेकर पुकारा तो एक सैनिक आगे बढ़कर पुतले की तरह खड़ा हो गया। फिर प्रभु का आदेश पाकर उसने हमारे सामानों की जाँच की। संदेहजनक कुछ न पाकर उन्होंने हमें जाने दिया। यूँ मुझे लग रहा था कि वे मुझे शक की निगाह से बार-बार घूर रहे हैं, किन्तु उन्होंने कुछ पूछा नहीं। हो सकता है कि मेरी उम्र कम देखकर ही उन्होंने परेशान नहीं किया।

वहाँ से मुक्त होकर हम इत्मीनान से आगे बढ़े। इतनी शीघ्रता से वे हमें छोड़ देंगे इसकी हमें आशा नहीं थी। चीनी छावनी त्यागकर हम दूरवर्ती दीवाल से घिरे अंश की ओर बढ़ रहे थे। घनी आबादी के क्षेत्र से गुजरते समय पुन: शहरवासी हमें सम्मान दिखा रहे थे। ये शहरवासी भी ग्रामीणों की तरह भोले-भाले थे। गीयात्से शहर तिब्बत के अन्य शहरों से स्वच्छ था।

लगभग एक घंटा चलने के बाद हम अपने गंतव्य पर पहुँचे। एक विशाल तोरण से होकर हम उस प्राचीर वेष्टित पुण्यभूमि में पहुँचे। इस क्षेत्र में छोटे-बड़े बहुत से मंदिर थे। सामने के एक विशाल चैत्य के निकट पहुँचकर हमने अपना सामान उतारा। कुछ छोटे लामाओं ने आगे बढ़कर गुरुजी से बातचीत की और यह जान लेने के बाद कि हम तीर्थयात्री हैं, वे दौड़कर कहीं चले गये। कुछ ही देर बाद दो वयस्क लामाओं ने आकर अभिवादनोपरांत विनयपूर्वक जानना चाहा कि हम कितने दिन वहाँ रहना चाहते हैं तथा वहाँ से हम कहाँ जाएंगे। गुरुजी का उत्तर सुनकर वे बोले, "आइए, मुख्य लामा से आपलोगों का परिचय करा दें। वे ही यहाँ के सर्वेसर्वा हैं।"

बहुत से मंदिरों का चक्कर लगाकर हम एक विशाल मंदिर के सामने पहुँचे। वहाँ एक लामा ने कहा, "आप लोग मंदिर की परिक्रमा कीजिए, मैं देखता हूँ कि थाम्पो हैं या नहीं।" वे चले गये, किन्तु दूसरे लामा हमारे साथ ही रह गये। हमलोगों ने साष्टांग प्रणाम करने के बाद गीयात्से के मंदिर की परिक्रमा शुरू की। प्रार्थना चक्र घुमाते हुए हम मणिमंत्र की जाप कर रहे थे तथा मंदिर की प्रदक्षिणा कर रहे थे। मंदिर के चारों ओर की दीवाल प्रार्थना-चक्र से भरे थे। दार्जिलिंग के घूम-मानस्ट्री से लेकर अब तक मैंने जितने भी मानस्ट्री या बुद्ध-विहार देखे थे, उनमें सर्वत्र ही ऐसे प्रार्थना-चक्र थे। गुम्फाओं के साथ प्रार्थना-चक्रों का ओतप्रोत सम्बन्ध था। यहाँ के मंदिरों में जो प्रार्थना-चक्र थे वे आकार में बहुत बड़े थे और प्रार्थनामंत्र कागज में लिखने के बजाय टीन की पातों पर खुदे हुए थे।

तीन बार परिक्रमा करने के बाद हम बैठ गये। ऊँची दीवार के घेरे के अंदर के रंग-बिरंगे मंदिरों को हम विस्मय से देख रहे थे। ऐसे में लामा हांफते हुए लौट आए, उनके साथ और भी कुछ लामा हमें देखने आए थे। निकट आकर उन्होंने गुरुजी से कहा, "महामान्य खाम्पो अपने कमरे में हैं और आप लोगों की प्रतीक्षा कर रहे हैं।"

बड़े मंदिर से कुछ आगे सफेद रंग का एक बहुत बड़ा भवन था। उसकी ऊँची दीवाल पर लाल व पीले रंग की नक्काशीदार लकड़ी का बारजा था। उस मकान के दरवाजे खिड़कियों पर भी लाल-पीले रंग की चित्रकारी थी। सीढ़ियों से ऊपर पहुँचने पर एक बड़ा हॉल मिला जिसके एक कोने में बिछी चौकी पर कई लामा बैठे थे, उन्हीं में से एक खाम्पो, यानी यहाँ के मठाध्यक्ष थे। उन्होंने उठकर हमारी अभ्यर्थना की और हमें बैठने को कहा। गुरुजी ने उन्हें स्वयंभू गुम्फा तथा गैंगटक के महाराज का समाचार दिया, फिर इस यात्रा के विषय में भी संक्षिप्त जानकारी दी। खाम्पो जी ने उन्हें आश्वासन दिया कि कुछ दिन रहने-खाने का वहाँ प्रबंध हो जाएगा, इसमें चिंता की कोई बात नहीं है।

खाम्पो जी ने सभी यात्रियों का एक-एक करके परिचय पूछा। मेरे परिचय में गुरुजी ने कहा, ''यह मेरा शिष्य है। तीर्थयात्रा में इसने मौनव्रत लिया है। तीर्थाटन के बाद वह भी पूरा लामा बन जाएगा। मैंने उसे कठिन त्राबा पथ में दीक्षित किया है।''

गुरुजी से मेरा परिचय पाकर महामान्य खाम्पो मुझे गौर से देखते रहे, फिर बोले, ''इसका चेहरा नेपालियों से नहीं मिलता, हो सकता है कि इसके माता या पिता में कोई भारतीय हो। यूँ उत्तर भारत के लोगों और नेपालियों के चेहरे में बहुत अधिक फर्क नहीं होता। जो भी हो, इसकी उम्र इतनी कम न होती तो यह हान् सेना की नजर बचाकर यहाँ तक नहीं आ पाता, वे भारतीयों को बिलकुल पसंद नहीं करते।''

गुरुजी ने हामी भरते हुए कहा, ''आपका अनुमान यथार्थ है। चौकियों में हमें बहुत पूछताछ किया गया, कम उम्र का तीर्थयात्री समझकर ही इसे अंत तक उन्होंने आने दिया।''

खाम्पो जी ने मेरे सर पर हाथ रखकर आशीर्वाद दिया, ''तुम्हारा भला हो, तथागत तुम्हारी रक्षा करें।'' इसके बाद एक सहकारी लामा को यात्रियों की देखभाल करने के लिए कहकर वे गुरुजी से बोले, ''शाम को मंदिर में भेंट होगी।''

अतिथिशाला में हमारे रहने का प्रबंध हुआ। भोजन की व्यवस्था वहां के लामाओं के संग। अतिथिशाला मूल मंदिर के करीब ही था। हम जहाँ टिके थे, वह भी लकड़ी का बना एक बड़ा कमरा था। इतनी सहजता से ऐसे स्थान में रहने का प्रबंध होने से हम सब खुश थे। हम थके भी थे, इसलिए गुरुजी ने हमें विश्राम करने को कहा।

शाम को खाम्पो ने मठ के लामाओं तथा त्रापाओं से हमें मिलाया, फिर हम सब एक साथ भोजन करने गये। मैं वहाँ सबका आकर्षण का केंद्र बना रहा। वे मेरे विषय में गुरुजी से तरह-तरह के प्रश्न पूछने लगे। उन्हें आश्चर्य था कि इतनी दूरी पैदल तय करके भी मैं थका नहीं था जबकि मेरी उम्र बहुत कम थी। वे जानना चाहते थे कि मैं किस गोष्ठी का हूँ, कब से मठ में हूँ, इस लम्बी यात्रा के लिए मेरा चयन कैसे हुआ, अभी मैं अध्यात्म के किस स्तर पर हूँ, मेरी कोई विशेषता है या नहीं, इत्यादि!

अगले दिन बहुत तड़के ही मेरी नींद खुल गयी। मैं दिन के उजाले में इस शहर को ठीक से देखना चाहता था। धर्मशाला की छोटी-सी खिड़की से बाहर झांका तो तब

भी सूर्योदय नहीं हुआ था, अंधेरा था। कुछ देर और बिस्तर पर बिताया। सूर्योदय देखना मेरा एक नशा था। दुबारा उठकर बाहर झाँका तो अंधेरा छँट गया था। कम्बल ओढ़कर मैं बाहर निकला और भोर के धुंधलके में एक संकीर्ण रास्ते से आगे बढ़ा। मैं लामा के वेश में था, अतः मुझमें ऐसा कुछ न था जिससे लोग आकर्षित हों। कुछ आगे बढ़ते ही दो कुत्ते भौंकते हुए मेरे करीब आए, मैं रुक गया तो वे भी रुक गये। फिर मैं धीरे-धीरे आगे बढ़ा तो कुत्तों ने भी आपत्ति नहीं की! और कुछ आगे जाने पर एक लामा से भेंट हुई, उन्होंने नमस्कार करते हुए पूछा, "कहाँ जाओगे?"

"कुम्बुम्।" मैंने मुस्कराकर कहा। यह नाम मैंने यहाँ आकर सुना था, और कुछ मैं जानता ही नहीं था तो क्या बताता। वे मेरे साथ हो लिए और मुझे कुम्बुम् की ओर ले चले। सोचा था कि भोर की निस्तब्धता में इस पवित्र शहर का शांत रूप और सूर्योदय का आकाश देखूंगा, अकेले थोड़ा रह लूंगा, किन्तु अब वह संभव नहीं था क्योंकि वे मेरे साथ चिपके ही रहे। वे मुझे कुम्बुम् चैत्य के सामने ले गये। मैं वहाँ तक अकेला जाता तो क्या करता वह तो अलग बात थी, किन्तु उक्त लामा के सामने मैं भी शुद्ध लामा का अभिनय करने को मजबूर था, नहीं तो शायद मेरी पोल खुल जाए। उस भयंकर सर्दी में चैत्य के सामने साष्टांग लेट कर प्रणाम करने के बाद मैं प्रार्थना चक्र की ओर बढ़ गया और फिर प्रार्थना चक्रों को घुमाते हुए मंदिर की परिक्रमा करने लगा।

सात बार परिक्रमा करने के बाद मैं सदर दरवाजे की ओर बढ़ा। लामा एक भक्त की तरह मेरे साथ लगे रहे। मुझे लगा कि वे संभवतः पहरेदार थे, क्योंकि उनके चेहरे से लगता था कि वे रातभर सोए नहीं थे। फिर भी उनके चेहरे पर पवित्र मुस्कराहट की चमक थी। प्राचीर के पास पहुँचकर देखा कि सिंह दरवाजा बंद था, उसके बगल का एक छोटा दरवाजा खुला था जिसके बाहर आठ-दस कुत्ते लेटे हुए थे। कुत्तों को देखकर मेरा साहस लड़खड़ाया, अतः बाहर न निकलकर मैं प्राचीर के बगल से आगे बढ़ता गया। लगभग बीस फीट ऊँचे इस प्राचीर को लांघकर किसी का बाहर निकलना या बाहर से अंदर आना असंभव ही था। प्राचीर क्रमशः ऊँचाई की ओर गया था। इसकी चौड़ाई भी इतनी थी कि अगल-बगल दो व्यक्ति अनायास चल सकें।

मैं समझ नहीं पा रहा था कि लामा मुझ पर निगरानी रखने के लिए मेरे साथ थे अथवा यह सोचकर कि मैं बालक हूँ, कहीं खो न जाऊँ! जो भी हो, उनका यह संग मुझे अच्छा नहीं लग रहा था।

आकाश काफी स्वच्छ हो गया था, किन्तु अभी सूर्योदय नहीं हुआ था, प्रभाती किरण की लाली भी नहीं थी आकाश में। प्राचीर के किनारे-किनारे और कुछ ऊपर की ओर उठने पर सूर्योदय दिखाई पड़ा। मैं वहीं रुक गया। दार्जिलिंग के टाइगर हिल जैसा सूर्योदय का दृश्य तो यहाँ नहीं था, किन्तु धरती के इस छत पर सूर्योदय का अलग आभिजात्य तो था ही। सूर्योदय के बाद ही बर्फीली चोटियों पर प्रभाती किरण का अपरूप खेल शुरू हुआ। लगा कि एक के बाद एक पर्वत श्रृंग जागकर अपना सर उठा रहे हैं। रुपहली किरणें एक चोटी से दूसरी चोटी पर धीरे-धीरे यूँ फैल रही थीं मानों

स्वर्ग की अप्सराएँ उन चोटियों को पकड़कर शांत छंद में नाच रही हों। लगता था कि रोशनी स्थिर है और पहाड़ गतिवान हैं। यह एक अपूर्व दृश्य था। सूर्य ज्यों-ज्यों ऊपर चढ़ता त्यों-त्यों उस प्रकाश में छोटी-छोटी चोटियाँ आनंद में डोलती सी लगतीं। गीयात्से का यह सूर्योदय मुझे एक नया विस्मय देगा, इसकी मैंने कल्पना नहीं की थी। लगा कि मैं स्वेच्छा से यह दृश्य देखने के लिए नहीं निकला था, बल्कि प्रकृति-देवी ने ही दया-परवश होकर मुझे अवसर दिया था कि उस अपरूप दृश्य को मैं प्रत्यक्ष देख सकूँ। मैंने हाथ जोड़कर अपना प्रणाम निवेदन किया—

**ओम् सूर्यम् सुंदरलोकनाथम् अमृतं**
**वेदांत सारं शिवम्॥**
**ज्ञानम् ब्रह्ममयं सुरेशं अमलं लोकैकचित्तम् स्वयम्।**
**इन्द्रादित्य नराधिपं सुरगुरुं त्रैलोक्य चूड़ामणिम्**
**ब्रह्माविष्णुशिव स्वरूप हृदयम् वन्दे सदा भास्करम्॥**
**ओम् हिरण्यमयेन पात्रेन सत्यसापिहितं मुखम्**
**तत्वं पुषण्णपावृणु सत्याधर्माय दृष्टये॥**
**पुषण्णेकर्षे यम सूर्य प्राजापत्य व्यूह रश्मिन् समूह**
**तेजो यत्ते रूपं कल्याणतमं तत्ते पश्यामि**
**योहसावसौ पुरुषः सोहम् अस्मि॥**

इसके बाद कम्बल बगल में रखकर मैं सूर्य प्रणाम का व्यायाम करने लगा। लामा मुझे चुपचाप श्रद्धाभाव से देखते रहे। जब मैं धीरे-धीरे नीचे उतर कर धर्मशाला की ओर बढ़ा तब भी वे मेरे साथ ही थे। अतिथिशाला में जाकर देखा मेरे दल के लोग बाहर निकलने के लिए तैयार हो गये थे। मैंने कम्बल रखकर चादर ले लिया। मैं कहाँ गया था इत्यादि विषय में मुझे कुछ बोलना न पड़ा, मेरे साथ जो स्थानीय लामा चिपक गये थे उन्होंने ही सब कुछ गुरुजी को बता दिया।

गुरुजी से ज्ञात हुआ कि गीयात्से मठ व विहार समिति ने तीर्थयात्रियों के सम्मान में एक सभा का आयोजन किया है। प्राचीर के भीतर के इस अंश में केवल लामा रहते हैं, महिलाएँ नहीं रहतीं, शहर से भक्त महिलाएँ तथा गीयात्से महापालिका के सभापति आज सुबह हमें सम्मान ज्ञापन के लिए पधारने वाले हैं। हमें वहीं पहुँचना है।

हमें एक बड़े बंगले में पहुँचाया गया। यह लकड़ी का बना था। उसके बरामदे में हमलोग खड़े हो गये। सामने मैदान था जहाँ लोगों की जमायेत होने लगी थी। कुछ ही देर में विचित्र वेशभूषा में वादकों का दल पहुँचा। उनके वस्त्र लामाओं जैसे थे, साथ ही सर पर मुकुट जैसी लम्बी टोपियाँ, पाँव में ऊन के जूते जिन पर सूक्ष्म झालर लगे थे। वे पन्द्रह मिनट तक विभिन्न स्वर में भेरी बजाते रहे। इनकी भेरी लम्बे चोंगा जैसी थी। उसकी आवाज बांसुरी और शंख के बीच की कोई आवाज जैसी थी और उसकी गूंज

आसपास की पहाड़ी से टकराकर प्रतिध्वनित हो रही थी। उस शब्द ने मानों सारे शहर को जगा दिया। चारों ओर से लामा और त्रापाओं का झुंड उस मैदान में आकर उपस्थित हुआ। कुछ ही देर में मैदान में भीड़ हो गयी थी। लामाओं का जैसे सागर उफन पड़ा था, वहाँ नौ वर्ष से नब्बे वर्ष उम्र तक के लामा थे। उन सभी के वस्त्र एक जैसे थे, सभी के सर घुटे हुए थे, लगता था कि ब्रह्मचारी और संन्यासियों का ही देश था वह। लामाओं के पीछे शहरवासी भी आकर खड़े होने लगे। हम जहाँ खड़े थे वह बरामदा कुछ ऊँचाई पर था, मैदान की भीड़ हमें ही देख रही थी। बरामदे के एक कोने में सिंहासन जैसी एक कुर्सी रखी थी जिस पर महामान्य खाम्पो विराजमान थे।

अतिथियों के स्वागत में भेरी बजने के बाद माननीय खाम्पो जी ने शहरवासियों को तीर्थयात्रियों का परिचय दिया। गीयात्से नगर महापालिका के महापौर ने मुस्कराते हुए सभी तीर्थयात्रियों से हाथ मिलाया, फिर उन्होंने अपने भाषण में कहा कि उनकी हार्दिक इच्छा यही थी कि नेपाल से और भी भारी संख्या में तीर्थयात्रियों की तिब्बत आवाजाही हो जिससे दोनों देशों की मैत्री, जो बहुत पुरानी है, और भी सुदृढ़ हो सके। उनके संक्षिप्त भाषणोपरांत समवेत प्रार्थना हुई और उसके बाद त्रापा और लामाओं ने हमें स्पर्श करते हुए हमारा अभिनंदन किया। उनकी जीवंतता और हँसमुख चेहरे मुझे सदैव याद रहेगा। उनके इस अभिवादन में लगभग एक घंटा तो लग ही गया। प्राचीर के भीतर के इस नगर में इतने लोग रहते थे यह देखकर मुझे विस्मय ही हुआ। लामा व त्रापाओं के बाद शहरवासियों की बारी थी। वे झुककर प्रणाम करने लगे। नन्हें बच्चे बालक-बालिका युवक-युवतियाँ तथा वयस्क सभी तीर्थयात्रियों का दर्शन चाहते थे। कई ने छोटे-कपड़े तथा तांखा भी श्रद्धास्वरूप हमें भेंट में दिए। मुझे लग रहा था कि मेरे पूर्वजन्म का कुछ सुफल रहा होगा जिससे मैं इतने बुजुर्गों का भक्ति-अर्घ्य पा रहा था। संभवतः बड़े बूढ़ों का स्नेह व आशीर्वाद भी इसका कारण हो।

सभा के अंत में फिर से भेरी बजायी गयी। उसके बाद दुबारा प्रार्थना की गयी और तब सभा भंग हुई। खाम्पो जी को हमने कृतज्ञता व्यक्त की। सब चले गये तो हमारे साथ खाम्पोजी तथा और दस-ग्यारह उच्चस्तरीय लामा रह गये थे। इस अनुष्ठान में लगभग ढाई घंटे लगे थे। दस बजे करीब हमें जलपान में चाय व बिस्किट दिया गया। खाम्पो जी ने हमें कहा कि हम खुशी से वहाँ तीन दिन तक रह सकते हैं तथा हमें अपनी इच्छानुसार वहाँ घूमने-फिरने की अनुमति दी जाती है।

भोर के समय मैं जिस चैत्य को देख आया था, उनका नाम कुम्बुम था। दूर से वह मंदिर की तरह लगा। इस स्तूप में महामान्य दोरजे चांग मुनि का अनंत देह रखा गया था। इस चैत्य की आकृति काठमांडू के स्वयम्भूनाथ मंदिर से कुछ मिलती थी। इसके ऊपर बुद्ध की वैसी ही आँखें अंकित थीं। कुम्बुम का अर्थ था 'हजार विग्रह का मंदिर'। शायद यह नाम सार्थक ही था। स्तूप की मूल भीत की लम्बाई एक सौ आठ फीट थी, चौड़ाई भी इतनी ही थी। ऊँचाई में यह चार मंजिला था। शीर्ष भाग सुनहरा था, नीचे के हिस्से में दूसरे रंग भरे गये थे, मुख्यतः सफेद ही। स्तूप के चारों ओर

असंख्य प्रार्थना चक्र तो थे ही, मूर्तियाँ शायद उससे भी अधिक थीं। दीवाल पर पत्थर की नक्काशी थी, कोणार्क के सूर्यमंदिर की तरह। किन्तु इतनी मूर्तियों के बावजूद स्तूप के गठन में कोई कमी नहीं थी।

मंडप के ऊपर क्षिति, अप, तेज, मरुत, व्योम की साक्षात् प्रतिमूर्ति के रूप में ध्यानीबुद्ध विराज रहे थे। शून्य, महाशून्य, सूक्ष्म, महासूक्ष्म उनका रूप लेकर वहाँ उपस्थित था। कुम्बुम तिब्बती भास्कर्य का एक ज्वलंत उदाहरण था। यहाँ भक्त और भक्ति का मिलन हुआ था, जगत का क्रमशः सूक्ष्मजगत में विलय हुआ था। इस चार मंजिले स्तूप के भीतर चौहत्तर मंदिर थे। धरती के विभिन्न मतों का खंडन करते हुए तथागत ने एक मनोमंदिर रचा था, स्थूल जगत के 'जितने मत उतने पथ' की धारणा को सूक्ष्म जगत के एक ही पथ तक पहुँचाया था। देव-देवियों के विभिन्न रूपों के माध्यम से त्रिताप दु:ख के कारण तथा निवारण के उपाय दर्शाये गये थे। कुम्बुम की सभी मूर्तियों पर शोध किया जाए तो इसमें शायद सारा जीवन लग जाए। मुझ जैसे सामान्य व्यक्ति के लिए अधिक गहराई तक पहुँचना असंभव था।

गीयात्से के इस मंदिर-राज्य में सुबह से शाम तक छोटे ब्रह्मचारी या त्रापा दिखाई पड़ते थे। इस राज्य में उनका ही राज था। तिब्बत में साधारण पाठशालाएँ न होने के कारण अभिभावक अपने बच्चों को मठ में भेजते जहाँ वे मुंडन कराकर गेरुआ पहनकर धर्म की शिक्षा पाते। छोटे दाबा-त्रापा ही बाद में लामा बनते। इन्हीं में से देश के प्रमुख व्यक्ति छाँटे जाते। ये लामा ही भविष्य में समाज, कला, व्यवसाय-वाणिज्य, धर्म व राजनीति से जुड़ते। लड़कियों के लिए उतनी अच्छी व्यवस्था नहीं थी, सभी मठों में स्त्री-शिक्षा का प्रबंध भी नहीं था। वे अपने अभिभावकों से सामान्य शिक्षा प्राप्त करतीं, उसी से उनका काम चलता था। उस सामान्य ज्ञान से ही वे दुकानें चलातीं, खरीददारी करतीं, खेती-बारी करतीं और गृहस्थी चलातीं। बाजार में जाने से तो लगता था कि सब कुछ औरतें ही करती हैं और पुरुष लोग साधु बनकर घूम रहे हैं।

दूसरे दिन एक और खास बात पर मेरा ध्यान गया। यहाँ के लामाओं के चादर और कन-टोप मैंने दो-तीन रंगों के देखे। पहले सोचा कि रंगों की अधिकता अथवा एक रंग के ऊन की कमी से ऐसा है। बाद में मालूम हुआ कि यह भी एक धर्मीय मामला था। कत्थई रंग मुझे सर्वत्र दिखाई पड़ा था, यहाँ गौर करने से पता चला कि उसमें लाल, पीला और गेरुआ भी है। इसका कारण यह था कि यहाँ तीन सम्प्रदायों का मिलन हुआ था। इनमें एक सम्प्रदाय गेलुक-पा सम्प्रदाय कहलाता था, इनके प्रधान थे दलाईलामा। दूसरा, शाक्य-सम्प्रदाय, इनके प्रमुख पांचेन लामा थे। और तीसरा सा-लू सम्प्रदाय था जिनका कोई निश्चित गुरु नहीं था किन्तु अलग आदर्श था।

उक्त तीन सम्प्रदाय की तीन अलग संस्थाएँ थीं, प्रत्येक के अलग-अलग प्रधान थे। माननीय खाम्पो उन तीनों सम्प्रदायों से ऊपर रहकर यहाँ की शासन-व्यवस्था चलाते थे। वे लासा द्वारा नियुक्त किए गये प्रतिनिधि थे और उनकी ख्याति तथा शासन क्षमता पौरपिता से अधिक थी। किन्तु शहर के लोगों ने बताया कि तिब्बत चीन के अधीन होने

के बाद से नगर-प्रमुख की क्षमता में उत्तरोत्तर वृद्धि होती रही है। अब गीयात्से की वाणिज्यिक क्षमता नगर-प्रमुख के पास है और धर्मीय क्षमता खाम्पो जी के पास।

हम अतिथियाला में रहते थे और भोजन के लिए हमें एक-एक समय एक-एक सम्प्रदाय वाले बुलाते थे।

शहर के ऊपरी हिस्से में लामाओं का निवास था। वहाँ से गीयात्से का किला स्पष्ट दिखता था, वह बहुत आकर्षक लगता। मेरी इच्छा होने पर भी उधर जाना संभव नहीं था, तीर्थयात्री का हर चीज में आकर्षण रहना भी नहीं चाहिए। हमें इतनी स्वाधीनता मिल गयी थी कि हम दिनभर घूमते, जिसकी जब इच्छा होती बाहर जाता या लौट आता। अब बत्तीस यात्रियों का हमारा दल अलग-अलग घूमता, मानों किसी को किसी से सरोकार न था। लगता था कि हम लोग अपने ही घर में हैं, कोई पाबंदी नहीं है। किन्तु मुझे कुछ सावधान रहना पड़ता था क्योंकि यहाँ के आठ सौ लामाओं के बीच मैं अकेला मौनी बाबा था और इसीलिए सभी के आकर्षण के केंद्र में था। मौनव्रत अन्य सभी व्रतों से कठिन था। थोड़ी-सी असावधानी, थोड़ी-सी मैत्री या किसी भी अन्य कारण से यदि मैं बोल पड़ूँ तो मेरा असम्मान तो होगा ही, शायद विपत्ति भी हो। जो भी संभव होता देखता, सुनता, किन्तु मुंह से केवल मणिमंत्र उच्चारण करता। किसी से कन्नी काटना होता तो जल्दी-जल्दी माला फेरते हुए जाप करता। भले ही यह मेरा ढोंग हो, किन्तु मौनी लामा के परिचय से मेरा सम्मान बहुत था। कभी-कभी मन में उथल-पुथल होने लगता, फिर खुद को समझाता कि इसी मौनव्रत के बूते पर इतनी दूर आ सका हूँ। मौनी होकर ही तो स्वयं से बातें कर पाता हूँ, स्वयं को जानने समझने का इससे अच्छा उपाय और क्या हो सकता है? मेरा मौन ही तो मेरे छोटे से जीवन की सबसे बड़ी उपलब्धि थी, इसे संजो कर रख सकूँ तो वही बहुत है।

प्राचीर के भीतर के नगर का परिवेश हमेशा गंभीर बना रहता। यह परिवेश पवित्र था, किन्तु हलका नहीं था। किन्तु गीयात्से का बाजार इसके विपरीत था, वहाँ सुबह से शाम तक हँसी-मजाक शोर-गुल मचा रहता था। गीयात्से का बाजार देखकर मुझे गैंगटक बाजार के शेरपाओं का जीवंत कोलाहल याद आता। आंचू का चेहरा याद आता। यदि आंचू को मेरी तरह मौनीबाबा बनना पड़ता तो वह अवश्य ही घबड़ा जाता!

गीयात्से के बाजार में सब कुछ मिलता था। पुराना टूथपेस्ट, पुराने मोजा से लेकर हाथी दाँत तथा काँसा का चीनी ड्रागन तक यहाँ मिलता था। भारतीय चाय, समोसा, पकौड़ी, रोटी आदि की दुकानें भी थीं। सारांश में, यहाँ सब कुछ मिलता था किन्तु कुछ भी टटका मिलना मुश्किल था, यहाँ तक कि साग-सब्जियाँ भी।

---

# आर्य तारा की उपासना

दूसरे दिन रात के सन्नाटे में जब हम चुपचाप बैठे हुए थे, खाम्पोजी ने एक त्रापा भेजकर गुरूजी को बुलवाया। गुरूजी उठकर चले गये।

हम जिस हाल में बैठे हुये थे, उस दालान का उपयोग साधारणत: ध्यान तथा अन्य धर्मीय अुनष्ठान में किया जाता था। दीवालों पर असंख्य तांखा टंगे थे। वेदी पर बहुत सी मूर्तियाँ थीं। लकड़ी पर जो कारीगरी थी उनमें ड्रागन के चेहरे बने थे। घी का दीया हमेश जलता रहता था किंतु उसकी क्षीण लौ में रात में कुछ भी ठीक से नहीं दिखता था। रात क्या, इस दालान में दिन में भी ऐसा अंधेरा ही रहता। तिब्बत के अन्य मन्दिरों की यहाँ भी खिड़कियाँ नहीं थीं। दिन में दरवाजे से जो हलकी रोशनी आती उससे भीतर की कलाकृतियाँ देख पाना दूभर था। तिब्बत में सर्वत्र ही मंदिरों में इतनी अच्छी शिल्पकृतियाँ थीं जो प्रकाश के अभाव में अख्यात रह गयी थीं। कलाकार शायद अपने सृजन से ही संतुष्ट था, इसे लोग देखेंगे या नहीं अथवा इस कला का प्रचार होगा या नहीं इससे उसे सरोकार नहीं था। यद्यपि तिब्बत में इतने चमकीले रंगों का प्रयोग होता है कि उन्हें क्षीण प्रकाश में भी देखा जा सकता है, किंतु जब वही कलाकृतियाँ पच्चीस-तीस वर्ष पुरानी भी हो जाती हैं तो अहर्निश जलते दीऐ की लौ की कालिख के कारण उनकी वह दशा हो जाती है कि उनका अस्तित्व कभी था यह भी समझना असभंव हो जाता है। इस हाल की भी वही दशा थी। दीए की कालिख के साथ ही लकड़ी के धुएँ से भी दीवाल की चित्रकारी नष्टप्राय हो गयी थी।

गुरुजी एक घंटे के बाद लौट आये। उनका चेहरा ही बता रहा था कि वे किसी चिंता में पड़ गये हैं। हमारे बीच आसन ग्रहण करते हुए गुरुजी बोले, "एक नयी समस्या आ गयी है। तिब्बत स्वाधीन राज्य होने पर भी अब हानू लोगों के नियंत्रण में है। विदेशी पर्यटकों पर वे निगरानी रखते हैं। हान् शिविर से हमारे लिये एक आदेश लेकर उनका प्रतिनिधि खाम्पो के पास आया था। आदेश में तीन बातें हैं, हम सात दिन से अधिक यहाँ नहीं रह सकते, हम शहर में कोई भी धर्मीय अनुष्ठान नहीं कर सकते, और यहाँ से लासा जाते समय तीन से अधिक तीर्थयात्री एकसाथ नहीं जा सकते। पहली दो शर्तों से हमें असुविधा नहीं है, किन्तु तीसरी शर्त ने हमें समस्या में डाल दिया है, अब हम एक साथ लासा नहीं जा पाएंगे।"

कुछ रुककर गुरुजी फिर बोले, "मेरी इच्छा थी कि यहाँ तीन दिन रहकर चौथे दिन भोर में हम रवाना हो जाएंगे। किंतु अब जब हान् की नजर हम पर पड़ ही गयी है, यहाँ और न रहना ही उचित होगा। हम लोगों ने गीयात्से थोड़ा-बहुत देख ही लिया है, और कुछ दिन रह पाते तो भीतर की और भी बातें जान पाते, किंतु उपाय नहीं है, हमें प्रस्थान करना पड़ेगा, भगवान् तथागत की शायद यही इच्छा है।"

इसके बाद उन्होंने कहा कि तीन-तीन यात्री की दस टोलियाँ बन सकती हैं, इस तरह दस टोलियों में तीस लामा अलग-अलग समय में प्रस्थान करेंगे। बाकी बचे दो। मेरी ओर देखकर वे बोले, ''तू अवश्य ही मेरे साथ जाना चाहेगा! किंतु इस बार ऐसा करना संभव नहीं होगा, क्योंकि खाम्पो तुझे यहाँ दो-तीन दिन रखना चाहते हैं, उनकी इच्छा मैं टाल नहीं सकता।'' अत: यही तय हुआ कि सबसे पहले गुरुजी प्रस्थान करेंगे और सबसे अंत में मैं। अर्थात् इस बार मुझे अकेले ही जाना पड़ेगा।

उसी रात गुरुजी ने लामाओं की अलग-अलग टोली निर्धारित कर दी। गुरुजी अगले दिन सुबह निकलेंगे, उसके बाद हर एक-डेढ़ घंटे में एक टोली प्रस्थान करेगी। किंतु रात में नहीं जाना है,अत: अगले दिन सोलह लोग जाएंगे, उसके बाद वाले दिन शेष सोलह।

इस मठ में सुबह या रात में कोई नहीं खाता। दिन में दो बार भोजन करते हैं, सुबह साढ़े दस के आसपास और फिर शाम के चार बजे के करीब। यहाँ मुख्यत: चावल, बार्लि का दाल तथा मिली-जुली सब्जी खाते थे। गुरुजी ने अगले दिन भोजनोपरांत विदा लिया। प्रवीण लामाओं ने उनकी यात्रा की शुभकामना में प्रार्थना की।

गुरुजी के कूच करने के लगभग एक घंटे बाद खाम्पो जी ने मुझे बुलवाया। मैं उनके पास उपस्थित हुआ तो उन्होंने मुझे उनके बगल में बैठने को कहा। उन्हें प्रणाम करने के बाद मैं बैठ गया। मैं थोड़ी-बहुत तिब्बती भाषा समझने लगा था, किंतु बोल नहीं पाता था। खाम्पो जी का कमरा बहुत बड़ा था। लकड़ी के बड़े-बड़े बीम डालकर ऊपर का छत बनाया गया था।

उनके कमरे की दीवार पर लाल-पीले-सुनहरे रंग की चित्रकारी थी। कमरे में एक खिड़की थी जिससे सामने के मंदिर तथा दूसरे मकान दिखते थे। मैं यही सब देख रहा था जब खाम्पो जी ने मेरा असली नाम लेकर मुझे पुकारा। मैंने चौंककर उनकी ओर देखा। गैंगटक छोड़ने के बाद से मुझे इस नाम से किसी ने नहीं पुकारा था। मुझे और भी चौंकाते हुए वे हिन्दी में बोले, ''सुनो विमल! तुम्हारे विषय में मैं सब कुछ सुन चुका हूँ। गया से यहाँ तक तुम जिस तरह आए हो, वह वृत्तांत सुनकर मैं हैरान हूँ। तुम्हारा साहस और धीरज प्रशंसनीय है। तुम मुझसे बातचीत कर सकते हो।''

लज्जित होकर मैंने उनके पाँव छुए, फिर अपराधी की तरह बोला, ''मुझे क्षमा करें।''

सहसा मुझे यह अहसास हुआ कि उस महामान्य विराट पुरुष के सामने मैं बहुत ही अदना हूँ, मैं क्या बातचीत करूं यही नहीं समझ पा रहा था। उन्होंने ही स्थिति को सहज बनाते हुए कहा, ''मैं तीन बार गया गया हूँ, सारनाथ में मैं दस वर्ष तक था। कलकत्ता के बहुतों के साथ मेरा परिचय है। तुम जब इतनी दूर आ ही गये हो, डरो नहीं, तथागत तुम्हारी रक्षा करेंगे।''

ऐसा कहकर उन्होंने किसी को बुलाया, ''सामशर्गे!''

उनकी आवाज पाकर एक लामा वहाँ दौड़ा आया। खाम्पो जी ने उसे दो प्याली चाय और नमकीन बिस्किट लाने को कहा।

काँच की गिलास में चाय आयी, साथ ही बिस्किट भी। चाय पीते हुए खाम्पो बोले, ''तुम नेपाली लामाओं के साथ आए हो, किंतु गीयात्से में काफी लोगों की धारणा है कि तुम नेपाली न होकर भारतीय हो। इससे तुम्हें तिब्बतियों से खतरा नहीं है क्योंकि तिब्बती भारत को पुण्य भूमि मानते हैं जहाँ से मुनि-ऋषि यहाँ आते रहे और प्राचीन काल से ही इसी पथ से कैलास की यात्रा करते रहे। उनके दर्शन से शांति मिलती थी, पाप से मुक्ति मिलती थी। अब चार-पाँच वर्षों से उनका आवागमन बंद है, अतः तुम्हें देखकर सभी प्रसन्न हो रहे हैं। हिमालय के इस पार जो भी आ पाता है, वही पुण्यवान माना जाता है, तुम्हारी उम्र कम होने से भी फर्क नहीं पड़ता। किंतु जनसाधारण की यह जानकारी यदि चीनी अधिकारियों तक पहुँच जाए तो वह तुम्हारे लिए विपत्ति का कारण बन सकती है। अतः मैं चाहता हूँ कि ये दो-दिन मंदिर और लामा देखते हुए न बिताकर तुम कुछ सीख लो जो तुम्हारे काम आएगा।''

उन्होंने बताया कि गीयात्से में विभिन्न स्तर की दीक्षा का प्रबंध है, उन्हीं में से एक प्रक्रिया मुझे सिखायी जाएगी। उन्होंने पूछा, ''तुम्हें कोई संस्कृत मंत्र मालूम है?''

''जी।'' मैंने कहा।

''कौन सा मंत्र तुम जानते हो?''

''मैंने बहुत समय साधुओं के साथ बिताया है, इसलिए बहुत से मंत्र मुझे कंठस्थ हैं। मैं गायत्री मंत्र भी जानता हूँ।''

खाम्पो विस्मय से पूछे, ''तुम गायत्री मंत्र कैसे जानते हो? क्या तुम ब्राह्मण हो, तुम्हारा जनेऊ हुआ है?''

''जी नहीं, मेरा उपनयन नहीं हुआ, मैं ब्राह्मण भी नहीं हूँ। कोई भी व्यक्ति उर्ध्वमार्ग में पहुँच सकता है, गायत्री मंत्र उसका एक सोपान मात्र है। मैं जात-पात नहीं मानता, यही मानता हूँ कि हर व्यक्ति में ईश्वर हैं।''

''बहुत अच्छा, बहुत अच्छा! तुम गायत्री मंत्र सुनाओ।''

उनकी आज्ञा पाकर मैं आसन जमाकर बैठा और आँखें मूंद कर गायत्री मंत्र का उच्चारण करने लगा—'ओम् भू भूर्वः स्वः तत् सवितुर्वरेण्यम् भर्गो देवस्य धीमहि धियो योनः प्रचोदयात् ओम्!'

खाम्पो जी ने मुझे रोका। लगता था कि वे बहुत प्रसन्न हुए थे। उन्होंने ऊँचे स्वर में किसी को पुकारा। एक लामा भीतर आए और खाम्पोजी का कोई आदेश पाकर चले गये। इसके बाद खाम्पो जी कलकत्ता के विषय में अपना अनुभव सुनाने लगे। उनका मत था कि कलकत्ता एक जादुई नगरी है और वहाँ सबसे आश्चर्यजनक चीज है वहाँ की ट्राम। उन्होंने ट्राम-चालक के बगल में बैठकर देखा था कि कितनी सहजता से ट्राम चलायी जाती है और उसमें उतने लोगों को ढोया जाता है। इस विषय में वे जितना सोचते हैं उतना ही विस्मित होते हैं।

उनकी बातें सुनकर मैंने कहा, "ट्राम बिजली से चलती है, यह आपने अवश्य देखा होगा।"

वे बच्चों की तरह हँसकर बोले, "यही तो आश्चर्य है। उस पतले से तार में कितनी बड़ी शक्ति काम करती है यह सोचकर ही तो आश्चर्य होता है।"

दरवाजे से किसी लामा को झाँकते देखकर हम चुप हो गये। खाम्पो जी ने गंभीर होकर उस लामा को बुलाया और उनका परिचय देकर कहा, "ये गेलुक्-पा सम्प्रदाय के द्वितीय प्रधान लामा हैं। ये दार्जिलिंग तथा कालिम्पंग में थे, सारनाथ में इन्होंने अध्ययन किया था। तुम इन्हीं के साथ दो दिन रहोगे, ये तुम्हें कुछ बातें सिखा देंगे।"

मैंने लामा को प्रणाम किया। खाम्पोजी की बातचीत मुझे अच्छी लग रही थी। उन्होंने अपनी व्यस्तता के बाद भी इतना समय मुझे दिया और वे मेरे मंगल के लिए चिंतित थे, इसी से मैं कृतज्ञ था। उन्हें प्रणाम करने के बाद मैं थेरेपा नामक द्वितीय प्रधान लामा के साथ बाहर निकला। उनकी उम्र चालीस-पचास के बीच थी। वे हँसमुख न होने पर भी गंभीर भी नहीं थे। वे अच्छी हिन्दी नहीं बोल पाते थे, तिब्बती नेपाली और हिन्दी की खिचड़ी भाषा में मुझसे बातें करते थे जो मैं समझ लेता था।

थेरेपा मुझे एक पुराने मंदिर में ले गये। भीतर सील के कारण ठंड अधिक थी। एक दीया जलाकर वे मुझे वहाँ प्रतीक्षा करने के लिए कहकर बाहर गये। अंदर बहुत सी मूर्तियाँ थीं और दीवाल के ताखे में असंख्य तिब्बती पुस्तकें रखी थीं। कुछ ही देर बाद वे दो भारी कम्बल लेकर लौट आए। कोने के एक तख्त पर कुछ पतले गद्दे बिछे थे, वहीं हम दोनों बैठ गये और कम्बल ओढ़ लिए। इस मंदिर का फाटक काफी बड़ा था किंतु फाटक के सामने ही एक और विशाल मंदिर की दीवार होने के कारण बाहर का प्रकाश यहाँ भी नहीं आता था। बाहर इतनी अच्छी धूप थी और मंदिर के भीतर गुफा जैसा अंधेरा था।

दीए के प्रकाश में मूर्तियाँ अस्पष्ट लगती थीं। सामने जिस मूर्ति का चेहरा कुछ स्पष्ट था वह माँ तारा की मूर्ति थी। कपड़े और चादर से ढँके होने के कारण केवल चेहरा ही दिखाई पड़ रहा था। लामा थेरेपा ने कहा, "अब हम माँ तारा की आराधना करेंगे।"

माँ तारा काली माँ का ही एक रूप था। बचपन में कालीमंदिर जाता था, इसलिए लामा थेरेपा का यह प्रस्ताव मुझे अच्छा लगा। अपनी जिज्ञासा मिटाने के लिए मैंने पूछा, "आपलोग तो बौद्ध हैं, आपके मंदिर में माँ तारा की मूर्ति कैसे स्थापित हुई?"

"हम तांत्रिक-बुद्ध हैं, बाद में समय मिलने पर तुम्हें समझा दूंगा। चलो, अब ध्यान करें।"

साधारण लोग देव-देवियों पर इहलोक परलोक का सारा बोझ थोपकर बैठे रहते हैं, किंतु लामाओं को स्वयं ही कर्मफल के ऊपर उठना पड़ता है, इस बंधन से मुक्ति निर्वाण लाभ द्वारा होती है। मैंने लामा थेरेपा से पूछा, "मैंने निर्वाण के विषय में सुना है, क्या आप मुझे समझा देंगे?"

"अवश्य!" वे बोले। फिर एक श्लोक सुनाकर उसकी व्याख्या करने लगे, "चारों ओर जो मंदिर, आकाश, पथ, पहाड़, मनुष्य आदि देखते हो, निर्वाण में हमें इन सबसे अलग जगत में पहुँचना पड़ता है। उसे मन की एक अवस्था न कह कर कहना चाहिए कि हम अहंकार का अतिक्रमण करते हैं और तब उस स्तर में धरती, जल, वायु आदि का अस्तित्व नहीं रहता, वहाँ हमें साँस-प्रश्वाँस की आवश्यकता नहीं होती। उस जग में सूर्य और तारे प्रकाश नहीं देते, चन्द्र और अंधकार भी प्रवेश नहीं पाते। वह एक अमृतमय अवस्था है जहाँ हम रूप और अरूप सुख और दुःख से परे होकर बुद्धत्व प्राप्त करते हैं। वह गम्भीर नीरवता ही निर्वाण की स्थिति है जो स्थान काल पात्र से परे एक अमृतमय जगत है।"

लामा थेरेपा इतना कहकर चुप हो गये और आँखें मूंदकर संभवतः उसी अवस्थान को हृदयंगम करने का प्रयत्न करने लगे। कुछ देर के बाद आँखें खोलकर उन्होंने पूछा, "क्या तुम्हें मंत्र मालूम है?"

उनका प्रश्न न समझने का भान करते हुए मैं चुपचाप बैठा रहा। न जाने इसका उन्होंने क्या अर्थ निकाला, मुझसे बोले, "तुम यहाँ चुपचाप माँ तारा की मूर्ति की ओर देखते हुए बैठे रहो। मैं जब तक न लौटूँ, तुम यहीं बैठोगे, उठोगे नहीं।" ऐसा कहकर वे उठकर चले गये।

उनकी आज्ञानुसार मैं बैठा रहा। माँ तारा की मूर्ति देख रहा था किंतु मन में भगवान् बुद्ध की विभिन्न छवि उभर रही थी। लामा थेरेपा लगभग एक घंटे बाद लौटे, आकर उन्होंने पूछा, "तुम्हें कोई असुविधा तो नहीं हुई?"

"जी नहीं।"

मेरी बगल में बैठकर वे बोले, "हिंदू-धर्म और महायान-बौद्ध धर्म में बहुत सी समानताएँ हैं। केवल माँ-तारा ही नहीं, हमारे प्रज्ञापारमिता के साथ देवी सरस्वती की तुलना की जा सकती है। बौद्ध आरती ही हिन्दू मत में अदिति है, बुद्ध की एक शक्ति का नाम तारा है। शिव के साथ मंजुश्री, इन्द्र के साथ बोधिसत्व व वज्रपाणि की भी तुलना हो सकती है, सब एक ही हैं। जैसे भी हो, निर्वाण लाभ या मोक्ष प्राप्ति ही मुख्य उद्देश्य होता है।"

"आपको तो हिन्दू धर्म का यथेष्ट ज्ञान है।"

"नहीं। हिन्दू धर्म का मैं कुछ भी नहीं जानता। बौद्ध धर्म सीखने के लिए हमें यह सब पढ़ना पड़ा था। मैं तुम्हें माँ तारा के विषय में कुछ बताऊँगा,ध्यान से सुनना। ज्यों हिन्दू धर्म में शिव की शक्ति काली, उमा या पार्वती हैं,वैसे ही बौद्ध धर्म में माँ तारा अवलोकितेश्वर की शक्ति हैं। ईश्वर को पाने के लिए पहले उनकी शक्ति को पाना पड़ता है। माँ तारा ही मुक्ति-दायिनी संकट-नाशिनी हैं। तिब्बत में माँ तारा के दो रूप हैं, एक हरे रंग का और दूसरा सफेद। हरे रंग के तारा के हाथ में नील कमल रहता है, सफेद तारा के हाथ में पद्मफूल रहता है।" इतना कहकर वे रुके, शायद मुझे समझने के लिए समय दे रहे थे। फिर बोले, "हम सब हरे तारा का ध्यान करेंगे। हम जैसे

साधारण लोगों को बुद्धत्व प्राप्त होना सहज बात नहीं है, इसके लिए हजारों वर्ष तपस्या करनी पड़ती है। शाक्यमुनि को भी बुद्धत्व प्राप्ति के लिए धीरज के साथ प्रतीक्षा करनी पड़ी थी। अवलोतिकेश्वर को पाने के लिए धैर्यपूर्वक उनकी शक्ति की आराधना करनी ही पड़ेगी। उनकी पूजा से पहले उनके रूप का ध्यान करना पड़ता है। तुम आँखें बंद करो, मैं उनके रूप का वर्णन करूंगा, तुम अपनी कल्पना में उन्हें देखने का प्रयास करो।''

''ठीक है, मैं ऐसा ही करूंगा।'' कहकर मैं हिलडोल कर कम्बल ठीक से औढ़कर तैयार हुआ। फिर मैंने आँखें मूंद ली।

लामा थेरेपा कहने लगे, ''कल्पना करो कि सामने आकाश है, केवल आकाश। वह एक रंगहीन महाशून्य है, उस महाशून्य में चांद-तारा-सूर्य नहीं है, प्रकाश नहीं है, अंधकार नहीं है। अब कल्पना करो कि उस महाशून्य में एक हरा पहाड़ उदित हुआ, उस पहाड़ से हरे रंग की ज्योति निकल रही है, तुम उस हरे रंग को अपने मन में पकड़े रहने की कोशिश करो। वह रंग क्रमश: सिमटकर एक नारीमूर्ति बनने लगी है, वह नारीमूर्ति ही हमारी आराध्य देवी माँ तारा हैं। अब आँखें खोलकर सामने देखो, करुणामयी रक्षाकर्त्री भगवती माँ तारा का मुखड़ा ही तुम्हारे सामने है।''

मैंने दीए के क्षीण आलोक में मूर्ति की ओर देखा। लामा ने मुझे पुन: आँखें मूंदने को कहा। वे कहने लगे, ''अब फिर से कल्पना करो कि उनका एक ही चेहरा है; उनके दो हाथ हैं, दाएँ हाथ में अभय की मुद्रा और बाएँ हाथ में कमल का फूल; केश का आधा सर पर जूड़े में बँधा है, शेष भाग पीठ पर फैला है, वे सर्वालंकार से भूषिता हैं। उनके स्तनयुगल पर छोटा सा वस्त्रखंड है, पहनावे में लाल वसन है। वे वीर की तरह खड़ी हैं। उनकी पीठ एक हरे रंग के अर्द्धचंद पर टिकी है; वे प्रकाश के ऊपर खड़ी हैं; उनकी देह कमनीय है; वे सदाहास्यमयी वरदात्री हैं; वे ज्योतिर्मयी हैं। बोलो, हे देवी! हे माता! मैं तुम्हारा ध्यान करता हूँ, मैं तुम्हारा ध्यान करता हूँ, मैं तुम्हारा ध्यान करता हूँ!''

लामा के कथनानुसार मैं उस अभयदायिनी रूप को देखने का प्रयत्न करता रहा, किंतु कुछ ही देर में वे ओझल हो गयीं। बहुत प्रयत्न के बाद भी मैं अपनी कल्पना में उस रूप को नहीं थाम सका। ठंड से मेरा सर्वांग काँप रहा था। आँखें खोलकर कम्बल और कसकर जकड़ते हुए मैंने लामा थेरेपा से कहा; ''क्षमा कीजिएगा, मुझे बहुत ठंड लग रही है जिससे ध्यानस्थ नहीं हो पा रहा हूँ। क्या आपको ठंड नहीं महसूस हो रही?''

लामा मुस्कराकर बोले, ''तुम्हारा कहना ठीक है। मैं दरवाजा ओढ़काकर आया था, शायद किसी बच्चे ने उसे खोल दिया है, इसी से ठंड लग रही है। ठीक है, चलो, आज इतना ही रहने दो।''

माँ तारा की मूर्ति को प्रणाम करते हुए हम उठे। बाहर निकले तो बाहर भी सर्दी बहुत बढ़ गयी थी। शाम हो गयी थी। सूर्यास्त के साथ ही यहाँ ठंड सहसा बढ़ जाती।

लामा थेरेपा मुझे रसोईघर में ले गये। एक कमरे से होकर रसोई में जाना पड़ता था। रसोई का कमरा बड़ा था जहाँ लकड़ी के चूल्हे में भोजन पकता था। रसोई में एक भी खिड़की नहीं थी। संभवत: कमरा गर्म रखने के लिए ही ऐसी व्यवस्था थी। और लामा निर्धारित समय पर भोजन कर चुके थे, केवल हम दोनों बाकी थे। बार्लि और चावल के साथ आलू मिलाकर खिचड़ी बनी थी, मुझे वह स्वादिष्ट ही लगी। भोजनोपरांत लामा थेरेपा ने पूछा, ''तुम आज रात यहाँ सोना चाहते हो या अपने साथियों के साथ ही रहोगे?''

मैं बोला, ''अपने संगियों के साथ तो मैं बहुत दिनों से हूँ, आगे भी रहूँगा। आप लोगों के साथ रहने का अवसर शायद फिर न मिले। अत: यदि अनुमति दें तो मैं यहीं रहूंगा।''

उन्होंने कहा, ''ठीक है, इच्छा हो तो यहीं सो सकते हो, रात में यहाँ और दो-तीन लामा सोते हैं। चूल्हे का अंगार रात भर रहता है, इससे यह कमरा भी गरम रहता है।''

लामा थेरेपा और कुछ देर बैठने के बाद चले गये। सोचा था रात उनके साथ रहने से कुछ बातें हो सकेगी। किंतु मुझे रसोई में छोड़कर वे चले गये। फिर मैंने सोचा कि रसोई में ठंड कम है, यहाँ अंगीठी के पास सो जाऊंगा। इसलिए धर्मशाला जाकर संगी लामाओं से विदा लेकर मैं वहीं लौटा और एक खंभे के बगल में लेट गया। आसपास तीन-चार लामा सो रहे थे। उनके पास इस समय करने को कुछ न रहता, अत: जल्दी सो जाते। कुछ तो खर्राटे भर रहे थे। रसोई में केवल वे लामा सोते थे जो रसोई बनाते थे या रसोई के काम में मदद करते थे। वे बहुत तड़के उठते। भोर में उठकर कोई भी मुँह-हाथ-पैर नहीं धोता था। अत्यधिक ठंड में ऐसा करना संभव भी नहीं था। शौच के लिए बड़े-बड़े शौचकूप बने हुए थे, वहाँ भी पानी का इस्तेमाल नहीं होता था, पत्ते या कागज से काम चलता था। विशेष लामाओं की बात अलग थी, उन्हें गरम पानी मिल जाता। तिब्बत में जनसाधारण गरम पानी की विलासिता नहीं कर सकते थे, पानी गरमाने का खर्च ही इतना आता था।

सूर्योदय के साथ ही लामा थेरेपा रसोई में उपस्थित हुए। इस बीच रसोई के तिब्बतियों ने मुझे दो दो प्याली चाय पिलाई थी। मैंने लामा से कहा कि पाचकों को मेरी ओर से चाय के लिए धन्यवाद कह दें। लामा ने चौंक कर कहा, ''अरे! मैंने तो सोचा था कि बिना कुछ खाए-पिए आज हम ध्यान में बैठेंगे। यह मेरी ही गलती थी, तुम्हें पहले से बताना भूल गया। जो हो, अब चाय पी ही चुके हो तो इन्हें धन्यवाद तो देना ही पड़ेगा।''

वे मुझे मूल स्तूप के पास ले गये। वहाँ प्रार्थनाचक्र घुमाते हुए सात बार परिक्रमा करने के बाद उन्होंने स्तूप पर खुदी मूर्तियों को ध्यान से देखने को कहा। फिर वे समझाने लगे, ''यह देखो, भैरचना का सिंह, यह राजा का प्रतीक है। अक्शोभ्य की

हस्ती-यह शक्ति का प्रतीक है। रत्नसंभवा का घोड़ा—यह गति का प्रतीक है। अमिताभ का मयूर सौंदर्य और छंद का प्रतीक है।''

कुम्बुम स्तूप के नीचे उतरते हुए वे बोले, ''कल जहाँ गये थे वह मंदिर निर्जन था, किंतु वहाँ सील और ठंडक दोनों ही अधिक है। चलो आज मैत्रेय मंदिर में चलते हैं।''

हम लोग चलते हुए एक पुराने किंतु सुंदर कलाकृतियों से सज्जित मंदिर में पहुँचे। लामा ने मुझे समझाते हुए कहा, ''मैत्रेय भविष्यत् बुद्ध हैं। मैत्रेय अवस्था के बाद मानसी बुद्ध और उसके बाद शाक्यमुनि बोधिसत्व की स्थिति मानते हैं। मैत्रेयबुद्ध ने असंगामुनि को दर्शन देकर तंत्र का गूढ़ रहस्य बताया था। हम इस मंदिर में जा रहे हैं किंतु हमारा ध्यान तारा देवी पर केंद्रित रहेगा। तिब्बत में महायान, हीनयान, वज्रयान, तंत्रयान सभी समानरूप से स्वीकृत हैं तथा विभिन्न सम्प्रदाय विभिन्न पथ से उसका अभ्यास करते हैं।''

मंदिर के भीतर दरवाजे के पास एक वेदी पर बैठकर बिना कोई भूमिका बाँधे लामा थेरेपा ने कहा, ''आँखें मूंदो। मन ही मन बोलो—हे देवी! मेरा हृदय चक्र खोल दो, तुम मुझ पर कृपा करो!

**माँ तारा, तुम मुझे संस्कार से मुक्त करो;**
**माँ तारा, तुम मुझे भय से मुक्त करो ;**
**माँ तारा, तुम मुझे व्याधि से मुक्त करो।**
**त्वम् ओम् वज्रः समजः, नमो गुरुभ्य, नमो आर्यतारा मंडलेभ्य**
**ओम् आर्य तारा सपरिवारे अर्घ्यम, प्रतिच्य हुम् स्वाहा।**
**ओम् आर्य तारा सपरीवारे पद्मं प्रतिच्य हुम् स्वाहा।**
**ओम् आर्य तारा सपरिवारे पुष्पे प्रतिच्य हुम् स्वाहा।**
**ओम् आर्य तारा सपरिवारे धूपे प्रतिच्य हुम् स्वाहा।**
**ओम् आर्यतारा सपरिवारे आलोके प्रतिच्य हुम् स्वाहा।**
**ओम् आर्य तारा सपरिवारे गंधे प्रतिच्य हुम् स्वाहा!**
**ओम् आर्य तारा सपरिवारे नैवेद्ये प्रतिच्य हुम् स्वाहा।**

हे देवी! मैंने तुम्हारे चरणों में आश्रय लिया है, मैं तुममे आत्म-समर्पण करता हूँ, मैं बौद्ध धर्म और संघ के प्रति आत्म-निवेदन करता हूँ.... ।''

ध्यानावस्था में ही मूल मंदिर से पूजा का आह्वान सुनाई पड़ा। भेरी, ढोल और ताशे के शब्द हिमालय के प्रस्तरों में ध्वनित होने लगे। मुझे लगा कि जगन्माता तारा की पूजा के लिए ही यह बुलावा है। एक अपूर्व अनुभूति में मैंने आँखें खोलीं। हमें अब उठना था।

भोजनोपरांत एक घंटा विश्राम लेकर मैं पुनः मैत्रेय मंदिर पहुँचा। ऐसा ही मुझे कहा गया था। ध्यान में बैठने से पहले लामा थेरेपा बोले, ''तुम अब भी छोटे हो, अतः तुम्हें साधनामार्ग के कष्टप्रद उपाय मानने की आवश्यकता नहीं।''

मैंने पूछा, "कष्टप्रद उपाय कौन से हैं?"

वे बोले "प्रारंभ में वे सहज लगते हैं, किंतु उनका निर्वाह क्रमशः कठिन होने लगता है। इसमें प्रथम प्रतिज्ञाएँ हैं—प्राणीहत्या, चोरी, व्याभिचार, झूठ तथा सुरापान से विरत रहना। दूसरी प्रतिज्ञाएँ हैं—अकालभोजन, नृत्यगीत आदि में अनुराग, गंधमालादि व्यवहार, कोमल शय्या पर शयन तथा सोना-चाँदी आदि स्वीकार करने से विरत रहना। साधारण मनुष्य और गृहस्थों के ये ही परम् शत्रु हैं।"

मैंने उन्हें टोंक कर पूछा, "मुझमें बहुत से दुर्गुण हैं जिन्हें मैं इस यात्रा के समय भी त्याग कर नहीं आ सका। वे दुर्गुण मेरे साथ ही हैं, अतः माँ तारा क्या मुझ जैसे पापी पर कृपा करेंगी?"

मेरे प्रश्न के उत्तर में वे बोले, "हर नदी सागर से मिलने से पहले बहुत गंदगी ढोती है, किंतु उससे क्या सागर उन्हें ग्रहण नहीं करता?"

ऐसा कहकर वे कुछ पल चुप रहे, फिर बोले, "माँ तारा की उपासना से मन की सारी मलिनता दूर हो जाती है।"

बगल के मंदिर से लामाओं के स्तोत्रपाठ की ध्वनि सुनाई पड़ रही थी। हिमालय की तरह उतार-चढ़ाई वाला वह नाभिप्रदेश से उच्चरित होता स्वर मैं जब भी सुनता मुग्ध होता। दरवाजे के बाहर असंख्य प्रार्थना पताकाएँ थीं जो हवा के माध्यम से माँ तारा तक प्रार्थनाएँ पहुँचाती होंगी क्योंकि माँ तारा ही मनोवांछा पूरी करती थी। मेरा ध्यान उधर था जब लामा ने मुझे आँखें मूंदकर सुनने तथा उनके साथ उच्चारण करने को कहा—

"ओम् वज्र समजाः

**ओम् सर्व तथागत अर्घ्यम् प्रतिच्य हुम् स्वाहा!**

**ओम् सर्व तथागत पद्मं प्रतिच्य हुम् स्वाहा!**

**ओम् सर्व तथागत पुष्पे प्रतिच्य हुम् स्वाहा!**

**ओम् सर्व तथागत धूपे प्रतिच्य हुम् स्वाहा!**

**ओम् सर्व तथागत आलोके प्रतिच्य हुम् स्वाहा!**

**ओम् सर्व तथागत गंधे प्रतिच्य हुम् स्वाहा!**

**ओम् सर्व तथागत नैवेद्ये प्रतिच्य हुम् स्वाहा!**

**ओम् सर्व तथागत शब्दे प्रतिच्य हुम् स्वाहा!**

अब इक्कीस बार खड़े होकर तथा घुटने के बल बैठकर फर्श पर माथा टिकाते हुए माँ को प्रणाम करो, प्रत्येक बार माँ की मूर्ति हृदय में रहे।"

मैंने ऐसा ही किया। इक्कीस बार माँ को प्रणाम करने के लिए दंड-बैठक लगाया! वह इक्कीस बार मुझे एक सौ आठ बार के बराबर लग रहा था। उसके बाद मैं वहीं बैठ गया। उन्होंने पहले की तरह ही कहा—"अब अपने माथे पर मन को केंद्रित कर देखने की चेष्टा करो कि वहाँ 'ओम्' लिखा है। कंठ पर मन लेकर देखो कि वहाँ

'आह' लिखा है। अब मन को हृदय तक ले जाओ, कल्पना करो कि वहाँ 'त्वम्' लिखा है। अब पुनः माथे पर ध्यान दो, 'ओम्' श्वेत वर्ण का है। अब देखो कि कंठ का 'आह' शब्द लाल रंग का है। अब हृदय पर मन लगाकर देखो कि वहाँ का 'त्वम्' शब्द नीला है।''

मैं उनके कहे शब्द और उन शब्दों के रंग देखने का प्रयत्न करने लगा। मैं चुपचाप बैठा था, मंत्र और रंग भूलकर मैं खुद के बनाए स्वप्न राज्य में विचर रहा था, वहाँ हिमालय की शुभ्र चोटियों पर शिव व शक्ति की लीला चल रही थी। बोधिसत्व बुद्ध और मैत्रेय को भूलकर मैं अपने प्रिय हर-गौरी के राज्य में विचर रहा था। सहसा लामा के मधुर कंठ ने मुझे चौंकाया—''ओम् तारे तुत् तारे तुरे स्वाहा! माँ मुझे संस्कार से मुक्त करो, मुझे भय से मुक्त करो, मुझे व्याधि से मुक्त करो। मुझे बुद्ध का पथ दिखाओ, धर्म का पथ दिखाओ, संघ का पथ दिखाओ....।''

गीयात्से से चौथे दिन सभी लामा तीर्थयात्री रवाना हो चुके थे, एकमात्र मैं ही रह गया था। माँ तारा की आराधना पूरी सीखकर ही मैं जा सकता था, अधूरा छोड़ने से अमंगल होगा। गुरुजी के जाने के बाद से मुझे यहाँ उनकी कमी खटक रही थी। मन ही मन यह भी सोचता रहा कि माँ तारा की आराधना सीखना यदि इतना ही आवश्यक होता तो अवश्य ही गुरुजी ने स्वयम् ही मुझे सिखाया होता। फिर सोचा कि होनी को कौन टाल सकता है, मेरे भाग्य में शायद यही था कि मैं इनसे भी दीक्षा लूँ।

थेरेपा लामा ने मुझे पाँचवें दिन विभिन्न मंदिरों का दर्शन कराया। हम सुबह ही निकले थे, वे मुझे एक के बाद एक मंदिरों की विशेषता बताते जाते। अधिकांश बातें तो मैंने समझा ही नहीं, किंतु उन्हें इससे सरोकार नहीं था। वे गाइड की तरह अनर्गल बताते जा रहे थे, संभवत: यही उनका कर्तव्य था अथवा उन्हें इसी काम में लगाया गया था। चार घंटे मंदिरों का दर्शन करने के उपरांत हम महामना खाम्पो के कमरे में पहुँचे। उन्होंने मेरे सर पर हाथ रखकर हँसते हुए पूछा, ''क्यों, कैसा लग रहा है यहाँ?''

खाम्पो साधारणत: हँसते नहीं थे, किंतु जब हँसते थे तो बच्चों की तरह सुंदर लगते थे। मैंने भी हँसकर उत्तर दिया, ''अच्छा ही लगा।''

उन्होंने मुझे बैठाया। बिना बातचीत के बहुत देर तक बैठने के बाद उन्होंने उठते हुए कहा, ''आओ मेरे साथ।''

उस इमारत के पीछे की एक पतली गली से चलते हुए हम कुछ ऊँचाई पर उठकर एक वृहद् मंदिर जैसे मकान में पहुँचे। उस मकान के आंगन की धूप में बैठकर त्रापाएँ स्तोत्र पाठ कर रहे थे। हमें देखकर वे खड़े हो गये। उनकी ओर हाथ हिलाते हुए हम कोने के एक बड़े कमरे की ओर बढ़े। वहाँ पहुँचकर देखा कि वह भी एक पुराना मंदिर था। सामने की वेदी पर एक भयानक मूर्ति थी। मूर्ति को हम दोनों ने प्रणाम किया। फिर खाम्पो जी ने पूछा, ''बता सकते हो कि यह किसकी मूर्ति है?''

उस भयंकर मूर्ति को गौर से देखकर मैं बोला, ''कहीं देखा तो अवश्य है, पर ठीक याद नहीं आ रहा।''

—''यह महाकाल की मूर्ति है, महाकाल अत्यंत जाग्रत देवता हैं। तुम कुछ देर तक यहाँ अकेले बैठोगे। तुम इस महाकाल देवता से अपने अभीष्ट फल की प्रार्थना करो। उसके बाद मेरे पास लौट आना।'' ऐसा कहकर वे चले गये।

अजीब समस्या थी। अब महाकाल से मैं क्या मांगता, मांगने को था ही क्या? अब तक तो मुझे बिना मांगे ही सबकुछ मिलता गया था, जो कुछ मांगूगा वह मेरे लिए भला नहीं भी तो हो सकता है। किंतु खाम्पो जी ने कहा है कि कुछ मांग लूँ। महाकाल की उस भयंकर मूर्ति से कुछ मांगने में भी मुझे भय लग रहा था। मैं वहाँ चुपचाप बैठा रहा, कुछ मांगा नहीं। फिर वहाँ से उठकर, जिस रास्ते से खाम्पो जी मुझे ले गये थे, उसी रास्ते खाम्पो के कमरे में लौट आया।

खाम्पो ने मुझे उनके बगल में बैठने को कहा। वे अपनी विशाल देह लेकर अधिकांश समय बैठे ही रहते थे। वहीं बैठकर वे मंदिर क्षेत्र के काम का देखभाल करते थे। तीन हजार लामा, चार शिक्षा प्रतिष्ठान, मंदिर, पुरोहित, प्राचीर वेष्ठित नगरी की सड़कें आदि सब कुछ का दायित्व उन पर था। सन् १९५० से पहले सम्पूर्ण गीयात्से नगर उन्हीं की देखरेख में था। अब उनकी उम्र भी बढ़ी थी, दायित्व भी घट गया था। राजनीति में आमूल परिवर्तन हो गया था, पहले समाज व्यवस्था धर्म पर आधारित थी, अब कानून पर आधारित थी। खाम्पो इस प्रसंग पर बातें नहीं करना चाहते थे किंतु उनका मत था कि सभी देश यदि तथागत के बौद्ध-धर्म व संघ के आधार पर स्थापित होते तो दुःख-कष्ट व जरा से धरती रक्षा पा जाती।

मैंने अचानक खाम्पो जी से पूछा, ''आपने मुझ पर इतनी कृपा क्यों की? आपको तो मालूम है कि मैं इस पथ का पथिक नहीं हूँ। मैं घर से भागा था, फिर गुरुजी की अनुकम्पा से यहाँ तक पहुँच गया।''

उन्होंने हँसकर कहा, ''तुम्हारे प्रश्न से मैं बहुत प्रसन्न हूँ। तुम्हारा प्रश्न ही बताता है कि तुम कितने सत्यवादी और भोले हो।''

मैं सत्यवादी और भोला! सोचा कि उनकी इस भ्रांत धारणा का खंडन करूँ, किंतु वे आगे बोलते गये, ''तुम तो अकेले नहीं हो, भारत के स्कूलों से और अपने घरों से सैकड़ों बच्चे भागते रहते हैं, किंतु उनमें से एक भी तो इस पथ का राही नहीं बनता। इस पथ में आने के लिए उपयुक्त तैयारी और पूर्वजन्म का कर्मफल चाहिए। उनकी इच्छा से जब तुम एकबार यहाँ आ ही गये हो तो यहाँ से कुछ सीखकर ही जाओ। तिब्बत का बौद्धधर्म अन्य देशों के बौद्धधर्म से पृथक है। यहां बौद्ध-धर्म के साथ ओतप्रोत ढंग से हिन्दू देव-देवियाँ जुड़े हैं। यहाँ तुम उनके असली एवम् आदि रूप देख पाओगे। अब माँ तारा की आराधना ही लें, क्या तुम इसे सीख कर आनंदित नहीं हो?''

उनका यह प्रश्न सुनकर मैं बगलें झाँकने लगा। मेरी ओर से उत्तर भी उन्होंने स्वयं ही दिया, ''मैं समझ रहा हूँ शुरू-शुरू में उनकी आराधना करने में तुम्हें कठिनाई होगी। किंतु ज्यों-ज्यों तुम अभ्यास करोगे त्यों-त्यों उनकी कृपा लाभ करने में तुम्हें सफलता मिलेगी। हरा आर्य तारा तो प्रथम दीक्षा है, दूसरी दीक्षा होगी सफेद आर्य तारा की उपासना। अभी तुम लासा जाना चाहते हो जाओ, लौटते समय तुम चाहोगे तो द्वितीय दीक्षा की व्यवस्था की जाएगी।''

—''किंतु खाम्पोजी, आपने मुझे दीक्षा क्यों दी?''

''इस दीक्षा के माध्यम से तुम वास्तविक तिब्बती लामा सम्प्रदाय के अंतर्गत आ गये। अब कोई भी बाहरी व्यक्ति तुम्हें चुनौती नहीं दे सकता। तुम जब तक तिब्बत में रहोगे, यह धर्म तुम्हारी रक्षा और सहायता करेगा। अभी न भी हो तो तुम बाद में समझ जाओगे। मैंने अपनी व्यक्तिगत इच्छा से ही यह दीक्षा दी—तुम्हारे गुरु से मैं कह चुका था। जो भी हो, तुम्हारी यात्रा शुभ और मंगलमय हो।'' इतना कहकर वे चुप हो गये।

खाम्पोजी की गंभीर मुद्रा देखकर मुझे पहले लगा था कि वे नीति वाक्य के सिवा कुछ नहीं जानते, किंतु अब मैं यह समझ गया था कि वे कितने सहृदय और महान् थे। मेरा मस्तक बरबस झुक गया। मैंने दंडवत होकर उन्हें प्रणाम किया। उन्होंने मेरे सर पर स्नेह से हाथ रखकर कहा—''तुम्हें देखकर मुझे अच्छा लगा था, इसीलिए मैंने तुम्हें दीक्षा दी। तथागत तुम्हारा भला करें। माँ तारा तुम्हारे चित्त को पापमुक्त करें। महाकाल तुम्हारे शत्रुओं का विनाश कर तुम्हारी रक्षा करें।''

गीयात्से में मैं कुल पांच दिन था। छठे दिन सुबह मैंने शहर त्याग किया। खाम्पो जी ने मुझे शहर के एक सज्जन के साथ भेजा था, इसकी व्यवस्था वे पिछले दिन ही कर दिए थे। तड़के जब मैं गीयात्से से कूच किया तो उस समय खाम्पो जी और लामा थेरेपा से नहीं मिल सका, यह बात मुझे रास्ते में बार-बार कचोटती रही।

मैं जिनके साथ जा रहा था, उनका नाम देशेन वांदि था। वे गोवशि गाँव तक जाएंगे, फिर वहीं रह जाएंगे। उसी रास्ते मुझे आगे यमद्रोक सरोवर तक जाना पड़ेगा। वहाँ के सामदिंग गुम्फा से मुझे आगे के लिए निर्देश मिलेगा। यहाँ से सामदिंग पहुँचने में कई दिन लग जाएंगे।

गीयात्से में बहुत लाभ हुआ था मुझे। आध्यात्मिक और पार्थिव, दानों। एक जोड़ा नया तिब्बती जूता, नए गेरुआ वस्त्र और नगद दो रुपये। यह सब खाम्पोजी की कृपा से ही मिला था। इस शीतप्रधान देश में इससे बड़ा उपहार तो और हो ही नहीं सकता था।

---

# गीयात्से से सामदिंग की यात्रा

देशेन वांदि भोले-भाले व्यक्ति थे। उनकी उम्र तीस के आसपास थी। सर पर लड़कियों जैसे लम्बे बाल और पहनावे में लेपचाओं जैसे पोशाक। गीयात्से से अठारह मील दूर लासा जाने वाली सड़क पर गोबशि गाँव में उनकी एक छोटी सी दुकान थी। हर पंद्रह-सोलह दिन में एकबार सामान खरीदने के लिए वे गीयात्से आते थे। सामान ढोने के लिए उनके पास एक खच्चर था। जब भी वे शहर में आते, मूल मंदिर की परिक्रमा करने के लिए अवश्य पहुँचते। उनकी इस नियमित आवाजाही के कारण उनका लामाओं से परिचय था। लासा जाते समय खाम्पोजी वांदि के घर पर चाय पीते। इस बार भी देशेन वाङ्दि सामान खरीदने आए थे, इस अवसर का लाभ उठाकर खाम्पोजी ने मुझे उनके साथ कर दिया था।

मैंने अपना सामान खच्चर की पीठ पर धर दिया था। लगता था कि खच्चर रास्ते से भलीभांति परिचित था, उसे हाँकना नहीं पड़ता था। हिलता-डोलता वह अपने रास्ते चला जा रहा था। शायद मुझ जैसा विदेशी लामा अपने साथ पाकर वह खच्चर भी प्रसन्न था। वाङ्दि बहुत धूम्रपान करता था, उसके साथ देशी शराब की एक बोतल भी थी। यहाँ के सूखे ठंड में देह-मन को चंगा रखने के लिए संभवतः वही सबसे अच्छा साथी था।

गीयात्से के बाद ही सड़क के समांतर नीयेरु नाम की नदी बहती थी, इसी से इस अंचल का नाम नीयेरु घाटी पड़ा था।

गीयात्से के मंदिर दूर से भी दिख रहे थे। पहाड़ के ऊपर का किला अब और भी स्पष्ट दिखाई पड़ रहा था, मुझे दुःख था वह दुर्ग मैं नहीं देख सका। पहाड़ काटकर अत्यंत निपुणता से वह किला बनाया गया था। लगता था कि अमानवीय हाथों ने ही गढ़ा होगा वह गढ़। उस आकर्षक गढ़ के भीतर के प्रासाद में मानों कोई जादूगर छिपा बैठा था, जब तक किला दिखाई पड़ा, मैं गर्दन घुमाकर उसे देखता रहा। उसके बाद वह ओझल हो गया।

गीयात्से से हमारी यात्रा पूरब की ओर थी। शहर की समतल भूमि आगे बढ़कर क्रमशः सँकरी घाटी में परिवर्तित हो गयी थी। सड़क के दोनों ओर खेत दिखाई पड़े जिन पर से बरफ पिघलने लगी थी। हो सकता है कि इसी रास्ते लौटते समय हमें इन खेतों में याक द्वारा हल जोतते तिब्बती किसान दिखाई पड़ें। सड़क कच्ची होने पर भी अच्छी थी, उस पर पत्थर बिछे थे। रास्ते में याक गदहे व खच्चरों पर माल ढोते हुए लोग आवाजाही कर रहे थे। वे मुझे अभिवादन करते हुए अपना रास्ता लेते।

चोमलहरि पर्वतश्रेणी अब हमारी दाँयी ओर थी। उसकी बर्फ से ढँकी चोटियाँ यहाँ से बहुत सुंदर लग रही थीं। आगे नदी को नीचे छोड़कर हम पहाड़ पर चढ़ने लगे। तिस्तापुल के बाद गैंगटक की चढ़ाई कुछ ऐसी ही थी। प्रभेद इतना ही था कि तिस्ता की तुलना में नीयेरु नदी बहुत छोटी थी। तिब्बत के अन्य शहरों की तुलना में यहाँ शहर से दूर नदी तट का रास्ता उतना निर्जन नहीं था, राह में भी हमें छिटपुट घर दिखाई पड़ रहे थे। प्राकृतिक वनस्पतियों का यहाँ नितांत अभाव है। तिब्बत में सर्वत्र कड़ाके का जाड़ा पड़ता है जिससे पेड़-पौधे नहीं उगते, केवल कुछ भागों में कँटीले पेड़, छोटी झाड़ियाँ और घास उत्पन्न होती है।

दोपहर को एक झरने के पास हम रुके। वाङ्दि खच्चर के दाना-पानी में जुट गये थे। खच्चर बरफ में भींगे घास चबाने लगा। मैं एक हिमशीतल शिला पर कम्बल बिछाकर विश्राम के लिए लेट गया। फिर झरने के पानी में सत्तू घोलकर सूखी रोटियों के साथ हमने खाया और आगे की यात्रा पर चल पड़े। हम गोबशि पहुँचे, तब शाम हो गयी थी। इस गाँव में भी अन्यत्र की तरह हमारे स्वागत में पहले कुत्ते लपके, किंतु चूँकि कुत्ते वाङ्दि को पहचानते थे, हमें रुकना नहीं पड़ा। इस गाँव की जनसंख्या एक हजार के आसपास थी। कुछ छोटी-मोटी झोपड़ियों से गाँव शुरू होता था। बस्ती में चहल-पहल नहीं थी, ठंड से बचने के लिए शायद सभी अपने घरों में दुबक गये थे। यहाँ के घर भी मिट्टी पत्थर के बने थे।

वाङ्दि का घर खलिहान की तरह लगता था। दरवाजे पर धक्का मारते ही वह खुल गया। भीतर चार लोग बैठे थे। एक वृद्धा, दो युवक और एक युवती। मुझे देखकर वे सब हैरान थे। वाङ्दि ने मेरा परिचय दिया तो उन्होंने जीभ निकालकर मुझे अभिवादन किया। मुझे लगा कि वाङ्दि की माँ बहुत प्रसन्न हुई थीं, उनका चेहरा आनंद से खिल उठा था। वृद्धा मुझे कमरे में ले गयी। कमरे में गद्दा और रजाई बिछे थे देखकर मैं जूते उतारने को हुआ, किंतु उन्होंने मुझे जूते उतारने नहीं दिया। अत: जूते पहनकर ही मैं उनके बिस्तर पर चढ़ बैठा। गद्दा और रजाई देखकर लगा कि उनकी कभी सफाई नहीं हुई थी। बैठने के बाद वाङ्दि ने अपने परिवार का परिचय दिया। वृद्धा उनकी माँ थी जो मैं पहले ही समझ गया था। वह युवती उनकी पत्नी थी। दोनों युवक उनके भाई।

बीच में लालटेन रखकर वे सब मुझे घेर कर बैठ गये। वाङ्दि के दोनों भाई खच्चर से सामान उतारकर आ गये थे। इसी घर के एक कमरे में उनकी दुकान थी। मुझसे उनकी बातचीत बहुत कम हुई, वाङ्दि ने मेरे बारे में क्या बताया यह तो वे ही जानें, किंतु जो भी कहा होगा वह मेरे हित में ही था क्योंकि कुछ ही देर के बाद हम रसोई में जा बैठे। हमें लकड़ी के पीढ़े पर अंगीठी के पास बैठाया गया। धुएँ से रसोई की चारों दीवार काली हो गयी थी। घर के सभी का भोजन हो चुका था, मेरे और वाङ्दि के लिए बार्लि के रस्से में भेड़ का मांस पकाया गया। जिसे मैंने बड़े चाव से खाया।

भोजन के बाद ही सोने की व्यवस्था हो गयी। यात्रा से वाङ्दि और मैं दोनों थके थे। एक बिस्तर पर वाङ्दि, उनकी पत्नी, छोटे बच्चे और मैं एक साथ लेट गये। इससे कुछ स्थानाभाव अवश्य था, किंतु इतनी ठंड में यह अच्छा ही था। बहुत दिनों के बाद मुझे घरेलू परिवेश में सोने का मौका मिला था। मुझे वहाँ रात बिताकर तड़के ही रवाना होना था।

सुबह बच्चों की किलकारी से मेरी नींद खुली। दो नन्हें-मुन्ने लेटे-लेटे ही अपने पिता से खेल रहे थे। वाङ्दि की पत्नी पहले ही बिस्तर छोड़ चुकी थी। मैं उठकर बैठ गया तो दोनों बच्चे एक अजनबी को देखकर चौंके। पिछली शाम हमारे पहुँचने से पहले ही बच्चे सो गये थे, अतः उन्होंने मुझे नहीं देखा था। बच्चों को चुपचाप देखकर मैंने उनसे छेड़छाड़ शुरू की, कुछ ही देर में वे मुझसे घुल-मिल गये।

यहाँ सूर्योदय देर से होता था। सूर्योदय के साथ ही लोग धूप सेंकने के लिए बाहर निकल पड़ते। सुबह वाङ्दि परिवार ने मुझे दुक्पा खाने को दिया। मुझ अजनबी के साथ उनका व्यवहार अत्यंत आत्मीय था। उनसे विदा लेकर मैं गाँव के चौराहे पर पहुँचा। गाँव का केन्द्रस्थल यही था। लगभग डेढ़ सौ फीट नीचे से नदी बहती थी।

लगता था कि गाँववालों को वहाँ एक लामा की उपस्थिति का पता चल गया था। मेरे दर्शन के लिए सड़क के दोनों किनारे लोग खड़े थे। उन सबको आशीर्वाद देता हुआ मैं गाँव से बाहर हो गया। अब मैं निपट अकेला था। गोबशि से सामदिंग पहुँचने में तीन दिन लगेंगे। गुरुजी ने मुझे पथनिर्देश देते हुए उन स्थानों का नाम लिखा दिया था जहाँ मुझे रातें गुजारनी थी। गोबशि के बाद रालूंग, कारो-ला, जारा, नागात्से, त्रामालुक होकर मुझे सामदिंग पहुँचना था। वहाँ के गुम्फा में सभी लामा मेरी प्रतीक्षा करेंगे। राह चलते रह-रह कर वाङ्दि के दोनों बच्चों के मुखड़े याद आ रहे थे। वे इतने हँसमुख और सुंदर बच्चे थे कि मैं कुछ देर और वहाँ रहता तो शायद उन बच्चों को छोड़कर आने की इच्छा ही नहीं होती।

रास्ता क्रमशः ऊबड़-खाबड़ और सँकरा होता गया था। नदी अब काफी नीचे थी। कहीं-कहीं खड़ी चढ़ाई पर उठना पड़ता, खड़ी चढ़ाई के बाद फिर ढाल मिलता। सड़क के दूसरे किनारे पर कहीं कहीं गहरी खाई थी, एक बार पाँव फिसल जाए तो लाश का पता भी नहीं चलेगा।

अब मैं तेज या धीरे, जैसे भी चाहूँ चल सकता था। किंतु इस लम्बी यात्रा में मैं यह जान गया था कि धीरे-धीरे चलने से रात तक चलने का दम रहता है, तेज चलने से शीघ्र ही आदमी थक जाता है। पहाड़ी रास्ते में कहीं-कहीं पेड़ भी दिखाई पड़ रहे थे, संभवतः ये ही सदाबहार वृक्ष थे। पहाड़ की गोद में बीच-बीच में घरद्वार दिखते, राह पर भी लोग मिल जाते। इस क्षेत्र में गीयात्से से भी अधिक ठंड थी। घाटी भी क्रमशः संकीर्ण होती गयी थी। संध्या के समय मैं रालूंग गाँव पहुँचा। पहाड़ के ऊपर किसी चित्र की तरह मढ़ा था यह सुंदर गाँव। रालूंग गाँव १४०२५ फीट की ऊँचाई पर बसा था। पहाड़ से सटे हुए छोटे-छोटे घर थे, किंतु यह गाँव गोब्शि से बड़ा था। दूर में एक

और बर्फ से ढंका सुंदर पहाड़ था, जिस पर सूर्यास्त की किरणें मन को लुभा रही थीं। यदि यहां भयंकर जाड़े का प्रकोप न होता तो मैं अवश्य ही किसी शिला पर आसन जमाकर उस दृश्य को देखता रहता। किंतु केवल जाड़ा ही नहीं, दिन का प्रकाश भी लुप्त हो रहा था और अंधेरे में भटकने से पहले मुझे वहाँ का मठ भी ढूँढ़ना था रात के आश्रय के लिए।

तिब्बत में एक सुविधा यह थी कि बातें करने या कुछ पूछने के लिए किसी को तलाशना नहीं पड़ता था। नया व्यक्ति देखते ही वे स्वयम् ही हालचाल पूछने आ जाते। मेरा वस्त्र देखकर वे दूर से मुझे भी तिब्बती समझते, किंतु पास पहुँचने पर मेरा चेहरा देखकर थोड़ा चौंकते और कभी-कभी दो-एक प्रश्न पूछकर जानना चाहते कि मैं तिब्बती हूँ या भिन्नदेशी। सौभाग्य से इस रास्ते में चीनी सिपाही नहीं थे, यदि होते तो मुझे अकेला पाकर वे क्या करते ईश्वर जानें।

एक दुकान के सामने रुककर मैंने गुम्फा का ठिकाना पूछा। कई लोगों ने एकसाथ उत्तर दिया, वे हाथ हिला कर मुझे रास्ता बता रहे थे। किंतु वे इतनी जल्दी-जल्दी बोल गये कि मेरे पल्ले कुछ न पड़ा। अंत में एक व्यक्ति दुकान से बाहर निकलकर औरों को चुप कराकर मुझसे बोला, ''गुम्फा जाना है? अच्छी बात है, यहाँ से अधिक दूर नहीं है, इस सड़क से सीधे जाने पर आगे सड़क के किनारे ही गुम्फा है।''

उन्हें धन्यवाद देकर मैं आगे बढ़ा। कुछ ही दूर गया था कि पीछे से तीन चार लोग 'त्रापा-त्रापा' पुकारते हुए दौड़े आए। मैं रुक गया। उन्होंने कहा कि मुझे कोई बुला रहा है। लौटकर उसी दुकान के सामने पहुँचा। जिस व्यक्ति ने मुझे गुम्फा का रास्ता बताया था, वे ही मुझे बुला रहे थे। उनके पास पहुँचते ही उन्होंने विनय से पूछा, ''चाय पीओगे?''

''पी लूंगा।'' मैं बोला।

कहना न होगा कि चाय के प्रस्ताव से मैं बहुत प्रसन्न हुआ था। इस कड़ाके की ठंड में एक प्याली गरम चाय तो अमृत ही है। ईश्वर की अनुकम्पा से ही यह व्यवस्था हो सकी। यूँ मेरे पास दो रुपये थे, किंतु चाय पीने का मुझे ख्याल ही नहीं हुआ था। रात के शयन व विश्राम की चिंता ही मुझे अधिक थी।

मेरी राय पूछकर उक्त सज्जन दुकान के भीतर चले गये थे। मैं कुछ ग्रामीणों के संग बाहर खड़ा था। सूर्यास्त हो चुका था और अंधेरा व जाड़ा दोनों बढ़ गया था। थोड़ी ही देर बार दरवाजा खोलकर एक महिला ने मुझे दुकान के भीतर बुला लिया। वह चाय की ही दुकान थी। सूर्यास्त के साथ ही यहाँ दुकानें बंद कर दी जातीं।

महिला का चेहरा लेपचाओं की तरह था। बालों को खींचकर चोटियाँ गूंथी गयी थी, कमर में मोटा छल्ला था। कपड़े के सामने का भाग इतना गंदा था जिससे लगा कि काम करते समय वे अपने कपड़े में ही हाथ पोंछती रहती हैं। वह एक कामकाजी महिला थीं इसमें संदेह नहीं था। वैसे भी तिब्बती महिला व पुरुष दोनों ही मेहनती होते हैं। गर्मी यहाँ मुश्किल से दो एक महीने रहती है, उसी समय पहाड़ों के

सीढ़ीनुमा खेतों में वे जो संभव होता है उगाते हैं। इसके अलावा पशुपालन इनका मुख्य धंधा है। बहुत से लोग मुर्गियाँ भी पालते हैं।

दुकान के भीतर मेज बेंच आदि न थे। कमरे के मध्य में गड्ढा खोदकर चूल्हा बनाया गया था, जो ग्राहक भीतर आते वे उसी चूल्हे के इर्द-गिर्द बैठकर चाय पीते। चाय पहले से तैयार रखी थी जिसे गरमाकर मुझे दिया गया। मैंने रुपया निकाल कर कहा, "आप इसकी कीमत ले लीजिए।"

महिला दो कदम पीछे हट गयीं। वे पैसे नहीं लेंगी। चाय पीकर मैं बाहर की ओर मुड़ा तो उस सज्जन ने, जिन्होंने मुझे चाय के लिए बुलवाया था, मुझे रुकने को कहा। फिर उस महिला से कुछ परामर्श करने के बाद वे मुझसे बोले, "सुनो त्रापा, वैसे गुम्फा यहाँ से बहुत दूर नहीं है, किंतु अंधेरे में उस बीहड़ रास्ते से जाना भी ठीक नहीं है। गाँव के कुत्ते तुम्हें नहीं पहचानते, रात में कुत्ते और भी भयंकर होते हैं। अत: तुम चाहो तो यहीं रुक जाओ। अंगीठी की आग रातभर रहती है, सोने में असुविधा नहीं होगी।"

मैं कुछ दुविधा में पड़ा, किंतु उनकी नेक सलाह टालने का साहस भी नहीं हुआ। एक अपरिचित पथिक के लिए उनकी चिंता और आंतरिकता देखकर मैं पुन: एकबार मुग्ध हो गया। मुझ जैसे मामूली व्यक्ति की सहायता करने में उनका कौन सा स्वार्थ था? वस्तुत: मानव प्रेम ही तिब्बतियों की विशेषता थी। किंतु इन्हीं तिब्बतियों को हम भारत में कितना सम्मान देते हैं? हम उनके बाहरी वस्त्रों की गंदगी देखकर उन्हें हेय समझने लगते हैं, हम उनके भीतर बहते प्रेम व समवेदना की अमृतधारा से अपरिचित रहकर न जाने कितनी तरह उन्हें लांछित करते रहते हैं।

महिला दुकान की मालकिन थीं, और वह सज्जन कर्मचारी। वे भी रात में मालकिन के यहाँ ही रहते थे। दुकान की दशा दखकर ऐसा नहीं लगा कि वे पैसे वाले हैं। जो भी हो, वे दोनों ही बहुत अच्छे इंसान थे, इसमें संदेह नहीं था। दिन भर की यात्रा के बाद मुझे आश्रय और आग की जरूरत थी जो मुझे मिल गये थे। किंतु उन दोनों ने मुझे उनके साथ भोजन करने को कहा। आधे घंटे में भोजन तेयार हो गया। बार्लि और मांस के टुकड़े उबाल कर रस्सेदार व्यंजन।

गुरुजी गीयात्से से सामदिंग जाते समय कुछ लकड़ी और नमक मुझे दे आए थे जो मैं ढो रहा था। भोजन के बाद अहसान का बोझ कुछ हलका करने के लिए थोड़ा नमक निकालकर उनकी एक कटोरी में रख दिया। लगा कि इससे वे बहुत प्रसन्न थे, बिना किसी आनाकानी के महिला ने नमक रख लिया। तिब्बत में नमक एक दुर्लभ व कीमती वस्तु थी।

कम्बल बिछाकर मैं सोने की तेयारी कर रहा था जब महिला एक बक्सा खोलकर एक टेबिल-घड़ी निकाल लायी। किसी तरह मैं यह समझ पाया कि वे जानना चाहती थीं कि मैं उस घड़ी को चलाना जानता हूँ या नहीं। मैंने घुमा-फिरा कर देखा कि घड़ी ठीक ही थी, अरसे से उसमें दम नहीं दिया गया था। चाभी घुमाते ही घड़ी टिक-टिक कर उठी। यह देखकर महिला आनंद से नाच उठीं। उसके बाद अलार्म बजाते ही वे

बच्चों की तरह खिलखिलाकर हँसने लगीं। इस मामूली बात से उन्हें इतना आनंद मिलेगा यह मैं सोच भी नहीं सकता था। लगता था कि मैं कोई तमाशा दिखा रहा था।

महिला ने मुझे बताया कि उनका भाई सिलीगुड़ी से वह घड़ी ला दिया था, किंतु उस कीमती उपहार को उन्होंने बक्से में रख दिया था। भाई ने घड़ी में दम देने की विधि भी बताई थी, किंतु उन्हें कभी साहस ही नहीं हुआ। यह सुनकर मैं हँसा, फिर उन्हें घड़ी देखना, चाभी भरना और अलार्म का उपयोग सिखाता रहा। मुझ जैसा गुणी साधु पाकर वे बहुत प्रसन्न हुईं। संभवत: उनके पास और भी जिज्ञासाएँ थीं, किंतु सारा दिन चलकर मैं थक गया था और मेरी पलकें बोझिल हो गयीं थीं। मेरी स्थिति भांपकर उन्होंने अंगीठी में दो बड़ी लकड़ियाँ डाल दीं और रजाई में दुबक गयीं। अंगीठी के तीन ओर हम तीनों सो गये।

सुबह चाय पिलाने के बाद उक्त महिला स्वयं मुझे सड़क तक छोड़ने गयीं। उनके कर्मचारी की उस समय नींद नहीं खुली थी। उस समय गाँव भी सुप्त था। हिमालय के सौंदर्य ने मुझे वाक् शक्ति रहित बना दिया था, सूर्योदय की रश्मि से रंजित होता बर्फ से आच्छादित शिखर, उस अपरूप सौन्दर्य को किसी भी भाषा में व्यक्त नहीं किया जा सकता था। लगता था कि देवराज इन्द्र का इन्द्रलोक उसी पहाड़ पर ही था। उसके ऊपर नीचे आकाश का शामियाना टांगकर जैसे उसकी अखंड पवित्रता को संजोया गया था। सूर्योदय के समय इन बर्फीले पहाड़ों का जो रंगरूप होता है उसे सुंदर या अतिसुंदर कहने से भी उस रोमांचक अनुभूति का वर्णन नहीं किया जा सकता जो उस नैसर्गिक दृश्य को देखने से होता है।

मुझे मंत्रमुग्ध सा उस पहाड़ की ओर देखते पाकर महिला बोलीं, ''उस पहाड़ का नाम नोजिन् कां सां है। उसी पहाड़ के नीचे से सांपो नदी बहती है। भारत के लोग उसे ब्रह्मपुत्र कहते हैं।''

मैंने ब्रह्मपुत्र के उद्देश्य से मन ही मन प्रणाम किया।

ब्रह्मपुत्र का उद्गम तिब्बत में है। पिघले बर्फ का पानी लेकर वह नद बहता है। यहाँ मैं ब्रह्मपुत्र देख पाऊंगा, इस आनंद में मेरा मन झूम उठा। नोजिन् कां सां पर्वत के साथ चोमलहरि का मिलन कारो-ला नामक स्थान पर हुआ था, वहाँ पहुँचने में मुझे तीन घंटे लगेंगे। कारो-ला होकर ही लासा मार्ग गया था। नोजिन् कां सां की उच्चता चौदह हजार फीट थी। चोटी से कुछ नीचे ग्लेसियर या हिमनदी दिखाई पड़ रही थी। कभी-कभी खिसकते बर्फ प्रकाण्ड आकार धारण कर नीचे लुढ़क जाते हैं। आकाश के बादल लगता था कि बाधा पाकर चोटी पर ही टिक गये हैं और बर्फ में बदल गये हैं। फिर धूप उस बर्फ को नदी में बदल रही है। उस पानी से ब्रह्मपुत्र का भंडार बढ़ता है। टाइगर हिल से ऐसे दृश्य नहीं दिखते। एकमात्र रोमांचकारी पर्वतारोहण करने वाले अथवा सौभाग्य से तिब्बत के ऐसे स्थानों में पहुँचने वाले ही प्रकृति का ऐसा गूढ़ रहस्यमय दृश्य देख पाते हैं। उस दृश्य को देखकर स्वर्गीय आनंद की अनुभूति होती है।

लगभग एक मील चलने के बाद रास्ते के मोड़ से पहाड़ के नीचे एक छोटा सा गाँव दिखा। गाँव के मकान पत्थर के बने थे, उनके छत मंदिर जैसे थे। उसके आसपास कृषि भूमि थी, नदी भी लगता था कि गाँव के निकट ही है। यहाँ तक महिला मेरे साथ आयीं थीं। उन्होंने उस गाँव की ओर इशारा कर कहा, ''रालूंग गुम्फा वही है, इसी रास्ते आगे बढ़ने पर फाटक मिलेगा।''

वे उस मोड़ पर तब तक खड़ी रहीं जब तक मैं उनकी दृष्टि से ओझल नहीं हो गया। उस स्नेहमयी महिला का यह मातृरूप हृदय में संजोकर मैं गुम्फा की ओर बढ़ा।

वस्तुतः ऊपर से गाँव लगने पर भी वह गाँव नहीं था, एक बौद्ध-विहार था जिसमें सात छोटे-छोटे मकान थे और ऊँचे-ऊँचे खंभों पर असंख्य पताकाएँ फहरा रहे थे। आगे बढ़ने पर कुछ गदहों और भेड़ों ने मुझे विस्मय से घूरा और फिर प्रथानुसार कुत्तों ने मेरा रास्ता रोका। मैं भी अभ्यासानुसार चुपचाप खड़ा हो गया और कुत्तों को सम्मानपूर्वक देखता रहा। ऐसे में दो कम उम्र के लामा, जो शायद हाल ही में त्रापा से लामा बने थे, आगंतुक को देखने आए। मुझे देखते ही उन्होंने पूछा, ''क्या तुम मौनी बाबा हो, गैंगटक से आए हो?'' मैंने मुस्कराकर सम्मति में सिर हिलाया। मुझे कुछ पूछना न पड़ा, उन्होंने स्वयं ही बताया—''सभी तीर्थयात्री यहाँ होकर गये हैं, उनमें कुछ यहाँ रात में रुके भी थे। तुम यदि अभी निकल पड़ो तो आज ही रात में सामदिंग गुम्फा पहुँच जाओगे, सभी यात्री वहाँ तुम्हारी प्रतीक्षा करेंगे।''

लामाओं ने तिब्बती भाषा में धीरे-धीरे एक-एक शब्द का स्पष्ट उच्चारण करते हुए मुझे ये बातें समझा दीं। चूँकि उन्हें गुरुजी तथा अन्य यात्रियों से मौनी बाबा के रूप में मेरा परिचय पहले ही मिल गया था, मुझे पुनः मौनी बनना पड़ा। इससे असुविधा नहीं हुई, उन्होंने मुझे पथनिर्देश देते हुए कहा कि उसी रास्ते सीधे जाने पर शाम को मुझे दाँयी ओर एक विशाल सरोवर मिलेगा, उस सरोवर का नाम यमद्रोक सरोवर है। उस सरोवर के किनारे-किनारे उत्तर की ओर एक सड़क गयी है जो सामदिंग गुम्फा पहुँचाती है। वहीं मुझे अपने दल के लोग मिल जाएंगे।

उनकी बातें सुनकर मैंने समय गँवाना उचित नहीं समझा। मैंने बड़े मंदिर में स्थित शाक्यमुनि के विग्रह का दर्शन किया और प्रार्थनाचक्र घुमाते हुए मंदिर की परिक्रमा पूरी की। रालूंग गुम्फा में कुल पच्चीस-तीस लामा थे, सभी ने मेरे सर पर हाथ रखकर मुझे आशीर्वाद दिया। उनकी शुभ कामना लेकर मैं आगे की यात्रा के लिए निकल पड़ा।

आगे फिर चढ़ाई थी। लगता था कि रास्ता सीधे हिमाच्छादित नोजिन् कां सां के शिखर तक गया था। धूप में गर्मी थी, किंतु छाया में उतनी ही सर्दी। बादल नहीं थे। नीले आकाश के नीचे पर्वतशिखर किसी वीर के दर्प में खड़ा था। सुबह से हवा में गति नहीं थी, किन्तु ज्यों-ज्यों चढ़ाई पर उठ रहा था त्यों-त्यों हवा की गति तेज होने लगी थी। रालूंग गुम्फा के बाद से सड़क भी सुनसान थी, किंतु अब कहीं से दो गदहे सड़क पर आ गये थे, मेरे पीछे से आकर वे मेरे साथ-साथ चलने लगे। मैंने पलट कर

देखा तो और भी कुछ गदहे और भेड़ आते दिखाई पड़े। हो सकता है कि इन जानवरों का रखवाला और पीछे हो।

पथ दुर्गम होने पर भी इस पर चलने का निराला आनंद था। यहाँ इतनी ठंड न होती तो मैं यहीं रह जाता। ऊपर उठते-उठते मैं हाँफ रहा था, श्वाँस भारी होने लगा था। फिर वह स्थिति आयी कि दो कदम चलकर ही मुझे विश्राम करना पड़ता। चढ़ाई में घुटने जवाब देने लगे थे। दोनों गदहों को पीछे छोड़कर मैं कारो-ला दर्रे के सर्वोच्च अंश में पहुँचा। अब हवा भी बंद हो गयी थी, न जाने ऊँचाई के कारण या अन्य कारण से। यहाँ से चारों ओर केवल बरफ ही बरफ दिखाई पड़ रही थी। लगता था कि चारों ओर रुई के फाहे बिछाकर रखे गये हैं। कुछ देर तक वहाँ रुककर मैं उस सुंदर पवित्र दृश्यावली का आनंद लेता रहा। उस आनंद-सागर में गोता लगाते हुए मेरी थकान मिट चली थी, मेरा मन और तन हलका हो गया था। यही शायद स्थान की महिमा थी जिसके आकर्षण से दुर्गम पथ की बाधाओं को नकारते हुए युगों से तीर्थयात्री ऐसे स्थलों में पहुँचते थे। शायद इसी अमृत की खोज में लोग आते थे।

मुझे नहीं मालूम था कि संयम, नियम, ध्यान, धारणा, आसन, प्राणायाम, प्रत्याहार, समाधि आदि हमें कहाँ पहुँचाती है; किंतु बिना साधना के ही इस यात्रा में मुझे जो कुछ मिल गया था, जो कुछ मिल रहा था, सुंदर प्रकृति और उस प्रकृति की गोद में बसे लोगों का पवित्र हृदय देखने का जो अवसर मिला था वह भी उन कठिन मार्गों द्वारा प्राप्त उपलब्धि से कम क्या था? अनंतरूप की अधिकारिणी करुणामयी जगद्धात्री देवी को अपनी आंतरिक कृतज्ञता निवेदन करने के लिए मैंने साष्टांग लेटकर धरती को प्रणाम किया। लगता था कि मेरा जन्म सार्थक हो गया था।

थोड़ी ही देर में पीछे रह गये दोनों गदहे उस ऊँचाई पर चढ़ आए। लगा कि वे दोनों मेरे ही सहयात्री थे। वे भी ऊपर चढ़ कर खड़े हो गये थे, कौन जाने वे भी अपने इष्टदेवता को श्रद्धार्घ्य निवेदन कर रहे थे या नहीं। कुछ और देर बाद भेड़ों को खदेड़ते हुए दो तिब्बती वहाँ पहुँचे, मुझे अभिवादन कर उन्होंने कुछ पूछा और उत्तर न पाकर सामने पत्थरों के स्तूप पर पत्थर चढ़ाने गये। उनकी देखादेखी मैंने भी उस स्तूप पर एक पत्थर चढ़ाया। तिब्बत के सभी दर्रों के पास ऐसे स्तूप होते थे। उसे चैत्य का प्रतीक मानते थे। शायद उसका आशय यह था कि इतनी ऊँचाई पर उठकर भी लोग ईश्वर को न भूलें। पत्थर चढ़ाने के इस नियम की कई व्याख्याएँ थीं, किंतु आमलोग उन व्याख्याओं के पचड़े में न पड़कर अपना कर्त्तव्य समझकर ही वहाँ पत्थर डालते थे, इससे क्या लाभ होगा इस विषय में वे सोचते भी नहीं थे।

एक घंटा विश्राम करने के बाद मैं आगे बढ़कर नीचे उतरने लगा। कारो-ला के दर्रे से कुछ आगे ढाल पर सड़क भी बर्फ से ढँकी थी। ढाल पर धूप कम आती थी जिससे बरफ पिघल नहीं पायी थी। मिस्री जैसे सफेद बर्फ के ऊपर से मुझे चलना पड़ रहा था। चढ़ाई में कितना श्रम करना पड़ा था, किंतु उतार में कोई श्रम ही नहीं था। धरती का शायद नियम ही यही है। समाज में स्थापित होने के लिए, उन्नति के शिखर पर

पहुँचने के लिए कितना परिश्रम करना पड़ता था, साधना करनी पड़ती थी; किंतु जिन्हें नीचे उतरना है, जिनका पथ अधोगामी है उनका रास्ता कितना सहज है! नीचे उतरते हुए पर्वत शिखर का शांत रूप बार-बार देखता रहा, नीचे पहुँचकर फिर यह रूप गोचर नहीं होगा। बरफ में कहीं-कहीं पाँव धँसने लगे थे, बर्फ बहुत ठोस नहीं थी, कीचड़ जैसी लगी।

कारो-ला से नीचे उतरने के बाद एक गाँव मिला। यहाँ पत्थर के बड़े-बड़े घर थे, जिनके सामने बड़े-बड़े आंगन थे। भेड़, सुअर, मुर्गी, गदहा, याक, टट्टू आदि की भीड़ देखकर लगा कि वहाँ कोई पशुमेला हो रहा था। ये जानवर सड़क पर ही रखे गये थे। जानवरों के बीच से धीरे-धीरे चलते हुए मैं गाँव के बीच एक चाय की दुकान के सामने रुका। वहाँ कुछ लोग आग तापते हुए गपशप कर रहे थे। उनसे नमस्कार विनिमय करते हुए मैंने इशारे से पूछा कि वहाँ कोई भोजनालय है या नहीं। मेरा अभिप्राय समझने के बाद एक छोकरा मुझे दुकान के एक कोने में ले जाकर डिब्बा खोलकर जौ दिखाता हुआ बोला कि वह जौ और भेड़ के मांस का सुरवा बना देगा किंतु मुझे इसके लिए पैसे देने पड़ेंगे। मैंने हामी भरते हुए उसे दो रुपये का नोट दिखाया ताकि वह आश्वस्त रहे कि मेरे पास पैसे हैं।

खाने के बाद मैंने उसे वही नोट दिया। पहले तो वह खुश हुआ, फिर उसने कहा कि उसके पास फुटकर नहीं है, उसे केवल चार आना चाहिए। फुटकर मेरे पास भी नहीं था। उस लड़के ने मुझे बताया कि उसके पास तिब्बती व चीनी मुद्रा तो है, भारतीय मुद्रा में फुटकर नहीं है। मैंने उसे इशारे से समझाया कि उसके देश के पैसे से भी मेरा काम चल जाएगा। इसके बाद जेब भरकर फुटकर लेकर मैं निकल पड़ा। उससे पूछने पर मालूम हुआ कि गाँव का नाम जारा था।

जारा गाँव से आगे बढ़ने पर तुषारधवल पर्वत की वह चोटी एक छोटे से पहाड़ की ओट में छिप गयी। अब भी लगातार नीचे उतरना पड़ रहा था। एक घंटे की यात्रा के बाद समतल भूमि पर पहुँचते ही एक बहुत बड़ी झील दिखाई पड़ी। यमद्रोक सरोवर यही था। भारत के चिल्का ह्रद जैसा ही यह सरोवर विशाल था। उसके स्वच्छ जल में नीले आकाश की परछाई थी। समुद्र का विस्तार लिए इस सरोवर के एक छोर से दूसरा छोर नहीं दिखता था। पहाड़ का बर्फ पिघलकर वह पानी सरोवर में भरता था, फिर सरोवर से निकली नदी अतिरिक्त पानी बहाकर सांपो यानी ब्रह्मपुत्र में डालती थी। लगातार पहाड़-पर्वत लांघते रहने के बाद उस सरोवर को देखकर लगा कि मैं किसी दूसरे लोक में पहुँच गया हूँ। स्थिर निर्लिप्त शिव के ऊपर जगत् प्रतीक माँ काली की तरह ही आसपास की हिमालय की चोटियाँ खड़ी थीं।

इस दृश्य को देखत हुए गाँव में प्रवेश करते ही एक चैत्य मिला जहाँ चेन-रे-जि की मूर्ति थी। चैत्य की परिक्रमा करते हुए जिन मकानों पर निगाह पड़ी उनके दरवाजे-खिड़कियाँ बंद थीं। वहाँ से आगे बढ़ा ही था कि कुछ छोटे बच्चों ने मुझे घेर लिया। वे क्या कह रहे थे यह मैं समझ नहीं पा रहा था। किंतु वे भिखारी बालक नहीं थे

और न ही मुझसे भीख मांग रहे थे। फिर कुछ युवक भी मेरे पास आए। उनकी बोली भी मैं समझ नहीं पाया। तब एक ने मुझे इशारे से समझाया कि मैं उसका अनुसरण करूँ। मैं उसके साथ बढ़ा तो बच्चे भी मुझे घेरकर साथ-साथ चलने लगे। बच्चों की खुशी देखकर लगता था कि मैं कोई नुमाइश की चीज हूँ। मुझे वे वैसे ही ले जा रहे थे जैसे लोग विसर्जन के लिए प्रतिमा ले जाते हैं। मैं बुद्धू की तरह चल रहा था, समझ नहीं पा रहा था कि वे किस खुशी में मुझे कहाँ और क्यों ले जा रहे हैं। आगे गाँव के ऊँचे भाग में एक किला था, देखने में वह गीयात्से के दुर्ग जैसा था। आगे सड़क के किनारे एक पंक्ति में बहुत से लामा खड़े थे, किंतु आसपास कोई मठ या गुम्फा भी नहीं था। इस दृश्य ने मुझे और चौंकाया। क्या वे मेरे लिए खड़े हैं? क्या इस गाँव में कोई नया लामा दिखाई पड़ने से ऐसे ही गाँववाले उसकी अभ्यर्थना करते हैं? और आगे बढ़ते ही लामागण मुझे हाथ के इशारे से बुलाने लगे। और कुछ बढ़ने के बाद जब उनके चेहरे पर मेरी नजर पड़ी तो यह भूलकर कि मैं मौनी बाबा हूँ, मैं आनंद से चीख पड़ा,—"साधु बाबा!"

गुरुजी ने बढ़कर मेरे सिर और पीठ पर स्नेह से हाथ फेरा। मैंने उन्हें तथा अन्य लामाओं को प्रणाम किया। उसके बाद अपनी उत्तेजना पर काबू पाकर उन बच्चों व युवकों को धन्यवाद दिया जो मुझे वहाँ तक ले गये थे। बच्चे प्रसन्न होकर चले गये, मैं अपने दल में शामिल हो गया। गुरुजी तथा लामाओं के साथ मैं भी एक घर मे घुसा। मुझे आश्चर्य था कि शाम ढलने से पहले ही मैं सामदिंग कैसे पहुँच गया, वहाँ तो रात में पहुंचने की बात थी।

आग के पास बैठकर गुरूजी बोले कि उस गाँव का नाम सामदिंग नहीं, नागारत्से था। सामदिंग वहाँ से और उत्तर में है। गुरुजी ने जब सामदिंग गुम्फा में पहुँचकर देखा कि उस गुम्फा की स्थिति अच्छी नहीं है और वहाँ बत्तीस लामाओं के रहने-खाने का प्रबंध नहीं हो सकता तो वे नागारत्से लौट आए थे और यहाँ कमरा किराए पर लिया था। इस गाँव में उनके कुछ पुराने परिचित थे, इससे आश्रय पाने में कठिनाई नहीं हुई और उन्हीं परिचितों के माध्यम से उन्होंने गाँव वालों को यह कहलवा दिया कि गीयात्से से बहुत से लामा यात्री आने वाले हैं, अतः कोई भी लामा यात्री दिखाई पड़े तो गुरुजी को खबर कर दें। इस काम में शुरू में गाँव के बड़े-बूढ़े जुटे थे, फिर बच्चों को जैसे एक मजे का खेल मिल गया। मेरे दल के अन्य लामाओं को मेरी ही तरह गुरुजी के पास पहुँचाया गया था। मैं ही अंतिम यात्री था, अतः बच्चों का यह खेल मुझे पकड़ने के बाद बंद!

शाम को साधुबाबा मुझे लेकर सरोवर तक गये। उनके साथ ही मैंने जप, सन्ध्या-आह्निक आदि सम्पन्न किया। उन्होंने मुझे सावधान करते हुए कहा, "तू होशियार रहना, बिलकुल बातचीत मत करना, यहाँ भी तू मौनीबाबा ही है यह याद रखना!" मैं मुस्कराया। साधुबाबा मुझे मौनीबाबा बनाकर वर्षों साथ रखें तो भी मुझे आपत्ति नहीं थी।

जहाँ हम टिके थे, वह एक-मंजिला मकान था। दीवाल पत्थर के थे। रसोई का कमरा भी बहुत बड़ा था। सभी लामा शीत से बचने के लिए रसोई में ही टिके थे। मकान की छत पैगोडा के शकल की थी, जिसके चारों ओर लकड़ी की झालरें थीं। लगता था कि वह मकान किसी पहाड़ी जमींदार ने बनवाया था।

गुरुजी ने बताया कि सब मेरा ही रास्ता देख रहे थे। अब अगली सुबह ही हम सामदिंग जाएंगे।

---

# दोरजे पामो

सूर्यास्त के समय नागारत्से का बर्फीला प्रदेश किसी मायापुरी की तरह लगता है। ढलते सूर्य की लाल रश्मि का प्रभाव ही कुछ निराला होता है बर्फ से ढँके पहाड़ों और घाटियों में। किंतु सूर्यास्त के साथ ही सर्दी इतनी बढ़ जाती है कि लोग अपने-अपने घरों में अंगीठी के आसपास दुबक जाते हैं। शाम होते-होते ठंडी हवा को रोकने के लिए दरवाजे खिड़कियाँ बंद कर दी जाती हैं। फिर कोई बाहर नहीं रहता, बोरसी लेकर भी नहीं। आहार के बाद हम भी आग के पास बैठे थे, गुरुजी हमें सामदिंग गुम्फा के संबंध में बता रहे थे। उन्होंने हमें दोरजे पामो के विषय में एक दंत-कथा भी सुनायी।

गुरुजी ने बताया कि सामदिंग गुम्फा के दो भाग हैं, एक महिलाओं के लिए तथा दूसरा पुरुषों के लिए। सामदिंग गुम्फा महिला विभाग के लिए प्रसिद्ध है, तिब्बत में महिलाओं के लिए इतना बड़ा मठ और कहीं नहीं है। मठ की महिलाएँ पुरुषों की तरह ही लामा होती हैं। सामदिंग शब्द का अर्थ 'ध्यान-पर्वत' होता है, चारों ओर के शांत-सौम्य पहाड़ों के कारण ही यह नाम पड़ा होगा। यह गुम्फा बहुत पुराना था। महिला विभाग का प्रधान दोरजे फाग्मो कहलातीं हैं, जिन्हें स्थानीय लोग दोरजे पामो कहते हैं।

आदि दोरजे पामो को लोग 'तिब्बत की माँ' कहते थे। सभी लामा उन्हें जीवित बुद्ध मानते थे। यद्यपि तिब्बत में मान्यता यह थी कि अपने धर्म व वाणी के प्रचार के निमित्त बुद्ध की आत्मा तिब्बत में सर्वत्र विचरती है और वे पुरुष के रूप में बारम्बार जन्म लेते रहे हैं। किंतु उन्होंने सामदिंग गुम्फा में नारी के रूप में दोरजे पामो नाम से जन्म लिया था। जनश्रुति के अनुसार दोरजे पामो के रूप में वे पहली बार पाँच सौ वर्ष पहले अवतरित हुए थे, इतिहासकारों का मत है कि सन् १७१६ ई० में दोरजे पामो का जन्म हुआ था। उस प्रथम दोरजे पामो की असाधारण अलौकिक क्षमता के विषय में जो लोकोक्तियाँ हैं उनमें एक यूँ है—

प्रारंभ में सामदिंग गुम्फा में पुरुष लामा महिला लामाओं से श्रेष्ठ माने जाते थे। उन दिनों चीनी तार्तार तिब्बत पर बर्बर आक्रमण और लूट-तराज में लगे थे। उनके भय से बहुतों ने सामदिंग में आश्रय लिया था, उन्होंने सोचा था कि हिमालय के एक कोने का यह गाँव कुछ सुरक्षित होगा। किंतु लुटेरे तार्तार एक दिन यहाँ भी आ धमके। उनसे जूझते हुए बहुत से गाँववासियों की जान गयी, माँ-बहनों की इज्जत गयी। इनमें से जो भी भाग सके, वे सामदिंग गुम्फा में शरण लिए। जब तार्तार सरदार को मालूम हुआ कि गुम्फा में बहुतों ने आश्रय लिया है, खासकर गाँव की युवतियाँ और सुंदरियाँ वहाँ जा

छिपी हैं, तो उन्होंने मठ पर आक्रमण किया। मठ की दीवारों पर आक्रमण के चिन्ह अब भी विद्यमान हैं। गुम्फा की फाटक भीतर से बंद कर दी गयी थी। जब पत्थर के हथौड़े से दरवाजा तोड़ने की कोशिश की जाने लगी तो उस शब्द से घबराकर गुम्फा के सभी लोग प्रधान महिला लामा के चरणों में जा गिरे और आर्तस्वर में कहने लगे, माँ हमारी रक्षा करो। इस पर वे बोलीं, डरो नहीं!

सुंदरियों के लोभ में तार्तार दस्युओं ने फाटक का दरवाजा तोड़ दिया और चीख-पुकार करते हुए गुम्फा में घुस पड़े। किंतु भीतर पहुँचकर उनके होश, ही उड़ गये, चप्पा-चप्पा छानकर भी उन्हें एक भी आदमी न मिला। गुम्फा के आंगन में आनंद के साथ बहुत से सूअर घूम रहे थे और उनके बीच एक सफेद सूअरी भी थी। तार्तारों का दल निराश होकर गुम्फा तथा गाँव छोड़कर चला गया। वस्तुत: वह सफेद सूअरी ही वज्रधारिणी दोरजे पामो थीं तथा अन्य सूअर गुम्फा के लामा एवं ग्रामवासी थे। मंत्रबल से सबको सुअर बनाकर उन्होंने उनकी रक्षा की थी। उसके बाद से ही गुम्फा की प्रवीणा दोरजे फाग्मो कहलाने लगीं।

अगली सुबह हम सामदिंग गुम्फा के लिए चल पड़े। गुरूजी ने कहा था कि माँ तारा का ध्यान ठीक से किया जाए तो भविष्य में लाभ होगा, मुझे कोई जागतिक कष्ट नहीं होगा। अत: राह चलते-चलते मैं लामा थेरेपा द्वारा सिखाए गये मंत्र को कंठस्थ करने का प्रयत्न करने लगा।

यमद्रोक सरोवर के किनारे-किनारे दो घंटे चलने के बाद हम सरोवर के उत्तरी भाग के कोने में पहुंचे। उसके बाद ही सामदिंग गुम्फा था। यहाँ भी मंदिर, चैत्य, ध्वज आदि दिखाई पड़ रहा था। गाँव से होते हुए हम गुम्फा में पहुँचे। गुम्फा के बाहर तथा भीतर बहुत अधिक मछली की महक थी। गुम्फा की कुछ महिला-लामा हमें देखकर इधर-उधर भाग गयीं। एक पुरुष लामा ने आगे बढ़कर पूछा,—"क्या आप लोग तीर्थयात्री हैं? भारत से आए हैं?"

गुरुजी ने उत्तर दिया, "हाँ। प्रधान लामा को हमारे आने की सूचना है, उन्हें खबर कर दो।"

उस लामा ने जोर से किसी को पुकारा तो कुछ लड़कियाँ वहाँ आयीं। उनके सर घुटे हुए थे और उनके वस्त्र पुरुष लामाओं की तरह ही थे। उन लड़कियों ने हमें प्रणाम किया और उक्त लामा का आदेश सुनकर चली गयीं। हम लोग एक मंदिर के पास जाकर खड़े हो गये। वहाँ से सरोवर नहीं दिखता था। चारों ओर निस्तब्धता थी। एक बाग के सिरे पर बर्फ जमी थी, शायद गर्मी में वहाँ कुछ बोया जाता है। छोटे-मोटे कई मंदिर तथा लामाओं के लिए धर्मशाला, यह सब मठ के अनुरूप ही था। कुछ गाँव के लोग तथा मठ के पुरुष लामा हमारे आसपास इकट्ठे होने लगे थे। थोड़ी देर के बाद एक वृद्धा चार महिला लामा के साथ उपस्थित हुईं। इनके भी सर घुटे हुए थे। गुरुजी ने परिचय कराते हुए कहा कि वह वृद्धा ही वर्तमान दोरजे पामो हैं। हमने उन्हें दंडवत प्रणाम किया। उसके बाद मठ की कन्याएँ आकर हमें प्रणाम करने लगीं। तत्पश्चात्

यात्रियों के सम्मान में पाँच मिनट तक भेरी बजायी गयी। फिर प्रार्थना हुई, पहले महिलाओं ने की, बाद में हमने। मैंने गिनकर देखा, वहाँ कुल छप्पन महिला लामा थीं।

सभा का अंत करती हुई माँ दोरजे पामो दो कन्याओं पर अतिथि सेवा का भार सौंपकर चली गयीं। हमें कन्याओं के साथ मध्यान्ह भोजन करने का निमंत्रण मिला।

सामदिंग गाँव में देखने का कुछ नहीं था। जो कुछ था वहाँ का गुम्फा ही। मूल मंदिर में शतबाहु बुद्ध की मूर्ति थी। अन्य मूर्तियों में वज्रपाणि प्रथम दोरजे पामो की मूर्ति ही यहाँ की इष्टदेवी थी। बुद्ध के विभिन्न अवतारों की छोटी-छोटी सोने की मूर्तियाँ तथा सैकड़ों तांखा के सिवा यहाँ विशेष कुछ नहीं था। गीयात्से की तुलना में यह गुम्फा कुछ भी नहीं था। मुझे कुछ निराशा ही हुई, क्योंकि सामदिंग गुम्फा की कथाएँ सुनकर मेरी कुछ और ही धारणाएँ बनी थीं। परिक्रमा करते हुए अपनी कापी में नोट करने लायक मुझे कुछ भी नहीं दिखा।

अंत में मंदिरों के पीछे के एक कमरे में घुसने से पहले गुरुजी बोले,—''इस कमरे की वेदी पर एक कतार में बक्से रखे हुए हैं। अब तक जितनी भी दोरजे पामो हो चुकी हैं, उन सभी के पार्थिव शरीर मॅमी बनाकर उन बक्सों में संरक्षित किए गये हैं। यहाँ मान्यता यह है कि दोरजे पामो एक ही हैं, वे शरीर बदलती रहती हैं, अत: अब जो दोरजे पामो हैं, पहले की उन सभी देहों में वे ही थीं। दोरजे पामो का पद पाते ही उन्हें इस कमरे में आकर अपनी पिछली देह देखनी पड़ती है और तीन दिन तक इस कमरे में अकेले रहना पड़ता है। उस तीन दिन तक उन्हें सत् रज: व तम:, इन तीन गुणों का ध्यान करना पड़ता है, उसके बाद ही वे अलौकिक शक्ति की उत्तराधिकारी बनती हैं।''

उस कमरे में घुसकर मुझे लगा कि वहाँ मृत्यु जैसी ही ठंडक है। घी के इकलौते दीए के कारण ठीक से कुछ देखा भी नहीं जा सकता था। हम मॅमी भी नहीं देख पाए, बक्से देखकर ही संतोष करना पड़ा। उस कमरे में बातचीत करने की मनाही थी। मुझे लगा कि तंत्र-साधना का कोई मूल रहस्य उस कमरे में अवश्य छिपा है, यदि मैं तीर्थयात्रियों के संग वहाँ न गया होता तो एक दिन उस कमरे में बिताने की अनुमति मांगता।

घूमते-घूमते हम गाँव के पीछे से होकर सरोवर के किनारे पहुँचे। वहाँ मछलियों का पेट साफ करने के बाद सरोवर के तट की बालू पर मछली सुखाने का काम चल रहा था। चील आदि के झपट्टे से मछलियों को बचाने के लिए पत्थर हाथों में लेकर बच्चे चौकसी में लगे थे। गाँव और गुम्फा में सूखी मछली की दुर्गंध यहीं से फैल रही थी। सरोवर से मछली पकड़कर उसे सुखाकर लासा भेजा जाता था, परिवहन व्यवस्था न होने के कारण ताजा मछली चालान करना संभव न था।

घूम-फिर कर हम गुम्फा में लौटे। भोजन की घंटी बजने पर हमें रसोई के आंगन में ले जाया गया। वहाँ हम दो कतार में उठंग कर बैठे। कन्याएँ हमारे सामने बैठीं।

भोजन बनाने का दायित्व एक-एक दिन एक-एक दल को सौंपा जाता था, जो भोजन पकाते, वे ही परोसते भी। मठ में जो कन्याएँ थीं उन्हें दस-बाहर वर्षों तक ब्रह्मचर्य व संन्यासिनी का व्रत लेकर मठ में रहना पड़ता था, उसके बाद वे सेवा के लिए विभिन्न गाँवों में चली जातीं।

प्रार्थना के उपरांत सब चुपचाप खाने लगे। विभिन्न सब्जियाँ, सूखी मछली, चावल व जौ मिलाकर खिचड़ी बनी थी। मेरा ध्यान सामने की पंक्ति की लामा युवतियों पर था, उनके चेहरे पर मुस्कराहट नाम की कोई चीज नहीं थी जबकि साधारण तिब्बती लड़कियां बहुत हँस-मुख होती हैं। क्या साधना के कठिन पथ में आने से ऐसा हुआ था? तो क्या यही आनंद का पथ था।

भोजन के बाद गुरुजी ने माँ दोरजे पामो को हाथी दाँत की एक छोटी-सी बुद्ध मूर्ति उपहार में दी, फिर उन्हें प्रणाम कर हम वहाँ से चल पड़े। फाटक तक सभी महिला व पुरुष लामा हमें छोड़ने आए। हमारे आगे बढ़ जाने पर भी, जब तक वे फाटक पर दिखाई पड़ रहे थे, हाथ हिला-हिलाकर वे हमें विदा दे रहे थे।

चलते-चलते गुरुजी ने सरोवर की ओर इशारा कर कहा, ''गर्मी के दिनों में बहुत से तिब्बती इस सरोवर की परिक्रमा करते हैं, इससे उन्हें पुण्य मिलता है। किंतु पूरा चक्कर लगभग दो हजार मील का पड़ता है, इस परिक्रमा में एक महीने से अधिक लग जाता है। यह सरोवर १५००० फीट की ऊँचाई पर है। गर्मियों में इस सरोवर में बहुत से राजहंस और रंग-बिरंगे सारस दिखाई पड़ते हैं।''

---

# तिब्बती भाषा

तिब्बती जब प्रार्थना करते, गद्य का उच्चारण वे काव्यपाठ की तरह करते, जो सुनने में अच्छा लगता। उस उच्चारण के साथ ही जैसे मन की आंतरिकता प्रकट होती। प्रत्येक शब्द को वे दो टुकड़े में बाँटकर उच्चारण करते। कोई धीरे-धीरे बोलता तो अब मैं उनकी बातें लगभग समझ जाता। कुछ शब्द मैं सीख गया था। गीयात्से से अकेले यात्रा करनी पड़ी तो मेरा माथा ठनका था, मौनी होना और बात है किंतु भाषा न जानना और। आगे की यात्रा में अथवा लौटते समय भी यूँ गुरुजी का साथ छूट जाए अथवा पुन: एकाकी यात्रा करनी पड़े तो क्या होगा सोचकर मैं भाषा सीखने के प्रति और सतर्क हो गया था, कोई भी नया शब्द सुनता तो उसे रटने लगता। चूँकि बोलने की मनाही थी, मैं अभ्यास नहीं कर पाता था।

शब्दों को टुकड़े में बाँटकर उच्चारण के उदाहरण दूँ। जैसे राजहंस का तिब्बती पर्यायवाची शब्द है 'ङ्गांपो'। इसका उच्चारण एक साथ न करके ये ङ्गां-पो, यानी दो भागों में उच्चारण करते हैं। इसी तरह खास्सा (हरिण) न कहकर खा-सा कहते हैं। ऐसे ही अन्य शब्दों के उच्चारण होते हैं, जैसे—पाक्-को (सुअर), मे-तोक (फूल), झाम-पा (पुल), लुक्-छा (भेड़), सा-चा (भूमि), आ-कार (मिर्च) आदि।

एक वर्ण वाले कई शब्द हैं, जैसे—न्या = मछली, भा = गाय, हां = सियार आदि।

आधा त (त्) तथा अनुस्वार (ङ्) का तिब्बती भाषा में बहुतायत से प्रयोग होता है। बहुत से शब्द तो त् से शुरु ही होते हैं। जैसे, त्-सां (घोसला), त्-जाम (बर्तन), त्-सान-दें (पाइन वृक्ष)।

पूरा एक वाक्य बोलने के लिए कई बार रुकना पड़ता है, जैसे—'था-चु दि-थूं थूं-बे' अर्थात् यह प्रार्थना-ध्वज छोटा है। हो सकता है कि अत्यधिक ठंड के कारण ही उच्चारण ऐसा था, अर्थात् ठंड से थरथराते हुए लोग एक-एक शब्द का किसी तरह उच्चारण करते थे, फिर वही उच्चारण का तरीका बन गया।

यहाँ गिनती जानने वालों का अभाव था। यहाँ ऐसे बहुत कम लोग ही थे जो सौ-दो सौ-हजार की संख्या गिन सकें। अधिकांश छोटे दुकानदार दस या बीस तक ही गिन पाते थे। जोड़ने घटाने के लिए वे साधारणत: कंकड़ या छोटे पत्थरों से काम लेते। कुछ लोग जाप की माला से भी हिसाब करते। यूँ तिब्बती गिनती सुनने में अच्छी लगती, बच्चे जब गिनती याद करते तो लगता कि वे कोई तिब्बती कविता पढ़ रहे हैं। एक से दस तक की गिनती वे यूँ पढ़ते, 'चिग्-नी-सुम-झि-ङ्गा-ड्रुग-डुन-गी-गु-चु' (यानी १, २, ३, ४, ५, ६, ७, ८, ९, १०)।

घड़ी का प्रयोग तिब्बत में कम ही होता था। धनिक वर्ग घड़ी रखते थे, किंतु वह संपत्ति या शौक का प्रतीक माना जाता था। किसी गुम्फा में भी मुझे घड़ी नहीं दिखाई पड़ी। समय का निर्धारण मुर्गे की बांग तथा सूर्य की स्थिति से होता था। विभिन्न समय बताने के लिए मैंने अपनी डायरी में जो तिब्बती शब्द नोट किए थे वे इस प्रकार हैं :—

चाक्-तां-पो = भोर में मुर्गे की पहली बांग।

चाक्-नी-पा = भोर में मुर्गे की दूसरी बांग।

थो-रां = पौ फटने का समय।

त्-से-शार = सूर्योदय।

ङ्-गा-त्नो = सुबह (सुबह आठ बजे के आसपास)

त्=शा=तिं = सूर्य ऊपर है (ग्यारह बजे के आसपास)

नीइं-कुं = द्विप्रहर।

गं-ता = शाम।

नीइ-गे = सूर्यास्त।

सा-रिप् = रात्रि।

नाम-चे = मध्यरात्रि।

किसी भी गुम्फा में रहने के लिए समय के लिए प्रयुक्त होने वाले उक्त सारणी का ज्ञान आवश्यक है क्योंकि उसी के अनुसार गुम्फा की कर्मसूची निर्धारित होती है। सप्ताह के सात दिनों के नाम इस प्रकार हैं :—

जा नींमा = सोमवार

जा दाबा = मंगलवार

जा-मिं-मा = बुधवार

जा-लाक्-पा = वृहस्पतिवार

जा-फुरपु = शुक्रवार

जा-पासां = शनिवार

जा-पेम् पा = रविवार

मुझे नियम से अर्थात् अ आ क ख से तिब्बती भाषा सीखने का मौका नहीं मिला था। इनकी लिपि का मुझे ज्ञान न था। यात्रा करते हुए जो भी शब्द मैं सुनकर याद रख पाता, नोट करता या कंठस्थ कर लेता, मेरा भाषा ज्ञान वहीं तक सीमित था। एकाकी यात्रा के बाद से मैं चौकन्ना था, काम चलाऊ भाषा सीखने के प्रयास में लगा था ताकि दुबारा ऐसी स्थिति में पड़ूं तो बहुत असुविधा न हो।

---

# प्रथम सां-पो दर्शन

सामदिंग से त्रामालुक होकर उत्तर की ओर बढ़ते हुए हमें पुनः एक पर्वत लांघना था। लासा मार्ग की यह अंतिम बाधा थी। खाम्बा-ला नामक दर्रा इस अंचल का सर्वाधिक ऊँचाई पर स्थित दर्रा था। इससे पहले हमने नाथू-ला, तां-ला तथा कारो-ला नामक तीन कंदरा पार किया था। खाम्बा-ला की अपनी विशेषता थी, यहाँ से दो ओर के दृश्य भिन्न तरह के थे। एक ओर चोमलहरि तथा हिमालय की अन्य बर्फ से ढँकी चोटियाँ, दूसरी ओर सां-पो यानी ब्रह्मपुत्र की घाटी। यमद्रोक सरोवर पहाड़ की तलहटी में पड़े वृश्चिक की तरह लगता था। इतनी ऊँचाई से पानी पानी की तरह नहीं लगता था, वह किसी निद्रित वृश्चिक दानव की तरह दिखता था। शायद इसीलिए बहुत से भारतीय तीर्थयात्रियों ने इस सरोवर का उल्लेख वृश्चिक-ह्रद के नाम से किया था।

ब्रह्मपुत्र का प्रथम दर्शन हमने खाम्बा-ला के दर्रे से किया। यहाँ वह नद नहीं, नदी थी, शांत छोटी सी पहाड़ी नदी जो नीचे की घाटी में विशाल अजगर की तरह लेटी थी। ऊपर से लगा कि उसमें कोई प्रवाह नहीं था, बस वह अपनी सत्ता लेकर वहाँ विराजित भर थी। उसका यह शांत रूप देखकर यह अनुमान करना कठिन था कि यही नदी आगे बढ़ कर प्रलयंकारी रूप लेकर सैकड़ों गाँव व जानमाल का नुकसान करती है हर साल। भारत में ब्रह्मपुत्र नाम से बहने से पहले यह सां-पो नदी पश्चिम से पूरब तक लगभग पन्द्रह सौ मील की दूरी तय करती है।

तिब्बत में सां-पो नदी बारह हजार फीट की औसत ऊँचाई पर बहती थी। खाम्बा दर्रे से वह लगभग दो हजार फीट नीचे थी। खाम्बा-ला के बाद वह पहाड़ सीधे ढालू होता हुआ सां-पो की उपत्यका में जा मिला था। हिमालय की श्रेणी का यही अंतिम अंश था। सां-पो के उत्तर में बहुत दूर में चां-तां पर्वत दिखाई पड़ रहा था जिसके उस पार चीन है। प्रकृति व हिमालय का सौंदर्य यहाँ भी सत्यम्-शिवम्-सुंदरम् के साकार रूप में था जिसका वर्णन शब्दों में पिरोया नहीं जा सकता।

खाम्बा-ला से उतरकर हम पाटसि नामक एक गाँव में रात बिताए। यहाँ इतने लोगों की एकत्र व्यवस्था नहीं हो सकती थी, इसलिए हमें तीन दलों में विभक्त होकर तीन अलग-अलग मकानों में रहना पड़ा। अगले दिन शाम को हम सां-पो के तट पर पहुँचे। सूर्यास्त के साथ ही प्रार्थना करने के बाद हमने सां-पो का जल अपने ऊपर छिड़का। इस पवित्र नदी का रूप यहां भयंकर नहीं था। ऋषिकेश में गंगा का जो रूप है, वही रूप यहाँ सां-पो का था, किंतु इसके दोनों ओर के मैदान काफी विस्तृत थे।

नदी पश्चिम से पूरब की ओर बह रही थी। हमें नदी पार करनी थी, उसके बाद लासा तक और दो दिन की यात्रा रह गयी थी।

सां-पो के किनारे फैले बालू का रंग पीला था। दोनों ही तट पर घर-बार थे। नदी के किनारे की सड़क पर लोग आवाजाही कर रहे थे। नदी के दूसरे तट पर भी सड़क थी जहाँ कुछ ट्रक खड़े थे। बहुत दिनों के बाद मुझे लगा कि मैं अपनी दुनिया में लौट आया हूँ।

---

# चाक्साम गुम्फा

पहाड़ी भागों में हम लगातार शुष्क ठंडी हवा झेलते आए थे। सां-पो के किनारे हमें उस हवा से परित्राण मिला। यहाँ की ठंडक सहनीय थी।

सां-पो के किनारे-किनारे बालू-कंकड़ की सड़क पर कुछ दूर तक पूरब की ओर बढ़ने के बाद हम दाँए मुड़े। टीलानुमा छोटी-सी पहाड़ी पर कुछ मंदिर दिखाई पड़ रहे थे जिनके सामने कुछ सूखे पेड़ थे। गुरुजी ने बताया कि वह ही चाकसाम गुम्फा है, हम वहीं रात बिताएंगे।

सां-पो के तट पर पहुँचते ही श्रांत लामाओं का उत्साह बढ़ गया था। किंतु पहाड़ी की ओर बढ़ते ही हम मानों शेर के सामने जा पड़े। नहीं, सामने तिब्बती कुत्ते नहीं, जो था वह उससे भी भयंकर। चीनी फौज। टीले की आड़ में छिपे उनके तम्बू हमें पहले दिखाई नहीं दिए थे। वे पशुओं की तरह चीखते हुए हमारी ओर दौड़े आए। अब तक जहाँ-जहाँ हमें चीनीं चौकी पार करनी पड़ी थी, कहीं उनका आचरण अभद्र नहीं था। यद्यपि गीयात्से से सामदिंग तक हमें अलग-अलग टोलियों में भेजकर उन्होंने अकारण ही परेशान किया था और हमारा समय भी बर्बाद किया था, किंतु उन्होंने बुरा बर्ताव नहीं किया था। यहाँ सेना ने हमें घेरकर इस तरह चीखना-चिल्लाना शुरू किया कि हम सकते में आ गये। उनका उद्दंड आचरण देखकर लगता था कि वे हमें मार ही डालेंगे।

धीरज और शांति का अभ्यास करते-करते हम यूँ हो गये थे कि हमें साँप काट ले तब भी हम ऊफ् न करें! कभी-कभी मुझे लामाओं का यह विकारहीन रूप जीवित लाश की तरह लगता। काम-क्रोध से परे हम मानों किसी निष्प्राण जगत के प्राणी थे। मैं शौकिया संन्यासी था, तभी ऐसा सोचता था, और सब तो इस सोच से भी परे थे। मैं जानबूझ कर इस पथ पर आया था, अतः मुझे भी चुपचाप सारे अपमान पी लेने थे।

गुरुजी शांतभाव से देर तक उन्हें समझाते रहे कि हम सब लामा हैं, चाकसाम गुम्फा में जा रहे हैं। फिर उन्होंने रास्ता तो छोड़ा, किंतु कुछ सिपाही हमारे साथ-साथ गुम्फा तक पहुँचे। बंद फाटक पर दस्तक देने पर किसी ने फाटक खोला, उसने बताया कि धर्मशाला खाली है अत: जगह मिल जाएगी। हम फाटक के अंदर घुस गये तो चीनी सिपाही लौट गये। मुझे लगा कि मैं तिब्बत में नहीं, पिकिंग पहुंच गया हूँ।

धर्मशाला में बोरसी के चारों ओर बैठकर लामाओं ने गुरुजी को धन्यवाद दिया कि उन्हीं की कृपा से रास्ते की कठिनाइयों को पार करते हुए हम सां-पो तक पहुँच गये थे। सां-पो तक पहुँचना लासा पहुँचने जैसा ही था।

चाक्साम-बौद्ध-बिहार काफी बड़ा था। यहाँ लगभग सात-सौ लामा रहते थे। धर्मशाला में तीन सौ अतिथि रह सकते थे। बुद्ध-पूर्णिमा तथा पद्मसंभवा उत्सव के लिए इस गुम्फा की ख्याति थी। धर्मशाला में हमें तीन कमरे मिले थे, किंतु यहाँ के लामा गीयात्से या अन्य गुम्फा के लामाओं की तरह मिलनसार न थे। लगा कि वे अलग-थलग रहना ही पसंद करते हैं। किसी लामा से भेंट होती तो वह गर्दन झुकाकर अभिवादन करता और तुरंत अपना रास्ता लेता। यहाँ आते ही मठाध्यक्ष एकबार आए थे, फिर वे भी दिखाई न पड़े। लगता था कि मठ के सारे माहौल को ही साँप सूंघ गया है।

चाक्साम गुम्फा से सां-पो नदी और उसका समतल मैदान दिखाई पड़ता था। मठ में बुद्ध-मंदिर, पद्मसंभवा मंदिर तथा उपासना गृहादि अति सुंदर ढंग से सजे हुए थे। लकड़ी पर बेलबूटे, दीवालों की चित्रकारी, देवी-देवताओं की मूर्तियाँ सभी कलात्मक थे। यहाँ गुरुजी ही हमें सब कुछ दिखा व बता रहे थे। गीयात्से की गुम्फा में यों कोई न कोई लामा हमारे संग रहता था, यहाँ वैसी बात नहीं थी, कोई पास फटकता भी नहीं था। मुझे लग रहा था कि शायद इनका स्तर बहुत ऊँचा है, वे ध्यान-धारणा-समाधि के जगत में विचरते हैं, इसीलिए उन्हें अतिथि-अभ्यागत से मतलब नहीं रहता। यद्यपि मेरी यह धारणा भ्रांत थी।

चाक्साम गुम्फा के धर्मशाला में रहने-खाने का खर्च नहीं लगता, इसलिए गुरुजी ने कहा कि अगले दिन हम यहीं विश्राम करेंगे, फिर लासा के लिए यात्रा शुरू करेंगे। किंतु अगले दिन शाम को धर्मशाला की देखरेख करने वाले लामा ने आकर गुरुजी से कहा कि चीनी अधिकारियों ने यह आदेश दिया है कि लासा स्थित चीनी कार्यालय में यात्रियों के विषय में सूचना भेज दी गयी है, जब तक वहाँ से कोई निर्देश नहीं मिलता तब तक यात्रियों को यहीं रहना पड़ेगा। बिना आज्ञा प्राप्त किए कोई भी यात्री सां-पो नदी पार करने की चेष्टा न करे। भारप्राप्त लामा ने खेद प्रकट करते हुए यह सूचना दी।

इस संवाद से यह स्पष्ट हो गया था कि तिब्बत पर महामान्य दलाई लामा का शासन नहीं रह गया था, सब कुछ चीन के नियंत्रण में जा चुका था। लासा दलाई लामा की नगरी थी, किन्तु वहाँ का नियंत्रण भी चीन ने हथिया लिया था। अब चीनी ही यहाँ के असली मालिक थे। शायद इसलिए चाक्साम गुम्फा का परिवेश इतना गंभीर, इतना भीतिकारक बन गया था। अब स्पष्ट हो गया था कि गुम्फा के सामने चीनी ड्रागन के सतर्क पहरे के कारण ही गुम्फा के लामा बातचीत करने से भी डरते थे।

गुरुजी ने सबको सचेत करते हुए कहा, 'सावधान रहना, तिब्बत और चीन के बीच प्रभुता की लड़ाई चल रही है, तिब्बतियों के पास धर्मबल और मनोबल है किंतु चीन के पास फौजी शक्ति है, बाद में जय चाहे जिसकी हो इस समय तो यहाँ चीन का ही राज है। अतः हमें चाहे हजार प्रश्न पूछे जाएँ, किसी भी राजनीतिक प्रश्न पर हमें चुप रहना है। स्मरण रहे कि हम नेपाली तीर्थयात्री हैं, तिब्बत में किसका राज है या क्या होना चाहिए आदि बातों से हमें कोई मतलब नहीं।''

यूँ हमलोगों का मनोबल ऊँचा था। हमें भरोसा था कि जब यहाँ तक आ गये हैं तो लासा तक अवश्य जा पाएंगे। ऐसे में एक युवा लामा स्वयं ही हमसे परिचय करने आया। वह यहाँ का सहकारी उपाध्यक्ष था। उसने यह जानना चाहा कि पथ में कहाँ-कहाँ चीनी सेना की छावनी है। मेरी डायरी यानी कापी में सब कुछ लिखा था, किंतु मैं मौनी ही बना रहा। दूसरों ने भी उसके प्रश्न का उत्तर नहीं दिया। सभी सतर्क थे, न जाने किसके मन में क्या है, अत: चुप रहना ही अच्छा। जब वह कोई सूचना उगलवा न सका तो बोला, ''आपलोग हमारे अपने हैं, तभी आपसे कह रहा हूँ। १९५० के चीनी आक्रमण के बाद से हमारी स्वाधीनता जाती रही। बहुत से तिब्बती भारत तथा नेपाल भाग गये हैं। लासा को चारों ओर से चीनी फौजियों ने घेर रखा है, लासा के बाहर के मठ तथा गुम्फा फिर भी कुछ स्वाधीन हैं। किंतु क्रमश: चीनी प्रतिनिधि अपनी नीति थोपने लगे हैं। सांपों के इस पार इतने दिनों तक सेना नहीं थी, किंतु पांच-छ: दिन पूर्व अचानक यहाँ भी उनके तम्बू लग गये । संभवत: यहाँ से फेरीघाट पर निगाह रखना ही इनका उद्देश्य हो। वे ये नहीं समझते कि इससे हमारे धर्माचरण पर बाधा पहुँचती है। हमने लासा के पीपुल्स लिबरेशन आर्मी तथा प्रिपरेटरी कमेटी को प्रतिवाद का ज्ञापन भेजा है, किंतु अभी उसका उत्तर नहीं मिला। आप लोग तो सीमा पार करके आए हैं, इसीलिए पूछ रहा था कि आपकी क्या राय है?''

उत्तर गुरुजी ने दिया, ''हम साधारण तीर्थयात्री हैं। रास्ते में कहीं-कहीं सेना थी अवश्य, किंतु उससे हमारी यात्रा में विघ्न नहीं पड़ा। चीनी तथा तिब्बती सेना में क्या अंतर है, यह भी हम नहीं जानते, यह सब देखने का समय भी नहीं था हमारे पास।'' उनका उत्तर सुनकर उपाध्यक्ष लौट गये।

उस दिन सुबह से ही धूप में गर्मी थी। गुरुजी ने सां-पो में नहाने व पूजा चढ़ाने का प्रस्ताव रखा। ब्रह्मपुत्र के किनारे-किनारे सफेद फूल खिले हुए थे। वहाँ के लिए यह फूलों का मौसम था। हमने कुछ फूल चुने, फिर नदी के किनारे पहुँचे। हमारे सभी कपड़े, खासकर अंतर्वास व मोजे बहुत गंदे थे, उन्हें धोने का यही मौका था। लंगोट पहनकर सब पानी में उतरने लगे। पानी में पाँव डालने के बाद ही मैं कूद कर बाहर निकल गया। पानी क्या था, पिघला हुआ बर्फ था। उस पानी में नहाना क्या, कपड़े पछाड़ना भी असंभव थ। मुझे लगा कि उस जल के स्पर्श से ही न्यूमोनिया हो जाएगा। किन्तु और लामा एक-एक कर नदी में उतर चुके थे। वे नेपाल की बागमती नदी के बर्फीले पानी में नहाकर अभ्यस्त थे, मुश्किल में मैं ही पड़ा था। अब मैं न नहाऊँ तो यह प्रमाणित कर दूंगा कि मैं पहाड़ी या नेपाली नहीं। दूसरे यह विचार भी आया कि तिब्बत के ब्रह्मपुत्र में नहाने का पुण्य और अनुभव बटोर लूँ तो अच्छा ही लगेगा। इस ठंडे पानी में मैं मर जाऊँ तो भी शायद पुण्य ही होगा!

ब्रह्मपुत्र के किनारे की रेतीली जमीन बहुत गर्म थी, धूप में भी ऊष्मा थी। ऐसा नहीं लगता था कि हम बारह हजार फीट की ऊँचाई पर हैं और चारों ओर के पहाड़ बर्फ से ढँके हैं। गुरुजी को नहाते देखकर मेरा मनोबल कुछ बढ़ा, इतने बूढ़े आदमी

यदि नहा सकते हैं तो मैं क्यों नहीं? हिम्मत करके पुनः पानी में उतरा, हाथ-पाँव भींगोकर उस ठंड को टटोलता रहा, फिर एक डुबकी लगाकर तट पर आ गया। पहले कँपकँपी छूटी, फिर शरीर पोंछने के बाद धीरे-धीरे शरीर में एक ताज़गी आ गयी। मुझे एक अद्‌भुत तृप्ति का बोध हुआ। ठंडे पानी में नहाने के बाद जो स्फूर्ति मिलती है, मैंने वही पाया था। इसमें पाप-पुण्य की बात ही नहीं थी। जाड़े में अथवा ठंडे प्रदेश में ठंडे पानी में नहाना ही साहस का काम है, यह आवश्यक भी है, और यही साहस पुण्य स्नान है। स्नान के बाद देह में जो परिवर्तन आता है, वही पुण्यस्नान है। अलकनंदा में डुबकी लगाने का जिन्हें अवसर मिला होगा, वे इस बात को समझ सकते हैं।

स्नान के उपरांत हमने समवेत प्रार्थना की और भक्तिपूर्वक सां-पो में पुष्पार्ध्य निवेदन किया। लामा धम्मपद के श्लोक सस्वर पाठ करने लगे—

**मन ही वृत्तियों को जन्म देता है**
**मन ही मन को मालिक बनाता है।**
**अपवित्र मन ले आता है दुःख**
**जीवन का पहिया यूँ ही घूमता है॥**
**हे दयामय! मुझे इस भँवर से उबारो;**
**घृणा से नहीं मिटती है घृणा।**
**प्रेम की नदी में अवगाहन करते ही**
**दूर हो जाती है मन से घृणा।**

चाक्साम गुम्फा में वज्रधारा मंदिर और सहस्त्रबाहु मंदिर देखने लायक थे। इन मंदिरों की शिल्प-कृतियाँ एवं तांखाओं को देखते हुए हमारा समय कटता। यहाँ एक और विशेषता थी। चाक्साम गुम्फा चूहों का स्वर्ग था। उनकी गतिविधि अबाध थी। वे ध्यान-मग्न लामाओं के सर पर उठने में भी नहीं हिचकते थे। मंदिर के भंडार का चावल तथा मक्खन इन चूहों का मुख्य भोजन था। तिब्बतियों का मत था कि मृत लामाओं की आत्मा उन चूहों में है, इसीलिए वे गुम्फा छोड़कर नहीं जाते। अतः उन पुण्यात्माओं को चूहेदानी में फँसाने या मार भगाने की दुष्ट बुद्धि किसी में हो, यह संभावना नहीं थी।

बद्रीनाथ के खटमल मुझे याद थे, चाक्साम गुंफा के चूहे भी याद रहेंगे। रात में हम सोते तो हमारी सुप्त देह पर चढ़कर वे जो नाच नाचते उसे भला कोई भूल सकता है! इस बौद्ध-बिहार को चूहों ने शायद गणेश मंदिर मान लिया था।

गुरुजी हमें धम्मपद के विशेष अध्याय पढ़कर सुनाते थे। ऐसे तीन दिन बीते, चौथे दिन सुबह के नौ बजे के करीब यह सूचना मिली कि लासा से यहाँ के चीनी कैम्प में आदेश आ गया है कि हमें लासा जाने दिया जाय। फिर बिना एक क्षण गँवाए हम चल पड़े, दस बजे सां-पो के किनारे पहुँच गये।

सांपो दूर से शांत दिखने पर भी वह तीव्र प्रवाहिनी नदी थी। उसके किनारे-किनारे हम पूरब की ओर जा रहे थे। कुछ दूर जाने पर कपड़े पछाड़ते व नहाते हुए

लोग दिखाई पड़े। वे आनंद में गा भी रहे थे। जिस ठंडे पानी में उतरते हुए मैं घबड़ाया था, उसी पानी में महिलाएँ भी हँस-हँस कर गोते लगा रही थीं। महिलाओं में अधिकांश युवतियाँ थीं, उनके वक्ष अनावृत थे। वस्त्र पत्थर पर रखकर कोई नहा रही थी, कोई धूप सेंक रही थी। ऐसा दृश्य मैंने अब तक नहीं देखा था। हमें उन्होंने आश्चर्य से देखा, जीभ निकालकर अभिवादन भी किया, किन्तु कमर के ऊपर वस्त्र न होने के कारण वे लजाई-सकुचाई नहीं। ऐसी सहजता व सरलता शायद यहीं संभव थी। मन चंगा तो कटौती में गंगा। मन पवित्र है तो वहीं मुक्ति है।

उन ग्रामीणों के नहाने के स्थान से कुछ आगे बढ़ने पर फेरी घाट मिला। नदी पार करने का एकमात्र भरोसा वह फेरीघाट था। एक तो नदी चौड़ी थी, दूसरे उसमें तीव्र स्त्रोत था और तीसरे उसका पानी भी इतना ठंडा कि उसे तैर कर पार नहीं किया जा सकता था। इसलिए नौघाट से नाव लेकर ही नदी पार करनी पड़ती थी।

घाट पर आवश्यकता के अनुरूप व्यवस्था नहीं थी। किनारे एक छोटा सा घर था। उसकी भी दशा ऐसी थी कि हल्की सी आँधी में भी वह उड़ जाए। घर के भीतर एक चूल्हे पर चाय खौल रही थी। दो पैसे में एक मग चाय बिकती थी। नदी पार करने के लिए आए हुए और भी लोग नाव के इंतजार में वहाँ बैठे थे।

उस पार से सवारी तथा सामान भरकर नाव आयी। उसे खेते हुए जहाँ तक लाना संभव होता वहीं तक लाते, फिर घुटने भर पानी में उतर कर यात्रियों को नदी पार करनी पड़ती। यहाँ कोई पुल या जेटी नहीं था। बारिश में या महीने भर बाद जब बरफ पिघलकर नदी में भरपूर पानी होगा तब नाव और किनारे तक आ पाएगी।

लकड़ी की बनी यह नाव बड़ी ही थी। लगता था कि नाव पूरे गाँव को लाद कर दूसरे तट पर पहुँचाती थी। क्या नहीं था उसमें! याक, भेड़, गदहा, सूअर, मुर्गी, सामान, घास-फूस, आदमी! एक सवारी का चार पैसा लगता था। गुरुजी बोले कि पहले नदी पार करने में बड़ी दुर्गत होती थी, तब याक के चमड़े की नाव थी जिसमें आठ-दस से अधिक लोग एक बार में नहीं जा सकते थे। उस नाव से दिन में एक बार या दो बार उस पार जाया जा सकता था। किन्तु अब हान् के आगमन से बहुत उन्नति हुई थी, अब बड़ी नाव थी जो चार-पाँच बार उस पार सवारी पहुँचाती थी। एक और नौका सेना के लिए भी थी जिसे चीनी व तिब्बती फौजी इस्तेमाल करते थे।

हमें नदी पार करने में एक घंटा लगा। तिब्बत में पहली बार हम किसी यान पर चढ़े थे। गैंगटक से लासा की पदयात्रा में नौका द्वारा सां-पो नदी पार करना एक अपवाद जैसा था।

सांपो के आगे का रास्ता रेतीला था। सांपो के किनारे की कछारी भूमि के रास्ते कुछ दूर तक नदी की दिशा में यानी पूरब में बढ़ते रहने के बाद हमने सड़क छोड़कर एक पगडंडी पकड़ी। सांपो का तिब्बती उच्चारण त्-साङ्-पो था। सांपो के दक्षिण में हिमालय श्रेणी थी, उत्तर में विस्तृत मैदान। मैदान में कृषि-भूमि थी, लगा कि वहाँ पैदावार अच्छी होती होगी। बीच-बीच में किसानों के घर भी दिखाई पड़ते। दांयें

घूमकर हम पुनः बड़ी सड़क पर आ गये। भूमि समतल थी, इस क्षेत्र को की-चु नदी की घाटी कहते थे। पगडंडी से चलकर हमने रास्ता संक्षिप्त कर लिया था, इसीलिए की-चु और ब्रह्मपुत्र का संगम नहीं देख सके। इस संक्षिप्त पथ से तीन घंटे कम लगे। की-चु नदी के किनारे चुसुल नामक एक गाँव में हम रुके। यहाँ कोई चाय की दुकान नहीं थी। गाँव में कुछ पेड़-पौधे नजर आए।

कुछ बच्चे हमारे पीछे लगे थे। उनसे पूछने पर कि गाँव में कहीं लकड़ी मिलेगी या नहीं, एक दस-ग्यारह वर्षीय बालक ने हमें उसके साथ जाने को कहा। उसके पीछे-पीछे हम एक मकान के सामने आकर खड़े हुए। दरवाजा बन्द था। शायद घर में कोई नहीं था, कोई होता तो दरवाजा खुला होता। लामाओं की भीड़ देखकर आसपास से लोग दौड़ आए, एक ने पूछा, ''क्या चाहिए?''

गुरुजी बोले, ''हम तीर्थयात्री हैं, भोजन बनाने के लिए हमें कुछ लकड़ी चाहिए।''

''उस घर में अभी कोई नहीं है। आपलोग रुकिए, हम लकड़ी ला देंगे।'' भीड़ में से एक ने कहा।

हमें सूखी लकड़ी चाहिए थी और लकड़ी की दुकान बन्द थी। गाँव वालों ने मदद की, वे अपने-अपने घरों से एक-एक लकड़ी ले आए, पैसे भी नहीं लिए। लकड़ी-जलाकर हम भोजन बनाने में जुट गये। चावल-दाल और सत्तू की खिचड़ी। हम अपनी-अपनी कटोरी में नदी का पानी लेकर पत्थर की आड़ में खिचड़ी बना रहे थे। रास्ते में बड़े बर्तन के अभाव में हमारा भोजन ऐसे ही होता था। गाँव वालों को भोजन के लिए बुलाया तो दो वयस्क और चार बच्चे हमारा संग देने आ गये, शेष दूर खड़े देखते रहे। खा-पीकर लकड़ी के लिए उन्हें धन्यवाद देकर हम फिर आगे बढ़े।

हिमालय के विभिन्न दर्रे पर उठते हुए हमारे पाँव उतने नहीं दुखे थे जितना कि खाम्बा-ला से उतरते समय हुआ था। तीव्र ढाल पर बर्फ से जूझते हुए उतरने में हम अधिक थक गये थे। शायद वहाँ से उतरते समय मैंने तथा दल के अन्य लामाओं ने भी हड़बड़ी की थी। चाकसाम गुम्फा में पर्याप्त विश्राम के बाद भी पाँव की हालत खस्ता थी। इसलिए समतल भूमि पर भी हम पहले की तरह नहीं चल पा रहे थे। हमारी गति मंथर थी।

हम की चु-नदी के किनारे-किनारे स्रोत की विपरीत दिशा में चल रहे थे। नदी पत्थरों पर से बहती थी, कहीं-कहीं पत्थरों से तेज धाराएँ टकराकर नदी का सौंदर्य बढ़ा रही थीं। लासा की ओर से बहकर यह नदी ब्रह्मपुत्र में जा मिली थी।

साँझ के कुछ पहले हम एक बड़े से गाँव में पहुँचे। गुरुजी ने बताया कि नेथांग नामक उस गाँव में पिछले बीस वर्षों से कोई परिवर्तन नहीं हुआ था। गाँव में एक छोटा सा गुम्फा था जिसे लामा यात्री धर्मशाला की तरह व्यवहार करते थे। वहाँ पहुँचने पर एक वृद्ध लामा गोधूलि की धुँधली रोशनी में हमें दो कमरे दिखाते हुए बोले, ''लकड़ी या लकड़ी का कोयला जरा भी नहीं है, इस महीने का अनुदान अभी लासा से नहीं

पहुँचा, गाँव के दुकानदार भी पैसे के लिए तगादा कर रहे हैं। आज यहीं सो जाओ, कल यदि खाने-पीने का कोई प्रबंध हो पाया तो प्रयत्न करूंगा।'' वे कुछ भी सुनने को राजी न थे, उन्होंने यह भी नहीं पूछा कि हम कहाँ से आ रहे हैं अथवा कहाँ जाएंगे। अपनी बात कहकर वे फैलते अंधेरे में गायब हो गये। वहाँ लालटेन-दीया भी न था। हम लोग एक ही कमरे में ठूँस कर सो गये। इससे ठंड कम लगेगी। रात के भोजन का प्रबंध तो नहीं था, अतः शीघ्र सोना ही अच्छा था ताकि सुबह जल्दी उठ सकें।

तड़के हम उठ भी गये। मुझे भूख लगी थी। दिन में जो अल्प आहार किया था वह की-चु नदी का पानी पीते-पीते कल दिन में ही हजम हो गया था। इतनी सुबह वृद्ध लामा को जगाकर भी क्या होता, अतः हम लोग चुपचाप धर्मशाला से निकल गये। चोरतेन के निकट पहुँच कर प्रार्थना की, फिर चाय की दुकान तलाशने लगे। कुछ कुत्ते हमें देखकर भी इधर-उधर चले गये। तिब्बत में यह पहला मौका था जब कुत्तों ने हमें सम्मान दिखाया था।

सड़क पर एक महिला दिखाई दीं। वे खाँसती हुई कहीं जा रही थीं। उनसे पूछने पर उन्होंने खाँसते हुए ही कहा, ''उस दरवाजे जाइए, दुकानदार भीतर सोता होगा।'' कुछ देर तक दरवाजा खटखटाने के बाद एक व्यक्ति दरवाजा खोलते समय गुस्से से चीखा—''क्या चाहिए?'' फिर इतने लामाओं को देखकर उसने जीभ निकालकर कहा, ''कहिए मैं आपकी क्या सेवा कर सकता हूँ?''

लकड़ी जलाकर काले रंग का पतीला चढ़ाता हुआ वह बोला, ''चाय तैयार है, बस मक्खन मिलाना है।'' चाय मिली तो वह बहुत कड़वी थी। दो घूँट से ज्यादा कोई न पी सका। मैं तो घर की चाय का स्वाद भूल चुका था, तिब्बत में नमक और मक्खन की चाय का अभ्यास भी हो चुका था। किन्तु इस चाय की कड़वाहट अजीब थी। दुकानदार ने गर्व से कहा, "यह मेरी खासियत है, चाय में मैं एक दवा मिलाता हूँ क्योंकि गाँव में लोगों को अजीर्ण की शिकायत रहती है, यह दवा मेरे बाबा का आविष्कार है'' यद्यपि उनका दावा था कि कड़वाहट कम करने के लिए उसमें बहुत मक्खन मिलाया गया है, किन्तु दो घूँट जो मैं हलक के नीचे उतार पाया था वह इसलिए कि मेरी दादी ने मुझे चिरौते का पानी पिला-पिला कर कुछ अभ्यास करा दिया था। बत्तीस ग्लास चाय की कीमत एक रुपया देकर हम गाँव से कूच करने से पहले गुम्फा के वृद्ध लामा को धन्यवाद देने गये, फिर उनका आशीर्वाद लेकर पुण्यतीर्थ की ओर बढ़े।

# नेथांग से आगे

नेथांग से कुछ पहले से ही हमारी यात्रा पूरब की ओर थी। आगे दूर में एक पहाड़ दिखाई पड़ रहा था, की-चु नदी के किनारे-किनारे हम उस पहाड़ की ओर बढ़ते जा रहे थे। क्रमश: नदी ने पहाड़ी नदी का रूप ले लिया था। आगे बढ़ने पर लगा कि पहाड़ नदी के तट पर आकर ठिठक कर रुक गया था। उससे भीमकाय चट्टान खिसककर नदी में गिरे थे और उन चट्टानों से टकराकर नदी विकट शोर मचा रही थी। और आगे पहुँचकर मोड़ घूमते ही सामने के दृश्य ने एकबारगी चौंका दिया। की-चु नदी की यह घाटी अब तक पहाड़ की ओट में थी। मैदान से कुछ दूर पहाड़ के अन्य भाग पर बहुत से मंदिर बने थे जिनके छत धूप में चमक रहे थे। पहाड़ की चिकनी दीवार पर बुद्ध के अवतार भगवान् पद्मसंभवा की एक विशाल तस्वीर बनी थी। उस चतुर्भुज सजीव चित्र के सामने हमने साष्टांग प्रणाम किया। उसके बाद पद्मसंभवा का आशीर्वाद लेने के लिए हमने ध्यान किया और फिर समवेत प्रार्थना की—

**जब हमारे कर्म, क्लेश और**<br>
**क्लेश के कारण सब होते हैं दूर**<br>
**तभी मिलती है मुक्ति।**<br>
**विषय और वासना देते हैं बंधन**<br>
**उससे छुटकारा संभव है प्रकृति-तत्व के ज्ञान से।**<br>
**महाशून्य ज्ञान द्वारा हमें निर्वाण का पथ दिखाओ,**<br>
**हे तंत्राचार्य पद्म-संभवा! तुम्हारा स्वरूप हमें दिखाओ।**<br>
**बुद्ध का पथ ही एकमात्र मुक्ति का पथ है**<br>
**हे महायोगी! हम तुम्हारे पथ के पथिक हैं**<br>
**हे तंत्राचार्य पद्म संभवा! तुम्हारा स्वरूप हमें दिखाओ।**

पहाड़ की दीवाल पर और भी चित्र थे। असंख्य देव-देवियों के चित्र व मूर्तियों को देखकर हम तृप्त हुए, वे हमें आशीर्वाद करते हुए लग रहे थे। बहुत दूर में लासा के मठ व मंदिर दिख रहे थे, वह शहर इतनी दूर से किसी रहस्य-लोक की तरह लग रहा था।

नदी के किनारे-किनारे और आगे जाकर हमें पुन: रुकना पड़ा, नदी के मध्य में वेदी बनाकर उस पर भगवान बुद्ध की विशाल मूर्ति स्थापित की गयी थी। काले ग्रेनाइट पत्थर की वह शांत सौम्य मूर्ति मानों समस्त बौद्ध दर्शन व धर्म की सजीव प्रतिमा थी। वहाँ आसपास दैत्याकार चट्टान थे जिन्हें नदी की तीव्र धारा हिला न सकी थी। लगता था कि नदी के प्रवाह और पत्थर के स्थायित्व के बीच वहाँ अनादि काल

से संग्राम चलता आ रहा था। ऐसे स्थान में मूर्ति गढ़कर शायद कलाकार ने यह बताना चाहा है कि सदाचंचल संग्रामरत विश्व में जगतपिता महामुनि भगवान् बुद्ध ही स्थिर हैं। सड़क पर लेटकर हमने इस मूर्ति को भी प्रणाम किया। आगे छोटे-छोटे चोरतेन थे, पताकाएँ तो थीं ही। महातीर्थ के पथ में यात्रियों को यहाँ स्नान कर पूजा करनी पड़ती थी। अत: हम भी अपनी दूसरी अंजलि देने के लिए रुक गये। नीयांग नदी के प्रपात के पास हम प्रथम अंजलि दे आए थे।

मुझे स्वयं पर गर्व होने लगा था। इतनी दूर आ सका हूँ, यही मेरा गर्व था। इसलिए नहीं कि पथ कठिन था, इसलिए कि ऐसी यात्रा में बहुत कम लोग आते हैं। मन में निश्चय था, तभी न मुझे यह पुरस्कार मिला। इस पुरस्कार का कोई भौतिक मूल्य भले न हो, आंतरिकता, पवित्रता और आनंद का भंडार तो मुझे मिल ही गया। काश! परीक्षा में अव्वल आने वाले मेरे स्कूल के विद्यार्थी भी यह सब देख पाते!

अचानक मुझे होश आया, मैं यह क्या सोच रहा हूँ? छी:! इस आनंद सागर में डूबने के बाद भी मेरे मन में अहंकार जाग रहा है? अहंकार से मुक्ति नहीं मिलती। अहं को न हटाने से अहंकार रहेगा, अहं ही कामना और बंधन का कारण है। क्या मैं मुक्त नहीं हूँ; तीर्थयात्री लामाओं के साथ हिमालय के दुर्गम रास्ते में घूमना क्या मुक्त होना नहीं है? मन और आत्मा की मुक्ति किसे कहते हैं, यह मैं नहीं जानता था किन्तु जानने की इच्छा होती थी। जब एक शिला पर बैठकर मैं यह सब सोच रहा था, साथी लामाओं को प्रार्थना करते सुनकर मेरा ध्यान उधर खींचा—

'महाज्ञानी सोंग-का-पा, हमें पथ दिखाओ, हमें बोधिसत्व से बुद्धत्व प्राप्ति का पथ दिखाओ, जिस प्राप्ति के साथ ही हम मानवप्रेम सेवा और एकता की ओर प्रवृत्त होंगे। बुद्धम् शरणम् गच्छामि, धम्मम् शरणम् गच्छामि, संघम् शरणम् गच्छामि।'

पूजा-अर्चना से निपटते दोपहर हो गया था। पास ही एक सराय में हमने भोजन किया। यहाँ का दृश्य लक्ष्मणझूला जैसा था, किन्तु नदी गंगा की तरह न होकर अलकनंदा से भी भयंकर थी।

**सामने के विशाल मंदिरमय नगर की ओर बढ़ते हुए गुरुजी ने बताया कि वह विश्व-**विख्यात ड्रेपुंग गुम्फा है, हम वहीं जा रहे हैं। ड्रेपुंग गुम्फा विश्व का सबसे बड़ा बौद्ध-विहार है। नालंदा तथा तक्षशिला, जो अब खंडहर हैं, के आदर्श से यह मठ बनाया गया था।

ड्रेपुंग गुम्फा हम शाम को पहुँचे। यहाँ बहुत से बौद्ध-मंदिर थे जिनकी चोटियाँ गुम्बद के आकार की थीं। घर-बार पैगोडा जैसे। धर्मशाला का दरवाजा भारतीय, नेपाली, सिक्किमी व भोटिया साधु व लामाओं के लिए हमेशा खुला रहता।

प्रार्थना चक्र घुमाते हुए हमने मूल मंदिर की परिक्रमा की, साष्टांग प्रणाम किया और धर्मशाला में विश्राम के लिए चले गये। हम सब बहुत प्रसन्न थे क्योंकि लासा अब मात्र साढ़े तीन मील दूर रह गया था।

---

# द्रेपुंग गुम्फा

सुबह सात बजे के आसपास भेरी की आवाज सुनकर हमारी नींद खुली। अपने लक्ष्य के करीब पहुँच कर हम इतने निश्चिंत हो गये कि रात घोड़ा बेचकर सोए थे। जागकर लगा कि आवाज भेरी की नहीं, बाँसुरी जैसी थी जो पास ही से आ रही थी। धर्मशाला के बरामदे में निकलकर देखा कि रंग-बिरंगी पोशाक पहने और सर पर मुकुट की तरह टोपी पहने दो तिब्बती लामा बाँस की तरह लम्बी बाँसुरी बजा रहे हैं। ऐसी विचित्र तिब्बती बाँसुरी मैंने भारत में कहीं नहीं देखी थी, गीयात्से में अवश्य देखी थी। इसकी लम्बाई बीस शहनाइयों के बराबर थी। एक छोर मुँह में तो दूसरा धरती पर टिका था। दस मिनट तक बंसी की ध्वनि चारों ओर गूजंती रही, फिर दोनों लामाओं ने हमें अभिवादन किया।

बरामदे से लासा शहर दिखता था। सबसे पहले महामना दलाई लामा के प्रासाद पर दृष्टि थम जाती। रंगीन छत, मंदिर, दरवाजे-खिड़कियों से युक्त पोताला प्रासाद गर्व से खड़ा था। इस दुर्गम देश के एक पहाड़ की गोद में वह जादुई-महल टिका था।

सुबह सबसे पहले हम यहाँ की औपचारिकता निभाने में व्यस्त रहे। विदेशी नियंत्रक कार्यालय के एक सरकारी कर्मचारी हमारे विषय में छानबीन करने आए थे। बाहर से आने वालों को वहाँ अपना नाम, पता, यात्रा का उद्देश्य, कितने दिन रहना है, वहाँ से कहाँ जाएंगे आदि प्रश्नों के उत्तर लिखाने पड़ते थे। उन्होंने प्रत्येक लामा का नाम भी नोट किया। गुरुजी ने मेरा नाम लामा मौनी बाबा लिखाया।

इसके बाद गुम्फा के मुख्य सचिव ने हमें बुलवाया। वे कुछ दूर पैगोडा जैसे एक भवन में रहते थे। वे एक लम्बे-चौड़े इंसान थे। प्रत्येक यात्री की कलाई पकड़कर सर झुकाकर उन्होंने मुस्कराकर अभिवादन पर्व सम्पन्न किया, फिर कहा, ''द्रेपुंग गुम्फा की ओर से मैं आपका स्वागत करता हूँ।''

उनके सहकारी ने भी हम लोगों का नाम लिख लिया। फिर मुख्य सचिव ने पूछा, ''चाय आप लोग अवश्य लेंगे?''

''अवश्य!'' हम कब ना कहने वाले थे!

मुझे बहुत आश्चर्य हुआ जब चाय बहुत खूबसूरत महीन प्याली व रकाबी में लायी गयी, उससे भी अधिक आश्चर्य हुआ कि वह चाय कलकत्ता के चाय जैसी थी। इससे मैंने अनुमान किया कि यह व्यक्ति लासा का एक अत्यंत सम्मानीय व्यक्ति होगा। चाय के साथ हमें बिस्किट भी दिया गया। चाय पीते हुए वे गुरुजी से यात्रा व यात्रियों

के स्वास्थ्य के विषय में पूछताछ करते रहे। अचानक मेरी ओर देखकर वे बोले, ''तुम इस कच्ची उम्र में यहाँ पहुँच गये, यह अवश्य ही तुम्हारे पूर्वजन्म का कर्मफल है।'' चाय पान के पश्चात् उन्होंने अपने सहकारी से कहा कि वे हमें द्रेपुंग गुम्फा ठीक से दिखा दें।

द्रेपुंग शब्द का अर्थ है भात का पहाड़। दूर से सफेद रंग का गुम्फा शायद चावल के पहाड़ जैसा ही दिखता रहा होगा, तभी यह नाम पड़ा था। पुराने मंदिर व मकान अब भी पहले की तरह सफेद ही थे, किन्तु नए मंदिर व भवनों के अन्य रंग भी थे।

सहकारी लामा ने हमें एक भवन के सामने ले जाकर कहा, ''द्रेपुंग गुम्फा में अध्ययन के लिए विदेश से भी लोग आते हैं। प्राचीनकाल में उड़ीसा (भारत) में 'श्री दंग कतक' नाम का एक बौद्ध-बिहार था जिसका अब अस्तित्व नहीं है, द्रेपुंग गुम्फा उसी के अनुकरण में बनाया गया था। सामने के इस निवास में नेपाली विद्यार्थी रहते हैं, चलिए आप लोगों को उनसे मिलाएँ।''

वह छात्रावास दार्जिलिंग के घूम गुम्फा के अतिथिशाला जैसा था। भीतर से प्रार्थना के मंत्रोच्चारण की आवाज आ रही थी। नेपाल से तीर्थयात्री आए हैं सुनकर नेपाली विद्यार्थी प्रसन्नता के साथ बाहर आकर हमें प्रणाम करने लगे। यह पहला अवसर था जब मैंने अपने दल के लामाओं को चहकते सुना, शायद बाहर जाकर अपने देश के लोग मिलने से ऐसा ही होता है। उनमें सवाल-जवाब-बातचीत यूँ हो रही थी—तुम कहाँ के हो? अच्छा, अच्छा, मैं उस गुम्फा में कई साल रहा। अरे वहाँ! उस बिहार का शिलान्यास तो मेरे सामने ही हुआ था! तुमने उनसे दीक्षा ली थी, अरे वे तो मेरे भी गुरु हैं, तब तुम तो मेरे गुरुभाई हो! उनकी इस बातचीत को मैं तटस्थ होकर सुन रहा था। लगा कि मेरे दल के सभी लामा पहुँचे हुए फकीर हैं, वे चुपचाप रहते हैं इससे उनके ज्ञान व गुणों का पता नहीं लगता। गुरुजी ने मेरा परिचय देकर कहा कि यह भारत-नेपाल सीमा के रक्सौल शहर से आया है, मौन व्रत लिया है इसलिए बात नहीं करेगा। मैंने सोचा कि मैं मौनी न होता तो अभी यहाँ मेरा पोल खुल जाता। नेपाली छात्रों ने सहकारी लामा को यह कहकर विदा कर दिया कि गुम्फा घूमने में छात्र ही यात्रियों का साथ देंगे। वे चले गये, हम छात्रों के साथ घूमने निकले।

मूल मंदिर के चार ओर चार महाविद्यालय बने थे। दीवाल तथा छत सफेद व सुनहरे रंग के थे तथा बारजा व दरवाजे उज्ज्वल लाल रंग के। प्रथम महाविद्यालय का नाम लोसेलिंग था, तिब्बत के पूर्वांचल के लामा दर्शन शास्त्र तथा तिब्बती संस्कृति की चर्चा के लिए वहाँ आते। अन्य तीन विद्यालयों के नाम गोमांग त्रत्सांग, देयांग त्रत्सांग तथा ड्गाक्पा त्रत्सांग थे। त्रत्सांग का अर्थ आवासीय शिक्षाकेंद्र है। तिब्बत के विभिन्न क्षेत्र की छात्रसंख्या नियत थी। ये लामा ही तिब्बत के भविष्य के कर्णधार होंगे, वे ही मंत्री, सचिव, सैनिक, इंजीनियर, चिकित्सक, वास्तुकार तथा धर्मगुरु आदि बनेंगे। विदेशी छात्रों की अलग व्यवस्था थी, नेपाल सिक्किम भूटान आदि के छात्रों के लिए अलग विदेशी छात्रावास था।

ड्रेपुंग गुम्फा में लगभग दस हजार विद्यार्थी थे। वे सभी गुम्फा में रहकर अपना अध्ययन करते थे। लासा के निकट यह अपने ढंग का एक शांतिनिकेतन ही था। प्रत्येक महाविद्यालय के प्रधान को खेम्पो कहते थे, चार खेम्पो में उम्र व पांडित्य में जो श्रेष्ठ होते वे ड्रेपुंग के सर्वप्रधान बनते, उपकुलपति की तरह। छात्रों में अनुशासन बनाए रखने के लिए दो शांति-अभिकर्ता नियुक्त थे, उन्हें शालिंगो कहते थे। शालिंगो ड्रेपुंग गुम्फा के दरोगा जैसे थे। महाविद्यालय के चारों भवन पैगोडा की तरह बने थे।

तिब्बत का यह क्षेत्र मैदानी था। चारों ओर पेड़-पौधे थे। शीत के बाद यहाँ गर्मी शुरू ही हुई थी, शीघ्र ही यहाँ के बगीचे फूलों से महक उठेंगे।

धर्मशाला में टिकने वाले तीर्थयात्रियों को तीन दिन तक मुफ्त में भोजन कराया जाता। तीन दिन के बाद विशेष अनुमति लेकर और भी चार दिन रहा जा सकता था। उसके बाद वे ही रह सकते थे जो यहाँ के पुरोहितों से धर्म-शिक्षा लेना चाहते हों। साधारणतः कोई यात्री दो-एक दिन से अधिक यहाँ नहीं रहता था।

एक चक्कर लगाकर हम धर्मशाला में लौटे, मध्यान्ह भोजन के बाद दूसरे अंश का चक्कर लगाने लगे। शाम को प्रधान सचिव से मिलने गये तो उन्होंने हमें कुछ चीनी प्रतिनिधियों से मिलाया। इसकी आवश्यकता क्या थी यह तब तो समझ में नहीं आया, किन्तु बाद में क्षमा प्रार्थना करने के स्वर में सचिव बोले, ''आप लोग अन्यथा न लें, हान् लोगों के साथ हमारा यह समझौता हुआ है कि यहाँ नया कोई भी आए उसे उनसे मिलाना पड़ेगा। यूँ उन्हें आप लोगों के विषय में पूरी जानकारी थी। अब तो विदेशी तीर्थयात्री आते ही नहीं....खैर, इस प्रसंग पर हम कोई बातचीत न करें तो अच्छा।'' इतना कहकर सचिव ने लम्बी साँस ली, फिर बोले, ''चलिए, आप लोगों को मूलमंदिर में अवलोकितेश्वर जी का दर्शन करा लाऊँ।''

वृहद् मूल मंदिर असंख्य मूर्तियों से भरा था। साष्टांग प्रणाम करते हुए हमने सात बार मंदिर के बाहर से परिक्रमा की, शीतप्रधान देश न होता तो अब तक पसीने से भींग गये होते। फिर मणिमंत्र जपते हुए और प्रार्थना चक्र घुमाते हुए पुनः सात बार फेरा लगाना पड़ा। इसके बाद 'ओम् मणि पद्मे हुम्' जपते हुए भीतर प्रविष्ट हुए। भीतर महाध्यानी चतुर्भुज सत्यस्त्रष्टा कर्मफल नामक बोधिसत्व अवलोकितेश्वर की देवमूर्ति के सामने साष्टांग लेटने के बाद हमने प्रार्थना की—

**हे विश्वकर्ता जगत पिता**
**तुम्हीं हो इस बर्फीले देश का मालिक**
**तुम्हीं हो उस असीम नीलांबर के देवता**
**मंत्र के राजा, षट्-शब्दों के प्रभु**
**तुम्हीं हो हे पद्मधारी, स्थावर-अस्थावर के अधीश्वर।**
**हे अवलोकितेश्वर, तुम्हीं आलोक के स्त्रष्टा हो**
**त्रिलोक का त्रिताप हर कर**

**तुम ही लाते हो प्रकाश।**
**दुःख हरण कर तुम ही लाते हो उजाला**
**कर्मफल से परे मुक्ति किरण तुम ही दिखाते हो।**
**तुम ही हो संभोग काया**
**तुम ही हो हृदय का आलोक स्वरूप**
**हे अधिष्ठात्री देव! मैं तुम्हें अपनाता हूँ।**

वस्त्र तथा तांखा से ढकी विशाल मूर्ति के सामने की वेदी पर बहुत सी छोटी-छोटी प्रतिमाएँ, पूजा सामग्रियाँ, नैवेद्य के रूप में चावल, घी के दीपक और शांति जल रखे थे। इस मंदिर में असंख्य पुस्तकें भी थीं। पूजा के बाद हम मंदिर से बाहर निकले तो सचिव चले गये। ड्रेपुंग गुम्फा में गुरुजी एक वर्ष रह चुके थे, अतः यहाँ के विषय में वे ही हमें सब बतला रहे थे।

गुरुजी ने बताया था कि ड्रेपुंग गुम्फा में तीन दिन तक रहने के लिए किसी अनुमति की आवश्यकता नहीं, अतः हम तीन दिन यहाँ रहेंगे। इससे हमें इस गुम्फा के विषय में विस्तृत जानकारी प्राप्त करने का अवसर मिल गया था।

चीनी अधिग्रहण के पूर्व तिब्बत पुरोहित शासित राज्य था, शासनाधिकार लामाओं के हाथ में था। ड्रेपुंग जैसे बड़े-बड़े गुम्फाओं का महत्व विश्वविद्यालय जैसा था। लासा शहर के उत्तर, दक्षिण तथा पश्चिम में तीन प्रधान गुम्फाएँ हैं। ड्रेपुंग इनमें सबसे बड़ा था। लासा से डेढ़ मील उत्तर में सेरा गुम्फा तथा पैंतीस मील उत्तर-पूर्व में गान्देन गुम्फा अवस्थित थे। ड्रेपुंग में शिक्षार्थी व लामाओं के अलग-अलग विभाग थे, प्रत्येक विभाग का पृथक भवन, मंदिर, बगीचा और रसोईघर था। सुबह एवं दोपहर के भोजन के उपरांत एकजुट होकर वे विभिन्न विषयों पर परामर्श करते और कार्य का आवंटन करते। जलपान एवं भोजन में मक्खन-चाय तथा झोल ही मुख्य होता। शिक्षार्थी शाम को घूम-फिर सकते थे, इसके अलावा शेष समय उन्हें अध्ययन में जुटना पड़ता था। ये मांसाहारी थे, किन्तु तिब्बती प्रथा के अनुसार वे खुद प्राणीहत्या नहीं करते थे।

गुम्फा का व्यय तिब्बत सरकार देती थी। अधिकांश त्रापा निर्धन परिवार से आते थे, उन्हें खर्च के लिए कुछ देना नहीं पड़ता था। सम्पन्न अभिभावक कभी-कभी मक्खन, बार्लि आदि भेजकर गुरु दक्षिणा देते थे। ड्रेपुंग गुम्फा में कन्याओं के लिए कोई व्यवस्था नहीं थी।

मेरी धारणा थी कि अध्ययन व ध्यान में ही लामाओं का जीवन बीतता होगा, किन्तु मेरी धारणा ग़लत थी। त्रापाओं तथा साधारण लामाओं की दिनचर्या अत्यंत कठिन थी। एक बारह वर्षीय त्रापा की दिनचर्या ही लें। उसे यहाँ की इस ठंड में भी तड़के उठना पड़ता था, फिर बिस्तर-कम्बल सहेज कर वह प्रार्थना करने जाता। प्रार्थना जहाँ होती, वे कमरे भी अत्यंत ठंडे होते। त्रापाओं के कपड़े बहुत गर्म नहीं थे, ऊन के फटे

मोजे से झाँकती पाँव की उंगलियाँ ठंड से काँपती रहतीं। इसके बाद ही उसे पढ़ाई में जुटना पड़ता। सुबह सात से दस तक उसे लगातार पढ़ना पड़ता। बाँस की सीढ़ी लगाकर ऊपर के ताख से जो किताब वह निकालता उनके वजन ढाई-तीन किलो से कम न होते, मोटाई भी शब्दकोश से अधिक होती। यदि वह ऐसी कुछ किताबों के साथ सीढ़ी लेकर गिरे तो उन किताबों से दबकर ही मर जाए! दीपक की टिमटिमाती रोशनी में प्रत्यह पढ़ना भी कोई आनंददायक अनुभव नहीं हो सकता। यूँ एक वर्ष से द्रेपुंग गुम्फा में बिजली आ गयी थी, किन्तु अभी इन कमरों में बिजली नहीं पहुँची थी, निकट भविष्य में भी विद्यार्थियों के कमरों में बिजली पहुँचने की संभावना कम थी। उनके कमरे इतने छोटे थे कि बहुत कठिनाई से एक विद्यार्थी वहाँ सो पाता था। अधिकांश कमरों में खिड़की नहीं थी। ध्यान, जाप आदि के सिवा भी इन बच्चों को कमरे तथा मंदिरों की सफाई, बागवानी, झाड़ू लगाना आदि काम करने पड़ते थे। ये काम दोपहर को होते, उसके बाद वे पढ़ने बैठते। पढ़ाई में कसर रह जाती तो अध्यापक लामा इनके कान उमेठते, गट्टा मारते। जाड़े के दिनों में बच्चों को बहुत अधिक कष्ट होता इन गुम्फाओं में।

द्रेपुंग गुम्फा में बहुत से लामा ऐसे दिखाई पड़े जिनकी बाँह में लाल फीते बँधे थे। इन्हें 'डब्-डब्' कहते थे, गुम्फावासियों को आतंकित करना उनका मुख्य काम था! थोड़ा भी इधर-उधर हुआ नहीं कि उनका डंडा पड़ा सर पर! उनका दूसरा नाम था धर्म-सेना। द्रेपुंग और सेरा गुम्फा की यह भी एक विशेषता थी कि इन दोनों गुम्फाओं की अपनी सेनावाहिनी थी। सेनावाहिनी के सभी सैनिक लामाओं में से ही नियुक्त किए जाते थे। जिन छात्र लामाओं का स्वास्थ्य अच्छा होता या बलिष्ठ चेहरा होता किन्तु पढ़ाई में गोबर गणेश होते वे धर्म-सेना में भरती कर लिए जाते। प्रत्येक वर्ष द्रेपुंग और सेरा गुम्फा की धर्मसेना में विभिन्न प्रतियोगिताएँ होतीं। दौड़, कुश्ती, रस्सा-खींच प्रतियोगिता, पाँव से बालू में गड्ढे बनाना आदि उस खेलकूद प्रतियोगिता के मुख्य अंग होते।

तिब्बत की राजनीति पर द्रेपुंग, सेरा व गन्देन गुम्फाओं का बहुत प्रभाव था। ये तीन गुम्फाएँ ही तिब्बतीय राजनीति की आधार शिलाएँ थीं। सेरा में पाँच हजार तथा गन्देन में तीन हजार लामा थे। तिब्बत के प्रधान शासक थे दलाई लामा। उनकी उम्र बहुत कम थी, इसलिए नाबालक दलाई लामा को सामने रखकर उनके धर्मगुरुओं की मंडली ही शासनभार संभाले हुए थी। महामान्य दलाई लामा के दरबार में आठ मंत्री थे, तीनों गुम्फा के प्रधान उनके उपदेष्टा थे, राज्य सचिव तथा और कुछ उच्च श्रेणी के लामाओं से परिषद बनी थी। परिषद को कोई भी प्रस्ताव पारित करने के लिए उक्त तीनों गुम्फाओं के प्रधानों का मतामत जानना पड़ता था। हर वर्ष दलाई लामा वार्षिक लामा सम्मेलन का आह्वान करते, वह सम्मेलन द्रेपुंग गुम्फा में होता तथा उस समय दलाई लामा इसी गुम्फा में आकर रहते। उस अनुष्ठान में बौद्ध धर्म के विभिन्न पहलुओं पर आलोचना होती, वाद-विवाद होता।

द्रेपुंग गुम्फा के लामा गंभीर रहते थे, लगता था कि भोजन के समय के अलावा वे कभी हँसते नहीं थे। साधारण शिक्षा के साथ ही इस गुम्फा में घरेलू उद्योग की शिक्षा भी दी जाती थी। इन कुटीर उद्योगों में रेशम का काम, सिलाई, हाथ करघा तथा मक्खन बनाने का काम ही मुख्य था। मुझे लगता था कि गुरुओं के प्रति शिक्षार्थी जो आदर दिखाते थे वह आंतरिकता के कारण नहीं, भय के कारण था। कौन जाने, क्या सुख की प्राप्ति के लिए दु:ख भोगना ही लामा-जीवन का आदर्श था?

मैं मौनी बाबा था, किन्तु मेरी समस्त इंद्रियाँ सजग होकर पुरोहित शासकों के अंदरूनी रहस्य का पता लगाने में जुटी थीं।

---

# तिब्बत की शिक्षा प्रणाली

तिब्बत पुरोहित प्रधान देश है। यहाँ धर्म पर आधारित शिक्षा व्यवस्था है। यहाँ के मुख्य शिक्षा पीठ ड्रेपुंग, सेरा व गन्देन गुम्फाएँ हैं। दस वर्षीय त्रापा या दाबा से लेकर अस्सी वर्षीय लामा तक शिक्षा ले सकते हैं। एक शिशु किस तरह क्रमशः लामा बनता है यहाँ उसी का कुछ विवरण दिया जा रहा है।

लामा शब्द का अर्थ साधु या महात्मा होता है। कोई जन्म से लामा नहीं होता। बाद की शिक्षा विचार-बुद्धि आदि परखकर उसे लामा पदवी दी जाती है। बहुधा इस पदवी के साथ किसी मृत लामा का सादृश्य आरोपित करते हुए उसके पुनर्जन्म का प्रचार भी किया जाता है। महामना दलाई लामा और पांचेन लामा इसके ज्वलंत उदाहरण हैं।

शिशु के जन्म के बाद ही माता-पिता यह तय करते हैं कि वे बच्चे को मठ में भेजेंगे या नहीं। चूंकि तिब्बत की शिक्षा व्यवस्था मठों के अधीन थी, भविष्य में उन्नति के लिए मठ में भेजना ही पड़ता था। पुत्र के सात-आठ वर्ष का होते ही अभिभावक स्थानीय गुम्फा के मठाधीश से सम्पर्क करता है। मठाधीश बच्चे को देखकर उसकी भर्ती के लिए एक तिथि धार्य कर देते हैं। भर्ती के समय इतना ही देखा जाता है कि बालक का स्वास्थ्य उत्तम है या नहीं। गुम्फा के अध्यक्ष यदि अभिभावक को पहचानते हैं तो कोई झमेला नहीं होता, नहीं पहचानते हैं तो गुम्फा परिषद् उनके विषय में छानबीन कर लेती है। बौद्ध धर्म में यूँ जात-पात नहीं माना जाता, उच्च व नीच का प्रश्न भी नहीं उठता, किन्तु गुम्फा परिषद् किसी लोहार तथा चंडाल के बच्चे को मठ में नहीं लेती। इसके पीछे तर्क यही है कि बौद्ध धर्म में प्राणी हत्या निषिद्ध है, लोहार प्राणी हत्या के औजार बनाते हैं तथा चंडाल अदालत द्वारा प्राणदंड पाने वालों की गर्दन उड़ाते हैं। अतः उनका स्थान सबसे नीचे था और वे लामा बनने के अधिकारी न थे।

मठाध्यक्ष का आदेश होते ही बच्चे को भर्ती कर लिया जाता। गुम्फा के निकट जिनका घर है उन्हें प्रत्यह स्कूली बच्चों की तरह मठ में आवाजाही करने की अनुमति दी जाती थी। यदि अभिभावक तत्काल बच्चे को मठ में रखना नहीं चाहते तो उन्हें मठाधीश के परामर्श से स्वयं बच्चे की प्राथमिक शिक्षा का दायित्व लेना पड़ता अथवा गाँव में उपलब्ध किसी लामा को यह दायित्व देना पड़ता।

छात्रावस्था के इस प्रथम सोपान को गे-थ्रुक तथा गाँव में बच्चों को पढ़ाने वाले साधारण लामाओं को गे-गान कहते हैं। गे-गान लामा गृहस्थ, दुकानदार या व्यापारी भी हो सकता था। गे-गान से शिक्षा प्राप्त करने के बाद विद्यार्थी जब मठ में रहने को आते तो गुरु उनकी परीक्षा लेते। मठ में स्थायी दाखिला के समय ही प्राथमिक धर्मीय दीक्षा

दी जाती, उसी समय मुंडन होता और उसी दिन से गेरुआ वस्त्र पहनना पड़ता। अभिभावक को अपनी क्षमतानुसार गुरु-दक्षिणा भी उसी समय देनी पड़ती। बहुधा गुरु-दक्षिणा पर ही बच्चे का भविष्य निर्भर करता।

गुम्फा के अध्यक्ष पर बच्चे का सारा दायित्व सौंप दिया जाता। नन्हा त्रापा क्रमशः स्वयम् के विषय में सचेष्ट होने लगता, गुरु की सेवा करना भी उसकी शिक्षा का एक अंग होता। तेरह-चौदह वर्ष की उम्र में उसकी पुनः परीक्षा होती। उत्तीर्ण होने पर उसे गे-थ्रुक से गे-नीयेन श्रेणी में उन्नति मिलती। गे-नीयेन श्रेणी से वास्तविक तपस्या शुरू होती। इस समय उसके स्वभाव-चरित्र व अनुशासन पर विशेष बल दिया जाता। तीन-चार वर्ष तक गे-नीयेन श्रेणी में रहने के बाद उसकी फिर परीक्षा होती। यह परीक्षा भारत की माध्यमिक परीक्षा जैसी है। जिन विषयों पर मुख्यतः ध्यान दिया जाता उनमें धर्म (पूजा-पाठ व विभिन्न धर्मीय अनुष्ठानादि), दर्शन, इतिहास, गणित, भूगोल आदि हैं।

गे-नीयेन श्रेणी के बाद अध्ययन के लिए अर्थात् महाविद्यालय में जाने के लिए छात्रों को परीक्षा देनी पड़ती तथा पंडितों के साथ वाद-विवाद की प्रतियोगिता में भी अंश लेना पड़ता। सब परीक्षाएँ पास करने पर उसे पुरोहित श्रेणी में उन्नीत किया जाता। इस नए सम्मान के लिए समावर्तन उत्सव का आयोजन होता। अन्तिम चरण के अध्ययन के लिए उपनयन अनुष्ठान से शुरुआत होती। लामाओं की इस श्रेणी को गेट्-सुल् या गेत्-शुल् कहते हैं।

गे-नीयेन परीक्षा के लिए छात्रों को प्राणीहत्या, अपहरण, व्यभिचार, मिथ्याभाषण व सुरा पान से विरत रहने का व्रत पालन करना पड़ता है। गुम्फा या मठ में रहने के लिए सभी को पंच व्यसन (अकाल भोजन, नृत्य-गीत का अनुराग, गंध द्रव्यादि व्यवहार, कोमल शय्या पर शयन, सोना-चाँदी रुपये ग्रहण) त्यागना पड़ता था तथा साधु का जीवन अपनाना पड़ता था। यह सब बौद्ध धर्म की आवश्यक व अवश्य पालनीय प्रतिज्ञाएँ थीं। गेत्-शुल् पर्याय में छत्तीस शपथ लेने पड़ते थे। उन शपथों के अनुपालन के लिए शारीरिक व मानसिक स्वास्थ्य आवश्यक था। रोगमुक्त शरीर वाले ही हलके मन से निश्चिंत होकर परम् ज्योतिर्मय महाबुद्ध का ध्यान कर सकते हैं।

गेत्-शुल् स्तर के लामा सभी सरकारी सहायता व सुविधा के अधिकारी होते हैं। गेत्-शुल् छात्रवृत्ति का अधिकारी बनना सभी शिक्षार्थियों का शुभ व पवित्र लक्ष्य होता है। जिसे यह सौभाग्य प्राप्त होता है उस परिवार में आनंदोत्सव मनाया जाता है। गेत्-शुल के कम मेधावी छात्रों को, अर्थात् जिन्हें छात्रवृत्ति नहीं मिलती, छात्रावास में रखने के लिए अभिभावक अनुरोध व सिफारिश लेकर आते हैं। यदि अभिभावक हॉस्टल का खर्च देने में समर्थ है तब कोई असुविधा नहीं होती। अपने खर्चे से गेत्-शुल स्तर की पढ़ाई करने वाले छात्रों की संख्या ही अधिक है, यह रुपया गुम्फा की उन्नति में खर्च होता है। गेत्-शुल् में प्रवेश के साथ ही उन्हें लामा के रूप में स्वीकृति मिल जाती है किन्तु उनकी उम्र बीस वर्ष से कम होने पर वे त्रापा ही कहलाते हैं। छात्रावास में

उनके व्यक्तिगत सामानों में दो चादरें, दो कम्बल, लामा-वस्त्र, दीपक, एक थाली, एक कटोरी, एक गिलास व कुछ पुस्तकें होती हैं। त्रापाओं को मंदिर की जिम्मेदारी दी जाती है। मस्तक मुड़ाते रहने के लिए गुम्फा में नाऊ रखे जाते हैं।

गेत्-शुल् लामाओं को पवित्र धर्मग्रंथ कांगीउर कंठस्थ करना पड़ता है तथा गुरु से उसकी व्याख्या व टीका समझना पड़ता है। धर्मग्रंथों की प्रतिलिपि बनाने व विभिन्न प्रकार के मंडला बनाने पर इस समय विशेष ध्यान व बल दिया जाता है। अध्ययन के गूढ़ तत्वों पर छात्र गुरु के सामने आपस में बहस करते हैं। तर्क में जीतने वाले को गेलंग-मा पदवी देकर सम्मानित करते हैं।

बीस वर्ष की उम्र पार कर लेने के बाद से लामा को राज्यप्रशासन अथवा गुम्फा का दायित्व पाने के लिए विशेष-विधि विषयक ज्ञान प्राप्त करना पड़ता है अथवा दर्शन का अध्ययन करना पड़ता है। निर्वाण लाभ के लिए साधना भी इसी समय शुरू होती है। जो प्रशासन की सेवा में जाना चाहते हैं वे विवाह एवम् गृहस्थी धर्म का पालन कर सकते हैं। आध्यात्ममार्ग की ओर जाने वाले ब्रह्मचर्य का कठिन व्रत अपनाते हैं।

ऐसी ही थी तिब्बत की धर्म पर आधारित शिक्षा-व्यवस्था। जो गाँव लासा शहर से बहुत दूर हैं, वहाँ के छात्रों का भविष्य उन गाँवों के पास के गुम्फा के अध्यक्ष पर निर्भर था। किन्तु राजधानी के किसी भी पद के लिए प्रार्थी का निर्वाचन केवल द्रेपुंग, सेरा व गन्देन् गुम्फा से ही किया जाता था, इसका चाहे जो भी कारण हो।

# तिब्बत का धर्म व इतिहास

तिब्बत में सभी बौद्ध-धर्म के अनुयायी थे। भगवान् बुद्ध वैदिक याग-यज्ञ व क्रिया-कलाप के विरोधी थे। वे जाति प्रथा के विरुद्ध थे, मानव मात्र को निर्वाण का अधिकारी मानते थे। ब्राह्मण होकर भी जो ब्रह्म के विषय में कुछ नहीं जानते थे, भगवान् को बिना समझे ही भगवान्-भगवान् करते हुए सूखे मंत्र उच्चारण करते थे, मांस-मछली खाकर जो जीव-प्रेम का उपदेश देते थे, भगवान् बुद्ध उन सभी के खिलाफ थे। याग-यज्ञ के नाम पर पुरोहितों के पोषण के भी वे विरोधी थे। जब पूजा-अर्चना और असंख्य देव-देवियों की भीड़ में अंतर्यामी गुम होने लगे थे उस समय अंधेरे में भटकने वालों को प्रकाश दिखाने के लिए बुद्ध का अवतार हुआ था। उन्होंने सबको धरती का आनंद-रहस्य समझाया। उन्होंने कहा—पथ से मत भटको, जीवन में मोक्ष के सिवा कुछ भी काम्य नहीं है। अंधकार में गलत मार्ग पर मत जाओ, मुक्तिमार्ग पर चलो, वही सच्चिदानंद है।

तिब्बत में बौद्ध धर्म का स्वरूप भिन्न है। प्रत्येक बुद्ध-बिहार में बुद्ध की विभिन्न प्रतिमाओं के साथ असंख्य हिन्दू देव-देवियों की मूर्तियाँ भी हैं। काली, तारा, दुर्गा, भैरवी, ब्रह्मा, सरस्वती आदि की मूर्तियाँ विभिन्न गुम्फाओं मे मैंने भी देखी हैं। यह भी उल्लेखनीय है कि तिब्बत में बौद्धधर्म के साथ तंत्र-साधना का मिश्रण हुआ था। यह कैसे हुआ जानने के लिए तिब्बत का प्राचीन इतिहास अर्थात् बौद्ध धर्म तिब्बत कैसे पहुँचा जानना होगा। यहाँ उसकी संक्षिप्त आलोचना प्रासंगिक होगी।

'बन्-पा' तिब्बत का आदि धर्म था। मारण-उच्चाटन-पिशाच-सिद्धी-नरबलि आदि लेकर ही उक्त धर्मानुयायियों का कारोबार था। साधारण लोगों को भय दिखाकर अपना उल्लू सीधा करने के लिए बहुत से असाधु साधु बन कर धर्म का जाल बिछाए हुए थे। आम तिब्बती हमेशा ही बहुत भोले-भाले रहे हैं, वे इन विभीषिकाओं के विरुद्ध कभी सर नहीं उठा पाते थे। उस समय कुछ जातीय व उपजातीय नेता सर उठाते, उनमें जो शक्तिशाली होते वे खुद को राजा घोषित करते और एकजुट होकर राज्य चलाते। फिर वे दूसरी शक्ति से मात खाकर उनके अधीन हो जाते। शासक चाहे जो भी हो, धर्म बन-पा था, यह धर्म भिन्न मार्ग के तंत्र जैसा था। अर्थात् बुद्ध धर्म से पहले तिब्बत में तंत्र का ही बोलबाला था। तांत्रिक धर्म के आदि में यह है कि पहले देह-तत्व को जानो, फिर क्रमशः शब्द-स्पर्श-रूप-रस-गंध को जानो, उसके बाद ऊँचे उठकर पंचमहाभूत-भूत व जागतिक पदार्थ का उत्स ढूँढ़ निकालो। मूल उद्देश्य परा व अपरा विद्या के माध्यम से प्रकृति व पुरुष का मिलन रहस्य जानना है। किन्तु वह पथ

जितना जटिल है, उतना ही कठिन भी। इसलिए अधिकांश लोग पथभ्रष्ट होकर पुरुष व प्रकृति के मिलन रहस्य का मूल सूत्र न समझने के कारण देह-तत्व में ही रम गये। वे शक्तिरूपी माँ की सृजन-शक्ति समझने का कठिन पथ त्यागकर रूप-रस-गंध के आकर्षण में फँस जाते। अथवा सच्चिदानंद के स्थान पर भोगानंद बनकर खुश होते। इस तरह तिब्बत में असंख्य बन्-पा या तांत्रिक-पथ पनप उठे। तंत्र के प्रकाश में न जाकर वे अंधकार का पथ अपना लिए थे, देह एवम् आत्मा को लेकर जितने भी खेल संभव थे उनमें कोई भी उन्होंने छोड़ा नहीं। तिब्बती राजा व नेता भी इस धर्म का संरक्षण करते थे। बन्-पा तंत्र की तरह होने पर भी तंत्र में और उसमें अंतर था। बन्-पा धर्म में ड्रागन व पिशाचों का आधिपत्य था। उस समय के तिब्बत का पूरा इतिहास अब भी अज्ञात है। सातवीं शताब्दी में, अर्थात् भगवान बुद्ध के आविर्भाव के प्रायः बारह सौ वर्ष बाद तिब्बत में बुद्धदेव की वाणी पहले-पहल प्रचारित हुई थी। तिब्बत के बौद्ध धर्म लाने का श्रेय तत्कालीन राजा स्रोंग-सान्-गाम्पो को जाता है। उन्हीं के नाम के अनुसार तिब्बती मठों को गोम्पा या गुम्फा कहते हैं।

सन् ६५० ई० में तिब्बत के पराक्रमी राजा स्रोंग-सान्-गाम्पो की बहुत धाक थी। उन्होंने अपने राज्य के विस्तार के लिए उत्तर में चीन तथा दक्षिण में नेपाल पर आक्रमण किया था। चीन आक्रमण में विजयी होकर वे चीन की राजकुमारी से विवाह कर उसे तिब्बत ले आए थे। चीन में उस समय बौद्ध धर्म राजधर्म के रूप में विस्तृत था, यह धर्म मित्र देश भारत से चीन में पहुँचा था। चीनी राजकन्या से विवाह करने के साथ ही गाम्पो बौद्ध-धर्म भी तिब्बत ले आए। उसके बाद उन्होंने नेपाल पर हमला किया। नेपाल के राजा अंशु वर्मा ने उनसे सुलह कर ली और उस संधि के अनुसार उन्हें अपनी कन्या भृकुटी को तिब्बत राज को सौंपना पड़ा। उस समय सारा नेपाल ही बौद्ध धर्मावलम्बी था।

इस तरह तिब्बत नरेश स्रोंग-सान्-गाम्पो चीन तथा नेपाल से राजकन्याओं के साथ ही बौद्ध धर्म भी लाए। उन पर दोनों रानियों का बहुत प्रभाव था। रानियों के दबाव से राजा को तिब्बत में बौद्ध धर्म को राजधर्म के रूप में स्थापित करना पड़ा। नेपाल की राजकन्या विवाह के उपहार के रूप में नेपाल के राजप्रासाद से अकसोभ्य बुद्ध की एक बड़ी मूर्ति ले गयी थी, तिब्बत में वह पहली बौद्ध मूर्ति थी। राजा स्रोंग-सान्-गाम्पो ने लासा में एक वृहत् मंदिर बनवाकर वहाँ उस मूर्ति की स्थापना की थी।

बौद्ध धर्म को राष्ट्र-धर्म की मर्यादा देकर तथा लासा में बुद्ध मंदिर बनवाकर तिब्बती राजा चुप न बैठे, उन्होंने स्वयं बुद्ध धर्म अपनाया और बौद्ध दर्शन ने उनके साम्राज्यवादी मन को बिलकुल बदल दिया। इस धर्म ने उन्हें शांति व आनंद का पथ दिखाया। इसके बाद उन्होंने अपने वित्तमंत्री से कहा कि वे तिब्बत के ज्ञानी-गुणी व्यक्तियों को भारत ले जाएँ और बुद्धदेव की भूमि से वास्तविक बौद्धधर्म सीखकर तिब्बत के प्रत्येक नागरिक को दीक्षा दें। सम्राट अशोक के सिवा उनकी तरह बौद्ध धर्म का प्रचार शायद और किसी ने नहीं किया।

तिब्बतराज के वित्तमंत्री भारत में आकर महापंडित लिपिदत्त को अपना आचार्य बनाया। वित्तमंत्री थन्-मी-सन्बोथ ने स्वयं ही विभिन्न पाली और संस्कृत ग्रंथों से बौद्ध दर्शन, वेद व आयुर्वेद शास्त्र का तिब्बती भाषा में अनुवाद किया। आगे चलकर वे अनुवाद ही कान्जुर तथा तान्जुर में रूपांतरित हुए थे। राजा स्त्रोंग-गान्-गाम्पो ने खुद ही अपने मंत्रियों व परिवारवर्ग को 'ओम् मणि पद्मे हुम्' बीजमंत्र से दीक्षित किया था। उसी समय से तिब्बत में शांति व ध्यान का प्रचार आरंभ हुआ था।

बौद्ध धर्म के इस आकस्मिक प्रचार व प्रसार के समय प्राचीन बन्-पा धर्म कुछ दब गया था, समाप्त नहीं हो गया। वस्तुत: तिब्बत के जनमानस में प्रेत-पिशाच का भय व दैत्य-दावन के अत्याचार की गाथाएँ शताब्दियों से यूँ पड़ाव डाले थी कि उससे सहसा छुटकारा पाना असंभव था। जो ओझा और सुविधावादी पुरोहित राजा के भय से अपना धंधा समेटकर चुपचाप बुद्ध की शांति-वाणी सुनते थे, राजा स्त्रोंग-सान्-गाम्पो की मृत्यु के साथ ही वे पुन: कमर कसकर तैयार हो गये। राजधर्म यानी बुद्ध धर्म को हटाने का उनमें साध्य नहीं था, इसलिए उन्होंने चातुरी से बौद्ध धर्म के साथ तंत्र मत का सम्मिश्रण कर दिया। राजा स्त्रोंग-सान्-गाम्पो, उनकी दो रानियाँ और वित्तमंत्री थन्-सी-सन्बोथ की चेष्टा से तिब्बत में जो धर्मराज्य स्थापित हुआ था, राजा की मृत्यु के साथ ही उस राज्य में फिर से भूत-प्रेत का तांडव शुरू हो गया। हजार प्रयत्न के बाद भी बौद्ध-धर्म में महाकाल व ड्रागन का प्रवेश नहीं रोका जा सका, बुद्ध प्रीति से ड्रागन भीति ही लोगों के रक्त में, मन में, संस्कार में अधिक जो छायी हुई थी। प्रसंगत: यह कहा जा सकता है कि चीन के बौद्ध धर्म में भी ड्रागन का प्रभाव था। अत: चीन की राजकन्या ही बौद्ध धर्म के साथ-साथ ड्रागन वास्तु-कला तिब्बत में लायी होगी।

बन-पा धर्म के पुरोहित गण भारतीय तंत्र साधना के नाम से अपने प्राचीन धर्म की पुनर्स्थापना के निमित्त संघर्ष करते रहे। लगभग सौ वर्ष तक बौद्ध व बन्-पा धर्म में संघर्ष चलता रहा। सौ वर्ष बाद राजा स्त्रोंग-सान-गाम्पो घराने के एक उत्तराधिकारी थ्रि-स्त्रोन्-इदे-सान् (सन् ७५५-७८० ई०) ने शासन की बागडोर अपने हाथों में लेते ही तिब्बत में धर्मीय संतुलन बनाने का उपाय ढूँढ़ा। उन्होंने अपने परिषद् को बुलाकर कहा—'हमारे देश में बन्-पा धर्म आदि धर्म है, किन्तु बौद्ध धर्म ने इस देश को शांति प्रदान की है और इस धर्म को मानकर ही हमारे पूर्वज मोक्ष और निर्वाण लाभ कर सके हैं। अत: हम इस धर्म को भी त्याग नहीं सकते। इसलिए हमें एक ऐसे धर्म नेता की आवश्यकता है जो दोनों धर्मों के विषय एवं दोनों मतावलम्बियों के तर्क सम्मानपूर्वक विचार करते हुए हमें समाधान का पथ दिखला सके।' राजा का आदेश पाकर उनके मंत्री योग्य धर्मीय नेता की तलाश में निकल पड़े। जब तिब्बत में ऐसा कोई न मिला तो तिब्बत के राष्ट्रभूत तिब्बत के बाहर भी यह संदेश लेकर पहुँचे कि हमें युद्ध नहीं, शांति चाहिए और उस शांति के लिए चाहिए एक महा-गुरु।

बहुत तलाश व वाक्-वितंडा के पश्चात् अंत में राजा को एक योग्य गुरु का संधान मिला। वह असाधारण गुरु कश्मीर के थे। कश्मीरी महापंडित गुरु पद्मसंभवा को

तिब्बत का आचार्य बनाया गया तथा उन्हें तिब्बत-गुरु का सम्मान दिया गया। उनका नाम रिम्पोचे अर्थात् महार्घगुरु रखा गया। कश्मीर के उरगीयन गाँव में उनका जन्म हुआ था, इसलिए वे उरगीयान लामा के नाम से भी जाने जाते हैं। उनका जन्म रहस्य भी असाधारण बताया जाता है। कहते हैं कि उनका जन्म किसी मानवी के गर्भ से नहीं हुआ था, वे एक पद्मफूल पर प्रकट हुए थे, इसी से उनका वास्तविक नाम पद्मसंभवा था। वे सर्वज्ञ पंडित थे।

तिब्बत पहुँचकर पद्मसंभवा ने दोनों धर्मावलंबियों के बीच एक सेतु बनाया। वे तंत्र व वेद के पडित थे तथा बौद्ध धर्म के अच्छे ज्ञाता थे। वे यह समझ गये थे कि युगों से बन्-पा धर्म की जो मान्यताएँ एवं कु-संस्कार तिब्बत में स्थापित हैं उन्हें एकबारगी हटाया नहीं जा सकता, ऐसा करने का प्रयत्न हुआ तो टकराव होगा जिससे बौद्ध-धर्म क्षतिग्रस्त होगा। बन्-पा सम्प्रदाय को धीरे-धीरे अपने वश में करते हुए उन्होंने क्रमशः अनावश्यक रीतियों को दूर भगाया। प्राचीन धर्म को पूरी तरह नकारना संभव न था, दूसरे वे स्वयं भी तांत्रिक थे, उन्होंने सावधानी के साथ यह मत प्रचार किया कि भूत-प्रेत-दैत्य-दानवों को श्रद्धापूर्वक वश में लाना होगा तथा उसके बाद शांति का पथ ढूँढ़ना होगा। एक बार शांति मिल जाए तो मुक्ति-मोक्ष-निर्वाण का पथ तलाशना होगा। उनके इस सिद्धांत से प्राचीन पंथियों की बात रह गयी, बौद्ध-धर्म की प्रतिष्ठा भी बनी रही। इस समन्वय की रीति से सभी वर्ग प्रसन्न थे।

कहते हैं कि उनके प्रति अश्रद्धा व अविश्वास दिखाने वालों को पद्मसंभवा अलौकिक शक्ति दिखाकर वश में लाते थे। शीघ्र ही गुरु रिम्पोचे का नाम सारे तिब्बत में छा गया। प्राचीनपंथी भी अलौकिक शक्ति प्राप्त करने के लिए उनसे दीक्षा लेने लगे। साथ ही राजधर्म यानी बौद्धधर्म का भी विस्तार होने लगा। पद्मसंभवा का गुण और अलौकिक शक्ति देखकर राजा थ्रि-स्रोन्-इदे-सान् राज्य का कोषागार धर्मप्रचार के लिए मुक्त कर दिए। धर्म, दर्शन व संस्कृति चर्चा के लिए बहुत से तिब्बती पंडित भारत भेजे गये। राजा की पहल से चीन तथा भारत के पंडित प्रवचन व शास्त्रार्थ के लिए तिब्बत में बुलाए जाने लगे। स्वनामधन्य पंडित शांत रक्षित तथा पंडित कमला शील इस समय भारत से तिब्बत गये थे। लासा राजप्रासाद में आयोजित एक शास्त्रार्थ प्रतियोगिता में पं० कमला शील ने चीनी पंडितों को परास्त किया था, इस लज्जा व अपमान से चिढ़कर पंडित प्रवर कमलाशील के विरुद्ध एक षड्यंत्र रचा गया और उनकी हत्या कर दी गयी। उनकी मृत्यु से भारतीय पांडित्य का और भी जय-जयकार होने लगा तथा तिब्बती पंडितों में भारतीय दर्शन की चर्चा की होड़ लग गयी। संभवतः उसी समय भारतीय दर्शन व आयुर्वेद शास्त्र के और भी तिब्बती अनुवाद हुए।

गुरु पद्मसंभवा का यश चारों ओर फैलता रहा। बौद्ध-भिक्षु एवं तांत्रिक-आचार्य, इन दोनों ही रूपों में वे विभिन्न सम्प्रदाय को ज्ञान व दीक्षा देने लगे। उरगीयान लामा से प्राचीन पंथी व नवीन पंथी दोनों ही खुश थे।

गुरु रिम्पोचे ने चारों ओर बहुत से मठ व बौद्ध-बिहारों की स्थापना की, साथ ही उन्होंने तांत्रिक मंदिर भी बनवाए। किन्तु उनका व्यक्तिगत जीवन रूमानियत से भरा था। कहते हैं कि उनकी चार पत्नियाँ और बहुत-सी उप पत्नियाँ थीं। किन्तु इससे उनके मान-सम्मान में कमी नहीं आयी। बुद्ध धर्म व तंत्र का समन्वय करते हुए उन्होंने ही बुद्ध-तंत्र की प्रतिष्ठा की तथा गाँव-गाँव में धर्मप्रचार के लिए लामा भेजा। तिब्बत में लामा प्रथा का सूत्रपात उन्होंने ही किया।

जीवन के अंतिम प्रहर में गुरु रिम्पोचे पूरी तरह बौद्धधर्म के प्रचार व प्रसार में लगे थे, खुद को तांत्रिक पथ से मुक्त करते हुए वे मोक्ष व निर्वाण के पथ में रम गये थे। इससे क्रुद्ध होकर उनके ही एक प्राचीन बन्-पा पंथी सहकर्मी ने उनकी हत्या कर दी। हत्या के बाद उस उग्रपंथी ने बहुत से बहुमूल्य संस्कृत ग्रंथों के तिब्बती अनुवाद भी नष्ट कर दिए। हत्यारा बाद में पकड़ा गया और उसका सर धड़ से अलग कर दिया गया।

तिब्बत में गुरु रिम्पोचे को बुद्ध का अवतार मानकर आज भी उनकी पूजा करते हैं। नीइंगसा-पा सम्प्रदाय गुरु रिम्पोचे को सर्वाधिक सम्मानित गुरु या देवता मानते हैं। उनकी दो पत्नियों की मूर्तियों को मंदिरों में स्थान दिया गया है जबकि उनकी चार प्रधान पत्नियाँ थीं। गुरु रिम्पोचे प्राचीन जाग्रत देवता माने जाते हैं।

उक्त घटना के बाद भी तिब्बत और भारत के बीच पंडितों की आवाजाही बनी रही। ग्यारहवीं शताब्दी में राजा ये-सेस्-अद् ने युवा पंडितों का एक दल भारत में शिक्षा (धर्म व दर्शन) प्राप्त करने के लिए भेजा। उनके आमंत्रण से भारत से भी तिब्बत में धर्मप्रचार के लिए एक दल भेजा गया, उस दल के नेता थे महापंडित अतीश दीपंकर। पंडित अतीश दीपंकर ने अपने योग्य शिष्य ब्रम्-टन् की सहायता से कदम्-पा सम्प्रदाय का प्रवर्तन किया। आगे चलकर इस कदम्-पा सम्प्रदाय का ही नाम गेलुक्-पा पड़ा। दलाई लामा इस गेलुक-पा सम्प्रदाय के ही प्रधान पुरोहित हैं।

ग्यारहवीं शती में लासा में गेलुक्-पा भिन्न अन्य सम्प्रदाय न था। दलाई लामा का एकाधिकार सभी ने मान लिया था। किन्तु पन्द्रहवीं शती में शाक्य नाम से एक और सम्प्रदाय पनप उठा। शाक्य सम्प्रदाय ने नी-इंगपा-पा तथा गेलुक-पा सम्प्रदायों के बीच का रास्ता अपनाया। सम्राट कुबलाइ-खान की पृष्ठ पोषकता में शाक्य सम्प्रदाय ने अन्य छोटे-छोटे सम्प्रदायों को दूर हटाकर अपना आधिपत्य जमाया। चीन के सम्राट ने इस सम्प्रदाय को सामरिक सहायता देने का भी वचन दिया। ताशी लामा अर्थात् पांचेन लामा शाक्य सम्प्रदाय के नेता के रूप में स्वीकृति पा गये।

इस तरह तिब्बत में दो सम्प्रदायों का जन्म हुआ। लासा के दलाई लामा के अधीन गेलुक-पा तथा शीगात्से के पांचेन लामा के अधीन शाक्य-सम्प्रदाय पनप उठा। ये दो प्रमुख सम्प्रदाय बन गये, पहले केवल नी-इयांगमा सम्प्रदाय था जिसके गुरु स्वयम् पद्मसंभवा थे। पन्द्रहवीं शताब्दी में शाक्य सम्प्रदाय इतना प्रबल था कि गेलुक-पा का अस्तित्व ही खटाई में पड़ गया था। आगे चलकर सोंग-का-पा नामक एक प्रतिभाशाली

लामा का आविर्भाव हुआ, वे धर्मीय-नेता तथा समाज-संस्कारक थे। उन्होंने सम्प्रदायों के झगड़े सुलझाकर तिब्बत में एकनायकत्व की स्थापना की तथा उनके समय से ही पूरा तिब्बत दलाई लामा के शासनाधीन हो गया। सन् १६४० ई० में दलाई लामा तिब्बत के प्रधान लामा व शासक बन गये थे।

लामा सोंग-का-पा ने विख्यात गन्देन गुम्फा बनवाया था। लासा में उनका स्थान बहुत ऊँचा है। कहते हैं कि सोंग-का-पा ही बार-बार दलाई लामा के रूप में जन्म लेते हैं। दोनों प्रधान सम्प्रदाय गेलुक्-पा तथा शाक्य में तंत्र का बहुत प्रभाव है। तंत्र न मानने वाले लामा पुरोहित अब तिब्बत में शायद ही कोई हो।

पन्द्रहवीं शताब्दी से तिब्बत में बौद्ध सम्प्रदायों की संख्या उत्तरोत्तर बढ़ती ही गयी थी। किसी मठ या मंदिर के इर्द-गिर्द एक नया सम्प्रदाय पनप उठता। इनमें उल्लेखनीय हैं उरगीयान-पा, गन्देन-पा, कारगीउड-पा, कारमा-पा, देकुंग-पा, दुक-पा, तंत्र मार्ग, शून्य मार्ग, पंग-पा आदि। बाहर से इन अलग सम्प्रदायों में प्रभेद नहीं समझा जा सकता। उनके चादर और टोपी के रंग से भिन्नता लक्षित होती है। प्रमुख सम्प्रदाय वाले पीले-चादर-सम्प्रदाय तथा लाल-चादर-सम्प्रदाय के नाम से भी चिन्हित हैं। पीला रंग गेलुक्-पा या दलाई लामा का है तथा लाल रंग शाक्यमुनि या पांचेन लामा का। दालाईलामा सम्प्रदाय के लामा आजीवन ब्रह्मचारी रहते हैं, पांचेन लामा सम्प्रदाय के लामा विवाह कर सकते हैं।

बौद्धधर्म का महायान, हीनयान तिब्बत में चीनी बौद्ध शास्त्र व तंत्र शास्त्र के मेल से बहुयान बन गया है। जो भी हो, तिब्बत एक ऐसा देश है जहाँ धर्म ही सब कुछ है। तिब्बत का इतिहास वहाँ के धर्मीय सम्प्रदायों के उतार-चढ़ाव का ही इतिहास है।

---

# लासा का मूल मंदिर—जोखांग

द्रेपुंग गुम्फा में हम तीन दिन रहे। यहाँ से लासा की दूरी मात्र साढ़े तीन या चार मील थी। लासा के इतने करीब पहुँचकर यहाँ अटके रहने का धीरज मुझमें न था, किन्तु क्या करता, गुरुजी की जो इच्छा। यहाँ से पोताला प्रासाद, जहाँ दलाईलामा रहते थे, किसी स्वप्नपुरी की तरह लगता। उस आश्चर्यजनक सुंदर महल को मैं तीन दिन से मंत्रमुग्ध-सा देखता रहा था, स्थापत्य कला का एक अद्‌भुत निदर्शन था वह, जिसे देखकर आँखें थकती नहीं थीं। एक छोटी सी पहाड़ी पर बने प्रासाद के पीछे पहाड़ी की चोटी बादलों में खो गयी थी। ऐसा नहीं लगता था कि वह प्रासाद आदमियों का बनाया हुआ है। तिब्बतियों के गर्व का विषय था वह राजमहल। उस पहाड़ी के नीचे ही तिब्बत की राजधानी लासा थी।

चौथे दिन सुबह हम राजधानी के लिए चल पड़े। इस बीच फिर एक बार चीनी प्रतिनिधियों ने हमारे कागजात की जाँच की थी। द्रेपुंग से चलते समय मैंने भी राहत की साँस ली क्योंकि गुरुजी से मेरा परिचय पाने के बाद भी नेपाली बौद्ध छात्र यह जानने को आतुर थे कि मेरा सम्पर्क नेपाल के किस मठ से था। वे छात्र नेपाल के तीन बड़े मठ स्वयंभू, महाबोधि और नामबुद्ध के थे। उनके प्रश्न का उत्तर गुरुजी भी क्या देते, उनसे जो बन पड़ा था पहले ही कह चुके थे।

द्रेपुंग गुम्फा से निकलकर हम पुनः की-चु-नदी के किनारे-किनारे राजधानी की ओर बढ़ने लगे। सड़क पर घोड़े और तांगे नजर आए। यहाँ ट्रक भी चलते थे। जिस सड़क पर हम बढ़ रहे थे उनकी हाल ही में मरम्मत की गयी थी, बड़े-बड़े पत्थर बिछाकर मजबूत सड़क बनायी गयी थी। रास्ते के किनारे दुकान, रेस्तराँ और यायावरों के तम्बू दिखाई पड़े, आसपास मकानें भी थीं, राह पर यातायात करते लोग थे। शहर की घनी बस्ती दूर में दिख रही थी। अब रास्ता जीवंत लगा, क्योंकि यह रास्ता न पहाड़ी था, न निर्जन। सड़क से ही मानों लोकालय, समाज और शहर की बू आ रही थी।

रास्ते में पताका शोभित छोटे-बड़े चैत्य मिले, जब शहर और दो मील रह गया था। नदी तट के एक बहुत बड़े चैत्य का नाम गुरुजी ने फारगो-कालिंग बताया। विभिन्न रंग के झंडे से फारगो-कालिंग की दीवारें ढंक गयी थीं। ये सभी पताकाएँ प्रार्थना पताकाएँ थीं। सड़क कुछ ऊँचाई पर उठी तो प्रासाद और भी स्पष्ट दिखने लगा। पहाड़ी पर अपने हजार कमरे लेकर चौदह मंजिल की वह आलीशान इमारत खड़ी थी। लाल रंग की थी वह भव्य इमारत। धूप में प्रासाद का उज्ज्वल रंग चमक रहा था। मेरा ध्यान

प्रासाद की ओर ही था जब अचानक हमें सैकड़ों भिखारियों ने घेर लिया। उन्होंने हमारा रास्ता छेंक लिया था। लगा कि हम भिखमंगों के राज्य में पहुँच गये हैं। सभी भिखारी व भिखारिन समस्वर में रट लगाये हुए थे—भीख दो, भीख दो! उस भीड़ में कोई राजा नहीं, प्रजा नहीं, सब भिखारी थे और भीख-दो भीख दो उनका जातीय मंत्र था। उनमें एक अच्छाई यह थी कि वे हमें घेर कर दीवार की तरह खड़े थे, किसी ने हमें न स्पर्श किया न ही छीना-झपटी की।

जब उनके बीच से निकलने का रास्ता न मिला तो हम सड़क पर बैठ गये। वे दो चार तो थे नहीं, उन्हें हम एक-एक पैसा भी दें तो भी बहुत पैसे देने पड़ेंगे। गुरुजी ने हमलोगों को भीख देने के लिए मना भी कर दिया। फिर उन्होंने भिखमंगों से कहा कि हम तीर्थयात्री नहीं, लामा भिक्षु हैं, हम भी उन्हीं की तरह हैं। वे हमें आजीवन इस तरह घेरे रहेंगे तब भी उन्हें कुछ मिलेगा नहीं, एक भिखारी दूसरे भिखारी को क्या भीख दे? उन्हें शायद पहले विश्वास नहीं हुआ, किन्तु बाद में उन्होंने रास्ता छोड़ दिया। उनसे छुटकारा पाकर गुरुजी हमें लेकर फारगो-कालिंग चैत्य की ओर बढ़े।

उस जगह का नाम भी फारगो-कालिंग था। बड़े चैत्य का नामकरण स्थान के नाम पर हुआ था। यहाँ चारों और गंदगी थी। सड़क के दोनों ओर भिखारियों के तम्बू और झोपड़े थे। बीच-बीच में पैगोडा जैसे संभ्रांत मकान भी थे। गुरुजी ने बताया कि उस चैत्य के चारों ओर भिखमंगों का अड्डा पहले भी था, किन्तु अब उनकी संख्या दस गुणा बढ़ गयी है। इसी पथ से लासा में तीर्थ-यात्री आते थे, भिखारियों को उनसे भीख मिल जाती थी। लासा के लोग भी बहुत दयालु होते हैं, वे भीख देने में ना-नुकुर नहीं करते। इसलिए बनारस, कालीघाट आदि भारतीय तीर्थस्थलों की तरह यहाँ भी पेशेवर भिखारियों की अच्छी-खासी संख्या है। इन पेशेवर भिखारियों को काम देना चाहो तो करेंगे नहीं, बल्कि तर्क देंगे—'काम करने से कितना पैसा मिलेगा? इससे तो भीख मांगना अच्छा है, न मेहनत, न किसी की गुलामी, हम आजाद घूमते हैं, रोजगार भी अच्छा करते हैं!'

फारगो-कालिंग चैत्य की सात बार परिक्रमा करने के बाद एक दुकान पर मोटी रोटी और चाय ली हमने, उसके बाद आगे बढ़ते ही एक तोरण मिला जिस पर लिखा था 'ल्हा-सा में आपका स्वागत है'। लासा का तिब्बती उच्चारण ल्हा-सा है जिसका अर्थ ईश्वर का घर होता है, बहुत से लोग इसे तिब्बत का स्वर्ग भी कहते हैं। मंगोल लासा को स्वर्ग-स्थान कहते थे तथा बहुतेरे भारतीय साधुओं का कहना था कि इंद्रपुरी लासा में ही है। हिमालय का सारा रहस्य यहाँ छिपा था। लासा के दक्षिण-पूर्वी भाग से हम शहर में प्रविष्ट हुए और उस समय हमारे आनंद का ठिकाना न था। गैंगटक से चलने के बाद बत्तीसवें दिन हम लासा पहुँचे, हमारा एक बहुत बड़ा स्वप्न सार्थक हो गया था।

सड़क पर साष्टांग हो हम समस्वर में चीख उठे—जै शाक्य-मुनि की जै! जै महाकाली की जै! जै राजाधिराज चेन्-रे-जि की जै! बुद्ध की जै, धर्म की जै, संघ की

जै! ओम् मणि पद्मे हुम, ओम् मणि पद्मे हुम्, ओम मणि पद्मे हुम्! जै स्त्रोंग-सान्-गाम्पो की जै, जै, महारानी की जै!

उसके बाद विभिन्न देवी-देवताओं के नाम पच्चीस बार प्रणाम करके हम उठे। तब तक हमारे आसपास स्थानीय नागरिकों भी भीड़ इकट्ठी हो गयी थी। उनके बीच से हम आगे बढ़े।

पोताला राजप्रसाद और करीब हो गया था। वहाँ जाने में और आधा घंटा लगता, किन्तु हम इस शहर के मूल अंश की ओर जा रहे थे। सड़क के दोनों ओर के मकान भव्य थे, यहाँ सीमेंट से बनाए गये थे एक मंजिले व दुमंजिले मकान, उनके छत पैगोडा जैसे थे, काठमांडू के मकानों की तरह। आसपास कुछ तालाब दिखाई पड़े, पेड़-पौधे भी काफी थे। शहर में कुछ पार्क भी थे। किन्तु पोताला-मार्ग के सिवा शहर के अन्य रास्ते ऐसे थे जिन्हें देखकर ऐसा नहीं लगता था कि हम किसी देश की राजधानी में पहुँच गये हैं। बड़ी मुख्य सड़क शहर के केन्द्र में पहुँचकर कई भागों में बँट गयी थी।

लासा की गलियाँ बनारस की गलियाँ जैसी थीं, अत्यंत सँकरी। बहुत-सी गलियाँ पार करते हुए हम जोखांग मंदिर के प्रांगण में पहुँचे। लगता था कि बहुत से मकानों की भीड़ में मंदिर का अस्तित्व किसी तरह टिक गया था। थोड़ी दूर से भी पता नहीं चलता था कि वहाँ इतना बड़ा मंदिर होगा। बनारस के बाबा विश्वनाथ मंदिर जैसी ही इसकी हालत थी। गलियाँ भी वैसी।

जोखांग मंदिर लासा का मूल मंदिर था। उसके चबूतरे पर पहुँचकर हमने दंडवत् होकर स्वयम् को भगवान् बुद्ध के चरणों में सौंपा, सभी ने बीजमंत्र पाठ किया—ओम् मणि पद्मे हुम्! यहाँ से हमें मुक्ति व निर्वाण लाभ के लिए उस परमपिता परमेश्वर का आशीष लेना था।

आधे घंटे तक तो हम प्रणाम करते रहे, फिर शुरू हुई मंदिर की सप्त-परिक्रमा। उसके बाद प्रार्थना चक्र घुमाते हुए पूर्वजन्म का कर्मफल खंडन करने के लिए पुन: सात बार परिक्रमा करनी पड़ेगी, उसके बाद शुरू होगा मंदिर में प्रवेश के लिए फिर से दंडवत् प्रणाम! अर्थात् मंदिर में प्रवेश से पहले घंटे भर से ऊपर अभी कसरत करनी थी। मैंने लामा धर्म में दीक्षा ली थी, अत: उनके साथ-साथ मुझे भी इन सब प्रक्रिया से गुजरना होगा। अब मैं समझ गया कि लासा पहुँचने से पहले हमें तीन दिन के विश्राम की ऐसी क्या आवश्यकता थी!

राजा स्त्रोंग-सान्-गाम्पो ने पोताला दुर्ग का विस्तार करते हुए अपना महल वहाँ बनाया था जो पोताला प्रासाद के नाम से प्रसिद्ध है। उन्होंने ही लासा नगर भी बसाया था। उनकी दो रानियों में एक चीन की राजकुमारी थी तथा दूसरी नेपाल की राजकुमारी। उक्त दोनों राजकुमारियाँ अपने साथ बौद्ध धर्म लायी थीं तिब्बत में। नेपाल की राजकुमारी लायी थी अक्सोभ्य बुद्ध की मूर्ति, चीन की राजकन्या ले आयी थी एक सुंदर अमूल्य अतुलनीय शाक्य-मुनि की मूर्ति। चीन के तांग घराने की राजकन्या बेन-चेंग द्वारा लायी गयी शाक्य-मुनि की मूर्ति की स्थापना जोखांग मंदिर में हुई थी।

मंदिर के इस विग्रह को बहुत जाग्रत माना जाता था। हजारों भक्त, लामा व तीर्थयात्री प्रत्यह इस मंदिर में पूजा करने आते थे।

एक ऊँचे चबूतरे से मंदिर की सीमा शुरू होती थी। जोखांग मूल मंदिर था, उसके इर्द-गिर्द असंख्य छोटे-छोटे मंदिर थे। मंदिर की दीवार पर भी ध्यानी बुद्ध, बोधिसत्व, मानसी-बुद्ध, अवलोकितेश्वर तथा अन्य मूर्तियाँ खुदी थीं।

इतने बड़े व प्रख्यात मंदिर में भी कोई पंडा न था। बुद्धगया, पुरी, काशी, हरिद्वार आदि में पंडों का अत्याचार सुविदित है। यहाँ वैसी कोई बात न थी। यहाँ लामा, भिक्षु व भिखारी की अच्छी तादात थी। मैंने किसी भी तीर्थस्थाल में एक साथ इतने भिखारी नहीं देखे थे। किन्तु यहाँ के भिखारी लालची नहीं थे। यहाँ के निर्धन सर्वहारा लोग भी असभ्य नहीं थे, वे किसी को तंग नहीं करते थे, किसी के पीछे भागते भी नहीं थे। केवल फारगो-कालिंग के भिखारियों ने हमें घेरा था, इसका कारण संभवत: यह था कि अब तीर्थयात्री नहीं आते, एक साथ बत्तीस विदेशी यात्रियों को देखकर आनंद और प्रत्याशा के अतिरेक में उन्होंने ऐसा किया था। किन्तु गुरु के समझाने से उन्होंने भी रास्ता छोड़ दिया था।

शाक्य-मुनि की मूर्ति सारनाथ के बौद्ध-मूर्ति से मिलती-जुलती होने पर भी इस मूर्ति का मुखावयव चीनी आकृतियों जैसी थी। किन्तु यहाँ सबसे आश्चर्यजनक बात तो यह थी कि यहाँ की पूजा-पद्धति बौद्ध-मत से नहीं, हिन्दूमत से अधिक निकट थी। हो भी क्यों न, स्वयं बुद्धदेव वैदिक पंथ के संस्कारक थे, वेद विरोधी नहीं। जो संस्कार मानव को अंतर्यामी से दूर ले जा रहे थे; उन्होंने उनका संस्कार भर किया था। जोखांग मंदिर में प्रवेश से पूर्व दंडवत् होकर प्रदक्षिणा करते समय मुझे बाबा तारकेश्वर के मंदिर का ख्याल आया था, वहाँ भी भक्तों को मैंने ऐसा करते देखा था। संभवत: इससे यही साबित होता है कि मनुष्य की अंतर्निहित भक्ति का स्फुरण सदैव एक-सा ही होता है। गंगासागर, गंगोत्री अथवा श्रीलंका या लासा जहाँ भी भक्त अपनी देह व मन परमेश्वर के श्रीचरणों में सौंपता है वहीं वह इस समर्पण को दंडवत् होकर व्यक्त करता है। हम भी खड़े होकर, बैठकर, लेटकर मंदिर की परिक्रमा करते रहे। उसके बाद प्रार्थना चक्र घुमाते हुए परिक्रमा सम्पन्न किया। केवल लामा नहीं, संभ्रांत और भिखारी भी यहाँ परिक्रमा करने के बाद ही मंदिर में दाखिल होते थे।

परिक्रमा सम्पन्न करने में हमें प्राय: दो घंटे लगे। मेरे संगी लामा भक्ति में गदगद थे, इतने श्रम के बाद यहाँ पहुँचकर उनका जन्म सार्थक हो गया था। जिन पाप व संस्कारों के चलते बार-बार मानव जन्म लेना पड़ता था, उससे यहीं मुक्ति थी। कातरस्वर में वे अपनी प्रार्थनाएँ निवेदन कर रहे थे, उनकी आँखों से आनंद के आँसू बह रहे थे। न जाने कितने जन्म की सुकीर्ति व साधना के फल से वे इस जन्म में लासा पहुँच पाए थे। लामाओं के जीवन की यह सबसे शुभ घड़ी थी।

मंदिर प्रांगण में अजस्र भक्त कातरस्वर में प्रार्थना कर रहे थे—'बाबा मुझे उद्धार करो, धर्मराज मेरे पुत्र की रक्षा करो, धर्मराज मेरे पति को रोग-मुक्त करो; हे देवादिदेव,

मेरी बेटी की कोई गति कर दो; हे महादेवराज, हमें शांति दो, हमारे जन्म-जन्मांतर के पाप से हमें मुक्ति दो;'.....इत्यादि।

मंदिर का सम्मुख भाग एक बड़े दालान की तरह था। इसलिए अंदर जाने के लिए पंक्ति में खड़ा होना नहीं पड़ता था, एक साथ अगल-बगल खड़े होकर पचास-साठ आदमी घुस सकते थे। मंदिर के मूल देवता शाक्य-मुनि के उद्देश्य से भक्तलोग गमछे के आकार के छोटे-छोटे चादर ले आते थे पीले रंग के। हम भी चढ़ावे के लिए ऐसी ही चादरें ले गये थे। धनी लोग चावल तथा अन्य सामग्री चढ़ाते थे। कुछ लोग मक्खन या घी लाते थे दीया जलाने के लिए।

साष्टांग प्रणाम करते हुए हम अंदर प्रवेश किए। जोखांग मंदिर का एक नाम सुक्-ला-खांग भी था। दालान के भीतर पहले तो अंधेरा लगा, किन्तु थोड़ी ही देर में आँखें अभ्यस्त हो गयीं। दीवाल पर चारों ओर कभी न बुझाए जाने वाले घी के दीए थे। बेदी के सामने ग्रील लगा लोहे का दरवाजा समेटा हुआ था, वह कॉलप्सिबल दरवाजा बंद रहने पर भी उसके बाहर से भक्तगण दर्शन कर सकते थे। सामने विराट् भगवत् मूर्ति थी, सुनहरा उज्ज्वल मुखड़ा और सफेद आँखों में नीले रंग की पुतलियाँ। लगता था कि भक्तों व शरणागतों की रक्षा के लिए वे स्नेहशील आँखों से देख रहे हैं। मुखमंडल के सिवा कुछ गोचर न होता था क्योंकि उनका सारा तन ही चादर से ढका था। मुझे लगा कि शताधिक चादरों के भार से उनकी रीढ़ की हड्डी कुछ टेढ़ी हो गयी है।

मूर्ति के सामने ड्रम के आकार का एक दीपाधार था, तांबे का। उस गमलानुमा प्रकांड दीपाधार में चारों ओर दीए की सहस्र शिखाएँ थीं। अद्भुत सुंदर लगा वह। सुना कि प्रदीप शिखाओं को जलाए रखने के लिए प्रतिदिन चार सौ किलो घी खर्च होता था। वह ड्रम इतना ऊँचा था कि मैं उसमें घुसता तो घी में डूब जाता।

लोहे के सिमटवाँ फाटक के दोनों बगल में चार पुजारी लामा थे। वे पूजा सामग्री सहेज रहे थे, भक्तों से चादर लेकर भगवान बुद्ध को अर्पण कर रहे थे, चरणामृत बाँट रहे थे, प्रदीप में घी डाल रहे थे, तंदुल बाँट रहे थे और भक्तों के आग्रह पर विभिन्न मुद्रा में आरती कर रहे थे। कुल मिलाकर वे बहुत व्यस्त थे। मंदिर का दरवाजा चौबीसों घंटे खुला रहता था, भीतर का सिमटवाँ दरवाजा सुबह नौ बजे से शाम के छ: बजे तक खुला रहता। बौद्ध तंत्र मत से पूजा-अर्चना होती थी। दीवालों पर असंख्य तांखा लटक रहे थे, वे भी मंदिर की तरह ही पुराने थे। उन्हें और उनकी कलाकृतियों को मैं ध्यान से देखना चाहता था, किन्तु मेरे संगियों को कला-वला में कोई रुचि नहीं थी।

शाक्य मुनि का स्टैचु डेढ़ आदमी के बराबर ऊँचा था। जिस बेदी पर वह था, उसे लेकर कुल उच्चता तेरह फीट करीब थी। अभय मुद्रा में एक हाथ व मुखड़ा ही हम देख पा रहे थे, शेष अलंकारों व चादरों से ढका था। केदारनाथ व बद्रीनाथ में भी मैंने ऐसे ही दृश्य देखे थे, फूल चंदन व बेल के पत्तों से असल देवता दबे हुए, उनका वास्तविक रूप देखना हो तो मंदिर के बाहर से फोटो खरीदकर देखो! यहाँ भी ऐसा

ही था, किन्तु भक्तों की आँखें यहाँ कुछ देखने नहीं आती थीं, वे तो उच्छ्वास से ही भरी होती थीं।

लासा का यह शाक्य-मुनि केवल जाग्रत ही नहीं, उनमें और उनके मंदिर में ही छिपा है लासा का खजाना। उस विग्रह का निर्माण विश्व के अन्यतम बहुमूल्य पत्थर से हुआ था, फिर उसे सोने से मढ़ा गया था। उनके मुकुट में कई सौ मणि-मुक्ता चमक रहे थे। उनकी बेदी पूरी तरह सोने से बनी थी। अत: जोखांग मंदिर के इस देवता का पारमार्थिक मूल्य चाहे जो हो, उसका आर्थिक मूल्य नजरअंदाज नहीं किया जा सकता। लासा व समस्त तिब्बत की सम्पदा ही वहाँ उड़ेल दी गयी थी। लोगों का कहना है कि जोखांग मंदिर का स्वर्ण एकत्र कर लिया जाए तो वे सारी दुनिया को खरीद सकते हैं। इस बात में अतिशयोक्ति होने पर भी इसमें दो राय नहीं कि इस कथन में कुछ सच्चाई भी थी। मूल वेदी के पूजा उपकरण सभी सोने के थे। वेदी के सामने पुजारी के सिवा कोई नहीं बैठ सकता था।

शाक्यमुनि के मंदिर में सुबह से रात तक भीड़ लगी रहती थी। जो ध्यान करना चाहता था, उसे मंडप में जाना पड़ता था। मंडप में टाट बिछे थे, पहले वे कभी टाट की गद्दियाँ थीं, जिनमें नारियल जटा आदि भरी थी, किन्तु अब उनके भीतर कुछ न था, केवल जीर्ण टाट बच गया था। इसलिए यहाँ ध्यान के लिए आने वाले अपने साथ कम्बल या आसन लेकर ही आते थे।

जोखांग मंदिर के मूल मंदिर में जाने के लिए कुछ नीचे उतरना पड़ता था। पहले चबूतरा, फिर दालान या आंगन, फिर मंडप—उसके एक ओर नीचे शाक्यमुनि का मंदिर, दूसरी ओर सहस्त्र बुद्ध का मंदिर। सहस्त्रबुद्ध का मंदिर एक संग्रहालय जैसा था, उसमे छोटी-बड़ी अनेकों मूर्तियाँ थीं। भगवान् बुद्ध के जितने भी रूप की कल्पना की जाती है, उन सभी रूपों की यहाँ मूर्तियाँ थीं। मुझे वहाँ ब्रह्मा, विष्णु, महेश, हर-गौरी, सरस्वती, राम, हनुमान, युधिष्ठिर, कृष्ण, काली, चामुंडा आदि भारतीय देवी व देवताओं के विग्रह भी दिखाई पड़े। शिव का सर्प और दुर्गा का सिंह मिलकर ड्रागन का रूप लिया था, ड्रागन की मूर्ति देखकर मुझे ऐसा ही लगा कि वह भारत व चीन के मिलन का प्रतीक है।

शाक्य मुनि व हजार बुद्ध की मूर्तियाँ नीचे की दो मंदिरों में थीं। ऊपरी मंजिल के मंदिर में घुसकर मैं बेतहाशा चौंका। मैंने स्वप्न में भी कल्पना नहीं की थी कि बुद्ध के मूल मंदिर में ऐसा भी हो सकता है। वहाँ माँ काली की एक भयंकर मूर्ति थी। माँ काली लासा की रक्षाकर्त्री हैं। भयंकर करालमूर्ति धारण कर वे तिब्बत की पवित्र भूमि की रक्षा कर रही हैं। इस विग्रह को देखकर मुझे रोमांच हो आया, मेरे रोंगटे खड़े हो गये। मुझे लगा कि बहुत दिनों के बाद मुझे मेरी माँ मिल गयी हैं जिनसे मेरा आत्मीय परिचय है।

जोखांग का मंदिर रहस्यजनक है। यहाँ प्रकृति व पुरुष दो रूप में हैं। बुद्ध का शांत शिव-रूप, और चिर चंचला काली का संहार रूप। चेतन और अचेतन के समन्वय से

बने विश्व को ही प्रतीक के रूप में स्पष्ट करता था जोखांग मंदिर। तिब्बत के धर्मराज दलाईलामा की इष्ट देवी थी छिन्नमस्ता काली।

दलाईलामा स्वयं बौद्ध थे। किन्तु उनकी इष्ट देवी काली थी, यह एक अद्भुत बात थी। महाकाली के इस विग्रह को लोग जाग्रत मानते थे, प्रत्यह दो बार बौद्ध-तांत्रिक मत से उनकी पूजा होती थी। तीर्थयात्री या भक्त शाक्यमुनि का दर्शन करने के उपरांत महामाया का दर्शन करने आते। साधारण लोग सृष्टि के मूल में महामाया महाकाली को मानते थे। सृष्ट जग की वे ही रक्षाकर्त्री थीं, वे सर्वपापहारिणी वराभयदायिनी थीं।

जोखांग महाकाली की मूर्ति दक्षिणेश्वर, कालीघाट या तारापीठ जैसी न थी, उससे भी भयंकर थी। दैत्यों का नाश करने वाली महाकाली विनाश व संहार की मूर्ति बनकर, चर्मवस्त्र पहने, मनुष्य की खोपड़ी से मस्तिष्क खाती हुई दिखाई गयी थी। इस मंदिर की दीवारों पर माँ की और भी मूर्तियाँ थीं। तिब्बती पौराणिक कथाओं में माँ के रूप का क्या वर्णन है यह तो मुझे ज्ञात नहीं, किन्तु काली, तारा, पोड़शी, भुवनेश्वरी, भैरवी, छिन्नमस्ता, धुमावती, बगला, मातंगी व कमला—इस दसावतार के विभिन्न चित्र व मूर्तियों से दीवाल भरी थी। बौद्ध-तांत्रिकों का दावा है कि तंत्र-साधना के माध्यम से महाकाली महामाया के ये रूप तिब्बत से ही भारत में प्रचारित हुए थे। बुद्धत्व प्राप्ति के लिए ध्यानी बुद्ध की शक्ति की आराधना करनी पड़ती है। लोचना, यामकी, पंडारा, आर्यतारा, वज्रधात्रिश्वरी, वीणापाणी, आदि तिब्बत की आदि-शक्ति के रूप हैं।

महामाया महाकाली के उस विकराल रूप की ओर मैं अधिक देर तक नहीं देख सका। मेरे पाँव सहसा जम गये थे, भक्ति या उच्छ्वास से मेरे शरीर में सिहरण था जिससे रोंगटे खड़े हो गये थे, लग रहा था कि माँ मुझे बुला रही हैं। वे वहाँ अधिष्ठित हैं मेरे तन व मन की क्लांति दूर करने के लिए। लामा के पोशाक के भीतर से मेरा मिथ्या अहम् हठात् लुप्त हो गया, मेरा तन लुढ़क गया मंदिर के दरवाजे पर। उस क्षण मुझे लगा कि मैं धन्य हूँ, मुझे सब कुछ मिल गया है। एक अभूतपूर्व आनंदानुभूति में मैं सराबोर होता रहा।

काफी देर तक मैं उस आनंद में डूबा था! फिर मैंने स्वयम् को आविष्कार किया। मैं मंडप की दालान में था, मेरे चारों ओर लामाओं की भीड़ थी। मैंने स्वयं को संयत किया। मन में प्रश्न उठते रहे—मंदिर से यहाँ कैसे पहुँचा, कौन मुझे यहाँ ले आया? एक पुजारी लामा ने मुझे एक कटोरी गरम चाय ला दी, उसकी चुस्की लेते हुए मैं मन व शरीर को स्वाभाविक दशा में लौटा लाया। साधुबाबा मेरे बगल में ही बैठे थे। परम् स्नेह से मेरे सर पर उंगलियाँ फेरते हुए वे बोले—''कुछ नहीं हुआ, भावावेग से बहुधा ऐसा होता है। मौन रहने के कारण भीतर के आवेग व भावनाओं को बाहर निकलने का अवकाश नहीं मिला, इसी से ऐसा हुआ था।''

भावावेग हो, उच्छ्वास हो, चाहे जो भी हो, मैं मन ही मन जिस पूर्ण आनंद को अनुभव कर रहा था उसकी व्याख्या मैं किसी भी भाषा में नहीं कर सकता। पहाड़ का

सौंदर्य देखकर उसके बाह्य जड़ रूप का वर्णन भी मैं स्पष्ट रूप से नहीं कर सकता, तो फिर किसी अव्यक्त को कैसे व्यक्त करूँ?

वहाँ जो कुछ भी हुआ था, उससे मेरे संगी लामा चिंतित हो पड़े थे। किसी का मत था कि मेरा खाना-पीना-विश्राम ठीक से नहीं हुआ था, किसी का मत था कि मुझे ठंड लग गयी थी। कोई कह रहा था मुझे ईश्वरीय उपलब्धि हुई है। अब कारण चाहे जो हो, होश आने पर यह मालूम हुआ कि महाकाली मंदिर के दरवाजे पर मैं बेहोश होकर गिर पड़ा था। यह भी सच था कि आज सुबह से खाना-पीना विशेष नहीं हो पाया था, फारगो-कालिंग में सबने एक-एक रोटी और चाय ली थी।

दिन बीत चला था। संध्या के आसपास मंदिर के शेष भाग को देखते हुए हम नीचे की मंजिल के एक कमरे में आकर रुके। अब तक ऊपर भी अंधेरा हो गया था, नीचे के कमरों का कहना ही क्या। इनमें तो दिन में भी प्रकाश नहीं होता था। हम जमीन के नीचे के एक कमरे के सामने पहुँचे। यह कमरा गौहाटी के निकट के कामाख्या मंदिर जैसा था। दीपक की क्षीण रोशनी में दिखाई पड़ा कमरा पत्थर से बना था, उसका दरवाजा भी पत्थर का था, वह कमरा बन्द ही रहता था। उस कमरे के विषय में एक कथा प्रचलित थी, आगे उसी कथा का वर्णन है :

जोखांग मंदिर के निर्माण के उपरांत उसके तीन कमरे तीन देवों के नाम से उत्सर्ग किए गये थे। प्रथम कमरा शाक्यमुनि के लिए, दूसरा बुद्ध के विभिन्न अवतारों के लिए तथा ऊपर का कमरा महाकाली के लिए। अन्य मंदिरों की तरह यहाँ के मंदिर भी पत्थर से बने थे, भीतर उन्नत कारुकार्य से भरे काठ लगाये गये थे। उस समय स्थापत्य कला का वह एक अद्वितीय मंदिर था तिब्बत में।

मंदिर की नींव मातृमंडला पर रखी गयी थी। मातृमंडला तंत्रसाधनों का प्रिय व शक्तिशाली आसन था उन दिनों। उसके बाद पूजा व उत्सव के माध्यम से यथा समय मंदिर के देव व देवियों की स्थापना की गयी। उसके बहुत दिनों के बाद मंदिर के लामा व पुजारियों को मंदिर निष्प्राण लगने लगा, उन्हें कई परेशानियाँ भी होने लगीं। मंदिर के दीपक अपने आप बुझ जाते। घंटा ध्वनि भी ठीक से सुनाई नहीं पड़ती। पुजारी मंत्र भूल जाते। लगता कि मंदिर के भीतर कोई दानव अपना आसन जमाए बैठा है, वहाँ का वातावरण इतना ठंडा व प्राणहीन हो गया था। राजा भी उद्विग्न हुए, इतने व्यय के बाद बने मंदिर की दुर्दशा देखकर। हजारों लोगों का श्रम और सपना व्यर्थ हो रहा था। राज्य के पुरोहित, पंडित व तांत्रिकों को बुलवाया गया। दुष्ट आत्मा, मारन, उच्चाटन आदि की साधना करने वाले तांत्रिकों ने मंदिर की जाँच करने के बाद बताया कि पाँच दानव मंदिर में रहने लगे हैं। यह सुनकर राज्य में हाहाकर मच गया, पवित्र पुण्यात्मा तथागत का मंदिर भूत-प्रेतों का अड्डा बन जाए, इससे दुखद बात और क्या हो सकती थी? राजा ने चारों ओर ढिंढोरा पिटवाया कि मंदिर को दुष्ट आत्माओं से मुक्ति दिलाने वाले को समुचित पुरस्कार दिया जाएगा। ओझा, तांत्रिक, जादूगर आदि कौमारी, बाराही महामंत्र का प्रयोग कर भी उन दानवों को भगा न सके। अंत में पद्मसंभवा आए।

भूतसिद्ध तंत्राचार्य पद्मसंभवा की महाशक्ति के सामने उन पाँच दैत्यों की न चली, उन्होंने आत्मसमर्पण कर दिया। पद्मसंभवा ने पंचपाश मंत्र द्वारा उन पाँचों दानवों को बन्दी बनाकर नीचे के उस कमरे में डाल दिया।

एक बार किसी काम से बाबा पद्मसंभवा को लासा से बाहर जाना पड़ा। उन्होंने जाने से पहले मंदिर के पुरोहितों को सतर्क कर दिया था कि उन दुष्ट आत्माओं को किसी भी कारण से मुक्त न किया जाए। कुछ दिनों के बाद एक भलामानुष पुजारी नीचे के उस कमरे के बगल से गुजर रहा था जब उसे देखकर दुष्ट-आत्माओं ने रोना-कलपना शुरू किया—'इस बंदी जीवन से तो मर जाना ही अच्छा था।' उसके क्रंदन से दयालु पुजारी का हृदय करुणा से भर गया। दरवाजे के पास पहुँचकर वह बोला, 'तुम पर दया आने से भी मैं कुछ नहीं कर सकता। बाबा पद्मसंभवा अभी यहाँ नहीं हैं, वे लौट आएँ तो उनसे प्रार्थना करना।' पुजारी को दया-परवश होते देखकर दैत्यों ने रोते हुए कहा, 'इस काल कोठरी में रहने से बढ़कर यंत्रणा नहीं हो सकती, न जाने कब से हमने दिन का उजाला नहीं देखा। आप दया करके हमें थोड़ी देर के लिए बाहर निकलने दें, बाहर का उजाला देखकर ही हम प्रसन्न होकर लौट आएंगे, उसके बाद आप हमें फिर से बंद कर दें।' दैत्यों की प्रार्थना व रुदन से पुजारी का हृदय पिघल गया, उसने सोचा कि कुछ देर के लिए उन्हें बाहर जाने दिया जाय तो हर्ज ही क्या है। दरवाजा खुलते ही पाँचों दैत्य अट्टहास कर उठे। वे आनंद से हुड़दंग मचाते हुए बोले, 'अरे मूर्ख पंडित! तुझ जैसा मूरख हमने कभी न देखा। यह मंदिर हमारा है, यहाँ हमारा ही राज रहेगा।' यह कहकर उन्होंने अपना उत्पात् शुरू कर दिया। बेचारा पुजारी अपनी भूल पर पछताता रहा। कुछ दिनों के बाद पद्मसंभवा को इस घटना की सूचना मिल गयी। उस समय वे तांत्रिकों को लेकर कोई विशेष तंत्र-साधना कर रहे थे। सूचना पाते ही वे तत्काल लासा लौट गये। जोखांग मंदिर मैं पहुँचकर विनयी पद्मसंभवा ने उग्रमूर्ति धारण कर दैत्यों को ललकारा। दानवों की तो सिट्टी-पिट्टी गुम हो गयी। दानवों को देखते ही पद्मसंभवा ने एक भारी पत्थर उठाकर उनकी ओर फेंका। यूँ उस पत्थर को हिलाने में भी पचास आदमियों की जरूरत पड़ती थी। दो दैत्य तो मंदिर छोड़कर भाग गये, बाकी तीन को पद्मसंभवा ने उसी कमरे में कैद करते हुए कहा कि जब तक मंदिर के देवता जाग्रत रहेंगे तब तक वे वहीं कैद रहेंगे, यदि कभी बाहरी शत्रुओं के हमले से मंदिर नष्ट हो जाए तो उन्हें मुक्ति मिलेगी।

हम जहाँ खड़े थे, वहीं एक खंभे के पास वह विशाल पत्थर पड़ा था। उस पत्थर के दर्शन व स्पर्श से पुण्य मिलता था।

घंटा, तांखा, उत्सव की बड़ी-बड़ी हाँडी आदि देखकर हम बाहर निकले और मंदिर की परिक्रमा करने लगे। प्रार्थना चक्र घुमाते हुए हम अंतिम परिक्रमा पर थे जब एक साथ डमरू और भेरी बज उठे। चारों ओर से लोग तत्काल मंडप की ओर दौड़ पड़े। परिक्रमा अधूरी छोड़कर हम जा नहीं सकते थे, अतः हमें मंडप के पास पहुँचते कुछ देर हो गयी। तब तक वहाँ इतनी भीड़ हो गयी थी कि एक चूहा भी नहीं घुस

सकता था मंडप के भीतर। अत: जोखांग मंदिर की संध्या-आरती पहले दिन हमें मंडप के बाहर से ही देखना पड़ा। लामा व भक्तों की समवेत प्रार्थना, पुरोहितों की मुद्राएं, शंखनाद की तरह भेरी की नाद और आरती के दृश्य ने हमें स्वर्गीय आनंद दिया था। चरणामृत पाकर तो हम और भी तृप्त हुए। इस लम्बी यात्रा की सारी थकान से उस क्षण हम मुक्त हो गये थे।

संध्या-आरती के बाद ही मूल मंदिर का सिमटवाँ दरवाजा बंद कर दिया गया।

---

# ल्हासा

जोखांग मंदिर के पास ही वहाँ के पुरोहित तथा मंदिर की देखभाल करने वालों के रहने का प्रबंध था किन्तु बाहर से आए यात्रियों को या लामाओं को वहाँ ठहराया नहीं जाता था। मंदिर में कोई धर्मशाला न थी। वहाँ लगभग सौ लामा थे, वे सभी वेतनभोगी थे।

फारगो-कालिंग के निकट की एक धर्मशाला में रहने का जुगाड़ हुआ। अतः सुबह हम जिस रास्ते मंदिर गये थे, शाम उसी रास्ते वापस आए अपने ठिकाने तक। धर्मशाला का भवन पुराना था, किन्तु भीतर सारी व्यवस्था थी, रसोई, बोरसी, जलाऊ लकड़ी। पाखाना नहीं था, इसके लिए कुछ चलकर नदी तक जाना पड़ता था।

धर्मशाला के निकट एक आलीशान इमारत थी जिसे काशाक् दफ्तर कहते थे। उसी भवन से लासा तथा तिब्बत का शासन चलाया जाता था। प्रधान पुरोहित तथा मंत्रिगण प्रशासनिक व्यवस्था के लिए वहाँ नियमित आते थे।

सुबह से शाम तक हमने एक चीज देखी ही नहीं थी, लासा पहुँचने के आनंद में ही शायद किसी का उधर ध्यान नहीं गया था। शाम के बाद हम एकबारगी यह देखकर चौंके कि लासा में बिजली व्यवस्था थी, सड़कों पर बिजली के लट्टू जल रहे थे, अधिकांश मकानों में भी बिजली थी। केवल धनी लोग ही बिजली का कनेक्शन ले सकते थे। धर्मशाला की खिड़की से पोताला प्रासाद स्वप्नपुरी की तरह लग रहा था, वहाँ तारों की भाँति चमक रहे थे बिजली के लट्टू। लगता था कि आकाश के तारे धरती पर उतर आए थे।

लासा शहर तथा पोताला प्रासाद का विकास राजा स्रोंग-सान्-गाम्पो ने किया था, किन्तु उससे भी बहुत पहले, चौथी शताब्दी के आसपास, वाणिज्य एवम् यातायात के प्रमुख केंद्र के रूप में लासा बस गया था। लासा के प्रशासन के लिए द्रेपुंग सेरा व गन्देन गुम्फाओं से लामा प्रतिनिधि नियुक्त किए जाते थे, लामा-प्रधान यानी दलाईलामा का निर्वाचन भी इन्हीं गुम्फाओं से होता था।

सुबह खिड़की से झाँकते हुए लगा कि मैं चीन या जापान के किसी शहर में पहुँच गया हूँ। अधिकांश घर-द्वार पैगोडा जैसे। उन्हीं के बीच-बीच में कुछ आधुनिक ढंग के मकान। पुराने मकानों के बीच नए मकान कुछ विचित्र लग रहे थे।

मेरे संगी लामा तड़के उठकर एक-एक कर सभी जोखांग मंदिर चले गये थे, मैं गुरुजी के साथ रह गया था। तीर्थयात्री होकर भी मेरी इच्छा शहर देखने व शहर में घूमने की हो रही थी। शहर के बाहर से जोखांग मंदिर का गुंबद दिखाई पड़ता था,

किन्तु शहर के भीतर से उसका कुछ भी नहीं दिखता था। पोताला प्रासाद हर स्थान से दिखाई पड़ता।

लासा का बाजार काफी बड़ा था, किन्तु बाजार की गलियाँ बहुत गंदी थीं। लोम-चर्म का बाजार-बहुत आकर्षक था। भेड़ के लोम सड़क के किनारे रुई की तरह रखे हुए थे। ऊनी वस्त्रों की दुकानों में भीड़-भाड़ थी। स्वेटर, टोपी, मोजे यहाँ सस्ते में बिकते थे। थोक व फुटकर बिक्री की अलग-अलग दुकानें थीं। फुटकर बिक्री की दुकान पर विक्रेताओं में अधिकांश महिलाएँ थीं, उनके कपड़े साफ-सुथरे थे, बाल संवारे हुए थे, वे खुद भी स्वच्छ थीं। हँसी-खुशी भी। उनकी हँसी तो राह चलते भी सुनाई पड़ती। सब्जी बाजार सूखा-सूखा सा था, जहाँ बरफ पिघल चुकी थी, वहाँ सब्जी उगाने की तैयारी चल रही थी, अतः कुछ पहाड़ी भाजी, आलू और लाल रंग की कोई अनाम तरकारी वहाँ उपलब्ध थी। पहले भारत से यहाँ सब्जियाँ मंगाई जाती थीं, अब राजनैतिक कारणों से वह आयात बंद है। यहाँ के ऊन का अस्सी प्रतिशत भाग पहले कलकत्ता में बिकता था, अब भारत को निर्यात भी बंद हो गया था। सम्प्रति चीन के व्यापारी लासा आवाजाही कर रहे थे, शीघ्र ही शायद वे तिब्बत के बाजार को भी हथिया लेंगे।

तिब्बत के इस दक्षिण-पूर्व भाग में फसल अन्य भागों की तुलना में अच्छी होती थी। सांपों तथा की-चू नदी की घाटियाँ चौड़ी एवम् समतल थीं, इसकी औसत ऊँचाई और यहाँ ठंड की मात्रा भी अपेक्षाकृत कम थी। किन्तु यातायात के साधन के अभाव में टट्का सामान कम ही मिल पाता। तिब्बत की सत्तर प्रतिशत आबादी की-चु नदी के तट पर बसी थी। बाजार में ताजा मछली बिकते देखा जो स्थानीय लोग की-चु नदी से लाकर बेचते थे। ग्रामीण लोग सूखी मछली की थैली लेकर बाजार में बेचने आए थे। ये सूखी मछलियाँ मुख्यतः यमद्रोक जलाशय व सांपो नदी से लायी जाती थी। सूखे मांस की भी दुकानें थीं बाजार में। शायद पर्याप्त फसल के अभाव में मांस-मछली ही तिब्बतियों का रोचक खाद्य बन गया था।

घूमते हुए हम उस गली में पहुँचे जहाँ चावल-दाल-गेहूँ-जौ-बार्लि आदि का भंडार था। इस आढ़त में बार्लि के कई नमूने देखकर मैं हैरान हुआ। यहां सत्तू भी बिकती थी। दाल में मूंग व मटर ही मुख्य थे। गुरुजी ने दो रुपये का पाँच सेर चावल खरीदा। दुकानदार ने चावल डिब्बे से मापा और हमारे चादर में उड़ेल दिया। हमें तीर्थयात्री जानकर उसने अतिरिक्ति एक सेर चावल दान में भी दिया। यहाँ ढाई सेर मूंग की दाल भी हमने ली केवल दस आने में। बाजार में बहुत दुकानें थीं, किन्तु खुले बाजार में फेरी करने वाले विक्रेताओं की भी उतनी ही तादाद थी। चमरी गाय का दूध भी सुखाकर बेचा जाता था, चाकलेट की तरह छोटे-छोटे टुकड़ों में काटकर उसे वजन से भी बेचते थे, दर्जन के हिसाब से भी। बाजार के आखिर में लासा गेट के पास एक और चीज देखी—भिखारी लोग फुटकर पैसा बेचते थे, भारतीय पैसा देकर उनसे सस्ते में तिब्बती पैसे खरीदे जा सकते थे। साधारणतः तीर्थयात्री भिखारियों को भीख में देने

के लिए ही उनसे फुटकर लेते थे। ऐसा मैंने भारत के रामेश्वरम् में भी देखा था। बाजार में चाय की दुकान पर समोसा देखा, रोटी-सब्जी-दाल-बिस्किट भी सड़क के किनारे बिकती थी। भाषा न जानने से भी यहाँ सामान खरीदने में असुविधा नहीं होती। चाय और शराब की तो अगणित दुकानें थीं। लासा के आसपास संतरा, नासपाती और सेव पर्याप्त मात्रा में उगता था, इसलिए ये फल बाहर से मांगने की जरूरत नहीं पड़ती थी। मंदिर के लिए आवश्यक तांखा, प्रार्थना पताका, गमछा, छोटी चादरें आदि की भी अनेक दुकानें थीं। पूजा-सामग्री की अलग दुकानें थीं जहां घंटा, डमरू, भेरी तथा लामा व पुरोहितों के विभिन्न वस्त्र बिकते थे। मंदिर में फूल चढ़ाने का प्रचलन यहाँ नहीं था।

बाजार के निकट एक मैदान था जहाँ लासा की पुलिस पैरेड करती थी। नगर के प्रमुख अनुष्ठान भी इसी मैदान में होते थे।

लासा में एक चीनी मार्केट भी था जहाँ चीन के सामान बिकते थे। लासा की सुंदरियाँ अपने नौकरों को लेकर यहाँ खरीददारी करने आतीं। नागरिकों पर चीन का प्रभाव स्पष्ट गोचर हो रहा था, अधिकांश संभ्रांत दुकानों में चीन की सामग्रियाँ उपलब्ध थीं; चीनी भोजन, चीनी बर्तन, साज-सज्जा के चीनी सामानों की उच्च एवं आभिजात्य वर्ग में अधिक मांग थी। शहर के बड़े रेस्तराँ में चीनी मेन्यू रखे जाते थे, वहाँ लोग भोजन भी चम्मच के बजाय लकड़ी से करते थे, मुझे लगा कि भारत के विलायती फैशन की तरह लासा में चीनी फैशन था। पैगोडा की तरह के मकानों के घुमावदार छत के नीचे उज्ज्वल ड्रागन मूर्ति या चित्र देखकर लगा कि तिब्बत पर चीन का यह प्रभाव बहुत नया नहीं था।

तिब्बत की राजधानी होने पर भी लासा शहर खास बड़ा नहीं था। इसकी लम्बाई-चौड़ाई दो-मील से अधिक न होगी। शहर के उत्तर में पोताला प्रासाद, दक्षिण में नदी, पश्चिम में द्रेपुंग गुम्फा और पूरब में नरबुलिंका यानी चेन्-रे-जि का ग्रीष्मावास था।

दूसरे दिन शाम को हम लोग संध्या-आरती व प्रार्थना के लिए पुनः जोखांग मंदिर गये। जोखांग की समवेत प्रार्थना मेरे लिए नयी और इतनी आकर्षक थी कि उसे सारी रात सुनकर भी मैं शायद थकता नहीं। धरती के इस ऊँचे पठार पर मानव जाति की श्रेष्ठ प्रार्थना शायद इसी मंदिर में सुनी जा सकती थी।

# राज-प्रासाद पोताला

लासा पहुँचने के बाद से ही मेरी इच्छा पोताला राजप्रासाद के भीतर का रूप देखने की हो रही थी। तीर्थयात्रियों का मन जोखांग मंदिर में रमा था, शहर के अन्य दर्शनीय स्थलों में उनकी उतनी रुचि न थी। गुरु जी से मैं बार-बार हठ करता पोताला चलने के लिए। किन्तु वे कहते कि लासा चीनी गुप्तचरों से भरा है, पोताला की ओर जाने से उनकी निगाह हम पर पड़ेगी। शहर में भी हम सावधानी से घूमते थे।

तीसरे दिन मेरी इच्छा पूरी हो गयी। उपाय गुरुजी ने ही निकला। उन्होंने बताया कि उनके एक परिचित लामा पोताला प्रासाद के किसी कार्यालय में काम करते हैं, उनसे मिलने के बहाने हम वहाँ जा सकते हैं। और लामा जोखांग मंदिर परिक्रमा के लिए सुबह ही निकल गये थे। धर्मशाला के नीचे की दुकान पर चाय पीकर हम दोनों पोताला के लिए चल पड़े।

शहर के उत्तरी भाग में बीस-पच्चीस मिनट का रास्ता पार करने पर पोताला था। पहाड़ की चोटी काटकर उस पर महल बनाया गया था। महल तक जाने के लिए कई रास्ते थे, हर रास्ते से पहाड़ पर या प्रासाद तक चढ़ने के लिए सीढ़ी बनी थी, अर्थात् सीढ़ियाँ ही पोताला की सड़कें थीं। लासा शहर से प्रासाद की उच्चता लगभग ३७५ फीट थी। प्रासाद के बीच का भाग लाल रंग का था, उसके दोनों ओर पक्षी के डैने की तरह सफेद रंग की इमारतें थी। दुनिया के सभी राजप्रासादों में पोताला को सर्वाधिक नयनाभिराम कहा जाता है। प्रसाद के पीछे की पहाड़ियों के कारण यहाँ का नैसर्गिक दृश्य भी बहुत आकर्षक था।

पोताला पहाड़ के नीचे पहुँच कर लगा कि लासा और पोताला अलग-अलग शहर हैं। पोताला प्रासाद चाहे जितना भी अनुपम हो, प्रवेश पथ जरा भी साफ-सुथरा नहीं था। सीढ़ियाँ लम्बी तो थीं, चौड़ी नहीं। उस पर घोड़े चढ़ सकते थे। किन्तु दक्षिण में एक रास्ता बहुत चौड़ा था जिस पर से साष्टांग लेटते हुए तीर्थयात्री ऊपर चढ़ते थे। इन अलग-अलग रास्तों के अलग-अलग नाम थे। महामान्य दलाईलामा या चेन-रे-जि की आवाजाही की सड़क पृथक थी। और जो छोटे-छोटे पथ थे उनका व्यवहार पोताला के स्थायी सदस्य ही करते थे।

पोताला पहुँचने पर सबसे पहले भिखारियों के अड्डे और झुग्गी-झोपड़ियाँ दिखाई पड़ीं। सड़क एवं उसके आसपास कूड़े का ढेर लगा था। मुझे लगा कि नगर की स्वच्छता पर नगर पालिका का कोई ध्यान न था, अगर कभी सफाई होती थी तो वह आँधी-पानी से! पहाड़ी सीढ़ी पर चढ़ते हुए हमने बस्ती पार की, फिर एक गली की

सीढ़ी से होकर आगे बढ़े। कुछ बच्चे वहाँ खेल रहे थे। थोड़ा आगे बढ़ने पर लगा कि कोई पीछे से हमें बुला रहा है। पलट कर ताकते ही एक घर की खिड़की से एक बूढ़े लामा को हमारी ओर देखते पाया। हमारे पलटते ही उन्होंने पूछा, "कहाँ जाना है?"

"हम अपने एक पुराने मित्र को ढूंढ़ रहे हैं।" गुरुजी ने उत्तर दिया।

"वह तो मैं समझ ही गया था कि तुम लोग बाहर से आए हो। तुम्हारे मित्र का क्या नाम है?"

"उनका नाम इयांगचे लामा है, काफी वृद्ध हैं।"

"ओह, समझ गया। आगे बढ़कर बाँयीं ओर की सीढ़ी से नीचे उतर कर उस गली में। किन्तु अभी शायद वे दफ्तर में हों।"

उन्हें धन्यवाद देकर हम सीढ़ियों से पुनः चढ़ते रहे। गलियों की सीढ़ियाँ बहुत सँकरी और खड़ी ढाल की थीं, कोई लुढ़क जाए तो बीच में कहीं वह रुक ही नहीं सकता था। निर्दिष्ट गली में पहुँचकर इयांगचे लामा का दरवाजा खटखटाने पर भीतर से कोई आहट नहीं मिली। बगल के घर से एक महिला बाहर निकलकर हमें अभिवादन करती हुई मुस्कराकर बोली, "इयांगचे लामा सुबह निकले हैं, अभी फाद्रोंग मारपो में होंगे। फाद्रोंग मारपो की निचली मंजिल में वे मिलेंगे।"

ऊपर की सड़क पर आकर हम और ऊँचे उठने लगे। सीढ़ियों के अगल-बगल मकान होने के कारण दूर का दृश्य ओट हो गया था। पोताला के लाल-प्रासाद का स्थानीय नाम फाद्रोंग मारपो था। प्रधान सड़क वहाँ पहुँचकर समाप्त हो जाती थी। कुछ पूछताछ के बाद प्रासाद के नीचे के एक लगभग अंधकार कमरे में हम पहुँचे। वहाँ बैठे वृद्ध से पूछते ही उन्होंने पूछा, "इयांगचे लामा? उनसे क्या काम है?"

"मैं उनका मित्र हूँ। बहुत दिनों बाद लासा आया था, इसीलिए मिलना चाहता हूँ।" गुरुजी बोले।

"आपका नाम?" वृद्ध ने पृछा।

गुरुजी ने अपना नाम बताया। पहले वृद्ध के माथे बल पड़े, फिर आनंद से उनका चेहरा खिल उठा। उन्होंने उठकर गुरुजी को आलिंगन में भर लिया। दोनों वृद्ध, जो कुछ ही देर पहले एक दूसरे को पहचान भी नहीं पा रहे थे, लगता था कि अपने अतीत में लौट गये हैं। जब वे आलिंगन मुक्त हुए तो मैंने वृद्ध लामा को प्रणाम किया। गुरुजी ने मेरा परिचय दिया। दूर रखे एक दीपक की लौ तेज करने के बाद कुछ देर तक वृद्ध मुझे देखते रहे, फिर बोले, "तुम्हारा नाम क्या है बाबा?"

मैं बोला, "बिमल।"

वृद्ध लामा के उज्ज्वल पवित्र चेहरे की ओर देखते हुए मेरे मुँह से सच ही निकल गया। गुरुजी तत्काल बोले, "वह मौनी बाबा है, मेरा चेला।"

इसके बाद गुरुजी ने मेरे विषय में वृद्ध लामा को विस्तार से बताया। सब सुनकर उन्होंने मेरे सर पर हाथ रखकर आशीर्वाद दिया, "भगवान् तुम्हारा कल्याण करें। सावधानी से रहना, संघ-धर्म व बुद्ध ही तुम्हें श्रेष्ठ पथ पर ले जाएंगे।" फिर उन्होंने

बहुत धीमे स्वर में गुरुजी से कहा, "इसे सावधानी से रखना, हान् की नजर से बचाना, वे भारतीयों को पसंद नहीं करते। यदि इसे लेकर कोई विशेष उलझन हो तो दिकीलिंका में भारतीय दूतावास से सहायता मांगना। किन्तु जब यहाँ तक पहुँच ही गये हो तो तथागत ही तुम्हारी रक्षा करेंगे।"

बातों ही बातों से मालूम हुआ कि वृद्ध लामा बुद्ध-गया तीर्थ करने गये थे। कलकत्ता भी देख आए हैं। तिब्बती कलकत्ता को एक आश्चर्यजनक शहर मानते थे। वृद्ध लामा के मन में भी भारत के लिए आदर था।

वृद्ध लामा के कई गुण थे। वे अच्छे कलाकार थे, गुरु थे, विभिन्न गुम्फाओं के हिसाब की जाँच भी वे करते थे। अब पहले की तरह मेहनत नहीं कर पाते थे, इसलिए पोताला के वस्त्र भंडार के स्टॉक का हिसाब रखते थे, इस काम में पहले की तुलना में कम परिश्रम था, जिम्मेदारी भी कम थी। उन्होंने एकाएक मुझसे कहा, "इधर आओ, उस खिड़की से बाहर देखो, कितना सुंदर दृश्य है।"

कमरे के कोने की खिड़की से बाहर झाँकते ही मेरा सर घूम गया। खिड़की के नीचे पहाड़ की गहरी खाई थी। यहाँ से दूर में शहर का दृश्य दिखता था। कमरे की दीवार पत्थर की थी, दरवाजे-खिड़कियाँ काठ के, उन पर सुंदर नक्काशी का काम था। यह कमरा महल का ही नीचे का हिस्सा था, वृद्ध लामा को ऊपर के कमरों में रोज आने-जाने में दिक्कत होती थी, इसलिए उनका दफ्तर नीचे के कमरे में था, दूसरे लामा यहीं आते थे उनसे परामर्श करने के लिए। किन्तु वृद्ध होने पर भी उनका शरीर मजबूत था। कमजोर होते तो पोताला की इन सीढ़ियों से वे आवाजाही कर ही नहीं सकते थे।

दोनों वृद्ध आपस में विविध प्रसंग पर बातें कर रहे थे। वृद्ध लामा कह रहे थे कि हान् के कारण भारत से तीर्थयात्री आने बंद हो गये, यह बहुत बुरा हुआ। न जाने कब तक ऐसा चलेगा। महामान्य दलाई लामा की उम्र मात्र इक्कीस वर्ष है। क्या इस बच्चे के लिए चीन की राजनीति समझना संभव है? फिर भी वे मामूली व्यक्ति नहीं, दलाई लामा हैं, तभी तो इतने बड़े-बड़े चीनी प्रतिनिधि और सैनिक अधिकारियों से बातचीत चला पा रहे हैं!

गुरुजी की और उनकी लगभग घंटे भर विभिन्न विषयों पर बातचीत होती रही, उसके बाद वृद्ध लामा हमें प्रासाद की चौथी मंजिल तक ले आए। वहाँ छः तिब्बती पहरेदार चौकसी पर थे। बिना अनुमतिपत्र के कोई प्रासाद देखने के लिए अंदर नहीं जा सकता था। अनुमति पत्र राज्य पुलिस सुरक्षा बल के कार्यालय से, काशाग् दफ्तर से अथवा प्रासाद की चौकी से लेना पड़ता था। वृद्ध लामा की कृपा से हम बिना अनुमति पत्र के ही भीतर चले गये, उन्होंने पहरेदारों से कह दिया कि हम उनके मित्र हैं। इयांगचे लामा गुरुजी से भी उम्र में दस वर्ष बड़े थे, गुरुजी उन्हें वृद्ध लामा कहकर पुकारते थे। वृद्ध लामा विदा लेते हुए गुरुजी से कह गये कि उनके साथ भोजन किए बिना हम वापस न लौटें।

पोताला प्रासाद निर्माण के पहले पोताला पहाड़ साधुओं की तपोभूमि थी। पहाड़ की स्थिति और जलवायु ध्यान या तपस्या के सर्वथा अनुकूल थी। कहते हैं अन्यत्र आजीवन तप करके जो फल मिलता, वह फल पोताला में कुछ ही वर्षों के तप से मिल जाता था। इसलिए बन् धर्मावलम्बियों ने उस पहाड़ को अपना साधन सिद्ध पीठ बनाया था। वे पोताला को तिब्बत का पवित्रतम स्थल मानते थे।

पोताला का वर्तमान राजमहल सत्रहवीं शताब्दी के पाँचवें दलाई लामा के समय बनना शुरू हुआ था। इस नए प्रासाद के निर्माण की कहानी भी बड़ी रोचक है जो इस प्रकार है—

राज्य-शासन तथा विद्याबुद्धि में पंचम दलाई लामा की बहुत ही ख्याति थी। उन्होंने ही तिब्बत की भौगोलिक सीमा का निर्धारण कराया था। यह उनकी ही परिकल्पना थी कि पोताला पहाड़ पर तिब्बत की श्रेष्ठ अट्टालिका बने, यह शिल्प-सौंदर्य व कारीगरी में बेजोड़ हो। चारों ओर से प्रासाद निर्माण के लिए कुशल कारीगर बुलाए गये, दलाईलामा की देखरेख में काम भी शुरू हुआ। प्रासाद तेरह मंजिल की बननी थी जिसमें एक हजार कमरे हों। राजकोष का धन व नागरिकों का उत्साह, दोनों की कमी न थी। पहाड़ काटकर इमारत बनने लगी। जब दूसरी मंजिल का काम समाप्ति पर था, दलाई लामा बीमार हो गये। उनके पार्श्वचर व मंत्रीगण चिंता में पड़ गये कि ऐसे समय में राजा की मृत्यु हो गयी तो सारा काम ही ठप्प हो जाएगा। दूरदर्शी दलाई लामा ने मंत्रियों को बुलाकर समझाया कि वे रहें या न रहें, प्रासाद निर्माण का काम नहीं रुकना चाहिए, जो काम आरंभ किया गया है उसे जैसे भी हो समाप्त करना ही पड़ेगा—वह प्रासाद ही समस्त तिब्बत का, समस्त हिमालय का गौरव होगा। उसके बाद वे उनके साथ गुप्त मंत्रणा करते रहे। दूसरी मंजिल समाप्त होने के पूर्व ही पंचम दलाई लामा चल बसे किन्तु उनके विश्वस्त व योग्य मंत्रियों ने किसी को कानों कान खबर न होने दी कि राजा की मृत्यु हो गयी है। अत्यंत गोपनीयता के साथ उनका शव राजमहल के ही एक कमरे में दफना दिया गया तथा दलाई लामा के चेहरे से मिलते-जुलते एक वृद्ध लामा को उनके स्थान में बैठा दिया। बाहर यह प्रचार किया गया कि दलाई लामा अस्वस्थ हैं और जब भी वे स्वस्थ रहते हैं तभी ध्यान में मग्न रहते हैं अतः अभी किसी को दर्शन नहीं देंगे। किसी को भी इन बातों पर संदेह नहीं हुआ। दीर्घ. तेरह साल के बाद भव्य प्रासाद बन कर तैयार हो गया। उसके बाद नए प्रासाद में अनुष्ठानपूर्वक पंचम दलाई लामा का कबर पुनर्स्थापित किया गया। उसके बाद से परवर्ती लामाओं को भी वहीं समाधिस्थ किया जाने लगा। लोग यह मानते हैं कि धर्म व कर्मफल के अनुसार पंचम दलाई लामा ही बार-बार चेन-रे-जि के अवतार के रूप में जन्म लेते हैं। उनके शौक के इस प्रासाद के वे ही अधिकारी हैं, अधीश्वर भी। पंचम दलाई लामा से पहले किसी दलाईलामा का पुनर्जन्म नहीं हुआ था। उनसे ही यह पुनर्जन्म या देह परिवर्तन का सिलसिला शुरू हुआ।

पोताला प्रासाद के सात विशाल समाधि मंदिरों में एक ही आत्मा की सात देह रखी हैं। इस प्रसंग में गीता का यह श्लोक याद आता है :—

**वासांसि जीर्णानि यथा विहाय**
**नवाणि गृह्णाति नरोपराणि।**
**तथा शरीराणि विहाय जीर्णा।**
**न्यन्यानि संयाति नवानि देही।।**

भगवान श्री कृष्ण की वाणी का युक्ति—संगत और आक्षरिक प्रमाण और क्या हो सकता है कि दलाई लामा की एक ही आत्मा बार-बार नयी देह लेकर पोताला प्रासाद में रहने के लिए आती है।

प्रासाद का मध्य भाग रंगीन था, दो छोर के कमरे सफेद, जिन पर लाल व सुनहरे रंग की लकीरें थीं। भीतर जाते ही एक लामा हमें सब कुछ बताने लगे, लगा कि वे वहाँ के गाइड थे।

मूल प्रासाद के मध्य भाग में पैंतीस छोटे-छोटे मंदिर बने थे। इनमें चेन्-रे-जि का मंदिर उल्लेखनीय है जिसे स्मृति-सौध कहना ही उचित होगा। इस स्मृति-सौध पर स्रोंग-सान्-गाम्पो की विशाल मूर्ति थी जो, गाइड के अनुसार, सोने की बनी थी। यह मूर्ति वास्तव में सोने की हो तो निस्संदेह यह प्रासाद दुनिया में सबसे बहुमूल्य प्रासाद होगा। गाम्पो की मूर्ति के दोनों ओर उनकी चीनी एवं नेपाली पत्नियों की आदमकद मूर्तियाँ थीं जिनकी कारीगरी व सुंदरता की प्रशंसा करनी पड़ेगी। बहुत दूर से प्रासाद के सात सुनहरे गुंबद दिखाई पड़ते थे, समीप पहुँचने से मालूम हुआ कि वे सातों समाधि-चैत्य थे जिनमें तेरहवें दलाईलामा का चैत्य सबसे बड़ा था। जोखांग मंदिर की तरह यहाँ भी समाधि का कमरा नीचे बना था, सीढ़ियों से नीचे उतरकर उसे देखना पड़ता था। समाधि की वेदी व मूर्तियाँ विशुद्ध सोने की थीं। तेरहवें लामा की वेदी व मूर्ति गढ़ने में एक टन सोना लगा था। मैं एक टन सोने के सामने खड़ा था, मुझे यह सोचना भी अजीब लगा। और इस अगाध सम्पदा के इर्द-गिर्द ही कितनी गरीबी थी, कितने भिखमंगे घूमते थे। किन्तु तिब्बत के लोग कितने पवित्र व निष्कलंक हैं इसका परिचय इसी से मिलता है कि उस रत्न भंडार की सुरक्षा के लिए कोई सैनिक या पहरेदार नहीं था। इन स्मारकों की दीवालें चित्रित थीं जिनमें भगवान् बुद्ध की जीवनी के विभिन्न पहलू दर्शाये गये थे। चीन की अनेक लोककथाओं को भी चित्र द्वारा समझाया गया था। सिंह, ड्रागन, घोड़ा, हाथी, बंदर, साँप आदि के चित्र भी थे। चैत्य के बरामदे में कीमती कपड़ों पर बने तैलचित्र शोभित थे जिनमें मुख्यतः मंडप, मुद्रा एवं तथागत की जीवनी के आलेख थे। पहाड़ काटकर इन कमरों को बनाते समय जो मोटे-मोटे खंभे छोड़े गये थे उन्हें भी सुंदर नक्काशी द्वारा सजाया गया था और उनमें रंग भरा गया था। लाल, पीले व सुनहरे रंग का प्राचुर्य देखकर लगा कि तिब्बतियों को ये तीन रंग ही अधिक प्रिय हैं। जिस रंग का भी प्रयोग हुआ था, वह बहुत चमकीला था। मैं कला का पारखी नहीं, मेरा ध्यान उन कलाकृतियों पर और नक्काशियों पर न जाकर घूम-फिर

कर वहाँ एकत्र किए गये स्वर्ण पर जा रहा था और मैं हैरान हो रहा था कि जिस देश में इतना सोना है वहाँ इतने भिखारी क्यों हैं? शायद इस पवित्र सोने को खर्च करने का अधिकार किसी को था नहीं। स्वर्ण के साथ ही बहुमूल्य मणि-मुक्ता आदि रत्नों का भी भंडार था यहाँ, मूर्तियों के गहने, मुकुट तथा स्वर्णपात्र भी रत्नों से ज़ड़े थे। चेन-रे-जि की सोने की मूर्ति तीस फीट ऊँची थी।

लाल इमारत के चैत्य पर्यटकों का प्रमुख आकर्षण केंद्र था इस प्रासाद में। हम नौंवे या दसवें मंजिल पर पहुँच गये थे। कमरे या बरामदे किसी भी तल पर समतल नहीं थे, एक कमरे से दूसरे कमरे में सीढ़ियों से चढ़ना-उतरना पड़ता था। एक पहाड़ को काटकर इस जादूपुरी को बनाने में जिस कारीगरी व कुशलता की आवश्यकता पड़ी थी उसका वर्णन करना असंभव है।

मंदिर के पीछे की एक खिड़की से मुझे बाहर झाँकते पाकर लामा मेरी ओर बढ़ आए और संजीदगी के साथ बताने लगे कि हम महल के गुम्फा में पहुँच गये हैं। यहाँ दो सौ के करीब लामा रहते हैं। यह पोताला प्रासाद का एक स्वतंत्र गुम्फा है, यहाँ के लामा महल के चैत्यों की देखभाल करते हैं। खिड़की के बाहर का दृश्य कुछ और ही था। आगे लासा शहर का विपरीत भाग था जहाँ कुछ दूरी पर एक गुम्फा दिखाई दे रहा था जो कि यहाँ का सबसे बड़ा चिकित्सा-केंद्र व चिकित्सा महाविद्यालय था, उसका स्थानीय नाम चाक्पुरी भेषज केन्द्र था। चिकित्सा केंद्र अस्पताल की तरह न था, वहाँ आयुर्वेदिक, पहाड़ी टोटका व स्थानीय चिकित्सा प्रणाली के द्वारा इलाज होता था। तिब्बत के नामी चिकित्सकों एवं पंडितों ने भारत से आयुर्वेद शास्त्र का अनुवाद कर उसे तिब्बत पहुँचाया था, इनमें वैरचना, रिन्चेन जाम्पो, इयांग लाग् आदि का नाम उल्लेखनीय है। चाक्पुरी में जो ग्रंथ पढ़ाए जाते उनमें चन्द्रनंदन, जनार्दन, धर्मश्रीवर्द्धन, वाग्भट्ट, नागार्जुन प्रभृति भारतीय पंडितों के ग्रंथ मुख्य हैं। चिकित्सा महाविद्यालय में पाँच-छः बड़े-बड़े चैत्य थे, यहाँ से केवल उनके छत ही दिख रहे थे। कुछ दूरी पर की-चू नदी बहती थी। खिड़की के नीचे अर्थात् पोताला पहाड़ के नीचे एक गाँव था। उस गाँव का नाम था—चो।

बाहर के दृश्य का वर्णन करने के बाद गाइड लामा ने हाथ पसार कर कहा, ''चार आना दीजिए।'' गुरुजी ने उसे दो आने दिए, उसी से वह प्रसन्न हो गया। उसके बाद वह कहीं अदृश्य हो गया। हमें गाइड की आवश्यकता नहीं थी, गुरुजी प्रासाद का चप्पा-चप्पा पहचानते थे, किन्तु लामा-गाइड खुद ही पीछे चिपक गया था। उसके जाने के बाद गुरुजी मुझे और भी जानकारी देने लगे।

सभी मंजिल के बरामदे बहुत लम्बे-चौड़े थे, किन्तु प्रकाश का अत्यंत अभाव था। बिजली सर्वत्र नहीं थी, कहीं-कहीं ही थी, और बहुत स्थानों में बिजली होने पर भी बल्व नहीं थे। पोताला के गुम्फा का नाम नाम्गीयेत्राचांग था। बरामदे के दोनों ओर के कमरों में लामा दिखाई दे रहे थे, किन्तु अपर्याप्त रोशनी में उनका चेहरा ठीक से न दिखता था। गुरुजी ने बताया कि यहाँ सभी लामा वयस्क हैं।

इतने बड़े प्रासाद में पानी की विकट समस्या थी। की-चु नदी से पानी लाना पड़ता था। प्रत्यह सुबह नदी से प्रासाद की ऊँचाई तक लोग पंक्ति में खड़े होकर हाथ बदलते हुए महल में पानी पहुँचाते थे। इस काम के लिए आदमियों की कमी न थी, प्रभु की सेवा में सैकड़ों दास जो लगे थे।

प्रासाद के चैत्यों के आसपास गहन निस्तब्धता थी। अंधेरे में कई बार मैं लामाओं से टकराया, किन्तु किसी ने एक शब्द भी न कहा। लगा कि वे हमेशा ध्यानमग्न रहते हैं, बातचीत करते ही नहीं। कभी-कभी उस सन्नाटे को लामाओं के श्वाँस-प्रश्वाँस और खाँसी की आवाज ही भंग करती।

चैत्य, समाधि, वेदी मंदिर के कारण प्रासाद के मध्य का लाल अंश प्रासाद का पवित्रतम अंश माना जाता था। पूरब की ओर का सफेद भवन भी आलीशान था, उस भवन में विभिन्न प्रशासनिक कार्यालय, न्याय व शासन संबंधी प्रशिक्षण केन्द्र, मंत्री-सभाकक्ष आदि था। उस भवन के सर्वोच्च अंश में अर्थात् चौदहवीं मंजिल पर माननीय दलाई लामा रहते थे।

दलाई लामा यहाँ शीतकाल में रहते थे, ग्रीष्मकाल व अपने ग्रीष्मावास नरबुलिंका प्रासाद में बिताते थे। जब वे नरबुलिंका के लिए प्रस्थान करते थे उस समय लासा में महोत्सव का वातावरण होता था, घर-द्वार रंगे जाते व पताकाएँ फहराई जाती तथा लासा की जनता सड़क के दोनों ओर उमड़ पड़ती दमाई लामा की शोभायात्रा देखने के लिए। हमारे यहाँ पहुँचने के कुछ सप्ताह पूर्व ही वह वंसतोत्सव सम्पन्न हो चुका था। हिमालय से बरफ पिघलने का उत्सव था वह। बरफ पिघलने से ही समतल भूमि के लाखों लोगों को जीवन मिलता था, अनाज, सब्जी और पानी मिलता था। तिब्बती भाषा में उस उत्सव को मन्लान उत्सव कहते थे।

पोताला प्रासाद में सरकारी उच्च पदस्थ लामाओं व कर्मचारियों का भी आवास था। प्रादेशिक शासक लासा आते तो वे भी प्रासाद में ठहरते, इसलिए पोताला के अतिथिगृह में सदैव भीड़-भाड़ रहती। दलाई लामा का कमरा चार सौ फीट की ऊँचाई पर था, उनका निवास स्थल किसी संग्रहालय से कम न था जहाँ तिब्बत की श्रेष्ठ एवं बहुमूल्य सामग्रियाँ भरी पड़ी थीं। प्रासाद की बहुत सी मूर्तियों मे एक और दर्शनीय मूर्ति हमने देखी, वह चंदन काठ की बनी बौद्ध मूर्ति थी जो सिंहल से मंगायी गयी थी। कहते हैं कि जब उस मूर्ति की पूजा होती है उस समय प्रासाद के चारों ओर चंदन की सुगंध छा जाती है। अपर्याप्त रोशनी में मुझे मूर्ति ठीक से नहीं दिखाई पड़ी।

सारा दिन कैसे बीत गया था, पता भी न चला। रंगों की छटा में चकाचौंध होकर जब हम बहुत से कमरे, पत्थर के बरामदे, व सुरंग की तरह के गलियारे से होकर नीचे उतरे तब तक शाम हो गयी थी। एक गली की ओर बढ़ते ही हमें कुछ भिखारी मिले, उन्होंने बताया कि आगे दाँयीं ओर की चाय की दुकान पर एक लामा हमारे लिए प्रतीक्षा कर रहे हैं। उन्हें दो पैसे थमाकर हम आगे बढ़े किन्तु हमें कोई दुकान न

मिली। कुछ देर इधर-उधर ताक-झाँक करने के बाद एक लड़की से पूछते ही वह हँस पड़ी—"सामने तो है, आपको दिखाई नहीं देता? चलिए, मैं दिखा दूंगी।"

ऐसा कहकर उस लड़की ने एक खिड़की पर धक्का मारा। भीतर से खिड़की खुलते ही चाय-मक्खन की गंध हमें मिली। हमने बच्ची को धन्यवाद दिया। खिड़की के भीतर से दंतहीन जबड़े में हँसी बिखेर का एक वृद्धा ने कहा, "अच्छा, आपलोग आ गये!" उन्होंने दरवाजा खोलकर हमें अन्दर आने दिया। भीतर बिछे टाट पर हम अतिथि की तरह बैठ गये। अब समझ में आया कि इस दुकान में भीतर बैठकर चाय पीने वाले कम थे, विशेष परिचित न होने पर कोई भीतर नहीं आ पाता था। कार्यालय से कोई आकर खिड़की पर दस्तक देकर बता जाता कि कितने कप चाय चाहिए, उतनी चाय भीतर से भेज दी जाती। हमें बैठाकर वृद्धा कहीं चली गयी थीं। कुछ देर के बाद वे हाँफती हुई आयीं और आकर बोलीं, "लामा जी अभी आ जाएंगे।"

चाय तैयार रखी थी। आँच बढ़ाकर उसमें कुछ नमकीन मक्खन शर्बत की तरह घोलकर दो चीनी मिट्टी की प्यालियों में भरकर हमें देती हुई बुढ़िया बोली, "खास मेहमानों को ही इन प्यालियों में मैं चाय देती हूँ! ये कप पिकिंग के बने हैं।" प्यालियाँ खूबसूरत तो थीं, किन्तु मुझे लगा कि वे कप कभी भी नहीं धोए गये थे। जो भी हो, हम चुपचाप चाय सुड़कने लगे।

बुढ़िया ने एकाएक बातचीत शुरू की, "सुना कि आपलोग सांपो पार होकर आए हैं। फारगो में अवश्य ही भिखारियों ने घेरा होगा। अरे उनकी चर्चा न करें तो अच्छा! उत्सव के समय आए थे, अभी तक लौटे नहीं! हर साल उत्सव के समय ये भिखमंगे यहाँ आते हैं। हाँ उत्सव भी किसी की बपौती नहीं है, भिखारियों को भी शौक हो ही सकता है। किन्तु वे यात्रियों को घेरते हैं, यह भी उचित नहीं है। मैं तो दुकान छोड़कर कहीं जा ही नहीं पाती, एक दिन दुकान बंद रहे तो दफ्तर वालों का गला सूख जाय! किस्मत से मेरी छोटी बेटी मेरे साथ ही रहती है, नहीं तो मैं अकेली यह धंधा संभाल ही नहीं पाती। मुहल्ले में लड़के तो बहुत हैं किन्तु उनका कोई भरोसा नहीं, वे बाजार में बैठकर अड्डा मारने में ही उस्ताद हैं...।"

बुढ़िया अकेली ही बड़बड़ाए जा रही थी। ऐसे में वृद्ध लामा आ गये। उन्होंने आते ही पूछा, "भोजन कहाँ किया?"

"किया कहाँ!" गुरुजी मुस्कराए।

"अरे, अभी तक भूखे रह गये? चलो, कोई बात नहीं, हम साथ ही भोजन करेंगे।"

बुढ़िया से उन्होंने कहा कि रात के लिए बढ़िया से साम्पा पका दे। फिर वे हमें पोताला का छत दिखाने के लिए ले गये। रास्ता न मालूम होने से कोई छत पर चढ़ ही नहीं सकता था। तेरहवीं मंजिल के ऊपर के कमरे के ऊपर बहुत बड़ी छत थी। दार्जिलिंग के मॉल की तरह ही यह छत प्रशस्त थी।

छत से लासा शहर के चारों ओर का मनोरम दृश्य दिखता था। छत पर खड़े होकर मैंने चैत्यों के गुम्बज छूकर देखा। कुछ गुम्बजों में सुनहरे रंग किए गये थे, कुछ में सचमुच सोने के पात् जड़े थे। थोड़ी देर बाद घंटे की आवाज सुनकर हमें नीचे उतरना पड़ा। शाम को घंटा बजने के बाद किसी बाहरी व्यक्ति का वहाँ रहना वर्जित था। मंदिर के लौह फाटक उस चेतावनी के बाद बंद कर दिए जाते थे और पहरेदारों की चौकसी आरंभ होती थी। सारी रात आधे घंटे के अंतर से पहरेदार प्रासाद की गलियों मे चक्कर लगाते व लाल-इमारत में स्थित चैत्यों के बगल से जाते समय सतर्क वाणी उच्चारित करते, 'जागते रहो....।'

वृद्ध लामा से प्रासाद के कुछ और रहस्यों का पता चला। निचली मंजिल में बंदूक व गोला-बारूद भरे हुए थे। यद्यपि दलाईलामा के पास सशस्त्र सेना नहीं थी, किन्तु शस्त्रागार था, आक्रमण होने पर वहाँ के वीर योद्धा प्रासाद तथा लासा की रक्षा के लिए जीवन उत्सर्ग करने में नहीं हिचकेंगे। यूँ उन्हें माँ काली के खड्ग पर ही अधिक भरोसा था, जरूरत पड़ने पर रक्षाकाली ही रक्षा करेंगी! सेनाध्यक्ष, दलाईलामा के शिक्षक एवम् सलाहकार चौथी मंजिल में रहते थे, उनके कमरे संभ्रांत तिब्बती कायदा में सजाए गये थे। प्रासाद के पिछवाड़े प्रथम श्रेणी का कारागार था। बड़े लामा या उच्चपदस्थ सरकारी कर्मचारी अपराध करने पर वहाँ कैद रखे जाते थे।

**पोताला प्रासाद** चाहे जितना संभ्रांत क्यों न हो, यहाँ की आबोहवा मुझे अच्छी नहीं लगी। हवा में भारीपन था, पत्थर के कमरों में सील, आर्द्रता एवंम् ठंडक। समाधि के आसपास भी वातावरण दमघोंटू था। अंधेरा तो था ही। मुझे यहाँ आनंद व प्रकाश का अभाव ही दिखा। प्रहरियों के चाल-चलन में भी दंभ था। मन को हलका बनाने का मंत्र शायद पोताला के वैभव व अगाध रत्न संभार के नीचे दब गया था। हाँ, यह भी हो सकता है कि वास्तविक रसोपलब्धि की मुझमें ही क्षमता नहीं थी!

साँझ होते-होते हम गंदी गलियों से होकर बुढ़िया की दुकान पर लौट आए थे। बुढ़िया पोंपले मुँह से हँसकर बोली, "मैं तो सोची थी कि तुम लोग भटक गये हो! शायद तुम लोग नयी कोठी में नहीं गये थे, वहाँ जाने से आज लौट नहीं पाते। वहाँ के संतरी बहुत कड़े हैं, घंटा बजते ही फाटक बंद कर देते हैं, यह नहीं देखते कि अंदर कोई रह गया या नहीं! देखो मैं तुम्हारे लिए क्या पकाई हूँ? इसकी महक पाकर रास्ते से जाने वाले ठिठक कर खड़े हो जाते थे घ्राण लेने के लिए। हो भी क्यों न, इसमें क्या पड़ा है मालूम है? भेड़ का टटका सूखा माँस! खाने में असुविधा नहीं होगी, माँस ऊबाल-ऊबाल कर मैंने गला दिया है। इसमें की-चू नदी की तीन सूखी मछलियाँ भी डाल दी है। हालांकि थोड़ा महंगा पड़ेगा, किन्तु सम्मानीय अतिथियों के लिए आलतू-फालतू खाना भी तो नहीं पका सकती। वृद्ध लामा ने मुझे कह दिया था कि ठीक से बनाना, ये मेरे खास मेहमान हैं.....।"

"ठीक है, ठीक है, अब चुप भी करो! हम खाकर समझ जाएंगे कि कैसा बना है!" वृद्ध लामा ने लगाम खींचा। बुढ़िया एक बार बोलना शुरू करे तो थमना जानती

ही नहीं थी। किन्तु उनका यह सरल स्वभाव मुझे अच्छा लगा। उनकी हँसी भी बहुत भोली थी।

खा-पीकर हम उठ पड़े। गुरुजी ने पैसा देना चाहा, बहुत अनुरोध भी किया, किन्तु वृद्ध लामा ने स्वीकारा नहीं, चाय का पैसा भी नहीं देने दिया। वे बोले, ''मेरे पास जो कुछ है, उसका थोड़ा भी तुम्हारी सेवा में लगा पाता तो मुझे पुण्य मिलता। तुम दया करके मुझसे मिलने आए हो, इससे जो आनंद मुझे मिला है, उस आनंद से मुझे वंचित न करो!''

विदा के समय वृद्ध लामा ने मुझसे एक अनुरोध किया, अगली बार जब भी मैं बुद्ध-गया जाऊँ, वहाँ की थोड़ी मिट्टी लिफाफे में भरकर उन्हें भेज दूँ। मैंने वादा किया। बुढ़िया के पकवान की प्रशंसा क़रते हुए तथा इयांगचे लामा को प्रणाम करते हुए हम अंधेरे में डूबे शहर की ओर बढ़े।

चलते हुए मुझे लगा कि आलीशान पोताला प्रासाद स्वर्ण के वजन से धीरे-धीरे मिट्टी में धँसता जा रहा है। पूरी तरह से धँसने से पहले क्या महामान्य दलाईलामा और उनकी मंत्री-परिषद तिब्बत की निर्धन जनता को थोड़ा सा धन वितरण नहीं कर सकते थे? ऐसा करने से तो मुक्ति व चिरनिर्वाण का पथ ही सुगम होता। शायद मेरी तरह यह इच्छा यहाँ के हजार मानस में हजार बार कौंधी होगी! प्रजापालक दीनदयालु चेन-रे-जि भी इस बात को समझते होंगे। संभवत: वे कुछ और ही तर्क दें!

आकाश में चाँद निकल आया था। चाँदनी रात में लासा किसी मायापुरी की तरह लग रहा था। क्षीण चाँदनी में पत्थरों से जूझते टकराते हम अपनी धर्मशाला की ओर बढ़ रहे थे।

---

# लामा लामदुप

किसी की पुकार सुनकर नींद उचट गयी थी। पहले तो कम्बल से सिरहाना ढाँककर मैं कुनमुना कर रह गया, किन्तु पुकारने वाला तो जैसे हमें जगाकर ही दम लेगा। ऐसे में मैं अनायास पूछ बैठा—"कौन?" उसके बाद ही मैं सकपकाया, न जाने कौन है, मुझे तो मौन ही रहना चाहिए था। आँखें मिचमिचाकर देखा, अंधेरा अभी नहीं छँटा था, गुरुजी भी खर्राटे ले रहे थे। बोरसी की आग में जो थोड़ी सी आँच थी, उस प्रकाश में देखा, चादर में लिपटा एक दस-बारह वर्षीय बालक दरवाजे के सामने खड़ा ठिठुर रहा था। शायद वह कोई आवश्यक सूचना लेकर आया था। मैंने उठकर गुरुजी को जगाया, फिर उस बालक को इशारा किया कि भीतर आकर आग के पास बैठे। उसने कृतज्ञता से सर झुकाया, फिर बोरसी के पास आकर बैठ गया। भारत ने ज्यों चाय पिलाकर किसी का स्वागत करते हैं, वैसे ही तिब्बत में किसी को आग सेंकने के लिए बुलाना उसकी आंतरिक अभ्यर्थना करने जैसा होता है।

गुरुजी उठकर बैठ गये थे और वह बालक खाम्पा उच्चारण में जल्दी-जल्दी कुछ कह रहा था। कुछ देर आग ताप कर वह चला गया तो गुरुजी ने मुझे बताया, "जोखांग मंदिर में लामा लामदुप आए हैं। वे तिब्बत के नामी कुम्बुम मंदिर के अन्यतम प्रधान पुजारी हैं। उनसे मैं पहले भी दो बार मिला हूँ। यहाँ पहुँचकर उन्हें मालूम हुआ कि मैं भी यहाँ आया हूँ, इसीलिए उन्होंने खबर भेजी है कि मैं उनसे मिलूँ।" यह सुनकर मुझे अच्छा ही लगा, क्योंकि गुरुजी ने आगे बताया कि लामा लामदुप बहुत ज्ञानी व्यक्ति हैं, उनसे मुलाकात हो पाना तो ईश्वर की अनुकम्पा ही है!

कम्बल छोड़ने की इच्छा तो नहीं हो रही थी, किन्तु गुरुजी के साथ मैं भी निकलने को प्रस्तुत हो गया। बरामदे में आकर देखा कि आकाश के तारे तब भी टिमटिमा रहे थे। ऐसे में मुर्गे की बांग सुनाई पड़ी। मैंने गुरुजी से पूछा, "उन्होंने इतने भोर में क्यों बुलवाया?"

"वे हमेशा रात रहते ही बिस्तर त्याग देते हैं और साँझ के बाद किसी से बोलते नहीं। उनके स्वस्थ शरीर का शायद यही राज है। तू देखना, उनकी उम्र नहीं भाँप पाएगा। हाँ, वे कहीं भी जाते हैं उनके साथ हमेशा चार-पाँच शिष्य अवश्य रहते हैं, अत: तू मौन ही रहना।"

हमारे साथियों में से एक लामा जाग गये थे, वे भी हमारे साथ हो लिए। जोखांग मंदिर के निकट एक चाय की दुकान के सामने कुछ लोग आग सेंक रहे थे। उन्हीं के बीच वह बालक भी था जो कुछ देर पहले गुरुजी को बुलाने गया था। और लोग मंदिर

के पहरेदार थे। उन्होंने हमें अभिवादन किया। फिर हम प्रधान पुरोहित के घर के सामने के मकान पर पहुँचे। दरवाजा ओढ़काया हुआ था, उस पर दस्तक देने पर एक महिला लालटेन लेकर आयीं और हमें अंदर ले गयीं। पहले मुझे लगा था कि वे पुरुष हैं, किन्तु लालटेन की रोशनी में मालूम हुआ कि वे-महिला थीं। स्त्री-पुरुषों के एक जैसे पोशाक के कारण ऐसा भ्रम यहाँ होता ही था। बरामदा पार कर हम एक कमरे में पहुँचे। कमरे के बीच में आग की व्यवस्था थी जिसके इर्द-गिर्द सात लामा आँखें मूंदकर बैठे थे। वहीं एक ऊँचे आसन पर एक वृद्ध बैठे थे, वे भी ध्यान-मग्न थे। वहाँ पहुँच कर हम भी ध्यानमग्न हो गए।

एक घंटे बाद उनका ध्यान टूटा। वृद्ध ने धीरे-धीरे आँखें खोली। उनका सौम्य शांत चेहरा देख कर मन में भक्ति का उदय होता था। गुरुजी को देखकर वे स्मित मुस्कराए। उस मुस्कराहट में स्नेह व प्रीति का स्पर्श था, सरल और निष्पाप थी वह हँसी। बिना किसी उचछ्वास के, बिना किसी भावावेग के वे बोले, ''कल भी आदमी भेजा था,तुम तब थे नहीं, इसीलिए अभी फिर खबर भेजी थी। बहुत दिनों के बाद मुलाकात हुई, तुम ठीक हो न? यात्रा में कोई कठिनाई तो नहीं हुई?''

—''आपके आशीर्वाद से रास्ते में कोई असुविधा नहीं हुई। कल मैं जरा निकला था—लौटने में रात हो गयी थी। आप सभी कुछ दिन यहाँ रहेंगे तो?''

गुरुजी के प्रश्न पर लामा लामदुप पहले की तरह मुस्कराए। वे मृदु स्वर में बोले, ''नहीं, मैं आज ही अन्यत्र चला जाऊंगा, यहाँ एक विशेष काम से आना पड़ा था।''

उसके बाद और बातचीत नहीं हुई। लामा लामदुप पुनः ध्यानस्थ हो गये। उनकी देखादेखी कमरे के और लामाओं ने भी आँखें बंद कर ली। उसके बाद नाभिस्वर में मंत्रपाठ होने लगा। मंत्रपाठ के बाद फिर से ध्यान करके जब भक्त लोग गुरु के चरणों में प्रणाम करके एक-एक कर जाने लगे तब सुबह हो गयी थी। भोर की नीरवता में ध्यान करने से शरीर व मन सबल व स्वस्थ रहता है, मन में एकाग्रता व प्रसन्नता आती है। मन का अहंकार बुद्ध के चरणों में न्योछावर करने से संशय दूर होता है। शायद इसीलिए इतने तड़के वे जप-तप किया करते थे।

भक्तों के चले जाने के बाद उन्होंने गुरुजी को अपने करीब बुलाकर बैठाया। उन्हें और पास से देखने का मुझे भी अवसर मिला। उनका चेहरा आम तिब्बतियों की तरह था। किन्तु उनका सर घुटा हुआ न था, सर पर छोटे-छोटे बाल थे, दाढ़ी-मूँछे खिचड़ी हो गयी थीं, यूँ दाढ़ी-मूँछे हलकी थी। उनकी लम्बाई छः फीट के आसपास थी, देह बलिष्ठ था। गुरुजी ने ठीक ही कहा था कि उनकी उम्र समझ पाना कठिन था, पन्द्रह साल पहले भी उनका चेहरा ऐसा ही था। उनका पवित्र एवम् उद्‌भासित चेहरा देखकर मुझे लगा कि वे साक्षात् योगी हैं, ऐसे देवतुल्य व्यक्ति का दर्शन पाकर मैं खुद को धन्य महसूस करने लगा।

लामा लामदुप और गुरुजी की बातचीत में कोई काव्यिक छंद था, उनका वह मिलनदृश्य भी मेरे लिए एक नया अनुभव था। मैं मंत्रमुग्ध सा यूँ ही बैठा था जब दो

पंद्रह-सोलह वर्षीय लड़कियाँ एक थाली में सूजी की बरफी व चाय लेकर आयीं। संभवत: इन लड़कियों की माँ को ही हमने यहाँ आकर देखा था। कृतज्ञता के साथ एक कटोरी चाय व दो बर्फियाँ मैंने उठा ली।

क्रमश: परमगुरु के दर्शन के लिए कमरे में दर्शनार्थियों का ताँता लगा। किन्तु गुरुजी के सिवा किसी से भी उन्होंने बातचीत नहीं की। सारा सुबह उनके सान्निध्य में बिताकर उनसे आशीर्वाद लेते हुए हम उस कमरे से बाहर आए। जोखांग मंदिर के चबूतरे पर बैठकर गुरुजी मुझे लामा लामदुप के उपदेशों की व्याख्या समझाने लगे। गुरुजी बोले कि इन महामूल्य उपदेशों पर मनन करते हुए जो इनका पालन करेगा, उसका भला होगा। उपदेश यूँ थे—

'इच्छा शक्ति का अभाव ही अंधकार है, इच्छाशक्ति का जागरण ही प्रकाश।

मन पूर्ण न हो, तो शून्य पाओगे कैसे?

इस विश्व-ब्रह्मांड को तर्क व विचार द्वारा जानना ही महायान को जानना है।

जो अपवित्र एवं अशुद्ध हैं, वे 'वज्रयान' को नहीं जान सकते। उनके लिए वज्रयान पंथ न अपनाना ही उचित है।

हममें व्यैयक्तिक शक्ति है, बाहर विश्वशक्ति है। आत्मा शक्ति के द्वारा विश्वशक्ति को जानना होगा। विश्वशक्ति को अपने में लाने की चेष्टा करना आत्महत्या करने का प्रयत्न करने जैसा है।

मन की रक्षा मंत्र करता है, तंत्र से विश्व-रहस्य को जाना जाता है। घट में आलोक हीन जो शून्य है वह शून्य अंधा है। ज्ञान के प्रकाश से जिस शून्यता की उपलब्धि होती है वही महाशून्य है।

मन को संयम में रखना चाहिए। अच्छे-बुरे का विचार मन करता है। विचारक मन जैसा होगा वैसा ही वह विचार भी करेगा। मन शुद्ध व पवित्र होगा तो उसका विचार भी शुद्ध व पवित्र होगा। मन ही मन का राजा है, उसे जैसा गढ़ोगे, तुम्हारा कर्म भी वैसा होगा। सजग रहकर मन की गतिविधि पर नजर रखने से भला होगा। कर्मफल भोग करने के लिए बार-बार जन्म लेना पड़ता है।

संघर्ष के कारण मन में इच्छा जागती है। आँखें-कान-नाक-जीभ-त्वचा के साथ बाह्यजगत के शब्द-स्पर्श-रूप-रस-गंध का टकराव होता है। सुंदर तथा इंद्रियग्राह्य वस्तुओं के साथ मन के संघात से इच्छा पनपती है। काम, भाव व विभाव, ये तीन इच्छाएँ हमें सत्य से दूर ले जाती हैं। हमारी सभी जागतिक इच्छाओं को चरितार्थ करने के लिए हमें बार-बार जन्म लेना पड़ता है।

इंद्रिय व वस्तु के संघात से वेदना उत्पन्न होती है। वेदना से उपादान, उपादान से भाव, भाव से जाति, इन बातों को समझने से चरम सत्य स्पष्ट होगा; इसी सत्य के प्रचार के द्वारा जीव का उद्धार करने के लिए भगवान तथागत धरती पर अवतरित हुए थे।

जरा-व्याधि-मृत्यु से रक्षा पाने का एकमात्र उपाय इस सत्य की उपलब्धि करते हुए जन्म-कर्म के बाहर जाना है।

दु:ख से निदान पाने के लिए हम चारों ओर भटकते हैं। तथागत ने कहा है—आकाश, समुद्र, गुफा, कहीं भी जाओ, दु:ख से उत्तीर्ण नहीं हो पाओगे। दु:ख-निवारण के लिए दु:ख का कारण जानो। कारण का मूल सत्य समझोगे तो दु:ख से भी पार पा जाओगे।'

मंदिर के चबूतरे पर बैठकर गुरुजी मुझे लामा लामदुप के प्रवचन समझाते रहे और मैं सुनता रहा। कुछ-कुछ समझा भी। किन्तु उसे अनुभव कर पाना मेरे लिए कठिन था। मुझे लगा कि जोखांग मंदिर का चबूतरा समय काटने के लिए अच्छी जगह थी। दूर-दूर से तीर्थयात्री आ रहे थे। उन्हें पैदल आना पड़ता था, इसलिए यात्रा के सभी सामान उन्हें लादकर ही चलना पड़ता था। लगता था कि एक-एक यात्री की पीठ व कंधे पर उनकी गृहस्थी का सारा सामान ही बँधा था। चबूतरे पर पाँव धरते ही वे मय सामान साष्टांग लेट जाते, उसके बाद परिक्रमा व साष्टांग परिक्रमा आरंभ करते। ठंडे पत्थर के चबूतरे पर छाती के बल लेट कर उन्हें अनायास परिक्रमा करते देख मुझे आश्चर्य होता कि उन्हें इतने पर भी ठंड नहीं लगती!

# नरबुलिंका—दलाईलामा का ग्रीष्मावास

लासा आए हुए तीर्थयात्री सम्प्रति अपनी गतिविधि जोखांग मंदिर तथा बाजार तक ही सीमित रखते थे। जिनमें कुछ दम-खम होता, वे पोताला प्रासाद के बाहर से ही तीन बार परिक्रमा कर आते। प्रासाद के भीतर जाने के लिए विशेष अनुमति लेनी पड़ती थी, शांतिप्रिय तिब्बती उन पचड़ों में नहीं पड़ते थे। पहले यह स्थिति नहीं थी। जोखांग मंदिर तक तीर्थयात्री पहुँचते ही उन्हें प्रासाद तथा अन्य द्रष्टव्य स्थान घुमाने के लिए लोग पीछे पड़ जाते थे, उस समय बहुत कम पैसे में गाइड मिल जाते थे। दस साल पहले भी टट्टु पर पूरा लासा घुमाने के बाद मात्र आठ आने पाकर वे संतुष्ट हो जाते थे।

अब परिस्थिति भिन्न होने पर भी मेरी किस्मत अच्छी थी जो मैं बिना किसी झमेले के पोताला प्रासाद घूम आया था। बिना मांगे ही मुझे सब कुछ मिलता जा रहा था। राह चलते-चलते मैं जो कुछ पा रहा था, उससे मुझे अक्सर पूर्णता का जो अहसास होता वह संभवत: मेरा बचपना ही था, शायद जो मुझे मिलना चाहिए था उसे न पाकर ही मैं स्वयं को धन्य समझने लगा था। अब मेरी इच्छा महामान्य दलाईलामा को देखने की हो रही थी। मेरे सहयात्री जोखांग मंदिर में धरना डालकर ही प्रसन्न थे, उनका शायद और किसी चीज में आकर्षण नहीं था। किन्तु मैं उनकी तरह धार्मिक नहीं था, इसीलिए सोचता था कि जहाँ जो कुछ दर्शनीय है, उसे देखूँ और इसलिए दलाईलामा के दर्शन की इच्छा बलवती होती गयी। उनका दर्शन पाकर क्या होगा, यह तो मैं नहीं जानता था, किन्तु इच्छा हुई तो गुरुजी से आग्रह किया कि लासा पहुँचकर भी दलाईलामा जी का दर्शन नहीं मिलेगा क्या? फिर शायद जीवन में ऐसा अवसर न मिले!

गुरुजी ने हामी भरते हुए कहा, "आजकल उनका दर्शन पाना दूभर हो गया है। वे तिब्बत के प्रधान लामा होने के साथ ही यहाँ के राजा भी हैं। उनके दर्शन के लिए चार-पाँच विभागों के माध्यम से आवेदन करना पड़ता है। उससे भी बड़ा झमेला तो यह है कि किसी भी विदेशी को दलाईलामा से मिलने के लिए स्थानीय चीनी अधिकारियों से अनुमति मांगनी पड़ती है। इसमें सबसे बड़ा जोखिम तो यह है कि तुम भारतीय हो, कहीं पकड़े गये तो सत्यानाश ही होगा!" उसके बाद उन्होंने आश्वस्त किया कि वे कोई उपाय ढूँढ़ेंगे। महामान्य दलाईलामा जाड़े में पोताला प्रासाद में रहते हैं, गर्मियों में नरबुलिंका प्रासाद में। उनका यह ग्रीष्मावास लासा के पूरब में लगभग एक मील की दूरी पर स्थित है।

गुरुजी मुझे लेकर एक दिन सुबह दस बजे निकल पड़े। लासा का पूर्वी भाग अपेक्षाकृत सुंदर था। सड़क के दोनों ओर खेत-खलिदान तथा घर-द्वार थे। एक घंटे बाद हम एक संभ्रांत इलाके में पहुँचे। यहाँ दुमंजिले-तिमंजिले बंगले तथा पैगोडा जैसे मकान थे।

दूर के कुछ मकानों की ओर इशारा करते हुए गुरुजी बोले, "वे सभी मकान दलाईलामा की व्यक्तिगत सम्पत्ति हैं।"

चलते-चलते हम नरबुलिंका प्रासाद की चारदीवारी के फाटक के सामने पहुँचे। वहाँ दो सिपाही खड़े थे। उन्हें हमने अभिवादन किया। प्रासाद के एक माली से गुरुजी का परिचय था। सिपाहियों से अनुमति लेकर हम भीतर प्रविष्ट हुए, फिर अपना नाम दर्ज कराकर पूछताछ कार्यालय से पता लगाने पर वहाँ के कर्मचारियों ने हमें एक मकान दिखाते हुए वहाँ जाने को कहा, उन्होंने बताया कि माली खा-ओंगचे वहीं रहते हैं।

लकड़ी के घर के दरवाजे पर दस्तक देते ही एक महिला बाहर आयीं, सामने अपरिचितों को देखकर वे कुछ चौंकी, फिर उन्होंने पूछा, "क्या चाहिए?"

—"खा-ओंगचे जी हैं?"

—"नहीं, वे घर में नहीं हैं। ठहरिए, उनके बेटे को बुलाती हूँ।" कहकर वे अंदर गयीं तो एक युवक निकला। उसकी डील-डौल अच्छी थी, पतलून व अंग्रेजी टोपी पहनने था। तिब्बती टोपी पहनना पसंद करते हैं। उसके बाहर आते ही गुरुजी ने अपना परिचय दिया, "मैं तुम्हारे पिताजी का पुराना मित्र हूँ, उनसे मिलने आया था। वे कहाँ गये हैं?"

युवक बोला, "वे झील के किनारे होंगे, आइए मेरे साथ, मैं पहुँचा दूँगा।"

युवक का नाम भावान था। उसके साथ चलता हुआ मैं नरबुलिंका प्रासाद को गौर से देखता रहा। पत्थर व सीमेंट पर लकड़ी का भवन, उस पर नक्काशी व विभिन्न रंग के बेलबूटे। गैंगटक स्थित सिक्किम राजमहल से इसका मिलान किया जा सकता था। पोताला की तुलना में यह प्रासाद कुछ भी आकर्षक नहीं था। यहाँ आकर्षक कुछ था तो यहाँ का खूबसूरत बाग जिसमें विभिन्न प्रकार के फूल व फलों के पेड़-पौधे लगे थे। लगा कि एक-एक पेड़ व पौधा वहाँ यत्न से लालित होता था। प्रासाद न कहकर इसे उद्यान-गृह कहना ही उचित होता।

थोड़ा चलकर हम झील के किनारे पहुँचे। झील छोटी थी। उसके चारों ओर सुंदर पत्तों के पौधे थे। झील में कमल के पत्तों की भरमार थी, महीने भर में कमल के फूल खिलकर झील का सौंदर्य और बढ़ा देंगे। इतनी ठंड में उस बर्फीली झील में कमल के पौध टिके थे देखकर मुझे अचरज भी हुआ। इससे भी अधिक विस्मय हुआ उस झील में तैरते राजहंसों को देखकर। भावान ने बताया कि वे हंस तिब्बत के ही हैं। जब जाड़े में झील का पानी जम जाता है तब वे हंस पास ही बने लकड़ी के घरों में रहते हैं।

तिब्बत के अन्य झीलों में पाए जाने वाले हंस व अन्य पक्षी शीतकाल में भारत की ओर उड़ जाते हैं। यूँ जाड़े में साइबेरिया के हंस लासा पहुँचते हैं, उतरी ध्रुव क्षेत्र के पक्षियों को तिब्बत में सर्वाधिक लगाव लासा से ही लगता है। भयानक सर्दी के दिनों में की-चु नदी के तट पर भी ऐसे हंस दिखाई पड़ते हैं। जब राजहंस झुंड बनाकर यहाँ आते हैं या यहाँ से वापस जाते हैं तब वह दृश्य देखने लायक होता है। भावान का वर्णन सुनकर मैं केवल कल्पना कर सकता था, उड़ते राजहंस देखने का मुझे कभी सौभाग्य नहीं हुआ था।

झील में परम शांति से तैर रहे थे राजहंस। स्वच्छ पानी में उनका प्रतिबिम्ब भी आकर्षक लग रहा था। कुछ और बढ़ने पर बागवानी में जुटे कुछ लोग दिखाई पड़े। भावान को देखकर एक वयस्क माली हमारे निकट आए, कुछ देर तक वे गुरुजी को विस्मय से घूरते रहे, फिर जैसे एकाएक उन्हें पहचान कर उनसे लिपट गये। गुरुजी ने मुझे खा-ओंगचे का परिचय दिया, और मेरे परिचय में बताया कि मैं उनका शिष्य हूँ, और मौनव्रत लिया हूँ। खा-ओंगचे जी ने मेरे सर पर हाथ रखकर कहा, ''बहुत अच्छा, बहुत अच्छा।''

गुरुजी बोले, ''मेरे इस शिष्य को बाग से बहुत प्रेम है, इसीलिए उसे यहाँ ले आया। और यदि यहाँ घूमते-फिरते दूर से भी किसी तरह महामान्य दलाईलामा का दर्शन मिल जाए तो हम चिर-कृतज्ञ रहेंगे।''

खा-ओंगचे प्रसन्न होकर बोले, ''यह मेरा सौभाग्य है। चेन्-रे-जि का दर्शन हो जाएगा। चलो पहले उद्यान दिखा दें।'' ऐसा कहकर वे झील के पानी में हाथ-मुंह धोकर आ गये। मैं अपने परिचय के अनुसार मौन ही रहा।

उद्यान यथार्थ ही अपने ढंग का अनूठा था। नरबुलिंका प्रासाद के इस उद्यान का नाम था ज्वेल-पार्क। ऐसा बाग विश्व में बिरला ही होगा। दारुण शीत वाले धरती की इस छत पर शायद मंत्रबल से ही फूल खिलते थे। बाग का अन्यतम सुपरवाइजर होने के नाते खा-ओंगचे को इस सुंदर उद्यान के लिए गर्व था। कालिम्पंग तथा दार्जिलिंग से वे बागवानी की विशेष शिक्षा ले आए थे। इस विस्तृत बाग में भाँति-भाँति के गुलाब, डालिया, बोगेनवेलिया, जिनिया, लिलि, तथा जल-कमल आदि लगाये गये थे। अब तक जितने भी दलाईलामा हुए हैं, वे सभी फूलों के शौकीन थे, प्रत्येक दलाईलामा ने बाग में नया कुछ संयोजन करने का प्रयत्न किया था जिससे बाग क्रमशः निखरता ही गया था।

बाग में कुछ दूरी पर प्रत्येक दलाईलामा ने अपना व्यक्तिगत बंगला बनवाया था। उनके तिरोधान के उपरांत वे बंगले संग्रहालय में तब्दील कर दिए जाते थे, केवल कीमती आसबाब व विग्रह नए दलाईलामा के नए भवन में भेज दिया जाता था।

एक खुली जगह से बढ़ते हुए खा-ओंगचे ने संभ्रम के साथ कहा, ''वह देखो, जो संभ्रांत लोग वाण चलाने का अभ्यास कर रहे हैं उनमें सबसे दाँए जो सज्जन हैं वे वर्तमान दलाईलामा के जीजा हैं। दलाईलामा की माँ, बहन, भाई सब यहीं रहते हैं,

उनकी अलग व्यवस्था है। दलाईलामा जब पोताला में रहते हैं तब काम के बोझ से लदे रहते हैं। यहाँ आते हैं तो विश्राम करते हैं। ज्वेल-पार्क को तिब्बत का नंदन-कानन कहा जाता है। यहाँ फलों का बाग भी सुंदर है, उसमें सेव, नाशपाती, चेरी, संतरा, आलूबुखारा आदि के पेड़ों की भरमार है। ये सभी पेड़ कालिम्पंग तथा कार्शियांग से मंगाये गये थे। यहाँ विलायती फूलों के बीज यूरोप से मंगाए जाते हैं। ऐसे आयात ब्रिटिश-इंडिया ट्रेड के माध्यम से किए जाते थे। बाग के एक अंश में 'डॉग गार्डेन' था जहाँ दलाईलामा के पालतू विलायती कुत्ते रहते थे। अंग्रेज सरकार ने भूतपूर्व दलाईलामा को दो मोटर गाड़ियाँ उपहार में दी थी। उसके बाद यहाँ का एक उच्च पदस्थ कर्मचारी कलकत्ता जाकर मोटर मरम्मत का काम सीख आया था। किन्तु उपयुक्त सड़क के अभाव में मोटर चलाना संभव ही न हुआ। वे कार तेरहवें दलाईलामा की सम्पत्ति थीं, अब जो हैं वो चौदहवें दलाईलामा हैं। अब हान् लोगों की कृपा से कुछ परिवहन के उपयोगी सड़क बने हैं, शायद भविष्य में इन गाड़ियों का भी उपयोग हो पाए।''

हम इस तरह नरबुलिंका बाग का चक्कर लगा रहे थे जब अचानक खा-ओंगचे ठिठक कर रुक गये। वे बोले, ''तुम लोगों का भाग्य अच्छा है कि चेन्-रे-जि तुम पर प्रसन्न हुए हैं।'' ऐसा कहकर वे साष्टांग प्रणाम की मुद्रा में जमीन पर लेट गये। उनकी देखा-देखी हमने भी वैसा ही किया। फिर हमें लेकर सड़क के किनारे बाग में खड़े होकर वे बोले, ''वह देखो, चेन्-रे-जि आ रहे हैं।''

सड़क पर बढ़ते हुए छोटे से दल को मैं उत्सुक होकर देखने लगा। पहले दो दानव जैसे अंगरक्षक थे, उसके बाद दलाईलामा और उनके पीछे आठ अन्य लोग। नवीन संन्यासी दलाईलामा के पहनावे में नारंगी रंग का उज्ज्वल वस्त्र था। मुंडित सर पर बहुत छोटे-छोटे बाल उग आए थे। दोहरा बदन, चेहरे का भाव बुद्ध जैसा था मानों सब दुःख-ताप पर उन्होंने विजय पा ली थी। उनकी उम्र बहुत कम थी, बाद में मालूम हुआ कि उनका जन्म सन् १९३५ में हुआ था। ठीक से मैं कुछ अनुभव कर पाता इससे पहले ही तिब्बत के अधीश्वर धर्मराज चेन्-रे-जि यानी दलाईलामा मेरे सामने की सड़क से चलते हुए अपने दल के साथ ओझल हो गये।

दलाईलामा चले गये तो हम फिर सड़क पर आ गये। खा-ओंगचे को धन्यवाद देने पर वे गर्व के साथ बोले, ''अरे यह कौन बड़ी बात है, हम तो उन्हें रोजाना सुबह-शाम देखते हैं। साधारण तीर्थयात्री तो दीवार के चारों ओर दिनभर साष्टांग चक्कर लगाकर भी उनका दर्शन नहीं कर पाते! कर्मफल व उनकी कृपा से ही दर्शन मिलता है। यहाँ उनकी गतिविधि सामान्य रहती है, एक घर से दूसरे घर तक जाना हुआ तो वे पैदल जाते हैं, साथ में कुछ लामा व अंगरक्षक अवश्य होते हैं। पोताला और नरबुलिंका दोनों ही प्रासाद तिब्बतियों के लिये बहुत पवित्र है। कभी-कभी तो यहाँ की चारदीवारी के किनारे तीर्थयात्री कई-कई दिन तक उनके दर्शन के लिए बैठे रहते हैं, इस पर भी दर्शन न मिला तो चारदीवारी की साष्टांग परिक्रमा कर लौट जाते हैं।''

उनके इस कथन से मैंने सोचा कि यथार्थ ही मैं भाग्यवान् हूँ। प्रासाद के विभिन्न भवन व बाग घुमाते हुए खा-ओंगचे स्वयमेव हमें विभिन्न तथ्य से अवगत करा रहे थे। गुरुजी की कोई विशेष जिज्ञासा न थी, मौनीबाबा होने के कारण मैं कुछ पूछ भी नहीं पा रहा था। अतः खा-ओंगचे खुद जो कुछ जानकारी दे रहे थे, मैं उसे ही ग्रहण कर रहा था। गुरुजी ने मुझे ऐसी ही शिक्षा दी थी—'सहजता से जो प्राप्त हो, वही हमारा प्राप्य है।' उनका यह उपदेश खाद्य के लिए भी था, तथ्य के लिए भी।

महामान्य दलाईलामा को कुछ ही मिनट तक मैं देख पाया था। इससे मन नहीं भरा, बल्कि उनके विषय में मेरी जिज्ञासा बढ़ गयी। जिज्ञासा दबाकर मैं गुरुजी और खा ओंगचे के साथ लगभग दिन भर घूमता रहा। दोपहर को खा-ओंगचे ने अपने घर पर हमें थुक्पा खिलाया। शाम को उन्हें सहस्त्र धन्यवाद देकर हम लौट आए।

चलते समय पुनः एकबार विहंगम दृष्टि से मैंने प्रासाद व उसके परिवेश को देखा। पोताला में शिल्प व धन का वैभव देखा था, वहाँ स्वर्ण व रत्नों के भार में मानों आत्मा दब गयी थी, और नरबुलिंका उसका ठीक विपरीत था, यहाँ शुद्ध आत्मा का मुक्त विचरण संभव था।

---

# दलाई लामा

मैं रोज सुबह लामाओं के साथ जोखांग मंदिर जाता, फिर वहाँ से अकेला ही निकल पड़ता शहर का चक्कर काटने के लिए। शहर का प्राणकेंद्र लासा का बाजार था, मंदिर में बैठे रहने के बजाय हाट-बाजार-सड़कों पर टहलना मुझे ज्यादा अच्छा लगता था। यहाँ की मुख्य सड़क को लोग 'छः कोण वाला रास्ता' कहते थे। यह सड़क कुछ चौड़ी थी। लासा का वार्षिक मेला इसी सड़क पर लगता था। इस सड़क के दोनों ओर के मकान अति भव्य थे, मुहल्ला संभ्रांत लोगों का लगता था।

एक दिन उक्त सड़क पर चलते-चलते एक आलीशान इमारत के सामने लगी नामपट्ट को पढ़कर मैं चौंक कर वहीं खड़ा हो गया। नामपट्ट पर तिब्बती के साथ अंग्रेजी में लिखा था श्री चिमि-त्-शेवांग, आई०एस०सी०, कलकत्ता, ट्रेड एजेन्ट। नामपट्ट पर लिखे 'कलकत्ता' शब्द ने मुझे आकर्षित किया था, अचानक मुझे कलकत्ता की याद आ गयी। इससे पहले कि मैं आगे बढ़ता, उस घर से एक युवक निकला। वह चुस्त पाजामा व कीमती कोट पहने था, सर पर नेपाली टोपी। उसका रंग भी साफ था। वह मेरा हम उम्र था।

एक विदेशी लामा को दरवाजे के पास खड़ा पाकर उसे हैरानी हुई होगी, क्योंकि उसने आगे बढ़कर तिब्बती में पूछा, ''तुम्हें क्या चाहिए?'' मुझे चुप पाकर उसने नेपाली भाषा में पूछा, ''क्या तुम तीर्थ करने आए हो?''

बहुत दिनों के बाद मुझे एक हम उम्र मिला था, मेरी इच्छा हो रही थी कि उससे बात करूँ। अपने इर्द-गिर्द सरसरी निगाह से देखकर मैंने कहा, ''हाँ, मैं तीर्थयात्री हूँ।''

फिर सड़क पर ही उससे बातें होने लगी। मैंने उसे विश्वास में लेते हुए कहा, ''असल में मैं मौनीबाबा हूँ, किसी से बोलता नहीं। लासा शायद दुबारा नहीं आ सकूंगा, इसलिए कभी-कभी अकेले ही शहर में घूमता हूँ। घूमने से शहर के विषय में बहुत जानकारी मिल जाती है। तुम मुझे अच्छे लगे, इसलिए मौन तोड़कर तुमसे बातें कर रहा हूँ।''

मेरी उक्ति सुनकर वह फूला न समाया। वह मुझे घर के भीतर के सुसज्जित कमरे में ले जाकर बैठाया। फिर जब मैंने कहा कि मैं असल में कलकत्ता का निवासी हूँ तो वह इतना खुश हुआ कि लगा वह मुझे कंधे पर बिठाकर नाचेगा। आधे घंटे में हम दोनों काफी घुलमिल गये। उसका नाम इयेशि-त्-शेवांग था, वह कालिम्पंग में पढ़ता था, छुट्टियों में घर आया था। श्री चिमि-त्-शेवांग उसके पिता का नाम था, वे व्यापारी

थे, कालिम्पंग सिलीगुड़ी व कलकत्ता के साथ उनका कारोबार था। उसके तीन छोटे भाई, दो बहनें तथा माँ से भी परिचय हुआ। उसकी माँ ने मेरे सर पर स्नेह से हाथ फेरते हुए कहा, ''अभी जाना नहीं, दोपहर का भोजन हमारे साथ ही करना।'' इसमें भला मुझे क्या आपत्ति हो सकती थी! किसी संभ्रांत तिब्बती परिवार से मेलजोल का अवसर पाकर मैंने खुद को धन्य समझा।

इयेशि के दो चाचा सचिवालय में काम करते थे। नाना एक नामी लामा थे। दादा लासा के प्रसिद्ध कलाकारों में एक थे। मुझे इस परिवार से मेलजोल बढ़ाना अच्छा लगा। गुरुजी को बताकर मैं और दो दिन उनसे मिलने गया। मेरा सही परिचय जानकर वे भी सतर्क थे कि किसी चीनी गुप्तचर को मेरी भनक न मिल जाए क्योंकि मेरे पकड़े जाने पर मेरा पूरा दल ही मुसीबत में पड़ जाता। इयेशि ने बताया था कि कालिम्पंग में पढ़ते हुए भी वह कभी कलकत्ता नहीं जा सका, उसकी हार्दिक इच्छा एक बार कलकत्ता देखने की थी। मैंने कहा कि कलकत्ता में वह मेरे घर पर मित्र की तरह रह सकता है तो उसकी खुशी का ठिकाना न रहा।

शेवांग परिवार ने मुझे दलाईलामा के विषय में बहुत जानकारी दी। सारी सूचनाएं मैं नोट करना चाहता था, किन्तु मेरी कापियाँ भर चुकी थी। इयेशि ने मुझे डायरी लिखने के लिए दो कापियाँ, पेंसिल तथा एक चाकू भेंट किया था, इससे मैं उन सूचनाओं को लिपिबद्ध कर सका।

तिब्बत में, विशेषत: लासा में, दलाईलामा के कई नाम प्रचलित थे। मंगोल लोग उन्हें ता-ले-लामा कहते थे। तिब्बती उन्हें कीयाम्-गन्-रिम्-पो-चे अर्थात् रक्षाकर्ता कहते थे। बहुत से लोग गी-वा-रिम्-पो-चे यानी परम प्रभु भी कहते। उनका नाम कीयाम्-गन्-बुक अर्थात् आत्मा का प्रभु भी था। पोताला में वे लाम-पन्-पो अर्थात् प्रधान शासक लामा नाम से जाने जाते थे। वे कुन-डुन यानी सर्वज्ञ तथा चेन्-रे-जि यानी बज्रपाणि भी कहे जाते हैं।

पाँचवें दलाईलामा के समय से दलाईलामा तिब्बत के प्रधान पुरोहित, शासक एवम् समस्त तिब्बत के एकाधिपाति माने जाते रहे। उन्हें बुद्ध का अवतार माना जाता है, पृथ्वी पर वे कर्म के लिए नहीं, प्रजापालन के लिए बार-बार जन्म लेते हैं।

कहते हैं कि दलाईलामा की मृत्यु के उपरांत उनकी आत्मा किसी पवित्र वंश में जन्म लेती है, साधारणत: मृत्यु से पहले ही वे अपने निकटजनों को बता जाते हैं कि वे कहाँ जन्म लेंगे! बहुधा वे इसका आभास परोक्ष ढंग से देते हैं। इससे उनका उत्तराधिकारी ढूँढ़ना सहज हो जाता है। फिर भी यह प्रथा उतनी आसान भी नहीं क्योंकि मृत्यु शैय्या पर पड़े किसी दलाईलामा से कोई यह नहीं पूछ पाता कि उनका अगला जन्म कहाँ होगा। यदि उनसे कोई निश्चित सूचना प्राप्त नहीं होती तो आगे जन्म लेने वाले बच्चों में से कौन दलाईलामा होगा इसका निर्णय देश के विज्ञलामा एवं

ज्योतिषियों पर निर्भर करता है। इस तरह के पुनर्जन्म का सिद्धांत केवल दलाईलामा पर नहीं, अनेक उच्चस्तरीय लामाओं पर भी लागू होता है।

नवजात दलाईलामा को तलाशने का काम मुख्यत: लासा के आसपास के तीन गुम्फाओं के प्रधान तथा राज्य के मंत्री करते हैं। इसके लिए वे राज्य के प्रख्यात ज्योतिषियों के शरणापन्न होते हैं। ज्योतिषी पूजा-अर्चना व ध्यानोपासना के माध्यम से, अथवा दैववाणी से या स्वप्न के द्वारा यह जान लेते हैं कि दलाईलामा कहाँ जन्म लेने वाले हैं या जन्म ले चुके हैं। गुप्त रूप से द्रेपुंग, सेरा व गन्देन गुम्फा के अध्यक्षों को एवं मंत्री परिषद को ज्योतिषियों की राय बतला दी जाती है, उसके बाद मंत्री-परिषद एक अनुसंधान समिति का गठन करती है। समिति ज्योतिषियों की सूचना के अनुसार दलाईलामा का संधान शुरू कर देती है।

जब तक नए दलाईलामा का निर्धारण नहीं हो जाता, शासन की बागडोर मंत्री-परिषद् संभालती है। नवजातक का संभाव्य ठिकाना तथा शिशु दलाईलामा के संभावित शारीरिक चिन्ह आदि मुख्यत: सामिए गुम्फा के ज्योतिष बताते हैं, तांत्रिक साधुओं को भी इस विषय में जानकारी रहती है। नवजातक शिशुओं में प्राक्तन दलाईलामा के कुछ चिन्ह व स्वभाव तलाशे जाते हैं। पाँव में व्याघ्र-चर्म जैसा चिन्ह, कंधे पर तीर का चिन्ह, हथेली में शंख या वज्र चिन्ह, कान औसत शिशुओं से कुछ बड़े, आँखें व भौहें कुछ ऊपर को खींची हुई आदि दलाईलामा के लक्षण माने जाते हैं। प्रत्येक दलाईलामा में ये सभी चिन्ह न भी हों तो कुछ न कुछ चिन्ह मिल ही जाते हैं। लासा के प्रधान ज्योतिषी नेचुंग तथा अन्य ज्योतिषी या तांत्रिक दलाईलामा की मृत्यु का समय व वातावरण जानकर उनकी आत्मा की गतिविधि का पता लगाते रहते हैं।

शारीरिक चिन्ह, स्वभाव आदि परखकर जिस शिशु को दलाईलामा होने के उपयुक्त ठहराया जाता है उसके सामने अन्य सामानों के साथ भूतपूर्व दलाईलामा के सामान मिलाकर रख देते हैं। साधारणत: शिशु दलाईलामा के सामानों को ही पकड़ता है, दूसरे सामानों के प्रति आकर्षित नहीं होता। शिशु को राजप्रासाद में ले जाने पर वह चार-पाँच वर्ष की आयु में धर्मग्रंथ उठाकर पढ़ने लगता है, मृत दलाईलामा के सामानों को ठीक-ठाक पहचान जाता है, ऐसा इस प्रथा के धारक व वाहकों का दावा है। इन सब से यह प्रमाणित हो जाता है कि अमुक शिशु के रूप में दलाईलामा का ही पुनर्जन्म हुआ है। अत्यंत अवैज्ञानिक व अविश्वसनीय लगने पर भी तिब्बत में यह प्रथा कई शताब्दियों से चलती आयी है। यांत्रिक विज्ञान द्वारा उनके इस आध्यात्मिक कार्य-कलाप का कार्य-कारण निरूपण कर पाना मुश्किल है। वर्तमान दलाईलामा के मनोनयन की कहानी भी इतनी अजीब है कि उसमें वैज्ञानिक सत्य का एक अंश भी नहीं ढूँढ़ा जा सकता।

त्रयोदश दलाई लामा थुपटेन गीयात्सो तिब्बत में जनप्रिय थे। उनके राजत्व में तिब्बत की सामाजिक व राजनैतिक उन्नति हुई थी। उनका निधन सन् १९३३ में हुआ था। उसके बाद नियमानुसार राज्य का शासन चलाने के लिए परिषद का गठन किया

गया और नए दलाईलामा के विषय में जानने के लिए प्रधान लामाओं, ज्योतिषी व गणकों को पोताला प्रासाद में बुलवाया गया। तेरहवें दलाईलामा यह नहीं बता गये थे कि वे अगला जन्म कहाँ लेंगे! इसलिए उनकी आत्मा के साथ योग-सम्पर्क बनाने के लिए जब पुरोहितों व ज्योतिषियों ने ध्यान करना चाहा तब उत्तर-पूरब के आकाश में सफेद बादल दिखाई दिए। अत: ज्योतिषियों ने यह राय दी कि जिस अंचल में बादल हैं उसी क्षेत्र में चेन्-रे-जि का जन्म होगा। इस अभिमत को गणकों ने भी मान लिया।

कहते हैं कि तेरहवें दलाईलामा का शव जब पोताला प्रासाद के सिंहासन पर लाकर रखा गया था तब मृतक का चेहरा भी स्वत: ही उत्तर-पूरब की ओर घूम गया था। इसीलिए उसी क्षेत्र में बादल का उभरना विशेष तात्पर्यपूर्ण था। इस घटना के बाद ज्योतिषयों ने दो वर्ष का समय लिया, उनका मत था कि स्वर्गीय दलाईलामा की आत्मा दो वर्ष तक स्वर्गीय आनंद भोग करने के उपरांत अवतरित होगी। १९३५ में वे सब पुन: एकत्र होकर लासा से लगभग नब्बे मील उत्तर में उपस्थित हुए। हिन्दू मानसरोवर को जितना पवित्र मानते हैं, लामोय-लात्सो सरोवर को तिब्बती उतना ही पवित्र मानते हैं। प्राचीन काल में मुनि-ऋषि वहाँ तपस्या करने जाते थे।

स्फटिक की तरह स्वच्छ इस झील के पानी में ज्योतिषी भूत-वर्तमान-भविष्य की छवि देखते थे। बहुतों का मत था कि उस सरोवर में अनेकों जाग्रत देव-देवियों का निवास था। केवल पहुँचे हुए साधक ही उन्हें देख पाते थे।

गणकों का दल सरोवर के किनारे पूजा-अर्चना व जप करते हुए चेन-रे-जि का ध्यान करने लगे तो एक अलौकिक घटना घट गयी। झील के मध्य से तीन वर्ण—अ, क, तथा म उठकर आकाश में जा टिके और कुछ देर वहाँ टिकने के बाद धीरे-धीरे विलीन हो गये। पंडितों ने पहले सोचा कि वे शब्द कोई मंत्र होंगे, किन्तु उसके बाद ही सरोवर के जल में एक गुम्फा की छवि झाँक उठी जिसके गुम्बज सुनहरे व हरे थे तथा उसके निकट ही हरे छत वाली एक इमारत थी जिसके सामने ओसारा था। कुछ ही देर में वह छवि भी ओझल हो गयी। इस अलौकिक घटना को प्रत्यक्ष देखने के बाद सब लासा लौट आए, उसके बाद विचार-विमर्श शुरू हुआ। इस विचित्र घटना को प्रत्यक्षदर्शियों ने गुप्त रखा। लगभग साल भर की मंत्रणा के बाद परिषद् के सदस्यों के अधीन विभिन्न अनुसंधान दल का गठन किया गया और उन्हें विभिन्न क्षेत्रों में नवीन दलाईलामा का पता लगाने के लिए भेज दिया गया।

अनुसंधानकारियों का एक दल दोखाम जिले के ताकसतार गाँव में पहुँचकर यह देखकर हैरान हुआ कि वहाँ का कुम्बुम् हू-ब-हू वैसा ही है जैसा बताया गया था। यही नहीं, गुम्फा के पास ही हरे छत का वैसा ही मकान था जैसा सरोवर के जल में दिखाई पड़ा था। लामाओं व गणकों में ऐसा पंडित व्यक्ति भी था जिन्होंने सरोवर का वह अलौकिक दृश्य देखा था। उन्होंने भी पुष्टि कर दी कि इसी स्थान की उन्हें तलाश थी। उन्होंने एक लामा को उस मकान में भेजा। लामा वहाँ से यह खबर ले आया कि उस घर में कई बच्चे हैं, सबसे छोटा बच्चा दो साल का है। दलनेता ने मन ही मन कुछ

हिसाब लगाया, फिर उस रात के लिए कुमबुम् गुम्फा में आश्रय लिया। गुम्फा के लामाओं ने उनकी आवभगत की। कुम्बुम् गुम्फा बौद्ध तांत्रिकों के लिए बहुत पवित्र स्थल था, यहाँ साधना के उच्च-मार्ग में अनेक लामाओं ने निर्वाण लाभ किया था। प्राचीन काल में सिद्धिमार्ग में वरीयता पाकर यहाँ कुछ लामाओं ने तिब्बत में सर्वत्र अपनी वाणी का प्रचार किया था। इस गुम्फा को मौनव्रत, तपस्या व शिक्षा के लिए आदर्श माना जाता था।

अगले दिन सुबह अनुसंधानकारियों का दल गुम्फा के निकट के उस किसान के घर पहुँचा। सभी लोग उत्तम वस्त्रों में थे, किन्तु दलनेता ने नौकर का वस्त्र पहन लिया था और अपना वस्त्र अपने नौकर को पहना दिया था। किसान मध्यवित्त था। खेती, याक तथा मुर्गीपालन के धंधे से उसका निर्वाह होता था। सुबह-सुबह घर पर लामाओं का पर्दापण होते देखकर उन्हें आश्चर्य भी हुआ और आनंद भी। अतिथियों को प्रणाम करने के बाद उन्हें वे कमरे में लेकर बैठाए। कुछ औपचारिक बातों के बाद लामाओं ने किसान के छोटे बच्चे को देखना चाहा तो किसान फूला न समाया। उसने सोचा कि लामा बच्चे को आशीर्वाद देने के लिए बुला रहे हैं। उसकी पत्नी दो वर्षीय शिशु को लामाओं के पास ले आयी।

नौकरवेशी दलनेता सबके पीछे नौकर की तरह चुपचाप बैठे थे। बच्चा लामाओं को एक बार देखकर सीधे छद्मवेशी असली दलनेता के पास जाकर बोला, ''मुझे गोद में लो।''

बच्चे की इस करतूत से किसान थोड़ा झेंपा, फिर उसने दलनेता के वेश में जो नौकर था उससे हाथ जोड़कर कहा, ''आप अन्यथा न लें प्रभु, बच्चे को गोद में लेकर आप ही आशीर्वाद दें।''

किसान के इस आग्रह का किसी ने उत्तर नहीं दिया। वह शिशु ही बढ़कर अपने पिता से बोला, ''नहीं बाबूजी, मैं उन्हीं की गोद में उठूंगा। वे सेरा गुम्फा के बड़े साधु हैं।''

शिशुपुत्र की तुतली बोली में ये वाक्य सुनकर सभी चकित हो गये। असली दलनेता के उठकर बच्चे के सामने आते ही बच्चे ने उससे हठ किया—''तुम्हारे गले की वह माला मुझे दो।''

''इसे लेकर तुम क्या करोगे?'' बड़े लामा ने पूछा।

''मैं पहनूंगा, वह मेरी है।''

यह सुनकर बड़े लामा खुशियों से उछल पड़े और बच्चे को अपनी बाहों में भरकर बोले, ''शिशु ठीक कहता है, मैं ही दलनेता हूँ, मैं सेरा गुम्फा का प्रधान लामा केवत्-सांग-रिम-पो-चे हूँ। और यह माला भी बहुत दिनों पहले दलाईलामा ने मुझे दी थी। मैं इन साधारण कपड़ों में भी इस बच्चे को धोखा नहीं दे सका क्योंकि यह बच्चा ही असली दलाईलामा है।''

तेनजिंग गीयात्सो नामक चौदहवें अर्थात् वर्तमान दलाईलामा का इसी तरह पता लगाया गया था।

चीन के साथ राजनैतिक व आर्थिक विवाद के कारण शिशु दलाईलामा को लासा लाने के लिए तीन वर्ष और प्रतीक्षा करनी पड़ी। शिशु दलाईलामा तथा उनके माता-पिता एवं भाई-बहनों को महासम्मान व धूमधाम के साथ लासा लाया गया। उनके पोताला आगमन के उपलक्ष में सारे तिब्बत में आनंदोत्सव मनाया गया। कहते हैं कि पाँच वर्षीय शिशु ने अपनी परिषद के लोगों को पहचान लिया, यहाँ तक कि उनके नाम भी बता दिए। दलाईलामा की लाठी अन्य लाठियों के बीच मिलाकर रखने पर भी पाँच वर्षीय दलाईलामा ने अपनी लाठी पहचान ली। यही नहीं, दलाईलामा के जो सामान कमरे से हटाये गये थे, यह भी बता दिया था। इस तरह की घटनाओं की कहानियाँ तिब्बतियों को कंठस्थ हैं। ये कहानियाँ औरों को वे बड़े चाव से सुनाते हैं।

शेवांग परिवार में मैं कुल तीन बार गया था। फिर ज्यों उनसे एकाएक सम्पर्क हुआ था, वैसे ही मैंने वहाँ जाना भी अचानक ही बंद कर दिया। उस परिवार ने ही मुझे बताया था कि चीन के गुप्तचर बहुत खतरनाक हैं, यदि उन्हें यह भनक मिल जाए कि मैं भारतीय हूँ तो मुझे जो होना है सो तो होगा ही, उस परिवार की भी खैर नहीं। फिर उस झमेले से तिब्बत के प्रधानमंत्री भी उन्हें नहीं बचा सकते। अत: उनकी भलाई के लिए मेरा वहाँ अधिक आना-जाना ठीक न था, गुप्तचरों को मुझ पर संदेह हो जाए तो मेरे साथी भी झमेले में पड़ेंगे। इसलिए शेवांग परिवार को धन्यवाद देकर एक दिन मैंने उनसे अंतिम विदा ले ली।

अगले कुछ दिन जोखांग मंदिर में जप करते हुए तथा विग्रह देखते हुए मैंने बिताये। गुरुजी कभी-कभी नागार्जुन व चन्द्रकीर्ति का बौद्ध-दर्शन समझाते। सच कहूँ तो उस प्रवचन के दो-चार शब्द मैं समझता था, बाकी समय यूँ ही हाँ-हाँ कर गुरुजी का हौसला बढ़ाता था। मेरा मन आगे की यात्रा के लिए बेचैन होने लगा था।

---

# लासा से विदाई

लासा से वापसी यात्रा की बात चल ही रही थी कि काशाग सचिवालय से गुरुजी के प्रार्थनापत्र का उत्तर मिला जिसमें तीर्थयात्रियों को पोताला प्रासाद देखने की अनुमति दी गयी थी। मैं पहले घूम आया था, इससे खुद को कुछ स्वार्थी महसूस करता था, और यात्री पोताला नहीं देख पाए थे इसका दु:ख मुझे भी था। इस संवाद से जहाँ हमें खुशी हुई, काशाग् से जो दूसरा निर्देश हमें भेजा गया उससे हमारा दिल बैठ गया। उसमें यह लिखा कि तीर्थयात्रियों को शीघ्रातिशीघ्र लासा त्याग करना पड़ेगा तथा वापसी यात्रा में सब यात्री एक साथ नहीं जा सकते, उन्हें अलग-अलग छोटे-छोटे झुंड में बंटकर यात्रा करनी पड़ेगी। यह एक दुखद निर्देश था। गुरुजी के सिवा न तो कोई रास्ता पहचानता था, न ही कोई उतना साहसी था। एक साथ आए थे, हम एक साथ लौटें तो न जाने चीनिओं को क्या परेशानी होगी। किन्तु आदेश का पालन तो करना ही पड़ेगा। चीनी जनरल तानकुआन से सभी घबराते थे, यहाँ तक कि सर्वत्यागी रिपुजयी लामा भी। इसलिए गुरुजी ने तत्काल यह निर्णय लिया कि हम उसी दिन पोताला जाएंगे, अगले दिन नरबुलिंका और उसके बाद द्रेपुंग गुम्फा में दो दिन रहकर सिक्किम की वापसी यात्रा करेंगे।

तीर्थयात्रियों को पोताला प्रासाद दिखाने के लिए एक गाइड दिया गया जो कि पोताला के एक सरकारी कर्मचारी थे। उनका नाम था ओगीयान दोरजे। वे बहुत गंभीर प्रकृति के थे, बहुत आवश्यक न हुआ तो बात ही नहीं करते थे। पोताला दिखाने का काम उन्होंने बहुत संक्षेप में निपटाया। इधर-उधर बिना घुमाए वे हमें दलाईलामाओं के समाधिस्थल पर ले गये, इनमें पाँचवें व तेरहवें दलाईलामा की समाधि विशेषरूप से पूजनीय मानी जाती थी। इनके गुम्बज भी अन्य समाधियों से ऊँचे थे। मैं पहले यहाँ आ चुका हूँ, इसलिए सरसरी निगाह से देखता रहा।

गाइड हमें दलाईलामा के अभिषेक कक्ष में ले गये जहाँ से दलाईलामा का कमरा दिखता था। इसी कमरे में सन् १९०४ में अंग्रेजों के साथ दलाईलामा की संधि हुई थी। उसी समय ब्रिटिश-इंडिया के साथ तिब्बत का सम्पर्क हुआ था।

छत पर उठने से लासा शहर का विहंगम दृश्य दिखता था। समतल मैदान में बसा यह नगर चारों ओर से पहाड़ों से घिरा था। पहाड़ों की दीवार के कारण ही शायद बौद्ध तंत्र तिब्बत में ही कैद हो गया था, बाहर की दुनिया में नहीं फैल पाया था। प्रासाद के कमरों के भीतरी दीवार नक्काशी व चित्रकारी द्वारा शोभित थे, सर के ऊपर का छत और अंधकार में लिपटे दीवाल के कोने भी कलाकारों की कुशलता को चुनौती नहीं दे

पाए थे। ओगीयन दोरजे ने एक घंटे के भीतर प्रासाद का ऊपरी भाग दिखाकर हमें छोड़ दिया। जिस शीघ्रता में उसने घुमाया और जितनी तेजी से बोलता गया उससे शायद ही किसी यात्री के पल्ले कुछ पड़ा हो। किन्तु सब प्रसन्न थे कि उन्होंने पोताला का पवित्र प्रासाद देख लिया।

धर्मशाला से पोताला तक चढ़ने में हमें डेढ़ घंटे लगे थे, लौटते में समय कम लगा। दोपहर को वापस लौटकर सूखी सब्जी और बार्लि ऊबालकर हम मध्यान्ह भोजन से निपटे। पोताला घूमकर आए वयस्क लामा कुछ क्लांत हो गये थे। ढाई बजे के आसपास जब गुरुजी लौटती यात्रा के विषय में कुछ समझा रहे थे, ओगीयान दोरजे ने आकर कहा, "आप लोगों का भोजन हो गया हो तो चलिए आपको नरबुलिंका दिखा लाऊँ।"

"वहाँ तो कल जाने की बात थी।" गुरुजी बोले।

"कल मुझे समय नहीं मिलेगा, आज चलना हो तो चलिए। संध्या के समय चेन-रे-जि दर्शन देते हैं, मैं उनका दर्शन भी करा दूंगा।"

गाइड की बात से मैं थोड़ा चौंका। मेरी धारणा थी कि तिब्बतियों को न समय का ज्ञान है न ही उनके पास समय की कोई कीमत है। किन्तु यह गाइड तो यही साबित कर रहा था कि उसके समय की बहुत कीमत है, वह हमें फालतू समय नहीं दे सकता। उसके रूखे-सूखे बर्ताव के कारण वह व्यक्ति मुझे शुरू से ही अच्छा नहीं लगा था। आम तिब्बतियों के ठीक विपरीत था उसका स्वभाव। किन्तु उसका बर्ताव मुझे बुरा लगने पर भी मेरे दल के लामाओं को शायद इन छोटी-छोटी बातों की परवाह नहीं रहती थी, वे प्रसन्नचित्त से तत्काल तैयार हुए और गाइड के पीछे चल पड़े। दुबारा नरबुलिंका देखने के लिए मैं भी चला उनके साथ।

भारत के देवालयों में अथवा ज्ञानी-गुणी व्यक्तियों के सम्मान में फूल-माला ले जाते हैं, तिब्बत में चादर या कपड़े का टुकड़ा चढ़ाने की परम्परा है। जोखांग मंदिर के पास की एक दुकान से हम सबने कपड़े के टुकड़े खरीद लिए। शाम को हम नरबुलिंका पहुँचे। गाइड हमें सामने की फाटक से न ले जाकर चारदीवारी की बगल से पीछे की ओर ले गये। सफेद दीवार के निकट बहुत से तिब्बती बैठे थे। दलाईलामा साधारण गरीब लोगों को दर्शन नहीं देते थे, इसलिए ऐसे लोग दीवार की परिक्रमा करते हुए दीवाल को ही प्रणाम कर लौट जाते थे। जब चेन-रे-जि किसी उत्सव मंच पर होते थे अथवा एक प्रासाद से दूसरे प्रासाद की यात्रा करते थे तभी दीन-दुखियों को प्रभु का दर्शन मिलता था। सुदूर नेपाल के तीर्थयात्री होने के नाते हमारी बात और थी।

प्रासाद के पीछे की दीवार पर एक छोटा सा फाटक था जहाँ तैनात संतरी ओगीयान को पहचानता था। हमें अंदर लेकर उसने फाटक बंद कर दिया। हम एक छोटे से बंगले की ओर बढ़े तो तीन तिब्बती हमारी ओर दौड़े आए, लगा कि उनका अभिप्राय हमें वहाँ से खदेड़ना था। किन्तु ओगीयान को देखकर वे रुक गये। ओगीयान ने उनसे कुछ कहा, उसके बाद वे बंगले की ओर चले गये, हम वहीं खड़े रहे। वह बंगला ही

दलाईलामा का व्यक्तिगत मंदिर था, बाहर से सिक्किम महाराज के बौद्ध-मंदिर जैसा ही था यह। सात-आठ लोगों के माध्यम से दलाईलामा को नेपाली दर्शनार्थियों के आगमन की वार्ता पहुँचायी गयी। कुछ ही देर बाद एक लामा ने हमें अंदर आने को कहा।

मंदिर में दरवाजे के सामने ही बुद्ध की मूर्ति थी। विग्रह के निकट ही एक आरामकुर्सी पर दलाईलामा बैठे थे। उनके अगल-बगल चार लोग खड़े थे। पहले गुरुजी, फिर हम सब एक-एक कर दलाईलामा को कपड़े का टुकड़ा अर्पण करते हुए उनके सामने की गद्दी पर बैठ गये। उन्होंने एक-एक कर सबकी ओर देखा, यही हमारा सौभाग्य था। फिर दो मिनट तक समवेत प्रार्थना में उन्होंने भी भाग लिया। उसके बाद हाथ उठाकर उन्होंने सबको आशीर्वाद दिया। इसके बाद उनके बगल में खड़े एक दीर्घदेही लामा ने इशारे से हमें उठने को कहा। उठकर उन्हें प्रणाम करते हुए हम बाहर आ गये।

दलाईलामा का दर्शन पाकर तीर्थयात्रियों का चेहरा खिल उठा था। बाहर निकलकर सबने गाइड को धन्यवाद दिया, गाइड ने कहा, ''आपकी यात्रा मंगलमय हो, ईश्वर आपकी रक्षा करे।''

नरबुलिंका प्रासाद से बाहर निकलकर ओगीयान हमसे विदा ले गए। गुरुजी ने बताया कि जबर्दस्ती गाइड के काम में फँसाये जाने के कारण ही ओगीयान इतना कुढ़े रहते हैं, उन्हें यह काम पसंद नहीं।

धर्मशाला में लौटकर गुरुजी बोले, ''लासा में हमारा कर्त्तव्य सम्पन्न हो गया है। इतने दिनों तक हम पवित्र जोखांग मंदिर की परिक्रमा करते रहे हैं, पोताला प्रासाद और महामान्य चेन-रे-जि का दर्शन भी मिल गया, अत: अब लासा में हमारे लिए और कुछ अभीष्ट नहीं है। कल सुबह ही जोखांग मंदिर के महाकाली को प्रणाम करते हुए हम द्रेपुंग गुम्फा की यात्रा करेंगे।''

गुरुजी की परिकल्पना के अनुसार हम द्रेपुंग पहुंचे। पहले जहाँ टिके थे, उसी कमरे में हमें टिकाया गया। यहीं से अलग-अलग दल में विभाजित होकर हमें यात्रा करनी थी, अतः यह एक कठिन समस्या थी। दो दिन यहाँ रहकर इसी यात्रा के लिए हमें तैयार होना था।

लासा व द्रेपुंग गुम्फा में रहकर मैं यह अच्छी तरह जान गया कि यह धारणा गलत थी कि दलाईलामा तिब्बत के सर्वेसर्वा हैं। तिब्बत के आभ्यंतरिक विषयों में भी चीन ने कब्जा जमा लिया था। प्रशासन चीनी अधिकारियों व सेना ने हथिया लिया था। बाजार में चीनी सामान छा गया था। नागरिकों की रक्षा के बहाने चीन की पीपल्स लिबरेशन आर्मी अथवा पी०एल०ए० ने लासा को अकटोपस की तरह जकड़ लिया था। मैत्री व शिक्षा के नाम पर चीनी राजनीति का प्रसार हो रहा था। द्रेपुंग गुम्फा के छात्र समझते थे कि भविष्य में तिब्बती धर्म व लामा-प्रथा का अस्तित्व भी शायद ही टिके। तिब्बत पर चीन का आधिपत्य सम्पूर्ण होने की स्थिति आ गयी थी। तिब्बती धर्म व संस्कृति पर खतरे के बादल मंडरा रहे थे।

लासा से विदेशी अपना धंधा समेट रहे थे। द्रेपुंग गुम्फा से भूटानी व सिक्किमी छात्र स्वदेश लौट गये थे, कुछ नेपाली छात्र रह गये थे जो वर्ष के अंत तक शिक्षा पूरी करके नेपाल लौट जाएंगे। विभिन्न मठों के साथ लासा का सम्पर्क छिन्न होने लगा था, बहुतों को सरकारी अनुदान मिलना बंद हो गया था। प्रत्येक नगर को चीनी सेना ने घेर रखा था जिससे यहाँ एक आतंक का वातावरण बन गया था।

लौटने की योजना बनाते हुए गुरुजी अफसोस कर रहे थे कि इतनी दूर पहुँच कर भी यह दल कैलास व मानसरोवर नहीं जा सकेगा। कैलास का नाम सुनते ही मेरे भीतर खलबली मच गयी, मेरे भीतर का चंचल विमल जाग उठा। मैंने गुरुजी से पूछा था कि कैलास किस रास्ते से जाते हैं। उन्होंने कहा था—"पथ दुर्गम है किन्तु रास्ता सीधा है। ब्रह्मपुत्र के किनारे-किनारे उसके उद्‌गम तक जाने से ही मानसरोवर व कैलास पर्वत तक पहुँचा जा सकता है। कैलास पर्वत ही हिन्दुओं का शिवभूमि महातीर्थ कैलासनाथ है।"

मैंने इस पथ-निर्देश को गांठ बाँध लिया। मुझे लगा कि कैलास तक जाने की गुरुजी की हार्दिक इच्छा थी किन्तु चीनी अधिकारी जिस तरह का बर्ताव कर रहे थे उससे यह संभव न था। सभी तीर्थयात्रियों को सही-सलामत वापस ले जाने का दायित्व भी उन पर था, अतः उनसे मैं कैलास चलने का आग्रह भी नहीं कर सकता था।

द्रेपुंग गुम्फा से गीयात्से जाने के लिए लामाओं का छोटा-छोटा दल बनाया गया। सर्वप्रथम तीन लामाओं को लेकर गुरुजी रवाना हुए, वे बाद में जाने वालों के लिए रास्ते में आवश्यक व्यवस्था करते हुए आगे बढ़ेंगे। गैंगटक से गीयात्से तक तथा नागारत्से गाँव से अब तक गुरुजी का मोटा कम्बल मैं ही ढोता आया था, उन्हें कम्बल थमाते हुए मेरा अंतर्मन कराह उठा। उन्हें प्रणाम कर मैं उठा तो मेरी आँखें छलछला आयीं, आँसू जब्त करना भी मुश्किल हो उठा। न जाने क्यों गुरुजी को विदा करते हुए इस विछोह से मैं इतना टूट रहा था। गुरुजी संयमी व निर्लिप्त पुरुष थे। उन्होंने स्नेह से मेरे सर पर हाथ फेरा, फिर बिना किसी बातचीत के अपनी राह बढ़ गये। मेरा स्वर भी रुँध गया था, मैं भी कुछ कह नहीं पाया। यूँ जोखांग मंदिर में अंतिम प्रणाम करने के बाद से मैं मौनी बाबा नहीं था।

---

# कैलास यात्रा की प्रस्तुति

चार दिन बीत गये थे। दो-दो तीन-तीन की टोली में सभी यात्री जा चुके थे। अंतिम टोली के साथ मेरे जाने की बात थी। किंतु मैं गया नहीं। मैंने उनसे कह दिया, "आप लोग प्रस्थान करें, मैं बाद में जाऊंगा।" वे चले गये। मेरे मन में कैलास यात्रा की सनक सवार थी। महातीर्थ कैलास-धाम की जो काल्पनिक छवि मैंने बना ली थी उसके आकर्षण से स्वयं को मुक्त नहीं कर पा रहा था। जैसे भी हो, मुझे कैलास अवश्य जाना है, ऐसा अवसर फिर शायद न मिले। गुरुजी के शब्द अब भी मेरे मन में कौंधते—पथ दुर्गम है किन्तु रास्ता सीधा है। ब्रह्मपुत्र के किनारे-किनारे उसके उदगम तक जाने से ही मानसरोवर व कैलास पर्वत तक पहुँचा जा सकता है। अतः इस सहज यात्रा से क्यों स्वयं को वंचित करूँ?

मैं अकेला हो गया था किन्तु गुम्फा में अध्ययन करने वाले नेपालियों से मैत्री हो जाने से अकेलेपन का अहसास नहीं था। अब मैं मौनी नहीं था, सबसे खुलकर बातें कर सकता था। छात्रों ने मुझे मंडला-रहस्य से अवगत कराया। मंडला का ज्ञान रहने से सृष्टि का रहस्य जाना जा सकता है। मंडला का गणित व रंगों की व्याख्या समझने के लिए छात्रों को दो वर्ष तक अध्ययन करना पड़ता है। ध्यान मुद्राओं के माध्यम से वे मानसिक विचार व विकास का कौशल समझते हैं। लामाओं की परीक्षा तथा वादानुवाद में मुद्रा को प्रधानता दी जाती है। इन्हीं विद्यार्थियों से मुझे तिब्बत की शासन व्यवस्था व इतिहास के विषय में और कुछ जानकारी मिली।

दलाईलामा का शासन परिषद् दो भागों में विभक्त था, इकसांग तथा काशाग्। गुम्फा एवं धर्मीय अनुष्ठानादि इकसांग के अधीन थे, विधि व्यवस्था काशाग् के अधीन। काशाग् मंत्री परिषद् में प्रधानमंत्री को चिकाप तथा अन्य मंत्रियों को शा-पे, दे-पोंग आदि कहते थे। तिब्बत के संभ्रांत परिवार गीयेरपा कहलाते थे। उनका स्थान लामाओं के बाद ही था। गीयेरपा परिवार के लड़के पाँच-छः साल लासा के विद्यालय से शिक्षा प्राप्त करने के बाद सरकारी नौकरी पा जाते थे। तिब्बत को पाँच प्रदेशों में बाँट दिया गया था, इनमें प्रथम था उ-सांग। लासा तथा शीगात्से उ-सांग प्रदेश में थे। शीगात्से पर पांचेन लामा का शासन था, शेष तिब्बत पर दलाईलामा का। अन्य प्रदेशों के नाम हैं गारटक, खाम, उत्तर-तिब्बत अथवा चांग एवम् दक्षिण तिब्बत अथवा लोका। खाम प्रदेश यूँ चीन के अधीन जा चुका था, किन्तु वहाँ के मुख्यमंत्री अथवा चिकाप ने अपना आसन नहीं त्यागा था। प्रत्येक प्रदेश के मुख्यमंत्री अपने दुर्ग प्रधान से शासन चलाते थे। यूँ यह कहने की बात थी, शासन की असली बागडोर चीनिओं ने हथिया ली थी। दुर्गप्रधान को जोंग-पो कहते थे।

चीन के सम्राट ताई-सुंग की कन्या से विवाह का प्रस्ताव ठुकराए जाने से तिब्बत के राजा स्त्रोंग-सान-गाम्पो ने चीन पर चढ़ाई की थी, उन्होंने राजकुमारी बेन-चेंग से विवाह किया तथा चीन की कुछ भूमि भी हथिया ली। इसके बाद मंगोल सम्राट कुबलाई खाँ के समय में चीन-तिब्बत समझौता हुआ था जिसके फलस्वरूप तिब्बत को चीन का प्रदेश माना जाने लगा था। इस समय तिब्बत से बौद्धतंत्र का चीन में प्रवेश हुआ, पंद्रहवीं शती में तो मंचूरिया प्रदेश ने गोलुक-पा सम्प्रदाय का धर्म राज्यधर्म के रूप में अपना लिया। उसी समय से तिब्बत चीन के शासनाधिकार में था, किन्तु तिब्बत पर धर्म एवम् धर्मगरुओं का इतना प्रभाव था कि उसका स्वतंत्र अस्तित्व भी बना रहा। १५८७ में मंगोल सम्राट आलतान ने गेलुक-पा सम्प्रदाय के धर्मनेता को दलाईलामा की उपाधि दी।

१६५२ में पाँचवें दलाईलामा पीकिंग गये थे। तब से लासा-पीकिंग सम्बन्ध और सुदृढ़ हुआ। किन्तु उन्नीसवीं शताब्दी में उस सम्बन्ध में भाटा पड़ा। उस समय चीन आभ्यंतरिक मामलों में उलझा था। तिब्बत ने क्रमशः चीन से सम्पर्क त्यागकर भारत पर शासन करने वाले अंग्रेजों से मैत्री का हाथ बढ़ाया। इस अवधि में तिब्बत को कई बार युद्ध में लिप्त होना पड़ा। १७८८ में तिब्बत पर गोरखा आक्रमण हुआ था, तिब्बत ने चीनी सेना की मदद लेकर गोरखाओं को परास्त किया। १८५६ में नेपाल ने तिब्बत पर आधिपत्य जमाना चाहा, १८५७ में नेपाल ने चीन से यह समझौता भी कर लिया कि उसे तिब्बत पर हमला करने का अधिकार होगा। १९०४ में ब्रिटिश कमांडर फ्रांसिस यंग हजबैंड ने लासा पर आक्रमण किया, विदेशी आक्रमण से घबराकर दलाईलामा चीन भाग गये। इस अवसर का लाभ उठाकर पांचेन लामा ने अपना प्रभाव बढ़ाया क्योंकि प्रजा को छोड़कर भागने के कारण दलाईलामा की शाख कुछ घट गयी थी। १९११ में चीन में विप्लव शुरू हुआ, उस समय तेरहवें दलाईलामा ने तिब्बत को सार्वभौम स्वतंत्र राज्य घोषित कर दिया। किन्तु इसका तिब्बत में ही विपरीत प्रभाव पड़ा। चीनपंथी उच्चपदस्थ लामा दलाईलामा के खिलाफ हो गये और दलाईलामा के लिए जान बचाना भी मुश्किल हो गया। वे भागकर दार्जिलिंग पहुँचे तथा अंग्रेजों से आश्रय व मदद मांगी। अंग्रेजों की मदद से उन्होंने १९१२ में स्वाधीन तिब्बत की घोषणा की।

शक्तिशाली अंग्रेजों से युद्ध करने की स्थिति में न होने के कारण सन् १९१३ में चीन ने शिमला-कान्फ्रेंस में तिब्बत को स्वीकृति दे दी, किन्तु यह दिखावा था, वे भीतर-ही-भीतर इस बात को मानने को प्रस्तुत नहीं थे कि तिब्बत चीन का अंग नहीं है। १९११ से १९४९ तक तेरहवें दलाईलामा के शासन में तिब्बत की श्री-वृद्धि होती रही। इसीलिए पाँचवें व तेरहवें दलाईलामा की तिब्बत में इतनी ख्याति है, उनकी समाधियाँ भी अन्य दलाईलामाओं की समाधियों से ऊँची है। किन्तु इतना होने पर भी तिब्बत के चीन समर्थक दलाईलामा का विरोध करते रहे तथा पांचेन लामा के नेतृत्व में बगावत की योजना करते रहे। दलाईलामा के उनके दमन के लिए सक्रिय होते ही वे चीन भाग

गये। नौवें पांचेन लामा का चीन में ही सन् १९३७ में निधन हो गया। उसके बाद चीन की पहल से दसवें पांचेन लामा को शीगात्से का भार सौंपा गया। दसवें पांचेन लामा के रूप में नौवें पांचेन लामा द्वारा जन्मग्रहण की कहानी गढ़कर लामा प्रथानुसार उन्हें धर्मपद पर अधिष्ठित किया गया। वे चीन पंथी हैं। तेरहवें दलाईलामा की मृत्यु होते ही चीन ने पुनः तिब्बत पर धीरे-धीरे कब्जा जमाना शुरू कर दिया था।

चियांग-काइ-शेक ने तेरहवें दलाईलामा की मृत्यु (१९३४) के बाद शोक संदेश के साथ एक प्रतिनिधि मंडल लासा भेजा था। १९४० में पाँच वर्षीय बालक दलाईलामा बना। चीन के लिए वह स्वर्णिम अवसर था। छः वर्ष तक दलाईलामा का आसन रिक्त था, उसके बाद एक शिशु को सामने रखकर मंत्रीपरिषद राज्य चला रही थी। चीन अंग्रेज से टकराने के भय से चुप था, १९४७ में वह खतरा भी टल गया जब अंग्रेज भारत छोड़कर चले गये। इससे पहले भी अंग्रेज भारतीय स्वतंत्रता सेनानियों से जूझने में व्यस्त होने के कारण तिब्बत के मामले में हस्तक्षेप करने की स्थिति में न थे। ऐसे में चीन को कौन रोक सकता था?

तिब्बत को एकमात्र भरोसा भारत पर था। तिब्बत के सार्वभौम अस्तित्व की रक्षा एकमात्र भारत ही कर सकता था। किन्तु १९४७ में आजाद हुए भारत के पास न आर्थिक बल था, न सामरिक बल। मौखिक सहानुभूति के सिवा भारत कुछ नहीं दे सकता था। उसकी क्षमता नहीं थी कि सुसज्जित चीनी सेना से लोहा ले। सन् १९५० में चौ-एन-लाइ ने तिब्बत-मुक्ति आंदोलन की घोषणा कर दी।

मुक्ति योद्धाओं के नाम पर चीनी सेना तिब्बत में घुस पड़ी और पी०एल०ए० तिब्बत के गाँव-गाँव पर कब्जा जमाकर लाल झंडा फहराती रही। इस समय यानी सन् १९५६ में तिब्बत के काफी क्षेत्र में चीन ने कब्जा कर रखा था। वर्तमान दलाईलामा का जन्म-स्थान भी चीन के कब्जे में जा चुका था। तिब्बत में चीन ने चार राष्ट्रीय सड़कों का निर्माण किया जिन पर सेना वाहिनी की भारी-भरकम ट्रक चलते थे। लासा के विदेशी दूतावास क्रमशः खाली हो गये, द्रेपुंग गुम्फा के निकट स्थित भारतीय दूतावास में भी ताला जड़ा है। इस दूतावास के फूलों के बाग में अब भेड़ चरते हैं। उधर देखकर कभी-कभी मैं सोचता, क्या वे बीते हुए दिन फिर कभी लौटेंगे?

शायद तथागत की इच्छा यही थी। शायद तिब्बत के भोले-भाले पवित्र निवासियों को यही समष्टिगत कर्मफल भोगना बदा था।

द्रेपुंग गुम्फा के विशाल पाठागार में लगभग छत्तीस हजार पुस्तकें थीं। इसके अलावा तांगीउर और कांगीउर की एक हजार प्रतियाँ थीं। भारतीय मनीषियों के अमूल्यग्रंथ व वेदांत आदि भी यहाँ उपलब्ध थे। यदि गुम्फा के चित्रित तांखा एकत्र किए जाएँ तो उन्हें रखने के लिए चालीस कमरे लगेंगे। यहाँ का ऐतिहासिक, पौराणिक तथा भौगोलिक संग्रहालय भी मैं त्रापाओं व लामाओं के साथ घूमकर देख चुका था। पुस्तकालय की पुस्तकें पढ़ने में मुझे कई जन्म लगेंगे, मैं यहाँ केवल एक ही उद्देश्य से मंडराता था, यदि कैलास जाने के लिए कोई उपयुक्त मानचित्र मुझे मिल जाए। किन्तु

ग्रंथों के समुद्र में मुझे वह न मिला जिसकी मुझे तलाश थी। मैं किसी को बता भी नहीं सकता था कि मैं कैलास जाना चाहता हूँ। मैंने मित्रों से यही कहा था कि महातीर्थ कैलास के विषय में भी मैं कुछ जानना चाहता हूँ।

साथी तीर्थयात्रियों के दल की जो अंतिम टोली यहाँ से गयी थी उस टोली के लामाओं से मैंने कह दिया था कि मैं बाद में जाऊंगा, किन्तु आगे जाकर भी वे मेरे लिए प्रतीक्षा न करें, मुझे न लौटते देखकर भी चिंता न करें, ईश्वर की जैसी इच्छा होगी वैसा ही होगा। उन लोगों के साथ मेरी वही अंतिम मुलाकात थी।

इस बीच तिब्बती भाषा सीखने के लिए मैं कमर कस कर जुट गया था। आगे अकेले यात्रा के लिए काम चलाऊ भाषा ज्ञान जरूरी था। संस्कृत से ही तिब्बती भाषा का जन्म हुआ था। किन्तु संस्कृत से तिब्बती सहज थी, इसमें व्यंजनवर्ण तीस तथा स्वरवर्ण चार हैं—इ, उ, ए, ओ। इन चार स्वरवर्णों को तिब्बती गिगु, शाबुक, ड्रेंगबु और नारों कहते हैं। तिब्बती लिपि पर कुछ अधिकार होने से मेरा मनोबल कुछ बढ़ गया था, किन्तु इतनी तलाश के बाद भी कोई मानचित्र न पाकर कुछ निराश हुआ था। मैंने निश्चय कर लिया था कि सांपो पार होने के बाद गीयात्से की सड़क न पकड़कर नदी के किनारे-किनारे कैलास के उद्देश्य से चल पड़ूंगा।

दल के सभी के कूच करने के बाद भी दो दिन गुम्फा में रहकर मैंने तीसरे दिन तड़के वहाँ से जाने की ठानी। गुम्फा से मुझे कई सामान मिले—एक भारी चादर, जूते, मोजे, अल्यूमिनियम का मग, कुछ सूखी तरकारी व पाँच सेर आटा। दो दिन पहले गुम्फा के नाऊ ने सबका मुंडन किया था, उसी ने मेरा फिर से मुंडन कर दिया था। महीने भर से इस देश की ठंड सहते-सहते मेरा घुटा हुआ सर भी ठंड झेलने का आदी हो गया था। गुरुजी ने नाक से पानी खींचने का अभ्यास करा दिया था, उस नासा-पान के कारण ही शायद-जुकाम-खाँसी के प्रकोप से भी मैं बचा हुआ था।

मई १९५६ के दूसरे सप्ताह मैं ड्रेपुंग गुम्फा से रवाना हुआ। छोटे फाटक से होकर जब सड़क पर आया तो सुबह की पहली किरण झाँक रही थी। रास्ते के कुत्ते भौंकते हुए दौड़े हुए आए, फिर शायद संन्यासी वेश के युवक को देखकर लज्जा पाकर चुप हो गये। मैंने पलट कर मायापुरी की तरह लगने वाले ड्रेपुंग गुम्फा के पैगोडा की तरह दिखने वाले छत को धुंधले प्रकाश में अंतिम बार देखा, बौद्धतंत्र के उस वृहत्तम मठ को अपना अंतिम प्रणाम जताया। उस मंदिर की बौद्धमूर्ति को स्मरण करते हुए मैंने प्रार्थना की—ज्ञान व पवित्रता के अधीश्वर के रूप में तुम मुझे अपने पथ पर चालित करो, मैं तुम पर आश्रित हूँ—तुम मुझे अपने प्रकाश द्वारा आलोकित करो।

———

# कैलास यात्रा की शुरुआत

मुख्य सड़क एक ही थी, अतः रास्ता पहचानने में कठिनाई नहीं थी। इसी रास्ते से हम लासा गये थे। जहाँ-जहाँ रात बिताए थे हम लासा जाते हुए, वहीं-वहीं पड़ाव डालता हुआ की-चू नदी के किनारे-किनारे चलता हुआ तीसरे दिन मैं सांपों के तट पर पहुँच गया। गुरुजी मुझे चार रुपये का फुटकर दे गये थे, याक के चमड़े की नाव पर नदी पार करने के लिए मात्र दो पैसे लगे। नाव वाला बहुत प्रसन्न हुआ उसे भारतीय एक पैसे के दो मुद्रा देने से, इस पैसे के बीच में छेद था तथा तिब्बत में इस छिद्र वाले पैसे की बहुत मांग थी। लोग इसे कमर में बाँधते थे, माला के साथ भी पिरोते थे।

अकेले यात्रा करते हुए भी मुझे चोर-उचक्के का भय नहीं था। यहाँ गरीब हैं, चोर नहीं। कोई तिब्बती चाहे कितना भी गरीब हो, वह चोरी उठाईगिरी नहीं करता था।

सांपो पार करने के बाद एक रास्ता गीयात्से की ओर चला गया था। यहाँ से गीयात्से तक की यात्रा बड़ी कठिन थी, गीयात्से तक लगातार बहुत चढ़ाई थी। गदहे या घोड़े पर जाने वाले भी उसी पथ से जाते थे। उधर न बढ़कर मैं सांपो के किनारे की पगडंडी पर से पश्चिम की ओर यानी नदी की धारा की विपरीत दिशा में चलने लगा।

दोपहर की सांपो पार किया था। अकेला सफर था और अब बिलकुल अनजान पथ। मुझे रह-रह कर गुरुजी की याद आ रही थी। बुढ़ापे में भी कितना उत्साह था उनमें, ऐसे दुर्गम पर्वतों पर कितनी सहजता से वे चढ़ जाते थे, हर स्थिति में कितने धैर्य और संयम से काम लेते थे। वे ही तो मेरे गुरु और पथप्रदर्शक थे। गया से गैंगटक, गैंगटक से लासा तक की यात्रा मैंने उन्हीं की कृपा से की थी। अब मैं कैलास यात्री था, अकेला यात्री। अब मैं खुद ही मेरा साथी था। रास्ते के बाधा-विघ्नों से मुझे अकेले जूझना पड़ेगा। मुझे गुरुजी की वाणी याद आ रही थी—देह मन का नौकर है, अतः मन को वश में रखो, मन का संतुलन बनाए रखो। यात्रा की थकान से शरीर क्लांत होने पर भी मन को क्लांत मत होने दो। उनके इन उपदेशों को याद करते हुए मैं नई स्फूर्ति से चलता रहा। दाँये बहती सांपों मेरी सखा थी, आकाश मेरा देवता और तुषार शुभ्र पर्वत मेरा पथ प्रदर्शक।

सांपो पार करने के बाद चुसुल छोड़े मुझे दो दिन हो गये थे, इस बीच रास्ते में केवल दो छोटे-छोटे गाँव दिखाई पड़े थे। सांपो के पानी में आटा गूँथकर सूखे घास की आग में रोटी सेंककर परम तृप्ति के साथ खाता और आगे बढ़ता। पिछली रात मैंने एक खंडहर में बिताई थी। इसी तरह यात्रा करना संभव हो तो क्या कहने!

नदी तट का रास्ता समतल नहीं था। नदी बड़ी-बड़ी चट्टानों के अगल-बगल से घूमती-फिरती अपना रास्ता बना कर आगे बढ़ी थी। किन्तु इस यात्रा में मुझे बहुत आनंद आ रहा था, नदी के किनारे चलने का निराला ही आनंद था, इसमें एकरसता तो थी ही नहीं।

दूसरे दिन शाम को नदी के किनारे एक झोपड़ी दिखाई पड़ी। पत्थर और बलुआ मिट्टी से किसी तरह उसकी दीवार खड़ी की गयी थी। उस पर पेड़ के तने व घास डालकर छप्पर लगाया गया था। झोपड़ी के इर्द-गिर्द कोई नहीं था, भीतर झाँका तो वहाँ भी कोई नहीं था। सोचा, यह कोई परित्यक्त झोपड़ी होगी, मैं रात यहाँ काट ही सकता हूँ। ठंड होने पर भी कँपाने वाली सर्दी यहाँ नहीं थी।

झोपड़ी के भीतर अधजली लकड़ियाँ पड़ी हुई थी, सूखी घास भी थी वहाँ। अतः ईंधन की समस्या नहीं थी। मैंने कम्बल बिछाया, अपना सामान वहाँ रखा और मग लेकर सांपो के तट पर गया। आकाश में सूर्यास्त का रंग फैलने लगा था। प्रार्थना व ध्यान से निपटकर पानी लेकर झोपड़ी की ओर घंटे भर बाद लौटा तो सामने एक व्यक्ति को खड़े पाकर मैं ठिठक कर रुक गया। उसके चेहरे से स्पष्ट था कि वह तिब्बती है। मैंने जीभ निकालकर उसे अभिवादन करते हुए मुस्कराकर आगे बढ़ना चाहा, किन्तु वह मेरा रास्ता रोके खड़ा था। उसने मुझसे कुछ पूछा, किन्तु तिब्बती भाषा कुछ सीखने के बाद भी द्रुत उच्चारण को सदैव समझ पाना मुश्किल होता।

मैंने उस व्यक्ति को गौर से देखा। उसके पहनावे में लामाओं जैसे वस्त्र थे, लाल रंग के। गंदा होते-होते, वस्त्र काला लगता था। उनमें ढेरों चिंदियाँ थीं। सर पर बड़े-बड़े बाल थे जिनके जूड़े बनाए गये थे। दाढ़ी-मूँछें नहीं के बराबर थीं। पाँव में मोटे ऊनी मोजे तथा पुराने मिलिटरी जूते। चेहरे से वे उत्तरांचल के तिब्बती लगते थे। मुझे लगा कि साठ-पैंसठ वर्षीय वह व्यक्ति कोई भिखारी होगा।

मैंने हाथ का मग दिखाकर उन्हें समझाना चाहा कि मैं साम्पा बनाने जा रहा हूँ, वे चाहें तो मेरे साथ खा सकते हैं। शायद मैं जो कहना चाहता था, उन्हें समझा पाया था क्योंकि उन्होंने मुस्कराकर मेरा रास्ता छोड़ दिया और मेरे साथ ही झोपड़ी में घुसे। अंदर आकर देखा मेरे कम्बल के बगल में एक और कम्बल बिछा था जिस पर थैला रखा था। कमरे में घुसकर उन्होंने थैले से माचिस निकाला, फिर खुद ही बढ़कर लकड़ी जलाने बैठ गये। हम दोनों ही चुप थे। उन्होंने कमरे के एक गड्ढे से कुछ अल्यूमिनियम की कटोरियाँ निकालकर मुझे दिखायी। अब मुझे संदेह नहीं रह गया था कि गरीब हो या भिखारी, इस झोपड़ी के मालिक वे ही थे। अपनी झेंप मिटाने के लिए मैं सफाई देने लगा कि मैं एक यात्री हूँ—त्रापा हूँ—यहाँ एक रात रहना भर चाहता था। मेरी बात वे समझ पाए या नहीं कौन जाने, किन्तु लगा कि वे प्रसन्न ही हैं, क्योंकि मैंने आटा निकाला तो वे कुछ बार्लि व सूखे मांस लाकर आटा में डाल दिये। साम्पा बनने पर हम दोनों ने चाव से खाया, फिर मैं नदी में जाकर अपना मग धो लाया, किन्तु उन्होंने अपनी कटोरी चाट-पीट कर रख दी।

झोपड़ी में कोई किवाड़ नहीं था। भीतर बैठकर बाहर का सुंदर दृश्य देखा जा सकता था। मैं सांपो नदी व दूसरे तट के पहाड़ का दृश्य देखता रहा। रात बढ़ने लगी थी, आग के पास चुपचाप बैठे थे हम दोनों, हमारी आँखें भी बार-बार एक दूसरे से टकरातीं। ठंड उतनी ही थी जितनी जाड़े के समय उत्तर भारत में होती है, यानी सहनीय। आग तापते हुए लगभग एक घंटा बीता होगा, अचानक देखा कि कपाटहीन दरवाजे के सामने एक व्यक्ति खड़ा है। वह धीरे-धीरे अंदर आया, फिर मुझे देखकर चौंका। उसकी दुविधा देखकर मैंने टूटी-फूटी तिब्बती में अपना परिचय दिया। वृद्ध ने भी आगंतुक को मेरे विषय में बताया। वे भी बैठ गये।

इसके बाद वृद्ध अपनी झोली उठा लाए और वे उसमें से जो सामान निकालने लगे उससे मेरे आश्चर्य का ठिकाना न रहा। झोली से उन्होंने सबसे पहले एक हड्डी निकाली जो मनुष्य के टांग की हड्डी थी। उसके बाद उन्होंने एक खोपड़ी निकाली। यह देख मेरी आँखें फटी की फटी रह गयीं।

---

# सांपो के ओझा

वृद्ध ने अपनी झोली से मनुष्य के टांग की हड्डी, खोपड़ी, बकरी की खाल आदि निकाल कर फर्श पर रखा, फिर वे आगंतुक के साथ किसी गंभीर आलोचना में जुट गये। इस तरह के सामान, उनके लाल वस्त्र और बातचीत के ढंग से मुझे लगा कि वे अवश्य ही कोई तांत्रिक हैं। कुछ देर के बाद दोनों ने उन सामानों को फिर से झोली में भरा, झोली के अन्य सामानों को, जिनमें कई तरह की और भी हड्डियाँ थीं, उलट-पुलट कर देखा फिर उठकर खड़े हो गये। झोपड़ी के मालिक ने मुझसे इशारे में कहा कि मैं डरूँ नहीं और चाहूँ तो सो जाऊँ। झोली कंधे पर डालकर आगंतुक को लेकर वे बाहर निकल गये। दिन भर चलने के कारण मैं थक गया था, कम्बल लकड़ी की आग के पास खींचकर मैं लेट गया और उस आँच में तत्काल मुझे नींद आ गयी।

भोर में बहुत ठंड लग रही थी जिससे नींद उचट गयी। जागकर देखा कि कम्बल एक ओर लुढ़क गया है, लकड़ी की आग भी बुझ गयी थी। मैं उठ पड़ा, प्रात: प्रणाम और प्रार्थना करने के बाद आगे की यात्रा पर निकल पड़ूंगा। बाहर निकलते हुए देखा कि एक खूँटे पर ओझा कि झोली टंगी है। मुझे अच्छा ही लगा कि वे लौट आए थे, उनसे बताकर जाना ही उचित होगा। उन्हें अधिक ढूँढ़ना भी नहीं पड़ा। पास ही एक पत्थर से वे टेक लगाए बैठे थे। उनके समीप पहुँचकर देखा कि वे ध्यान कर रहे हैं, उनकी आँखें बंद हैं। उनके सामने मिट्टी पर एक चौकोर चिन्ह बना हुआ है। उनका चेहरा शांत व सौम्य था जिसे देखकर श्रद्धा का भाव स्वत: जगता। लगा कि चिरकुट पहने स्वयं बुद्ध बैठे हैं। चारों ओर गहन सन्नाटा था, प्राकृतिक दृश्य मनोहर था, सूर्योदय में अब भी देर थी। मैं भी वहीं बैठकर ध्यान करने लगा। जब मेरा ध्यान टूटा, दूर के पहाड़ पर प्रभात-किरण की छटा थी, वृद्ध मेरे बंगल में बैठे थे। उन्होंने स्नेह से कहा—"त्रापा?" मैंने सम्मति में सिर हिलाया।

वृद्ध ने बाँए हाथ में घंटी तथा दाएँ हाथ में वज्र लेकर आरती के ढंग से उन्हें नचाकर घंटा ध्वनि किया, फिर उठकर खड़े हो गये। मैं भी उठा। हम दोनों एक दूसरे के अपरिचित थे। रात का भोजन हमने साथ किया था, किन्तु हममें कोई बातचीत नहीं हुई थी, भाषा की भी दिक्कत थी। झोपड़ी में लौटते हुए मैंने सोचा कि इन्हें शायद कैलास का रास्ता मालूम हो, इसलिए मैं तिब्बती भाषा में उन्हें समझाने का प्रयत्न करने लगा कि मैं तीर्थयात्री हूँ, सिक्किम के गैंगटक से आया हूँ, लासा गया था, अब कैलास जाना चाहता हूँ, इस सांपो नदी के उद्‌गम की ओर जाऊँगा! वे चुप थे, इससे मैं समझ नहीं पाया कि मैं अपनी बात उन्हें समझा पाया या नहीं। किन्तु जब लोटा-कम्बल लेकर मैं चलने को हुआ तो उन्होंने रास्ता रोककर कहा, "अभी मत जाओ।" उनका

उच्चारण मैं अब भी नहीं समझ पाया, किन्तु उनके हाव-भाव से लगा कि वे मुझे ठहरने को ही कह रहे हैं। एक क्षण सोचा, फिर सामान फर्श पर रख दिया। मुझे जाने की कौन जल्दी थी और मेरे पास समय का कौन अभाव था!

मैंने सोचा, बातचीत द्वारा ही बोलचाल की भाषा सीखी जा सकती है, अतः यह मेरे लिए एक अच्छा अवसर है। वृद्ध व्यक्ति के विषय में भी मन में कौतूहल था। वे इस निर्जन में झोपड़ी में अकेले क्यों रहते थे, क्या करते थे, यह सब जिज्ञासाएँ थीं। उन्हें मैं सज्जन नहीं कह सकता था, साधु भी नहीं। चेहरे और वस्त्र से ठीक तांत्रिक भी नहीं लगते थे। पिछली रात हड्डी-खोपड़ी आदि देखकर मैंने उन्हें तांत्रिक समझा था। अब उनके अन्य सामान देखकर लगा कि वे ओझा हैं किन्तु मेरी यह धारणा गलत भी हो सकती थी। रात में वे कहाँ गये थे, इसका मुझे पता नहीं था। उनका वह साथी कौन था, कहाँ से आया था, यह भी नहीं मालूम था। उनकी झोली बक्रेश्वर के तांत्रिक साधुओं जैसी थी। सुबह जब उन्हें देखा, वे अपने चारों ओर लकीर खींचकर तथा सामने एक चौकोर खींचकर बैठे थे, शायद वे लकीरें मंत्र पढ़ते हुए खींचे गये थे ताकि उस घेरे में दुष्ट आत्मा प्रवेश न करें। घंटी बजाते हुए वे आकाश की ओर देखकर बड़बड़ाते थे जैसे किसी से बातें कर रहे हों। उनके मुँह में भयानक दुर्गंध थी, किन्तु चेहरा अति सौम्य था। मैंने सुना था कि तिब्बत में अब भी अनेक तांत्रिक हैं। ये चाहे जो भी हों, इनका विचित्र चरित्र मुझे आकर्षित कर रहा था। ऐसे विचित्र व्यक्ति के साथ रहने का मौका बार-बार थोड़े ही मिलेगा! इसीलिए उन्होंने मुझे जाने के लिए मना किया तो मैं सानंद वहाँ टिक गया।

दिन कुछ चढ़ने पर ओझा-बाबाजी मुझे सांपों के किनारे ले गये मछली पकड़ने के लिए। मछली पकड़ने का उन्होंने एक अच्छा तरीका निकाला था। सांपों से उन्होंने एक सँकरा नाला काटा था, कुछ आगे एक गड्ढा खोद रखा था। प्रवाह की गति के कारण नदी का पानी उस नाले से होकर गड्ढे तक पहुँचता। पानी के साथ-साथ छोटी-छोटी मछलियाँ भी उस गड्ढे में पहुँच जातीं। फिर नाले का मुँह बंद कर कटोरी से उस गड्ढे का पानी वे निकाल फेंकते, तब मछलियों को पकड़ना आसान हो जाता। वे अकेले होते तो ऐसे ही मछलियाँ पकड़ते। हम दोनों ने मिलकर कपड़े से मछलियाँ पकड़ीं, छोटी-छोटी मछलियाँ। ओझा बाबाजी इतना प्रसन्न हुए कि बच्चों की तरह खिलखिलाकर हँसने लगे। बहुत दिनों के बाद इतनी सहजता से मछली पकड़ने का आनंद उन्हें मिला था। मुझे भी बहुत मजा आया। बचपन में इछापुर की गंगा से गमछा द्वारा मैं मित्रों के साथ इसी तरह मछली पकड़ता था। लगभग एक पाव छोटी मछलियाँ पकड़ कर हम दोनों ही आनंद से हँसने व झूमने लगे। उसके बाद हम अपने डेरे में लौटे।

मैं यह देखने को उत्सुक था कि वे इन ताजा मछलियों का व्यंजन कैसे बनाते हैं। किन्तु मुझे चकित करते हुए वे उन मछलियों को कच्चा ही चबाने लगे। मैं आश्चर्य से उन्हें देखता रहा। उन्होंने मुझसे भी खाने को कहा। सुबह से पेट में एक दाना नहीं पड़ा

था, कच्ची मछलियाँ खाऊँगा तो उसे मेरा पेट पचा नहीं पाएगा। इसलिए मैंने उनसे कहा कि मैं नहीं खाऊँगा, वे ही खा लें। उन्होंने ना-नुकुर नहीं की, एक-एक कर मछली उठाते, मुँह में डालते और चट कर जाते। एक रत्ती नमक तक नहीं लिया साथ में। मैं चुपचाप उस विचित्र व्यक्ति का विचित्र भोजन देखता रहा। अभ्यास से क्या नहीं होता, शायद यह कहावत सही है कि स्वास्थ्य ठीक रहने से लोहा भी हजम हो जाता है।

इसी तरह उनके और मेरे बीच आंतरिकता पनप उठी। कोई और वहाँ मुझे देखता तो सोचता कि मैं हमेशा उन्हीं के साथ रहता आया हूँ।

ओझा बाबाजी समय का निर्धारण सूर्य की स्थिति देखकर करते। धूप और प्रखर होते ही बाबाजी ने अपना झोला कंधे पर टांगा और मेरी बाँह पकड़कर बोले—"चलो!"

मैं उनके साथ जाऊँगा या नहीं यह सोचने का मुझे अवसर नहीं मिला। उन्होंने मुझे खींचकर उठा दिया।

वे मुझे दक्षिण की ओर ले चले। दक्षिण के पहाड़ से हिमालय शुरू होता है, हिमालय की श्रेणियाँ लांघकर और दक्षिण में जाने से भारत की भूमि पर पहुँचा जा सकता है। यहाँ के मौसम में स्वच्छ धूप में चलना अच्छा लगता था। छोटी-छोटी झाड़ियों व नन्हें पेड़ों पर हरियाली छाने लगी थी। सूखे घास के फाँक से नए तृण उगते दिख रहे थे। मैं ओझा जी के पीछे-पीछे चल रहा था, कोई सड़क नहीं थी, ऊँचे-नीचे पत्थरों पर से हम उछलते-कूदते जा रहे थे। उन्होंने जूते नहीं पहने, शायद इन पहाड़ी क्षेत्रों में नंगे पाँव चलने की उनकी आदत थी। सांपों के इधर के दृश्य में कोई विशेषता नहीं थी, केवल पहाड़ की दीवार थी। सांपों से उत्तर में विशाल समतल मैदान था, उसके बाद दूर में पहाड़। दो-तीन घंटा चलने के बाद हम एक छोटे से पहाड़ी गाँव में पहुँचे। पहाड़ की गोद में यह नन्हा-सा गाँव मानो छिपा हुआ था। एकाएक पत्थर-मिट्टी की दीवार व टीन की छतों वाले कुछ घर दिखाई पड़े। बीच में एक मैदान था, उसके चारों ओर मकान। यहाँ के लोग निर्धन किसान या मजदूर थे। आसपास के सीढ़ी-नुमा खेतों में हाल ही में बीजारोपण किया गया था।

हमें गाँव में प्रवेश करते देखकर दो-एक ने सब घरों को खबर कर दी। हम दोनों उन घरों के बीच में जा खड़े हुए। बाबाजी ने झोले से एक टांग की हड्डी निकाला और उससे एक बड़ा-सा घेरा खींचा। हम दोनों उस घेरे की परिधि के भीतर बैठे। बाबाजी ने खोपड़ी, बकरी की खाल तथा भाँति-भाँति की हड्डियों को निकाल कर यूँ सजाकर रखा जैसे वे कोई जादू दिखाने जा रहे हों। न जाने यह सब सामान उनके किसी काम का था या प्रचार के उपकरण मात्र थे। मुझे नहीं पता था कि वे क्या करने जा रहे थे अथवा क्यों यूँ नुमाइश लगा रहे थे। मैं घेरे के भीतर बंदी होकर बैठा रहा। क्रमश: वहाँ लोग इकट्ठे होने लगे। पहले बच्चे आए, फिर बूढ़े फिर युवा। अंत में गृहिणियाँ आयीं। भीड़ में युवकों की संख्या कम थी। सोचा था कि बाबाजी कोई तमाशा

दिखाएंगे, किन्तु कुछ ही देर में पता चला कि वे भी एक महत्वपूर्ण व्यक्ति हैं। उनके पास एक-एक कर रोगी आने लगे। इनमें अधिकांश सर्दी-खाँसी से पीड़ित थे। बाबाजी उनकी नब्ज पकड़ते, आँखें देखते और बताते कि उन्हें क्या हुआ है! उनकी चिकित्सा पद्धति भी अजीब थी। वे घंटी बजाते हुए मंत्रपाठ करते, कभी-कभी रोगी का सर पकड़कर जोर-जोर से मंत्रोच्चारण करते और साथ ही बीच-बीच में घंटी बजाते हुए रोगी का चक्कर काटते। उसके बाद वे रोगी से कई प्रश्न पूछते। क्रमश: रोगी का सर सामने झुक जाता, लगता कि वह थक गया है और उसे नींद आ रही है, तब हमारे ये चिकित्सक महोदय यह कह देते कि रोगी ठीक हो गया है। इस तरह उन्होंने सात व्यक्तियों को रोगमुक्त किया! इसके बाद एक नए ढंग की रोगिणी लायी गयी, वह एक युवती थी जिसे चार-पाँच महिलाएँ जबर्दस्ती खींचती हुई वहाँ लायी थीं।

वहाँ पहुँचकर वह युवती पागलों की तरह चीखने लगीं। उसे क्या हुआ था यह मैं समझ नहीं पाया। युवती को देखने के बाद ओझा बाबाजी ने नरमुंड की खोपड़ी का मुँह पश्चिम दिशा में कर दिया, वहाँ एक **छोटा** सा घेरा बनाया और मुझे खोपड़ी के पास बैठा कर मेरे कानों में कहा—ओम् मणि पद्मे हुम, ओम् मणि पद्मे हुम। उनका अभिप्राय समझकर मैं मन ही मन मणिमंत्र जपने लगा। इसके बाद उन्होंने मैदान के बीच में तीन फुट के आसपास के तीन डंठल तिकोने में गाड़ दिए। खोपड़ी को ले जाकर तीन डंठलों के सिरे में लटका दिया। तब उन्होंने युवती का हाथ-पाँव बाँधा, फिर उसे एक जगह बैठाकर उसके इर्द-गिर्द एक और घेरा खींचा। वह युवती पहले की तरह ही चीख-पुकार मचाए हुए थी। मुझे तो लग रहा था कि उसका दिमाग खराब है यानी वह पागल है। उपस्थित भीड़ के साथ ही मैं भी बाबाजी का करिश्मा देख रहा था।

अंत में ओझा बाबाजी ने झोली से अपना अंतिम अस्त्र निकाला—वह मनुष्य के जांघ की हड्डी थी। उसे लेकर वे चीख-चीख कर क्या मंत्र पढ़ रहे थे यह मेरी समझ से परे था। मुझे घंटी थमाकर उन्होंने उसे बजाते रहने को कहा। मैं घंटी बजाने लगा। वे नाटकीय ढंग से और भी चीखते हुए, यूँ नाचने लगे मानों वे किसी से युद्ध कर रहे हों। वह नाच देखने लायक था। उनके नृत्य में शारीरिक शक्ति, योग-व्यायाम का कौशल व नृत्य के ताल का ज्ञान देखते ही बनता था। नृत्य के आरंभ में आह्वान व प्रार्थना जैसी भंगिमा थी तथा अंत में भयंकर तांडव मूर्ति। नाचते-नाचते वे पसीना से भींग उठे। हम दोपहर को यहाँ पहुँचे थे, क्रमश: शाम होने लगी, किन्तु उनका नाच थमता ही न था। घंटी बजाते-बजाते मेरे हाथ दुखने लगे थे। ऐसे में एक महिला ने कटोरी में कोई पानीय लाकर बाबाजी को दिया। नाच रोककर उन्होंने कटोरी से थोड़ी पी, फिर कटोरी मुझे थमाकर उस पेय का शेष हिस्सा मुझे पीने को कहा। मैंने पी। वह बार्लि का सुस्वादु बीयर था जो मैंने पहले भी चखा था। सुबह से मैंने कुछ नहीं खाया था, अब मिला भी तो बीयर पीने को। एक महिला ने उस युवती को भी कुछ लाकर पिलाया।

सूर्यास्त हो गया किन्तु ओझा-बाबाजी चांग पीकर पुनः नाचने लगे तो थमे नहीं, हाँ, अब वे धीमे ताल में नाच रहे थे, साँझ होते ही सर्दी भी बढ़ने लगी। आश्चर्य की बात यह थी कि जो लोग दोपहर से भीड़ किए हुए थे, उनमें से कोई वहाँ से गया नहीं। संध्या होते ही कुछ लोग जाकर कम्बल ले आए, जो नहीं लाए वे घुटने में सर छुपाने लगे। रोशनी हलकी हो गयी थी, किन्तु अंधेरा अभी भी नहीं फैला था। मैं कभी दाएँ हाथ से तो कभी बाँए हाथ से घंटी बजाता, क्रमशः मेरे दोनों हाथ ही जवाब देने लगे थे। ऐसे समय में एक विचित्र घटना घटी। तीन डंठल के मिले हुए शीर्ष पर जो खोपड़ी लटका दी गयी थी वह जोर से हिलने लगी। लगा कि कोई उसे हिला रहा है। यह देखकर मेरी सिट्टी-पिट्टी गुम हो गयी, मैंने घंटी बजाना बंद कर दिया। ओझा ने मुझे धमकाकर कहा, ''बजाते रह !''

चारों ओर का दृश्य देखकर लगा कि इस अकल्पनीय दृश्य को प्रत्यक्ष करने के लिए ही लोग वहाँ दिनभर जमे थे, कोई टस से मस नहीं हो रहा था। किन्तु ज्यों ही खोपड़ी हिलने लगी, बहुत से लोग भय से चीखते हुए भाग खड़े हुए। जो रह गये वे एक-दूसरे से सट कर एक स्थान पर खड़े हो गये। भय व उत्कंठा का भाव उनके चेहरे पर स्पष्ट था। डरना स्वाभाविक था। मैं डरपोक नहीं हूँ किन्तु मैं भी डर गया था, एकाएक जोर-जोर से मणिमंत्र पाठ करने लगा था। बाबाजी के कथनानुसार घंटी भी बजा रहा था। और रह-रह कर जोर-जोर से डोलते हुए खोपड़ी को आँखें फाड़े देखता भी रहा था। वहाँ हवा बिलकुल नहीं थी, बाबाजी खोपड़ी से काफी दूर थे, अतः खोपड़ी का यूँ नाचना एक अद्‌भुत बात थी। कुछ देर तक रह रहकर थिरकने के बाद खोपड़ी एकबार जोर से हिल उठी और जमीन पर लुढ़क गयी। उसके साथ ही वह विक्षिप्त युवती भी भयार्त चीख के साथ बेहोश होती-सी लुढ़क गयी। ओझा ने आगे बढ़कर उसके कानों में मंत्र फूँका, फिर उसके हाथ-पाँव के बंधन खोल दिया। उसके बाद वह युवती उठकर बैठ गयी। अब वह पहले की तरह चीख-पुकार भी नहीं मचा रही थी। लगा कि वह पूरे होश में थी और खुद को वहाँ उस स्थिति में पाकर शरमा गयी थी। उसने लज्जा से अपनी हथेलियों में मुँह छिपाया। एक बुढ़िया ने आगे बढ़कर उसे अपना कम्बल ओढ़ा दिया। उसके बाद लोग वहाँ से जाने लगे। ओझा ने मुझे उठने को कहा। पाँच-छः घंटे एक छोटे से घेरे में बैठे रहने के बाद मैं भी मुक्त हुआ था। मेरा जी चाहा कि खोपड़ी को उठाकर उसे थोड़ा देखूँ, किन्तु मुझे इसका मौका न देकर ओझा ने खोपड़ी तथा अन्य हड्डियों को झोली में भर लिया।

यदि इसी घटना का वर्णन मैं किसी और से सुनता तो कभी विश्वास नहीं करता। किन्तु मैं इस घटना का प्रत्यक्षदर्शी था। मेरे मन में बहुत से प्रश्न थे—ओझा ने क्या किया, पागल का इलाज अथवा दुष्ट-आत्मा का इलाज? किन्तु ओझा बाबाजी की यह असाधारण क्षमता देखकर मैं चकित भी हुआ था, मुग्ध भी। युवती के अभिभावक ने प्रसन्न होकर हमें भोजन के लिए बुलाया।

हमें एक मकान के पहले कमरे में बैठाया गया। फर्श की सीलन रोकने के लिए काठ बिछाया गया था, उस पर पुआल डाल दिया गया था। भीतर और भी कमरे थे, भीतर के कमरे में जाने के लिए एक दरवाजा था, कमरे में कोई खिड़की नहीं थी। हम दोनों कमरे के अंधकार में बैठे रहे। आधे घंटे बाद, वही युवती, जिसे कुछ देर पहले ओझा बाबाजी ने रोगमुक्त किया था, एक लालटेन ले आयी। उसने सलज्ज भाव से जीभ निकालकर सम्मान दिखाया, हमने उसे आशीर्वाद दिया। उसके बाद एक प्रौढ़ा, जो उस युवती की शायद माँ हो, दो कटोरे में गरम बार्लि का सुरवा ले आयी, युवती अलग कटोरी में सूखे मांस रख गयी। हमने चाव से खाया। दिन भर मैं कुछ खाया नहीं था, शाम को बाबाजी का जूठन बीयर पीकर भूख और बढ़ गयी थी। ऐसे में यह भोजन मुझे अत्यंत स्वादिष्ट लगा।

हमने भोजन कर लिया तो बर्तन व लालटेन लेकर महिलाएँ चली गयीं। अंधेरे कमरे में मैं बुत की तरह बैठा था। वहाँ कितनी देर रहना है यह मुझे नहीं मालूम था। अंधेरे में मुझे करोटि का कम्पन याद आ रहा था। ओझा की झोली पास ही रखी थी जिसमें वह खोपड़ी थी। सहसा मैंने सोचा कि यदि उस खोपड़ी में फिर प्राण आ जाए और वह झोली से निकल कर हमारे सामने नाचने लगे तो क्या होगा? इस विचार से मेरे रोंगटे खड़े हो गये, सारा शरीर सिहर उठा। ऐसे में अचानक लगा कि कमरे में कोई आवाज गूंज रही है। उस शब्द की ओर ध्यान देने पर मालूम हुआ कि ओझा जी खर्राटे ले रहे हैं। मैंने अंधेरे में टटोलकर उन्हें स्पर्श किया, वे अपने ऊपर कम्बल की तरह पुआल डालकर सो गये थे। इससे मैं समझ गया कि रात हमें यहीं बितानी है। अंधेरे में पहाड़ी पथ से उतनी दूर हम लौटते भी कैसे? अतः अंधेरे में टटोलता हुआ मैं एक कोने में रखे पुआल के ढेर तक पहुँचा और उस ढेर में घुसकर सो गया। गरीबों का गद्दा और रजाई वह पुआल ही था। मुझे शीघ्र नींद आ गयी, जब आदमी थक जाता है तो भूत-प्रेत का भय भी उसे जगाकर नहीं रख सकता।

सुबह ओझा जी ने मुझे जगाया। पुआल के ढेर से सर बाहर निकाल कर देखा, बाहर धूप निकल आयी थी। ओझा झोली टांगे हुए थे, मैं समझ गया कि अब हमें लौटना है। बदन से पुआल झाड़कर मैं उठा और उनके साथ बाहर निकला। रात कितनी भयंकर ठंड रही होगी यह मुझे बाहर निकलने पर मालूम हुआ। पुआल बिछाकर पुआल ओढ़कर सोने में ठंड का लेशमात्र अहसास नहीं हुआ था, बहुत आराम से सोया था मैं। किन्तु सुबह की धूप में भी बाहर जो सर्दी थी उससे मैं ठक-ठकाकर काँपने लगा। मुझे ठिठुरते देखकर ओझा बाबाजी मुस्कराए, उन्होंने झोली से कुछ सूखे पत्ते मुझे देकर चबाने को कहा। आश्चर्य! उन सूखे पत्तों के अद्‌भुत गुण ने मुझे चौंकाया, मेरे खून में गर्मी दौड़ गयी, मेरा शरीर गरम हो उठा। धीरे-धीरे पहाड़ के ऊपर चढ़ने पर सांपो की घाटी नजर आने लगी। ऊपर एक स्थान पर ओझा रुक गये। आसपास बहुत सी हड्डियाँ और कुछ खोपड़ियाँ पड़ी हुई थी। यह एक विचित्र श्मशान था जहाँ अधजली लकड़ी, अंगार या राख का नामोनिशान नहीं था। मृतकों के हाथ-

पाँव-रीढ़-वक्ष आदि की हड्डियाँ छितराई हुई थी चारों ओर। लकड़ी के अभाव में इस क्षेत्र में दाह-संस्कार नहीं होता था, न ही कब्र देते थे। शवों को इस ऊँचे स्थान पर लाकर डाल दिया जाता, फिर गिद्ध, सियार और कुत्ते ही शव का सत्कार करते। यही नहीं, इस क्षेत्र में इससे भी विचित्र एवं भयानक प्रथा थी। यहाँ डोम की एक विशेष जाति थी, जिनका काम था मृतक के शरीर का बकरी के मांस की तरह टुकड़े-टुकड़े करना। इसका कारण यह था कि यहाँ लोगों को भूत-प्रेत में बहुत विश्वास था और वे यह समझते थे कि लाश यूँ ही छोड़ दी जाए तो कोई दुष्ट आत्मा उस शव में प्रवेश कर जाएगी। यदि उसके अंग-प्रत्यंग काट कर अलग कर दिए जाएं तो आत्मा द्वारा उस लाश पर अधिकार जमाने का खतरा टल जाता है।

पिछले दिन उस गाँव में हम इस रास्ते नहीं गये थे। पहाड़ की चोटी के श्मशान में ओझा हड्डियों को उठा-उठाकर देखने लगे तो मुझे उनका अभिप्राय समझ में आया। श्मशानों में घूमते हुए वे काम की हड्डियाँ तलाशते थे। तारापीठ व बक्रेश्वर के तांत्रिक साधु भी हड्डियाँ रखते थे शायद दिखावे के लिए, उन्हें मैंने इनकी तरह हड्डियों का उपयोग करते नहीं देखा था। ओझा बाबाजी हड्डियाँ दिखाते हुए मुझे समझाने लगे— "यह किसी वृद्ध का जबड़ा है, यह वयस्क व्यक्ति का नितम्ब है। देखो, इस हड्डी के दाएँ भाग को कुत्ते को चबाया है, अर्थात् यह हड्डी नरम थी, यह किसी छोटी लड़की की हड्डी है। तंत्र साधना के लिए दो चीजें बहुत आवश्यक हैं, एक खोपड़ी तथा दूसरी जांघ की हड्डी। जांघ की हड्डी किसी कुमारी कन्या की मिल जाए तो उत्तम। सबसे उत्तम तो ब्राह्मण कुमार के जांघ की हड्डी होती है।"

उनके इस कथन से मैं थोड़ा घबराया, किन्तु हँसकर बोला, "मैं ब्राह्मण नहीं हूँ, मैं एक अति साधारण त्रापा हूँ।"

मेरे सहमने का कारण भाँप कर वे भी हँस पड़े, हँसते हुए ही बोले, "डरो नहीं!"

बहुत-सी हड्डियों को परखने के बाद भी उन्हें काम लायक कोई हड्डी नहीं मिली। कुछ निराश होकर वे मुझे लेकर एक दूसरा रास्ता पकड़ कर आगे बढ़े। कुछ दूर जाने पर एक और छोटा सा गाँव मिला। ओझा को देखते ही वहाँ भीड़ इकट्ठी हो गयी, लगा कि इस क्षेत्र के गाँवों में उनका नियमित आना-जाना था, लोग उन्हें पहचानते थे। कुछ लोग ओझा के साथ एक त्रापा को देखकर कानाफूसी कर रहे थे। किन्तु मुझे उससे फर्क नहीं पड़ता था। इस विचित्र इंसान के साथ रहकर मुझे कुछ विचित्र अनुभव हुआ था, उनका साथ देकर मुझे यह लाभ ही हुआ था। वे मुझे शुरू से ही दिलचस्प लगे थे। उनके शरीर, कपड़े व दाँतों की गंदगी, जटा जैसे बाल, माथे को दाग तथा मुँह की बदबू के बावजूद उनमें एक अद्‌भुत व्यक्तित्व था। वे कापालिक, जादूगर योगी चाहे जो भी हों, उनके चेहरे में किसी भलेमानुस की छाप थी। इसमें भी कोई संदेह नहीं था कि वे परोपकारी थे।

इस छोटे से गाँव में एक चाय की दुकान थी। हम दोनों वहीं जाकर बैठे। गाँव के इर्द-गिर्द सूखी घासों में उगती नई घास चरने के लिए भेड़ विचर रहे थे। इस गाँव में

भी ओझा बाबाजी के पास रोगी आए, वे उन्हें देखकर उपचार बताते रहे। केवल एक रोगी के लिए खोपड़ी, मुद्रा व घंटी का सहारा लिया गया। वह रोगी एक शिशु था, मुझे लगा कि वह बुखार से पीड़ित था। कोई मुश्किल केस न होने के कारण हम शीघ्र ही इस गाँव से छुट्टी पा गये। दुकान में हमने चैंग पी, जिसका पैसा नहीं लिया दुकानदार ने। बाबाजी ने मंत्र पढ़कर उसे आशीर्वाद दिया तो उसी से वह संतुष्ट हो गया!

आगे नीचे मैदान में उतर कर हम नदी के किनारे-किनारे डेरे के लिए चल पड़े। झोपड़ी तक पहुँचते शाम हो गयी। वहाँ पहुँचकर देखा कोई ग्रामीण ओझा की प्रतीक्षा में बैठा था। उसने चादर उतार कर ओझा बाबाजी को अपने पीठ का घाव दिखाया तो उसके आगमन का उद्देश्य स्पष्ट हो गया था। घाव पुराना था, उसमें मवाद भर गया था। ओझा ने घाव को ठीक से देखा, फिर शायद उसे भरोसा दिया। उसके बाद उन्होंने सूखे डंठल जलाकर कुछ लकड़ी के जले हुए टुकड़े या अंगार में आँच दी। जब अंगार लाल हो गये तो उन्होंने उस व्यक्ति को पीठ नंगा कर छाती के बल लेटने को कहा। फिर कुछ जलते अंगार उठाकर ओझा जी ने रोगी के पीठ की घाव पर रख दिया। इसका असर जो अनुमित था, वही हुआ। वह व्यक्ति इतने जोर से चीखा कि वह चीख सांपो के पानी व पास के पहाड़ से जा टकरायी। वह चीखा, किन्तु जरा भी न हिला-डुला न तड़पा। उसके इस संयम ने मुझे चौंका दिया, बर्दाश्त करने की क्या अद्‌भुत क्षमता थी उसमें! जलते अंगार उस व्यक्ति की पीठ पर रखकर ओझा मणिमंत्र जपने लगे। बारह-तेरह बार मणिमंत्र जपने के बाद उन्होंने अंगार उठाकर फेंक दिया और उस घाव पर मिट्टी का लेप लगा दिया। उसके बाद आधा घंटा लेटे रहकर वह व्यक्ति उठकर बैठ गया। उसका चेहरा देखकर लगा कि उसके घाव का दर्द काफी कम हो गया था। इस साधारण देशी चिकित्सा का फल बहुत अच्छा था। पीठ में मिट्टी का प्रलेप लेकर ही वह व्यक्ति चला गया।

साँझ होते ही हमने संध्या-जप आदि कर लिया, फिर मैं लकड़ी जलाकर रोटियाँ सेंकने लगा और वे गुनगुनाते रहे।

अगले दिन मैं अपनी आगे की यात्रा के लिए तड़के ही तैयार हो गया। बाबाजी से बार-बार पूछता रहा कि मानसरोवर कितना दूर है, वहाँ तक पहुँचने में कितने दिन लगेंगे, कोई संक्षिप्त रास्ता है या नहीं, किन्तु उनसे कोई सटीक उत्तर नहीं मिला। उन्होंने मुझे नदी के किनारे-किनारे जाने को कहा, यह भी कहा कि रास्ते में लासा की तरह एक शहर मिलेगा वह शीगात्से है। उन्होंने यह भी कहा कि शीगात्से पहुँचने में सात या दस दिन लगेंगे। मानों सात और दस में खास फ़र्क नहीं था! चलने के पहले मैंने उनके पाँव छुए तो उनका चेहरा खिल उठा। तिब्बती साधारणतः जीभ निकालकर दूर से ही सम्मान दिखाते हैं, पांव छूकर या साष्टांग प्रणाम संभ्रांत लामाओं के बीच सीमित है। चरण छू कर प्रणाम करते ही ओझा बाबाजी गदगद होकर मुझे बाहों में भर लिये, फिर मेरे सर पर हाथ रखकर मंत्र पढ़ते हुए

मुझे आशीर्वाद देते रहे। झोली और कम्बल उठाकर मैंने अपना रास्ता नापना शुरू किया।

इस क्षेत्र में नदी शांत व गहरी थी। उसके प्रवाह की कोई ध्वनि नहीं थी यहाँ। दुर्दांत सांपो का वह कितना शांत रूप था, लगता था कि एक महाशक्ति वहाँ स्थिर हो गयी है। उसके किनारे-किनारे कुछ घास व छोटे-मोटे पेड़ दिखाई पड़ रहे थे। पेड़ अमरूद के पेड़ जैसे थे, उनमें नए पत्ते निकलने लगे थे। नदी के दक्षिण में पहाड़ की दीवार के कारण कुछ नहीं दिखता था, उत्तर का खुला भाग अधिक सुंदर लग रहा था।

मैं नदी के किनारे-किनारे चल रहा था, न कोई रास्ता था, न पगडंडी, न ही कहीं आदमी के पद चिन्ह। सुबह ठंडक थी, सूरज चढ़ते-चढ़ते गर्मी बढ़ने लगी थी। मैं धीरे-धीरे चल रहा था, झोली व कम्बल को कभी-कभी इस कंधे से उस कंधे पर करता, कहीं रुक कर थोड़ा विश्राम लेता, फिर आगे बढ़ता।

मध्यान्ह के आसपास कहीं से खिलखिलाहट की आवाज सुनाई पड़ी। लगा कि कुछ ग्रामीण बालायें हँसती हुई खेलकूद कर रही हैं। थोड़ा और आगे बढ़ने पर देखा कि मेरा अनुमान ठीक था। दस-बारह लोग नदी में नहा रहे थे जिनमें कुछ युवतियाँ भी थीं, वे तैर रही थीं और हँसती-ठिठोली करती एक दूसरे पर पानी छिड़क रही थीं। सांपों के ठंडे पानी में दो-एक डुबकी लगाया जा सकता था, इसके लिए भी हिम्मत की आवश्यकता थी। उन्हें उस तरह नहाते-तैरते देखकर मुझे यथार्थ ही आश्चर्य हुआ। युवतियों के कमर तक अनावृत थे, कमर के नीचे कपड़े की पट्टी थी। ऐसा दृश्य मैंने पहले भी देखा था, तिब्बती युवतियाँ अत्यधिक गर्मी में अथवा नहाते समय वक्ष नहीं ढँपती थीं और यह उनके लिए सहज व साधारण बात थी। मैं उनके बगल से गुजरने लगा तो उन सबने मुझे अभिवादन किया। मैं उनके अभिवादन का उत्तर देता हुआ आगे बढ़ गया। सुबह ओझा बाबाजी से विदा लेने के बाद यह पहला मौका था जब कुछ लोग दिखाई पड़े, इससे मेरी श्रांति कुछ कम हो गयी।

और आगे बढ़ने पर मुझे एक पगडंडी मिली। सामने ऊँचा पहाड़ था, वहाँ से नदी भी घूम गयी थी। पहाड़ की दीवार नदी से ही उठी थी। अतः सीधे आगे बढ़ना असंभव था, मैं उस पगडंडी से होकर दक्षिण की ओर उतरने लगा। पहाड़ की ओट समाप्त होते ही कुछ घर दिखाई पड़े। यहाँ कुछ खेत थे। दो गदहे व कुछ मुर्गियाँ मुझे यूँ घूरने लगे मानो पूछना चाहते हों कि मैं कहाँ से टपक पड़ा!

मेरा ध्यान नदी की दिशा पर लगा हुआ था। पहाड़ लांघकर मुझे फिर नदी का रास्ता पकड़ना था। नदी ही मेरा रास्ता था। चलते-चलते अचानक देखा कि कुछ बच्चे मेरा पीछा करने लगे थे। मैं रुक गया तो वे भी सहम कर रुक गये। विश्राम के लिए कम्बल व झोली नीचे रखकर मैं बैठ गया। बच्चों का साहस कुछ बढ़ा तो वे मुझे घेर कर खड़े हो गये। इस बीच कुछ लोग भी आकर इकट्ठे होने लगे थे। उन सबकी उपेक्षा करता हुआ मैं कुछ सूखी घास व पत्ते बीन लाया और आग जलाने का प्रयत्न करने लगा। ऐसे में एक व्यक्ति ने आगे बढ़कर मुझे आग बारने से रोका और मुस्कराकर कहा

कि मैं उनके साथ चलूँ। मैंने बिना किसी आपत्ति के अपना सामान उठाया और उनके साथ उनके घर के आंगन तक गया। वे घर के अंदर चले गये और थोड़ी ही देर बाद मुझे कुछ सत्तू के लड्डू लाकर दिए। मैं प्रसन्न होकर लड्डू खाने लगा जो जौ का आटा और गुड़ मिलाकर बनाया गया था। यहाँ भी कुछ लोगों ने मुझे घेर लिया था और लगता था कि मुझे खाते देखकर उन्हें मजा आ रहा था। मैंने खाकर उन्हें धन्यवाद दिया। उस सज्जन ने मुझे और भी पाँच लड्डू ला दिए जो मैंने झोली में रख लिया। हालाँकि इस बार मैंने लड्डू लेने से इनकार किया था, कहा था कि मैंने भोजन कर लिया, इतना ही यथेष्ट है। किन्तु उनका आग्रह मैं टाल नहीं सका। लड्डू बड़े आकार के थे, इस तरह उस दिन का तथा रास्ते के लिए भी एक दिन का खुराक जुगाड़ हो गया।

मैंने उन लोगों के कल्याण के लिए ईश्वर से प्रार्थना की, फिर आगे बढ़ा। तिब्बत की यात्रा में एक सुविधा यह थी कि यहाँ मूल रास्ता ढूँढ़ने की परेशानी नहीं थी, गाँवों से निकलने का साधारणत: एक ही रास्ता होता, कहीं भी तिराहा-चौराहा की समस्या नहीं थी। ऐसी समस्यायें केवल बड़े नगरों में थीं। पहाड़ को दाँए रखते हुए जब मैं सांपो की घाटी में पहुँचा तब साँझ होने को थी।

---

# भयंकर रात

सांपो की घाटी तक पहुँचते सांझ हो गयी थी। नदी तक पहुँचने में और एक घंटा लग गया। तब तक अंधेरा हो गया था और तारे दिखने लगे थे। रास्ता लगभग समतल होने पर भी अंधेरे में चलने में कठिनाई हो रही थी, यदा-कदा पत्थरों में पाँव उलझ जाते। चारों ओर घटाटूप अंधेरा। मुझे एक भी आदमी कहीं मिल जाता तो उससे रात के लिए आश्रय मांगता। किन्तु कहीं किसी गाँव का चिन्ह नहीं था। दोपहर के बाद से और न गाँव मिला, न लोग दिखे। निस्संगता और अंधेरे को भी मात दे रही थी ठंडी हवा। मैंने सर ढँक लिया था, कम्बल कसकर ओढ़ लिया था किन्तु ठंड की चुभन से बच पाना मुश्किल था। लगातार चलते-चलते मैं बुरी तरह थक गया था, शक्ति बटोरने के लिए दोपहर को उस गाँव से मिले लड्डू खा चुका था किन्तु रात बढ़ते-बढ़ते मैं उस स्थिति में पहुँच गया कि दो-एक कदम चलना भी असंभव हो गया था। पाँव जवाब दे चुके थे, मन का जोर भी नहीं टिका भयंकर शीत के कारण। एक जगह बैठकर चादर और कम्बल में मैंने खुद को यूँ ढँप लिया मानों किसी ने मुझे बोरे में बंद कर दिया हो। उसी स्थिति में मैं दुबक कर सो गया।

मुझे नींद आ गयी थी। नींद में मैंने एक अजीब सपना देखा—मैं किसी अज्ञात स्थान में पहुँच गया हूँ, वहाँ कोई राजा नहीं, प्रजा नहीं, चारों ओर सन्नाटा है और रह-रह कर आकाश से फूलझरी की तरह तुषारपात हो रहा है जिससे शीत बढ़ चली है, उस ठंड में कोई जी नहीं सकता। मैं उस राज्य में पहुँचकर खो गया हूँ। वहाँ केवल कुछ तांत्रिक घूम-फिर रहे हैं मृतकों की खोपड़ी बटोरने के लिए। ठंड से मैं यूँ काँप रहा हूँ कि उस कपंन से मेरी हड्डी-पसली तक एक दूसरे से टकराने लगी है। घास की रजाई भी उस भयंकर ठंड को रोक नहीं पा रही है। ऐसे में एक कापालिक आकर मेरे सामने खड़े हो गये, उनके गले में नरमुंड की माला थी, हाथ में त्रिशूल, सर पर जटा। वे मेरी मृत्यु की प्रतीक्षा कर रहे थे, मेरी खोपड़ी उन्हें चाहिए। उन्हें देखकर मैं आतंक से चीख पड़ा....।

मेरी नींद उचट गयी। मेरा दिल जोर से धड़क रहा था, मैं बलि के बकरे सा काँप रहा था। जगने पर मुझे घोर आश्चर्य हुआ, ऐसा सपना मैंने क्यों देखा? मैं यह दावा तो नहीं कर सकता कि मुझमें भय नामक कोई चीज थी ही नहीं, किन्तु मैं डरपोक भी नहीं था। जन्म हुआ है तो मृत्यु भी होनी है, इस सहज सत्य को मैं जानता था, मुझे मृत्यु-भय भी नहीं था। पिछली दो रात तो मैं तांत्रिक ओझा के साथ ही था, उससे पहले भी एक तांत्रिक के साथ रहकर भारत में कई बार मैं मौत के आसपास से गुजरा हूँ

किन्तु मौत के डर से मैंने उस कापालिक का साथ नहीं छोड़ा था। फिर आज यह स्वप्न क्यों देखा? इस स्वप्न से मेरा साहस लड़खड़ाने लगा, कोई अनजान भय जैसे एकाएक मुझे दुर्बल बनाने लगा। मैंने साहस बटोरा, खुद को संयत किया और फिर से सोने का प्रयत्न करने लगा। किन्तु ठंड के कारण सोना असंभव था। तिब्बत में यह ग्रीष्मकाल था, दिन में उतनी सर्दी नहीं थी, किन्तु रात में खुली जगह में इतनी भयानक ठंड होगी इसकी मुझे कल्पना भी नहीं थी। मेरे मोटे कपड़े, चादर, कम्बल आदि उस ठंड को पछाड़ने में असमर्थ थे। शरीर क्रमशः सुन्न पड़ता जा रहा था, लगता था कि देह में कहीं गर्मी है ही नहीं। अब किया क्या जाए सोचते-सोचते याद आया कि कपालभाति प्राणायाम से इड़ा व पिंगला का उत्ताप लौटाया जा सकता है। अतः मैं प्राणायाम करने बैठा। काफी देर तक प्राणायाम करने के बाद देह में कुछ गर्मी आयी, मैं लगभग स्वाभाविक स्थिति में आ गया। उसके बाद योगासन की मुद्रा में ही मैंने जप शुरू किया—सो अहं, सो अहं सो अहं....। जप करते हुए मैं शून्यावस्था में पहुँचा, मंत्र खो गया और मन एकाग्र अवस्था में पहुँच गया। न जाने इस अवस्था में मैं कितनी देर तक था, एकाएक मन में शांत बुद्ध का ध्यानी चेहरा उगा, उसके बाद ही देखा कि बुद्ध मूर्ति के पास ही वह कापालिक भी हैं जिन्हें मैंने कुछ देर पहले स्वप्न में देखा था। क्रमशः लगा कि कापालिक के वेश में खड़ा व्यक्ति मेरे साधुबाबा हैं। मैं जैसे होश में नहीं था, एकाएक मैं चीख पड़ा—साधुबाबा!

इस चीख के साथ ही मेरी तन्मयता टूटी। ध्यान करते समय भी शायद मैं अपनी मानसिक दुश्चिंता से बरी नहीं हो पाया था, उसी का साकार रूप था वह, जो मैं स्वप्न में और ध्यान में देख रहा था। उस चिंता से मैं उबर नहीं पा रहा था यद्यपि अब पूरी तरह जाग गया था। मैंने सोचा कि इस तरह पड़े-पड़े ठंड में सिकुड़ कर मरने से तो अच्छा है कि फिर आगे बढ़ूँ। यह सोच कर मैंने झोली टांग ली और चलने लगा। अंधेरे में आँखें अब अभ्यस्त हो गयी थीं। मणिमंत्र गुनगुनाता हुआ मैं आगे बढ़ता गया, नदी के समांतर। कुछ देर के बाद पहाड़ के ऊपर से संतरे के फाहे सा चाँद झाँकने लगा। चारों ओर भयंकर सन्नाटा था और उस निस्तब्ध प्रांतर में मैं अकेला प्राणी था। रात जैसे सरक ही नहीं रही थी, मुझे लग रहा था कि मैं अनंत रात्रि के बीच से गुजर रहा हूँ। धरती के कोलाहल से दूर भागकर मैं अनजान अनंत रात्रि के फंदे में अटक गया हूँ जहाँ से मैं निकल नहीं पा रहा हूँ। रात कितनी लम्बी हो सकती है यह मैं आज ही जान सका। मैं लगातार चल रहा था किन्तु ठंड भी क्रमशः बढ़ती ही जा रही थी और रात भी मानों कभी न खत्म होने वाली रात थी।

अचानक सामने का एक दृश्य देखकर मेरे रोंगटे खड़े हो गये। मेरे ठीक सामने कुछ दूरी पर छाया की तरह कोई आकृति थी। अंधेरे में चाँद के छुद्र टुकड़े से जो रोशनी छिटक रही थी उस प्रकाश में लगा कि वह शायद कोई कापालिक हो जो मेरे आगे-आगे चल रहा था। मैंने खुद को टटोलकर देखा कि कहीं मैं नींद में तो नहीं चल रहा हूँ। यह निश्चित कर कि मैं सजग और स्वाभाविक हूँ मुझे तसल्ली हुई कि मैं

सपना नहीं देख रहा था। मुझे लगा कि वह व्यक्ति चाहे जो भी हो, मुझे उसकी जरूरत है, इस अंधेरे में वह मेरे उद्धार के लिए आलोक की तरह उभरा है। मैंने चीखकर उसे रोकना चाहा, किन्तु मेरे गले से आवाज न निकली। मैंने उस व्यक्ति का अनुसरण करते हुए अपनी चाल तेज कर दी।

कुछ देर के बाद मैं उनके बगल में पहुँच गया। मैंने उनका चेहरा देखना चाहा, किन्तु इतनी रोशनी नहीं थी कि चेहरा स्पष्ट दिखता। तिब्बत में आने के बाद से विभिन्न सम्प्रदाय के लामाओं को देखा था, एक तांत्रिक-ओझा देखा था, किन्तु कहीं साधु या योगी या शुद्ध तांत्रिक नहीं देखा था। इसलिए अस्पष्ट आलोक में उन्हें देखकर यह समझ नहीं पाया कि वे क्या हैं, मैं कुछ बोल भी न सका, केवल हैरान होकर उन्हें देखता रहा कि वे इंसान हैं या और कुछ। उनके शरीर में कोई भी कपड़ा नहीं था, वे नागा संन्यासियों की तरह नंगे थे। सर के बाल जटा बनकर उनकी पीठ पर लटक रहे थे। उनके हाथों में भी कुछ न था। उस भयंकर जाड़े की रात में कोई साधु या योगी नंगा होकर घूम सकता है यह सोचा भी नहीं जा सकता था। उन्हें रुकते देखकर मैं भी रुक गया। सामने हम बढ़ भी नहीं सकते थे क्योंकि हमारी बाँयीं ओट से एक छोटी पहाड़ी नदी वहाँ आकर सांपो से मिली थी। संन्यासी कुछ देर वहाँ खड़े रहने के बाद छोटी नदी के किनारे-किनारे बढ़ने लगे। मैं उनके पीछे लगा रहा। कुछ दूर जाकर नदी सँकरी हो गयी थी, बड़ी-बड़ी चट्टानों के बीच से वहाँ वह झरने की तरह बहती थी। संन्यासी के अनुकरण में मैंने भी उन बड़ी-बड़ी चट्टानों पर से कूदते-फलांगते नदी पार की। नदी पार करके संन्यासी मेरे लिए रुके नहीं, वे दक्षिण की ओर बढ़ गये। मेरी इच्छा हो रही थी कि उनका पीछा करूँ, किन्तु मेरा लक्ष्य पश्चिम की ओर बढ़ना था, अत: संन्यासी के पीछे न जाकर मैं नदी के किनारे बैठ गया।

बैठते ही लगा कि मेरे दोनों पाँव ठंड से जम रहे हैं। पाँव का रक्त हिम होने लगा था। फिर समझ में आया कि दोनों जूते भींग गये थे, उनमें पानी भर गया था। नदी पार करते समय किस समय जूतों में पानी भरा था यह मैंने ख्याल नहीं किया था। जूते उतार कर चादर से दोनों पाँव पोंछ लिए, फिर पाँवों को रगड़ता रहा। थोड़ी देर में पाँवों में जान आयी, वे तो जैसे सुन्न ही हो गये थे, अब मैं नई मुसीबत में पड़ गया था, न गीले जूते पहन सकता था और न ही नंगे पाँव इतनी ठंड में चलना संभव था। सर्दी भी चरम् पर थी, वहाँ बैठे रहना भी दूभर था। कुछ समझ ही नहीं पा रहा था कि अब मैं क्या करूँ। दक्षिण की ओर बढ़कर वह संन्यासी भी ओझल हो गया था। वे चाहे जो भी हों, काफी दूर तक अंधेरे में साथ देकर और नदी पार कराकर मेरा बहुत उपकार किया था उन्होंने। मैं किंकर्तव्यविमूढ़-सा बर्फ जैसे पत्थर पर बैठा रहा और ठंड से सिकुड़ता रहा।

ऐसे समय में मेरे आनंद का ठिकाना न रहा जब मुझे मुर्गे की बांग सुनाई दी—कू-क्कडूँ-कूँ! वह बाँग नहीं, जीवन संगीत था। आशा व आनंद की ध्वनि थी वह। मेरे अनंत रात्रि के अवसान का सूचक थी मुर्गे की बांग जो नव-जीवन के मंत्र की तरह

कानों में अमृत घोल गयी। मैंने गौर से देखा, दूर के नक्षत्र निष्प्रभ होने लगे थे। एक भयंकर काली रात के बाद फिर सुबह होने वाली थी।

जिधर से मुर्गे की बांग सुनाई पड़ी थी, मैं जूते हाथ में लेकर उधर ही चल पड़ा। कुछ दूर बढ़ने पर हाल ही में जोते गये खेत में पहुँचा। मुझे लोकालय ढूँढ़ने का कष्ट नहीं झेलना पड़ा, लोकालय खुद ही मेरे पास दौड़कर आ गया—पलक झपकते मुझे कुत्तों ने घेर लिया था। हाथ में जूते लिये मैं महामूर्ख की तरह खड़ा अपने इष्टदेव को स्मरण कर रहा था। लालटेन लेकर पास के एक घर से एक व्यक्ति निकल कर मेरे पास आया तो मैंने ठंड में काँपते हुए किसी तरह कहा—"थोड़ी आग मिल जाती!"

एक त्रापा की दुर्दशा देखकर उन्हें दया तो आनी ही थी, तिब्बती यूँ भी दयालु होते हैं। वे मुझे अपने घर ले गये। मुझे उनसे और कुछ कहना न पड़ा। मुझे कमरे में ले जाकर बिस्तर दिखाते हुए वे बोले—"सो जाओ।" बिस्तर पर और भी कुछ लोग सोए हुए थे।

मेरी जो हालत हो गयी थी, उसमें बिछौने से मधुर चीज और क्या हो सकती थी? जो लोग सो रहे थे, उन्हीं के बगल में मैं भी बिना किसी झिझक के जाकर लेट गया और उनकी रजाई में दुबक गया। आह! जो आराम मिला उसका क्या कहें। उस अनुभूति को ही शायद आनंद की चरम अनुभूति कहते हैं।

---

# अनजान अपने

जब आँखें खुलीं, तो दिन चढ़ आया था। जम्हाई लेकर मैं उठ बैठा। मुझे रात की घटना याद आई तो वह दु:स्वप्न जैसा लगा। फिर मुझे नागा संन्यासी की याद आई। जब मैं भटक गया था, अंधेरे में राह नहीं सूझ रहा था, कोई आश्रय नहीं तलाश पा रहा था और ठंड से दम तोड़ रहा था तब वे न जाने कहाँ से रहस्यमय ढंग से प्रकट हुए थे और मुझे नदी पार कराकर इस गाँव के किनारे छोड़ गये थे। यह मेरा कितना बड़ा सौभाग्य था, केवल गुरु की असीम कृपा से ही यह संभव था। मैंने झोली से कापी और पेंसिल निकाल ली और रात की उस अजूबी घटना को नोट करने लगा।

लिखने के बाद भी वह संन्यासी ही मेरे दिमाग में छाये रहे। वे कौन थे? क्या भटकों को राह दिखाने के लिए ही वह सिद्ध पुरुष रात के अंधेरे में निर्जन स्थानों में घूमा करते थे? उनको स्मरण करते हुए मैं बारम्बार उनके प्रति अपनी भक्ति व कृतज्ञता अर्पण करता रहा।

इच्छा तो थी कि पुआल के गद्दे के बिस्तर पर और कुछ देर तक आराम करूँ, किन्तु कुत्ते के दो पिल्ले खेलते हुए आकर मेरी गोद में चढ़ बैठे। उनके पीछे-पीछे कई बच्चे भी दौड़ते हुए कमरे में आए, मुझे देखकर वे कुछ सहम गये। उन पिल्लों को पुचकारते हुए और बच्चों को स्नेह दिखाते हुए मैं उनके साथ कमरे से बाहर निकला।

आंगन में धूप मुझे नहलाकर ताजगी देने लगी। आंगन में जौ धूप में सूखने को डाले गये थे, पास ही टाट पर और कुछ बच्चे बैठे हुए थे। दूर बैठी एक बुढ़िया तकली से सूत कात रही थी। कुछ कुत्ते आराम से सो रहे थे, पिल्ले चारों ओर उछल रहे थे। आंगन के चार कोने में चार घर थे, सभी मध्यवित्त परिवार के घर लग रहे थे। बड़े-बड़े पत्थर मिट्टी से जोड़कर मकान बनाए गये थे, उनमें लकड़ी की खिड़कियाँ और दरवाजे थे। छत टीन के थे। मैं चारों ओर देख रहा था, तब तक बच्चे कुछ सहज हो गये थे और आपस में खेलने लगे थे।

मैं धूप का आनंद ले रहा था कि एक व्यक्ति मेरे सामने आकर खड़ा हो गया। मैंने उनका चेहरा पहचाना, भोर के समय उन्होंने ही कुत्तों के घेरे से और ठंड से मुझे बचाया था। एक अजनबी से बिना कुछ पूछे-जाँचे उसे कमरे में ले जाकर बिस्तर पर सुला दिया था। उनकी इस महानता के लिए वे मेरे प्रणम्य थे, किन्तु लामा के वेश में मैं उनके पाँव नहीं छू सकता था, ऐसा करने से वे खुद को अपराधी समझते। इसीलिए स्थिति को तौलकर मैंने माला निकाली और जाप करते हुए उन्हें आशीर्वाद देता रहा। वे कृतज्ञता के साथ सर नवाँकर मेरा आशीष ग्रहण करते रहे। इसके बाद उन्होंने मुझे

अपने साथ चलने को कहा। वे चलने लगे तो मैं उनके पीछे चलने लगा, मेरे पीछे बच्चों की टोली थी और बच्चों के पीछे गाँव के कुत्ते।

कुछ देर के बाद हम एक चैत्य के सामने रुके। वहाँ गाँव के कई लोग पहले से उपस्थित थे। वहाँ का आयोजन देखकर मैं भाँप गया कि वे मुझसे पूजा करवाना चाहते हैं। अवश्य ही गाँव में कोई गुम्फा या और कोई लामा नहीं था। न जाने कितने दिनों के बाद गाँव में एक लामा पहुँच गया था, अत: इस अवसर को गाँव वाले गँवाना नहीं चाहते थे। देखते-देखते पूरा गाँव ही वहाँ हाजिर हो गया। उस सज्जन के साथ चैत्य की मैंने परिक्रमा कर डाली प्रार्थना चक्र घुमाता हुआ। चैत्य छोटा था, ग्यारह फीट करीब उसकी ऊँचाई थी, उसके चारों ओर कुल सोलह चक्र जड़े थे। सामने की खाई में असंख्य प्रार्थना-ध्वज फहरा रहे थे। चैत्य इतना छोटा था कि आठ-दस लोग बाँह पकड़ कर गोलाई में खड़े हो जाएँ तो उसे घेर लें। किन्तु आकार व आयतन में छोटा होने पर भी चैत्य में पंचतत्व व मंडला का पूर्णरूप उपलब्ध था।

चैत्य के बगल में एक आसन बिछा था, आसन के सामने एक कटोरी में चावल, एक छोटा सा वज्र व एक घंटी रखे गये थे। लोग चारों ओर घेर कर बैठ गये। वे इसी प्रतीक्षा में थे कि मैं पूजा आरंभ करूँ। मैं एक-एक कर समवेत लोगों को गिनने लगा, उनकी संख्या इकतालीस थी। मेरे त्राणकर्त्ता ने मुझसे सविनय अनुरोध किया कि मैं पूजा आरंभ करूँ।

मैं दुविधा में पड़ गया था। किसकी पूजा करूँ? कैसे पूजा करूँ? मंत्र-तंत्र तो मैं जानता ही नहीं था। किन्तु मैंने अपना मनोभाव छिपाया और आसन पर जा बैठा। ऐसी परिस्थिति से पहले कभी सामना नहीं हुआ था। आँखें मूंदकर मैं धैर्य से सोचता रहा कि अब मुझे क्या करना चाहिए। पूजा क्या है? महान् आत्मा के साथ हमारी क्षुद्र आत्मा का योग ही तो पूजा है। देवताओं की तुष्टि के लिए प्रार्थना की जाती है ताकि आनंद लोक के देवता प्रसन्न हों और हमारी मनोकांक्षाएँ पूरी हों। अंतर्यामी ईश्वर तो जानते ही हैं कि मैं पूजा-अर्चना की विधि नहीं जानता, किन्तु उन्होंने मुझे इस स्थिति में डाल दिया है। मन ही मन रात में देखे गये उस महान् संन्यासी को भी स्मरण किया। सोचा कि वे ही मेरे उद्धारकर्ता हैं, वे ही इस क्षेत्र के गुरु हैं। अत: मेरा मन आनंद से भर उठा और मैं उन्हीं के उद्देश्य में प्रार्थना करने लगा। मैंने आंतरिक भक्ति के साथ अपनी मातृभाषा में अर्थात् बांगला में प्रार्थना की—''तुमने मुझे दर्शन दिया था, तुमने मुझे मृत्यु के जबड़े से बचाया था, तुमने मेरी रक्षा की थी। मैं तुम्हारे अस्तित्व की सच्चाई को दर्शन के विचारों में उलझकर खोना नहीं चाहता, तुम्हें जिस रूप में मैंने देखा है उसी से मैं धन्य हूँ, मेरी तिब्बत यात्रा सफल है, मेरा हृदय परिपूर्ण है। तुम्हारे सामने मैं पूरी निष्ठा के साथ आत्म-समर्पण कर रहा हूँ....।

उक्त प्रार्थना के बाद मैंने योग की कुछ मुद्राएँ बनायीं, घंटी बजाकर आरती किया और चावल चढ़ाते हुए बोला, 'अक्षतम् समर्पयामि श्री गुरुचरणकमलेभ्य: नम:।' फिर प्रणाम करने के बाद कहा,—

**'त्वमेव माता च पिता त्वमेव, त्वमेव वन्धुश्च सखा त्वमेव,**
**त्वमेव विद्या द्रविणम् त्वमेव, त्वमेव सर्वम्  मम देव देव॥'**

इसके बाद उपस्थित गाँववालों के उद्देश्य में बोला—

**'ओम त्रयम्बकम् इजामहे सुगन्धिम् पुष्टि वर्धनम्**
**उर्वरुकमिव वंधनम् मृत्युः मुक्षि मामृतत्।**
**ओम् सहन भवतु सहनौ भूनक्त सह वीर्यम् करवावहै**
**तेजस्वी नवधीतम् अस्तु मा विद्विषा वहै**
**ओम् शांतिः शांतिः शांति॥'**

पूजनोपरांत कुछ पल ध्यानमुद्रा में चुपचाप बैठकर मैं उठ पड़ा। इसके बाद ग्रामीणों ने भक्ति-अर्घ्य निवेदन किया। गाँव की एक महिला ने मुझे सफेद गमछा निवेदन करते हुए तिब्बती प्रथानुसार मुझे सर्वोच्च सम्मान दिखाया। आनंद और कृतज्ञता में मेरी आँखों में आँसू आ गये। आँखें मूंदकर मैंने अपना आवेग रोका, और ईश्वर से प्रार्थना की कि मुझसे जो बना, पूजा के नाम पर मैंने वही किया, मेरी कमियों को वे क्षमा करें! गाँव वालों के साथ चैत्य की और एक बार परिक्रमा करने के बाद हम गाँव लौट आए। लग रहा था कि वे मुझे लेकर शोभायात्रा पर निकले थे।

राह चलते-चलते उस सज्जन ने पूछा—''क्या तुम भारतीय साधु हो?''

मुझसे सहसा उत्तर देते न बना। मुझे उनसे ऐसे प्रश्न की उम्मीद नहीं थी।

कोई उत्तर न पाकर उन्होंने फिर कहा, ''आप जैसा हिन्दू साधु अपने गाँव में पाकर हम सभी बहुत प्रसन्न हुए हैं।''

मैं ना कैसे कहता। बंगला और संस्कृत में प्रार्थना कर मैंने अपना यथार्थ का परिचय तो दे ही दिया था। इन भले लोगों के बीच उस स्थिति में पड़कर मैं खुद को छिपाने की तागिद भूल गया था।

जब तक गुरुजी का साथ था, मैं मौनीबाबा बन कर तिब्बतियों से दूर रहता था, मुझे तब कोई खास चिंता भी नहीं रहती थी। किन्तु लासा से कैलास की यात्रा पर निकलकर मैं अत्यधिक सतर्क था। इस गाँव में पहुँचकर न जाने मुझे क्या हुआ कि जो भी शंका या भय मन में था वह ओझल हो गया, इतना हलका मैंने खुद को इस यात्रा में पहले कभी नहीं पाया था। अब मुझे किसी बाधा की परवाह नहीं थी, चीनी सिपाहियों का खौफ नहीं था। कत्थई रंग का लामा वस्त्र पहने घुटे हुए सर वाला मेरा बाहरी रूप खुद मुझे ही अजनबी लग रहा था, मुझे लग रहा था कि मैं ढोंगी लामा यात्री नहीं, विमल हूँ, इछापुर के स्कूल और घर से भागा हुआ विमल, वही विमल। आरोपित मिथ्या अब तक एक बोझ की तरह था, उसे झटकते ही मैं तनाव मुक्त था, सहज था, उत्फुल्ल था। उस सज्जन के प्रश्न के उत्तर में मैंने सत्य का सहारा लिया और बिना किसी झिझक के कहा, ''आपका अनुमान सही है, मैं भारतीय हूँ। मैं नेपाली लामाओं के साथ लासा गया था, वे सब लौट गये, मैं कैलास तक जाऊँगा।''

मेरी बात सुनकर वे यूँ उछले मानों उन्हें कोई हीरे का टुकड़ा पड़ा मिल गया हो। वे तत्काल रुक गये और साथ के ग्रामीणों को मेरे विषय में बताने लगे।

बाद में उन्होंने मुझे बताया कि भारतीय तीर्थयात्री का दर्शन कर पाना तिब्बत में सर्वत्र ही अति पुण्य का काम समझा जाता है। दस साल पहले भी गाँव वाले बड़ी सड़क के किनारे जाकर खड़े रहते थे तीर्थयात्री देखने के लिए। तब भारत से नियमित यात्री आते थे, अब कोई नहीं आता।

इस गाँव के वे ही मुखिया थे। उनके दो बेटे इयाटुंग शहर में ऊन का धंधा करते हैं। पहले वे खुद वह धंधा देखते थे, बेटे बड़े हो गये तो वे उस कारोबार में जुट गये। उनका नाम इइगी था, वे खेत-खलिहान में व भेड़ पालन में व्यस्त रहते थे।

इइगी ने अपने घर का हालचाल सहज ढंग से मुझे बताया, मैंने कुछ पूछा न था। इइगी तथा उनके अनुज गीबित की एक ही पत्नी थी, छोटे-छोटे बच्चे गीबित के थे। इइगी के औरस से जन्में बच्चे बड़े हो गये थे। उनकी पत्नी की उम्र पचास के आसपास थी।

दिंगबो नामक इस गाँव में मैं अतिथि के सम्मान में दो दिन रहा। मैंने इइगी से रात में देखे गये नागा संन्यासी का जिक्र किया था, किन्तु वे मेरी बात समझ नहीं पाए, इससे लगा कि आसपास ऐसे किसी संन्यासी के अस्तित्व की उन्हें जानकारी नहीं थी। उस विचित्र संन्यासी का राज राज ही रह गया।

इइगी से मुझे एक काम की सूचना मिल गयी थी। सांपो के किनारे-किनारे कुछ दिन चलने से नीयांग नदी और सांपो नदी का संगम मिलेगा। नीयांग पार करने के लिए नाव मिलती है। नदी के दूसरे तट पर शीगात्से बसा है। गाँव वाले उसी रास्ते शीगात्से जाते हैं। यह जानकर मैं निश्चिंत हुआ कि शीगात्से तक नीयांग के सिवा और कोई नदी पार नहीं करनी है। दो दिन बाद मैंने दिंगबो गाँव छोड़ा।

---

# शीगात्से

गैंगटक-लासा मार्ग पर हमें हर रात कोई-न-कोई गाँव मिला था, अधिकांश गाँव में गुम्फा थे जहाँ तीर्थयात्री ठहर सकते थे। किन्तु चुसुल से शीगात्से या सीगात्से की यात्रा बड़ी तकलीफदेह था, राह में आबादी नहीं के बराबर थी। दिंगबो गाँव से निकलने के बाद पिछले पाँच दिनों में मुझे केवल छः निर्धन किसानों के घर मिले। निर्धन होने पर भी उनकी अतिथि परायणता और सेवा भाव अतुलनीय थी। उन सरल और विश्वासी लोगों को किसी साधना के द्वारा उच्चमार्ग में जाने की आवश्यकता नहीं थी, वे यूँ ही उच्चमार्ग में अधिष्ठित थे। बिना किसी परिचय के, बिना कुछ पूछे-जाँचे वे सहायता का हाथ बढ़ा देते थे। उनके अहसान से मैं कभी उऋण नहीं हो सकता।

लासा से शीगात्से की दूरी एक सौ तीस मील थी। सीधी सड़क से आने पर दस-ग्यारह दिन लगते। किन्तु मैं सड़क से न जाकर सांपो के किनारे-किनारे जा रहा था, सिपाही व चौकियों के झमेले से बचने का यही सहज उपाय था। यह यात्रा कष्टप्रद भी थी। पूरी यात्रा ही ऊबड़-खाबड़ पत्थरों पर से तय करनी पड़ रही थी। नीयांग नदी के तट पर पहुँचते मुझे तेरह दिन लग गये।

सांपों की घाटी से चलते हुए तेरहवें दिन बाँयीं ओर से हिमालय की दीवाल एकाएक ओझल हो गयी थी तथा वहाँ एक और समतल मैदान प्रकट हो गया था। उसी मैदान में एक गाँव था। सांपो के तट से चलते हुए मैंने गाँव पार किया। आगे नीयांग व सांपो का संगम था। नीयांग नदी की ओर मुड़कर मैं एक चाय की दुकान में पहुँचा। बिना आवश्यकता के तिब्बती औरों का परिचय नहीं पूछते, इसलिए मैं निश्चिंत था। बाहर की बेंच पर दो लोग बैठे थे, मुझे देखकर वे उठे और अपनी कमीज से बेंच पोंछ दिए। मैंने वहाँ बैठकर चाय बनाने को कहा। दुकान के सामने एक लड़की चोंगे में तिब्बती कायदे से मक्खन घोल रही थी। चाय बनाने का यही एक तरीका था तिब्बत में सर्वत्र।

उन लोगों से पूछने पर मालूम हुआ कि वहाँ दो फेरी घाट हैं। नीयांग नदी पार करने के लिए फेरी घाट पास ही है, किन्तु इस पार नाव नहीं रहती। जोर से आवाज देकर नदी के उस पार से माझी को बुलाना पड़ता है, तब वह नाव लेकर आता है। दिन में एक या दो बार वह नाव खेता है, सवारी एक ही हो तो आता भी नहीं। ब्रह्मपुत्र पार करने के लिए फेरीघाट शीगात्से में है।

चाय पीने के बाद मैं नदी तट पर पहुँचा। कोई फेरीघाट नजर नहीं आया। उस पार दूर-दूर तक देखा, कहीं कोई नाव भी न दिखी। नदी बहुत चौड़ी नहीं थी। संगम के

पास होने के कारण दोनों तट पर रेत जमा थी। सामादा में हमें यही नदी मिली थी, सामादा के आसपास कहीं नीयांग का उद्गम था। वहाँ से गीयात्से तक हम इसी नदी के किनारे-किनारे गये थे।

मैं भारत में होता तो शायद तैरकर नदी पार करने की सोचता। किन्तु तिब्बत का ग्रीष्म काल भी दार्जिलिंग के ग्रीष्मकाल काल से कहीं अधिक ठंडा था, तैरना तो क्या उस पानी में कोई उतरे तो यूँ ही ऐंठ जाए।

मैं उसी चाय की दुकान में लौट गया। नाव नहीं मिली सुनकर दुकान का बालक घाट तक दौड़ गया, फिर लौटकर बोला कि मल्लाह ने नाव उठा ली है, आज नाव नहीं मिलेगी। मुझे हताश होते देखकर उसने ढाढ़स दिया, मैं चाहूँ तो उसकी दुकान में रात बिता सकता हूँ। आग भी मिल जाएगी। मुझे और क्या चाहिए था। अंधेरा होने से पहले ही उन्होंने दुकान बढ़ा दिया। मैंने बालक को एक चवन्नी दी रात में रहने के किराए के तहत। फिर उसकी खुशी देखते ही बनती थी। ये दो-चार पैसे से ही प्रसन्न होने वाले लोग थे, चवन्नी तो खजाना था। उस आनंद के अतिरेक में उसने मुझे अपने साथ भोजन करने को कहा। मैं राजी हो गया।

दुकान के ही एक कमरे में वह रहता था। कमरे में जाकर देखा कि जो लड़की शाम को चाय बना रही थी, वही भोजन पकाकर बैठी थी। मुझे देखकर वह मुस्कराई। हम दोनों को उसने खिचड़ी जैसा कुछ पतीले से उड़ेल दिया। मैंने झाँककर देखा कि उस लड़की के लिए कुछ बचा ही नहीं था। मैंने अपने हिस्से का आधा पतीले में वापस उड़ेल कर कहा—"चलो हम बाँट कर खाएँ, तुम भूखी रहोगी क्या?" वह पहले आपत्ति करती रही, फिर राजी हो गयी। वे दोनों शायद भाई-बहन थे, खाना भी उन दोनों के लिए बना था जिसे हम तीनों ने बाँट कर खाया।

रात में मैं दुकान में सोया। और दो व्यक्ति दुकान में सोने आए थे, शायद सुबह वे भी नदी पार करेंगे। अतिथि की मर्यादा दिखाते हुए मुझे आग के पास बिस्तर लगाने दिया गया। दुकान में दरवाजा नहीं था, किन्तु आँच के पास होने के कारण मैं आराम से ही सोया।

सुबह उस लड़की ने हमें जगाया। उसने हमें जगाने से पहले ही चाय बना ली थी। चाय पीकर मैंने लड़की को चार पैसे दिए। अन्य दो व्यक्ति जो नाव पकड़ने के लिए रात में दुकान पर सोए थे जब घाट की ओर बढ़े तो मैं भी उनके साथ हो लिया।

अद्भुत थी यहाँ की नाव। आकार में बड़े गमले की तरह, चमड़े से बनी, बहुत हल्की। खेने के बाद उसे सर पर उठाकर पानी से बाहर कर लेते थे ताकि वह स्रोत के साथ बहकर सांपो में न चली जाए। नाव में पतवार का काम एक तख्ता से लिया जाता था जिसे खेना मुश्किल था, प्रवाह पर ही आश्रित थी वह नाव। जो हो, उस गमलानुमा नाव में हम एक दूसरे से सटकर किसी तरह बैठ गये, खड़े होने से उलट जाने का भय था।

किसी तरह हम नीयांग नदी को पार किए। सामने शीगात्से शहर था, उच्चारण भेद से इसे सीगात्से भी कहते थे।

शीगात्से तिब्बत का दूसरा बड़ा शहर था। पहला लासा, दूसरा शीगात्से, तीसरा गीयात्से तथा चौथा इयाटुंग—तिब्बत के ये चार मुख्य नगर थे। नीयांग तथा सांपो के संगम पर बसे इस शहर का महत्व पांचेन लामा के कारण बढ़ गया था। पांचेन लाम सां प्रदेश के शासक थे। सां प्रदेश के तीन बड़े शहर शीगात्से, गीयात्से तथा फारी उनके अधीन थे। स्थानीय लोग उन्हें ताशीलामा तथा पांचेन रिमपोचे कहते थे।

शीगात्से भी लासा की तरह महापुण्य-स्थल माना जाता था। शहर को तीन हिस्से में बाँटा जा सकता था। पहले हिस्से में एक किला था जिसे कई साल पहले चीनी सेना ने अपना शिविर बना लिया था। ताशीलामा की सुरक्षा व कानून व्यवस्था की देखरेख के नाम पर अब भी चीनी फौज ने उस किले को अपना मुख्यालय बना रखा था। वैसे भी ताशीलामा चीनपंथी थे और उन्हें वहां बैठाने का श्रेय भी चीन को जाता था। किले के नीचे शहर का मुख्य वाणिज्य केंद्र व बाजार था। शहर से लगभग बारह मील की दूरी पर दलाईलामा की तरह ही ताशीलामा का ग्रीष्मावास था। पोताला की तरह शीगात्से के निकट ताशीलुम्पा था जो ताशीलामा का मूल निवास था। उनके ग्रीष्मावास का नाम कुन-कीयाप्लिंग था। शीगात्से का वर्णन करते हुए साधुबाबा ने ही मुझे ये जानकारियाँ दी थीं।

नीयांग नदी की कछार से ऊपर उठने पर सामने एक फैले हुए सुंदर शहर का दृश्य था। समतल भूमि पर यहाँ के घने बसे घर-द्वार लासा की तरह ही पैगोडा के रूप में बनाए गये थे। मैं धीरे-धीरे बाजार की ओर बढ़ने लगा। शहर की सभी सड़कें बाजार से होकर जाती थीं। सड़क पर पशुओं की भरमार थी, गधे, याक, भेड़, कुत्ते, मुर्गे आदि ने सड़क पर कब्जा कर रखा था। सड़क के दोनों ओर दुकानें थीं। एक साइन-बोर्ड देखकर मैं चौंककर वहीं रुक गया, उस पर हिन्दी तथा अंग्रेजी में लिखा था—'होटल'। हिन्दी की लिखावट देखकर मेरी खुशी का ठिकाना न था, यह सोचना भी अच्छा लगा कि वहाँ कोई हिन्दी भाषी अवश्य होगा, उसी से आगे की यात्रा के विषय में और जानकारी मिल जाएगी। होटल लिखे उस सफेद इमारत के सामने के भाग में किराना की दुकान थी, वहाँ हिन्दी समझने वाला कोई न मिला तो मैं मकान के अंदर गया। वहाँ एक बूढ़े व्यक्ति मिले जो विस्मय से मुझे घूर रहे थे। मैंने उनसे पूछा कि बाहर हिन्दी में लिखा बोर्ड देखा, क्या आपको हिन्दी आती है? मेरा प्रश्न ध्यान से सुनकर भी उन्होंने कोई उत्तर नहीं दिया, बल्कि अपनी मूंछों पर उंगली फेरते हुए कुछ सोचने लगे।

उसके बाद वे अपना आसन छोड़ कर उठे और मुझे अपने साथ चलने का इशारा करते हुए बाहर निकल गये। उनके पीछे-पीछे रास्ता लांघकर मैं पैगोडा आकार के एक सुंदर मकान के सामने पहुँचा। मुझे बाहर रोककर वे उस मकान में गये और थोड़ी ही देर बाद एक और वृद्ध को लेकर बाहर आए। दूसरे वृद्ध ने मुस्कराकर मुझसे स्पष्ट हिन्दी में पूछा—"क्या तुम गैंगटक से आए हो?"

इस वृद्ध का सौम्य प्रशांत चेहरा देखकर ही मैं श्रद्धा से झुक गया था। उनसे हिन्दी सुनकर मैं चकित भी हुआ, आनंदित भी। उत्तर में मैंने हाँ कहा तो वे चौंक कर बोले, "किन्तु तुम गैंगटक से यहाँ तक आए कैसे? मैंने तो सुना है कि आजकल यातायात बिल्कुल ठप्प है।"

ऐसे वृद्ध सज्जन से झूठ बोलकर मुझे क्या मिलता, सो मैंने संक्षेप में बता दिया कि मैं शीगात्से क्यों और कैसे पहुँचा। मैंने यह भी कहा कि मैं कैलास जाना चाहता हूँ और मानसरोवर में डुबकी लगाना चाहता हूँ। वे मुझे आगे के रास्ते की कुछ जानकारी दे दें तो मैं उनका यह अहसान कभी नहीं भूलूँगा।

मेरी बात सुनकर उनके माथे बल पड़े। हल्की दाढ़ी पर हाथ फेरते हुए वे केवल बोले, "हुँ।" इसके बाद जो सज्जन मुझे वहाँ ले गये थे उन्हें वापस भेजकर वे मुझे भीतर के एक कमरे में ले गये। इमारत की दीवार पर सीमेंट का प्लास्टर था, टेक के खंभे पेड़ के तने के थे। मुझे संदेह नहीं था कि यह एक संभ्रांत व सम्पन्न परिवार है। मुझे एक भारी गद्दी पर बैठाकर उन्होंने किसी को पुकारा। उस गुहार से कमरे में एक महिला आयीं, मुझे देखकर उन्होंने सम्मान दिखाने के लिए सर झुकाया। वृद्ध ने उनसे कुछ खाने के लिए लाने को कहा। वे चली गयीं।

वृद्ध मेरे सामने पाँव मोड़कर बैठ गये, फिर मुझसे बातचीत करते हुए उन्होंने मुझे मीठी झिड़क दी, "तुमने अपना दल छोड़कर बिलकुल अच्छा नहीं किया। किन्तु जब यहाँ तक आ ही गये हो तो क्या किया जाए।"

उन्होंने आगे कहा, "तुम कैलाश जाओगे, यह एक नेक इरादा है, भगवान् बोधिसत्व तुम्हारी रक्षा करें। किन्तु तुम अभी बच्चे हो, कैलास यहाँ से बहुत दूर है और रास्ता भी अत्यंत दुर्गम है। मैं तुम्हें रास्ता बता सकता हूँ, यदि तुममें इतना मनोबल हो तो अवश्य पहुँच जाओगे।"

महिला लकड़ी की ट्रे में चाय व नमकीन दे गयी। चाय पीते हुए और भी बातें होने लगी। इस बीच मैंने उन्हें नानाजी बना लिया था। नानाजी ने कैलास यात्रा के लिए मुझे कुछ अत्यंत आवश्यक जानकारी दी। भूल जाने के डर से मैंने उनसे दुबारा कहने का अनुरोध किया। वे हँसकर फिर से कहते गये—"मानसरोवर कहने से कोई बता नहीं पाएगा। भारत के तीर्थयात्री मानसरोवर कहते हैं किन्तु वह नाम यहाँ प्रचलित नहीं है। हम उस सरोवर को माफाम त्सो कहते हैं, कुछ लोग माभामत्सो भी कहते हैं। त्सो का मतलब सरोवर होता है। माफाम त्सो के बगल में ही लांगाक-त्सो है जिसे भारतीय साधु राक्षसताल या राक्षस सरोवर कहते हैं। ये दोनों सरोवर आसपास हैं। तिब्बती कैलास को बड़ा तीर्थ नहीं मानते, किन्तु कैलास का गुम्फा तिब्बतियों का तीर्थस्थल है। राह में लोगों से दिराफुक गुम्फा का नाम लेना तो वे तुम्हें रास्ता दिखा देंगे!"

उन्होंने तिब्बती भाषा में वे नाम साफ-साफ एक कागज पर लिखकर मुझे थमा दिया। मैं तत्काल वे नाम रटने लगा था, क्या भरोसा यदि चिरकुट और कापियाँ कहीं

खो ही जाएँ। मैं इष्टनाम की तरह माफाम त्सो, लागांक त्सो, दिराफुक गुम्फा कंठस्थ करने लगा। सही पथ-निर्देश पाकर मेरी इच्छा तत्काल प्रस्थान करने की थी किन्तु नानाजी ने मुझे अपने साथ मध्यान्ह-भोजन करने को कहा। बहुत दिनों के बाद भात सब्जी और मांस मिला भरपेट खाने को। नानाजी यह लो वह लो की रट भी लगाये थे भोजन के समय। खा-पीकर मैंने विदा मांगी तो वे लगभग उछल पड़े, मेरी बाँह पकड़कर बोले, ''पागल हो गये क्या! अभी कहाँ जाओगे? बैठो, बैठो, आराम करो, आज यहीं विश्राम कर लो, जल्दी क्या है?'' उनके इस स्नेहिल सुझाव की उपेक्षा करता, मैं इतना धृष्ट नहीं था।

नानाजी से मुझे बाद में मालूम हुआ कि वह बंगला उन्हीं का था। जिस महिला ने चाय और भोजन दिया था वह उनकी रसोइया थी। नानाजी के परिवार के और लोग किसी रिश्तेदार की शादी में गये हुए थे। नानाजी ने बताया कि उन्होंने दार्जिलिंग में शिक्षा पाई थी, कार्शियांग, कालिम्पंग और सिलीगुड़ी में वे बहुत समय तक रहे। उन्हें अब भी बंगला के कुछ शब्द याद थे। पुरानी बातें याद करते हुए वे अपने दंतहीन जबड़ों से हँस पड़ते, कभी-कभी जैसे अतीत में खो जाते। उनकी स्मरणशक्ति देखकर मैं चकित हो गया था। इतने वर्षों बाद भी वे अच्छी हिन्दी बोल लेते थे।

बाद में यह भी मालूम हुआ कि सड़क के किनारे का होटल भी उन्हीं का था। जब भारत से सम्पर्क अच्छा था तब उस होटल का स्वर्ण युग था। भारत से संबंध विच्छिन्न होते ही वह होटल भी बंद हो गया था।

---

# पांचेन लामा

शाम को अचानक नानाजी ने पूछा, ''तुमने क्या लासा में दलाईलामा को देखा था?''

''जी हाँ, किन्तु उनसे बातचीत करने का सौभाग्य प्राप्त नहीं हुआ।'' मैं बोला।

''उनसे बातचीत करते भी तो क्या होता? उनकी उम्र भी कम है और वे हमेशा सलाहकारों द्वारा घिरे रहते हैं। किन्तु पांचेन लामा की बात और है, उन्हें कब क्या करना है इसका निर्णय वे स्वयं ही लेते हैं।''

नानाजी की बात के लहजे से लगा कि दलाईलामा की अपेक्षा वे पांचेनलामा को ही अधिक मानते हैं! दलाईलामा को वे नाबालिग समझते थे। इस प्रसंग की चर्चा आगे बढ़ाते हुए वे बोले, ''कभी पांचेनलामा ही तिब्बत के धर्मगुरु थे। राजनैतिक प्रभाव बढ़ाते हुए दलाईलामा ने पांचेनलामा का अधिकार हड़प लिया था। यद्यपि इसके लिए हम दलाईलामा को दोषी नहीं ठहरा सकते। असली मुजरिम तो उनके सांगोपांग हैं जिन्होंने दलाईलामा को दिखावे के लिए रखकर तिब्बत के सभी प्रमुख स्थानों पर कब्जा जमा रखा है। एक समय वह भी था जब शिशु दलाईलामा वयस्क होकर राज्य का भार लेने से पहले ही उनकी मृत्यु हो जाती थी। ऐसी मौत मंत्रि-परिषद के षड्यंत्र से ही होती थी। तिब्बती लामा-धर्म के मूल रहस्य की जानकारी केवल पांचेन लामाओं को थी। अति प्राचीनकाल में भारतीय तीर्थयात्री मानस परिक्रमा के लिए जाते समय पांचेन लामा का आशीर्वाद लेने के लिए सिगात्से होकर जाते थे। लोग पांचेन लामा पर आरोप लगाते हैं कि वे चीनपंथी हैं, किन्तु यह सच नहीं है। सच तो यह है कि वे दूरदर्शी हैं। तिब्बत एक छोटा सा देश है। हमारा सबसे बड़ा शहर लासा कलकत्ता के किसी मुहल्ले जैसा छोटा है। भारत व चीन की तुलना में यह देश बहुत छोटा है, हमारे पास न आधुनिक हथियार हैं न प्रतिरक्षा का सामर्थ्य। यदि कोई बाहरी शत्रु हम पर आक्रमण करे तो कौन हमारी रक्षा करेगा? इसीलिए किसी शक्ति की सहायता हमें अवश्य चाहिए थी। तिब्बत सदैव चीन के अधीन था, बुरे दिनों में चीन ने ही हमें बचाया। चीन के सम्राटों ने ही पाँचवें दलाईलामा को चेन-रे-जि बनाकर सिंहासन पर बैठाया था।''

मुझे एक अन्य कमरे में ले जाकर एक तस्वीर दिखाते हुए वे बोले, ''यह फोटो पिछले पांचेन लामा का है (१९२३)। अंग्रेजों के सामने घुटने न टेककर वे आत्मरक्षा के लिए चिंघाई चले गये थे, वहीं वे काल-कवलित हुए। फिर उनका जन्म उसी प्रदेश में हुआ। उसके बाद शिशु पांचेनलामा चीन की मदद से यहाँ लौट आए। चीनी मदद के

बिना वे कभी भी शीगात्से पर अपना प्रभाव स्थापित नहीं कर पाते। चिंघाई का वह शिशु पांचेनलामा ही सम्प्रति महान् पांचेन एरडेनी हैं। चीनियों के साथ हमारे स्वभाव-चरित्र और चेहरे में भी काफी समानता है।''

नानाजी को शायद बहुत दिनों के बाद ऐसा कोई मिला था जिसे वे अपनी सुना सकते थे। वे सोत्साह बीते दिनों की कहानियाँ सुनाने लगे। उनके विचारों से यह स्पष्ट था कि वे चीन समर्थक थे। उन्होंने आगे कहा, ''हान् पूरे तिब्बत पर छा गये हैं, केवल लासा पर उनका पूरा अधिकार या प्रभाव नहीं जम पाया है क्योंकि वहाँ के लामा व गुम्फाएँ अति शक्तिशाली हैं। तिब्बत के कालून सम्प्रदाय के संभ्रांत लोग ही काशाग मंत्रीसभा के सर्वेसर्वा हैं, वे किसी भी विषय में हानों का हस्तक्षेप बर्दाश्त नहीं करते। किन्तु चीन बहुत उदार है, अब तिब्बत और चीन के बीच कोई सीमारेखा नहीं है, तिब्बती बे-रोकटोक चीन आवाजाही करते रहते हैं।

लामाओं में पांचेनलामा ही सर्वाधिक दूर-दृष्टि सम्पन्न व्यक्ति हैं। हों भी क्यों न, वे ही तो दलाईलामा तथा पूरे तिब्बत के धर्मगुरु हैं। हानों के साथ दलाईलामा ने जो समझौता किया था, उसी का अक्षरशः पालन करते रहे पांचेनलामा। इससे तिब्बत का ही भला हुआ है। चीन ने शीगात्से के सार्विक विकास के लिए महत्वपूर्ण कदम उठाया है। तिब्बत में यान-वाहन चलने लायक एक भी सड़क नहीं थी। चीन ने अब तक पाँच सड़कों का निर्माण किया है, शीगात्से से काठमांडू तक अब सीधे जीप से जाने लायक सड़क बन गयी है। चीनी सेना तिब्बत के विकास के लिए और भी काम कर रही है। शीगात्से के पास एक हवाई अड्डा बन रहा है। तिब्बती छात्र-छात्राएँ शिक्षा के लिए पीकिंग जा रहे हैं। जो भिखारी सड़कों पर पड़े रहते थे उन्हें सेना में भरती किया जा रहा है, मिलिटरी बैरकों में अनायास लोगों को काम मिल जाता है।''

नानाजी के विचार स्पष्ट एवम् तर्क-संगत थे। तिब्बत पर चीन के अधिकार विस्तार का वे स्वागत करते थे। उन्होंने यह भी बताया कि शीगात्से चीनी सैनिकों से भरा हुआ है, इससे मुझे चिंता होने लगी कि मैं सही-सलामत इस शहर से निकल पाऊँगा या नहीं!

शाम को वे मुझे शहर घुमाने ले गये। शहर लासा की तरह ही विस्तृत था। यहाँ सड़कों का अभाव नहीं था। पक्की इमारतों की संख्या ही अधिक थी। पांचेनलामा का राजप्रासाद दूर के एक पहाड़ पर था। इमारतों की दीवारों पर चीनी सरकार के इश्तहार चिपके थे। पाँच बड़े-बड़े स्मारक बने थे विगत पांचेनलामाओं के। ताशीलुम्पो पांचेन एरदेनी या ताशीलामा का प्रासाद भी था, तिब्बत का एक प्रसिद्ध गुम्फा भी। उस गुम्फा में चार हजार लामा रहते थे। गुम्फा के दीवारों की चित्रकारी, तांखा व वहाँ का पाठागार विश्वभर में प्रसिद्ध था। ताशीलुम्पो लामाओं का पवित्र मंदिर था, वहाँ के मंदिर के सभी सामान सोने के थे। शहर में चीनी फौज किस तरह छायी हुई थी यह सड़कों पर चीनी फौज का आवागमन देखकर ही जाना जा सकता था, किसी के बताने की आवश्यकता नहीं थी।

राह चलते नानाजी ने मुझे कैलास का रास्ता पुनः समझा दिया था। एक चौराहे पर खड़े होकर उन्होंने एक सड़क की ओर इशारा करते हुए कहा, "तुम इसी सड़क से जाओगे, यह सड़क तुम्हें सीधे काठमांडू पहुँचा देगी। अकेले-अकेले कैलास जाकर क्या करोगे? कैलास बहुत दूर है, बहुत तकलीफ होगी, वहाँ जाने का विचार छोड़ दो!" वे अत्यंत स्नेह के साथ मुझे समझा रहे थे।

नानाजी से मैंने कह दिया था कि मैं सुबह ही प्रस्थान कर जाऊँगा। उनसे पांचेनलामा व चीनी अधिकारियों का शीगांत्से पर अधिकार की कहानी सुनकर और सड़कों पर चीनी फौज की आवाजाही देखकर मेरा मन वहाँ से भागने के लिए छटपटा रहा था। यूँ उनका आत्मीय आचरण, उस आलीशान बंगले की सुविधाएँ और अच्छा भोजन किसी भी थके हुए यात्री को वहाँ कुछ दिन रहने के लिए लालायित करता, किन्तु मुझे शीगात्से में एक पल रहना भी खतरा मोल लेने जैसा लग रहा था। नानाजी बहुत अच्छे थे, किन्तु उन्हें खुलकर सब बताने पर भी वे शायद यह नहीं समझ पाए थे कि मैं भारतीय हूँ, नेपाली लामाओं का साथ छोड़कर मैं अकेले कैलास जा रहा हूँ सुनकर वे शायद मुझे भारत से आया हुआ नेपाली समझ रहे थे, इसीलिए वे मुझे बार-बार काठमांडू जाने के लिए कह रहे थे।

रात का भोजन भी नानाजी के साथ हुआ। बहुत दिनों के बाद मुझे सोने के लिए बढ़िया बिस्तर मिला, साथ ही ओढ़ने को बढ़िया रजाई भी। तिब्बत के जाड़े में रुई की बनी सचमुच की रजाई मिलना तो स्वप्न जैसा था। इतने चैन से सोया कि तड़के उठने की चाह धरी रह गयी। नानाजी ने जब मुझे जगाया उस समय सुबह के साढ़े आठ बज रहे थे। इस यात्रा में यह पहला मौका था जब मैं किसी सभ्य इंसान की तरह प्रातः कृत्य से निपटा। उसके बाद बैठक में बैठकर सूजी का नमकीन हलुआ और एक गिलास चाय का नाश्ता लेकर मैं उठा।

नानाजी ने मुझे डायरी लिखने के लिए एक पेंसिल और कुछ कागज दिए, साथ ही कुछ तिब्बती फुटकर पैसे। उन्होंने राह के लिए पर्याप्त सूखे खाद्यपदार्थ भी मेरी झोली में भर दिए। उस परमकृपालु नानाजी से बिछुड़ते हुए मेरा मन सिक्त होने लगा था।

सड़क पर आकर ख्याल हुआ कि एकदिन एकरात नानाजी के साथ रहकर भी मुझे उनका नाम नहीं मालूम था। उनकी आत्मीयता व स्नेह में मैं भूल ही गया था कि मुझे उनका नाम जान लेना चाहिए। अब जब विदा लेकर मैं चल ही पड़ा था तो नाम जानने के लिए लौटने का कोई अर्थ न होता। इससे फर्क भी क्या पड़ता था! मुझे उनका वास्तविक नाम भले न मालूम हो, वे मेरे दिल में हमेशा नानाजी का स्थान अधिकार किए रहेंगे।

# शीगात्से से पासागुक तक

शीगात्से से मैंने नए उत्साह से यात्रा शुरू की। मुझे पथ-निर्देश मिल गया था, राह के लिए कुछ खुराक का सामान मिल गया था, अत: निश्चिंत था कि कैलास तक अवश्य पहुँच जाऊँगा।

ताशीलुम्पो का आलीशान राजभवन तथा वहाँ का गुम्फा दूर से देखकर ही मैं संतुष्ट था। मैंने अनेकों बड़े-बड़े गुम्फा देख लिए थे, अत: उसका बहुत आकर्षण नहीं था मेरे लिए। फिर भी, देख पाता तो अच्छा लगता, किंतु उससे अकारण झमेले में भी पड़ सकता था। चूँकि चीनी सैनिकों का रवैया भारत-विरोधी था, उनसे बचकर और उनके पूछताछ से बचकर निकल जाने में ही बुद्धिमत्ता थी।

सांपो की घाटी यहाँ समतल थी, सड़क भी अच्छी थी जिस पर जीप और ट्रकें चलती थीं। आबोहवा भी अच्छी थी, धूप की ऊष्मा सुखद लग रही थी। बांयीं ओर हिमालय की श्रृंखला पुन: शुरू हो गयी थी, मैं उसी के समांतर सड़क के किनारे-किनारे चल रहा था। काठमांडू सड़क पर सीधे बढ़ते हुए मैं संध्या के समय उस स्थल पर पहुँचा जहाँ से सड़क दो भाग में बँट गयी थी। एक सड़क बाँए मुड़ गयी थी काठमांडू की ओर, दूसरी सांपो तक गयी थी और नदी के उस पार से एक सड़क सीधे उत्तर को और दूसरी पश्चिम को गयी थी। किंतु नदी पर कोई पुल नहीं था। इस मोड़ पर पहुँच कर मुझे नानाजी की याद आयी, उन्होंने बार-बार मुझसे काठमांडू लौटने को कहा था। मैंने मन ही मन उनसे क्षमा मांगी, मुझे कैलास बुला रहा था और मुझे वहीं जाना था। दाँयी ओर की सड़क से मैं सांपो के नावघाट पर पहुँचा।

नदी यहाँ काफी चौड़ी थी। घाट पर कोई नाव नहीं दिखी, अलबत्ता एक मालवाही जलयान वहाँ खड़ा था। घाट के करीब कुछ सामरिक वाहन खड़े थे। पास ही एक चाय की दुकान थी। मैं दुकान पर पहुँचा। वहाँ कुछ चीनी घुटने के बल बैठकर चाय पी रहे थे और आपस में बातचीत कर रहे थे। मैं वहाँ पहुँचा तो दुकानदार ने बिना मांगे ही मुझे चाय का एक चोंगा थमा दिया जिसमें आठ-नौ कप चाय थी। मैं भी चीनियों की तरह उकड़ूं होकर बैठा और चाय सुड़कने लगा। जिनके डर से मैं शीगात्से से भागा, उन्हीं के बीच बैठकर चाय पीने का अनुभव ही कुछ और था।

सभी बैठे थे, मैं भी बैठा था। नाव का कोई अतापता नहीं था। जब रात होने लगी तो वे लोग उठ पड़े। उनकी देखादेखी मैं भी उठा। घंटे भर बैठने के बाद मानों उनमें नई स्फूर्ति आ गयी थी, उनकी व्यस्तता और तत्परता देखकर मैं चकित हो गया। उस मालवाही जलयान के पास जाकर जहाज से घाट के किनारे तक अल्यूमिनियम की

पटरियाँ बिछाकर देखते-देखते उन्होंने एक रास्ता बनाया और उस रास्ते से तीन ट्रक और दो जीप चलाकर उस जहाज पर लाद दिया। इस काम में उन्हें कुल आधा घंटा लगा। नदी के किनारे खड़े होकर मैं उनकी यह कार्यवाही देख रहा था। जब जहाज का इंजिन स्टार्ट हुआ तो मैं चौंका। तिब्बत में यंत्रचालित स्टीमर देख पाऊँगा यह तो अचिंतनीय बात थी, उस विशाल जलयान को देखकर मैंने यह ख्याल भी नहीं किया था कि वह यंत्रचालित हो सकता है। मैं विस्मय से उसे देख रहा था जब दो चीनियों ने मुझे इशारे से स्टीमर पर चढ़ने को कहा। मुझे सांपो पार होना था, अत: बिना किसी झिझक के मैं उस पर चढ़ गया। नदी पार जाने के लिए और भी दो तिब्बती चाय की दुकान पर बैठे थे, वे भी आ गये। जोर से सीटी बजाकर स्टीमर चल पड़ा और पन्द्रह मिनट बाद ही हम उस पार लग गये। पुन: पुल तैयार हुआ और हम किनारे उतर गये। स्टीमर वालों ने कोई पैसा नहीं लिया। इस तरह लासाजोङ् फेरीघाट से सांपो पार कर मैं आगे बढ़ा और पश्चिम की सड़क पकड़ा। कैलास के लिए मुझे इसी रास्ते सीधे जाना था इसीलिए मैं बहुत खुश था कि अब किसी से रास्ता नहीं पूछना पड़ेगा।

सड़क के किनारे एक खंडहर में मैंने रात का पड़ाव डाला, सुबह से फिर चलना शुरू किया। सड़क सांपो के समांतर बिछी थी। यात्रा एक रस थी किंतु दुरूह नहीं। अत: चलने में कोई कठिनाई नहीं थी। यहाँ की जलवायु शुष्क थी और विषम भी। रात में बहुत ठंड, दिन में ठंड की मात्रा काफी कम हो जाती धूप के कारण। आकाश में बादल होने पर ठंड के कारण चलना असंभव हो जाता, किंतु तिब्बत के आकाश में शायद ही कभी बादल दिखाई पड़ते। दिन की धूप और रात के तारे चलने की प्रेरणा बनते।

सांपो पार होने के बाद तीसरे दिन दोपहर को मुझे एक छोटा सा गाँव मिला। गाँव का नाम था लाका। गाँव के प्रवेश पथ पर एक चोरतेन था, मैं विश्राम के लिए वहीं जा बैठा। क्रमश: मेरे इर्द-गिर्द गाँव के बच्चे और बूढ़े इकट्ठे होने लगे, भीड़ में कुछ महिलाएँ भी थीं। युवावर्ग उस भीड़ में नहीं थे, वे संभवत: खेती के काम में व्यस्त थे। जौ और बार्लि की उपज इधर अच्छी होती थी, ग्रीष्मकाल होने के कारण यही खेतीबारी का समय भी था। एक वृद्धा गोद में बच्चा लिए मेरे पास पहुँची और मुझे सांष्टांग प्रणाम करने के उपरांत कुछ बोली। बुढ़िया पोपले मुँह से जो उच्चारण कर रही थी उसका कुछ भी मैं समझ नहीं पा रहा था यद्यपि मैं काम चलाने लायक तिब्बती भाषा सीख गया था। ध्यान से सुनने के बाद लगा कि वह आशीर्वाद मांग रही है। मैं बुढ़िया के सर पर हाथ रखकर आशीर्वाद करने लगा तो बुढ़िया ने मेरा हाथ पकड़कर गोद के बच्चे के सर पर रख दिया। बच्चे को आशीष देने के बाद वह प्रसन्न हो गयी।

गाँववाले मुझे घेरे रहे, लगा कि उन्हें बहुत दिनों बाद किसी लामा का दर्शन मिला था। वे मेरे आहार के लिए साम्पा ले आए। साम्पा खाकर मैं वहीं लेट गया, बूढ़े और बच्चे मेरे आसपास बैठे रहे। शाम को खेत का काम निपटाकर युवक-युवतियाँ गाँव में लौटे तो गाँव और जीवंत हो उठा, गाँव की रौनक ही लौट आयी। तिब्बती नैशभोज

सूर्यास्त के पहले ही कर लेते हैं, मुझे भी उनके साथ भोजन के लिए बुलाया गया। फिर उन्होंने मुझे एक किसान के घर के ओसारे पर ले जाकर बैठाया। ओसारा बड़ा था, मंडप जैसा। कुछ ही देर में असामान का चाँद चमक उठा, चारों ओर चाँदनी फैल गयी। पिछले कुछ दिनों से चाँद की कला का आकार बढ़ता गया था, मैं रात की यात्रा चाँदनी में तय करता आया था अनायास। स्वच्छ आकाश के कारण यहाँ की चाँदनी में प्रकाश अधिक था, रात में दिशायें जगमगा उठती थीं। उस चाँदनी में मैं सहजता से डायरी भी लिख सकता था।

ओसारे में लोग पुआल बिछाकर बैठे। कुछ लोग एक बड़ी सी हाँडी लाकर बीच में रखे। फिर आबाल-वृद्ध-बनिताओं ने मिलकर समवेत कंठ में गाना शुरू किया। उनके गीत का स्वर अति मधुर था। क्रमश: ठंड बढ़ने लगी, लोगों ने कम्बल ओढ़ लिए। गीत समाप्त होने पर दो महिलाएँ उठकर हाँडी से कोई पानी निकाल कर लोगों को देने लगीं। कुल तीन कटोरे थे, जिनमें भरकर एक युवती मेरे पास भी आई। मैं कुछ ऊहापोह में था, न जाने कैसा पेय है, किंतु ना कहने से ये बुरा न मान जाएँ। इस गाने-पीने का उत्सव शायद मेरे सम्मान में ही था। मैंने कटोरा दोनों हाथों से थामा और वह शीतल पेय एक बार में गटक गया। वह पेय बार्लि का बना तिब्बती बीयर था जिसका स्वाद ताड़ी जैसा था। मुझसे कटोरा वापस लेकर वह युवती यूँ मुस्कराई मानों मैंने पीकर उस पर बहुत बड़ा अहसान किया हो। फिर कटोरे के पेंदे में जो दो-चार बूँद रह गया था, उसे वह चट गयी। मुझे क्या पता था कि मेरा प्रसाद वह इस चाव से लेगी, यदि मालूम होता तो सारा गटकने के बजाए थोड़ा बचाकर रखता। बीयर पीने के बाद नए जोश से नाच और गाना शुरू हुआ। उनका नाच बीरभूम जिले के संथालियों के नाच जैसा था।

ओसारे का छत लकड़ी का फ्रेम डालकर उस पर टीन की चादरें बिछाकर बनाया गया था। चारों ओर से खुला था, यानी कोई दीवार नहीं। मुझे बहुत ठंड लग रही थी, नींद भी आ रही थी। किंतु नाच-गाना न थमने तक सोता भी कैसे? स्वच्छ चाँदनी, नृत्य, गीत और युवक-युवतियों की मुक्त हँसी से एक स्वर्गीय परिवेश का सृजन हुआ था वहाँ। नारी और पुरुष में यहाँ कोई अंतर नहीं था, सहज-सरल और अबाध था उनका मिलन। शायद गर्मियों की चाँदनी रातों का आनंद वे इसी तरह उत्सव मनाकर लिया करते थे। एक समय नृत्य-गीत थम गया, सभी उठ उठकर अपने-अपने घर चले गये। वहाँ केवल रह गया एक खाली हाँडी, और रह गया मैं। मेरी इतनी खातिरदारी हुई, किंतु किसी ने मुझे सोने के लिए अपने घर नहीं बुलाया, शायद किसी को ख्याल ही नहीं था। सब चले गये तो मैं पुआल इकट्ठा करने लगा जिस पर वे बैठे थे। एक स्थान पर पुआल का ढेर बनाकर मैं उसमें घुसकर सो गया। तिब्बत में आदमी का सबसे अच्छा मित्र ही है आग, पुआल और कम्बल। कम्बल मेरे पास था, पुआल मिल गया था, अत: आग की कमी उतनी त्रासद नहीं लगी। सोने के लिए मुझे इंतजार नहीं करना पड़ता था, थोड़ी सी गर्मी मिली और आँख लग गयी।

स्वप्न जैसी सुंदर वह रात बीत गयी। अगले दिन भोर में जब मैं उठा, सारा गाँव सो रहा था। अतः कुछ कुत्तों को बताकर मैं लाका गाँव छोड़ा। गाँववासी जाग जाते तो शायद मुझे दो-एक दिन रोकना चाहते, अतः आगे बढ़ने में ही कल्याण था। रात के नृत्य-गीत की मधुर स्मृति संजोए मैं सांपो के किनारे की सड़क पर आ गया।

दक्षिण में हिमालय, फिर रास्ता, दाँए बगल में सांपो नदी, लगातार यही एकरस दृश्य था इस यात्रा में। उत्तर का पहाड़ लगभग एक मील दूर खिसक गया था। पेड़-पौधे नहीं दिखते थे। बालू और पत्थर। दूर-दूर तक यही दृश्य था। धूप की किरणें बालू पर यों चमकतीं कि आँखें चौंधिया जातीं। इस क्षेत्र में आबादी भी बहुत कम थी। कई-कई दिन तक न गाँव मिलता, न लोगों के दर्शन होते। कभी-कभी तिब्बती बंजारों या खानाबदोशों के तम्बू दिख जाते, कहीं-कहीं चीनी फौज के पड़ाव। सांपो के इस रास्ते मुझे चौथे दिन कुछ ट्रक चलते दिखे।

दूर से जब ट्रक आते दिखाई दिए, तो पहले मैं समझ नहीं पाया था कि वे ट्रक हैं। उनके आगे-पीछे बादलों की तरह धूल उड़ रही थी। हिचकोले लेते हुए वे ट्रक क्रमशः पास आते गये तो मैं सड़क छोड़कर काफी दूर जा खड़ा हुआ। मुझे देखकर ट्रक के आरोहियों ने हाथ हिलाया, मैंने भी हाथ हिलाया। काफी दूर होने के कारण मैं उनका चेहरा ठीक से नहीं देख सका। एक-दूसरे के बीच व्यवधान रखते हुए लगातार चार ट्रक गुजरे। उनके जाने के बाद भी सूखी धूल उड़ती रही बीस मिनट तक।

साधुबाबा से बिछुड़ने के बाद से मेरा हर दिन एक नयी चुनौती होता था क्योंकि मुझे नहीं मालूम था कि आगे कहाँ गाँव मिलेगा, रात कहाँ गुजारूंगा। गुरुजी तिब्बत का चप्पा-चप्पा पहचानते थे, वे हमें पहले से ही बता देते थे कि आगे क्या है, वहाँ की विशेषता क्या है? मैं भगवान भरोसे चल रहा था। सूर्य पश्चिम की ओर लुढ़कने लगता तो मैं तभी से रात का आश्रय तय करने के लिए चौकस हो जाता। दो दिन तो रातभर चलकर भी कोई गाँव या आश्रय नहीं मिला। कभी कोई परित्यक्त घर या खंडहर, जिसके ऊपर छत हो, मिल जाता तो मैं उसी से संतुष्ट हो जाता।

मैं निरंतर चल रहा था, किंतु लगातार एक जैसा दृश्य होने से लगता था कि मैं वहीं रह गया हूँ, दूर के पहाड़ भी एक ही स्थान पर थमें हुए लगते जिनसे मैं आगे निकल ही नहीं पा रहा था। लगता था कि सांपो की विपरीत दिशा में मैं अविराम तैर रहा हूँ किंतु स्रोत को पछाड़ कर आगे नहीं बढ़ पा रहा हूँ। फिर भी कैलासनाथ दर्शन का उत्साह ज्यों का त्यों था, उस महातीर्थ के आकर्षण ने ही मुझे इतना मनोबल दिया था। दिन में सूरज और रात में चंदा और तारे मुझे राह दिखाते। धूप मुझे गर्मी देती और चाँदनी भरोसा। इस निस्संग यात्रा में मेरा निविड़ सम्पर्क खुद की ही सत्ता से हो रहा था। इस यात्रा में ही मैंने जाना कि मेरा प्राण और देह एक नहीं है, वे एक दूसरे से भिन्न हैं। हम सभी यहाँ यात्री हैं, एक क्षुद्रलोक से अनंतलोक की ओर जाते हुए। मेरी आत्मा मेरी देह को कैलास की ओर खींच कर ले जा रही थी, वैसे ही विश्व प्राण समग्र विश्व को अमृत की संधान में ले जा रहा था, हम सभी पथिक मात्र थे।

चलते चलते मैं गेबुक नाम के गाँव में पहुँचा। वहाँ एक गुम्फा मिला जो परित्यक्त दशा में पड़ा था, वहाँ कोई भी नहीं था, एक लामा भी नहीं। इस गुम्फा में मैं दो रात टिककर थकान मिटाता रहा। गुम्फा के मंदिर में मंजुश्री की मूर्ति थी, उनका जप करते हुए मैं अपना समय काटता। घी का दीपक न जाने कब से बुझा पड़ा था, ठंड के कारण घी जमकर ईंट जैसा ठोस हो गया था। मूर्ति के बदन की चादरों को चूहों ने कुतर कर चिथड़ा बना दिया था। कमरों में सर्वत्र चूहों का राज्य था, वहाँ की गद्दी पर मैं सोता तो चूहों के राज में अनचाहे मनुष्य के हस्तक्षेप जैसा होता। तांखा व दीवाल की ताखों की भारी पुस्तकें यथावत् रखी थीं, उन्हें किसी ने स्पर्श भी नहीं किया था। कुछ मुखौटे आदि जो वहाँ रखे थे, कोई चाहता तो उन्हें उठा ले जाता, किंतु पवित्र गुम्फाओं के सामानों को कोई छूता न था। गुम्फा ही तिब्बत के प्राण थे, ऐसे में उस छोटे से सुंदर गुम्फा को परित्यक्त देखकर मुझे बहुत खराब लगा। देखरेख के अभाव में प्रार्थनाचक्रों पर जंग लगने लगा था।

दूसरे दिन सुबह तेरह ग्रामवासियों का एक दल मुझे मिला। उनके अनुरोध पर मैंने गुम्फा के मंदिर में पूजा किया। बहुत दिनों बाद मंदिर में घंटी बजी, लोगों ने प्रार्थना चक्र घुमाया। उन्हीं से मालूम हुआ कि गुम्फा में एक लामा था जो साल भर पहले शीगात्से गया था, उसके बाद लौटकर नहीं आया। ताशीलुम्पो से उसके बाद अन्य कोई लामा भी वहां नहीं भेजा गया। गाँव में लोगों की संख्या भी घट गयी थी, चीनी कैम्पों में काम मिलने से वे चले गये हैं, **यदा-कदा**' गाँव में लौटते हैं। सूखी आबोहवा तथा पथरीली रेतीली जमीन के कारण आसपास कुछ उगता न था, इससे गाँववालों की आर्थिक दशा अत्यंत खराब थी। चीनी शिविरों में नौकरी की व्यवस्था होने से उन्हें आजीविका का साधन मिल गया था जिससे लोग प्रसन्न थे।

गेबुक गाँव के बाद अगला गाँव मिला तीन दिनों के बाद, इस गाँव का नाम साका **था। साका के बाद लगा कि सड़क क्रमशः ऊँचाई की ओर जा रही है। सांपो की ओर** देखा तो उसके प्रवाह की गति भी पहले से कहीं तेज लगी। साका से चार दिन की यात्रा के बाद एक बड़ा गाँव मिला। गाँव में लगभग दो सौ घर थे, प्रति घर पाँच व्यक्ति भी हों तो गाँव की आबादी लगभग एक हजार होगी, ऐसा मैंने अनुमान लगाया।

यह गाँव सांपो के तट पर बसा था। गाँव का नाम था पासागुक।

# पासागुक के ज्ञानी गुरु

पासागुक गाँव में चहल-पहल नहीं थी। मैं दोपहर को पहुँचा था इस गाँव में, किंतु लगता था कि सभी घर सूने हैं, गाँव के कुत्ते भी सोते रहना ही पसंद करते हैं, मुझ अजनबी को देखकर कुत्तों ने घेरा नहीं।

गाँव में बहुत से चमरी गाय दिखी जो सानी जबड़ों में लेकर चुइंगम की तरह चूस रही थीं। उन्होंने भी मुझमें दिलचस्पी नहीं दिखायी। और आगे बढ़ा तो कुछ बच्चे मुझे देखकर ठिठक से गये। गाँव के बीच में पहुँचने पर खूंटियाँ दिखाई पड़ीं जिनमें पताकाएँ फहरा रही थीं। गुम्फा के छत मंदिरों की तरह ही ऊँचे होते हैं, किंतु इस गाँव में गुम्फा है यह मेरे ध्यान में नहीं था, न ही दूर से मैंने गुम्फा का छत ही देखा था।

मैं गुम्फा में पहुँचा, वह न तो बहुत बड़ा था न विशेष छोटा। मणिचक्रों को घुमाता हुआ मैं मंदिर में घुसा। दीए की क्षीण रोशनी में अभ्यस्त होने पर देखा कि वहाँ एक विशाल मूर्ति है अवलोकितेश्वर की। उनके सामने नीचे की वेदी पर कटोरियाँ रखी थीं जिनमें चावल रखे थे। कई दिनों के बाद एक आश्रय मिलने की खुशी में मैंने अवलोकितेश्वर की मूर्ति के सामने की वेदी पर बैठकर ध्यान किया और अपनी श्रद्धा निवेदन किया। उसके बाद वहाँ कटोरी में रखे सूखे चावल उठाकर खाने लगा।

घंटा भर सूखे चावल चबा चबा कर मैंने अपनी भूख मिटायी। आनंद और तृप्ति से मन भरने से भी पेट नहीं भरता था। भूखे पेट उच्च-मार्ग के सिद्धांत लोप पा जाते थे। सूक्ष्म मन का निवास तो स्थूल शरीर में ही था, तन चंगा तो मन चंगा। भूख लगी थी, मंदिर की कटोरियों में चावल था, अत: कच्चा चावल चबाकर थोड़ा पेट को शांत किया। उसके बाद भी घंटों चुपचाप बैठा रहा। अब मेरी आदत हो गयी थी, घंटों चुप बैठने में कोई असुविधा नहीं होती थी। मैंने तय किया कि रात इसी गुम्फा में ही ठहरूँगा, इससे अच्छी जगह और क्या हो सकती है?

शाम को गाँव में टहलने निकला। तिब्बत का यह क्षेत्र मरुस्थल जैसा था। हवा शुष्क एवम् ठंडी। आकाश स्वच्छ, कहीं बादल नहीं। दूर के पहाड़ स्पष्ट दिखते। रात में तारे अधिक चमकीले लगते।

दिन में गाँव किसी सुप्त नगरी की तरह लगा था। साँझ होते-होते जैसे जीवंत हो उठा वही गाँव। अवश्य ही गाँव वाले दिन में कहीं अन्यत्र काम-धंधे के लिए चले जाते थे, शाम को लौटते थे। मुझसे किसी गाँव वाले ने कुछ भी नहीं पूछा, न कोई मेरी ओर आकृष्ट हुआ। मैं गुम्फा में वापस लौटा।

गुम्फा की कोई चहारदीवारी नहीं थी। एक घर, एक चैत्य और खुला आंगन लेकर ही मठ का अस्तित्व था। घर संभवत: लामाओं के लिए बना था, किंतु खाली पड़ा था। मैंने रसोई का कमरा ढूंढ़ निकाला। गुम्फा के कमरे साधारणत: खुले रहते थे, बहुत आवश्यक न हुआ तो ताले का उपयोग कहीं नहीं होता था और गाँव वालों की बात ही निराली थी, उनमें अधिकांश ने तो कभी ताला-चाभी देखे भी नहीं होंगे। रसोई के चूल्हे में कुछ अधजली लकड़ियाँ पड़ी थीं, मेरा काम उसी से चल जाएगा। साथ में आटा था, कुछ रोटियाँ सेंक लूंगा।

रसोईघर साफ-सुथरा था, इसकी दीवारें लकड़ी की थीं। चूल्हा जलाने के बाद लकड़ी की आग से व बाद में अंगार की आँच से कमरा गर्म हो उठा। रोटियाँ खाकर मैं रसोई में ही सो गया।

सुबह मुझे किसी ने बुलाया। अंगड़ाई लेकर आँखें मलता मैं उठकर बैठ गया तो देखा मेरे सामने एक सुदर्शन लामा खड़े हैं। उन्हें प्रणाम करके मैं खड़ा हो गया।

''कहाँ से आए हो?'' उन्होंने पूछा।

उस सौम्यमूर्ति देवतुल्य पुरुष के सामने मैं झूठ नहीं बोल सका। मैंने उत्तर दिया, ''मैं भारतीय हूँ, नेपाली तीर्थयात्रियों के साथ लासा गया था। ड्रेपुंग में मैंने उनका साथ छोड़ा। मैं अब कैलास की यात्रा पर हूँ।''

वे मुस्कराकर बोले, ''मेरे कमरे में चलो, वहीं बैठकर बातें करेंगे।''

उनके साथ मैं बगल के कमरे में गया। कमरा सुसज्जित था। दीवाल पर कुछ तांखा लटके हुए थे। एक छोटे देवासन में तथागत की एक मूर्ति थी। कमरे के कोने में बिस्तर बिछा था, बगल में एक डेस्क पर कापी, कलम और एक मोटी पुस्तक रखी थी। उन्होंने सीधे जाकर भगवान् तथागत की मूर्ति हाथ में उठायी, फिर मुझे दिखाते हुए बोले, ''इसे देखो, कलकत्ता की महाबोधि सोसाइटी ने मुझे यह उपहार में दी थी; कितनी सुंदर मूर्ति है, है न?''

''आप कलकत्ता गये थे?'' मैंने पूछा।

वे मुस्कराकर बोले, ''मैं कई साल तक दार्जिलिंग और कालिम्पंग में था।'' कहकर वे बिस्तर पर जा बैठे, मुझे भी अपनी बगल में बैठाया। मैं बैठ गया तो उन्होंने पूछा, ''भारतीयों को तो अब तिब्बत में आने नहीं दिया जाता, तुम्हें गीयात्से या लासा जाने की अनुमति कैसे मिली?''

''मैं नेपाली मौनीबाबा के परिचय से तिब्बत आया था।''

मेरा उत्तर सुनकर वे हँसते-हँसते दोहरा होने लगे। फिर मुझे आश्वासन देते हुए बोले, ''ठीक है, जब यहाँ तक पहुँच गये हो तो आगे भी खतरा नहीं होना चाहिए। लगता है कि भगवान् ने खुद ही तुम्हारा जिम्मा लिया है।''

कमरे में एक कड़ाही में आग रखी थी, उसमें कुछ लकड़ी के टुकड़े डालकर वे बोले, ''मानना पड़ेगा कि तुम बहुत हिम्मती हो। इतनी दूर आने में बहुत कष्ट हुआ होगा। आगे कोई कष्ट नहीं होगा।''

उनके विनय व **सौहार्द्ध** ने मुझे मोह लिया। मैं टूटी-फूटी तिब्बती बोलता, वे भी टूटी-फूटी हिन्दी और बांगला के शब्द मिलाकर बातें करते। हमारा संवाद यूँ ही चलता रहा। हममें एक आंतरिकता पनप उठी। उन्हें बहुत आश्चर्य था कि मैं पासागुक तक कैसे पहुँचा।

उनकी उम्र साठ के आसपास थी। वे इस गुम्फा के प्रधान थे और उच्चस्तरीय लामा थे, उन्हें मेरे गुरुजी की तरह गेशे रेपतेन की उपाधि मिली हुई थी। किंतु मठ में अभी तक और कोई नहीं दिखा, पिछले दिन वे भी नहीं थे, शायद रात में या तड़के कहीं से लौटे हों।

उन्होंने मुझे बताया कि तिब्बत का प्राण पहले इन गुम्फाओं में ही था, गुम्फा ही धर्म व शिक्षा के मूल केंद्र थे। किंतु अब सर्वत्र राजनैतिक हस्तक्षेप होने लगा है। ताशी-लुम्पो से अनुदान या खाद्य-सामग्री पहुँचना लगभग बंद हो गया है। गुम्फा का मूलधन बेचकर तथा गाँववालों के भरोसे से गुम्फा चलाया जाता है। सरकारी नियम लगातार बदलते जा रहे हैं, चीनी अधिकारी विकासशील योजनाओं में ध्यान दे रहे थे जिससे युवकों को सड़क निर्माण, पुल निर्माण आदि में काम मिल रहा था, इसलिए युवा वर्ग को गुम्फा में रुचि नहीं रह गयी थी, वृद्ध-वृद्धाओं को छोड़कर कोई गुम्फा में झाँकता तक न था। शीगात्से क्षेत्र की तुलना में लासा की ओर के गुम्फा अधिक प्रभावशाली हैं।

गेशे रेपतेन का मत था कि चीन तिब्बत में जो कुछ कर रहा है, वह अच्छा ही है। निरक्षर देशवासी शिक्षा में रुचि ले रहे हैं, लोगों को काम मिल रहा है, निम्नवर्ग के लोगों को उन्नति का अवसर मिल रहा है। उन्हें दुःख भी था कि गुम्फाओं की उपेक्षा हो रही है जबकि समाज की देह में गुम्फा ही प्राण हैं। फिर उन्होंने कहा कि धर्म की रक्षा के लिए भगवान् तथागत बार-बार अवतरित होते हैं, शायद उनकी यही इच्छा है, वे भी शायद परिवर्तन ही चाहते हैं। गेशे रेपतेन ने अकस्मात् मुझे पूछा, ''स्वदेश लौटकर भी क्या तुम त्राबा व्रत का पालन करोगे?''

''स्वदेश लौटकर?'' कुछ हिचक के साथ मैं बोला, ''स्वदेश लौटकर शायद मैं और लड़कों की तरह स्कूल जाने का प्रयत्न करूँ, मुझे मैट्रिक पास करना ही है।''

उन्होंने कहा, ''नहीं, मैं यह नहीं पूछ रहा। मेरा प्रश्न था कि तुमने बौद्ध धर्म में दीक्षा ली है। लौट कर तुम इस धर्म को मानोगे या नहीं?''

मैं कुछ पल सोचता रहा। फिर बोला, ''जन्म से मैं हिन्दू हूँ। इस यात्रा के लिये त्रापा बना। भविष्य में क्या होगा, यह कैसे बताऊँ?''

मुझे मंदिर में ले जाकर उन्होंने वेदी पर रखे जलपात्रों को धोने के लिए कहा। मैं उस काम में जुट गया। उन्होंने अचानक मुझसे पूछा, ''तुम तो हिन्दू हो, हिन्दू-धर्म का तुम क्या जानते हो?''

उनके प्रश्न ने मुझे चौंकाया, सहसा कोई उत्तर भी न सूझा। उन्होंने फिर पूछा, ''तुम कोई मंत्र जानते हो?''

मैंने कहा, "जी हाँ, बहुत से मंत्र मुझे कंठस्थ हैं। मैं गायत्री मंत्र, त्रि-संध्या जप आदि जानता हूँ।" ऐसा कहकर मैं गायत्री मंत्र सुनाने लगा।

वे बोले, "कंठस्थ करने से क्या होता है? उसे समझना भी पड़ता है, अनुभव करना पड़ता है। मानव जन्म तो अनुभव और उपलब्धि के लिए ही है।"

मंदिर के काम से निपटकर हम गेशरेपतेन के कमरे में लौटे। वहाँ दो लोग इंतजार कर रहे थे। वे चौका-बर्तन रसोई तथा हाट-बाजार का काम करते थे। उन्हें आवश्यक निर्देश देने के बाद गेशे रेपतेन मुझे अपने कमरे के भीतर ही एक गुप्त कमरे में ले गये। कमरे में कोई खिड़की नहीं थी।

मुझे एक दीपक थमाकर वे बोले, "तुम यहाँ की तस्वीरों को ध्यान से देखो, मैं कुछ देर के बाद लौट आऊँगा, तब बातें होंगी।" ऐसा कहकर वे दरवाजा ओढ़काकर चले गये। उन पर भरोसा न होता तो मैं खुद को बंदी समझता। मन में थोड़ा संशय भी जगा, किंतु मैंने तर्क द्वारा इस संशय को दूर भगाया और उस कालकोठरी का मुआयना करने लगा।

सबसे पहले सामने की आदमकद मूर्ति ने मेरा ध्यान खींचा। यमंतक की अति विचित्र मूर्ति थी वह, मुझे लगा कि वह भयंकर मूर्ति मुझ पर झपटने के लिए प्रस्तुत है। यमंतक के नौ सर, चौंतीस हाथ, सोलह पाँव और सर भी महिषासुर जैसे भयंकर। उग्र लाल, नीला और सफेद रंग में उस स्टैचू को रंगा गया था। कोई और होता तो उस अंधेरे कमरे में उस भयंकर मूर्ति को देखकर चीख पड़ता। उस मूर्ति के पीछे चावल द्वारा चित्रित किये गये थे पचास नरमुंड और उस गोलाकार चित्र के चारों ओर लालरंग से अग्निशिखा बनाए गये थे। हम जो श्मशान काली की पूजा करते हैं वह मूर्ति भी इतनी भंयकर नहीं होती। यमराज को युद्ध में परास्त कर यमंतक मृत्यु का राजा बना था। मैंने स्वयं को समझाया कि डरो नहीं, वह मिट्टी और लकड़ी की एक मामूली मूर्ति है, उसमें प्राण होता तो वह इस अंधेरे कमरे में बंदी नहीं होता। कमरे में वह एक ही विग्रह था, और सब चित्रित तांखा थे।

एकाकी यात्रा करते हुए और भयंकर अंधेरी रातों से जूझते हुए और घटाटोप अंधेरे में किसी परित्यक्त खंडहर में रात बिताते हुए मैं इतना अभ्यस्त हो गया था कि अब रात के अंधेरे में राह खोने के भय के सिवा मुझे और कोई भय नहीं रहता था। इस कमरे का परिवेश ऐसा था कि भय से रोंगटे खड़े हो जाएं, किंतु मैं जानता था कि इस कमरे के बाहर की धरती पर धूप से जगमगाती दुनिया है, अत: काहे का डर? किंतु इस जागरूकता और निडरता के बाद भी शायद वह कोई भय ही था जो मुझ पर हावी होने लगा था, मुझे सहसा लगा कि किसी ने मेरा कंधा छुआ, कोई जैसे मेरे पाँव के ऊपर से धीरे से खिसक गया, दीपक की लौ भी सहसा काँप उठी और मेरा दिल जोरों से धड़कने लगा। प्रदीप नीचे रखकर मैं बैठ गया और गायत्री जप करने लगा। गायत्री ही मेरा अभय मंत्र था। मैंने माँ काली को स्मरण किया और जोर-जोर से उच्चारण करने

लगा—'ओम् भू भूर्वस्व तत् सवितुर्वरेण्यम् भर्गोदेवस्य धीमहि धीयो योनः प्रचोदयात् ओम्!'

कुछ पल जोर-जोर से गायत्री मंत्र उच्चारण करने के बाद मैं आँखें मूँदकर मन ही मन गायत्री पाठ करता रहा। कमरे में गूंजता मेरा ही उच्चारण स्तब्ध हो गया और मैं सन्नाटे में घिरा बैठा रहा। जब मैंने आँखें खोली तो यह देखकर विस्मित हुआ कि सामने का तांखा स्पष्ट दिख रहा था जबकि दीपक बुझ गया था। क्षण भर बाद कमरे के इस तरह आलोकित होने का रहस्य समझ में आ गया, मेरे पीछे का दरवाजा खुला था जिससे बगल के कमरे में घुसपैठ करती धूप से इस कमरे का अंधकार भी छँट गया था। मैं उठकर बाहर आ गया तो देखा कि मठ का रसोइया चुपचाप खड़ा है। उसने विनय के साथ कहा, "चलिए, भोजन तैयार है।"

न जाने कितने घंटे मैं उस कमरे में ध्यान करता रहा था। एक ही मुद्रा में घंटों बैठने के बाद भी न पाँव सुन्न हुए थे, न ही मुझमें किसी थकान के चिन्ह थे। बल्कि मन हलका था, बहुत ताजगी महसूस कर रहा था। मुझे लग रहा था कि यही तप की शक्ति है जो परिपूर्णता का आभास देती है। शायद इसी आनंद को उपलब्धि कहते हैं।

साँझ के आसपास मैं लामा के पास जा बैठा। वे मुस्कराए। कुछ देर की चुप्पी के बाद मैंने पूछा, "मुझे खुद ही विस्मय है कि उस कमरे में मैं लगभग छः घंटे एकासन में बैठा रह सका, क्या ऐसा स्थान-महात्म के कारण ही संभव हुआ?"

"स्थान-महात्म?" मेरा शब्द दुहराकर वे बोले, "गुरु की कृपा और अभ्यास से सब होता है।" थोड़ा रुककर वे पुनः बोले, "तुम डर गये थे! तुम क्या, यमंतक के सामने जो भी जाता है वही भय से थरथराने लगता है। यमंतक के कराल ग्रास से आच्छादित इस विश्व का त्राण केवल तथागत कर सकते हैं। भय के साथ न लड़कर तुमने खुद को महामाया के चरणों में सौंप दिया था, उन्होंने ही तुम्हारी रक्षा की।"

मेरे मन में कोई प्रश्न नहीं था। लामा ने उठकर कड़ाही की आँच तेज की, उसमें धुना डाला जिससे कमरे में सुगंध फैल गई। फिर बिस्तर पर बैठकर भारी पुस्तक पलटते हुए मुझसे बोले, "तुम दीक्षा ले चुक हो, चेन-रे-जि का दर्शन कर आए हो, जोखांग मंदिर में पूजा चढ़ाए हो, अतः तुम अब बौद्ध-संन्यासी ही हो।"

मैं बोला, "मैं आपको बता चुका हूँ कि तिब्बत आने के लिए ही मैंने यह सब किया था, इसके लिए मेरी कोई तैयारी नहीं थी, सच कहूँ तो लामा-धर्म के विषय में मैं अब भी कुछ नहीं जानता।"

वे चुप रहे। क्रमशः अंधेरा होने लगा था और दीए की रोशनी अपना प्रभाव विस्तार करने लगी थी। लामा जैसे किसी भाव जगत में थे, अस्पष्ट आलोक में उनका चेहरा शांत व पवित्र लग रहा था। लम्बी चुप्पी के बाद उन्होंने नीरवता भंग की—"बौद्ध-तंत्र या लामा-धर्म का जो लोग अध्ययन करते हैं, उन्हें इस धर्म को समझने में वर्षों लग जाते हैं, उसके बाद भी कई वर्ष तक तपस्या व साधना करने के उपरांत ही वे कुछ

उपलब्धि कर पाते हैं। किंतु गुरुकृपा और साधना के बिना एक ही जन्म में बौद्ध धर्म व तंत्र समझ पाना असंभव है। हिन्दू धर्म में भक्ति मार्ग है, स्वयं को सौंप देने से ही उनकी भगवत-प्राप्ति हो जाती है, किंतु बौद्ध धर्म में ऐसा कुछ नहीं है, यहाँ साधना करनी पड़ती है और साधना का मार्ग कठिन है।''

वे साधना का पथ कठिन बता रहे थे और मैं सोच रहा था कि तिब्बत की सड़कों पर चलना सचमुच कठिन है। वे निर्वाण के अत्यंत कठिन पथ के विषय में बता रहे थे और मैं दुर्गम पहाड़ी रास्तों व जानलेवा ठंड के विषय में सोच रहा था।

वे थमे नहीं। पद्मसंभवा, महायान, वज्रयान, प्राचीन तंत्रयान आदि क्या-क्या कह गये। मैं कोई दिलचस्पी नहीं ले पा रहा था। ऐसे में मन में एक सवाल कौंधा, मैंने पूछा, ''मंडला क्या है, मुझे इस विषय में कुछ बताइये। तिब्बत में सर्वत्र इतने मंडला क्यों हैं?''

उन्होंने सर हिलाकर कहा, ''बहुत अच्छा प्रश्न है। मंडला के विषय में सम्यक ज्ञान न हो तो लगेगा कि वे विभिन्न प्रकार के ज्यामितीय चित्र हैं। कुछ गहरे पैठकर देखो तो मंडला विश्व-ब्रह्मांड का प्रतीक या क्षुद्र-संस्करण है। पंचभूत को साकार प्रतीक के रूप में स्तूप बनाकर दर्शाते हैं, वैसे ही असीम और अचिंतनीय ब्रह्मांड का क्षुद्ररूप मंडला को मानते हैं। हमारे चिंतन का प्रथम रूप है मंडला, फिर उस रूप के तहत साधना के मंदिर गढ़े जाते हैं।''

इतना कहकर लामा उठे, वे बरामदे के पास टहलते हुए गये, फिर वहाँ से मुझे बुलाया। मैं उनके करीब पहुँचा तो गोधूलि की क्षीण रोशनी में अस्पष्ट दिखते एक पहाड़ की ओर इशारा करते हुए उन्होंने पूछा—''देख रहे हो, वह क्या है?''

मैंने कहा, ''पहाड़।''

वे बोले, ''ठीक। पहाड़ ही है वह। घर बनाने के लिए पहले उसकी नींव रखनी पड़ती है, नींव ही घर का मंडला है। पहाड़ के मूल में भी एक अचिंतनीय भीत है जिस पर वह विशाल शैलखंड टिका है, वह आदि भूमि ही उसकी मंडला है। हम मकान-बगीचा-मंदिर बनाते हैं और ईश्वर ने रचा है पहाड़ नदी समुद्र आकाश। प्रत्येक सृष्टि के मूल में मंडला है, भीत जितना सुदृढ़ होगा वह उतनी ही भारी चीज टिका पाएगा। इसके लिए चाहिए चिंतन, चिंतन इच्छाशक्ति का ही एक रूप है। चिंतन पर निर्भर करती हैं सभी क्रियाएँ। यदि परिकल्पना ठीक नहीं है तो भविष्य में उस योजना की सफलता संभव नहीं है।''

बरामदे से नीचे झुककर उन्होंने आवाज दी—''मु-म्-बु!''

मुम्बु आया। मुम्बु उनके रसोइया का नाम था। उसे चाय बनाने को कहकर लामा मुझे लेकर कमरे में लौट आए। इस बीच ठंड से मेरी कंपकंपी छूटने लगी थी। आग की कड़ाही बिस्तर पर लेकर वे बैठ गये, मुझे भी बैठने को बोले। फिर उन्होंने पूछा, ''मंडला के विषय में और कुछ जानना चाहते हो?''

''अवश्य'', मैंने कहा, ''आपने इस कठिन विषय को इतने सहज ढंग से समझा दिया, यह तो मैं सोच भी नहीं सकता था। मैं तो यही जानता था कि मंडला के विषय में प्राथमिक जानकारी के लिए भी मुझे अंततः सालभर अध्ययन करना पड़ेगा। मेरा परम् सौभाग्य है कि मुझे आप जैसे ज्ञानी-गुरु का सान्निध्य मिला। आप कहिए, मैं अवश्य सुनूंगा।''

बिना किसी टीका-टिप्पणी के वे कहने लगे, ''मंडला के ज्ञान के लिए तंत्र-साधना आवश्यक है। मंडला तंत्र की देन है। तंत्र साधना द्वारा मन तैयार होता है, मन तैयार होने पर चिंता की गति ठीक पथ पर चालित होती है, उस गति के अनुरूप मंडला का ज्ञान प्राप्त होता है।''

''तंत्र से आप क्या समझाना चाहते हैं? मुझे तंत्र के विषय में कोई ज्ञान नहीं।'' मैंने टोका।

वे बोले, ''जगत्-रहस्य, देह रहस्य तथा जन्म-मृत्यु रहस्य को जानना ही तिब्बत में तंत्र कहलाता है। तंत्र-मंत्र की साधना के चार अध्याय हैं—(१) बीयर गीउद या क्रियातंत्र (२) पीयर गीउद या कार्यतंत्र (३) नाल-बीयर गीउद या योग तंत्र तथा (४) ला-ना मेद गीउद् या अनुत्तरा योगतंत्र।

''क्रियातंत्र में विभिन्न बाह्य-अनुष्ठान, पूजा, दीक्षा की आवश्यकता होती है।

''कार्यतंत्र में पूजा-अर्चना व धर्मीय अनुष्ठान अधिक होते हैं साथ ही ध्यान-धारणा की साधना, मंत्र व उनकी व्याख्या जाननी होती है।

''योगतंत्र और भी कठिन है। इसमें योग-तपस्या करते हैं तथा संस्कार मुक्त होने की साधना करते हैं। निर्वाण लाभ के उपाय व प्रज्ञा का ज्ञान सीखना पड़ता है।

''अनुत्तरा योगतंत्र साधक का अंतिम चरण है। इस अध्याय में मन मुक्त व शुद्ध होकर निर्वाण लाभ के योग्य बन जाता है।

''साधक को चित्त की सभी चंचलता त्याग कर शांत अवस्था में उपनीत होना पड़ता है। साधक जब चारों अध्याय की परीक्षाएँ उत्तीर्ण कर लेता है तब मंडला का रहस्य उसके लिए स्पष्ट होने लगता है। अतः कहा जाय तो मंडला तंत्र का वह रहस्य है जिसकी कुंजी मंडला के रेखाचित्र व उनमें भरे गये रंगों में ही निहित है।

''मंडला का अंकन करते समय संन्यासी का ध्यान उसके केन्द्र में रहता है। मंडला की आकृति में चार दिशाओं में चार दरवाजे होते हैं, उनमें योग्य पहरेदार बैठाए जाते हैं जिनके रंग गुण व दिशा के अनुरूप होते हैं जैसे,—पूर्व में सफेद, पश्चिम में लाल, उत्तर में हरा और दक्षिण में पीला। पहरेदारों के अथवा रक्षकों के नाम हैं—पूर्व में विजया, पश्चिम में हयग्रीवा, उत्तर में अमृतधारा और दक्षिण में यमंतक।

''चार दरवाजे जीवन की चार सीमाएँ हैं। पूर्व में जन्म व मृत्यु, पश्चिम में हवा, उत्तर में आविर्भाव व शून्यता तथा दक्षिण में अमृत व चिर निर्वाण। रक्षकों के हाथों में उपकरण यूँ हैं, विजया के हाथों अंकुश, हयग्रीवा के हाथ वज्रश्रृंखल, अमृतधारा के

किंकिणी और यमतंक के पासा। रंगों के प्रतीक यूँ हैं, सफेद—अचिंतनीय, लाल—डिम्ब जातक, हरा—श्यामल व उत्ताप, पीला—जननी।''

इतना कहकर लामा चुप हो गये। वे बहुत देर तक मौन रहे। इससे मुझे मौका मिला कि वे जो कुछ बता चुके थे, उस पर मनन करूँ। मैं एक ज्ञानी गुरु के सामने बैठा था किंतु उनके अपना ज्ञान भंडार उड़ेलते रहने पर भी मैं कुछ ले नहीं पा रहा था।

कमरे में एक लालटेन थी जिसका शीशा बहुत काला पड़ गया था जिसमें उसका अस्तित्व निरर्थक था। हम जो कुछ देख पा रहे थे, वह दीपक की रोशनी से। लामा ने उठकर एक सुंदर काठ का बक्सा खोला और एक फुलस्केप कागज व पेंसिल मुझे देकर कहा, ''शायद तुम्हें इतनी बातें याद न रहें, इसलिए लिख लो।''

दरवाजा खोलकर मुम्बु आया। सुजी व चाय रखकर वह चुपचाप लौट गया दरवाजा ओढ़का कर। लामा बताने लगे—

हजारों तरह के मंडला हैं, प्रत्येक ज्ञानी लामा अपने मानसिक व आध्यात्मिक उन्नति के अनुसार मंडला का अंकन कर सकते हैं। मंडला बनाने के लिए चाहे जो रीति अपनायी जा़ये, पाँच विषयों का ध्यान रखना पड़ता है। ये पाँच विषय मंडला की मूल शिक्षा हैं—वैरचना, वज्रसत्व-अक्षोभ्य, रत्नसंभवा, अमिताभ, अमोघसिद्धी। मंडला के बीच में बैरचना, पूरब में वज्रसत्व अक्षोभ्य, दक्षिण में रत्नसंभवा, पश्चिम में अमिताभ और उत्तर में अमोघसिद्धि का स्थान होता है।

बीज मंत्र चित्रण करते समय मन-प्राण मंत्र के प्रति समर्पित करना पड़ता है। गुरु संन्यासी को इस चित्रण पर विशेष ध्यान देने को कहते हैं, पहले शुद्ध चित्त से बीजमंत्र का उच्चारण करते हैं, फिर चित्रण बैरचना का **बीजमंत्र है** ओम्, वज्रसत्व अक्षोभ्य का हुम्, रत्नसंभवा का त्रम्, अमिताभ का ह्रीः, अमोघसिद्धि का आः। उनके परिवार इस क्रम में हैं—मोह, द्वेष, चिंतामणि, क्रोध व समय। उनके रंग यथाक्रम सफेद, नीला, पीला, लाल व हरा हैं।

बैरचना, वज्रसत्व अक्षोभ्य, रत्नसंभवा, अमिताभ व अमोघसिद्धि की मुद्राएँ यथाक्रम धर्मचक्र, भूमिस्पर्श, वरदा, ध्यान व अभय हैं। इसी क्रम में उनके वाहन हैं सिंह, हाथी, घोड़ा, मयूर तथा गरुड़। इन पाँच के भूत हैं आकाश, जल, मिट्टी, अग्नि तथा वायु।

मंडला बनाते समय स्थान, काल, पात्र, जाति, कर्ण, स्कंध, धातु, वर्ण, नक्षत्र, आदि का विचार करना पड़ता है। गुम्फा निर्माण के पहले भी मंडलाकार में उसकी नींव रखते हैं, हर नींव भी एक परम् नींव होती है। आकार व उसकी प्रकृति के विषय में पंडित लामा आपसी विचार-विमर्श द्वारा सभी पहलुओं की विवेचना करने के उपरांत ही कोई सिद्धांत बनाते हैं। मंडला का विचार करना या उसका स्वरूप जानना बिना ज्ञानी गुरु के संभव नहीं है। धरती, पहाड़, नदियाँ, सूर्य, चंद्र सबके मूल में यही मंडला है। मंडला का ज्ञान धरती के मूल रहस्य का ज्ञान है।

लामा को सशब्द चाय सुड़कते देखकर मैं भी चाय की चुस्की लेने लगा। चाय में पड़े मक्खन की गंध पूरे कमरे में फैल गयी थी। लामा ने ओठों में लगे मक्खन को जीभ से चाटकर मुझे घूरते हुए पूछा, ''पुष्प-धूप-दीप आदि अर्पण करना यथेष्ट नहीं होता, उनके अर्थ भी जानने चाहिए। पुष्प हमारी अतीत की चिंता का फलस्वरूप है—इस बात पर मनन करो, समझने का प्रयत्न करो।''

वे रुकना नहीं जानते थे। आगे बोलते गये—''धूप भविष्य की चिंता का प्रतीक है, धूप जलकर सुगंधि देता है। हमें वही चिंता करनी चाहिए जो भविष्य में काम आए।

दीप अनंत चिंता का अनंत स्रोत है।

यदि हम इन्हें आर्यतारा या श्रीदेवी के चरणों में सौंप दें तो क्या बचेगा? आनंद और निर्वाण लाभ का पथ कौन रोकेगा?''

उन्होंने यह प्रश्न उछाल दिया, फिर चुप हो गये। मैं कुछ देर तक उनकी बातें समझने का प्रयास करता रहा, फिर मैंने पूछा, ''मेरी कोई साधना नहीं है, तपस्या नहीं है, फिर भी मुझे इतना सब क्यों मिल रहा है, इस विषय में आपका क्या मत है?''

लामा मुस्कराकर बोले, ''इसका उत्तर बहुत सहज है। बहुत से लोग फल की आशा में पेड़ लगाते हैं, और बहुत से लोग बिना पेड़ उगाये ही फल पा जाते हैं। हम कर्म करते हैं और कर्मफल से ही जन्म लेते हैं। यह जीवन पिछले जीवन का फल है, इस जीवन में जो कुछ करेंगे उसका फल भविष्य देगा।''

इतना कहने के बाद वे मंडला का और भी गूढ़ रहस्य समझाने लगे। अधिकांश बातें मेरी समझ से परे थीं। मुझसे जितना बना, मैं नोट करता रहा। वे बताते रहे कि डाकिनी क्या व क्यों है, मंडला में उसका क्या स्थान है, उसके हाथों में क्या है, उसका रंग-रूप कैसा है आदि। डाकिनी के बहुत से नाम थे—गौरी, विताली, घासमरी, पुक्काशी, शवरी, चंडाली, डम्बी आदि और इनके वर्ण भी अलग-अलग थे। मंडला में इनका स्थान यथाक्रम मध्य में पश्चिम में, उत्तर में, उत्तर-पूर्व में, दक्षिण-पूर्व में, दक्षिण पश्चिम में तथा उत्तर-पश्चिम में होता था।

लामा ज्ञानी-गुरु थे, उनके अगाध ज्ञान के भंडार से शून्य, महाशून्य, चेन-रे-जि, न जाने क्या-क्या तत्व वे उगलते ही रहे; उन्हें इस बात की चिंता नहीं थी कि मेरा उधर ध्यान है या नहीं, मैं सुन रहा हूँ या नहीं अथवा मेरी इन विषयों में रुचि है या नहीं। वे तंत्र शास्त्र का गूढ़ रहस्य समझा रहे थे जब मैं गाढ़ी नींद में सो चुका था।

मेरी नींद खुली तो देखा कि मैं लामा के बिस्तर पर सो रहा था और मुझे कम्बल शायद उन्होंने ही ओढ़ा दिया था। वे स्वयं बिस्तर के दूसरे कोने में घुटने मोड़ कर सो रहे थे।

कमरे से निकलकर मैंने मंदिर में जाकर प्रार्थना की, फिर प्रार्थना चक्र घुमाता रहा। उस समय गाँव वाले कतार बाँधे कहीं जा रहे थे काम करने या काम की तलाश में।

कुछ देर बाद लामाजी की नींद खुली। मैंने कहा, ''अब मैं चलना चहूंगा।''

उन्होंने सस्नेह मेरे सर पर हाथ रखकर कहा, ''सावधानी से जाना, भगवान् तुम्हारी मदद करें।''

फिर उनसे मुझे कुछ आवश्यक सूचनाएँ मिलीं। उन्होंने बताया कि त्सो माफाम् के निकट थोक्‌चेन नाम का एक शहर मिलेगा। उसी रास्ते मैं सीधे कैलास तक पहुँच जाऊँगा। साधारणत: तीर्थयात्री मान-सरोवर की परिक्रमा करते हैं किंतु इस समय परिक्रमा न करना ही उचित होगा, दर्शन व स्पर्श से ही पुण्य मिल जाएगा। किसी से मानसरोवर नहीं कहना है, त्सो माफाम् कहना पड़ेगा, सरोवर के आसपास के बंजारे त्सो माभाम् कहते हैं। मैं दक्षिण की गुम्फाओं में न जाकर उत्तर की गुम्फाओं में ठहरूँ।

मुम्बु चाय व उबले आलू ले आया। हमने चाय पी। उबले आलू रास्ते में खाने के लिए रख लेने को कहा लामा ने। चाय पीते हुए लामा ने मुझे दो पत्र लिख दिये, त्सो माफाम् के उत्तर में लाङ्बोना तथा कैलास के उत्तर में दिरफुक नामक गुम्फाओं के अध्यक्ष के नाम। वहाँ चिट्ठी देने से मेरी व्यवस्था हो जाएगी। इस अनजान प्रदेश में ऐसे पत्र का मेरे लिए जो महत्व था उसे बताने की आवश्यकता नहीं। उसे मैंने बहुमूल्य सम्पदा की तरह संभाल कर रख लिया। पासागुक के ज्ञानी लामा ने इस तरह मेरा जो उपकार किया था, उससे मैं कृतज्ञता के हजार शब्द कहकर भी उऋण नहीं हो सकता।

उन्हें प्रणाम कर मैं गुम्फा से निकला। सामने अंतहीन सड़क थी, पीछे सूरज था।

# त्रादुम

पासागुक गुम्फा से आगे एक घंटे की यात्रा निर्विघ्न कटी। उसके बाद ही मुझे ठिठकना पड़ा। सामने सांपो के किनारे लगभग सौ खाकी रंग के तम्बुओं का एक सामरिक पड़ाव था। सड़क पर दर्जनों मिलिटरी जीप और ट्रक खड़े थे। पासागुक के लोग शायद काम करने के लिए वहीं जाते थे क्योंकि वहाँ असंख्य लोगों की जमघट थी। शायद इन लोगों को सड़क मरम्मत तथा अन्य सरकारी कामों में लगाया जाता था। मुझे लगा कि मेरे लिए आगे का रास्ता बंद है, सड़क एक ही थी और सीधे बढ़ने का मतलब होता शेर की मांद में हाथ डालना। अत: मैं सड़क छोड़ कर नीचे की पथरीली ऊबड़-खाबड़ जमीन पर उतरा और सांपो पीछे छोड़ता हुआ दाँयीं ओर पैंतीस-चालीस डिग्री का कोण बनाकर चलने लगा। मेरी भलाई इसी में थी कि मैं सेना से दूर रहूँ।

इस जमीन पर चलना आसान नहीं था। लगता था कि हाल में कटे धान के खेत पर नंगे पाँव चल रहा हूँ। चलने में बहुत कठिनाई हो रही थी, पाँव भी जवाब दे रहे थे। फिर सहसा प्रकृति की बाधा ने ही मुझे रोक दिया। सामने एक तीव्रप्रवाहिनी पहाड़ी नदी थी जो आगे जाकर सांपो से मिली थी। इस बाधा ने मुझे साँसत में डाल दिया क्योंकि नदी पार करना संभव नहीं था, नीचे की तराई में चीनी फौजी पड़ाव था, और मैं सड़क से यूँ भी काफी दूर निकल आया था। मैं किं-कर्तव्य-विमूढ़ सा खरस्रोता के किनारे बैठ गया।

किसी पहाड़ी अबोध बालिका की तरह खिलखिलाती उस नदी ने शीघ्र ही मुझे मोह लिया। नदी के उचछृंखल रूप और कलकल नाद ने मेरे मन की थकान मिटा दी और मैं उस कलहास का आनंद लेने लगा। नदी का जल स्फटिक की तरह स्वच्छ और निर्मल था, लगता था कि वह किसी निष्कलंक अल्हड़ बाला की तरह अपने तल व अगल-बगल के गोल-गोल कंकड़-पत्थरों को लेकर खेलने में मस्त हैं। यहीं उसका शैशव था जहाँ वह सहज और सरल खिलवाड़ में सदा चंचल और मस्त रहती थी। आगे बढ़कर उसका जल मलिन होने लगेगा, और वह यौवन की लीला में रम जाएगी। तब वह और नहीं खेल पाएगी कंकड़-पत्थरों से, और नहीं सुना पाएगी यह संगीत। तब स्थिर एकाग्रता से वह मातृरूप में प्रकट होगी और लालन करेगी अपने गर्भ में पलते जीवों का तथा तट में बसे प्राणियों का। जीव-पालन में व्यस्त होकर भी वह कभी-कभी कराल संहार मूर्ति धारण करेगी। अपने अंतिम काल में वह संन्यासिनी की तरह ध्यानमग्न होकर निर्वाण लाभ करेगी जब वह महासागर में ब्रह्मलीन हो जाएगी।

नदी उज्ज्वल जीवन का प्रतीक है। ऐसी ही कितनी नदियों के मिलन से बना था सांपो का विशाल रूप। तिब्बत की सांपो आसाम में पहुँचकर क्या से क्या बन गयी थी।

वह अनजान पहाड़ी नदी, जो विघ्न बनकर सामने अड़ गयी थी, मुझे जीवन रहस्य के गीत सुना रही थी और कुछ ही पल में मेरी सखी बन गयी थी। उसके किनारे-किनारे मैं और भी उत्तर की ओर चला। एक घंटा चलने के बाद नदी की गहराई कम हो गयी, अब उसे चलकर लांघना संभव था। मैंने कपड़े और जूते उतार कर हाथ में ले लिए और सावधानी से नदी में उतरा। किंतु पानी में पाँव डालते ही लगा कि बरफ का पुतला बन गया हूँ, मेरे पाँव वहीं जम गये हैं। किसी तरह कूदकर फिर तट पर आ गया। कुछ और आगे बढ़ा होता तो शायद मैं उस पानी से जीवित निकल ही न पाता। मुझे साधुबाबा की याद आयी, उन्होंने कहा था, तिब्बत का पानी बहुत ठंडा है, उस पानी में एकाएक उतरोगे तो ठंड से वहीं दम तोड़ दोगे। इसलिए कहीं भी नदी-नाला पार करते समय पहले पानी लेकर शरीर पर तेल की तरह मलना चाहिए, इससे शरीर जब उस ठंड को सहने लगे तो उसके बाद ही पानी में उतरना चाहिए। साधुबाबा के इस उपदेश पर अमल करके मैंने नदी पार की। उन्होंने यह कौशल न सिखाया होता तो मैं किसी सूरत में नदी पार नहीं कर सकता था। नदी की गति यहाँ अपेक्षाकृत धीमी तो थी, किंतु उस धीमे प्रवाह की गति भी बहुत कम न थी।

नदी पार करने के बाद मैं दक्षिण की ओर मुड़ा। मुझे सांपो का रास्ता फिर से पकड़ना था। पहाड़ी भूमि वैसी ही बीहड़ थी। कहीं कोई हरियाली नहीं। दूर में हिमालय की दीवार यथावत् थी जिसने तिब्बत को भारत से अलग किया था। आसपास दूर-दूर तक बंजर जमीन थी, कहीं कोई आबादी नहीं। पासागुक के लामा ने उबले आलू दिए थे, नहीं तो भूखे रहना पड़ता या आटा फाँकना पड़ता, क्योंकि आग बारने के लिए कहीं घास भी न मिलती। सदा-बरफ के इस क्षेत्र में घास उगती ही न थी।

सारा दिन, फिर सारी रात मैं चलता रहा। विश्राम के लिए रास्ते में कोई ठिकाना ही नहीं। अगले दिन सुबह एक छोटा सा गाँव मिला। गाँव की एक महिला मुझे अपने घर ले गयी। उन्होंने मुझे एक कटोरी चमरी गाय का दूध दिया जिसे पीकर मैं उनके पुआल के बिस्तर पर कम्बल तान कर सो गया। उस दयालु परिवार के घर पर एक दिन और एक रात बिता कर मैं फिर आगे बढ़ा।

अगले चौबीस घंटे में दो नदियाँ ऐसी मिलीं जिन पर पुल थे। पत्थर डालकर लकड़ी और रस्से के झूले बनाए गये थे इन नदियों पर। दूसरा पुल पार करने के बाद एक घंटा सूने पथ पर बढ़ता रहा, उसके बाद एक घर दिखाई पड़ा। दो कम उम्र के बालकों ने आगे बढ़कर मुझसे पूछा, ''आप कहाँ जा रहे हैं?'' साधारणत: तिब्बती औरों से यूँ ही बातें कम ही करते हैं। मैंने कहा ''त्सो माफाम्''। शायद इस शब्द में कोई जादू था, दोनों बच्चे दौड़ते हुए चले गये। किंतु ज्यों ही मैं उस मकान के बगल से गुजरने

लगा, बहुत से छोकरों ने मेरा रास्ता रोक लिया। उनमें अधिकांश मेरी उम्र के थे। भीड़ देखकर मैं मौनीबाबा बनकर खड़ा हो गया।

वे मुझे अपने साथ उस मकान के बड़े से हॉल में ले गये। तुरंत मुझे चाय मिली पीने को। वे पास के किसी गाँव से वहाँ पिकनिक करने आए थे। आसपास और कोई मकान नहीं था, यह मकान भी परित्यक्त था। उन्हें साथ बैठाकर मैंने प्रार्थना की, मणिमंत्र जाप किया और इशारे से समझा दिया कि मैं मौनी हूँ। इससे कोई फर्क नहीं पड़ा, वे जीवट व हँसमुख थे। गेहूँ, सब्जी और भेड़ के सूखे मांस मिलाकर उन्होंने खिचड़ी पकायी, मैं भी उनके साथ खाया। वहाँ से चलते समय मालूम हुआ कि बगल में ही एक गरम पानी का सोता है। आसपास के गांव के लोग अक्सर वहाँ नहाने, टहलने और पिकनिक करने के लिए आते हैं। पहले मालूम होता तो मैं भी उस सोते में नहा लिया होता। किंतु अब अफसोस करने से क्या लाभ।

शाम को उनके साथ ही मैं चला। चलते-चलते उनसे मालूम हुआ कि सामने का बड़ा गाँव त्रादुम है, यहाँ से घंटे भर का रास्ता है। त्रादुम से मान सरोवर पहुँचने में ग्यारह-बारह दिन लगेंगे। यह सुनकर मेरा दिल बल्लियों उछलने लगा। मैं उन छोकरों के बीच न होता तो खुशी से नाच उठता! लगा कि मैं अपनी मंजिल के निकट पहुँच गया हूँ, दस-बारह दिन तो देखते देखते **बीत** जाएंगे। मैंने अपने उच्छ्वास को दबाया, उच्छ्वास आवेग का प्रतीक है, मुझे संयम बरतना है—'योगस्थ कुरु कर्माणि।'

सूर्यदेव अस्ताचल में लुढ़क गये और तत्काल अंधकार फैल गया। अंधेरे में झुंड में चलने का भी एक आनंद था। लड़के अंधेरे में राह भटकते, फिर एक दूसरे को आवाज देकर उधर बढ़ते, पत्थर से टकराते और किसी साथी पर लुढ़क कर खिलखिला कर हँस पड़ते, इस सब में आनंद तो था ही। और अंधेरा कितना भी प्रगाढ़ हो, क्रमशः तारों के प्रकाश में अभ्यस्त होकर चलने का भी एक निराला आनंद था।

घंटे भर बाद हम त्रादुम पहुँचे। अंधेरे में तय करना मुश्किल था कि यह गाँव कितना बड़ा है, इसका आदि-अंत कहाँ है। बच्चों ने मुझे एक मठ के सामने छोड़कर मुझसे विदा ली। उनमें से एक ने कहा, ''मठ भीतर से बहुत सुंदर है। बाहर से जो भी लामा आता है, इसी मठ में टिकता है।''

मैं मठ में दाखिल हुआ। मंदिर का भारी दरवाजा ठेलते ही वह भीतर की ओर खुल गया। अंदर दीवाल के कोने पर रखे दीपाधार में एक दीया जल रहा था। दरवाजा बंद कर मैं दीपक के पास पहुँचा। उसे हाथ में उठाना चाहा तो वह उठा नहीं, लगता था कि सैकड़ों वर्षों से वहाँ घी जम जम कर दीपाधार और दीपक को वहाँ सीमेंट की तरह जकड़ लिया था। झटका देने से दीपक बुझ जाता। फिर भी यहाँ एक जलता हुआ दिया था, यही तसल्ली थी। इधर-उधर तलाशता हुआ मैं प्रधान वेदी के सामने पहुँचा, वहाँ सहस्त्र दीए का एक बुझा हुआ दीपाधार भी था। अंदाज से मैं प्रार्थना वेदी पर पहुँचा, सोने के लिए यही उत्तम स्थान होगा। कम्बल ओढ़कर मैं लेट गया।

और दिनों की तुलना में मैं आज उतना थका हुआ नहीं था, सारा दिन बच्चों की टोली के बीच मैंने मजे में खाते-पीते विश्राम करते बिताया था। एक तो थकावट नहीं थी, दूसरे ठंड से मैं इस तरह ठिठुर रहा था कि सोना दूभर हो गया। दो बार उठकर मैंने दीपक की क्षीण लौ में हाथ सेंका। मैंने हर मुद्रा में सोने का प्रयत्न किया किंतु लगा कि मैं किसी मठ में नहीं, सांपो के पानी में पड़ा हूँ। क्रमश: मैं ठकठका कर काँपने लगा था। जब किसी भी तरह सोना संभव नहीं हुआ तो मैं अपनी झोली लेकर उठा, सोचा कि ठंड में इस तरह सिकुड़ते रहने से तो अच्छा यही होगा कि आगे का रास्ता नापूँ, चलने से ठंड भी कम लगेगी।

जब मैं कमरे में आया था, दीपक दरवाजे से दाएँ में मिला था, यह मुझे स्पष्ट याद था। मैंने तभी इस पर ध्यान दिया था कि इस अंधेरे कमरे से निकलने के लिए दीपक से बाँए जाने पर दरवाजा मिलेगा। मैं अपने हिसाब से बढ़ा, किंतु दरवाजा नहीं मिला। टटोलते हुए दीवार से लटकते तांखाओं पर हाथ पड़ने लगा, किंतु दरवाजा नहीं ही मिला। सोचा कि शायद मैं गलत दिशा में आ गया हूँ, अत: दीए के पास लौटा, एक ही दीया था अत: मुझसे भूल नहीं होनी चाहिए। दुबारा भी प्रयत्न करने पर दरवाजा नहीं मिला तो सोचा कि गलती हर इंसान से होती है, शायद दीया दरवाजे से बाँए था, मैंने दाँए समझा था। अत: विपरीत दिशा में बढ़कर दरवाजा ढूँढ़ता रहा, किंतु अंधेरे में मैं विभिन्न मूर्तियों को स्पर्श कर रहा था। काफी देर तक दीवालों को टटोलकर भी मैं दरवाजा नहीं पा सका। निराश होकर मैं प्रार्थना वेदी पर वापस आ गया, सुबह देखा जाएगा, अब यहीं पड़े रहने के सिवा उपाय ही क्या है। अंधेरे में उस दीए, की रोशनी इतनी अपर्याप्त थी कि कुछ समझ में नहीं आ रहा था कि दरवाजा किस ओर है। किंतु बैठते ही फिर कँपकँपी छूटने लगी। मैं वक्रासन, मयूरासन और पश्चिमोत्तासन करने लगा। इसका फल अच्छा हुआ, ठंड से कुछ राहत भी मिली और झपकी भी आ गयी।

जब नींद खुली तो सुखद आश्चर्य हुआ कि कमरे में से ठंड की ठिठुरन गायब हो गयी थी। भोर में तो ठंड की मात्रा बढ़ती ही है, फिर यह कैसे संभव हुआ? दु:ख भरी रातें तो अधिक लम्बी होती हैं, तो क्या मैं गाढ़ी नींद सो गया था, सूरज चढ़ गया है? वह दुखद रात इतनी जल्दी कैसे खत्म हो गयी। मैंने कम्बल में से सर निकाला और आँखें खोली तो मेरे विस्मय का ठिकाना न रहा।

वेदी की जिस गद्दी पर मैं लेटा था, उसके बगल में एक साधु बैठे थे और उनके सामने एक कड़ाही में लाल-लाल तपते अंगार थे। मैंने उठकर उनके पाँव छुए, फिर उनकी बगल में बैठकर बरसी की आग का स्वर्गीय ताप लेने लगा। उस आँच में संन्यासी का सुंदर मुखड़ा चमक रहा था और वे किसी देवता की तरह लग रहे थे। मुझे सोचना अच्छा लगा कि वे शायद महातीर्थ के यात्री हैं। देर रात में यहाँ आश्रय लिए होंगे। आँच पाकर मैं धन्य हो गया तथा मैंने मुस्कराकर अपनी कृतज्ञता जतायी। जटाधारी संन्यासी के बाल बहुत लम्बे थे, तिब्बत में ऐसा साधु मुझे पहली बार दिखा।

उनसे बातें करने की इच्छा हो रही थी, किंतु आग सेंकते हुए मुझे नींद ने धर दबोचा, साधु ने भी मुझे इशारे से सोने को कहा। मैं सो गया।

सुबह गाँव के बच्चों ने आकर मुझे जगाया। ये वे ही बच्चे थे जो पिछली शाम पिकनिक स्थल से मेरे साथ आए थे और मुझे मठ के बाहर छोड़ गये थे। उनके साथ दो लड़कियाँ भी आयी थीं जो मेरे लिए मक्खन, रोटी और गुड़ ले आयी थीं। सुबह उठकर ऐसा खाना मिले तो और क्या चाहिए? मैंने तृप्त होकर खाया, उनके लिए प्रार्थना की, और वे बच्चे समवेत कंठ में प्रार्थना करने लगे तो वह कमरा प्राणवंत हो उठा।

सहसा मुझे रात वाले जटाधारी संन्यासी की याद आयी। संभवत: वे तड़के ही चले गये थे। खुले दरवाजे से बाहर का प्रकाश अंदर आ रहा था जिससे कमरा आलोकित हो गया था। दरवाजा इतना करीब था और रात में इसे मैं ढूँढ़ ही नहीं पा रहा था। मैंने सोचा कि कमरे से निकलने के पहले निश्चय कर लूँ कि दीपक दरवाजे से दाएँ था या बाएँ, मुझे रात में भ्रम क्यों हुआ। किंतु इस अनुसंधान से मुझे एक और झटका लगा, कमरे में कहीं न कोई दीपक था न दीपाधार! मेरे शरीर में झुरझुरी सी दौड़ गयी, यह कैसा तिलस्मी कमरा था?

बच्चे दरवाजे पर मेरी प्रतीक्षा में खड़े थे। रात के विचित्र अनुभव का रहस्य मन में दबाए मैं उनके साथ हो लिया। वे मुझे एक मध्यवित्त परिवार में ले गये। आंगन में कुछ याक और टट्टू बँधे थे। हम बरामदे में जा बैठे। घर सुंदर नक्काशीदार लकड़ी का बना था। घर के लोग जीभ दिखाकर मुझे सम्मानित करने लगे। एक वृद्धा ने नयी कथरी मुझे भेंट की, यह तिब्बती परम्परा में बहुत ऊँचा सम्मान था। लाठी का सहारा लेकर एक वृद्ध आए तो मैं अपने संस्कार वश उन्हें प्रणाम करने के लिए उठा, फिर रुक गया, क्योंकि इस देश में कोई भी लामा किसी भी गृहस्थ को प्रणाम नहीं करता चाहे वह कितना भी वृद्ध हो।

शायद बच्चों ने ही सबको बता दिया था कि मैं मौनी बाबा हूँ। अब मौनी बनने के सिवा चारा भी नहीं था। इस क्षेत्र की बोली में बहुत अंतर था, मैं जो तिब्बती भाषा सीखता आया था उसमें और इनकी बोली व उच्चारण में बहुत प्रभेद था। मुझे वे कमरे में ले गये, एक कड़ाही में आग भी रख गये। मौनीबाबा समझ नहीं पा रहा था कि अब उसे क्या करना चाहिए। आसपास इकट्ठी भीड़ को देखना ही मेरा काम रह गया था। लड़कियों के पोशाक के रंग बहुत चमकीले थे। वयस्क महिलाओं की मेखलाएँ भी देखते ही बनती थीं। लड़के और लड़कियों के गाल सेव की तरह लाल-लाल थे। वे मुझे उत्सुक होकर देख रहे थे, मैं उनकी ओर देखता तो वे आँखें झुका लेते। जो भी हो, उनके बीच बैठ न मैं शरमा रहा था न तो घबड़ा रहा था, धार्मिक या ज्ञानी न होकर भी इस यात्रा ने मुझे इस योग्य तो बना ही दिया था।

दोपहर को साम्पा खाकर मैं चल पड़ा। त्रादुम शहर के बीच से गुजरते हुए मुझे इयाटुंग की याद आयी, दोनों शहरों में काफी समानता थी। बाजार में टट्टू घोड़े, याक,

भेड़ आदि पशुओं की अच्छी खासी जमघट थी। ब्रह्मपुत्र के दूसरे तट पर फौजी छावनी थी, दो नाव से फेरी का काम लिया जा रहा था। थोड़ा चलने के बाद नदी तट पर एक गुम्फा दिखाई पड़ा। मेरी इच्छा अब बिना रुके सीधे निकल जाने की थी, किंतु सड़क गुम्फा से होकर गयी थी, अत: गुम्फा की ओर तो जाना ही था। फिर भी मैं चाहता था कि मुझे गुम्फा में न जाना पड़े, किंतु यह भी संभव न हुआ। कुछ त्रापाओं ने मुझे देख लिया। अत: गुम्फा में न जाने का मतलब होगा गुम्फा का अपमान करना। त्रादुम रात में पहुँचा था, इसीलिए दूर से दिखाई पड़ने वाले इस गुम्फा पर रात में मेरी निगाह नहीं गयी थी। इसके प्रधान मंदिर की गुम्बज सुनहरे रंग की थी। सड़क के दोनों किनारे मठ के कमरे थे। मैंने मूल मंदिर की परिक्रमा की, प्रार्थनाचक्र घुमाया और मंदिर में स्थित मंजुश्री की मूर्ति का दर्शन करने गया।

मंदिर में कुछ लामा अध्ययन कर रहे थे। उनकी ओर न जाकर मैं मंदिर की सजावट देखने लगा। ऐसे में एक लामा ने आकर मुझसे पूछा, ''तुम कहाँ से आए हो?''

मैंने इशारे से बताया कि मैं मौनी हूँ, बात नहीं करता। लामा ने मुझे उसका अनुसरण करने को कहा। दो घर छोड़कर काठ के बने तीसरे दुमंजिले मकान पर ले जाकर लामा ने मेरे कानों में कहा, ''हमारे महामान्य गेशे अभी यहीं हैं, उनका दर्शन कर उनका आशीर्वाद ले लो।''

कहना न होगा कि लामा का यह सुझाव मुझे अच्छा नहीं लगा। मैं पर्याप्त विश्राम और खाना-पीना कर चुका था तथा आगे निकल जाना चाहता था। मौनी होकर भी गेशे या मठाध्यक्ष से बात करने की छूट रहती थी, न जाने यहाँ के गेशे कैसे व्यक्ति हों। कमरे में घुसा, कुछ हिचक के साथ। वहां मंत्र-पाठ हो रहा था। कोने की खिड़की के पास बैठ एक लामा शायद और लामाओं को पढ़ा रहे थे। उन्होंने मुझे बैठने के लिए इशारा किया। मंत्रोच्चारण की तरह उस पाठ में व उसकी व्याख्या में कालचक्र के सिवा और कोई शब्द मैं समझ नहीं पाया। कुछ देर बाद पाठ समाप्त कर सभी लामा चले गये, केवल गेशे रह गये। उन्होंने पूछा, ''कहाँ से आए हो? तुम्हारा क्या परिचय है?''

किसी पूज्यपाद मठाध्यक्ष गेशे से झूठ बोलना महापाप है। मैंने उत्तर न देकर उन्हें साष्टांग प्रणाम किया, फिर चुपचाप बैठ गया। मुझे आशीष देकर उन्होंने फिर पूछा, ''तुम कौन हो, कहाँ से आ रहे हो?''

मैंने विनय पूर्वक उत्तर दिया, ''मैं तीर्थयात्री हूँ, नेपाली यात्रियों के संग गैंगटक होकर लासा गया था, अब मैं अकेले दिराफुक गुम्फा जा रहा हूँ, **यहाँ**, शीगात्से होकर पहुँचा हूँ।''

उनका चेहरा बता रहा था कि उन्हें घोर आश्चर्य हुआ था मेरी बात सुनकर। किंतु उन्होंने तिरस्कार के स्वर में कहा—''लगता है कि तुममें साहस नहीं, दुस्साहस है। इतना बड़ा जोखिम उठाकर तुमने अच्छा नहीं किया।''

उनके इस मंतव्य से मैं कुछ सहम गया। कुछ पल चुप रहकर उन्होंने पूछा, ''तुम्हारा घर कहाँ है?''

मैं इसी प्रश्न के भय से सहमा हुआ था। त्रादुम में चीनी सेना की उपस्थिति देखकर ही मैं यहाँ से भागने की फिराक में था। मैं चुप रहा तो गेशे मुझे घेरने लगे। फिर मैंने उनके प्रश्न का उत्तर न देकर कहा, ''मेरे गुरुजी नेपाली हैं, वे उस तीर्थयात्री दल के भी गुरु थे। उनका सामान ढोने के लिए मैं तिब्बत आया था।''

अपने प्रश्नों का उत्तर न पाकर गेशे ने मुझे कनखियों से घूरते हुए कहा, ''तुम भारतीय हो, हो या नहीं?''

मेरे भीतर कुछ दहल उठा। जैसे मेरी चोरी पकड़ी गयी थी। मैंने स्वयम् को शांत रखा और धीरे से कहा, ''जी हाँ।''

''यह तुम्हारा चेहरा ही बता रहा है।'' वे पूर्ववत् गंभीर स्वर में बोले, ''मैं कई बार भारत की यात्रा पर गया हूँ, किंतु विभिन्न कारणों से अब जाना नहीं हो पाता।''

महामान्य गेशे अचानक टूटी-फूटी हिन्दी में बोलने लगे। मुझे लगा कि वे बाहर से गंभीर और कठोर लगते हैं, किंतु भीतर से नरम हैं। इस अहसास ने मेरे दिल से पत्थर का बोझ उतार दिया। अब वे मुझे सहज लगने लगे। उन्होंने आंतरिक ढंग से बात करना शुरू किया, फिर बातों ही बातों में पूछा, ''दिराफुक गुम्फा में जाने के लिए अनुमति पत्र की आवश्यकता होती है, तुम्हारे पास अनुमतिपत्र है?''

''जी नहीं, मेरे पास कोई अनुमति पत्र नहीं है।''

''हूँ।'' उन्होंने भौहों को सिकोड़ा, ''यहाँ कितने दिन रहना चाहते हो?''

''बस, आज की रात। कल भोर में निकल जाऊंगा।'' मैंने कहा, फिर उन्हें चुप पाकर खुद की झेंप मिटाने के लिए ही बोला, ''मैंने आपको तंग किया, इसके लिए क्षमा कर दें।''

''ठीक है।'' उनकी आवाज गंभीर थी।

मैंने फिर पूछा, ''क्या आप बता पाएंगे कि यहाँ से मानसरोवर व कैलास कितने दिन का रास्ता है?''

''आठ-दस दिन लगेंगे।''

''क्या पथ दुर्गम है?''

''अवश्य''।

''मुझे आप यात्रा के विषय में कुछ निर्देश देंगे?''

उन्होंने सर हिलाया, फिर बोले, ''इस शहर यानी त्रादुम के बाद कैलास तक और कोई शहर नहीं है। यहाँ से डेढ़-दो दिन बाद एक गाँव मिलेगा-गीयाबुनाक। उसके आगे एक दिन की यात्रा के बाद दूसरा गाँव मिलेगा-सामसांग। ये दोनों छोटे-छोटे गांव हैं। उसके बाद थोकचेन पड़ेगा। थोकचेन यायावरों का व्यवसाय केंद्र है। वहाँ के यायावर जाड़े में पत्थर बेचने के लिए भारत चले जाते हैं। थोकचेन में एक गुम्फा है, वहाँ रात में ठहर सकते हो, जरूरत हो वहां मेरा नाम बताना, कोई असुविधा नहीं होनी चाहिए वहाँ। थोकचेन में ऊनी कपड़े बहुत सस्ते में बिकते हैं।'' इतना कहकर

गेशे एकाएक उठकर कमरे से चले गये। कुछ ही देर बाद वे लौटे और मुझे कुछ पैसे थमाते हुए बोले, ''इसे रख लो, रास्ते में काम आएगा।''

बाहर से कठोर लगने वाला यह व्यक्ति भीतर से कितना कोमल था। मैंने पैसे रख लिए तो उन्होंने एक और शुभ समाचार दिया—''त्रादुम के बाद कैलास तक कोई फौजी छावनी नहीं है।''

यह मेरे लिए सबसे अच्छी खबर थी। त्रादुम से निकल जाऊँ तो आगे कोई खतरा नहीं था। उनके कमरे से निकलने के पहले मैं बोला, ''त्रादुम में प्रवेश करते ही एक मंदिर मिला था, रात में मैं वहीं था। रात कुछ अद्‌भुत घटनाएँ घटीं जो मैं समझ नहीं पा रहा हूँ, क्या आप उन घटनाओं को सुनेंगे?''

वे एकबारगी चौंके, ''क्या कह रहे हो, रात में तुम वहाँ थे?''

''जी हाँ।''

''ठीक है, मैं समझ गया, कुछ बताने की आवश्यकता नहीं। वहाँ की बहुत सी कहानियाँ हम जानते हैं। पहले वह गुम्फा था, अब परित्यक्त है। बहुत सी अभिशप्त आत्माएँ वहाँ विचरती रहती हैं।''

उनकी इस टिप्पणी के बाद भी मैं कुछ पूछना चहाता था, किंतु लगा कि उस परित्यक्त अभिशप्त मंदिर के विषय में वे कुछ भी सुनना नहीं चाहते थे। उन्होंने मुझे बोलने का मौका नहीं दिया। वे झट से बिस्तर से उठ पड़े और बारजे पर खड़े होकर दो युवा लामाओं को बुलाकर मुझे उनके हवाले कर दिया। मैंने उन्हें प्रणाम किया। आशीर्वचन में वे बोले, ''मंजुश्री तुम्हारा भला करें, वे ही माता-पिता भाई एवं बंधु हैं। वे ही सबके मालिक हैं, उनकी कृपा बिना आलोक का स्पर्श नहीं मिलता। उनका ध्यान करना, उनकी कृपा से निर्वाण लाभ होता है। तुम्हारी यात्रा मंगलमय हो।''

युवा लामा मुझे अपने कमरे में ले गये। दुमंजिले के एक लगभग अंधेरे कमरे में दो युवा लामा एक साथ रहते थे। छोटे कम्बल के दो बिस्तर, दो लकड़ी के बक्से, चार मोटी हस्तलिखित पुस्तकें, कुछ लामा-वस्त्र, दो अल्यूमिनियम की थालियाँ और एक गिलास, यही कुल सामान था उस कमरे में। इस भयंकर शीत में शिक्षार्थी लामाओं को और कुछ नहीं दिया जाता था, उनका यह जीवन अवश्य ही कष्टप्रद था। किसी तरह शरीर को टिकाकर और मन को संयम में रखकर इन्हें आध्यात्मिक पथ पर बढ़ना होता था, जो अंत तक टिक जाते वे ही निर्वाण लाभ का पथ ढूँढ़ने में सफल होते।

रात उन युवा लामाओं के साथ सोया, सुबह गुम्फा की भेरी बजने से पहले ही मैं त्रादुम गुम्फा से निकल पड़ा। आगे लक्ष्य थोकचेन था। आठ-दस दिनों में कैलास पहुँच जाऊँगा, इस आनंद से मेरे पाँव जैसे जमीन पर न पड़ते थे। मेरा उत्साह दुगना हो गया था।

# दुर्गम पथ

चीनी सेना के तम्बू व उनकी गतिविधि अब सांपो के दक्षिण में सीमित रह गयी थी, अतः मुझे उनका भय नहीं था क्योंकि मेरा रास्ता नदी के उत्तर में था। यूँ मेरा मनोबल अटूट था, किंतु इस लम्बी यात्रा में मेरा शरीर थककर चूर-चूर हो गया था। गैंगटक से लासा जाते हुए ऊँचे-ऊँचे पर्वतों पर चढ़ते-उतरते हुए भी इतना नहीं थका था जितना कि इधर के ऊबड़-खाबड़ रेगिस्तानी पथ से चलते हुए और जबर्दस्त ठंड झेलते हुए थक गया था। भारत से कैलास व मानसरोवर जाने वाले यात्री साधारणतः अल्मोड़ा व पौड़ी गढ़वाल होकर जाते थे। लासा जाने वाले यात्री शायद कभी इस पथ से आते रहे हों, किंतु जिसका उद्देश्य मानसरोवर जाना हो, वह कभी भी शीगात्से होकर नहीं आएगा।

आसपास कोई पहाड़ नहीं था। पूरा क्षेत्र बंजर मरुस्थल था, यद्यपि यह नदी की घाटी थी। नदी के बाद ही बालू, फिर कंकड़ीली पथरीली जमीन। यहाँ का तापमान हमेशा हिमांक से नीचे रहता। दक्षिण में हिमालय और उत्तर में कुनलुन पर्वत। दोनों के बीच चैंग-तैंग के मरुस्थल से मैं आगे बढ़ता जा रहा था। बीच में मुझे यायावरों के दो-एक तम्बू मिले थे, किंतु मैं उधर नहीं गया। मुझे डर था कि वे मुझे भिखारियों की तरह पैसे के लिए छेंक लेंगे।

मैंने सुना था कि यह पथ दुर्गम है। दुर्गम से मैं समझता था कि दीवार की तरह पर्वत अड़े होंगे, अथवा भयंकर जंतु-जानवरों से भरे बीहड़ वन होंगे, अथवा आँधी-पानी के कारण चलना दूभर होगा। किंतु इस पथ में ऐसी कोई बात नहीं थी। न पर्वत पर चढ़ना पड़ रहा था, न वन-जंगल या जंगली जानवरों का भय था, न आँधी-पानी ही। पथ को दुर्गम बना रहे ये कच्ची सड़क और भयंकर सर्दी। रास्ते में कहीं चाय की दुकान नहीं मिलती, आबादी नहीं मिलती। मेरा शरीर सारा दिन सारा रात भयंकर ठंड से लगातार काँपता रहा, उस कम्पन से हड्डी-पसलियों में दर्द हो गया था। लासा के बाद थोड़ी खाँसी होकर दब गयी थी, वह खाँसी एकाएक उभरने लगी। पिछले दो दिनों से पेट में गरम कुछ भी नहीं पड़ा था। सांपो के ठंडे पानी में आटा घोलकर पीता रहा। सूर्योदय के बाद सड़क पर कम्बल बिछाकर मैं धूप में सोता, रातभर चलता। चारों ओर अद्भुत सन्नाटा था, उस सन्नाटे को तोड़ने के लिए कभी-कभी मैं जोर-जोर से बीजमंत्र का पाठ करता, गाना गाता, खुद से बातें करता। कभी-कभी मैं हँसने लगता, लगता कि मेरा मस्तिष्क विकृत होने लगा है।

कभी-कभी मैं स्वयं से पूछता, क्या होगा कैलास जाकर? क्या मिलेगा? क्यों मैं इस तरह यात्रा करने पर तुला हूँ? पुण्य कमाकर क्या होगा? पुण्यार्जन, स्वर्गलाभ ये

सब कहने की बातें हैं, शायद ढकोसला ही हैं। संन्यास, गेरुआ वस्त्र, त्याग आदि जीने का ही एक बहाना है। जीने के लिए कोई मूंगफली बेचता है, कोई भीख मांगता है, कोई बच्चों को पढ़ाता है और कोई धर्मीय प्रवचन सुनाकर भक्तों के जेब खाली करता है। जीवित रहने का यह सब अलग-अलग तरीका है। वस्तुत: आदमी आदमी में कोई फर्क नहीं होता, न किसी के भाल पर लिखा होता है कि वह ज्ञानी है अथवा अज्ञानी। अत: धर्म के नाम पर मेरी यह यात्रा बेकार है।

मैं थक गया था, तभी यह सब सोचता। शरीर सूख गया था। ठंड से गाल व ओंठ फट गये थे। अब यात्रा में शरीर ही बाधक बन गया था। साथ ही ठंडी हवा, निस्संगता, खाद्याभाव, सर छिपाने के स्थान का अभाव, बार-बार छोटी-छोटी नदियों को लांघने की समस्या—कुल मिलाकर अब यात्रा में आनंद नहीं, यंत्रणा ही थी। लगभग रोजाना ही कोई न कोई नदी रास्ता रोकती, उसे पार करने के लिए उसके किनारे-किनारे स्रोत की विपरीत दिशा में दूर तक जाना पड़ता वह स्थल ढूँढ़ने के लिए जहाँ वह सँकरी व कम गहरी है। कहीं-कहीं मांधाता के जमाने का पुल मिलता, टूटा हुआ, उस पर चढ़ने पर लगता कि पुल मुझे लेकर नीचे ढह जाएगा।

खाँसी ने क्रमश: इस तरह जकड़ लिया था कि हिम्मत जवाब देने लगी थी। कभी-कभी लगता कि चीनी सिपाही मुझे पकड़ लिए होते तो अच्छा था, कम से कम वे सर छुपाने की जगह तो देते। ठंडी हवा असहनीय थी। आग जलाने की कोई व्यवस्था नहीं थी मेरे पास, कहीं सूखी घास भी न मिलती थी कि उन्हें जलाकर सेकूँ। देह के साथ ही मन भी टूटने लगा था। घर से भागने का सही मजा अब मिल रहा था। घर से हजार मील दूर पहुँचकर वेश बदलकर मैंने जो नया खेल शुरू किया था, उसी का फल भुगत रहा था। त्रादुम से चलते समय मैं कल्पना भी नहीं कर सकता था कि दो-एक दिन में ही मैं ऐसी निराशाजनक स्थिति में पहुँच जाऊंगा। तेज ठंड में कहीं रुकते भी नहीं बनता था, हवा तीर की तरह चुभने लगती। मजबूर होकर आगे सरकता जा रहा था किंतु यात्रा का आनंद समाप्त हो चुका था। कभी-कभी लगता कि तिब्बत के इस सुनसान दुर्गम पथ में ही मेरी जीवन-लीला समाप्त हो जाएगी।

उस दिन संध्या के आसपास लगा कि दूर में नदी के किनारे से धुआँ उठ रहा है। मैंने गौर से देखकर निश्चय किया कि वह धुआँ ही था। उधर बढ़ते हुए शंका हुई कि वहाँ चीनी न हों। वैसे सुना था कि आगे चीनी नहीं मिलेंगे। फिर सोचा, चीनी सिपाही भी तो आदमी ही हैं, वे मुझे खा तो नहीं जाएंगे। देखा जाएगा। क्रमश: धुएँ के पास पहुंचकर देखा कि नदी तट पर कुछ तिब्बती आग ताप रहे हैं। आग के पास पहुँचकर मेरे जान में जान आयी। एक ने उठकर काली केतली में पानी चढ़ा दिया। आग सेंकते हुए मैं इतना प्रसन्न था कि पानी चढ़ाने वाले को पैसे देकर मैंने कहा कि उन सबको मेरी ओर से चाय पिलाए। दिनांत में नाव-घाट का मालिक ऐसा दयालु लामा पाकर खुशी से हँस पड़ा, मैं भी उसके साथ हँसने लगा। इसमें संदेह नहीं कि नावघाट के उस

दुकानदार ने ही मुझे मेरा जीवन लौटा दिया था, अन्यथा शायद वह रात मेरे जीवन की अंतिम रात होती।

उन लोगों से मालूम हुआ कि वहाँ से थोकचेन और एक दिन का रास्ता था। इस गाँव का नाम सामसांग था, अर्थात् गीयाबुनाक गाँव मैं रात के अंधेरे में पार कर आया था।

उस रात उनकी सहृदयता व आतिथ्य ने मुझे पुनर्जन्म दिया।

---

# थोकचेन

आखिर मैं महातीर्थ के दरवाजे पर, यानी थोकचेन नगर में पहुँच गया था। चैंग-लैंग मरुस्थल पर बसे इस नगर का अपना महत्व था। इसे तिब्बती यायावरों का मिलन केंद्र कहा जाता था। वर्ष के एक निर्धारित दिन तिब्बत के यायावर यहाँ आकर मिलते थे। ऊनी पोशाक, पुराने सामान, ऐतिहासिक तांखा, स्टैचू तथा पत्थर की विविध सामग्रियों को लेकर यायावर सड़क के दोनों किनारे हाट बसाते। धनी यायावर व्यापारी सस्ते में यहाँ से उन सामानों को खरीदकर भारत के विभिन्न बाजारों में बेच आते। नेपाल, भारत, सिक्किम व भूटान के बाजार में वे सामान दिखाई पड़ते थे।

त्रादुम् के बाद से अनवरत चढ़ाई थी। किन्तु सीधी चढ़ाई न होने के कारण और अधिकांश सफर रात में तय करते रहने के कारण मैंने इस बात का ध्यान ही नहीं रखा था कि चढ़ाई पर उठते समय विश्राम करते हुए धीरे-धीरे चलना पड़ता है। लासा मार्ग की ऊँची-ऊँची कंदराओं को पार करते समय गुरुजी हम लोगों की गति पर अंकुश रखते थे। अपनी गति नियंत्रण में न रखने के कारण ही मैं त्रादुम से सामसांग पहुँचते-पहुँचते उतनी बुरी तरह पस्त हो गया था। थोकचेन पहुँचकर जब ज्ञात हुआ कि इसकी ऊँचाई पन्द्रह हजार सात सौ फीट है तब मुझे होश आया। दुनिया के इस अज्ञात कोने में यात्री सतर्क न रहे तो उसे संभालने वाला कोई नहीं, जरा सी भूल ने मुझे मौत के मुँह में धकेल दिया था। भूल से आदमी शिक्षा लेता है, मैंने भी ली कि अब हर चढ़ाई को धैर्य से पार करूँगा, हड़बड़ी का नतीजा तो देख ही लिया था।

थोकचेन पहुँचकर मालूम हुआ कि मैंने सामसांग से जिस नदी का रास्ता पकड़ा था वह सांपो नहीं थी, उसका नाम था मरियम चू। वस्तुतः सामसांग तिब्बती यात्रियों का प्रयाग था जहाँ उत्तर से मरियम चू और दक्षिण से मात्सांग सांपो नदियाँ आकर मिलती थीं। ब्रह्मपुत्र का उद्‌गम दक्षिण के हिमालय में था, उसके दक्षिण में नेपाल। झरने के आकार में आंसि-इयांदुक, तामचाक-खामबाब आदि नदियों ने मिलकर मात्सांग सांपो रचा था। सांपो का प्रधान झरना मान सरोवर से निकला था, जिसका नाम सामो सांपो था। सामसांग के बाद से जो नदियाँ मिल रही थी उन्हें झरना कहना ही उचित होगा, इन्हें पार करने में कठिनाई नहीं होती थी। कहीं इनकी गहराई कमर तक थी तो कहीं पत्थरों पर से कूदते-फलांगते उन्हें पार करना संभव था। वस्तुतः तिब्बत की मुख्य नदी सांपो की रचना कई सौ स्रोतस्विनी पहाड़ी झरनों के मिलन से हुई थी।

थोकचेन् का स्थानीय नाम तासाम् था। यहाँ का प्राकृतिक दृश्य बहुत लुभावना था। असंख्य झरनों ने प्रकृति को प्राणवंत बना दिया था और हिमालय पर्वत की असंख्य बर्फीली चोटियाँ असीम रूप की छटा बिखेर रही थीं। बाँए अन्नपूर्णा की चोटी और दाएँ मातृवत् नन्दादेवी की चोटी, लगता था कि ये दो उत्तुगं चोटियाँ अनंतकाल से सर

उठाए अनंत दृष्टि से कैलास को निहार रही हैं। हिमालय के सौंदर्य ने मेरी समस्त क्लांति हरते हुए मुझमें नव प्रेरणा फूँक दिया। इस अहसास से भी कि महातीर्थ अब खास दूर नहीं, मेरा हृदय बाग-बाग होने लगा। हिमालय के सौंदर्य में प्राण था, उस प्राण में अमृत का स्पर्श, उस अमृत को मैं अपनी आँखों से पी रहा था।

अनादि काल से पर्वतों ने यात्रियों को अपनी ओर खींचा। दूर से पहाड़ का सौंदर्य रहस्यावृत्त लगता, पास पहुँचने पर सूखे पत्थर मिलते। फिर भी लोग पहाड़ के पीछे भागते थे, मैं भी भाग रहा था, और निस्संग यात्रा में पहाड़ का अस्तित्व मुझे किसी देवता की तरह लगता, वह मुझे पथ दिखाता किसी स्वप्नमय जगत की ओर धावित कर रहा था।

हिमालय के ये उत्तुंग शिखर बहुत बड़े-भाग के लिये जीवन-देवता ही तो थे। आकाश से जीवन-वारि खींचकर वे कितनी ही मंदाकिनी बहाते थे जो अगणित प्राणों के लिए जीवनदायिनी बन जाती थी। ऊँची-ऊँची चोटियों पर चढ़कर अपना कीर्तिध्वज फहराने वाले अभियात्री इन पर्वतों को दुर्लभ्य पत्थर मानते होंगे, किन्तु पर्वत का विराट स्वरूप पहचान कर उसे जीवनदेवता मानने वाले व्यक्ति ही महान् हैं। हिमालय की आत्मा को पहचानने वाले महात्मा कहलाते हैं, और वे महात्मा हिमालय को देवतात्मा कहते हैं। मैं अपनी क्षुद्र आत्मा द्वारा उस महान् सौंदर्य को अनुभव करता हुआ खुद को धन्य समझ रहा था।

पहाड़ों के भी प्राण हैं, इसे हर पर्यटक व तीर्थयात्री मानता है। पहाड़ के व्यक्तित्व में हर क्षण परिवर्तन होता रहता है। इस परिवर्तन को प्रत्यक्ष करने के लिए निरंतर पहाड़ का पर्यवेक्षण करना पड़ता है। एक ही पहाड़ सूर्योदय से पहले, सूर्योदय के समय, दिन के विभिन्न प्रहरों में, शाम व संध्या को, चाँदनी और अंधेरी रातों में किस तरह अलग-अलग परिवर्तित स्वरूपों में दिखता है यह जानने के लिए किसी योग या साधना की आवश्यकता नहीं, धीरज और दृष्टि आवश्यक है।

ऊँचे-ऊँचे शुभ्र-श्रृंगों को देखकर लगता था कि उनसे बातें करना भी संभव है। प्रत्येक शिखर विभिन्न देवताओं की मूर्ति सरीखा था, कोई ध्यानस्थ होकर उस रूप का मनन करे तो आत्मा से उन पर्वतों का आध्यात्मिक मिलन संभव हो सकता था।

कृतज्ञ नजरों से थोकचेन के इर्द-गिर्द के सौंदर्य को देखता मुग्ध होता मैं आश्रय की तलाश में गाँव की बस्ती में पहुँचा।

किसी भोटिया बस्ती की तरह लगता था थोकचेन। सड़क के किनारे एक सराय में मुझे जगह मिल गयी। आसपास निर्धन परिवारों के घर थे, तथा बहुत से सराय थे। मकान या तो लकड़ी के थे, अथवा लकड़ी व पत्थरों को मिलाकर बनाए गये। पुआल का गद्दा बिछा कमरा व गरम पानी के लिए दो आने लगे, रात भर जलाने के लिए लकड़ी के लिए और दो आने देने पड़े। अर्थात् कुल चार आने से मैंने स्वर्गीय सुख की व्यवस्था कर ली। मेरे कमरे के दरवाजे से पहाड़ का अपरूप दृश्य दिखाई पड़ता था।

मकान मालिक का नाम था **दोंगल**, मैंने उन्हें दोंगलदादा कहना शुरू किया। उनकी सही उम्र वे ही जानें, चालीस भी हो सकती थी, पचास भी। तिब्बती साधारणत: लम्बे-चौड़े होते हैं, किन्तु दोंगलदादा कुछ ठिगने थे, शेरपा जैसे। सामने के दो दाँत गायब थे। बातें कम करते थे, हँसते ज्यादा थे। उन्हें देखकर लगता था कि दुनिया की किसी भी समस्या ने उन्हें स्पर्श नहीं किया था, इतने आनंद में रहते थे **वे**। दोंगलदादा अपनी बुढ़िया माँ के साथ गर्मियों में थोकचेन में रहते थे, जाड़े में चले जाते थे पुरांग घाटी में।

मेरे लिए गरम पानी लाकर दोंगलदादा बोले कि मैं हाथ-मुँह धो लूँ। गरम पानी पाकर मैं खुश था, उस पानी से मैंने गला व गर्दन साफ किया, कोहनी तक हाथ धोया। उस बीच दोंगलदादा हँस-हँस कर मेरे सौभाग्य की सराहना करने लगे। वे कहने लगे कि मेरा भाग्य अच्छा है कि तासाम में सड़क के किनारे मुझे कमरा मिल गया, कुछ दिनों से नदी का स्रोत धीमा है अत: नदी पार करने में कठिनाई नहीं होगी, मेरी खुशकिस्मती से त्सो-माफाम् तक यहाँ से कुछ और लोग जा रहे हैं अत: मुझे साथ भी मिल जाएगा। इन तीन कारणों से मुझ जैसे तीर्थयात्री का भाग्य बहुत अच्छा था। गरम पानी से मैंने अपनी त्वचा जितनी साफ की, दोंगलदादा की हँसी देख-देख मेरा मन उससे भी अधिक स्वच्छ हो गया। उनकी उपस्थिति ही आनंददायक थी। वे एक ही बात कई-कई बार कहते थे, उससे भी अधिक हँसते थे। मुझे यह जानकर और अच्छा लगा कि त्सो-माफाम् तक दोंगलदादा भी मेरे साथ जाएंगे।

दोंगलदादा का मकान बहुत पुराना था। गर्मियों में यह मकान सराय बन जाता। उस समय तिब्बत के समतल क्षेत्र के तीर्थयात्री इसी पथ से गुजरते महातीर्थ की ओर यात्रा करते हुए। थोकचेन के निवासी यात्रियों की सेवा में लग जाते। यही उनके कारोबार का समय होता। पैसे तो खास नहीं मिलते, किन्तु व्यस्तता बढ़ जाती। इस गाँव से परिक्रमा के लिए किराए पर लोग मिलते। जो कैलास यात्री परिक्रमा करने में असमर्थ होते, उन यात्रियों के बदले वहाँ के तिब्बती परिक्रमा करते तथा बदले में सामान्य पैसे व भोजन पाकर ही संतुष्ट हो जाते।

कैलास तथा त्सो-माफाम के पहले यही अंतिम गाँव था, यहीं से तीर्थयात्री आगे के लिए जरूरत के सामान खरीद लेते। गर्मी की शुरुआत थी, इसीलिये यात्रियों का आवागमन शुरू नहीं हुआ था। दोंगलदादा ने बताया कि क्रमश: तीर्थयात्रियों की संख्या घटती जा रही है, तिब्बत के बड़े-बड़े शहरों को परिवर्तन की हवा लग गयी है, वे उस परिवर्तन को लेकर व्यस्त हैं, इधर नहीं आते! थोकचेन को परिवर्तन की हवा नहीं लगी थी, इससे मैं भी आजाद पंछी की तरह यहाँ विचर सकता था, अब चीनी सेना के तम्बू या सरकारी जिरह का भय नहीं था।

मैं तैयार होकर निकला और थोकचेन के खुले बाजार में खुल्लम-खुल्ला घूमने लगा। यहाँ मुझे कोई भय नहीं था। इस पूरी यात्रा में किसी भी शहर या बड़े गाँव में मैं इस तरह घूम नहीं पाया था, सर्वत्र एक ही भय पीछा करता रहा था कि मैं भारतीय हूँ यह

भेद खुला और मैं मुसीबत में पड़ा। दूसरे, लासा तक मुझे मौनीबाबा बने रहना पड़ा था, स्थानीय लोगों से न बात कर सकता था और न किसी चीज की कीमत पूछ सकता था। मुझे त्रादुम गुम्फा के गेशे ने कुछ पैसे दिये थे और कहा था कि थोकचेन में ऊनी कपड़े सस्ते हैं, कुछ खरीद लूँ! कुल चार रुपये थे मेरे पास, उस पैसे में यहाँ मैं अमीर था, बहुत कुछ खरीद सकता था।

बाजार में सभी आवश्यक सामान उपलब्ध थे किन्तु दुकानदारों को देखकर लगता था कि वे दरिद्र गंदे भिखारी हैं। तासाम बाजार में हकीमी-आयुर्वेदिक व टोटका दवा की कई दुकानें थी जहाँ विभिन्न जड़ी-बूटियाँ, पत्थर, जीव-जंतुओं के खाल व तेल बिकते थे। किन्तु इन औषधालयों की गंदगी तो अपनी पराकाष्ठा पर थी। तार-तार फटे गंदे चिथड़ों में बदन छुपाना तो आर्थिक मजबूरी थी और क्षम्य भी, मैं यह देखकर दंग रह गया कि वे कमरे के एक कोने में खाना बनाते थे और दूसरे कोने में पेशाब करते थे, खखार कर मुँह में बल्गम आता तो उस बल्गम को लकड़ी की दीवार पर थूक देते। लामाओं के बाद ये दुकानदार ही यहाँ अधिक सम्मानित थे और वे सम्मानित व्यक्ति इतने गंदे थे।

गर्मी ज्यों ज्यों बढ़ती, यहाँ दुकानों की संख्या भी त्यों त्यों बढ़ती। तब सड़क के किनारे खुले दुकान पनप उठते। यूँ यहाँ लगभग एक दर्जन दुकानें ऐसी थीं जो वर्ष भर खुली रहती थीं। खुले बाजार का मुख्य आकर्षण ऊनी वस्त्रों की दुकानें होतीं।

मैं एक दुकान पर रुका। लगा कि दुकानदार को मुझमें दिलचस्पी नहीं है, उसने मुझे गरीब और फालतू बालक समझा होगा। कई सामान देखने के बाद मैंने एक स्वेटर और एक जोड़ा ऊनी दस्ताना खरीदा। कुल एक रुपये तीन आने में दोनों सामान। कहना न होगा कि तिब्बत के बाजार में ऊनी वस्त्र हमेशा शुद्ध ऊन के ही मिलते हैं।

यहाँ का बाजार भाव जानने के लिए मैंने और भी कई सामानों का दाम पूछा। भेड़ की खाल से बने कोट की कीमत दो रुपये थी। भेड़ की खाल को चारु कहते थे, एक चारु नौ-दस आने से मिल जाती थी। मोटा कम्बल, जिसे चुटकी कहते थे, बीस-बाईस रुपये का मिलता था। तिब्बती चुटकी रजाई की तरह तो ओढ़कर सोते ही थे, अधिक ठंड में चादर की तरह लपेटकर बाहर भी निकलते थे। हल्के ऊन के चादर को पांघी कहते थे, पांघी बारह आने का मिलता था। लाम या जूते दस आना जोड़ा। ऊनी वस्त्रों के अलावा चीनी सामान भी यहाँ सस्ते थे। छोटी मेज, रंग-बिरंगे छोटे बक्से, कप-डिश, दीपक और सुंदर थालियाँ व कटोरे बहुत सस्ते में बिकते थे।

इस बाजार की एक विशेषता यह भी थी कि कहीं भी मोलभाव नहीं होता था। मोलभाव करने को वे अपमानजनक समझते थे। तिब्बत में अन्यत्र भी यह नियम लागू है या नहीं यह मुझे नहीं मालूम, क्योंकि अन्यत्र इतनी बारीकी से मुझे बाजार का मुआयना करने का अवसर नहीं मिला था। प्रायः सभी दुकानों में कपड़ों पर जलरंग के चित्र मिलते थे, उन तिब्बती चित्रों में मंडला तथा बुद्ध के विभिन्न रूप ही मुख्यतः होते। यहाँ तांखा भी बिकते थे जिनमें राक्षस सरोवर, मानसरोवर, कैलासनाथ आदि के

काल्पनिक चित्र बने हुए थे। खाद्य पदार्थों में आटे की लिट्टी या सेवईं, सूखे मांस, चावल, दाल, मकई, गेहूँ, जौ, बार्लि आदि की यहाँ कमी नहीं थी। एक आना सेर बार्लि, दो आना सेर चावल, भेड़ की एक पूरी टांग तीन आने की! मुझे नहीं लगता कि ये सामान इतने सस्ते में और कहीं मिल सकता था।

घूमता हुआ मैं एक चाय की दुकान में घुसा। लकड़ी के उस ढाँचे में सर झुकाकर घुसना पड़ता था, फिर बैठ जाना पड़ता था। छत इतनी नीची थी कि खड़े होने की गुंजाइश नहीं थी। चाय के साथ यहाँ गपशप भी जमता था।

चाय पीकर कुछ देर मरियम चू के किनारे खड़ा रहा। वहाँ खड़े-खड़े एकाएक मुझे घर की याद आयी। इछापुर में इस समय भयंकर गर्मी होगी। वहाँ का परिवेश कितना छोटा था। मैं कहाँ-से-कहाँ आ गया था, क्या सपने की दुनिया इसे नहीं कहते?

पाँवों में ठंड लगने लगी थी, अत: मैं दोंगलदादा के सराय की ओर लौटने लगा।

मुझे देखकर दोंगलदादा पहले तो हँसे, फिर हँसते हुए बोले, ''स्वेटर खरीदी!''

''हाँ। यह बहुत गरम होगा, है या नहीं?''

''अवश्य!'' वे बोले, फिर उन्होंने शुभ समाचार दिया, ''हम कल सुबह ही रवाना होंगे।''

महातीर्थ पर पहुँचकर चाहे जैसा लगे, इस समय मैं आनन्द से झूम उठा था। मैंने मन को शांत किया और आराम से सो गया। दोंगलदादा की माँ ने मुझे जब जगाया तब भी रात बाकी थी। दोंगलदादा ने आकर मुझे प्रणाम किया, फिर मुझे बगल के कमरे में ले गये जहाँ और तीन अपरिचित लोग बैठे थे। वे सब चूल्हे के इर्द-गिर्द बैठे थे, चूल्हे के पास ही एक भगौने में गरम थुकपा यानी बार्लि व मांस का झोल रखा था। एक ही भगोने को उठाकर वे बारी-बारी से थुकपा पीने लगे, मैंने भी पी।

मुँह अंधेरे हमने वहाँ से कूच किया। सर के ऊपर तारे यूँ जगमगा रहे थे कि लगता था थोड़ी और ऊँचाई पर उठते ही उन्हें हम छू लेंगे। सर्दी भी तेज थी। कुछ दूरी तय करने के बाद समझ में आया कि दोंगलदादा को साथ में पाना कितना बड़ा वरदान था। उन्हें रास्ता मालूम था, बार-बार बाधा की तरह अड़ने वाले पहाड़ी झरने व नदियों को कैसे और कहाँ से पार करना है यह भी मालूम था। मैं अकेला आता तो अवश्य ही हैरान होता, शायद भटक भी जाता। कहीं-कहीं दरिया पार करने के लिए दूर जाना पड़ता था। जहाँ प्राचीन जमाने के पुल थे, उन्हें परखकर दोंगल दादा बताते थे कि पुल से जाने में खतरा है या नहीं। पत्थर-पर-पत्थर बैठाकर बिना सीमेंट से उसे जोड़े पुल बनाए गये थे जिन पर रस्से व लकड़ी ऐसे लगाए गये थे कि नदी पार करना सर्कस के खेल दिखाने जैसा था। जहाँ नदी सँकरी थी, दूर से लगता था कि छलांग लगाकर पार कर जाएंगे। वहाँ भी ढीले पत्थरों के लुढ़कने व फिसलने का खतरा बना रहता था। अत: इन पत्थरों के चरित्र का अता-पता जानना जरूरी था उनसे छेड़खानी करने से पहले।

हवा शुष्क थी, सर्दी असह्य थी। पहाड़, जो लगता था कि अधिक दूरी पर नहीं है, निरंतर चलने के बाद भी उतनी ही दूरी पर रह जाते। चलते हुए श्वाँस-प्रश्वाँस में तालमेल बैठाने में चूके तो श्वाँस की तकलीफ शुरू हो जाती। राह सुनसान था, कहीं आबादी का चिन्ह नहीं। निस्तब्धता को तोड़ती थी हमारे साँस व पदचाप व कभी-कभी लुढ़क जाते पत्थरों की आवाज। हम चुपचाप चल रहे थे, कंधे की झोली और कम्बल क्रमशः भारी लगने लगा था। ठंड से दोनों पाँव गलने लगे थे, कान और नाक बर्फ की तरह हो गये थे जिन पर सर्द हवा लगातार सैकड़ों सूई की तरह चुभ रही थी। पाँव, कान व नाक की तरह मन की भी हालत हो गयी थी, उस ठंडी में न मणिमंत्र याद आ रहा था न और कोई मंत्र। ठंडी हवा चुभते-चुभते नाक में जलन पैदा हो गया था, किन्तु सब चल रहे थे और इसीलिये मैं भी उनका अनुसरण कर रहा था।

दोंगलदादा शायद मेरी स्थिति समझ गये थे। वे रुके। उनकी हँसी भी अब सूखी हँसी लगी। चेहरे पर हँसी की रेखा खींचकर उन्होंने पूछा "ठीक हो?"

"नहीं—ठंड—नाक-कान जल रहा है—शीत—जल रहा है.....।" मेरे मुँह से तिब्बती भाषा भी न निकली। मैं मातृभाषा बंगला में ये शब्द काँपते हुए दोहराने लगा। महातीर्थ के यात्रियों को रास्ता दिखाना दोंगलदादा का मुख्यधंधा था, वे इतने **अभिज्ञ थे** कि उन्हें समझाने के लिए किसी भाषा की जरूरत नहीं थी, मेरी स्थिति वे अच्छी तरह समझ गये थे।

उन्होंने पीठ का झोला उतारा, उसमें से कुछ लकड़ी व माचिस निकाली, फिर लकड़ी जलाकर मेरे सामने कर दिया। मैंने दस्ताना खोलकर हथेलियों को गरमाया और गरम हथेली के स्पर्श से नाक व कानों को सेंकने लगा। थोड़ी देर बाद मुझे कुछ राहत मिली। इसके बाद उन्होंने पत्थर सा कुछ मुझे देकर कहा, "इसे मुँह में रखकर धीरे-धीरे चूसते रहो, इससे शरीर में गर्मी आएगी।"

"यह कोई दवाई है?"

"यह थूमा है, इससे बढ़िया कोई दवा तिब्बत में नहीं है।" दोंगलदादा गर्व से बोले, फिर थूमा का एक टुकड़ा तोड़ तोड़कर अन्य तीन यात्रियों को भी दिया। थूमा देखने में शिलाजीत की तरह थी।

मैं कुछ संभल गया तो हम फिर आगे बढ़े। संध्या के समय एक परित्यक्त गुम्फा में हमने रात भर के लिए आश्रय लिया। दोंगलदादा ने कहा, 'हमने काफी रास्ता तय कर लिया है। कल इसी तरह चले तो दोपहर के आसपास त्सो माफाम् पहुँच जाएंगे।"

और दिन होता, तो मैं इस शुभ-संवाद से चहक उठता। किन्तु मैं कुछ भी सोचने समझने की स्थिति में नहीं था—इस समय मुझे पूर्ण विश्राम की आवश्यकता थी, केवल विश्राम।

---

# मान सरोवर

गुम्फा में प्रार्थना करने के बाद हम तड़के ही वहाँ से निकल पड़े। हम धारा की दिशा में बढ़ रहे थे, इससे मुझे कुछ शंका हो रही थी। मैं अकेले आया होता तो इस क्षेत्र में अवश्य ही दिग्भ्रमित होता, क्योंकि मान सरोवर तक नदी की धारा के विपरीत चलना है, यही मैं जानता था। दोंगलदादा ने हँसकर मेरी शंका का समाधान किया। मूल सांपो नदी का उद्गम यहाँ से सत्तर मील दूर दक्षिण के हिमालय में स्थित था। सामसांग के बाद मुझे जो भी नदियाँ मिलीं, वे सब अलग-अलग स्वतंत्र नदियाँ थीं। थोकचेन की कोई भी नदी सांपो से नहीं मिली थी। कुछ नदियों ने मिलकर एक झील बनाया था जिसका नाम तामुलुंग-त्सो था। कुछ नदियों के मिलन से तागसांपो तथा कुछ अन्य झरनों के मिलन से सामो सांपो बनी थी, इन दोनों नदियों के नाम के साथ सांपो शब्द जुड़े होने पर भी उनका मूल सांपो या ब्रह्मपुत्र से कोई सम्पर्क नहीं था। वे छोटी नदियाँ मानसरोवर में मिली थीं। इसीलिए हम धारा की दिशा में जा रहे थे।

हमारे चारों ओर बरफ ही बरफ था। बर्फ पिघल कर झरने बने रहे थे और उनका कुलुतान सुनाई दे रहा था। रास्ता अब सहज था, क्रमशः ढलान पर उतरता हुआ। थोकचेन की पंद्रह हजार सात सौ फीट की उच्चता से हमें लगभग आठ सौ फीट उतरना था, मानसरोवर की उच्चता चौदह हजार नौ सौ फीट के करीब थी।

लगभग घंटे भर से हम दो पहाड़ों के बीच से चल रहे थे। मानसिक क्लांति, दैहिक क्लांति, सब दूर हो गयी थी और मैं नयी ताजगी व उत्साह में पथ तय कर रहा था। पिछले दिन नाक रगड़ते-रगड़ते नाक में घाव होकर जो जलन शुरू हुई थी वह भी अब कुछ ठीक थी।

क्रमशः दोनों ओर के पहाड़ दूर खिसकते गये। सामने का दृश्य भी धीरे-धीरे बदलने लगा। लगता था सामने कोई मंच है जिसका पर्दा धीरे-धीरे खिसक रहा था और मंच विस्तार पा रहा था। कौतूहल दबाना असंभव हो रहा था, दोंगलदादा के साथ जो तीन तिब्बती यात्री आए थे वे भी मेरी तरह पहली बार त्सो माफाम जा रहे थे। हमारी चाल एकाएक तेज हो गयी, फिर जैसे हम सबने सब्र खो दिया और हम दौड़ने लगे। दोंगलदादा ने सहसा मणिमंत्र उच्चारण करना शुरू किया, हमारी चाल भी उस मणिमंत्र के ताल में थी—ओम् मणि पद्मे हुम्!

उसके बाद वह परम् लग्न आ पहुँचा। एक छोटे से पहाड़ की दीवार लांघते ही हमारे सामने स्वर्गराज्य था! हम खड़े हो गये। हमारी सभी इंद्रियाँ सजग होकर उस स्वर्गीय दृश्य का आनंद लेने लगीं। आनंद में मेरी आँखों से आँसू निकल पड़े। मेरा

हृदय वहाँ बिछ गया, मन उड़ गया उस स्वर्गीय दृश्य के आलिंगन में। उस दृश्य को युग-युगांतर तक एकटक देखते रहने से भी शायद आस न मिटे। भाषा की भी अपनी सीमाएँ होती हैं, उस असीम सौंदर्य को अभिव्यक्ति देने की क्षमता मुझमें नहीं है, मैं जो भी वर्णन दूँ वह उस सौंदर्य का विकृत रूप होगा। प्यासे को पानी मिल जाए तो वह पानी का वर्णन नहीं करता, प्यास बुझाता है। मैं भी प्यास बुझा रहा था। प्रकृति में निहित मातृरूप की उपलब्धि ही मुक्ति है, मैं इस मुक्ति को अनुभव कर रहा था।

सामने विस्तृत समतल मैदान था, उस पर दो एक टीले जैसे छोटे-छोटे पहाड़। समतल भूमि की शोभा बढ़ा रहे थे दो सुंदर सरोवर। सामने मानसरोवर और उसके बगल में राक्षस सरोवर। सरोवरों से दूर पर्वतों की श्रेणियाँ। दक्षिण के तुषार शुभ्र पर्वत का नाम था गुरलामांधाता। दोंगलदादा हमें यह जानकारी दे रहे थे। उन्होंने बताया कि उत्तर के दो पहाड़ों के पीछे से जो बर्फ से ढँका तिकोना पर्वत शिखर झाँक रहा है वही कैलास पर्वत है! यह सुनते ही मैंने साष्टांग लेटकर देवादिदेव कैलासनाथ के उद्देश्य से प्रणाम निवेदन किया। यह तो उन्हीं की कृपा थी जो मैं सही-सलामत उनके दर्शन को पहुँच सका था। मैंने **निवेदन किया**, 'हे देवादिदेव दयामय करुणासिंधु जगत्पति! तुमने इस दीन भिखारी को जो अपार करुणा दिखायी, इसके लिए मेरा प्रणाम स्वीकार करो। मैं पंडित नहीं, ज्ञानी नहीं, योगी नहीं, फिर भी मैं तुम्हारी कृपा पा सका, इससे मेरा जीवन धन्य है। हे जगतपिता, तुम मुझे अपने चरणों में स्थान दो।''

प्रार्थना के बाद कुछ आगे बढ़ने पर एक ध्वज और पत्थरों का स्तूप मिला। तिब्बती प्रथानुसार हमने उस स्तूप की परिक्रमा की और पास से पत्थर लाकर उस स्तूप पर चढ़ाया।

आसपास के पहाड़ों की बरफ पिघलकर असंख्य छोटी-छोटी पहाड़ी नदियाँ निकली थीं, जो अपना स्फटिक सा स्वच्छ जल मान सरोवर में उड़ेलती थीं। दोंगलदादा ने मुझसे कहा कि इस समय मान सरोवर की परिक्रमा करना संभव नहीं है क्योंकि सरोवर के चारों ओर अनेकों नदियाँ हैं जिन्हें पार करने के लिये न पुल हैं न नाव। जाड़े में जब नदी का पानी जमकर बर्फ बन जाता है उस समय तिब्बती मानस की परिक्रमा करते हैं।

दोंगलदादा बोले, ''यहाँ से मैं इन तीनों को लेकर पुरांग की ओर जाऊँगा। अब हमें तुमसे बिछुड़ना है। बताओ, तुम क्या करोगे?''

मैं क्या करूंगा? मैं चौंका, मैंने यह प्रश्न खुद से भी पूछा। यहाँ पहुँचना मेरा स्वप्न था, सो पहुँच गया था। अब क्या करूंगा। यह मैं खुद भी नहीं जानता था। मैंने उन्हीं से पूछा, ''यहाँ आकर तीर्थयात्री क्या करते हैं?''

दोंगलदादा ठठाकर हँस पड़े, बोले, ''त्सो माफाम आए हो और यह नहीं मालूम कि यहाँ क्या करोगे? तो सुनो, यहाँ सभी आते हैं पूजा चढ़ाने के लिये, तुम्हें यहाँ पुजारी मिल जाएंगे, वे तुम्हारे पूर्वजों के कल्याण के लिए पूजा व प्रार्थना कर देंगे।

त्सो-माफाम में डुबकी लगाने से भी पूर्वजों का उद्धार होगा और पुण्य होगा। तुम चाहो तो मेरे साथ चल सकते हो, मेरे परिचित बहुत से लोग हैं, वे तुम्हारी मदद कर देंगे।''

मैंने पूछा, ''यहाँ कोई हिन्दू मंदिर नहीं है?''

दोंगलदादा बोले, ''नहीं, इस क्षेत्र में कोई भी हिन्दू मंदिर नहीं है। फिर भी हर साल नेपाल व भारत से बहुत हिन्दू साधु यहाँ आते हैं तीर्थ के लिए, वे त्सो माफाम के आसपास की गुम्फाओं में ठहरते हैं, शायद तुम्हें कोई मिल जाए। यूँ हिन्दू न मिलें तो क्या फर्क पड़ता है; हिन्दू, साक्यं, चेन-रे-जि में कोई अंतर तो है नहीं। त्सो माफाम और कैलास धरती का श्रेष्ठ तीर्थस्थल है, यहाँ सब आदमी बराबर हैं, केवल भाषा में भिन्नता हो सकती है।''

मैंने कहा, ''मेरे पास दिराफुक और लांबोना गुम्फाओं के मठाध्यक्षों के नाम पत्र है, अतः मुझे वहाँ जाना पड़ेगा।''

दोंगलदादा उत्साह से लगभग चीख पड़े—''बहुत अच्छा, बहुत अच्छा! मैं तो शुरू से कहता था न कि तुम सौभाग्यशाली हो! तब तो कोई समस्या ही नहीं है।''

उन्होंने मुझे रास्ता दिखाते हुए कहा, ''इस रास्ते जाओ, लांबोना गुम्फा दिनभर का रास्ता है। इस रास्ते सीधे जाने से दिंगत्सो नाम की एक छोटी झील मिलेगी, वहाँ से एक पहर और चलना पड़ेगा। वहाँ पहुँचने से वहाँ के लामा ही तुम्हें आगे जो करना हो बता देंगे। त्सो माफाम की ओर मत उतरना, नदी नाले के चक्कर में उधर से जा नहीं पाओगे। त्सो माफाम को बाएँ छोड़ते हुए कैलासनाथ की ओर जाने से ही तुम लांबोना गुम्फा आसानी से पहुँच सकोगे।''

मैंने अपनी कृतज्ञता जताते हुए दोंगल दादा को दो रुपये दिये। उनकी बाँछें ऐसे खिल गयीं कि वे हँसते ही रहे। मैं भी हँसता हुआ अपनी राह चल पड़ा।

फिर मैं अकेला था। असीम आकाश के नीचे एक पथभ्रांत पक्षी की तरह निपट अकेला। दोंगलदादा गुरलामांधाता की ओर बढ़ गये थे तीन यात्रियों को लेकर। मैं लांबोना गुम्फा पहुँचने के लिए कैलास पर्वत की ओर बढ़ रहा था। मानसरोवर से लगभग एक मील दूर थी यह सड़क, सरोवर की समांतर। सरोवर से सड़क लगभग तीन-चार सौ फीट ऊँचाई पर थी। सरोवर के दूसरे तट का दृश्य, पहाड़ों के कारण, किसी स्वप्नपुरी सा लग रहा था।

दोपहर को एक मैदान में चरते हुए याकों को देखकर मुझे बहुत आश्चर्य हुआ कि इस बर्फ के राज्य में वे क्या चर रहे हैं? क्या यहाँ मुक्त विचरने वाले याक भी हैं? और पास जाने पर मालूम हुआ कि वहाँ यायावरों का पड़ाव था, समतल मैदान में उनके तम्बू गड़े थे। मैं मैदान में उतरा और तम्बुओं के बीच से चलने लगा। याकों ने मुझे निःशब्द घूरा। बरफ पिघलने के बाद मैदान में कोमल घास उगने लगी थी, याक वही चर रहे थे। किसी तम्बू में कोई नहीं था, न जाने सबके सब कहाँ चले गये थे।

सूरज सर के ऊपर लम्बरूप में चमक रहा था। धूप में चलना अच्छा लग रहा था। कुछ आगे बढ़ने पर और भी तम्बू मिले, यहाँ कुछ यायावर अपने बच्चों के साथ धूप सेंक रहे थे। बच्चे बहुत सुंदर थे, उनके चेहरे गुलाब की तरह खिले हुए, लगता था कि वे इस ठंड में अभ्यस्त हैं, उन पर सर्दी का असर ही नहीं था। वे जीभ निकालकर मुझे सम्मान दिखाने लगे तो मैंने कई बच्चों के सर पर हाथ रखकर मणिमंत्र पढ़ते हुए उन्हें आशीर्वाद दिया, लगा कि इससे उनके अभिभावक भी गदगद हो गये। मेरे इस आचरण का फल यह हुआ कि बच्चे चीख-चीख कर औरों को बुलाने लगे। मैं आगे बढ़ा ही था कि आसपास से बहुत से बच्चे, कुत्ते और याक दौड़े आए और मुझे घेर कर खड़े हो गये। शायद कुत्ते और याक भी मेरा आशीर्वाद चाहते थे, मेरे साथ दोंगलदादा होते तो न जाने वे इस दृश्य को देखकर कितना हँसते!

मानसरोवर व कैलासनाथ की हवा में देवात्मा का स्पर्श था, यहाँ का एक-एक पत्थर भी पवित्र था, फिर इस पुण्यभूमि में बसने वाले इन बच्चों का कहना ही क्या। उनकी भोली व पवित्र आँखों में झाँककर मेरी इच्छा हो रही थी कि मैं उनसे आशीर्वाद लूँ, ढोंगी बाबा उन्हें किस बूते पर आशीष देता! किन्तु वे सब मौन खड़े अपेक्षा कर रहे थे। मैंने कैलास की ओर देखते हुए भगवान शिव से प्रार्थना की—हे अंतर्यामी! तुम मेरे माध्यम से इन बच्चों को आशीर्वाद दो! फिर मैंने बच्चों के सर पर हाथ रखकर उनकी मंगल कामना की और वहाँ से आगे बढ़ा। वे सब मेरे पीछे-पीछे चलने लगे। बहुत दूर निकल जाने पर भी जब देखा कि वे मेरा साथ नहीं छोड़ रहे हैं तो मुझे अचरज हुआ। मैंने गिनकर देखा, बच्चों और बड़ों को मिलाकर चौंतीस यायावर मेरे साथ चल रहे थे। सामने एक नदी ने मेरा रास्ता रोका, यह नदी नहर जैसी थी, अधिक गहरी तो नहीं थी किन्तु उसे पार करना आसान भी नहीं था। यायावरों ने मुझे दाँए से ऊपर की ओर उठने को कहा। ऊपर चढ़कर देखा कि वहाँ बड़े-बड़े पत्थर लगाकर एक पुल जैसा बनाया गया है जिसे लांघने में दिक्कत नहीं थी। नदी पार करने के बाद भी वे मेरे साथ चिपके रहे। आगे बढ़कर दाएँ एक छोटी सी झील थी और बाँए मानसरोवर बहुत करीब आ गया था। स्वच्छ नीले मानसरोवर का जल लहराकर तट से खेल रहा था। मैं उसके तीर में पहुँचा और चुल्लू में पानी लेकर अपने ऊपर छिड़का। फिर करपुट में पानी लेकर मानसरोवर के देव-देवियों के उद्देश्य से अंजलि चढ़ाया और गायत्री मंत्र का पाठ करता रहा।

पीछे पलटकर देखा कि बंजारों ने यहाँ भी मेरा पीछा नहीं छोड़ा था। उनकी ओर देखते ही वे मुझे अपने साथ चलने के लिए इशारा करने लगे। सोचा, अवश्य ही कोई खास बात होगी, नहीं तो वे इतनी दूर तक मेरा पीछा क्यों करते? उनके साथ मानसरोवर के किनारे-किनारे थोड़ा और बढ़ने पर सरोवर में तैरते सफेद राजहंस दिखे। पहले एक जोड़ी, फिर आगे और भी। इस मनोरम भूमि के स्वच्छ सरोवर की शोभा वे हंस बढ़ा रहे थे। माँ सरस्वती के पवित्र प्रतिभू वहाँ स्वच्छंद विचर रहे थे।

कुछ और आगे बढ़ने पर कुछ तिब्बती दिखे जो सरोवर के किनारे बैठकर मछलियाँ सुखा रहे थे। मैंने पहले उन्हें मछुआरा समझा। किन्तु उनके निकट पहुँचने पर ज्ञात हुआ कि वे भी उन बंजारों के दल के थे। वे मुझे सफाई देने लगे कि उन्होंने मछलियों को नहीं मारा, तिब्बत में प्राणी हत्या पाप है। ये मरी हुई मछलियाँ लहरों के साथ किनारे आ लगी थीं, उन्हीं को वे सुखा रहे थे। उन्होंने मुझे कई तरह की मछलियाँ दिखाकर खाने को कहा। मुझे भूख तो लगी ही थी, मानसरोवर का यह प्रसाद खाने में हर्ज ही क्या था। अत: मैं उनके साथ खाने के लिए बैठ गया। मछलियाँ छोटी-छोटी थीं, चिल्का झील की पोंटी मछली की तरह। उन्होंने मुझे एक रोटी भी दी जो तंदूरी की तरह मोटी थी। अब मैं समझ गया कि उतने बंजारे और बच्चे मेरा पीछा नहीं कर रहे थे, यह उनके मध्यान्ह भोजन का समय था और वे भोजन करने के लिए यहाँ आ रहे थे। बंजारे सामान ढोने के लिए याक रखते थे, उनकी देखभाल कुत्ते करते और वे खुद ही अपना अन्न यानी घास ढूँढ़ लेते। बंजारे सरोवर के किनारे घूम-घूम कर उन मछलियों को, जो किसी अज्ञात कारण से मर कर किनारे आ लगतीं, बटोरते। दिनभर उनका यही काम था, सीपी बिनने की तरह वे झुककर छोटी-छोटी मरी हुई मछलियाँ बिनते। इन मछलियों को सुखाकर अथवा आग में झुलसाकर वे अपने भोजन का प्रबंध करते। इसके अलावा वे तरह-तरह के पत्थर संग्रह करते, उन्हें तीर्थयात्रियों के पास या किसी हाट में ले जाकर बेचते। उनके साथ रह पाता तो उनके विषय में मुझे और तथ्य संग्रह करने का मौका मिलता, किन्तु मुझे गुम्फा में पहुँचना था, इसलिए उन्हें धन्यवाद देकर चल पड़ा।

लांबोना गुम्फा का सहज रास्ता यायावरों ने मुझे समझा दिया। झील के किनारे-किनारे सीधे उत्तर की ओर जाना है, झील का तट न छोड़ूँ। बहुत देर तक चलने के बाद एक नदी मिलेगी, फिर उस नदी के किनारे-किनारे ऊपर उठने पर एक पुल मिलेगा, पुल पार करने के बाद ही लांबोना गुम्फा है।

साधारण तिब्बती पथ का निर्देश देते समय दूरी को समझाने के लिए कहते थे थोड़ी देर का रास्ता, बहुत देर, एक जून, दो जून, एक दिन, दो दिन आदि। घंटे का हिसाब शायद उन्होंने सुना ही न था।

मुझे बहुत देर तक चलना था, न जाने कितनी देर तक! कहीं सूरज ढल जाए तो जो मुश्किल होगी सो तो होगी ही, ठंड से ऐंठ जाऊँगा। मैं तेज कदमों से चलने लगा।

# मानस तीर्थ की पहली रात

नदी तक पहुँचने से पहले ही शाम ढलने लगी थी। अस्ताचलगामी सूर्य की रंगीन आभा चारों ओर फैल जाने से पहाड़-नदी-सरोवर व आकाश का रंग बिलकुल बदल गया था, भारत की सीमा पर खड़ी गुर्लामांधाता की चोटियों का रंग तो देखते ही बनता था। बर्फीली चोटियों पर कभी सुनहरे तो कभी रुपहले रंग की लहरें दौड़ रही थीं। कैलास शिखर वैसा ही लग रहा था जैसा गैंगटक से कांचनजंघा लगता है। किन्तु मेरे पास इस सौंदर्य में गोता लगाने का समय नहीं था, सूर्य की अंतिम किरणें हटी कि अंधेरा हुआ, अतः नदी के किनारे-किनारे ऊपर की ओर उठने लगा पुल की तलाश में। अंधेरा छाने से पहले ही पुल मिल गया। पुल पार करते हुए देखा कि सामने कुछ ही दूरी पर एक बड़ा सा मकान है, दुमंजिला।

शायद ईश्वर की कृपा से मुझे यायावर मिले थे, अन्यथा इतनी जल्दी मैं लांबोना गुम्फा तक नहीं पहुँच पाता। उन्होंने जो रास्ता दिखाया, वही संक्षिप्त पथ था। आगे बढ़कर गुम्फा का प्रवेशपथ ढूँढ़ते-ढूँढ़ते सहसा अंधकार व्याप्त हो गया। कहीं कोई नहीं दिख रहा था, न कुत्ते ही थे यहाँ। अंधेरा उतरते ही वह अंधकार इतना घना होता है कि उस अंधेरे में अभ्यस्त होने में समय लगता। अंधेरे के साथ ही दिन का सारा उत्ताप भी लुप्त हो गया, ठंड ने कँपाना शुरू कर दिया। मैंने कम्बल खोलकर ओढ़ लिया, सर को चादर से ढाँपा, हाथों में दस्ताना पहना, पाँव में लाम यानी तिब्बती जूते थे ही। अंधेरे में आँखों को अभ्यस्त कराने के लिए कुछ पल रुकना पड़ा। सोचा, इस समय कहीं रास्ते में ही होता तो मेरी क्या दशा होती! फिर न तो मैं नदी का पुल ढूँढ़ पाता, न गुम्फा।

अंधेरे में अभ्यस्त होने के बाद मैं गुम्फा का चक्कर लगाने लगा। धर्मशाला की तरह उसमें बहुत से दरवाजे थे, कौन सा मुख्य दरवाजा है यह समझ में नहीं आया। सभी दरवाजे बंद थे। कहीं कोई रोशनी नहीं थी। कहीं कोई आहट नहीं थी। मैं एक के बाद एक दरवाजे पर दस्तक देता रहा, किन्तु कोई दरवाजा नहीं खुला। मैंने उस मकान का दो-तीन चक्कर लगाया, किन्तु कोई दरवाजा खुला नहीं। रात के लिए कोई छत, कोई बरामदा कुछ भी मिल जाता तो मैं टिक जाता। क्रमशः तारों की रोशनी तीव्र होने लगी थी, उस धुंधलके में ऊपर जाने की सीढ़ी मिल गयी। सीढ़ी से उठते ही बरामदा था, किन्तु इतनी ठंड थी कि बरामदे में रहूंगा तो सिकुड़ जाऊँगा। ऊपर भी लगातार कमरे थे। उन कमरों की दरवाजों पर दस्तक देता हुआ मैं आगे बढ़ता गया, कोई कुछ कहेगा तो क्षमा माँग लूंगा, रात के लिए किसी भी कमरे में शरण लेनी ही पड़ेगी। कोने के कमरे के पास पहुँच कर लगा कि मुझे कोई आहट मिली, शायद कोई उठ पड़ा

है। दरवाजे पर दस्तक देने की जरूरत नहीं पड़ी, दरवाजा किसी ने भीतर से खोला। सहसा मुझे रोमांच हो गया, मैं हतवाक् हो गया, मेरी शक्ति जैसे लोप हो गयी। मेरे सामने एक महापुरुष खड़े थे। मैं सुध-बुध खोकर उस महापुरुष को देखता रहा- एकटक। उस दिव्य पुरुष की देह से मानों ज्योति निकल रही थी। मैं सम्मोहित सा हो गया, मुझे लगा कि इस दिव्य पुरुष ने ही त्रादुम के परित्यक्त भुतहा मंदिर में मुझे भयंकर ठंड से बचाया था, उन्होंने ही अंधेरे में राह दिखाकर मुझे नदी पार कराया था। कौन कहता है कि ईश्वर नहीं है, जटाधारी कौपीन पहना यह विशाल पुरुष ही तो ईश्वर है, मेरा त्राणकर्त्ता और जीवन देवता है, उन्हें मैंने पहली बार नहीं पहचाना था, दूसरी बार नहीं पहचाना था, किन्तु अब, अब मैं उन्हें ओझल नहीं होने दूंगा! मैं ठगा-सा खड़ा रहा, किंकर्तव्यविमूढ़। शिव जैसे उस परम पुरुष ने मुझे तिब्बती भाषा में अंदर आने को कहा। मैं मंत्रमुग्ध-सा कमरे में घुसा, भीतर अलाव में आग जल रही थी, मैं अपनी आँखें उस भव्य चेहरे से हटा नहीं पा रहा था। उन्होंने दरवाजा बंद कर दिया और मुझे अलाव के पास बैठाकर कहा, ''इस कमरे में दीया-बत्ती कुछ नहीं है, अभी सो जाओ, सुबह बातें होंगी। तुम बहुत थके हुए हो, चलो सो जाओ।''

उनका यह मानवीय कंठस्वर सुनकर मैं होश में आया। वे अलाव के बगल में लेट गये। कम्बल ओढ़ कर मैं ठंड से सिहर रहा था और वह महायोगी बाबा एक कंबल पर बिना कुछ ओढ़े नंगे-बदन लेटे हुए थे उन साधुओं की तरह जो बनारस में गंगा के घाट पर रात बिताते थे।

अलाव की आंच से मैं धीरे-धीरे स्वाभाविक स्थिति में आ गया। मानसरोवर पहुँचने से पहले मेरी धारणा थी कि सरोवर के आसपास बहुत साधुसंत दिखेंगे, किन्तु कुछ बंजारों के सिवा किसी को न पाकर मैं निराश हुआ था, अब मुझे मिला भी तो एक महायोगी जिन्होंने भयंकर ठंड पर भी विजय पा ली थी। अब मैं इन्हें छोड़ने वाला नहीं। अवश्य ही ये शिव नहीं हैं, शिव अपना कैलास धाम छोड़कर मुझ जैसे साधारण बालक के सामने आकर क्यों सोएंगे? योगी ऋषि और मुनि हजार बरस की तपस्या के बाद भी जिसका दर्शन नहीं पाते उस ईश्वर को मेरे जैसा झूठा ढोंगी मौनीबाबा भला कैसे पाएगा? ये ईश्वर होते तो आज की रात मुझे बाहर की ठंड में गलने के लिए छोड़कर मुझसे अपने किए का प्रायश्चित्त करवाते!

सामने शायित उस महापुरुष को देख-देख कर मैं कल्पना करने लगा कि मेरे सामने शिव सो रहे हैं और उन पर माँ काली खड़ी हैं। इन्हें तो कैलास शिखर पर पार्वती के साथ सृष्टि लीला में व्यस्त रहना चाहिए था, ये लांबोना गुम्फा में क्या करने के लिए चले आए? वे ही तो ब्रह्मा के रूप में सृजन करते हैं कैलास का बर्फ और विष्णु के रूप में नदी बनकर सृष्टि की रक्षा करते हैं और आवश्यक होने पर ध्वंस भी करते हैं। मै भी सृष्टि का एक अंग हूँ और वे मेरी रक्षा के लिए यहाँ पधारे हैं! अब ये बाबा चाहे जो हों, मैं इन्हीं की चरणों में पड़ा रहूँगा!

मैं लेटा। मुझे यह सोचना भी अद्‌भुत लगा कि मैं यथार्थ ही कैलास के निकट मानसरोवर के किनारे ही एक गुम्फा में लेटा हुआ हूँ। मैं एक विचित्र अनुभूति, एक विचित्र संशय में घिरा था, मानों यह सत्य नहीं सपना था। इस तरह के मनासिक ताने-बाने के बीच न जाने कब मुझे नींद आ गयी। जब नींद खुली, मुझे रात की घटना याद आयी, मैं झट उठकर बैठ गया। बैठकर सामने देखा तो वे नहीं थे। मन को एक झटका लगा, क्या मैंने उन्हें फिर से खो दिया? तभी कानों में किसी का मृदु कंठस्वर तैर आया। पहले लगा कि बगल के कमरे से, फिर लगा कि नीचे से वह स्वर आ रहा है, तिब्बती प्रार्थना के शब्द नहीं, संस्कृत के श्लोक पाठ कर रहा था कोई! बहुत दिनों के बाद संस्कृत उच्चारण सुनकर मुझे बहुत कौतूहल हुआ, कम्बल ओढ़कर मैं उठा और दरवाजे के बाहर बारजे पर आकर नीचे झाँका। कोई दिखाई नहीं पड़ा, परन्तु श्लोक उच्चारण अब और भी स्पष्ट सुनाई दे रहा था—

**अपि चेदसि पापेभ्य: सर्वेभ्य : पापकृत्तमः**
**सर्वं ज्ञानप्लवेनैव वृजिनं सन्तरिष्यसि।**
**यथैधांसि.............**

कौतूहल दबा न पाने के कारण मैं दौड़कर नीचे उतरा, जिस कमरे से आवाज आ रही थी उसके ओढ़काए दरवाजे को ठेल कर अंदर झाँका और मुझे वैसा ही आनंद हुआ जैसा आनंद गैंगटक में हुआ था साधुबाबा को देखते ही। रात में जिस योगी बाबा को देखा था, वे ही भगवान अवलोकितेश्वर की मूर्ति के सामने बैठकर गीता पाठ कर रहे थे। आनंद के अतिरेक में मैं कमरे में घुसा और बाबा के चरणों में खुद को न्यौछावर कर दिया।

पाठ रोककर बाबा ने मेरे सर पर हाथ फेरते हुए कहा, "नारायण, नारायण!"

मैं उठकर बैठ गया। बाबा की लम्बी दाढ़ी-मूँछे थीं, सर पर लम्बे बालों की जटा, सारे शरीर में भस्म का प्रलेप और पहनावे में एक कौपीन। इस भयंकर ठंडे प्रदेश में अवश्य ही वे कोई महायोगी थे, इसमें मुझे कोई संदेह नहीं रह गया था। मैंने कहा, "मैं आपकी शरण में आया हूँ, आप बार-बार दर्शन देकर गायब क्यों हो जाते हैं? आपही ने मुझे एकबार नदी पार कराया था, है न?"

उन्होंने मुस्कराकर स्पष्ट हिन्दी में मुझे आश्वस्त किया कि पिछली रात उन्होंने मुझे पहली बार देखा था, पहले मैं किसी और साधु से मिला था। उनकी हिन्दी सुनकर मैं निश्‍चित हो गया था कि वे कोई भारतीय योगी हैं। उन्होंने मुझसे मेरा परिचय पूछा तो मैंने अपने विषय में विस्तार से सब कुछ बता दिया, घर से पलायन से लेकर गया के साधुबाबा व तिब्बत यात्रा तक सब कुछ यथावत्।

मेरी बातें वे ध्यान से सुनते रहे। उसके बाद भी उनकी प्रखर दृष्टि मुझ पर स्थिर थी। मैं उनकी आँखों से आँखें नहीं मिला पा रहा था, लगता था कि उनकी तीव्र दृष्टि में कोई सम्मोनिही शक्ति है। मैंने आँखे झुका ली। कुछ देर तक मुझे अपलक घूरने के बाद उन्होंने मुझे गले लगा लिया और कहा, "सब कुछ शंकर का खेल है।"

उन्होंने ऐसा क्यों कहा, यह मैं नहीं जानता। किन्तु उस स्पर्श ने मुझे शांति दी, आश्रय दिया, और मुझे लगा कि यदि इस महापुरुष के दर्शन के लिए भी मुझे कैलास आना होता तो मैं अपने श्रम को सार्थक समझता। मेरा जीवन धन्य हो गया था मुझे इस पुण्यतीर्थ में आकर एक महात्मा मिल गया था। वे अवलोकितेश्वर की मूर्ति के सामने पुनः गीता पाठ करने लगे और भगवान श्रीकृष्ण की अमृतवाणी की व्याख्या मुझे समझाने लगे। उन्होंने कहा कि शिव, कृष्ण, बुद्ध सब एक ही हैं, हम चाहे जिस नाम से व जिस भाषा में प्रार्थना करें वह उसी परमपिता के पास पहुँचती है। वे एक घंटा तक अमृतवाणी सुनाते रहे। मेरा ध्यान सुनने में कम, उन्हें देखने में अधिक लगा रहा। मैं जैसे वशीभूत हो गया था उनके।

उसके बाद हम बाहर निकले और गुम्फा की सात बार परिक्रमा किये। गुम्फा अधिक बड़ा नहीं था, इसे मझोले आकार की धर्मशाला मानना ही उचित होगा। परिक्रमा करते हुए यह स्पष्ट हो गया था कि इस गुम्फा में हम दो प्राणियों के सिवा कोई भी नहीं है, शायद यह गुम्फा भी परित्यक्त हो गया था। जिन दरवाजों पर मैं रात के अंधेरे में दस्तक दे रहा था वे सब बाहर से बंद थे, साँकल चढ़े हुए। परिक्रमा के बाद कैलास पर्वत की ओर देखते हुए हम सूर्यप्रणाम करने लगे—

**ओम् सूर्यम् सुंदर लोकनाथम् अमृतम्**

**वेदांत सारम् शिवम्।**

**ज्ञानम् ब्रह्ममयं सुरेशम् अमलम्**

**लोकैक चित्तम् स्वयम्॥**

**इंद्रादित्य नरधिपं सुरगुरुम् त्रैलोक्य चूड़ामणिम्**

**ब्रह्मा विष्णु शिव स्वरूप हृदयं बंदे सदा भास्करम्।**

**ओम् हिरण्यमयेन पात्रेन सत्यस्यापिहितम् मुखम्**

**तत्वं पुषणपावृणु सत्य धर्माय दृष्टये.... ॥**

प्रार्थना के उपरांत उन्होंने सूर्य-प्रणाम व्यायाम आरंभ किया। मैं भी उनके अनुरूप व्यायाम करने का प्रयत्न करने लगा। उसके बाद हम कमरे में लौट आए।

कमरे के कोने में एक झोली टंगी थी जिसमें सत्तू और गेहूँ रखा था। इसके अलावा अल्यूमिनियम की एक पुरानी देगची थी बाबा के पास। कैलास से बर्फ का पिघला पानी लेकर गीउमा चु नाम की एक नदी मानसरोवर में आ मिली थी, उसी नदी के पानी में गेहूँ उबालकर वे एक जून भोजन करते थे। उनसे कुछ अंतरंगता बढ़ते ही मैंने पूछा, ''इस दारुण ठंड में आप लंगोट के सिवा कुछ नहीं पहनते, क्या यह आपकी लम्बी तपस्या का फल है?''

वे हँसकर बोले, ''नहीं, यह भस्म का कमाल है। शीत से रक्षा का सबसे बड़ा हथियार है भस्म। सदाशिव चिरतुषार पर चिरकाल भस्म लगाकर ही बैठे हैं।''

थोड़ा रुककर वे फिर बोले, ''जीवन में सब कुछ माया है। संसार का सभी पदार्थ अग्नि से जल जाता है, जो बचता है वह भस्म है। भस्म ही जीवन का सार है। काम-क्रोध-लोभ-मोह-मद-मात्सर्य सब कुछ मन की अग्नि में जलाकर राख कर दो, उसके बाद केवल भस्म बचेगा, वह भस्म जीवन का अमृत होगा। इसीलिए सदाशिव भस्म लगाए रहते हैं, वे हमसे कुछ भी नहीं चाहते। यदि हम भी वह भस्म लगा सकें तो हमें कोई पाप स्पर्श नहीं कर सकता।''

उनकी इन बातों में नवीनता थी। यह उपदेश कहीं भूल न जाऊँ इसलिए मैं अपने झोले से कागज पेंसिल निकाल कर उनकी वाणी नोट करने लगा। यह देखकर वे हँसने लगे। उन्हें हँसते पाकर मुझे लगा कि मैं शायद बचकानी हरकत कर बैठा हूँ, इसलिए उनकी ओर देखा। वे बोले, ''बाबा, जग के सत्य को अपने चित्त पर लिखने का प्रयत्न कर।'' यह सुनकर मैंने कागज-पेंसिल झोली में वापस रख दिया।

उन्होंने आगे कहा, ''बाबा, बहुत पुण्य के फल से तुम यहाँ तक आ सके हो। भारत से जो लोग कैलास आते हैं, वे अलमोड़ा होकर आते हैं, इसमें अधिक समय नहीं लगता, दो-तीन सप्ताह लगते हैं। तुम लासा होकर जिस रास्ते से आए हो वह तिब्बतियों का रास्ता है। भगवान् शिव-शंकर ने तुम्हें बुलाया है, तभी तुम आ पाए हो, बहुत भाग्यवान हो तुम। तुम मुझे अपना संकल्प खुल कर बताओ, मैं तुम्हारी मदद करूंगा।''

उनके प्रश्न ने मुझे चौंकाया, मैंने पूछा, ''बाबा संकल्प क्या है?''

वे बोले, ''तीर्थयात्री के मन की इच्छा को संकल्प कहते हैं। लोग मन की वासना या इच्छा की पूर्ति के लिए मंदिर या तीर्थस्थल में जाकर प्रार्थना करते हैं। कोई इच्छा या संकल्प लेकर ही तीर्थस्थानों में पहुँचते हैं, बहुत दिनों की साधना, रास्ते के कष्ट आदि के बाद वे ईश्वर की कृपा मांगते हैं। ईश्वर तुष्ट होकर उनकी मनोकामना पूरी करते हैं।''

इस परम योगी को देखकर मुझे कैलास के शिव का स्मरण होता, अतः उन्हें कैलासबाबा मान लिया था मैंने। मैंने कैलास बाबा से कहा कि मेरा वैसा कोई संकल्प नहीं है। मैंने लासा के जोखांग मंदिर में भी कुछ नहीं मांगा था, यहाँ भी कुछ मांगने के लिए नहीं आया हूँ। मुझे तो संकल्प के विषय में जानकारी ही नहीं थी। अचानक इच्छा हुई कि कैलास जाऊँ, सो चल पड़ा। मैं बिना मंत्र के ध्यान करता हूँ, बिना तंत्र के लामा बना हूँ, बिना तपस्या के इस स्वर्गभूमि में पहुँचा हूँ और बिना प्रार्थना के आपका आश्रय पा गया हूँ। मुझे तो यह सब स्वप्न जैसा ही लगता है।

कैलास बाबा बोले, ''बिना कारण कुछ भी नहीं होता। हमारा जन्म, सुख-दुःख, सभी के मूल में कर्म फल है। यदि तुम्हारा कोई भी संकल्प नहीं है, तुम तो महात्मा हो। योगी कहते हैं कि जो बिना संकल्प के कैलास दर्शन करते हैं उन्हें ही मुक्ति मिलती है।''

बाबा की बातें सुनकर मैं हँस पड़ा। बोला, "यदि मैं महात्मा हुआ, तो ढोंगी कौन होगा? मैं तो महापापी हूँ। साधुबाबा के साथ घूमने के लिए उनका दामन पकड़ा, दीक्षा ली, लामा बना। चीनी सिपाहियों के हाथों पकड़े जाने के डर से मौनी बाबा बना। फिर कैलास आने के लिए दल छोड़कर भागा। बिना साधु हुए भी कितने लोगों को आशीर्वाद देता रहा। मैं तो झूठा, स्वार्थी और पापी हूँ, आप मुझे क्षमा करें।"

बाबा बोले, "जो भी हो, तुम महातीर्थ में आए हो। यदि लक्ष्य ठीक है तो सब ठीक है। तुमने किसी का अनिष्ट नहीं किया तो लक्ष्य का पथ भी ठीक है।"

लामा ने मुझे जो पत्र दिया था उसे निकाल कर मैंने बाबा को दिखाया। पत्र उलट-पुलट कर देखकर लौटाते हुए बाबा बोले कि वे तिब्बती लिपि पढ़ना नहीं जानते, यूँ भाषा समझते हैं तथा बोल सकते हैं।

कैलास बाबा से बातचीत करते हुए मैं उनसे काफी घुल मिल गया था। उनसे मुझे मान सरोवर व लांबोना गुम्फा के विषय में बहुत सी जानकारियाँ मिलीं।

मान सरोवर आते हुए जब मैं थोकचेन में रुका था, तब लोगों से तासाम शब्द सुनकर मैं यह समझा था कि वहाँ के लोग थोकचेन को ही तासाम कहते हैं। कैलास बाबा से ज्ञात हुआ कि इस क्षेत्र में जहाँ भी थाना या कोई सरकारी कार्यालय है उसी को तासाम कहते हैं। तासाम में ही उस क्षेत्र की मुख्य दुकानें होती हैं या बाजार लगता है। मान सरोवर तथा कैलास के यात्री तासाम से अपना आवश्यक सामान खरीदते हैं। मान सरोवर से पूर्व में है थोकचेन तासाम, उत्तर में है तारचेन तासाम। दक्षिण से आने वाले यात्री ताकलाकोट से बाजार करते हैं। शास्त्रों में कहा गया है कि कैलास दर्शन से सात जन्म का पाप दूर होता है, और मानस में डुबकी लगाने से मुक्ति मिलती है। पुण्यात्मा व साधु महात्मा यहाँ आकर तपस्या करने से वर लाभ करते हैं, उनका दर्शन करके निर्वाण लाभ करते हैं। बौद्ध और हिन्दुओं का यह महातीर्थ है। यहाँ हिन्दुओं का कोई मंदिर नहीं, प्राचीनकाल में यहाँ कोई मंदिर था यह भी कोई नहीं बता पाता, वस्तुत: किसी प्राचीन मंदिर का कोई चिन्ह भी नहीं है यहाँ। यहाँ अधिकतर बौद्ध-तांत्रिक ही आते हैं, साथ ही हिन्दू साधु व तीर्थयात्री भी आते हैं दर्शन व स्नान के लिए। मान सरोवर व राक्षस सरोवर के आसपास जो छोटे-छोटे पहाड़ हैं, उनमें बहुत सी गुफाएँ हैं। बहुत से साधु-महात्मा उन गुफाओं में तपस्या करने के लिए आते हैं। तिब्बती तथा हिन्दू तीर्थयात्री मान सरोवर के आसपास के गुम्फाओं में ठहरते हैं। हिन्दू यात्री मान सरोवर में पितृतर्पण, श्राद्ध या प्रायश्चित आदि करते हैं, इस कार्य के लिए गुम्फाओं में पंडे व पुजारी या पुरोहित उपलब्ध थे। गुम्फाएँ साधारण मकान जैसे थे, जो मुख्यत: धर्मशाला के काम आते थे।

कैलास बाबा पौड़ी गढ़वाल के थे, वे अधिकतर अलमोड़ा में रहते थे। उनका कोई अलग आश्रम या डेरा नहीं था। कैलास खंड में यह उनकी सातवीं यात्रा थी। वे जब भी यहाँ आते, महीने भर रहते। प्राणायाम व हठयोग से उन्होंने अपने तन को मजबूत बना रखा था और ध्यान-धारणा से आध्यात्म के अति उच्च स्तर पर पहुँच गये थे।

उनकी सामर्थ्य का पता लगाना मेरे लिए मुश्किल था, उम्र उनकी बहुत हो गयी थी किन्तु चेहरे से साठ-पैंसठ से अधिक नहीं लगते थे।

धरती का श्रेष्ठ तीर्थ था कैलास खंड, किन्तु यात्रियों का अभाव हो गया था। चार-पाँच साल पहले भी जो गुम्फा या धर्मशाला यात्रियों से खचाखच भरी रहती थी, अब उनकी दशा श्मशान सी हो गयी थी। अल्मोड़ा व कश्मीर से यात्री आना पूरी तरह बंद हो गये थे। सिक्किम के रास्ते भी लोग नहीं आ सकते थे, अंतत: भारत से तो नहीं ही। यहाँ आने वाले तीर्थयात्रियों में भारतीय ही पैसे वाले होते थे, उनके पास ऊनी वस्त्र व पत्थर बेचने के लिए चारों ओर यायावरों का ताँता लगा रहता। अपेक्षाकृत गरीब यायावर यात्रियों को भेड़ का दूध बेचते। युवक गण थके हुए, बूढ़े व अस्वस्थ यात्रियों की ओर से परिक्रमा करते। गर्मियों में मानस की परिक्रमा नहीं हो सकती थी, जाड़े में कैलास की परिक्रमा अत्यंत कठिन काम होता। जाड़े में आठ आना व गर्मियों में केवल चार आना पाने से ही युवक परिक्रमा करने के लिए तैयार हो जाते थे। काले-काले तम्बुओं में रहने वाले यायावर अत्यंत मेहनती होते हैं।

कैलासखंड तिब्बत में होने पर भी यहाँ भूटान राज्य की ओर से मूल मंडी या बाजार तथा बहुत-से गुम्फा बनवाए गये थे। अब भूटान के व्यवसायी यहाँ नहीं आते। अनेक भूटानी लामा या तो भूटान लौट गये हैं या कश्मीर की ओर चले गये हैं सब छोड़-छाड़ कर। इसी से अन्य बहुत-सी गुम्फाओं की तरह लांबोना गुम्फा भी परित्यक्त पड़ा था। कैलास बाबा दो सप्ताह पहले आए थे, कुछ दिन मौन रहकर पूजा-पाठ करने के बाद वे कैलास की परिक्रमा कर अब विश्राम कर रहे थे। अभी थोड़े दिन वे यहाँ रुकेंगे। बाबा कौपीन के सिवा कोई वस्त्र नहीं पहनते थे, कमरे से बाहर जाने पर कभी-कभी चादर ओढ़ लेते।

बाबा एक दिन मुझे एक पहाड़ी खोह दिखाकर बोले, ''पहली बार 'चाम' तपस्या के लिए मैं यहीं आया था।''

मैंनू पूछा, ''चाम-तपस्या क्या है?''

बाबा ने मुझे समझाते हुए कहा कि चाम या छाम तिब्बती शब्द है जिसका अर्थ होता है निर्जन। निर्जन अंधेरे में एकाकी तपस्या करने को चाम-तपस्या कहते हैं। यह तपस्या तंत्र-साधना का प्रधान अंग है। महाकाल या इष्टदेव को स्मरण करते हुए स्वयम् को सौंप देना पड़ता है। तीन दिन, सात दिन, एक साल, दो साल, दस साल, जिसकी जैसी क्षमता हो वैसी प्रतिज्ञा लेकर वह इन निर्जन गुम्फाओं में से किसी में प्रवेश करता है। अंदर जाने के लिये टेढ़ा-मेढ़ा सुरंग है, उसके बाद बिलकुल अंधेरा कमरा। भीतर कहीं से भी कोई रोशनी नहीं पहुँचती। दिन में केवल एक बार गुम्फा का कोई लामा यहाँ भोजन पहुँचा जाता है, वह गुम्फा के प्रवेश पथ पर खाना रखकर ताली बजाता है, साधक वहाँ से थाली अंदर ले जाता है और खाने के बाद थाली या बर्तन वापस रख जाता है। वाह्य जगत से साधक का यही एकमात्र सम्पर्क रहता है, किन्तु साधक लामा से बात नहीं करता। साधक अपने पास दो कम्बल और जाप की माला

रखता है, और कुछ भी नहीं। आत्म साक्षात्कार का यही श्रेष्ठ उपाय है, मानसिक जोर और इदम् पर भक्ति न रहने से सिद्धि नहीं मिलती। अंधेरे कमरे में दुष्ट आत्माएँ घुसकर डराने लगती हैं, बाद में वे तप में बाधा डालने के लिए नाना प्रलोभन दिखाने लगती हैं। इन विघ्नों या परीक्षाओं के मध्य साधक शब्द-स्पर्श-रूप-रस-गंध पर विजय पाता है। उसके बाद अहंकार-मन-बुद्धि व चित्त पर विजय पाना पड़ता है। वहाँ वर्षों तपस्या करने के बाद महायोगी तांत्रिक अलौकिक विद्या के अधिकारी बनते हैं।

कैलास बाबा ने तीन महीने चाम-साधना की थी। इससे उनकी आँखों की रोशनी घट गयी थी। उसके बाद सूर्य साधना द्वारा उन्होंने आँखों की ज्योति ठीक कर ली थी।

शाम को जब सूर्य ढलने लगा तब कैलासबाबा ने कम्बल तो ओढ़ लिया किन्तु वे नंगे पाँव थे। भारी तिब्बती जूते व शुद्ध ऊनी मोजे पहन कर मेरे पाँव गल रहे थे, किन्तु अनायास घूम-फिर रहे थे बाबा, शायद इसी को अलौकिक क्षमता कहते हैं। सूर्यास्त के समय सरोवर का गाढ़ा हरा रंग नीला लगने लगता है। यहाँ सूर्योदय व सूर्यास्त का दृश्य स्वर्गीय आनंद देता है।

चलते-चलते बाबा सूर्यास्त के उस सुंदर दृश्य को देखते हुए रुक कर बोले, ''जब हम साधारण सौंदर्य द्वारा आकृष्ट होते हैं तब उस सौंदर्य को सबके साथ बाँटने की इच्छा होती है, यही मनुष्य का धर्म है। किन्तु यहाँ का सौंदर्य असाधारण है, यह सौंदर्य स्वर्गीय सौंदर्य है, जिसे अनुभव करना पड़ता है, परमेश्वर की इस लीला में नहाना पड़ता है। तुम मान सरोवर में अभी डुबकी लगाओगे तो ठंड लग जाएगी और अस्वस्थ हो पड़ोगे। अत: इस सौंदर्य की रोशनी में नहाओ, सौंदर्य का आनंद मन में भर कर मन को सुंदर बनाओ। जिनकी कृपा से त्रिभुवन में इतना सौदर्य है, उनकी कृपा से हम क्यों वंचित रहें? मानस-सरोवर वस्तुत: मन-सरोवर है, साधना के द्वारा मन को इस सरोवर की तरह उदार व गंभीर बनाना होगा। मान सरोवर की छोटी-छोटी लहरें ही उसके संकल्प हैं जो कैलासनाथ के चरणों पर समर्पित होते हैं।''

मैं मुग्ध दृष्टि से सरोवर को देख रहा था। इसकी चौड़ाई अधिक नहीं थी। कलकत्ता के पास हुगली जितनी चौड़ी है, इससे ड्योढ़ी। किन्तु इसकी लम्बाई बहुत थी। चारों और परिक्रमा करने के लिए पचास या पचपन मील चलना पड़ता।

मैं कैलास बाबा के साथ मान सरोवर के उत्तर में खड़ा था। यहाँ से दूर का गुरलामांधाता पर्वत बहुत सुंदर लगता। उससे भी दूर हिमालय स्तब्ध खड़ा था। चारों ओर की स्तब्धता और सौंदर्य से हृदय प्लावित हो उठता। यहाँ खड़े होकर यह सोचा भी नहीं जा सकता था कि इस स्वर्ग से बाहर भी एक दुनिया है जो पाप स्वार्थ और हीन वृत्ति की दुनिया है।

मान सरोवर के विषय में बहुत-सी पौराणिक कथाएँ हैं जिनका उल्लेख स्वामी प्रणवानंदजी ने 'एक्सप्लोरेनशन इन टिबेट' नामक पुस्तक में किया है। हिन्दू शास्त्र में कहा गया है कि महानाग का वास मानसरोवर में है। मान सरोवर के बीच में कल्पवृक्ष है जिसका फल खाकर नागराज जीवन धारण करते हैं। शेष फल पानी के तल में समा

कर सोना बन जाता है। केवल धार्मिक व्यक्ति ही मान सरोवर को पार कर सकते हैं। इस सरोवर में शिव और पार्वती नहाने आते हैं, उस समय राजहंस पर बैठकर सरस्वती आती हैं उनका दर्शन करने। रामायण, महाभारत, स्कंदपुराण आदि में मानसरोवर के गुणों का बखान मिलता है। पुराण में कहा गया है कि महाराज मांधाता ने सबसे पहले मान सरोवर का दर्शन किया था, तब से इस सरोवर का नाम मान या मानस पड़ा। बहुत से लोग इस सरोवर को सृष्टिकर्त्ता ब्रह्मा का मन-स्वरूप मानते हैं। इतिहासकारों का मत है कि आर्यों के आगमन के बाद मान सरोवर के अस्तित्व की जानकारी विश्व भर में फैल गयी। भारत में प्रवेश करते हुए यहाँ के अपरिसीम सौंदर्य ने आर्यों को मोह लिया था।

स्थानीय लामा व तिब्बतियों का विश्वास था कि मान सरोवर के बीच में भगवान बुद्ध हैं जिन पर एक अनभतत्व वृक्ष की छाया है। उस वृक्ष के फल-फूल व पत्तों में अमृत है। उसे खाने से निर्वाण लाभ होता है। जरा-व्याधि और मृत्यु से मुक्ति मिलती है। जाड़े में कोई दंडी-परिक्रमा करे तो उसे भी निर्वाण लाभ होता है। इस परिक्रमा में पच्चीस-छब्बीस दिन लग जाते हैं।

अस्तमित सूर्य की किरणों ने सरोवर व दूर के पहाड़ों पर नयनाभिराम दृश्य रचा था। सरोवर के राजहंस तो उस दृश्य को और भी मनोहर बनाते थे। बाबा ने गायत्री मंत्र शुरू किया तो मैंने भी उनके स्वर में स्वर मिलाया—

**ओम् भू-भूर्वः स्वः तत् सवितुर्वरेण्यम् भर्गो**
**देवस्य धीमहि धीयो यो नः प्रचोदयात् ओम्.....**

संध्या के बाद हम कमरे में लौट आए, लौटते ही बाबा का सदाहास्य मुखड़ा गंभीर हो गया। मैंने लकड़ी जलाकर कड़ाही में भरकर बाबा के पास रखा। वे कम्बल पर आसन जमाए ध्यानमग्न हो गये थे। मैंने कोई आहट नहीं की, चुपचाप कम्बल बिछाया और जप की माला लेकर बैठ गया।

---

# कैलासनाथ

अगले दिन भोर में बाबा ने मुझे जगाया। उठ कर देखा, उन्होंने आटे की सेवँई उबालकर रखा था। इससे मुझे कुछ अचरज हुआ, क्योंकि बाबा एकाहारी थे और इतने भोर में या सुबह मैंने उन्हें कभी कुछ खाते हुए नहीं देखा था। मैंने उठकर, महीने भर से जैसी मेरी आदत बन गयी थी, ओम् मणि पद्मे हुम जपना शुरू किया। बाबा बोले, ''गायत्री जप करो, अन्य कुछ नहीं।'' मैंने गायत्री पाठ किया, फिर सूर्य प्रणाम व व्यायाम किया। तब तक बाहर अंधेरा नहीं छँटा था।

बाबा ने कहा, ''तुम भोजन कर लो, उसके बाद तुरंत कैलासनाथ दर्शन के लिए निकल पड़ो। दिराफुक गुम्फा में वह पत्र दिखा देना, वे तुम्हारी व्यवस्था कर देंगे। उस गुम्फा में तीन दिन रहने के बाद नीचे उतर आना, मैं पारखा में मिलूंगा।'' ऐसा कहकर उन्होंने मुझे कैलास श्रृंग परिक्रमा के विषय में कुछ निर्देश दिये।

बाबा को प्रणाम कर मैं चल पड़ा। उनसे इतनी जल्दी अलग होना मुझे अच्छा नहीं लग रहा था, ऐसा लगा मानों उन्होंने मुझे धक्के मारकर बाहर निकाल दिया हो। इन महात्माओं का आचरण साधारण लोगों के आचरण से सर्वथा भिन्न होता था, उनमें दया, माया और उच्छ्वास जैसे होता ही न था, वे केवल अपना कर्त्तव्य करते थे और जीवन को अन्य ही दृष्टि से देखते थे।

ठंड में ठिठुरता हुआ मैं अपनी बाँयी ओर मान सरोवर छोड़ता हुआ चलने लगा। लगता था कि मैं ठंड की दीवार से टकराता हुआ आगे बढ़ रहा हूँ। कुछ देर चलने के बाद शरीर में स्फूर्ति आने लगी, मणिमंत्र जपते हुए मैं मंत्र के साथ कदम मिलाकर चल रहा था, इस यात्रा में ऐसा करते हुए मैं अभ्यस्त हो गया था। क्रमश: भोर की किरणें फूटने लगीं और मेरे सामने का अपरूप दृश्य स्पष्ट होने लगा।

भोर के आधे अंधेरे आधे प्रकाश में कैलास का रूप रहस्यमय लगा रहा था। वह जैसे प्रकट होकर भी प्रच्छन्न था, उसे प्रत्यक्ष करने के लिए और भी प्रकाश चाहिए था। ज्ञान के प्रकाश से अज्ञान के कोहरे को हटाकर ही उसे देखा जा सकता था। इसके लिए सूर्य की उपस्थिति काम्य थी। मैंने आगे बढ़ते हुए प्रार्थना की—ओम् सूर्यम् सुंदर लोकनाथम् अमृतम्...।

बहुत देर तक चलने के बाद दो पगडंडियों के एक चौराहे पर पहुँचा। यहीं से मुझे मान-सरोवर को पीछे छोड़कर आगे बढ़ना था। मैं सरोवर के किनारे जाकर सर-माथे पर उसका जल छिड़का, मंत्र पढ़ा—अपवित्र पवित्रवा सर्वावस्थाम् गतो पिवा य: स्मरेत् पुंडरीकाक्षं स बाह्य अभ्यंतरं शुचि! उसके बाद उत्तर की ओर बढ़ा।

इस यात्रा में थकान नहीं थी। बहुत धीमी चढ़ाई थी। कैलास का रूप क्रमशः निखरने लगा था। थोकचेन की ओर के किसी पहाड़ के पीछे से उगने की तैयारी में था सूरज, उस छोर के रंजित आकाश में इसी का आभास था। सुनहरे किरणों ने रंजित कर दिया था देमचोग देव की चोटी या कैलास के शिखर को। सारी धरती मानों स्तब्ध होकर उधर ही निगाह जमाए थी एक नए सवेरे का नया उत्सव देखने के लिए। शिल्पी अपनी तूलिका का अंतिम स्पर्श करते ही शिव व सूरज के मिलन का रंगोत्सव आरंभ हो जाएगा। सभी प्राणी, आकाश, पवन और जल उस शुभ घड़ी की प्रतीक्षा में स्थितप्रज्ञ हो गये थे, केवल हिलोरें ले रहा था हृदय उस अद्‌भुत परिवेश, अद्‌भुत आनंद और निश्शब्द छंद का साक्षी बनने के लिए।

क्रमशः वह परम लग्न आ पहुँचा। जगतपिता सूर्यदेव उदित हुए। चारों ओर की हिमशिखरों की अप्सराएँ अलौकिक नृत्य में रम गयीं और मैं ठगा सा देखता रहा किरणों का वह अपूर्व नृत्य। नैसर्गिक रूप के आनंद-रस से मेरा एक-एक रोमकूप पुलकित हो उठा। प्रकृति के रूप ने, निःशब्द के छंद ने, कैलास की ज्योति ने मुझे अलौकिक आनंद से भर दिया था। सूर्य की किरणें प्रकृति से होली खेलने लगी थीं, इस स्वर्गराज्य में वह रंगोत्सव प्रतिदिन मनाया जाता था। यहाँ हर दिन स्वर्गीय आनंद का झरना बहता था।

उस असीम सौंदर्य के प्रति, परम पिता के प्रति, व कैलासबाबा के प्रति मैंने श्रद्धा से सर नवाया। अब मैं यह समझ गया था कि बाबा ने मुझे मुँह अंधेरे में जगाकर क्यों रवाना कर दिया था। इस नयनाभिराम दृश्य का आनंद लेते हुए मैं बाबा के प्रति कृतज्ञ था। भीषण ठंड के कारण अधिक देर तक खड़े रहना संभव नहीं था, मैं कैलास पर्वत की ओर बढ़ा।

राक्षस ताल और मानसरोवर के उत्तर में दो पर्वतों की एक श्रेणी थी, इनमें एक का नाम 'ला' तथा दूसरे का नाम 'झोंग' था। इनमें जो उच्चतम शिखर था उसी का नाम था कैलास शिखर। कैलास शिखर पहाड़ पर एक मंदिर की तरह खड़ा था, उस तुषार-गुम्बद की परिक्रमा के लिए ला या झोंग पहाड़ पर चढ़ना पड़ता था। मुझे दिराफुक गुम्फा पहुँचना था जिसकी दूरी लांबोना गुम्फा से सोलह से बीस मील के अंदर थी। छः-सात मील की दूरी तय करने के बाद सूरज प्रखर होने लगा था और उस धूप में चलना अच्छा लग रहा था।

पहाड़ पर उठते हुए एक छोटा गाँव मिला, जहाँ सड़क के दोनों ओर कुल ग्यारह एक-मंजिला मकान थे। यहीं मुझे वह सड़क मिली जो लासा से गारटोक होकर लद्दाख व कश्मीर तक गयी थी। इस सड़क को मैंने थोकचेन के बाद छोड़ा था मानसरोवर पहुँचने के लिए। गाँव में अधिक लोग नहीं थे, कुछ गधे, याक व कुत्ते दिखाई पड़े। कुत्तों ने मुझे छेड़ा नहीं, इससे निश्चिंत होकर आगे बढ़ा। आगे चौराहे पर एक चाय की दुकान थी, कैलासखंड में मुझे चाय की यह पहली दुकान दिखी। मिट्टी, पत्थर, बाँस, लकड़ी आदि से उस दुकान का अस्तित्व किसी तरह टिकाया गया था, भीतर

आपादमस्तक चादर से ढाँपकर दो व्यक्ति मुझे घूरते हुए बैठे थे। मैंने उनसे पूछा कि तारचेन जाने के लिए मैं चौराहे से किस तरफ जाऊँ। उन्होंने उंगली के इशारे से सामने जाने को कहा।

चौराहे से आगे पारखा गाँव का हाट बैठा था, यहीं गाँव वाले एकत्र थे, इसी से गाँव के बीच से गुजरते समय सभी घर सूने-सूने लगे थे। वहाँ से एक घंटा और उत्तर की ओर चलते रहने के बाद तारचेन पहुँचा। यहाँ सड़क के किनारे एक लकड़ी का बोर्ड था जिस पर हिन्दी में लिखा था—**कैलासनाथ**। लिखावट धुंधली पड़ गयी थी, शायद किसी भारतीय यात्री ने वहाँ पथ-निर्देश लिख छोड़ा था। कुछ और दूरी पर पत्थर पर तिब्बती भाषा में लिखा था—कांग-रिपोचे। कैलास की परिक्रमा तारचेन से ही शुरू होती थी। वहाँ दंडी-प्रणाम करते हुए मैं जपने लगा—ओम् नम्: शिवाय, ओम् नम: शिवाय, ओम् नम: शिवाय...

यात्री तारचेन से प्रदक्षिणा शुरू करके पुन: तारचेन लौट आते थे। कुल तीस-बत्तीस मील की परिक्रमा एक दिन में पूरी हो जाती थी, किंतु दंडी परिक्रमा में सोलह से बीस दिन तक लग जाता। परिक्रमा पथ पर ध्यान, पूजा व विश्राम के लिए पाँच गुम्फाएँ थे। इनमें दिराफुक गुम्फा सबसे बड़ा था।

कैलासखंड में पारखा शायद इकलौता गाँव था क्योंकि तारचेन में मात्र एक ही घर था जिसमें दरवाजे तक न थे। आसपास कुछ यायावरों के तम्बू अवश्य लगे थे जहाँ बूढ़े-बच्चे मिलाकर कुल नौ लोग थे। वे ही यात्रियों को जमे हुए मक्खन तथा राह के लिए आवश्यक अन्य द्रव्य बेचते थे। ये लोग ही औरों के लिए परिक्रमा करते थे या कम पैसे में गाइड का काम भी करते थे। मुझे न कुछ खरीदना था न गाइड चाहिए था, अत: बिना रुके बंजारों से नमस्कार विनिमय करता हुआ मैं आगे बढ़ा।

तारचेन से एक पगडंडी सीधे उत्तर के पहाड़ पर गयी थी, दूसरी पगडंडी उत्तर-पश्चिम से होकर उत्तर की ओर उठी थी। बाबाजी ने मुझे दूसरा पथ अपनाने को कहा था।

तारचेन मानसरोवर से दो सौ फीट की ऊँचाई पर स्थित है। समुद्र सतह से मान सरोवर की उच्चता १४९०० फीट तथा तारचेन की उच्चता १५१०० फीट थी। तारचेन से राक्षस ताल व मानसरोवर की पूरी आकृति दिखाई पड़ती थी। राक्षस सरोवर की आकृति भग्न त्रिभुज सी थी और मान सरोवर गोलाकार। कहते हैं कि मानसरोवर का रज: गुण, राक्षसताल का तमोगुण तथा कैलासनाथ का सत्वगुण, इन तीन के समाहार से सृष्ट हुआ था अमृत-वारि, जो विभिन्न नदियों की अमृतधारा में मर्त्यवासियों के पास पहुँचता था।

आगे झरने की तरह सँकरी नदी थी, ला पहाड़ के नाम के अनुरूप इस नदी का नाम ला-चु पड़ा था। पेमा फुक नामक स्थान से लकड़ी का पुल पार करने पर एक गुम्फा मिला। कैलास परिक्रमा के पथ पर यह पहला गुम्फा था। एकमंजिले भवन के सामने पहुँचने पर भीतर से दो लामाओं ने बाहर निकलकर मुझे शुभेच्छा जताते हुए

कहा कि इस गुम्फा का नाम नीयांगरि गुम्फा है, मुझे दिराफुक गुम्फा के लिए और आगे जाना है।

ला-चु नदी के बाएँ से मैं और ऊपर चढ़ने लगा। नदी तट की बर्फ अभी पिघली नहीं थी। आगे खड़ी चढ़ाई थी। सूर्य सर पर था, इससे ठंड से राहत मिल गयी थी। कैलासनाथ के नीचे पहुँचकर कैलास की वह अपूर्व शोभा नहीं दिखती थी। पर्वत दूर से ही सुंदर लगते हैं। पास पहुँचने पर विराट पर्वत का एक क्षुद्र अंश ही गोचर होता है, पर्वत का विराट चेहरा और भी सहस्र गुणा विराट हो जाता है और हमारी दृष्टि क्षुद्र होकर सहस्त्रों पत्थरों के बीच खो जाती है। ज्यों मंदिर के दरवाजे पर खड़े होने से मंदिर की चोटी नहीं दिखती, त्यों ही मैं कैलास का शिखर नहीं देख पा रहा था। मेरे बाएँ के पर्वत शिखरों से बर्फ पिघलने लगे थे जिनसे असंख्य झरने फूट कर पहाड़ी नाला या स्रोतस्विनी बना रहे थे। यहाँ कहीं वनस्थलियाँ नहीं थीं, किंतु पत्थर, बरफ और झरनों के कारण दृश्य बहुत मनोरम था। चलने में जितना कष्ट था उससे भी अधिक था स्वर्गीय आनंद। मैं नदी के किनारे-किनारे बढ़ता रहा।

बहुत दूर जाकर नदी पार करने के लिए नदी पर लकड़ी का तना डालकर बनाया गया पुल मिला जिसे बहुत सतर्क होकर पार करना पड़ा। इसके आगे ही एक मकान दिखा, सोचा कि शायद यही पथ का दूसरा गुम्फा हो। मेरा अनुमान सही था। मकान की ओर अग्रसर होते ही चोरतेन व पताकाएँ दिखाई पड़ीं। इसी गुम्फा का नाम दिराफुक गुम्फा था जो सोलह हजार दो सौ फीट की ऊँचाई पर बना था।

दिराफुक गुम्फा में पहुँचकर सर के ऊपर रुपहले गुंबद के आकार में झाँकते कैलास शिखर को देखकर मैंने पुनः उस महातीर्थ के अधीश्वर को नमन किया। उस शिखर के नीचे खड़े होना महादेव के क्रोड़ में आश्रय लेने जैसा था। विश्वविधाता के चरणों में आश्रय पाने का निराला ही आनंद था, अब कोई भी भय नहीं था, उत्कंठा नहीं थी, मैं अपने लक्ष्य पर उपस्थित हो गया था जो।

गुम्फा के मूल मंदिर में जाकर पहले प्रार्थना निवेदन किया। वहाँ भगवान बुद्ध की मूर्ति थी, उनके बगल में देमचोग या दोमचेक तथा भगवती दोरजे फागमो की मूर्ति। प्रकृति व पुरुष के मिलन की वह लिंगाबद्ध युगल मूर्ति सृष्टि के आदिरहस्य की द्योतक थी और वह तांत्रिकों की परमपूज्य मूर्ति थी। युगलमिलन के उस रहस्य में ही निहित था कुल कुंडलिनी का मूल स्रोत। शिव-पार्वती या हर-गौरी के रूप में उस मूर्ति को इष्ट देव मानकर जप करना पड़ता है और उस लिंगावस्था के परम कारण पर ध्यान करने पर सिद्धि लाभ होता है। मूलाधार चक्र के साथ सहस्रा का मिलन ही यह सिद्धि है। चार पंखुड़ियों का मूल आधार सं-बं-शं-षं मिलते हैं लं मंत्र में और तब अपने तेज से प्रकृति की शक्ति शिवशक्ति की ओर उठकर एक के बाद एक चक्र पार होते हुए सातवें चक्र में भूमालोक में परिणत हो जाती है। मैंने कैलासपति दोमचेक व उनकी अर्धांगिणी दोरजे फागमो या शिव व शक्ति को अपना श्रद्धार्घ्य निवेदन किया। उसके बाद कुछ देर ध्यान करके बाहर निकला।

दोपहर पार हो चुकी थी। गुम्फा के दुमंजिले भवन के सामने कोई नहीं था। वहाँ का चक्कर लगाते हुए मुझे लगा कि भवन के पिछवाड़े कुछ लोग बातचीत कर रहे हैं। उस शब्द का पीछा करता मैं उधर पहुँचा जहाँ एक कमरे में कुछ लामा बैठकर कुछ बहस की तैयारी करते लग रहे थे। एक आगंतुक को देखकर वे सब कमरे से बाहर निकल कर मेरे सामने खड़े हो गये। मैंने उन्हें प्रणाम किया, फिर ज्ञानीगुरु का लिखा पत्र निकालकर एक लामा के हाथ में थमा दिया। पत्र को कई लोगों ने देखा, फिर एक वयस्क लामा को सौंपा। वयस्क लामा की टोपी देखकर लगा कि संभवत: वे ही मठाध्यक्ष हैं। मेद बहुल चेहरा था उनका, दूध-घी के नियमित सेवन से शायद शरीर चर्बी के बोझ से दब गया था। उन्होंने पत्र कई बार पढ़ा, उसे उलट-पुलट कर देखा, किंतु कुछ कहा नहीं। उसमें क्या लिखा था यह मुझे नहीं मालूम था, अध्यक्ष का चेहरा बता रहा था कि उन्हें उस पत्र पर विश्वास नहीं हो रहा था। कहाँ मुझे उम्मीद थी कि पत्र पढ़कर वे इस दूर के तीर्थयात्री की सादर अभ्यर्थना करेंगे, खिलाएंगे-पिलाएंगे और वहाँ रहने को कहेंगे और कहाँ वे मेरी तरह मौनी बने रहे। इस उपेक्षा से मैं बुझ गया, कैलासनाथ दर्शन का सारा आनंद किरकिरा हो गया और मैं बहुत निराश हो गया।

मेरे चारों ओर कुल इक्कीस लामा थे, उनमें अधिकांश युवा थे। जब किसी ने भी न कुछ कहा, न कुछ पूछा, तो मैंने स्वयं ही इशारा किया कि मैं बहुत भूखा हूँ और कुछ भोजन चाहता हूँ। मेरा इशारा वे न समझे हों सो बात नहीं थी, किंतु लगा कि किसी अज्ञात कारण से उन सभी को लकवा मार गया था, वे सब चुप खड़े थे और उनका मनोभाव समझ पाना मुश्किल था। मैं समझ नहीं पा रहा था कि मैं गलत वक्त में पहुँचकर कोई अपराध कर बैठा था अथवा परिक्रमा करते हुए उपवास रखने का नियम था और इसीलिए वे मेरा व्रत तोड़ने का अपराध नहीं करना चाहते थे। सबका मुँह ताककर और मन मसोसकर मैं वापस मुड़कर मंदिर में जा बैठा। विश्राम के लिए और जाता भी कहाँ।

दिराफुक गुम्फा का मंदिर मंदिर कम, पाठागार व छापाखाना अधिक लगता था। एक ओर विग्रह मंच, लगभग सौ घी के दीए, मूर्तियाँ व पूजा-सामग्री, उसी के सामने पुरोहित व भक्तों के आसन। बाकी तीन ओर दीवालों में पुस्तकें व छापा-खाना के सामान भरे पड़े थे। छापने का काम हाथ से होता था, इसके लिए भारी कागज, स्याही और लकड़ी रखी हुई थी। दीवाल में लकड़ी के खानों में पुस्तकें रखी थी। पुस्तकों के सामने कपड़े पर उनके नाम लिखे थे। अवलोकितेश्वर, मंजुश्री व यवयुं की मूर्तियाँ कपड़े-कथरी चढ़ाते-चढ़ाते इतनी ढप गयी थी कि उनके चेहरे भी स्पष्ट नहीं दिखते थे। दीपक तो हजारों साल पुराने लगते थे, शायद स्वर्गारोहण के समय युधिष्ठिर ने इसी दीपक के प्रकाश में बैठकर ध्यान किया होगा। मंदिर के खंभों के साथ सूक्ष्म कलाकृतियों वाले तांखा लटके थे जिनमें मानस व कैलास के कल्पित रूप तथा दोमचेक एवं मंडला की महिमाओं को समझाया गया था। थोड़ा विश्राम लेकर मैं घूम-घूम कर

यह सब देख रहा था जब दरवाजे से एक-एक कर लामा मंदिर में प्रवेश कर मेरे इर्द-गिर्द खड़े हो गये। उनके इस निश्शब्द व निर्वाक आगमन से मैं बहुत असमंजस में पड़ा। धीरे-धीरे लगा कि उनका अभिप्राय बुरा नहीं था, वे मेरे साथ परिचित होना चाहते थे। किंतु उनके चेहरे शायद तपस्या करते-करते सूख गये थे जिन पर मुस्कराहट नहीं तैरती थी।

वे मुझे इशारे से उनके साथ चलने के लिए बोले। उनके पीछे-पीछे मैं रसोई में पहुँचा जहाँ दो लामा बैठे थे। ये दोनों फिर भी हँसमुख थे, उन्होंने मुझे चूल्हे के पास बैठाकर खाने को दिया—चावल व सूखे मांस का सुरवा। ऐसा भोजन पाकर कई दिनों के बाद मैंने पेट भर कर खाया।

शाम ढलने के पहले प्रार्थना से निपटकर सभी लामा भोजन करने बैठे। चूंकि मैंने कुछ देर पहले भोजन किया था, मैं दुबारा नहीं खाया। भोजन के बाद वे अपने-अपने कमरे में चले गये। मंदिर के अलावा कहीं दीया-बत्ती का प्रबंध नहीं था। मैं रसोई के एक कोने में कम्बल बिछाकर लेट गया। अध्यक्ष लामा दुबारा न तो दिखाई पड़े थे न मैंने उनसे फिर मिलने की कोशिश ही की। आग के कारण रसोई का कमरा गरम था, यात्रा की थकान भी थी, मुझे शीघ्र ही नींद आ गयी।

अगले दिन तड़के उठकर मंदिर में प्रार्थना करने के बाद मैं चुपचाप गुम्फा से निकल गया। बाबा ने मुझे पथ निर्देश समझा दिया था, अत: किसी से कुछ पूछने की आवश्यकता नहीं थी। परिक्रमा का रास्ता सहज था, भटकने की संभावना नहीं थी। दिराफुक गुम्फा से एक रास्ता ला नदी के किनारे-किनारे उत्तर की ओर सीधे सिंधु नदी के उद्‌गम की ओर चला गया था और दूसरा रास्ता नदी पार कर कैलासनाथ का चक्कर काटता तारचेन में जा मिला था। मैं नदी पार कर पूरब की ओर बढ़ा। यहाँ बरफ के ऊपर से किसी तरह चलना पड़ रहा था। ठंड कैसी थी वह इन रास्तों पर जो चले होंगे वे ही समझेंगे, भाग्य से ड्रेपुंग गुम्फा से मुझे तिब्बती जूते मिले थे, नहीं तो न जाने क्या होता। सर्दी कितनी त्रासद हो सकती है यह लिखकर समझाया नहीं जा सकता।

आगे अनवरत चढ़ाई थी। नमक के टीले पर रुई के फाहे पड़े हों तो जैसा दिखेगा, वैसा ही था यहाँ का दृश्य। बर्फ के पहाड़ और उस पर रुई के फाहों की तरह बरफ चिपके हुए। चारों ओर सफेदी ही सफेदी। कहीं पेड़-पौधे घास कुछ नहीं, केवल बर्फ। रोशनी थी किंतु सूरज सामने के छोटे से पहाड़ के पीछे अटका हुआ था जिस कारण पता भी नहीं चल रहा था कि सूर्योदय हो चुका है। इस रास्ते व कैलास शिखर के बीच कुछ पहाड़ होने के कारण अब वह शिखर भी ओझल हो गया था।

बर्फ, जो रुई के फाहों की तरह दिख रही थी, वस्तुत: रुई के फाहों की तरह नरम नहीं था बल्कि भयंकर ठंड के कारण चट्टान की तरह ठोस होकर जम गया था। हिमांक के तापमान पर बरफ जमता है और हिमांक के नीचे के तापमान पर बर्फ ठोस पत्थर में बदल जाता है। बरफ के ऊपर से चलने में बहुत सावधान रहना पड़ता है, कहीं फिसल गये तो जीवनलीला वहीं समाप्त।

एक तो बरफ पर चलना, दूसरे चढ़ाई, इससे मैं सतर्क होकर धीरे-धीरे चल रहा था, किंतु तब भी हाँफने लगा था। पहाड़ के सबसे ऊँचे भाग में पहुँचने में एक घंटा लग गया। यहाँ से चारों ओर का दृश्य सुहावना था। सामने नीचे की घाटी में मानसरोवर व राक्षस ताल, दाएँ कैलास शिखर और इन दोनों के बीच में छोटा सा पहाड़ जिसे शिवभक्त शिव का साँड़ कहते हैं, बहुत से लोग नंदी भी कहते हैं। उस पहाड़ का तिब्बती नाम येलाक जूंग था। ऊपर पहुँचकर सूर्यदेव का दर्शन हुआ। यही अंश कैलास परिक्रमा पथ का सर्वोच्च अंश था और इसका नाम था दोलमा-ला, उच्चता १८६०० (अठारह हजार छः सौ) फीट। दोलमा-ला से दाँयी ओर एक छोटी सी झील थी जिसे गौरीकुंड कहते हैं। लगा कि वह बहुत निकट है, किंतु जब वहाँ तक पहुँचा तो समझ में आया कि दोलमा-ला से वह एक मील की दूरी पर थी। गौरी-कुंड से कोई नदी नहीं निकली थी और न ही कोई नदी इस झील में मिली थी। पहाड़ के बीच में बरफ जमकर यह झील बनी थी।

रास्ता छोड़कर बहुत संभल-संभल कर मैं गौरी-कुंड के किनारे जा बैठा और पानी छिड़कने के लिए पानी में हाथ डाला तो हाथ बर्फ से टकराया। मेरे आश्चर्य का ठिकाना नहीं था, यह एक सम्पूर्ण नयी अभिज्ञता थी। आश्चर्य की बात यह नहीं थी कि पानी जमकर बर्फ में बदल गया था, उस ऊँचाई पर यह स्वाभाविक था। चौंकाने की बात यह थी कि झील का पानी काँच की तरह स्वच्छ था और जमा हुआ था, सरसरी निगाह से देखने से वह बर्फ नहीं, पानी ही लगता था। हाथ से घूँसे मारकर देखा, फिर कुछ पत्थर बीन कर झील में इधर-उधर फेंककर देखा, पूरी झील ही जमी हुई थी। फिर झील में पाँव रखकर धीरे-धीरे दबाव डाला, फिर उछला, और इन परीक्षणों से निश्चय किया कि झील का स्वच्छ जल ऊपर से नीचे तक ठोस बर्फ ही है। मुझे बहुत मजा आया, मैं झील पर से चलने लगा। मुझे विश्वास नहीं हो रहा था कि मैं झील के ऊपर से चल रहा हूँ। मन के इस आनंद के साथ थोड़ी उत्कंठा भी थी, कहीं ऐसा न हो कि कुंड का कुछ भाग तरल भी हो और वहीं मेरी सलिल समाधि हो जाए। फिर सोचा कि इस पवित्र भूमि में मृत्यु होना भी मोक्ष प्राप्त करना है, अतः सावधानी से देख-देख कर आगे बढ़ा जाय, ऐसा मौका फिर कहाँ मिलेगा? झील के बीच में पहुँचा तो स्फटिक जैसे स्वच्छ बर्फ के नीचे काई तथा पत्थर दिखाई पड़ने लगे। कहीं कहीं जमे बर्फ में बुलबुले अटके हुए थे जो हीरे के टुकड़े की तरह लग रहे थे। झील के ऊपर से चलते हुए मैं कई बार फिसलकर गिरा, किंतु कम्बल व चादर के कारण चोट नहीं लगी। झील छोटी थी, उसे मैंने आधे घंटे में पार कर लिया। झील में कहीं भी एक बूंद भी पानी नहीं था, और मैंने झील पर से चलकर उसे पार किया था। इस अनुभव से मैं चहकने लगा। कैलास परिक्रमा में इस अनुभव ने ही मुझे सर्वाधिक आनंद दिया, उसी परिक्रमा को दुहराकर मैं झील पर से होता हुआ वहाँ लौट आया जहाँ से मैंने यह बचकानी हरकत शुरू की थी। उसके बाद पुनः परिक्रमा के पथ पर आगे बढ़ा।

गौरी-कुंड से काफी नीचे उतरने के बाद छोटे-छोटे झरने मिलने लगे जो पिघलते बर्फ का पानी लेकर गुनगुनाते हुए बह रहे थे। और दूर निकल जाने पर झोंग नामक नदी मिली जो बहुत संकरे नाले की तरह थी जिसे पार करने में कोई खतरा नहीं था। इस नदी के पार एक त्रिपाल टंगा था जहाँ से तीन बच्चे मुझे देखकर सड़क पर आकर जीभ निकाल कर खड़े हो गये। शायद मेरा आशीर्वाद यथेष्ट नहीं था, वे अपने त्रिपाल में आने के लिए मुझे इशारा करने लगे। इनमें दो बालक थे दस-बारह बरस के, एक लड़की थी और भी छोटी। तम्बू के पास पहुँचने पर उन यायावर बच्चों के अभिभावक ने आगे बढ़कर मुझे साष्टांग प्रणाम किया। इससे मैं कुछ चौंका क्योंकि तिब्बती साधारणत: जीभ दिखाकर अभिवादन करते हैं, साष्टांग प्रणाम नहीं करते। शायद हिन्दू तीर्थयात्रियों से प्रणाम की यह विधि इन्होंने सीख ली होगी। भारी त्रिपाल के भीतर पुआल का गद्दा था और बहुत ऊन रखा था। ऊन देखकर लगा कि उसे भेड़ों से अभी-अभी निकाला गया था।

वे मुझे कुछ सामान खरीदने के लिए कह रहे थे। यद्यपि वे पानी के भाव सामान बेचना चाहते थे किंतु मेरे यह बताने पर कि मुझे कोई भी ऊनी वस्त्र नहीं चाहिए, वे कुछ डिब्बे खोलकर पत्थर दिखाने लगे। उन बहुमूल्य पत्थरों को वे चाहे जितने सस्ते में भी बेचते, मेरे पास उन्हें खरीदने लायक पैसे नहीं थे। किंतु इससे भी वे निराश नहीं हुए, वे मुझे एक बक्सा खोलकर उस क्षेत्र की कुछ टोटका दवाइयां यानी जड़ी-बूटियाँ दिखाने लगे।

मैंने उन्हें समझाया कि मुझे कुछ भी नहीं चाहिए, यदि एक कटोरी दूध, चाय या खाने को कुछ मिल जाए अवश्य ले लूंगा। ऐसा कहकर मैंने दो आने पैसे उन बच्चों की माँ को दिए। उस महिला ने एक कटोरी से कुछ जमाए हुए दूध के टुकड़े मुझे देते हुए बताया कि खाने-पीने का और कोई सामान उनके पास नहीं है। भूख के समय जो मिल जाए वही अमृत है। उनसे विदा लेकर झोंग-चु नदी के किनारे-किनारे चलते-चलते मध्यान्ह के समय मैं एक गुम्फा के सामने पहुँचा, इस गुम्फा का नाम जुथुलफुक गुम्फा था।

चोरतेन का चक्र घुमाकर मैं चलने को था कि बगल के एक कमरे से एक लामा निकलकर मुस्कुराते हुए मुझे भीतर चलने को कहा। वे वयस्क थे, विज्ञ भी लगते थे, उन्हें देखकर श्रद्धा होती थी। दिराफुक गुम्फा के लामा मुझे अच्छे नहीं लगे थे, किंतु ये उनकी तरह न थे। मुस्कुराते हुए वे मुझे पहले मंदिर में ले गये, उसके बाद रसोई में। यहाँ आग के पास दो लामा बैठे थे, मुझे देखकर वे उठे और साम्पा गरमाकर मुझे एक कटोरी परोस दिया। मैंने कृतज्ञता जताकर उसे ग्रहण किया।

जुथुलफुक गुम्फा के बड़े लामा का बर्ताव मुझे देवतुल्य लगा। बिना मांगे उन्होंने अपने स्नेह का हाथ मेरी ओर बढ़ा दिया था। उनकी उम्र पचास से कुछ ऊपर थी। उनके मीठे स्वभाव एवं सुंदर व्यक्तित्व में हिमालय की महिमा झाँक रही थी। उन्होंने

स्वयमेव बढ़कर मुझे बुलाया, भोजन कराया और शुभयात्रा का आशीष देकर मेरा उत्साह बढ़ाया। इतना पाकर भी क्या मैं उन्हें अपने हृदय की भक्ति दे पाया था?

जुथुलफुक से तीर्थयात्री तारचेन की धर्मशाला में पहुँचते थे और वहीं कैलास परिक्रमा सम्पन्न करते हुए समाप्ति-प्रार्थना व पूजा करते थे। किंतु बाबा ने मुझे सीधे पारखा जाने को कहा था, वहीं उनसे भेंट होनी थी। मैं कुछ ऊहापोह में था, क्योंकि दिराफुक गुम्फा में मेरे तीन दिन रहने की बात थी जबकि वहाँ का रवैया देखकर मैं केवल एक रात वहाँ ठहरा था। किंतु जब परिक्रमा कर लिया था तो और करना ही क्या था, मैं पारखा या तासाम की राह पकड़ा और शाम होते-होते पारखा के चौराहे पर पहुँच गया।

वहाँ से कैलास शिखर की ओर देखकर मैंने भक्तिभाव से उस श्रृंग को प्रणाम किया। जिस कैलासनाथ के दर्शन के लिए मैं द्रेपुंग गुम्फा से तीर्थयात्रियों का दल छोड़कर अकेले अनजान रास्ते पर चल पड़ा था, इस परिक्रमा के बाद मेरा वह स्वप्न पूरा हो गया था।

---

# कैलास बाबा

चौराहा पार कर कुछ ही आगे बढ़ा था कि दो-तीन लोग मेरे पीछे भागते हुए आए और हाँफते हुए बोले, ''आपकी राह देख रहे हैं गुरुजी, हमारे साथ चलिए।''

गुरुजी! मैं विस्मित हुआ। मन ही मन सोचा, कौन गुरुजी? किसके गुरुजी? यूँ यहाँ हर लामा मेरा गुरु है, किंतु इस कैलास खंड में जिनका दर्शन मुझे भगवत दर्शन की तरह लगा था वे थे कैलास बाबा। वे अब भी लांबोना गुम्फा में होंगे, मुझसे तीन दिन बाद पारखा गाँव में मिलने को कहे थे। यही बात सोचता उन तिब्बतियों के साथ चौराहे की चाय की दुकान के बगल के एक घर में प्रवेश करते ही देखा कि गुरुजी और कोई नहीं, कैलासबाबा ही थे। मुझे देखकर बाबा बोले, ''आओ, बैठो। मैं जानता था कि तुम दिराफुक गुम्फा में एकदिन से अधिक नहीं रह पाओगे।''

जो लोग मुझे बुला लाए थे, वे बाबा को प्रणाम कर लौट गये। मैंने भी बाबा को प्रणाम किया और मुझे लगा कि बाबा अंतर्यामी हैं, तभी तो वे नियत समय से पहले ही यहाँ पहुँचकर मेरी राह देख रहे थे। यह भी महसूस हुआ कि पारखा पहुँचकर बाबा ने यहाँ के लोगों को कह रखा था कि एक लामा परिक्रमा कर लौटेगा, उसे उनसे मिलाया जाय।

पारखा आने पर बाबा इसी मकान में ठहरते थे। मकान मालिक व उनकी पत्नी संभवत: बाबा के भक्त थे।

पारखा गाँव कैलासखण्ड का सबसे महत्वपूर्ण बाजार था जहाँ से मानसरोवर व कैलास के यात्री प्रयोजन के सामान खरीदते थे। दूसरा निकटतम बाजार थोकचेन था, किंतु पारखा की तुलना में वह बहुत दूर था। पारखा गाँव के संलग्न थी राक्षसताल जिसके महत्व के विषय में बाबा ने मुझे जानकारी दी।

राक्षसताल और मान सरोवर को जुड़वाँ ताल कहा जाता है, यद्यपि दोनों के बीच लगभग एक मील का फासला है। कहते हैं कि रावण ने राक्षसताल के किनारे श्रीदेवी की तपस्या की थी, इसीलिए इस ताल को रावण ताल भी कहते हैं। सतलज नदी इसी सरोवर से निकली है। धार्मिक तिब्बती दोनों ताल को समान महत्व देते हैं और जाड़े में राक्षसताल व मानसरोवर की एक साथ परिक्रमा करते हैं। बहुतों की धारणा है कि राक्षस ताल में कुबेर का खजाना छिपा हुआ है, इसी से दोनों सरोवरों के बीच के भाग के धूल में स्वर्णकण या स्वर्णभस्म दिखाई पड़ते हैं। तिब्बती इसे कुबेर का स्थान मानते हैं और यहाँ के बालू से सोना निकालना पाप समझते हैं, कोई तिब्बती सोना बटोरने के

उद्देश्य से यहाँ हाथ नहीं लगाता। कहते हैं कि स्थानीय लोगों ने महामान्य दलाईलामा को एक बार यहाँ का एक सोने का पत्थर भेंट किया था किंतु उस उपहार को दलाईलामा ने प्रत्याख्यान करते हुए कहा था कि उस स्वर्गीय सम्पदा को ग्रहण करने का अधिकार किसी भी मनुष्य को नहीं है। उसके बाद उस सोने के पत्थर को लौटाकर राक्षसताल की मिट्टी में वापस गाड़ दिया गया था।

बाबा ने बताया, हमारे मन के दो भाव हैं, एक दैवी, दूसरा आसुरी। अस्ति तथा नास्ति, अथवा हाँ और ना, इन दो इतिवाचक व नेतिवाचक शक्तियों की खींचातानी से चित्तवृत्ति को शांत करना जब असंभव होने लगे तब कैलासपति की तपस्या करनी चाहिए। उनके आशीर्वाद से असुरशक्ति का शमन होता है और देवशक्ति जाग्रत होती है। देवशक्ति बिना अमृतलाभ नहीं होता।

अगले दिन तड़के बाबा मुझे राक्षसताल के तट पर ले गये। भोर के शांत ह्रद में कुछ राजहंस तैर रहे थे। दूर के गुरलामांधाता पर्वत पर प्रत्युष का रंग उभरने लगा था। सरोवर से मिलने वाली नदी के तट पर लहरों के संग किनारे लगती मरी मछलियों को कुछ बच्चे बटोर रहे थे। वस्तुतः राक्षस ताल और मान सरोवर में दृश्यगत अंतर कुछ भी नहीं था। दोनों में एक सी लहरें, पानी का एक सा रंग, और दोनों में तैरते राजहंस।

लाचु तथा झोंग चु नामक दो नदियाँ कैलास की परिक्रमा करती हुई आपस में मिली थीं और फिर राक्षसताल में समाहित हुई थीं। इस संगम के पास एक छोटी सी कुटिया थी, लकड़ी की। उस कुटिया के निकट यात्रियों ने पत्थर के टुकड़े डाल-डाल कर एक चोरतेन बना दिया था। बाबा मुझे उस कुटिया में ले गये। दरवाजा खुला था और भीतर पाँच लोग अलाव जलाकर बैठे थे। बाबा ने उनसे दो कटोरी चैंग बनाने को कहा। उनमें से एक आदमी उठकर सरोवर से पानी ले आया और तिब्बती चाय बनाने की तैयारी करने लगा। बाबा ने मुझे बताया कि इस सरोवर के किनारे एक प्रकार की घास उगती है जो काई की तरह होती है, ये लोग भोर के समय उस घास को इकट्ठा करते हैं और बाजार में ले जाकर बेचते हैं। उस घास से बहुत स्वादिष्ट रोटी बनती है।

मैं अपना कंबल व झोली हमेशा अपने साथ रखता था। बाबाजी ने चैंग के लिए कहा तो मैंने अलाव के पास कम्बल बिछा लिया था, उस पर हम दोनों आमने-सामने बैठ गये थे। गरम चाय पीकर शरीर में कुछ गर्मी आयी। कुछ देर चुपचाप बैठने के बाद बाबा ने पूछा, ''तेरे तो माता-पिता नहीं हैं, उनके नाम याद हैं तो?''

''अवश्य!''

''पितामह का नाम मालूम है?''

''जी हाँ।'' मैं बोला।

''ठीक है, इससे ही काम हो जाएगा।''

कहकर बाबा पद्मासन में बैठे और मुझसे बोले, ''आँखें मूंदकर कैलास शिखर की कल्पना कर।''

मैंने ऐसा ही किया।

कुछ देर बाद बाबा बोले, ''अब मैं जैसा कहूँ, तू वैसा ही उच्चारण कर।''

वे रुक-रुक कर मंत्रोच्चारण करते रहे, मैं दुहराता रहा—

**'ओम् परमशिव सुषुम्नापथेन मूलसृंगाट मुल्लासोल्लस ज्वल**
**प्रज्वल प्रज्वल हंसः सोहहं स्वाहा।**

**ओम् आत्मतत्वाय स्वाहा, ओम् विद्यातत्वाय स्वाहा,**
**ओम् शिवतत्वाय स्वाहा।**

**ओम् देवांस्तर्पयामि, ओम् ऋषिंस्तर्पयामि, ओम् पितृंस्तर्पयामि**
**ओम् मनुष्यांस्तर्पयामि, ओम् गुरुं स्तर्पयामि...'**

मंत्रों का अर्थ व तात्पर्य बिना समझे मैं बाबा का अनुकरण करता रहा। कुटिया में जलती लकड़ी की गर्मी और बाबा के उदात्त कंठस्वर ने मिलकर एक पवित्र परिवेश रच दिया था। लगभग एक घंटे बाद हम लोग कुटिया से बाहर निकले, तब तक सूर्योदय हो गया था।

राक्षसताल के किनारे की कंकड़ीली जमीन पर से चलते हुए बाबा बोले, ''बुद्धदेव की वाणी और तंत्र साधना के सम्मिश्रण से लामा धर्म बना है। बुद्ध की वाणी की मुख्य बात है—शून्य; वे शून्यवादी हैं, जबकि हम पूर्णवादी हैं। हम परमब्रह्म को शून्य नहीं मानते, वे पूर्ण हैं, तभी हम बारंबार कहते हैं—'ओम् पूर्णमादाः पूर्णमिदम् पूर्णत् पूर्णमूदच्छते, पूर्णस्य पूर्णमादाय पूर्णमेव अवसिस्यते।' ''

वे आगे बोले, ''कैलासाधिपति देमचोक्, धरमपाल व पाबो, चाहे जिस नाम से भी लामा उन्हें पुकारें, वे हमारे भोलेनाथ शिव ही हैं। बाघ की छाल पहने शिव के एक हाथ में डमरू व दूसरे में त्रिशूल है। डमरू वज्रयान का प्रतीक है, त्रिशूल संहार का प्रतीक है। हरपार्वती, यवयुं या शिव व शक्ति, चाहे जिस नाम से भी पुकारा जाए, वस्तुतः वे एक ही हैं। उन्हीं में छिपा है सृष्टि का सारा रहस्य।''

बाबा कहते जा रहे थे, ''कैलास की पवित्र भूमि पर हिन्दुओं का मूल मंत्र है ओम् नमः शिवाय—इसी मंत्र द्वारा त्राण संभव है। कैलास पर्वत का एक नाम है मेरु पर्वत, वह धरती की रीढ़ की हड्डी जैसी है। यहाँ की पवित्र हवा विश्वभर में विचरण करती है और यहाँ की आध्यात्मिक शक्ति धरती के समस्त पाप-आचरण का खंडन करती हुई उसे प्रलय से बचाती है। कैलास धरती का भारसाम्य बनाए हुए है और यहाँ की नदियाँ श्री कैलासनाथ का चरणामृत मर्त्यवासियों के लिए बहाकर ले जाती हैं। कैलास की पवित्रता, राक्षसताल की शक्ति व मान सरोवर की शांति—इन तीन ने रचा है यहाँ की जलवायु। जो तीर्थाटन के लिए यहाँ आते हैं, वे दैवी आशीर्वाद ले जाते हैं। यहाँ की

चार मुख्य नदियाँ अन्यतमपुण्यतोया कहलाती हैं। कैलासनाथ के पूर्व के अश्वमुख या तामचोग खाम्बाब से ब्रह्मपुत्र; पश्चिम के हस्तीमुख या लांचेन खाम्बाब से सतलज; उत्तर के सिंहमुख या स्रेंगे खाम्बाब से सिंधु और दक्षिण के मयूरमुख या माग्चा खाम्बाब से करनालि नदियाँ निकली हैं। इन नदियों में स्नान करने से बिना तर्पण के ही मुक्ति मिलती है। ध्यानी बुद्ध के चार वाहन ये नदियाँ ही हैं।''

चलते-चलते हम गंगा चु नाम की एक नदी के संगम में पहुँचे। इस गंगा का भारत की गंगानदी के साथ कोई सम्पर्क नहीं था। गंगाचु ने राक्षस सरोवर व मानसरोवर को मिलाया था। मानसरोवर में पानी अधिक हो जाता तो अतिरिक्त पानी गंगाचु से होकर राक्षस सरोवर में चला जाता।

गंगाचु के किनारे खड़े होकर बाबा बोले, ''चल, कपड़े उतार कर पानी में उतर जा।'' उनके इस आदेश से मैं घबराया, मन ही मन सोचा कि यदि मैं उस पानी में उतरा तो फिर जीवित दशा में पानी से बाहर नहीं आ पाऊंगा। किंतु यह आदेश शिव तुल्य कैलास बाबा का था, उनके प्रति मन में शंका उदय होना भी पाप है। बाबा की आज्ञा है, वे मेरे सामने हैं, अत: काहे का भय? हिम्मत बाँधकर मैंने चादर उतारी, फिर कपड़े उतारने लगा। और इसी बीच मुझे आश्चर्य में डालते हुए बाबा खुद उस पानी में कूद गये। वे आनंद के साथ नहा रहे थे। कपड़े उतार कर मैं धीरे-धीरे पानी में उतरा। अद्‌भुत था वह पानी। पानी ठंडा तो नहीं ही था, बल्कि कुछ गरम था। चारों ओर बरफ का साम्राज्य और गंगाचु नदी के उस भाग का पानी इतना गरम, इससे अधिक आश्चर्य की और क्या बात हो सकती थी। इसी को दैवी व्यवस्था कहते हैं। थके हुए यात्रियों की थकान मिटाने के लिए प्रकृति ने क्या अनुपम व्यवस्था कर रखी थी। मैं आनंद से डुबकियाँ लगाने लगा। बाबा ने बताया कि कैलासखंड के इस पुण्यस्नान से नास्तिक भी आस्तिक बन जाते हैं।

वस्तुत: वह एक गरम पानी का कुंड था। गंगाचु नदी चौड़ी होते होते उस कुंड को अपने में मिला लिया था। बाबा ने बताया कि पहले कुंड का पानी बहुत ही गरम था, अब कुंड का गरम पानी और नदी का ठंडा पानी मिल कर उस पानी का तापमान ऐसा हो गया था कि जिसे शरीर सह सकता था। मजे से स्नान करने के बाद हम गंगाचु पार कर उसके दक्षिण में पहुँचे। बाबाजी गीला कौपीन पहने रहे। मेरी झोली में उन्होंने एक कागज में थोड़ा भस्म रखा था। जिसे लेकर उन्होंने अपने शरीर पर सर्वत्र मल लिया।

हम दोनों सरोवरों के मध्यभाग से दक्षिण की ओर बढ़ रहे थे। चलते-चलते मैंने बाबा से जानना चाहा कि सुबह वे मुझसे काहे का मंत्र पाठ करवा रहे थे, क्योंकि मैं उस मंत्र का कुछ भी समझ नहीं पाया था। बाबा शायद मेरी अज्ञानता पर झुंझलाए, फिर बोले, ''तुझे नव-जीवन दिया, तेरी कैलास यात्रा सार्थक हो गयी-मैंने तुझसे प्रायश्चित और तर्पण करवाया।''

यह सुनकर मैंने कृतज्ञता से सर झुका लिया। इसी को गुरु कृपा कहते हैं। मैंने कुछ नहीं चाहा था, कुछ नहीं मांगा था, मुझे कर्त्तव्य-अकर्त्तव्य का ज्ञान नहीं था, एक घुमक्कड़ की तरह यहाँ पहुँचा था, किंतु एक-के बाद एक सभी कर्त्तव्य पूरे हो गये थे। मेरी निरुद्देश्य यात्रा निष्फल नहीं थी। कैलास बाबा के रूप में शायद स्वयं शिव ही मुझे धर्म की राह पर ले जा रहे थे। इस महापुरुष की कृपा के बदले उन्हें देने को कुछ नहीं था मेरे पास। उन्हें मैं केवल भक्ति दे सकता था, किंतु उतनी भक्ति भी कहाँ थी मेरे मन में? मैं चलता रहा और उस दिव्यपुरुष की छवि दिल में संजोता रहा, मेरी जीवन यात्रा में उनकी स्मृति मुझे हमेशा राह दिखाती रहेगी।

चलते-चलते उन्होंने कहा, ''सामने जो दूर का ऊँचा पहाड़ दिख रहा है, बर्फ से ढँका हुआ, उसकी सबसे ऊँची चोटी का नाम मेमोनानि है। उसके दाएँ और दो ऊँचे पहाड़ हैं, उनके सामने एक छोटा पहाड़ है।''

मैंने उन पहाड़ों पर ध्यान दिया तो वे आगे बोले, ''सामने के उस पहाड़ को गुरला मांधाता भी कहते हैं। यह सड़क उन्हीं पहाड़ों पर से होकर सीधे भारत जाती है। भारत के तीर्थयात्री इसी रास्ते यातायात करते हैं, तू जिस रास्ते आया था उधर से कोई भारतीय नहीं आता। यहाँ से लौटने में तुझे कोई परेशानी नहीं होगी, रास्ते में कोई भय नहीं है। मैं कुछ नाम बता रहा हूँ उन्हें तू याद कर ले।''

इतना सुनकर मैंने कागज-पेंसिल निकाल ली थी, किंतु बाबा ने बाधा दिया— ''कागज का लिखा नहीं टिकता बाबा, कागज का क्या भरोसा—फट जाए, जल जाए, उड़ जाए, खो जाए, लिखावट मिट जाए। इसलिए जो आवश्यक बातें हों उन्हें मन में लिखा कर। मैं जो नाम बता रहा हूँ उन्हें मन ही मन दुहरा, अभी कंठस्थ हो जाएगा। ले, याद कर ले-ताकलाकोट, लिपुलेक, धरचुला, अल्मोड़ा।''

कागज-पेंसिल झोली में रखकर मैं कविता की तरह रटने लगा—ताकलाकोट, लिपुलेक, धरचुला, अल्मोड़ा।

उसके बाद बाबा ने कुछ नहीं कहा। हम चुपचाप आगे बढ़ते रहे और मैं वे चार नाम मंत्र की तरह जपता रहा। आगे दोनों सरोवरों के बीच गुम्बद की तरह एक छोटी सी पहाड़ी थी, हम पहाड़ी को अपने दाएँ छोड़ते हुए मानसरोवर के तट के रास्ते से आगे बढ़े। मध्यान्ह के समय हम मानस तीर्थ के गोसुल गुम्फा में पहुंचे।

गुम्फा में प्रवेश करते समय बाबा बोले, ''आज की रात तू यहीं रहेगा, कल यहाँ से गुरला-ला के रास्ते हिन्दुस्तान के लिए रवाना हो जाएगा।''

उनके इस कथन से मेरा दिल धड़क उठा। लगा, उन्होंने हठात् मुझे कोई शोक-संवाद सुना दिया है।

गोसुल-गुम्फा में पदार्पण करते ही सब बाबा की आवभगत में व्यस्त हो गये। एक ने कम्बल का बना एक कुर्ता बाबा को पहना दिया, दूसरे ने मोटा आसन बिछा दिया। मुझे लगा कि इस गुम्फा के लोग बाबा को ज्ञानी गुरु की तरह मानते थे। बाबा के साथ

होने के कारण मैं भी सम्मानीय बन गया था। आसन पर बैठ बाबा मंत्रपाठ करने लगे—

**हरि ओम् तत्सत, हरि ओम् ततसत्, हरि ओम तत्सत्॥**
**औम् सर्वसमोहिन्ये विद्महे विश्वजनन्यै धीमहि।**
**तन्नः शक्तिः प्रचोदयात॥**
**औम् भगवत्यै च विद्महे महेश्वरै च धीमहि।**
**तन्नः अन्नपूर्णा प्रचोदयात्॥**
**औम् वेदात्मने विद्महे हिरण्यगर्भाय धीमहि।**
**तन्नो ब्रह्मा प्रचोदयात्॥**
**औम् नारायणाय विद्महे वासुदेवाय धीमहि।**
**तन्नो विष्णुः प्रचोदयात्॥**
**औम् तत्पुरुषाय विद्महे सहस्त्राकार महादेवाय धीमहि।**
**तन्नो रुद्रः प्रचोदयात्॥**

(उक्त मंत्र मैंने बाद में परम पूज्यपाद श्रद्धेय श्री गोपीनाथ कविराज महोदय की मदद से शुद्ध रूप में लिख लिया था।)

मंत्रपाठ के बाद सब ध्यान में मग्न हो गये। काफी देर तक ध्यानस्थ रहने के बाद बाबा ने ओंकार ध्वनि के साथ नीरवता भंग की। ओंकार ध्वनि शुरू होते ही लगा कि वह शब्द कैलास शिखर से धीरे-धीरे उतरता आ रहा है और पूर्णज्योति का रूप लेकर वह सहस्त्रों स्फुलिंगों को हर क्षण जन्म दे रहा है। उस समय हम सब किसी आनंद लोक में विचरण कर रहे थे।

ध्यानोपासना के उपरांत सब मिलकर मानसरोवर के किनारे जाकर टहलने लगे। मौन रहकर पदचारण करते हुए थोड़ी देर बाद हम गुम्फा में लौट आए और भोजन करने बैठे। उबले आलू और उबले पहाड़ी गोभी पर नमक की तरह आटा डाल दिया गया था। बाबा तथा इस गुम्फा के लोग नमक नहीं खाते थे।

भोजन के बाद भी किसी ने बात नहीं की। बाबा मौन हो गये थे। गोसुल गुम्फा में पहुँचते ही बाबा के स्वभाव में आमूल परिवर्तन हो गया था, हठात् जैसे मैंने उस कैलास बाबा को खो दिया था जो बिना पूछे ही मुझे कैलास, मानसरोवर, राक्षस सरोवर आदि की कहानियाँ सुनाते थे, जिन्होंने बिना कहे ही मुझसे तर्पण कराया था। यहाँ बाबा की आँखें बंद रहतीं तो वे ध्यानामग्न होते, आँखें खुली होतीं तो वे मंत्रोच्चारण या नामगान करते होते।

तिब्बत के अन्य गुम्फाओं में और गोसुल गुम्फा में बहुत फर्क था। अब तक हर गुम्फा में पहुँचकर मुझे वहाँ के विभिन्न मंत्र, उच्चारण की भंगिमा, ध्वनि, उत्कर्ण होकर सुनना पड़ता था किंतु सब कुछ ठीक से हृदयंगम नहीं कर पाता था। बाबा की बात

निराली थी, वे जो कुछ कहते वह तत्काल हृदयंगम हो जाता, उनके कहने व समझाने का ढंग इतना सरल और अनूठा था। इस गुम्फा के अन्य गुम्फाओं से भिन्न होने का कारण यह था कि गोसुल गुम्फा पर बाबा का बहुत प्रभाव था। यहाँ के लामा मणिमंत्र के साथ वैदिक मंत्र का पाठ करते थे। वे बाबा की तरह एकाहारी थे और नमक नहीं खाते थे।

रात में और लामाओं के कक्ष में मेरे शयन का प्रबंध हुआ था। बिस्तर पर बैठकर सब नाम-जप करने लगे तो मैं भी माला फेरने लगा। बाबा ने मुझे मणिमंत्र के बदले में शिवमंत्र ग्रहण करने को कहा था। पूरी यात्रा में मणिमंत्र मेरे मन के साथ जुड़ चुका था। बाबा ने मुझे सहज ढंग से शिवशक्ति के साथ मूलशक्ति का मिलन रहस्य समझा दिया था—मन में समझो और हृदय में अनुभव करो। जल को देखना और जानना और बात है, उसे पीना और बात।

बाबा को स्मरण करता हुआ मैं उन्हीं का सिखाया मंत्र पाठ करता रहा—मूलाधार का लं; स्वधिष्ठान का बं; मणिपुर का रं; अनाहत का यं; विशुद्ध का हं; आज्ञा का ओम्; सहस्त्रा की बिंदु; और अंत में मनस्थिर करते हुए ओम नमः शिवाय जपने लगा।

गोसुल गुम्फा में सर्वाधिक पूज्य व्यक्ति थे रिदयांग लामा, गुम्फा का कामकाज उन्हीं के तत्वावधान में होता था। गुम्फा के लामा बारहों महीने यहाँ नहीं रहते थे, वे जाड़े में दक्षिण के बड़े गुम्फा में चले जाते थे। वे गर्मियों में तपस्या व पुण्यार्जन के लिए यहाँ आते थे। भारत से आनेवाले साधु साधारणतः गोसुल गुम्फा में ठहरते थे और यहीं से कैलास परिक्रमा आरंभ करते थे। जो लोग मानस की परिक्रमा करते, वे भी यहीं से परिक्रमा शुरू करते। मानस व राक्षस सरोवर से निकटतम दूरी पर यह गुम्फा स्थित था। गुम्फा के निकट यायावरों के तम्बू में आवश्यक सामान बिकता था।

रात में नींद अच्छी हुई थी, किंतु भोर में लामाओं के खाँसने-खखारने की आवाज से नींद उचट गयी। लगभग सभी खाँस रहे थे, शायद सभी को ठंड लग गयी थी, और इतने लोग अगल-बगल खाँसते रहे तो फिर दुबारा नींद आए कैसे? लोहे की बड़ी कड़ाही के अंगार लगभग बुझ चुके थे, मैंने उठकर रसोई से कुछ लकड़ी का कोयला लाकर उसमें डाल दिया। उसके बाद स्वेटर और जूते पहना और कम्बल ओढ़कर बाहर निकला।

पूरब में ऊषा झाँक रही थी और तारे म्रियमान होने लगे थे। मान सरोवर के दक्षिण तट की ओर बढ़ते समय वहाँ राजहंसों की जोड़ी दिखाई पड़ी। एक स्थान पर तीन लोग बैठकर आग सेंक रहे थे। मैं भी चुपचाप उनके बीच जा बैठा। उन्होंने मुझे बताया कि सूर्योदय के पहले मरी मछलियों को न बटोरने से बाद में कौड़िल्ला पक्षियों के कारण वे मछली नहीं पा सकते क्योकि सूर्योदय के साथ ही ये पक्षी जागते हैं और उन मछलियों पर टूट पड़ते हैं। भोर के समय ही वे काई जैसी घास भी निकालते हैं, रात के ठंड में घास जम जाती है जिसे उस समय निकालना आसान होता है। वे तीनों भोर

के समय एक तीर्थयात्री का दर्शन पाकर प्रसन्न थे और कह रहे थे कि यह भाग्य की बात है, आज उन्हें अवश्य बड़ी मछली मिलेगी। उनकी मनोकामना पूरी हो, इस शुभकामना के साथ मैं वहाँ से आगे बढ़ा।

सूर्योदय का समय आगत था। प्राची लाली बिखेर रही थी। हर दिशा में नवारुण के स्वागत की तैयारी हो चुकी थी—गुरला पहाड़ के रुपहले शिखर धीरे-धीरे जाग उठे, उत्तर में कैलास ने सर उठाया और मानसरोवर के पानी में सौंदर्य का रंग घुल गया। मैंने सूर्योदय के उस अनंत सुंदर रूप को प्रणाम किया और जी भरकर चारों ओर का परिवर्तित होता रंग-रूप देखता रहा। असीम सौंदर्य ने मेरी सत्ता को पूर्ण बना दिया था। उस लुभावने दृश्य को हृदय में भरकर सूरज की पहली किरण में नहाता हुआ मैं गुम्फा में लौट आया।

गुम्फा में लौटकर देखा कि बाबा को घेरकर बैठे सब जाप कर रहे हैं। मैं भी उनके मध्य बैठ गया। जाप के बाद बाबा मुझे एकटक देखते रहे। उनकी दृष्टि इतनी प्रखर थी कि मैं अधिक देर तक उनसे आँखें नहीं मिला सका। मैंने आँखें झुका ली।

बाबा ने एक लामा की ओर इशारा करते हुए मुझसे कहा, ''दुखांग लामा आज ताकलाकोट जा रहा है, तू उसके साथ जा, रास्ते में तुझे कोई अड़चन नहीं होगी।''

उनकी यह वाणी मेरे लिये आशीष थी, किंतु इस स्वर्गभूमि से जाना है सोचते ही मन उदास हो गया। मेरी इच्छा बाबा के चरणों में कुछ दिन रहने की हो रही थी। किंतु बाबा ने अपना फैसला सुना दिया था। उनके दर्शन ने मुझे प्रकाश दिया था, उनकी वाणी ने अभय और आशीर्वाद, उन्होंने मुझे अमृत का संधान दिया था, मुझे और क्या चाहिए था जीवन में? मैं उनकी कृपा याद करता रहा। किंतु मुझे लौटना है, इतनी जल्दी लौट जाना है सोचना भी अच्छा नहीं लग रहा था।

दुखांग लामा मुझे बुलाकर बाहर ले गये। उनकी उम्र चालीस के आसपास थी। वे टूटी-फूटी हिन्दी में बोले, ''मैं समझ रहा हूँ कि गुरुजी से अलग होना तुम्हें अच्छा नहीं लग रहा है, किंतु उदास न होना। उन्होंने कुछ सोचकर ही तुम्हें जाने को कहा होगा, अतः गुरु की आज्ञा मान लो।''

मैंने सहमति में धीरे से सर हिलाया, फिर पूछा—''आप कब जाएंगे?''

''अभी, तुरंत। अभी चल देंगे तो कल हम शिम्बिलिंग गुम्फा में पहुँच जाएंगे। हमारे लिए भोजन बन रहा है, साम्पा खाकर हम चल पड़ेंगे।''

साधु-संतों की बात ही निराली थी। वे कभी भी कहीं भी जा सकते थे। उनके आगे-पीछे कोई बाधा नहीं। उस दिन सवेरे केवल हम दो व्यक्तियों के लिए साम्पा बना था, इस गुम्फा के लोग केवल अपरान्ह में भोजन करते थे। इससे मैं समझ गया कि राह में हमें दिन भर कुछ नहीं मिलेगा, इसलिए सुबह हमारे लिए यह प्रबंध किया गया था।

बाबा का आदेश पाने के बाद एक घंटे के भीतर हम खा-पीकर तैयार हो गये थे। मैंने बाबा को प्रणाम किया, उन्होंने मेरे सर पर हाथ रखकर आशीर्वाद दिया। मुँह से कुछ न बोले। विदा के पहले उनसे कुछ बात करने की लालसा थी, किंतु उन्होंने मौन अवलम्बन कर लिया था, इससे मुझे कुछ कहने का साहस नहीं हुआ। मैंने मन ही मन प्रार्थना की कि "हे कैलासबाबा, तुमने मेरी आँखें खोल दी हैं, आशीर्वाद दो कि मैं तुम्हारे बताए मार्ग पर चल सकूँ।"

बाबा ध्यानमग्न हो गये थे।

उनके ध्यानमग्न सौम्य मूरत की छवि हृदय में भरकर मैं दुखांग लामा के साथ गुम्फा से बाहर निकल गया।

---

# वापसी

मानसरोवर के किनारे-किनारे घंटे भर चलने के बाद हम एक पत्थर के बने चोरतेन के निकट पहुँचकर थोड़ा विश्राम लिए। उसके बाद मानसरोवर का जल माथे पर छिड़का, अंजुरी में भरकर जलपान किया और मंत्रोच्चारण किया—'अपवित्र पवित्रोवा सर्वास्थांगतो पिवा यः स्मरेत् पुंडरीकाक्षं सः अभ्यंतरं शुचि।' तदनंतर सात बार चोरतेन की परिक्रमा करके हम आगे बढ़े। मानसरोवर से कुछ दूर एक और छोटी सी झील थी, देखने में व आयतन में वह गौरीकुंड जैसी थी, उसका जल गौरीकुंड की तरह जमा तो न था किंतु मानसरोवर से अधिक ठंडा था। दुखांग लामा ने उस झील का नाम शुशुप्तसो या सुसुप्त झील बताया। वे बोले, ''इस छोटी सी झील का भी महत्व है। अज्ञान के अंधकार में जब हम डूबे होते हैं तब सुख का अनुभव नहीं होता, इसलिए मन के सुप्त सरोवर को भगवान देमचोक की कृपा से जगाकर मान सरोवर में उसे परिणत करना पड़ता है। मन की प्रसारता ही मानस है, मन की जागृत अवस्था ही मानसरोवर है। मन को गंभीर व उदार बनाना ही असली मुक्ति है।''

सरोवरों को त्याग करने के बाद से चढ़ाई शुरू हो गयी थी। पहाड़ी पथ पर लगभग सीधी चढ़ाई थी, हमें बार-बार रुकना पड़ता था। कैलासनाथ हमारे ठीक पीछे था, जिसे मैं बार-बार पलट कर देख लेता। यह यात्रा कष्टप्रद थी, ठंड में भी मैं पसीने से भींग रहा था। दुखांग लामा अभ्यस्त कदमों से चल रहे थे, लगता था वे समतल पर चल रहे हैं। मुझ पर थकान इस तरह हावी हो रही थी कि नैसर्गिक छटा मेरे मन से अहिस्ता-आहिस्ता लुप्त होने लगी थी।

आखिर हम उस पहाड़ पर उठ गये। मान सरोवर से हमें लगभग एक हजार तीन सौ फीट चढ़ना पड़ा था। इसी दर्रे का नाम था गुरला-ला, इसकी उच्चता सोलह हजार दो सौ फीट थी। ऊपर एक चोरतेन था जहाँ पताका के साथ ही एक प्रार्थना चक्र भी था। मैं एक पत्थर पर चित होकर लेट गया। दुखांग लामा पहाड़ी चूहे की तरह अनायास चढ़े थे और बिलकुल नहीं थके थे। थोड़ा विश्राम लेकर मैं उठा और उत्तर के समतल के दोनों सरोवरों व कैलास का सुंदर दृश्य देखता हुआ बाबा को स्मरण करने लगा।

गुरला-ला से दक्षिण में गुरला मांधाता या मेमोनानि पर्वत की तीन चोटियाँ दिख रही थीं। इनमें सर्वोच्च शिखर पच्चीस हजार तीन सौ पचपन फीट ऊँचा था, उससे दाएँ बाएँ के दो अन्य शिखर उससे अपेक्षाकृत छोटे थे। आसपास जो बरफ था उसे पिघलने में अब भी एक महीने लगेंगे। ऊँची चोटियाँ तो सदैव बर्फ से ढँकी रहती थी। पिघले बर्फ का पानी लेकर गारु नाम की एक नदी उस पर्वत से निकली थी। इस क्षेत्र की

छोटी-बड़ी स्रोतस्विनियों ने मिलकर विख्यात करनाली नदी को रचा था। गुरंला-ला के इसी उच्च भाग से अल्मोड़ा होकर कैलासखंड को जाने वाले तीर्थयात्री मानसरोवर व कैलास का प्रथम दर्शन करते थे, इससे इस स्थान का भी अपना महत्व था। यहीं से मुझे कैलास-खंड से विदा लेनी थी।

सूर्य पश्चिम की ओर लुढ़क रहा था, किन्तु सूर्यास्त में अब भी देर थी। मैंने मानसरोवर, राक्षसताल व कैलासनाथ को अंतिम बार आँखें भर कर देखा और उन सबके व बाबा के उद्देश्य से प्रणाम कर लामा के साथ आगे बढ़ा। अब हमें दक्षिण की ओर पहाड़ से क्रमशः नीचे उतरना था, यह पथ सहज था। नीचे उतरते-उतरते दुखांग लामा ने कहा, ''तुम्हारा कर्मफल अवश्य उत्तम है। लामा व साधु कितने ही प्रयत्नों के बाद भी बाबा से बात नहीं कर पाते, और तुम उन्हीं के साथ थे।''

मैंने उनके मंतव्य का उत्तर न देकर पूछा, ''बाबा रहते कहाँ हैं?''

''उनका निश्चित ठिकाना कहाँ! जब भी आते हैं, चारों ओर घूमते रहते हैं। उनके बहुत भक्त हैं, सभी उन्हें चाहते हैं। वे सूर्य के उपासक हैं, लोग कहते हैं कि बाबा में अलौकिक क्षमता है।''

''क्या वे हर साल गर्मियों में आते हैं?''

दुखांग बोले, ''वे योगी हैं, गर्मी व ठंड से उन्हें कोई फर्क नहीं पड़ता, उनकी जब भी इच्छा हुई, कैलास पहुँच गये। देखो न , कितने दिनों से तो भारत का रास्ता बंद हो गया है, किन्तु बाबा का रास्ता तो कोई रोक नहीं पाता।'''

''रास्ता बंद क्यों हो गया?'' मैंने जानबूझ कर यह प्रश्न पूछा।

वे बोले, ''सुना है लासा में आजकल कुछ गड़बड़ी है। चीन के संबंध भारत से मैत्रीपूर्ण नहीं हैं, इसी से सब रास्ते बंद कर दिए गये हैं। तुम तो इन सब रास्तों को जानते भी नहीं, चीनी सिपाही किसी को पकड़ लेते हैं तो बहुत झमेला करते हैं। इसीलिए बाबा ने तुम्हें मेरे साथ भेजा, मैं तुम्हें सारे रास्ते समझा दूंगा।''

दुखांग लामा से मालूम हुआ कि आगे की समतल भूमि के अंतिम छोर पर इस क्षेत्र का सबसे बड़ा गुम्फा है जिसे शिम्बिलिंग गुम्फा कहते हैं। शायद शिम्बिलिंग शब्द की उत्पत्ति शिवलिंग शब्द से हुई हो। संभव है कि लामा धर्म फैलने से पहले वहाँ कोई शिवलिंग का मंदिर रहा हो। समतल भूमि का नाम पुरांग था और शिम्बिलिंग गुम्फा के निकट के गाँव का नाम ताकलाकोट। ताकलाकोट गाँव में सप्ताह में तीन दिन हाट लगता था। वहाँ हिन्दू तीर्थयात्री ठहरते थे और वहीं से गधे, घोड़े, याक् किराये पर लेकर कैलास की यात्रा पर जाते थे। उन दिनों ताकलाकोट में गाइड, पुरोहित, दंड़ी, कुली पीठ के झोले आदि सब कुछ उपलब्ध हो जाता था, किन्तु अब वह व्यवसाय यात्रियों के अभाव में ठप्प हो चुका है। उस समय चोर-डाकुओं का उत्पात भी था, इक्का-दुक्का यात्री पाने पर उन्हें वे लूट लेते, इसलिए यात्री झुंड बनाकर यात्रा करते थे। दुखांग लामा भारतीय यात्रियों के यातायात पर लगायी गयी पाबंदी से दुखी थे।

शाम के समय हम कारदुंग नामक छोटे से गाँव में एक चाय की दुकान पर जाकर रुके। दुकान के मालिक ने चार पैसे लेकर हमें रात में वहीं सोने की अनुमति दी। सुबह वहाँ से चाय पीकर हम पुन: आगे बढ़े।

हम लगातार नीचे उतर रहे थे, किन्तु कारदुंग गाँव के बाद से चलने में कठिनाई हो रही थी। ढीले पत्थरों के खिसकने का खतरा था। यह रास्ता गिट्टियों से बना था, रह-रह कर पाँव के नीचे से गिट्टी खिसक जाती और थोड़ी भी असावधानी होने से फिसल कर नीचे की गहरी खाई में गिरने की संभावना थी। पास ही एक नदी थी जो लगता था कि पहाड़ में सुरंग बनाकर आगे बढ़ी थी। सड़क इतनी खराब थी कि यात्रा दुर्गम और रोमांचक हो गयी थी। अल्मोड़ा से कैलास जाते यात्रियों के लिए इसी क्षेत्र की यात्रा सबसे अधिक दुर्गम थी। हमने एक दिन में नीचे उतरते हुए जितनी दूरी तय की थी, ऊपर चढ़ने के लिए उतनी ही दूरी तय करने में तीन दिन लगते। छोटे-छोटे ढुलमुल पत्थर के टुकड़ों ने रास्ते को भयंकर बना दिया था।

शिम्बिलिंग गुम्फा पहुँचते साँझ हो गयी। बहुत सुंदर था वह गुम्फा, दूर से एक गाँव की तरह लग रहा था, पास जाने पर मालूम हुआ कि पहाड़ की गोद में पहाड़ खोद कर गुम्फा के कमरे बनाए गये थे, ओड़िसा के उदयगिरि पहाड़ के गुफा जैसे। इसके निकट ही नीचे से बहती थी कारनालि नदी। हिमालय की गोद में बने इस सुंदर गुम्फा को मैं कभी नहीं भूल पाऊंगा, उसका दृश्य इतना निराला था।

दुखांग लामा इसी गुम्फा में रहते थे, कैलास खंड में तीर्थ के लिए गये थे। वे मुझे सीधे अपने कमरे में ले गये। और कमरों की तरह उनका कमरा भी छोटा था, खिड़की न होने के कारण अंधकार पूर्ण। पहाड़ के भीतर का एक कमरा था यह। मैं इतना थक गया था कि उस समय बाहर घूमने-टहलने का प्रश्न नहीं उठता था। कमरे में घुसकर मैं बोला कि मैं कुछ नहीं खाऊंगा, मेरे सोने का प्रबंध हो जाए तो इसी में मुझे खुशी होगी।

दुखांग लामा मुस्कराकर बोले, ''ठीक है, यहीं लेट जाओ, मैं और दो कम्बल का इंतजाम करता हूँ—यहाँ आग नहीं मिल पाएगी।'' कहकर वे कहीं से कम्बल ले आए। मैं कम्बल तानकर पुआल के एक गद्दे पर लेट गया।

सुबह नींद खुली तो लामाओं के प्रार्थना की आवाज आ रही थी। मैं प्रार्थना कक्ष में न जाकर बिस्तर पर बैठकर प्रार्थना करता रहा।

दुखांग लामा बहुत देर बाद कमरे में आए। उन्होंने हँसकर पूछा, ''बहुत भूख लग गयी होगी? कल तो कुछ भी नहीं खाए थे!'' मैं क्या कहता, क्षीण मुस्कराकर रह गया। वे मुझे एक दालान से होकर एक छोटे से कमरे में ले गये और उस कमरे की खिड़की से मुझे बाहर झाँकने को बोले। खिड़की से झाँक कर मैंने देखा कि ताकलाकोट गाँव बहुत करीब में है और गुम्फा की उस खिड़की से गाँव के घर द्वार स्पष्ट दिखाई देते हैं।

उसके बाद लामा मुझे दुमंजिले के छत से होकर एक काठ के बने कमरे में ले गये। यहीं इस गुम्फा का रसोई था। रसोई के एक लामा व तीन त्रापाओं ने हँसकर मेरा स्वागत किया, फिर मुझे एक कटोरी मक्खन-चाय और सत्तू के लड्डू देकर जलपान करने को कहा।

प्रातराश के बाद हम छत पर धूप में खड़े हुए। शिम्बिलिंग गुम्फा द्रेपुंग गुम्फा की प्रधान शाखा थी और उसी के अनुकरण में बना था। इसके अनेकों छत थे। मुझे ऐसा लगा कि प्राचीन काल में यहाँ के पहाड़ में अनेकों खोह थे जिनमें ऋषि-मुनि गण तपस्या करते थे। यहाँ की जलवायु, चारों ओर का निस्तब्ध प्राकृतिक परिवेश अवश्य ही ध्यान व तपस्या के उपयोगी था। उन गुफाओं में कोई शिवलिंग-मंदिर भी रहा होगा। बाद में बौद्ध तांत्रिकों ने इस पुण्य क्षेत्र पर गुम्फा बनवाया। हालांकि मेरी इस धारणा के पीछे कोई ऐतिहासिक सत्य नहीं है, गुम्फा का नामकरण, गुफाएँ व आसपास का परिवेश देखकर मुझे ऐसा ही लगा था।

शिम्बिलिंग गुम्फा द्रेपुंग गुम्फा के अधीन था और यहाँ के लिए कम्बल, घी, मक्खन व खान-पान का पूरा खर्च द्रेपुंग से भेजा जाता था। यहाँ चार बड़े लामा तथा तैंतीस दाबा या त्रापा थे। मठ का दायित्व प्रधान लामा तथा बाजार-समिति के अध्यक्ष पर था। प्रधान लामा, जिन्हें खेम्पो कहते थे, द्रेपुंग से भेजे गये प्रतिनिधि थे। इस गुम्फा के अधीन और छः छोटे-बड़े गुम्फा थे।

यहाँ आने वाले हर आगंतुक को मठाध्यक्ष से मिलना पड़ता था, इसलिए दुखांग लामा मुझे खेम्पो लामा के पास ले गये। पहली मंजिल के एक सुसज्जित कमरे में मुझे छोड़कर दुखांग लामा अंदरमहल में गये, फिर लौटकर मुझसे भीतर चलने को कहा।

भीतर का कमरा भी सुसज्जित था। लकड़ी पर नक्काशी का काम पोताला प्रासाद के दीवारों की तरह सुंदर था। कमरे में दो छोटी खिड़कियाँ थीं जिससे कमरे में दिन का उजाला फैल गया था। खंभों में तांखा बँधे थे। ऊपरी दीवार पर भगवान बुद्ध का एक चित्र था सुनहरे रंग का। खिड़की के पास एक बिछौने पर आसीन थे मठाध्यक्ष, सर पर तिकोना टोपी, पहनावे में ढीले आस्तीन का लामा कुर्ता और घुटने पर विविध रंग व सुँदर शिल्प का एक चादर। उनके सामने एक लकड़ी का सुंदर बक्सा रखा था। मेरे साष्टांग प्रणाम के उत्तर में उन्होंने हाथ उठाकर मुझे आशीर्वाद दिया और फिर दुखांग लामा से बातें करने लगे।

उनकी बातचीत का थोड़ा हिस्सा मैं समझ पाया, अधिकांश नहीं समझ सका। उनकी बातचीत पहले धीमे स्वर में आरंभ हुई, फिर वे कुछ उत्तेजित लगे। मैं उपेक्षित सा खड़ा था और उनके वाद-विवाद का कारण भाँपने का प्रयत्न कर रहा था। उनकी अधिकांश बातें न समझकर भी यह स्पष्ट हो गया था कि उनकी चर्चा का विषय मैं था और मुझे लेकर वे कुछ समस्या में पड़ गये थे।

बहुत देर तक दोनों में मंत्रणा होने के बाद दुखांग लामा मुझे लेकर गुम्फा के मूल मंदिर में पहुँचे, वे कुछ चिंतित लग रहे थे, मंदिर में उज्ज्वल सुनहरे रंग की बुद्ध मूर्ति

थी। उस मूर्ति के अगल-बगल भी उन्हीं की दो और मूर्तियाँ थीं। बड़ी मूर्ति छ: फीट के आसपास थी, बगल के खंभों में ड्रागन बने थे। सामने घी का दीया प्रज्ज्वलित था। अन्य बुद्ध मंदिरों की तरह यहाँ भी तांखा की भरमार थी और दीवाल के ताखों में असंख्य ग्रंथ रखे थे। दुखांग लामा ने बताया कि इस क्षेत्र में केवल इसी गुम्फा में तांगीउर व कांगीउर के सभी खंड उपलब्ध हैं।

सामने की गद्दी पर बैठकर दुखांग लामा ने कुछ हिचक के साथ कहा, ''हम काम की बात शुरू करें। मैं तुम्हें ताकलाकोट घुमाने ले जाना चाहता था, वहाँ बहुतों को हिन्दी आती है, सोचा था तुम्हें उनसे मिलाऊंगा। किन्तु यहाँ कुछ समस्याएँ हैं, जिस कारण अध्यक्ष ने इसकी अनुमति नहीं दी। एक तो यहाँ भारतीयों का प्रवेश निषिद्ध है। इसलिए यह प्रश्न उठेगा कि तुम यहाँ कैसे आए, किसकी अनुमति से गुम्फा में ठहरे, हमारे साथ तुम्हारा सम्पर्क कैसे हुआ आदि। दूसरी समस्या यह है कि किसी भी भारतीय से सम्पर्क करने के लिए लासा से आदेश लेना पड़ता है। तीसरे, तिब्बत में सर्वत्र पी० एल०ए० की निगाह है, पी० एल०ए० के सदस्य ताकलाकोट में भी हैं। इसलिए अध्यक्ष नहीं चाहते कि तुम गुम्फा से बाहर निकलो। यदि तुम पर ''उन'' लोगों की नजर पड़ गयी तो बहुत झमेला होगा!''

मुझे और कुछ बताने की आवश्यकता नहीं थी। मेरे लिए यह कोई नयी बात भी नहीं थी। मैं समझ गया कि जितनी जल्दी हो सके मुझे यह स्थान त्याग करना है ताकि मैं ''उन'' के हाथ न पड़ूँ। मैंने कहा, ''कोई बात नहीं, मैं चला जाऊंगा। ताकलाकोट का मुख्य आकर्षण तो यह गुम्फा है, सो मैंने देख लिया। तिब्बती गाँव मैंने बहुत देखे हैं, इसलिए इस गाँव में न घूम पाने का मुझे दु:ख नहीं। मैं खुद भी नहीं चाहता कि मेरे कारण आप लोग किसी मुसीबत में पड़ें। आप मुझे रास्ता बता दें।'''

दुखांग लामा ने कहा, ''मुझे दु:ख है, किन्तु उपाय भी नहीं है। दिन में निकलना ठीक न होगा, तुम संध्या के समय बाबा का नाम लेकर निकल पड़ना। भारत पहुँचने के लिए यहाँ से एक ही रास्ता है जो आगे के पहाड़ के बाएँ से लिपु-लेक होकर गया है, किन्तु उस रास्ते को चीनी फौज ने घेर रखा है, उनसे बचकर निकल पाना असंभव है। तुम रास्ते में नहीं जाओगे! इधर से तिब्बती शरणार्थी पहाड़ लांघकर भारत पहुँचते हैं, तुम उधर से जाओगे, उस ओर सेना का अभी तक पहरा नहीं है। मैं शाम को ठीक से समझा दूंगा।''

यह कैलास बाबा की अनुकंपा थी कि उन्होंने मुझे दुखांग लामा के साथ भेजा था। वे दूरद्रष्टा कृपासिंधु थे। उस महान योगी को स्मरण करते हुए मेरा मस्तक अपने आप श्रद्धा से झुक गया।

सारा दिन मैं गुम्फा के कमरों का चक्कर लगाता गुम्फा में कैद रहा। संध्या के समय मुझे छोड़ने के लिए दुखांग लामा मेरे साथ निकले। हम करनाली नदी पार करते हुए ताकलाकोट गाँव अपने बाएँ छोड़कर और नीचे उतर गये। उसके बाद दूर का पहाड़ दिखाते हुए दुखांग लामा बोले, उसी पहाड़ के बाएँ से मुख्य सड़क गयी है। भारत,

नेपाल और तिब्बत की सीमा पर अंतिम गाँव है। लिपुलेक जहाँ फौज की बहुत बड़ी टुकड़ी है। गलती से भी तुम उस गाँव की ओर नहीं जाओगे। तुम्हें सीधे आगे जाकर उस पहाड़ पर चढ़ना है, उसकी ऊँचाई सोलह हजार सात सौ पचास फीट है, गुरला-ला से भी साढ़े पाँच सौ फीट अधिक। अत: समझ ही रहे हो कि यात्रा बहुत सहज नहीं है, सावधानी से पहाड़ पर चढ़ना होगा। भाग्य से चाँदनी रात है, इसलिए अंधेरे में भटकने का भय नहीं है। पहाड़ के सर्वोच्च अंश में पहुँचने के बाद दूसरी ओर की ढाल पर उतरने के लिए पगडंडी मिलेगी। ढाल से उतर कर ज्यों ही तुम्हें समतल मिले, समझ लेना कि तुम भारत की सीमा में पहुँच गये हो, फिर तुम्हें कोई खतरा नहीं है। मुझे आशा है कि तुम सूर्योदय से पहले ही पहाड़ लांघ जाओगे। किन्तु रास्ते में बरफ होगा, सतर्क होकर चलना, और बाबा को याद करते रहना, वे ही तुम्हारा मंगल करेंगे।''

दुखांग लामा ने मुझे पथ-निर्देश देकर एक छोटी सी झोली थमायी और मुस्कराकर बोले, ''इसमें दो दिन के लिए भोजन सामग्री है। एक बात का ध्यान रहे, प्यास से गला सूख भी जाए तो भी बरफ उठाकर मत खाना!''

**दुखांग लामा ने मेरा जो उपकार किया, उससे मैं कभी उऋण नहीं हो सकता। उन्हें** भारत से सच्चा प्रेम था, भारतीयों से लगाव था, और वे एक भले व परोपकारी इंसान थे। उन्हें प्रणाम कर उनकी शुभकामना लेकर मै तिब्बत के अंतिम पड़ाव व अंतिम व्यक्ति को अपने पीछे छोड़ता आगे के पहाड़ की ओर बढ़ता रहा।

करनाली नदी के दाएँ से चलते हुए आधे घंटे बाद ही फिर चढ़ाई शुरू हो गयी। पहाड़ की चोटी को अपना लक्ष्य बनाकर मैं निरंतर चलता रहा। धीरे-धीरे रात हो गयी। लामा ने ठीक ही कहा था, सर के ऊपर चाँद था जिसकी चाँदनी में चलने में दिक्कत नहीं हो रही थी। **सामने का तुषार शुभ्र** शिखर उस चाँदनी में चमक रहा था। कोई सड़क नहीं थी, मुझे कभी बरफ और कभी भुरभुरे पत्थरों पर से हौले-हौले चढ़ना पड़ रहा था, कहीं फिसले तो सीधे नीचे और फिर हड्डी-पसली का पता भी न चलेगा! यहाँ से रात में नीचे उतरना कभी संभव न होता, उसमें फिसलने का जोखिम और अधिक होता।

चलते-चलते बाएँ कुछ रोशनियाँ दिखीं। शायद उधर फौजियों के तम्बू हों, यह सोच कर मैं दायी ओर खिसकता गया और क्रमश: ऊपर उठने लगा। भयानक निस्तब्धता थी, केवल मेरे श्वाँस-प्रश्वाँस की आवाज ही मुझे सुनाई पड़ रही थी। साधुबाबा ने शाँस-प्रश्वास के साथ ताल मिलाकर चलने का कौशल बताया था। उसी कौशल को अपनाकर मैं चलने लगा और मुझे गुरुजी का सिखाया बीजमंत्र भी याद आया—ओम् मणि पद्मे हुम्:.....ओम् मणि पद्मे हुम्...।

मैं थोड़ा विश्राम लेता, फिर चलता, इस तरह रात भर चलता रहा। सहसा देखा कि मेरे सामने कोई शिखर नहीं है। दाँयीं ओर बहुत दूर से एक अन्य शिखर झाँक रहा है। अगल-बगल देखकर यह निश्चय किया कि मैं पहाड़ के सर्वोच्च अंश में पहुँच गया

हूँ। पीछे मुड़कर देखा, कैलास का गुम्बदनुमा शिखर चाँदनी में यहाँ से गोचर हो रहा था, उस शिखर को पहचानने में कठिनाई नहीं होती थी, उसकी छतरी नुमा चोटी ही ऐसी थी। मैंने कैलासनाथ को पुन: प्रणाम किया—ओम् नम: शिवाय, ओम् नम: शिवाय, ओम् नम: शिवाय!

आकाश के तारे निष्प्रभ होने लगे थे, अत: सुरक्षा के लिए आवश्यक था अगले एक घंटा के भीतर, यानी सूर्योदय से पहले मैं सीमा पार कर भारत की मिट्टी में पाँव धरूँ! इसलिए पहाड़ की चोटी पर बिना विश्राम किए मैंने अपना लक्ष्य ठीक किया और ढाल की ओर बढ़ा। कुछ और बढ़ने के बाद सहसा लगा कि मैं घास पर चल रहा हूँ। मैं बहुत हैरान हुआ, नीचे कहीं भी घास नहीं थी, इतनी ऊँचाई पर भला घास कैसे? मैने झुककर छूकर देखा, वह घास नहीं थी, काई की मोटी परत थी जो कार्पेट की तरह बिछी थी।

भोर के उजास के साथ ही मैं ढाल पर था। मैं आंनद से उछल पड़ा। मैं ''उन'' की नजरों से बचकर निकल आया था। मैं अपने स्वदेश की सीमा पर पहुँच गया था। अब मुझे किसी का भय नहीं था। अब मुझे कोई चिंता नहीं थी। मेरे आनंद की सीमा नहीं थी, मातृभूमि में लौटने का आनंद सबसे निराला आनंद था। इतनी सहजता से, इतने संक्षिप्त पथ से लौट पाना केवल बाबा की कृपा से संभव हुआ था। मैं उछलता-कूदता नीचे उतरने लगा और मंत्रोच्चारण की तरह खुद से ही कहता रहा—गुरु कृपाहि केवलम्, गुरु कृपाहि केवलम्, गुरु कृपाहि केवलम्! गुरु की कृपा के बिना यह कभी संभव न होता।

भोर के आकाश का रंग धीरे-धीरे बदलता गया। चारों ओर उजाला होते ही बहुत नीचे कतार में खड़े पाइन के पेड़ दिखाई पड़े। मेरा मन एक नए आनंद में भर गया। लगा कि इन पेड़ों से जुदा हुए मुझे एक युग बीत चुका था। शायद मुक्ति का आनंद इसे ही कहते हैं जिस आनंद में मैं अब सराबोर था। मैंने चाल धीमी कर दी और धीरे-धीरे नीचे उतरता गया।

दोपहर के आसपास मैं पेड़ों के पास पहुँच गया था। पेड़ों की एक कतार पीछे छोड़कर आगे बढ़ा ही था कि चारों ओर से सहसा एक शोर उठा—हाल्ट! हाल्ट! हाल्ट!

सहसा मेरे होश उड़ गये थे, दिल जोरों से धड़क उठा था। मेरे चेहरे पर हवाइयाँ उड़ने लगीं और मैं ठिठक कर रुक गया। पलक झपकते मुझे कई जवानों ने घेर लिया। क्षण भर बाद जब मैंने जवानों का चेहरा देखा तो मुझे यह देखकर बहुत तसल्ली हुई कि वे सब भारतीय जवान थे।

जवान मुझे पूछताछ के लिए निकटवर्ती तम्बू में ले गये। मुझे घेरकर वे तरह-तरह के प्रश्न पूछने लगे। मैंने उनसे कहा कि मैं कैलास गया था, मेरे गुरुजी अभी कैलास में ही हैं, वे बाद में लौटेंगे, मैं अकेले लौट आया हूँ। मेरे परिचय की सत्यता जाँचने के लिए वे शिविर से एक बंगाली सैनिक को बुला लाए जो मुझसे बंगला में बातें लगा।

मेरी सत्यता जाँचने के बाद मेरी साहसिक यात्रा की प्रशंसा करते हुए जवानों ने मुझे मीठी पावरोटी खिलायी और चाय पिलाया। लिपुलेक के चीनी सेना के विषय में उनकी अनेकों जिज्ञासाएँ थीं, किन्तु मेरे यह कहने पर कि मैं चीनी सेना से बचता हुआ सीधे पहाड़ पर से होकर यहाँ तक आया हूँ तो उन्होंने मुझसे और कुछ न पूछा। उन्होंने मुझे छोड़ दिया।

जवानों ने मुझे विदा करते हुए बताया कि मैं जहाँ पहुँच गया हूँ, उसे वैली ऑफ फ्लावर्स कहते हैं, इस प्रायः समतल भाग को नंदन कानन भी कहते हैं। मैं चहकता हुआ आगे बढ़ा। लगा कि मैं एक और ही दुनिया में आ गया हूँ। पुरांग वैली से इसकी तुलना नहीं हो सकती थी। वहाँ केवल पत्थर और बर्फ थे, अत्यधिक ठंड के कारण पेड़-पौधे नहीं उगते थे, और यहाँ जहाँ तक दृष्टि जाती थी, हरियाली ही हरियाली थी। यहाँ धरती पर लम्बी-लम्बी घासें थीं, उनके साथ ही पौधे और उन पौधों पर रंग-बिरंगे हजारों फूल। इतने फूल खिले हुए थे कि पत्ते दिखते ही नहीं थे।

अहा! यही शायद मनुष्यों का स्वर्ग था। कैलासखंड का अनंत सौंदर्य जगत् देवताओं का स्वर्ग था, वहाँ की शुष्क और अत्यंत ठंडी जलवायु में मनुष्यों को कठिनाई होती थी, इसीलिये लोग वहाँ केवल दर्शन व तीर्थ के लिए जाते थे। और यहाँ था मनुष्यों का स्वर्ग, मनुष्यों का राज्य, और मनुष्यों के लिए अनुकूल वातावरण। कैलासखंड के स्वर्ग राज्य में जीवन सरिताओं का उद्गम था, भारत में वे नदियाँ पूर्णता को प्राप्त होती थीं। इसीलिए भारत महाभारत था, साधना व परिपूर्णता की भूमि थी। चारों ओर के अजस्र फूल डोल-डोल कर मेरे स्वदेश प्रत्यावर्तन को स्वागत जता रहे थे और मैं एकनिष्ठ होकर अनुभव कर रहा था—जननी जन्मभूमिश्च स्वर्गादपि गरीयसी।

कई गाँवों को पीछे छोड़कर मैं धौली-गंगा तक पहुँच गया था। आगे धरचुला और बेरिनाग पार करते हुए मैं अल्मोड़ा पहुँचूँगा, फिर नैनीताल होकर काठगोदाम जाऊंगा और वहीं से ट्रेन पकडूंगा। अब आगे कोई बाधा नहीं थी। ऊंचे पहाड़, स्रोतस्विनी व बरफ की बाधा यहाँ कोई बाधा ही न थी। मुक्तिदाता कैलासदर्शन कर मैं अपने घर लौट रहा था। न जानें वहाँ मुझे क्या मिलेगा—मुक्ति! या बंधन!

# मिलारेपा

महातीर्थ की यात्रा का वर्णन करते समय तिब्बत के अवतार पुरुष मिलारेपा के संबंध में मैं कुछ लिख नहीं पाया था। तिब्बत भ्रमण करते समय अनेक तांखाओं में मिलारेपा की छवि देखने पर भी उस समय मुझे उनके विषय में विस्तृत जानकारी नहीं थी। ग्यारहवीं शताब्दी के तंत्र साधक मिलारेपा अब भी तिब्बत के तंत्र साधकों द्वारा उनके मुख्य गुरु के रूप में पूज्य हैं तथा लामा धर्मावलम्बी उन्हें बुद्ध अवतार के रूप में मानते हैं।

शुभानुध्यायी व पाठकों के अनुरोध पर मिलारेपा की जीवनी का संक्षिप्त परिचय देते हुए यह परिशिष्ट जोड़ा जा रहा है। आशा है इससे इस ग्रंथ की एक कमी दूर हो जाएगी।

बौद्ध-तांत्रिकों का देश तिब्बत अतीतकाल से ही एक रहस्यजनक देश माना जाता रहा है। मिलारेपा की जीवनी भी रहस्यावृत है, अब तक उनके जीवन की घटनाओं की विस्तृत जानकारी अनुपलब्ध है। उनकी जीवनी पर शोध करने वालों का कहना है कि उनके विषय में जो कहानियाँ प्रचलित हैं वे अत्यंत आश्चर्यजनक व अविश्वसनीय लगती हैं। विश्व के इतिहास में किसी अन्य महापुरुष की जीवन के विषय में इतनी रहस्यात्मकता कभी नहीं देखी गयी।

महातांत्रिक मिलारेपा का जन्म सन् १०५२ ई० में तिब्बत में गुन्-थाङ् प्रदेश के कियांग-सा उपत्यका में हुआ था। उनके पिता का नाम सेराब गियालत्सेन तथा माता का नाम कारमो किएन था। पेता नाम की उनकी एक छोटी बहन थी। मिलारेपा के जन्म के पूर्व ही उनके पिता ने अपने एक मित्र को वचन दे रखा था कि वे अपने पुत्र की शादी मित्र की कन्या से कराएंगे। पिता के वचन का पालन करते हुए मिलारेपा ने पिता के मित्र की कन्या जेसे को अपनी पत्नी मान लिया था किन्तु उनमें कभी शारीरिक मिलन नहीं हुआ और न ही वे कभी एक साथ रहे।

**मिलारेपा** जब सात वर्ष के थे, उनके पिता दुरारोग्य व्याधि से पीड़ित हो गये। तिब्बत के श्रेष्ठ चिकित्सक भी उन्हें रोगमुक्त नहीं कर सके। तब सेराब गियालत्सेन ने अपनी पत्नी कारमोकिएन के जरिए सभी सगे-संबंधी व मित्रों को बुलवाया। उनकी मृत्युशैय्या के पास जब सब उपस्थित हुए तो उन्होंने कहा, ''आप सभी मित्रों से व मेरे भाई से मेरी यही अंतिम प्रार्थना है—मेरी मृत्यु के बाद आप सब मेरी पत्नी व बच्चों को सुरक्षा दें, उनका ख्याल रखें। मैं अगाध धन-सम्पत्ति, सोना-गहना, जमीन-जायदाद सब कुछ छोड़े जा रहा हूँ, इनके भरण-पोषण के लिए कोई कमी नहीं होगी। किन्तु

मेरी पत्नी विषय-आशय का कुछ भी नहीं जानती, वह खुद कुछ संभाल नहीं पाएगी। इसलिए ईश्वर के नाम पर मेरी आपसे प्रार्थना है कि आप सब इनके अभिभावक बनें, और जब मेरा पुत्र मिलारेपा सयाना हो जाए, तब उसे सब कुछ समझा दें।'' इसके बाद उनकी मृत्यु हो गयी।

सेराब गियालत्सेन की मृत्यु के कुछ ही दिनों के बाद उनके दुष्ट भाई ने विधवा भाभी की सारी सम्पत्ति हथिया ली। यही नहीं, भाभी को उनके बच्चों के साथ प्रासादोपम घर से भी निकाल दिया। विधवा कारमोकिएन एक तो पति-वियोग से कातर थी, ऊपर से देवर का यह निष्ठुर आचरण! पेता को गोद में लिए मिलारेपा की उंगली पकड़ वह रोती-कलपती सड़क पर आ गयी! किन्तु जो सगे-संबंधी और मित्र कभी गियालत्सेन की छत्रछाया में पलते थे, उन्होंने चूँ तक नहीं की और आँखें फेर ली। सेराब गियालत्सेन के दुष्ट भाई के खिलाफ चूँ-चापड़ करने की किसी में हिम्मत नहीं थी।

असहाय कारमोकिएन गाँव के कोने में अपनी ही एक जमीन पर किसी तरह सर छिपाने की जगह बना ली। मिलारेपा के पिता के जो भले मित्र थे, वे कभी-कभी छिप-छिप कर उन्हें भोजन सामग्री पहुँचा जाते थे।

दो-दिन पहले भी जो अगाध सम्पत्ति की मालकिन थी, वह एकाएक राह की भिखारिन बन गयी थी। कारमोकिएन शिशु पुत्र-कन्या का चेहरा देख-देख कर आँसू बहाती और कहती कि हाय भगवान! तुमने हमारी यह क्या दशा कर दी!

देवर का अत्याचार क्रमशः और भी असह्य हो उठा। एक दिन कारमोकिएन बहुत विचलित हो पड़ीं और वे अश्रुसिक्त होकर रुआँसे कंठ से बोलीं, ''यद्यपि तू बहुत छोटा है, किन्तु तुझे ही मेरी बात सुननी पड़ेगी क्योंकि तू ही मेरा एक मात्र भरोसा है, मेरी आशाओं का दीपक है। अब मुझसे तेरे चाचा का अत्याचार और सहा नहीं जाता। उन्होंने ही हमारी यह दुर्दुशा की है। जैसे भी हो, उनसे बदला लेना पड़ेगा। तू मुझे छूकर यह शपथ ले कि तू उनसे इसका चरम प्रतिशोध लेगा। यदि तूने आज मुझे वचन नहीं दिया तो मैं सामने के पहाड़ से कूद कर जान दे दूंगी! मेरे पास अब जो थोड़ी सी जमीन बची है, उसे बेच कर मैं तुझे तिब्बत के श्रेष्ठ तांत्रिक गुरु के पास भेजूंगी। तू मुझे वचन दे—जिन्होंने तेरे बाप को दिए वचन का पालन नहीं किया, जिन्होंने हमें घर से निकाल दिया, जिन्होंने मेरे बच्चों के मुँह से दूध की कटोरी छीन्न ली, उनके विरुद्ध ही तू साधना करेगा। तुझे अपनी माँ की आज्ञा का पालन करना ही पड़ेगा।''

शिशु मिलारेपा ने चुपचाप माँ की आज्ञा सुनकर उस आज्ञा को शिरोधार्य कर लिया। उम्र में शिशु होने पर भी मिलारेपा पूर्व संस्कार के कारण ज्ञानी थे। कुछ दिनों के बाद मिलारेपा अपनी प्यारी बहन पेता व दुखी माँ से विदा लेकर तंत्रगुरु के संधान में निकल पड़े।

ग्याहरवीं शताब्दी के तिब्बत में तांत्रिकों का जमघट सर्वत्र था, उस भीड़ में से उपयुक्त गुरु तलाश पाना पूर्वजन्म के कर्मफल के सिवा संभव न था, मिलारेपा का कर्मफल असाधारण था। माँ के आँसू उनके हृदय में काँटे की तरह चुभते रहे। मिलारेपा अपनी प्रतिभा से शीघ्र ही मारण-उच्चाटन, वशीकरण आदि गुप्त विद्या सीख लिए और तांत्रिकों के साथ रहते-रहते खुद भी तांत्रिक बन गये। शिशु का सरल व पवित्र मन गुप्तविद्या का सिद्धस्थान होता है। बालक मिलारेपा कुछ ही वर्षों में तंत्र-सिद्ध सिद्धराज बन गये।

उधर मिलारेपा के गाँव में उसके चाचा अमीर बनकर और भी अर्थ-पिशाच बन गये थे। उनमें दया-माया नाम की कोई चीज नहीं थी। ऐसे में एक दिन उनके घर पर एक वैवाहिक अनुष्ठान का आयोजन था जिसमें मुहल्ले के लोग और चाचा के संबंधी व इष्टमित्र सभी आमंत्रित थे और अनुष्ठान में शामिल होने आए थे। केवल मिलारेपा की माँ व बहन गाँव के कोने में अन्न के अभाव में दुखी जीवन काट रही थीं। जब विवाहोत्सव धूमधाम के साथ आरंभ हुआ, उस समय एक अनहोनी घटना घट गयी। वज्रपात होने जैसा सहसा एक विकट धमाका हुआ, और उस धमाके के साथ वह प्रासादोपम भवन धराशायी हो गया। वर-वधू और बहुत से निमंत्रित उस इमारत में दब गये। चारों ओर त्राहि-त्राहि मच गयी। उत्सव का वातावरण मातम में बदल गया।

धमाका सुनकर दुःखिनी कारमोकिएन घबरा कर अपनी कन्या को छाती से चिपका रखी थी। शोरगुल चीख-पुकार सुनकर वह बाहर यह देखने निकली कि गाँव में हुआ क्या? जब उसने यह देखा कि वह आलीशान मकान धराशायी हो गया है तो उसे अपनी आँखों पर विश्वास नहीं हुआ। फिर स्थिति को समझते ही वह खुशियों से नाच उठी, वह अट्टहास करने लगी और पागलों की तरह चीख-चीख कर लोगों को सुनाती हुई नाच-नाच कर कहने लगी, "ले मजा! मेरा बेटा चाचा से बदला ले रहा है, उसी ने यह वज्र गिराया है! मेरे बेटे ने, मेरे मिलारेपा ने गुप्तविद्या सीखकर मारण-अस्त्र भेजा था, उसी ने वाण मारकर उस इमारत को गिराया है! सुन लो, तुम सब कान खोलकर सुन लो, यह मेरे मिलारेपा का काम है, वह आज अत्याचार का बदला ले रहा है।"

उस विध्वंसक दृश्य को देखकर दुःखी कारमोकिएन अपना सारा दुःख भूलकर स्वर्गीय आनंद में थिरक रही थी। वह जिस प्रतिशोध की अग्नि में जल रही थी, आज वह आग बुझी थी। उसकी बहुत दिनों की इच्छा आज पूरी हुई थी। किन्तु मकान ढहने से बहुत से लोग दबने पर भी मिलारेपा के चाचा और चाची, जो दीवाल के एक कोने में थे, किसी तरह सुरक्षित बच गये थे, उनके कर्म का जुर्माना भरने का अब भी शायद समय नहीं हुआ था।

कारमोकिएन की गुहार सबने सुनी, उसकी बातों का सहसा विश्वास न करने पर भी क्रमशः लोग यह सोचने लगे कि असंभव लगने पर भी शायद ऐसा ही हुआ हो!

अधिकांश लोग इस आकस्मिक दुर्घटना से इतना घबड़ा गये थे कि उस डर से ही वे कारमोकिएन की बात पर विश्वास कर लिये।

कारमोकिएन बहुत प्रसन्न थी, किन्तु उसकी प्रसन्नता क्षण जीवी साबित हुई। कुछ दिनों के बाद जब उसकी बात पर गाँववालों को विश्वास होने लगा तो वे सब कारमोकिएन से घृणा करने लगे। इसका फल यह हुआ कि उसे गाँव से भीख मिलना भी मुश्किल हो गया। गाँववालों के इस बर्ताव से वह और भी बौखला गयी और एक दूत के माध्यम से मिलारेपा को एक पत्र भेजकर यह बताया कि गाँववालों का अत्याचार चरम बिन्दु पर है, इसका भी बदला लेना होगा, आवश्यक हुआ तो सबका घर-बार जलाकर राख कर दे मिलारेपा। यह माँ का आदेश है, पितृऋण चुकाने के लिए मिलारेपा को अवश्य बदला लेना पड़ेगा! यह पत्र भेजकर पुनः एक प्रलय देखने की आस में वह प्रतीक्षा करती रही।

इसके बाद फिर एक दिन यथार्थ ही प्राकृतिक तांडव शुरू हुआ। गाँव तथा गाँव के आसपास के खेतों में जब नई फसल व शाक-सब्जी लहलहा रही थी और लोग नयी-फसल काटने की तैयारी कर रहे थे, उस समय हठात् ही ओले बरसने लगे। आकाश स्वच्छ और नीला था, कहीं लेशमात्र बादल नहीं था, फिर ये ओले कहाँ से बरसने लगे हैं यह कोई नहीं समझ पा रहा था। देखते-देखते खेत-खलिहान-बाग-बगीचा सब सफेद हो गया। ओले से सारी उपज नष्ट हो गयी और गाँव में हाय-हाय मच गयी।

मिलारेपा की माँ फिर एक बार आनंद से झूम उठी। गाँव में तबाही मच गयी थी, उपज के अभाव में अकाल पड़ गया था, अकाल ने बहुतों को लील लिया। जो बच गये वे कारमोकिएन को दोष देने लगे। किन्तु इससे कारमोकिएन को फर्क नहीं पड़ा। उसने बहुत दुःख झेला था और यही सोचती थी कि उससे अधिक दुःख और किसी ने नहीं देखा होगा। वह यह सोच-सोच कर खुश होती कि उसका बेटा मिलारेपा अत्यंत शक्तिशाली तांत्रिक बन गया है, यह कारमोकिएन के लिए अति गर्व की बात थी।

उक्त घटना के बाद मिलारेपा की माँ चाहे जितना भी प्रसन्न हुई हों, मिलारेपा के स्वभाव में आमूल परिवर्तन हो गया। अपनी गुप्तविद्या द्वारा उन्होंने गाँव की जो भयानक क्षति कर दी थी, उनके लिए उनका मन पश्चाताप से भर गया। पछतावे से उनका मन भारी हो उठा। वे सोचने लगे, किसी को दुःख पहुँचाकर क्या दुःख पर विजय मिल सकती है? हिंसा से हिंसा पर क्या जीत मिलती है? साधना के उच्चमार्ग में उठने का सोपान तो यह नहीं है! निर्जन में एकाकी बैठकर वे स्वयं से प्रश्न करते रहे—मैं किस पथ पर जा रहा हूँ? ध्वंस नहीं, मृत्यु नहीं, आनंद चाहिए, मुक्ति चाहिए। मारण-उच्चाटन-वशीकरण-ध्वंस-वज्रपात यह सब तो जगत के विषय हैं, जगत के बाहर जो आनंद लोक है वहाँ जाने का पथ क्या है? मुझे अब वही पथ ढूँढ़ना होगा।

मिलारेपा ने आत्म-साक्षात्कार किया, खुद को पहचाना। गुप्तविद्या में सिद्धिलाभ कर उन्होंने स्वयं को ध्वंस के जाल में फँसा लिया था, मुक्ति के बदले बंदी बन गये थे। उनकी अंतरात्मा सिसक उठी। मुक्ति का पथ, आनंद का पथ पाने के लिए शुद्ध गुरु चाहिए, ऐसे गुरु कहाँ मिलेंगे, कौन ऐसे गुरु का संधान देगा? मिलारेपा का जीवन परिवर्तित हो गया। जीवन-मुक्ति के लिए वे योग्य गुरु तलाशने लगे।

इष्ट गुरु की तलाश में मिलारेपा तिब्बत के पहाड़ों, कंदराओं व घाटियों का चक्कर लगाने लगे। उनका यह अन्वेषण विफल नहीं गया। ज्यों प्रकाश पत्तों से नहीं छुपता, ज्यों बादल चिरकाल सूरज को ओट नहीं कर सकते, वैसे ही ज्ञानी गुरु कब तक अंतराल में रहते? मिलारेपा ने भी अपना गुरु ढूँढ़ ही लिया। विक्रमशीला के विश्वप्रसिद्ध महाविहार के अध्यक्ष श्रीज्ञान अतीश दीपंकर के प्रभाव से जिन योगियों ने उनका दर्शन तिब्बत में फैलाया था, उनमें गुरु नारोपा का नाम उल्लेखनीय है। गुरु नारोपा के शिष्य मार्पा भारतवर्ष से दुष्प्राप्य ज्ञान भंडार के ग्रंथ तिब्बत ले गये थे। भाग्यदेवता ने मिलारेपा को गुरु मार्पा के पास पहुँचा दिया।

मिलारेपा ने मुक्तिस्नान शुरू किया। किन्तु यह मुक्तिस्नान सहज लब्ध नहीं था।

गुरु मार्पा ने मिलारेपा को आदेश दिया, ''मैं यहाँ एक दस मंजिला मकान बनवाना चाहता हूँ, उधर दूर में जो पत्थर हैं, उन्हें लाकर एक-पर-एक सजाते हुए मकान बनाना है। भवन गोलाकार में बनेगा और वह सुंदर भी हो। यह काम तुम्हें अकेले करना पड़ेगा। तुम तो जादूगर हो न, हम भी तुम्हारा कमाल देखें! मकान बन जाए तो तुम्हें दीक्षा दूंगा।''

गुरु मार्पा से दीक्षा पाने के लिए मिलारेप सब कुछ करने को तैयार थे। गुरु की शर्त उन्होंने खुशी-खुशी मान ली और काम में जुट गये। यह अत्यंत कठिन परीक्षा थी। नींव काटना, पत्थर काटकर ले आना, फिर पत्थरों को सजाकर दीवाल उठाना, यह सब किसी भी साधारण आदमी के वश का रोग नहीं था। मिलारेपा के लिए भी यह काम अत्यंत कठिन था क्योंकि बिना जादू-विद्या की मदद से उन्हें यह काम अकेले करना था। पत्थर ढोते-ढोते पीठ में घाव हो गये, हाथ व पाँव में बिवाइयाँ पड़ने लगीं, किन्तु वे प्रसन्नता से काम पर जुटे रहे। किसी तरह पहली मंजिल खड़ी हुई ही थी कि गुरु मार्पा ने आकर झुंझलाकर कहा, ''किसने कहा था इमारत इस तरह बनाने के लिए? यह ठीक नहीं है, मैं जैसे बताऊँ वैसे बनाओ।'' गुरुवाक्य का कोई प्रतिवाद बिना किए मिलारेपा ने भवन तोड़ दिया और गुरु के आदेशनुसार दुबारा इमारत बनाने लगे। एक तो ठंड, दूसरे तिब्बत के खुरदरे पत्थर, किन्तु मिलारेपा अविचलित थे। दुबारा इमारत दूसरी मंजिल तक तैयार होने पर गुरु मार्पा ने उसे फिर से अस्वीकार कर दिया और कहा कि वे दूसरे ढंग का मकान चाहते हैं तथा स्थान भी बदलना चाहते हैं। मिलारेपा इस बार भी शांत रहे और तीसरी बार निर्देश पाकर पुनः मकान बनाने में जुटे। उनकी पीठ का घाव फैलता जा रहा था, उंगलियों में पट्टियाँ बाँध कर काम करना पड़ता था, सारा बदन क्षत-विक्षत हो गया था, किन्तु उनका मनोबल अटूट बना रहा।

तोड़ने व गढ़ने की यह प्रक्रिया कई बार चली। आखिर मिलारेपा का स्वास्थ्य टूटने लगा। गुरुपत्नी दामेमा कभी-कभी मिलारेपा को भोजन दे जातीं, उनके घाव पर हाथ फेर कर उन्हें सांत्वना देतीं और मन ही मन मिलारेपा की दयनीय स्थिति पर आँसू बहातीं। दामेमा ने मिलारेपा की माँ का स्थान ले लिया था, वे मिलारेपा के कष्ट से दुःखी रहती थीं। फिर क्रमशः वह स्थिति आयी जब क्षत-विक्षत देह लेकर काम करना मिलारेपा के लिए असंभव हो गया, किन्तु तब भी उन्हें गुरु से कोई शिकायत नहीं थी। करुणामयी दामेमा ने मृत्युपथ यात्री मिलारेपा के लिए पति से दया की भीख मांगी। किन्तु ज्ञानी होकर भी मार्पा दामेमा के विपरीत स्वभाव के थे, उन्होंने मिलारेपा पर कोई करुणा नहीं दिखायी, उल्टे पत्नी को झिड़कते हुए कहा, ''वह नखरे कर रहा है, उसका ढोंग मेरे पास नहीं चलेगा। दस-मंजिल की इमारत बन जाए तो मैं उसे दीक्षा दूंगा, यह तो मैंने पहले ही कह दिया था।''

दामेमा का अनुरोध व्यर्थ गया। क्रमशः मिलारेपा अकर्मण्य हो गये, उनसे चलते भी न बनता। ऐसे में उन्होंने विनयपूर्वक मार्पा से कहा, ''मैं जब आपकी आज्ञा का पालन नहीं कर पा रहा हूँ तो यहाँ रहकर क्या करूँगा! मुझे अनुमति दें, मैं यहाँ से चला जाऊँगा।''

गुरु ने पहले की तरह रुखाई से कहा, ''तुम कहाँ जाओगे? तुमने अपनी देह व मन मुझे समर्पण किये हैं, अतः तुम्हें खुद के शरीर पर कोई अधिकार नहीं। तुम यहाँ से नहीं जा सकते।''

मिलारेपा ने सोचा, गुरु ठीक ही कहते हैं। गुरु के चरणों में एकबार खुद को न्योछावर कर दिया है, अतः वे ही इस तन-मन के अधिकारी हैं। दामेमा कमरे के भीतर से सब सुन रही थी, वे पति को बिना कुछ कहे मिलारेपा की सेवा-सुश्रुषा के लिए निकल पड़ीं। गुरु मार्पा वज्र की तरह कठोर थे, गुरुपत्नी दामेमा फूल की तरह कोमल। मिलारेपा ने देखा कि उनके कारण गुरु-माँ बहुत चिंतित रहती हैं और कष्ट उठाती हैं। अतः गुरु माँ का दुःख दूर करने के लिए वहाँ से चले जाना ही उचित होगा। थोड़ा स्वस्थ होते ही एक दिन तड़के उठकर मिलारेपा कहीं चले गये।

सुबह मिलारेपा को बुलाने गयीं तो दामेमा ने देखा कि मिलारेपा नहीं है, उनकी कुछ किताबें भी नहीं हैं। वे पुस्तकें मिलारेपा के पिता की थीं जिन्हें मिलारेपा अपने साथ रखते थे। यह देखकर उनका हृदय हा-हा-कार कर उठा। उनका एक पुत्र तो था, किन्तु मिलारेपा के अभाव में जैसे घर सूना हो गया था। उन्होंने जाकर पति को बताया कि मिलारेपा कहीं चला गया। है। इस सूचना से गुरु मार्पा के भी आँखों में आँसू आ गये। गुरुपत्नी यह देखकर चौंकीं। उन्हें पहली बार लगा कि कठोर हृदय वाले पति के मन में मिलारेपा के लिए कुछ स्थान अवश्य था। फिर वे उस बेचारे को इतना क्यों सताते थे, यह उनकी समझ में नहीं आई। मार्पा ज्ञानी गुरु थे। वे जानते थे कि एकदिन दामेमा सब कुछ समझ जाएगी, इसलिए कुछ बताते न थे।

मिलारेपा ज्यों एक दिन चले गये थे, त्यों ही एक दिन लौट भी आए। वे स्वस्थ होकर लौटे थे। गुरु पर निवेदित प्राण लेकर वे भाग नहीं पाए। दामेमा ने प्रसन्न होकर मिलारेपा को बाहों में भर लिया, प्रसन्न मार्पा भी थे किन्तु इसे कोई भाँप नहीं सकता था।

दामेमा मार्पा से बोलीं, ''बहुत हो चुका, अब आप इसे दीक्षा दे दें।''

मार्पा बोले, ''बिना गुरु-दक्षिणा दीक्षा नहीं होती।''

दामेमा ने मिलारेपा को एक बहुमूल्य मणि देकर कहा, ''इसे गुरु-दक्षिणा में देकर तुम दीक्षा ग्रहण करो।''

किन्तु मार्पा से पार पाना कठिन था। वे बोले, ''दामेमा मेरी पत्नी है, अत: उसकी सम्पत्ति भी मेरी सम्पत्ति है। तुम्हें अन्य व्यवस्था करनी पड़ेगी।''

दीक्षा व गुरुदक्षिणा के प्रश्न पर फिर कुछ समय बीता। दामेमा मार्पा के इस नए खेल से कुढ़ गयी थी। उन्हें लगा कि इस तरह आशा की मरीचिका के पीछे भागते-भागते मिलारेपा दम तोड़ देगा। इसलिए उन्होंने गुरु मार्पा के प्रधान शिष्य नोंगडुन को, जो दर्शन शास्त्र के पंडित थे, एक पत्र लिखा और गुरुदक्षिणा के रूप में कुछ बहुमूल्य सामान देकर मिलारेपा को उनके पास भेज दिया। नोंगडुन ने स्वयं को धन्य समझा और विशेष यत्न के साथ उन्होंने मिलारेपा को प्राथमिक दीक्षा दी। इससे मिलारेपा आनंदलोक के प्रथम सोपान पर पहुँचे और तपस्या में लीन हो गये।

उसके बाद एक दिन वह शुभ घड़ी भी आई जिसके लिए मिलारेपा ने धैर्य के साथ इतना मानसिक व शारीरिक क्लेश सहा था। गुरु मार्पा ने धूमधाम के साथ मिलारेपा को पूर्ण दीक्षा दी। उसके बाद गुरु मार्पा मिलारेपा को आलिंगन में भरकर बोले, ''तुम अपने लक्ष्य पर पहुँच गये हो। शारीरिक व मानसिक कष्ट झेलकर तुमने अपने पिछले कर्म से मुक्ति पाई है। गुप्तविद्या के कर्मफल से तुम्हें मुक्ति दिलाने के लिए ही मैंने तुम पर इतना बोझ व दबाव डाला था, मुझे मालूम था कि तुम्हें सफलता मिलेगी। दामेमा तुम्हें स्नेह से जकड़े न होती तो और भी पहले तुम मुक्त हो गये होते।'' गुरु-शिष्य का वह मिलन दृश्य देखकर दामेमा खुशी से रो पड़ी। पुत्र का आनंद देखकर ही तो माता आनंदित होती है। मिलारेपा के जीवन का वह एक ऐतिहासिक क्षण था। अब उसके सामने कोई रोड़ा नहीं था। आगे एक ही काम था—तपस्या, तपस्या और तपस्या।

पुन: तपस्या के लिए मूल सिद्धासन पर बैठने से पूर्व मिलारेपा का एक कर्तव्य बाकी रह गया था। उन्हें अपनी दु:खी माँ व छोटी बहन का पता लगाना था। इसलिए वे अपने गाँव का रास्ता पकड़े। किन्तु गांव पर उन्होंने जो कहर ढाया था, उसे याद करते हुए वे गाँव के निकट पहुँच कर भी सीधे गाँव में नहीं गये, गाँव के बाहर से ही पूछ-ताछ करते रहे। उन्होंने औरों से अपनी ही अपकीर्ति के विषय में सुना कि कैसे चाचा का मकान ढह गया था और ओले पड़ने से गाँव में महामारी फैल गयी थी। उन्हें यह भी मालूम हुआ कि उनके चाचा-चाची अब भी जीवित हैं, उनकी वागदत्ता पत्नी

जेसे पूर्ण यौवना हो गयी है और मिलारेपा की प्रतीक्षा में दिन काट रही है, माँ कारमोकिएन की मृत्यु हो गयी है और बहन पेता घूम-घूम कर भीख मांगकर अपना गुजारा करती है। यह सब सुनकर मिलारेपा की अंतरात्मा रो उठी।

अंधेरा फैलने के बाद मिलारेपा गाँव में घुसे। गुफा के अंधेरे में बैठकर तपस्या करते हुए उन्हें अंधेरे का अभ्यास हो गया था, इसलिए तारों की रोशनी में चलने में उन्हें कोई असुविधा नहीं हुई। उन्होंने चाचा के मकान का खंडहर देखा, फिर गाँव के कोने की उस कुटिया में पहुँचे जहाँ उनकी माँ रहती थी। कुटिया में दरवाजा खिड़कियाँ नहीं थीं, छप्पर भी ढह गया था, केवल चार दीवारें किसी तरह टिक गयी थीं। भग्न-कुटीर के फर्श पर चिथड़ों के बीच माँ की लाश पड़ी थी, जो हड्डियों की ढांचा मात्र थी, देह का सत्कार जानवरों ने कर दिया था। माँ की अस्थियों को लेकर मिलारेपा दु:खी व भारी मन से बैठे रहे। उन्हें बचपन से अब तक की सारी घटनाएँ याद आयीं। अब कोई नहीं था जिसे वे अपने परिवर्तित जीवन की गाथा सुनाते, अपनी आत्मकथा सुनाते। मिलारेपा बचपन से ही अच्छे गायक थे, उस रात उनकी भावनाएँ उनके मधुर कंठ से गीत बनकर झरने लगीं थीं। परलोक से उनके माता-पिता ने उस समय उन्हें अवश्य आशीर्वाद दिया होगा।

अगले दिन माता की अवशिष्ट हड्डियों को गाँव के निकट के स्थान पर समाधिस्थ करते हुए वहाँ उन्होंने एक सुंदर समाधिस्तूप बनाया और स्तूप के बगल में बैठकर जीवन-मरण के चिर-बंधन से चिर-मुक्ति के गीत गाते रहे।

उसके बाद गाँव के निकट की एक गुफा में बैठकर वे तपस्या करने लगे। कुछ दिनों के बाद मिलारेपा गुफा से निकलकर गाँव में गये भिक्षा माँगने के लिए। उन्होंने सोचा था कि गाँव में कोई उन्हें पहचानेगा नहीं। किंतु नियति के परिहास से उनकी गुप्तविद्या का कर्मफल अब भी कुछ बाकी था। भिक्षा के लिए वे सबसे पहले जिस मकान के सामने जाकर खड़े हुए, उसी में उनके चाचा-चाची रहते थे। मिलारेपा को देखते ही चाची ने उन्हें पहचान लिया और खूंखार शेरनी की तरह उन पर टूट पड़ीं। उनकी चीत्कार सुनकर और लोग इकट्ठे हो गये, वे सब मिलकर मिलारेपा पर डंडे बरसाने लगे। इससे भी चाची का गुस्सा शांत नहीं हुआ, उन्होंने घर के कुत्तों को मिलारेपा के पीछे छोड़ दिया। मिलारेपा किसी तरह भागते हुए जान बचाने के लिए पास के एक तालाब में कूद गये। जब माहौल कुछ शांत हुआ तब मिलारेपा तालाब से बाहर निकले और चाची की ओर देखते हुए अपनी भावनाओं को गीत में बाँधकर गाते हुए अपना वक्तव्य उन्हें सुनाने लगे। गीत का वक्तव्य यूँ था—'यह सच है कि मैंने ही ढहाया था तुम्हारा मकान, लाया था यहाँ महामारी, मैं ही जिम्मेदार हूँ तुम्हारे बच्चों तथा औरों की मृत्यु के लिए किंतु क्या उससे पहले की घटनाएँ तुम भूल गयी हो? मेरे पिता का सर्वस्व हड़पकर क्या तुमने उनकी विधवा को खदेड़ नहीं दिया था? बेसहारा होकर वह विधवा दो नन्हें बच्चों को लेकर भीख मांगने को मजबूर नहीं हो गयी थी? क्या उस अभागन माँ के आँसू और निष्पाप बच्चों की पीड़ा देखकर तुम्हें दया आई थी?

दुखिया माँ भूख से तड़प-तड़प कर मर गयी, उनकी बेटी भिक्षावृत्ति अपनाकर कहीं चली गयी, इस सब के लिए क्या तुम जिम्मेदार नहीं? तुम्हारे अमंगल के लिए मुझे दोषी बताती हो, हमारे साथ जो कुछ हुआ उसके लिए क्या तुम दोषी नहीं? मैंने चिरानंद की दीक्षा ली है, हिंसा का पथ त्याग दिया है, मेरा पथ मुक्ति का पथ है, क्षमा का पथ है। तुमने जो यंत्रणाएँ दी, उसके लिए मुझे क्षोभ नहीं है, दुःख नहीं है, मैं तुम्हें क्षमा करता हूँ, ईश्वर तुम्हारा भला करें। तुमने ही मुझे इस पथ पर भेज दिया था। मैं तुम लोगों की मुक्ति के लिए प्रार्थना करूंगा।''

मिलारेपा के गीत सुनकर चाची का पाषाण हृदय भी पिघल गया। किंतु इसके बाद भी मिलारेपा गाँव में जहाँ जाते, उन्हें अनादर ही मिलता। वे वागदत्ता पत्नी जेसे से भी मिले। जेसे पूर्णयौवना थी और मिलारेपा की प्रतीक्षा में थी। किंतु मिला ने जेसे को यह समझा दिया कि उन्होंने त्याग और संन्यास का कठिन पथ अपना लिया है, इसलिए वे जेसे को पत्नी के रूप में स्वीकार करने पर भी उसे अपना नहीं सकते, घर नहीं बसा सकते। सब कुछ त्याग करने से ही परिपूर्णता आती है। जेसे ने मिलारेपा का उपदेश मान लिया। मिलारेपा ने उसे यह अनुमति दी कि वह चाहे तो बीच-बीच में मिलारेपा से मिल सकती है, इसमें बाधा नहीं है।

जेसे ने पेता को ढूँढकर उसे मिलारेपा से मिलाया। पेता यह नहीं समझ सकी कि मिलारेपा उच्चस्तरीय संन्यासी है, उसने अपने भाई को अपने जैसा भिखारी ही समझा। पेता नहीं समझ पाई कि साधना व अलौकिक क्षमता से यदि कोई अपनी आर्थिक दशा न सुधार सके तो इतने जप-तप से क्या लाभ? मिलारेपा ने बहन को भी साधना की गुफा में आने की अनुमति दी।

लौकिक आचार व कर्तव्य सम्पन्न करने के बाद मिलारेपा ने तपस्या शुरू की। पहाड़ का निर्जन खोह ही उनका आश्रय था। गुरु मार्पा ने अपने गुरु नारोपा से जो दुर्लभ भारतीय ग्रंथ प्राप्त किए थे, उनके अध्ययन में भी मिलारेपा जुट गये। महागुरु नारोपा पूर्णसिद्ध थे, मृत्यु के बाद भी वे विभिन्न प्राणियों में जीवित थे। उन्होंने गुरु मार्पा को स्वप्न में आदेश दिया था कि मिलारेपा ही उनका प्रिय-शिष्य है; मिलारेपा के माध्यम से ही तिब्बत में सिद्ध-साधना का पूर्णरूप प्रकाशित होगा। महागुरु को स्वप्न में देखने के बाद गुरु मार्पा दुबारा भारतवर्ष पहुँचे और दर्शनशास्त्र से झोली भर लाए। इसी सूत्र से मिलारेपा ने भारतीय दर्शन की साधना पूरी की।

साधना का व्रत लेकर ही मिलारेपा ने जन्म लिया था। उन्होंने साधना का जो भी मार्ग अपनाया, उसी में पारंगत बने और शीर्ष पर पहुँचे। सिद्ध-साधना के बाद वे बद्ध साधना शुरू किए, इसमें गुफा के भीतर का रास्ता पत्थर लगाकर बंद कर दिया जाता है, ताकि बाह्य जगत से कोई संबंध न रहे। बद्ध-साधना के समय गुफा में केवल एक छिद्र रखा गया था जिससे दिन में एक बार गुरु माँ दामेमा भोजन पहुँचाती थी। किंतु मिलारेपा कभी खाते थे, कभी नहीं खाते थे। ध्यान में बैठने के बाद वे बहुत कम

उठते थे, भूख-प्यास सहन करने की क्षमता उनमें बचपन से ही थी, इसलिए कई-कई दिन तक उपवास करने से भी उन्हें फर्क नहीं पड़ता था।

मिलारेपा की एकाग्रता व तपस्या से तुष्ट होकर गुरु मार्पा ने उन्हें ब्रह्मविद्या प्रदान किया। इस श्रेष्ठ विद्या का दान करते हुए मार्पा बोले, ''तुम मेरे प्राणों से भी प्रिय शिष्य हो, अपना सर्वस्व तुम्हें देकर मैं आज मुक्त हुआ। मेरे गुरु का ऋण अब समाप्त हो गया। तुम ही मेरे उत्तराधिकारी बने।''

आगे चलकर मिलारेपा गुरु मार्पा के आश्रम के प्रधान गुरु बने। सर्व तपस्या में सिद्धि लाभ करने के बाद वे अपने गीतों के माध्यम से सबको उपदेश देने लगे। उनके कुछ उपदेश यूँ थे—सभी वासनाओं की परिणति दुःख है, दुःख देकर दुःख पर विजय नहीं मिलता, हिंसा से भी दुःख नहीं हटता। जागतिक आनंद जग में सीमित है, असली आनंद महाजगत में है जो चिरानंद है, जिसकी कोई सीमा नहीं है। ध्यान से मन शांत होता है, शांत मन में आत्म जिज्ञासा हो तो पथ भी मिल जाता है। मानव जीवन का लक्ष्य यह होना चाहिए कि सभी जीवों को समान माना जाए। चिंता शून्यता का एक महासागर है, उस सागर में अवगाहन करने से अमृत का संधान मिलता है। वह शून्यता रिक्तता नहीं है। देह बोध शून्यता ही बुद्धावस्था है, वज्रयान की चरम परिणति यही है।

साधना के लिए मिलारेपा कभी किसी एक गुफा में स्थिर नहीं बैठे। कुछ भी विघ्न होता तो विरक्ति उत्पन्न होने पर वे गुफा बदल लेते। इस तरह वर्षों घूम-घूम कर हिमालय की विभिन्न गुफाओं में वे साधना करते रहे। एक पहाड़ से दूसरे पहाड़ पर वे अनायास चले जाते थे, जहाँ मन पहुँच जाता, तन भी वहीं भागता। महायोगी मिलारेपा अंत में गतिसिद्धी भी पा गये थे, स्थान परिवर्तन के लिए उन्हें परिश्रम नहीं करना पड़ता था। क्रमशः महायोगी मिलारेपा की प्रसिद्धि चारों ओर फैलने लगी, तिब्बत के गाँव-गाँव में उनकी वाणी का प्रचार होने लगा। वे जिस गुफा में भी रहते, दर्शनार्थी वहाँ पहुँचने लगते।

पेता ने भैया से सम्पर्क साधा और वह गुफा में भोजन पहुँचाने का दायित्व निबाहने लगी। किंतु पेता कभी नहीं समझ सकी कि भैया को महागुरु बनकर क्या लाभ हुआ, भूखे नंगे ही रहना हो तो इतनी तपस्या तो बेकार है। जेसे भी अनेकों बार मिलारेपा से मिली है किंतु उसे आजीवन निस्संग बिताना पड़ा। मिलारेपा के पास देह का कोई महत्व नहीं था, महत्व मन का था और वह मन भी बुद्ध के चरणों में समर्पित था।

मिलारेपा के उपदेश व गीत धीरे-धीरे सारे तिब्बत में गूंजने लगे थे। गुरुश्रेष्ठ महाज्ञानी के रूप में उनका नाम फैल गया था। सम्मान व ख्याति से भी वे अपने सिद्धासन से नहीं हटे, गुफा में रहकर वे अपनी अमरवाणी सुनाते रहे। वे कहते, जीवन तुच्छ है, तुच्छ जीवन के तुच्छ आनंद के पीछे न भागकर चिरजीवन के महानंद को ढूँढ़ना चाहिए। जगह-जमीन-घर-द्वार-धन-दौलत भक्त यह सब साधारण जावन के

लिए है, कोई भी अज्ञानी इनका अधिकारी हो सकता है। किंतु जिनमें ज्ञान है, वे इन सब को तुच्छ मानकर चिरंतन सत्य को जय करें। देह में जब शक्ति है, तभी उस साधना के पथ पर अग्रसर होना चाहिए। इस कथन को उन्होंने एक गीत में यूँ पिरोया था—

**'उवर्र खेत तज किसान किसी और ठौर को धाया।**
**लौटा जब झाड़-झंखाड़ों से वन बना खेत पाया॥'**

अर्थात् जब खेत की तरह देह में शक्ति व सामर्थ्य है तभी साधनामार्ग पर जाकर साधना के बीज बोने चाहिए, अन्यथा उस किसान की दशा होगी जो अपने खेत को झाड़-झंखाड़ों से भरा पाता है और फसल नहीं उगा पाता।

मिलारेपा ने अपने शिष्यों से कहा था, ''देह नश्वर है, इसके पीछे भागकर कुछ नहीं होगा। देहधारी कोई महापुरुष ही क्यों न हो, उसकी देह का कोई मूल्य नहीं। मेरी मृत्यु को लेकर कोई शोक न मनाया जाए, मेरे शव को लेकर कोई अनुष्ठान न हो। यदि यह देह किसी गुफा में पड़ी रहे, उसे कीट व पशु खा जाएं तब भी तुम लोग इसके लिए चिंता नहीं करोगे। मृत्यु के बाद मैं क्या करूंगा, कहाँ जाऊंगा, इसे लेकर भी कोई अटकलें नहीं लगाएगा, क्योंकि मुक्त आत्मा का कोई गंतव्य नहीं होता, यही परम् मुक्ति है।''

तिब्बत के वैष्णव ऋषि महामुनि मिलारेपा ने अपने सभी उपदेश गीतों में ढालकर लोगों में वितरित किया था। जिसने भी उनका सुरीला कंठ सुना, वही धन्य हो गया। वे कवि व गीतकार थे, प्रकृति ने उन्हें छंद का ज्ञान दिया था, अध्ययन व तारादेवी की आशीर्वाद ने भाषा। उनका जीवन आनंद व छंद में परिपूर्ण था। स्वयं कष्ट व तपस्या के द्वारा आध्यात्मिक जगत के शीर्ष पर पहुँचने के बाद भी औरों को सहज व सरल रास्ता बतलाते शास्त्र पाठ व पूजा के आडम्बर आदि त्यागकर सीधे ध्यान के माध्यम से समाधिस्थ होने का परामर्श देते। उनकी धार्मिक शिक्षा सहज थी। वे निर्धनों के लिए पिता-स्वरूप थे और परम् पवित्रता के प्रतीक बन गये थे।

अलौकिक शक्ति सम्पन्न महायोगी मिलारेपा की मृत्यु विचित्र एवम् वेदनादायक ढंग से हुई। मिलारेपा ने धर्म का सहज व सरल पथ बतलाकर जन साधारण से जो सम्मान पाया था वैसा सम्मान उन्हें उस समय के लामाओं से नहीं मिला। इसका कारण यह था कि अधिकांश लामा आम तिब्बतियों के भोलेपन व सरल विश्वास का लाभ उठाते हुए अपने-अपने ढंग से गुरु बन गये थे और धर्म को अपने स्वार्थ में व्यापार बना लिया था। उस श्रेणी के लामा धनाढ्य भी थे और समाज में प्रभावशाली भी। उन्हीं में एक था लामा साफुया। मिलारेपा के बढ़ते प्रभाव ने साफुया को ईर्ष्याकातर बना दिया था।

मिलारेपा की कठिन साधना, अलौकिक क्षमता व सहज धार्मिक शिक्षा की कहानी गाँव-गाँव में फैल गयी थी। इससे लामा साफुया के कुछ शिष्य भी मिलारेपा की ओर झुक गये। इससे साफुया का माथा ठनका। उसने सोचा, यदि मिलारेपा इसी तरह और

कुछ बरस धर्म की उदार वाणी का प्रचार कर गये तो साफुया ही नहीं, सभी लामाओं का धंधा चौपट हो जाएगा। लामा के वेश में लामा साफुया एक ढोंगी था, वह मिलारेपा को नीचा दिखाने के उपाय ढूँढ़ने लगा।

साफुया ने मिलारेपा को लामाओं के साथ तर्क करने को बुलाया, किंतु उसके उद्देश्य को भाँप कर मिलारेपा साफुया को टाल गये। उसके बाद मिलारेपा को उत्तेजित करने के लिए साफुया ने बहुत कुछ किया जिनका मिलारेपा पर कोई प्रभाव नहीं पड़ा, वे मुस्कराकर रह जाते थे। क्रमशः लामा साफुया और भी क्षिप्त हो उठा, उसने तय किया कि जैसे भी हो मिलारेपा को दुनिया से हटा देना है ताकि लामाओं का धंधा पहले की तरह चलता रहे। इस विचार से वह मिलारेपा की हत्या की योजना में लिप्त हो गया।

कपटी लामा साफुया दुश्चरित्र व्यक्ति था, उसकी कई उपपत्नियाँ भी थीं। उन्हीं में से एक उपपत्नी को साफुया ने पटाया। पहले वह महिला राजी नहीं हुई। साफुया ने उसे समझाया कि इस काम में कोई पाप नहीं है, बल्कि यह पुण्य का काम है क्योंकि मिलारेपा वास्तव में ढोंगी है, अज्ञानी है, और समाज को नुकसान पहुँचा रहा है; ऐसे व्यक्ति के प्राण लेने से जग का कल्याण होगा। इस तरह समझाने पर वह औरत मान गयी। साफुया ने उसे एक कटोरी दही देकर कहा, ''जा, जैसे भी हो, मिलारेपा को यह दही खिला दे। वे भक्तों को न नहीं कहते, तुझे भी निराश नहीं करेंगे। इस दही में ऐसा विष है जिसे खाकर कोई भी इंसान जीवित नहीं रह सकता।''

लामा साफुया के उकसाने व बहकाने में आकर वह औरत दही की कटोरी लेकर मिलारेपा के पास पहुँची। दर्शनार्थियों में कोई न कोई कुछ न कुछ लाता ही था,अतः उक्त महिला पर किसी शिष्य को कोई संदेह नहीं हुआ। किंतु मिलारेपा अंतर्यामी थे, वे इस महिला का स्वागत करते हुए हँसकर बोले, ''मुझे मालूम है कि तुम क्या लेकर आई हो, किंतु आज नहीं, तुम कल आओ।''

यह सुनकर महिला का दिल धड़क उठा, उसका सर्वांग सिहर उठा। किसी तरह मिलारेपा को प्रणाम कर वह दौड़ती हुई भागी। षड्यंत्र विफल होते देखकर साफुया ने उसे फिर से समझाया, ''इसमें डरने की कोई बात ही नहीं है, दही में क्या है वह मिलारेपा जान ही नहीं सकते। उन्होंने जो कहा उसका मतलब यह थोड़े ही है कि उन्हें हमारे उद्देश्य का पता चल गया है। तू फिर से जा, निडर होकर जा।''

महिला फफक कर रो पड़ी। मिलारेपा का सौम्य पवित्र चेहरा देख आने के बाद वह सोच भी नहीं पा रही थी कि वे ढोंगी हैं और उनकी हत्या के षड्यंत्र में वह लिप्त है। उसके रोने-कलपने से साफुया का मन नहीं पसीजा, उसने उसे आश्वस्त करने के लिए लालच दिखाया, ''तू यदि उन्हें दही खिला सकी, तो मैं तुझे अपनी प्रधान पत्नी की मर्यादा दूंगा। यही नहीं, मैं तुझे एक बहुमूल्य सुंदर रत्न भी उपहार में दूंगा।'' इस प्रलोभन के सामने वह झुक गयी, अपने भविष्य के सुख की कल्पना में वह दुबारा दही ले जाने के लिए राजी हो गयी।

दूसरे दिन दही लेकर पहुँचने पर मिलारेपा ने उसे स्नेह के साथ अपने पास बैठाकर मुस्कराकर कहा, ''मुझे मालूम है कि तुम किसके लिए क्या कर रही हो। किंतु यदि मैं दही खाकर अभी प्राण त्याग कर दूँ तो तुम्हें वह रत्न नहीं मिलेगा जिसकी आशा में तुम इस काम में लगी हो।अत: अच्छा तो यह हो कि तुम पहले रत्न प्राप्त कर लो, फिर इस काम में लगो।''

यह सुनकर वह घबड़ा तो गयी किंतु रत्न का लोभ नहीं त्याग सकी। लामा साफुया अधीर हो उठा था, अपना काम हासिल करने के लिए वह कोई भी कीमत चुकाने के लिए तैयार था। उसने एक दुर्लभ रत्न का टुकड़ा उस महिला को देकर कहा, ''जा, अब तुझे अपना काम पूरा करके ही आना है।''

महिला तीसरी बार मिलारेपा की गुफा में पहुँची। मिलारेपा बोले, ''जिसने भी धरती पर जन्म लिया है, उसे एक दिन जीवन त्याग करना ही पड़ेगा। मेरा भी बुलावा आ गया है, तुम या लामा साफुया उपलक्ष्य मात्र हो। मेरे जीवन का मूलमंत्र है क्षमा, मैंने तुम दोनों को क्षमा कर दिया। तुम मेरे लिए जहर लायी हो, यह भी मैं तुम्हारे मंगल के लिए किसी से नहीं कहूँगा।'' ऐसा कहकर मिलारेपा ने दही का पात्र उठाकर मुँह में लगाया और वे पूरा दही खा गये। महिला मिलारेपा की बातें सुनती हुई जैसे जड़ हो गयी थी, उन्हें दही खाते देखकर वह चीखती हुई मिलारेपा के चरणों में लेट गयी।

उस तीव्र विष के प्रभाव से कोई भी व्यक्ति तत्काल दम तोड़ देता, किंतु महापुरुष अपनी इच्छा से इच्छा-मृत्यु वरण करते हैं, मृत्यु उनके वश में होती है। मिलारेपा के जीवन की कुछ घड़ी अब भी शेष थी, भक्त-शिष्यों को तैयार करने के लिए थोड़ा समय उन्हें और चाहिए था। शरीर पर विषक्रिया होने पर भी उनका मन उनके अधीन था, मन को उन्होंने देह की यंत्रणा से अलग कर लिया था।

शीघ्र ही उनके शिष्यों व भक्तों को मालूम हो गया कि गुरुदेव अस्वस्थ हैं। इस समाचार से लामा साफुया के होश उड़ गये। वह समझ नहीं पा रहा था कि विषपान के बाद मिलारेपा जीवित कैसे हैं? मिलारेपा साफुया का षड्यंत्र जान तो नहीं गये? स्थिर न रह पाने के कारण वह स्वयं ही मिलारेपा के पास पहुँचा और दूसरों के सामने सहानुभूति दिखाने का अभिनय करता हुआ बोला, ''अहा! आपकी यह दुर्दशा किसने कर दी? आप जैसे महानुभाव का अभी जीवित रहना बहुत आवश्यक है। आप तो अलौकिक विद्या के अधिकारी हैं, ऐसा कीजिए कि अपने चमत्कार द्वारा आप अपना रोग मुझे दे दीजिए आपके बदले में मैं मरने को तैयार हूँ।''

दुष्ट साफुया के इस कपटपूर्ण बात को सुनकर भी मिलारेपा स्थिर रहे और मुस्कराकर बोले, ''किसी के मन में दानव बस गया था, इसी से उसने ऐसा किया। इस रोग की यंत्रणा असह्य है; इसे कोई भी नहीं सह सकता। इसलिए मैं तुम पर यह रोग आरोपित नहीं कर सकता, क्योंकि तुम्हारा शरीर उसे सहन नहीं कर पाएगा।''

दुष्टात्मा पापाचारी लामा साफुया यह जानने के लिए अस्थिर हो पड़ा था कि मिलारेपा को उसके करतूत का पता है या नहीं, दूसरे मिलारेपा में अलौकिक शक्ति है या नहीं, इसके परीक्षण का भी यह अच्छा अवसर था। इसलिए वह अपना बड़प्पन दिखाने के लिए बार-बार आग्रह करने लगा कि यदि मिलारेपा में रोग हस्तांतरण की क्षमता है तो वह इस व्याधि को लेना चाहता है। उसका हठ देखकर मिलारेपा बोले, ''मेरा रोग तुम बर्दाश्त नहीं कर सकते, किंतु जब देखना ही चाहते हो तो मैं गुफा के बाहर के लकड़ी के दरवाजे पर अपनी यंत्रणा आरोपित कर रहा हूँ, उसे देखो, समझ जाओगे।'' तब सभी की निगाह दरवाजे पर टिक गयी। थोड़ी ही देर में दरवाजे झुलस कर टेढ़े-मेढ़े हो गये। इस दृश्य को देखकर सभी दहल उठे, वे समझ गये कि मिलारेपा किस भयंकर पीड़ा के शिकार हैं। किंतु लामा साफुया की मति मारी गयी थी। उसने चीखकर कहा, ''वह तो लकड़ी थी, उस पर आपकी अलौकिक विद्या का जादू चल सकता है। मैं हाड़-मांस का बना लामा साफुया हूँ और मजबूत भी हूँ—मेरा अनुरोध है कि आप अपना रोग मुझे दें।''

मिलारेपा बोले, ''ठीक है, ऐसा ही होगा, मैं अपनी यंत्रणा का एक सामान्य अंश तुम्हें दे रहा हूँ, यदि तुम उसे सहन न कर पाओ तो मुझे बताने में हिचकना नहीं।'' ऐसा कहकर मिलारेपा ने अपनी यंत्रणा का एक कण मात्र लामा साफुया को दिया। लामा साफुया तत्क्षण चीख कर धरती पर गिर पड़ा और पीड़ा से छटपटाने लगा। यंत्रणा का वह सामान्य अंश भी इतना भयंकर था कि उसे वह मृत्यु-यंत्रणा जैसा लगा। जमीन पर गिरने से वह क्षत-विक्षत हो गया था, मुँह से झाग निकलने लगा था, उसे लगा कि मिलारेपा रोग वापस न ले तो वह तुरंत मर जाएगा। उसने मिलारेपा के चरणों में खुद को सौंपकर किसी तरह कहा, ''मेरी रक्षा कीजिए, मुझे बचाइए, मैं अपने किए की सजा पा गया हूँ।''

मिलारेपा ने अपना रोग वापस ले लिया। लामा साफुया ने करुणावतार मिलारेपा के चरणों में सर्वस्व न्योछावर करते हुए मुक्ति के लिए दीक्षा मांगी। मिलारेपा ने अपने ही हत्यारे को क्षमा कर दिया। इससे पहले ही वे उन सबको क्षमा कर चुके थे जिन्होंने उन्हें मारा-पीटा व सताया था। उनकी चाची भी उनसे दीक्षा लेकर मुक्त हो गयी थी।

शरीर में विष लेकर भी मिलारेपा कई दिनों तक जीवित थे और उस समय उन्होंने अपने शिष्यों को बुलाकर अपने जीवन की अंतिम उपदेशावली दी थी। उसके बाद एक शुभ मुहूर्त में वे ब्रह्मलीन हो गये।

गुहावासी, नंगे गुरु, जिन्होंने लतागुल्म खाकर सबके अज्ञात में साधना की, परवर्ती युग में उन्हें ही तिब्बत के महागुरु लामापूज्य साधकश्रेष्ठ कविवर मिलारेपा के रूप में सबने जाना।

# ल्हासा : सन् २०००

१९५९ में जब माननीय दलाईलामा भारत में शरणार्थी बनकर पहुँचे, तब मैंने तिब्बत की राजनैतिक परिस्थितियों को खास तवज्जों नहीं दी थी। मैंने सोचा था तिब्बत तथा दलाईलामा की समस्या मेरी समस्या नहीं है, वे राजा हैं और राजा ही रहेगें। १९६३ में मेरी इच्छा उनसे मिलने की हुई, मैं धर्मशाला पहुँचा, दुर्भाग्यवश उस समय वे वहाँ नहीं थे। १९६७ में मैं भू-पर्यटन के लिए निकल पड़ा था और उस यात्रा के दौरान बहुत बार महामना दलाईलामा की चर्चा छिड़ी। उन दिनों चर्चा का मूल विषय यही था कि तिब्बती धर्म के प्रधान दलाईलामा तथा लाखों तिब्बती शरणार्थियों को कैसे तिब्बत वापस भेजा जाए। किस तरह हेग-की अन्तर्राष्ट्रीय कानून का सहारा लेकर तथा मानवाधिकार के बहाने चीन सरकार के साथ शांतिमूलक आलोचना द्वारा महामना दलाईलामा को उनके पोताला राजप्रासाद में पुनः प्रतिष्ठित किया जाए। माननीय दलाईलामा ने दुनियाभर के अव्वल दर्जे के लीडरों से मुलाकात की थी और उनकी मदद मांगी थी, किंतु उन्हें निराशा ही हाथ लगी। धरती पर उन दिनों तीसरें महायुद्ध की छाया मंडरा रही थी। अमेरिका-रूस-फ्रांस-चीन सभी वियेतनाम को लेकर व्यस्त थे। रूस और अमेरिका के बीच भीतर ही भीतर शीतयुद्ध जैसा माहौल था। अतः राज्यच्युत शरणार्थी दलाईलामा को मजबूर होकर धार्मिक रास्ता चुनना पड़ा। त्याग और अहिंसा का व्रत लेकर वे भगवान बुद्ध के देश भारत में ही रह गये।

दलाईलामा जी से मेरी बाद में तीन बार मुलाकात हुई—सैनफ्रांसिस्को, जेनेवा तथा लन्दन में। मैंने उनसे पूछा था, "आपके तिब्बत लौटने का क्या हुआ?"

उन्होंने उत्तर दिया था, "चीन सरकार का सहयोग नहीं मिल रहा, वहाँ कोई सुरक्षा नहीं है, स्थिति में कोई भी सुधार नहीं हुआ है।" उत्तर सुनकर मुझे दुःख हुआ था कि जो तथागत की शरण में है, कालचक्र जिनका बीजमंत्र है, महाकाल जिनके नगर की रक्षा करते हैं उनका ही जीवन और भविष्य चीन सरकार के रवैये पर निर्भरशील था। उस समय मैं समझ नहीं पाया था, बाद में समझा कि ध्यानी दलाईलामा और मीडिया के सामने दलाईलामा एक ही व्यक्ति होने पर भी उन्हें स्थान-काल-पात्र समझकर उत्तर देना पड़ता है।

मेरे एक पत्रकार मित्र क्लोद लोभेंसँ ने उनसे पूछा था, "आप पहले ल्हासा के विश्वप्रसिद्ध प्रासाद में रहते थे, अब विभिन्न देशों में घूम रहे हैं। इन दो स्थितियों में आप क्या फर्क पाते हैं?"

उन्होंने उत्तर दिया था, "बहुत फ़र्क है। पोताला प्रासाद में मैं पर्दे की आड़ में था, बाहरी दुनिया के विषय में मुझे कुछ भी नहीं मालूम था। तब उम्र भी कम थी। मेरा हर कदम और आचरण सीमित तथा नियम से बंधा था। शरणार्थी बनने के बाद मेरी आँखों के सामने से वह सब पर्दा एक के बाद एक हटता गया है। अब मैं अपनी आँखों से जग को देख रहा हूँ, सैकड़ों लोगों से परिचय हो रहा है, दोस्ती हो रही है। मैंने राज्य खोया है, लेकिन मुझे नित्य नये मित्र मिल रहे हैं। मेरे मित्रों ने ही मुझे सहारा दिया है, सुरक्षा दी है, यह एक अलग और विशाल जगत है। यूरोप, अमेरिका, रूस आदि बहुत से देशों में मैं गया हूँ। शुरू-शुरू में लोगों को देखकर सोचता था न जाने वे क्या पूछेंगे, मैं क्या उत्तर दूंगा। अब मुझे ऐसी चिंता नहीं रहती।"

इन प्रश्नोत्तरों के समय पोताला के शाक्यमुनि साधारण व्यक्ति की तरह पेश आते हैं, यह उनका बड़प्पन है। उम्र में वे मुझसे मात्र पाँच वर्ष बड़े हैं। किंतु मर्यादा में बहुत ही बड़े।

महामना दलाईलामा को ल्हासा छोड़े आधी शती बीत गयी है। इस बीच मुझे कई बार ल्हासा जाने का मौका मिला। इक्कीसवीं शताब्दी में मैंने ल्हासा को कैसा देखा, क्या परिवर्तन पाया, इसकी चर्चा करने से पहले तिब्बत की कुछ उल्लेखनीय घटनाओं पर रोशनी डालना चाहूँगा :

सन् १९५९ में महामना दलाईलामा अपने एक लाख से अधिक अनुयायियों के साथ जान हथेली में रखकर ल्हासा से असम के रास्ते सिलीगुड़ी पहुँचे। भारत सरकार ने तथा स्वयं नेहरूजी ने उनका स्वागत किया तथा धर्मशाला में उनके लिए एक उपनगर बनाया गया। इस घटना से क्षुब्ध होकर चीन ने भारत से नाता तोड़ा और 'हिन्दी-चीनी भाई-भाई' का नारा भूलकर भारत की सीमा पर धावा बोल दिया। नेपाल, सिक्किम, भूटान और असम की सरहदों पर दोनों देशों की सेना तैनात हो गयी। वह युद्ध तो व्यापक नहीं हुआ किंतु तिब्बत में हजारों तिब्बती शहीद हो गये। सन् १९६५ में चीन सरकार के अधीन स्वाधीन तिब्बत की घोषणा की गयी। इसके एक साल बाद सन् १९६६ से लेकर १९७६ तक 'कलचरल रिब्यूरेशन' के नाम पर तिब्बतियों पर कहर ढाया गया। अमानवीय अत्याचार किया गया और बेगुनाह साधारण तिब्बतियों की हत्या की गयी। पवित्र तिब्बत के इतिहास में एक कलंकित अध्याय खून के अक्षरों से लिखा गया। चीन प्रशासन की इस दानवीय निधन-यज्ञ को बड़ी शक्तियों ने अनदेखा कर दिया। असहाय नारी, शिशु, वृद्ध और स्वतंत्रताकामी तिब्बतयों के खून से ल्हासा तथा तिब्बत का हर शहर रंजित हो उठा। कलचरल रिव्यूलेशन के नाम पर गुम्फा, मन्दिर और आश्रम के निरीह संन्यासियों की

हत्या की गयी। लगभग दस साल तक सांस्कृतिक आन्दोलन के नाम पर पूरे तिब्बत में लूट-पाट, ध्वंस और हत्या का तांडव चला। लगभग पांच हजार चैत्य विहार और मन्दिरों को तोप के गोलों से ध्वस्त कर दिया गया। कुल ग्यारह लाख से भी अधिक लोगों की जानें गयी। उस समय तिब्बत की कुल जनसंख्या साठ लाख के आसपास थी। इस निष्ठुर हत्याकांड के बारे में सारी दुनिया को खबर लग गयी।

१९७८ में चीन सरकार ने अन्तर्राष्ट्रीय महकमें तथा विकसित देशों की सहानुभूति बटोरने के लिए तिब्बत में पुनः धर्म की प्रतिष्ठा तथा धार्मिक स्वाधीनता की घोषणा की। इसी समय पहली बार तिब्बती युवकों ने चीन प्रशासन की अत्याचार के विरुद्ध प्रतिवाद किया।

१९७९ में, यानी धर्मगुरु दलाईलामा के ल्हासा से पलायन के बीस वर्ष बाद, चीन सरकार ने पहली बार स्वतंत्र तिब्बत के मसले पर दलाईलामा के प्रतिनिधियों से बातचीत के लिए हामी भरी। लगातार तीन बार वे आलोचना में बैठे, किन्तु कोई नतीजा नहीं निकला। चीन इस बात पर अड़ी थी कि तिब्बत चीन का ही अंश है।

१९८७ में निर्भीक तिब्बती युवक-युवतियों ने चीनी सेना का अवरोध लांघकर ल्हासा में आये यूरोपीय तथा अमेरिकी पर्यटकों के सामने पहुँचकर उन्हें देश की दुर्गति की बात कही और बताया कि वे मानव अधिकार से वंचित हैं तथा उन्हें साधारण नागरिक अधिकार भी नहीं दिया जाता। तिब्बती युवकों का दुःसाहस देखकर चीनी सेना ने उन पर अंधाधुंध गोलियाँ चलायी, जो बच गये उन्हें बन्दी बना लिया गया। चीन सरकार सारी कोशिशों के बावजूद इस घटना पर पर्दा नहीं डाल सकी क्योंकि विदेशी पर्यटकों के कैमरे में इस बर्बरता की कहानी कैद हो गयी थी और पहली बार यूरोप तथा अमेरिका के अखबारों में चीनी सेना की बर्बरता की कहानी विस्तार से प्रकाशित हुई।

१९८८-८९ में तिब्बती नववर्ष के उत्सव के समय पुनराय चीन विरोधी आन्दोलन छिड़ा। चीन सरकार ने आन्दोलनकारियों की हत्या की तथा कुछ को कारावास भेजा। इन्हीं दिनों पांचेन लामा ने देहत्याग किया। पांचेनलामा के शहर शीगात्से के तिब्बतियों ने मृत्यु शोक मनाने के साथ ही चीनी भगाओं आन्दोलन शुरू कर दिया। इस आन्दोलन में काफी लोग शामिल हो गये। स्थिति बेकाबू होते देख चीन सरकार ने पूरे तिब्बत में कर्फ्यू लगा दिया। इन्हीं दिनों चीनी की राजधानी बेजिंग में चीनी सेना ने आंदोलनकारी निरीह छात्र-छात्राओं पर टैंक चलाकर पीस डाला। ये छात्र-छात्राएँ तिब्बती नहीं, चीनी थे, और वे नागरिक अधिकार की माँग कर रहे थे। तियेन-आन-मेन की वह बर्बरता चीन प्रशासन का सबसे कलंकमय अध्याय है। दुनिया के सामने चीन की बर्बरता फिर एक बार उजागर हुई।

इसी घटना के विरोध में यूरोप ने चीन प्रशासन के विरोधीपक्ष के नेता दलाईलामा को शांति का नोबेल पुरस्कार देकर सम्मानित किया। चीन प्रशासन ने इस

नोबेल पुरस्कार का जमकर विरोध किया। पुरस्कार की घोषणा कर दी गयी थी, अतः चीन प्रशासन सिर पटकने के सिवा और कुछ नहीं कर सकती थी।

उपरोक्त घटनाओं ने मुझे इतना पीड़ित और विचलित कर दिया था कि दुबारा तिब्बत जाने की बलवती इच्छा को मैं बारबार टालता रहा। सोचता था, जब तक वहाँ दुराचारी प्रशासन का बोलबाला है, मैं नहीं जाऊँगा। आखिर मन ने यह तर्क दिया कि चीन सरकार ने वहाँ कुछ भी किया हो, वहाँ रह रहे तिब्बतियों की मैं कैसे उपेक्षा कर सकता हूँ। अतः यह तय किया कि चाहे जो भी विघ्न आये, मैं पुनः तिब्बत जाऊँगा। वहाँ का सौन्दर्य, वहाँ की आध्यात्मिकता, वहाँ के लोग और वहाँ की जलवायु के साथ मुझे फिर एक बार ओतप्रोत होना है।

तिब्बत के मसले पर चीन पर अन्तर्राष्ट्रीय दबाव लगातार बढ़ता चला जा रहा था। चीन यह समझ गया था कि तिब्बत का दरवाजा बंद रखने पर एक दिन वह दरवाजा तोड़ दिया जायेगा। चीन सरकार खुद भी चाहती थी कि उसके वाणिज्य के लिए अन्तर्राष्ट्रीय बाजार खुले अन्यथा नुकसान चीन का ही होगा। इसलिए उसने बहुत सावधानी से वीजा जारी करना शुरू किया। चीन ने यह भी देखा कि तीसरी दुनिया में भारत एक आणविक शक्ति वाला देश भी है। १९५९ के बाद से भारत की राजनैतिक भूमिका बदल गयी है, वह कोई कमजोर राष्ट्र नहीं, बल्कि एक शक्ति-सम्पन्न देश है। इसलिए चीन ने भारत के प्रति भी अपना रवैया बदला और शांति की पहल के लिए भारतीय तीर्थयात्रियों के लिए कैलास-मानसरोवर जाने का रास्ता खोल दिया।

१९९० से पहले मैं दो बार नये रास्ते से कैलासनाथ की परिक्रमा पर गया। नेपालगंज से छोटी वायुयान द्वारा सिमिकोट। वहाँ से नोरा तक पैदल। नारा-ला दर्रा (४६२० मीटर उन्नतांश) पार करने में पाँच दिन लगे। उसके बाद पहला तिब्बती गाँव पड़ता है शेर (३५६० मीटर उन्नतांश)। कर्नाली नदी के किनारे-किनारे सड़क है। नेपाल से तिब्बत ट्रेकिंग पर जाने का यही सरकारी रास्ता है। नेपाल का हुमला जिला खतरनाक पहाड़ी क्षेत्र है। शेर से आजकल तारचेन तक जीप, मिनीबस और ट्रक मिल जाती है। शेर, पुरांग, गुरला-ला होकर बाँयी ओर राक्षसताल और दायीं ओर मानसरोवर यानी दोनों तालों के बीच से जीप सीधे तारचेन तक सवारी ले जाती है। वहाँ ठहरने के लिए बहुत-सी छोटी-बड़ी धर्मशालाएँ हैं। कैलास परिक्रमा वहीं से शुरू होती है।

निःसन्देह यह मानना पड़ेगा कि धरती के इस दुर्गम क्षेत्र में सड़कों तथा यान-वाहनों की बहुत सुविधा हो गयी है। स्थानीय बंजारों के लिए स्थायी निवास बने हैं। यह कहने की आवश्यकता नहीं कि सैनिक शिविर और सेना की वाहनों का भागमभाग नजर आयेगी ही। तीर्थयात्री उधर ध्यान नहीं देते, वे तन्मय होकर कैलास

शिखर को निहारते हैं, कैलास परिक्रमा करते हैं। कैलास पहुँचकर पिछली दो बार मैंने क्या किया उसे यहाँ नहीं दुहराऊँगा क्योंकि इस ग्रंथ में उसका उल्लेख पहले से मौजूद है। ऐसे तीर्थस्थलों में पहुँचकर पूजा-परिक्रमा, प्रार्थना, ध्यान-उपासना करना ही धर्म की नीति है।

इन नवीन यात्राओं में मैंने देखा कि तीर्थयात्रियों के लिए जो दरवाजा खुला है उसका एक उद्देश्य ट्रेकर्स तथा एडवेंचरर्स को आकर्षित करना भी है। ऐसे युवक-युवतियाँ यहाँ अपना साहस, जोखिम तथा मानसिक और शारीरिक सहनशीलता परखने आते हैं। कितने कम समय में कितनी दूरी तय की, कितनी ऊँचाई पर चढ़े, कहाँ कैम्प लगाया तथा किस ऊँचाई पर तापमान कितना था आदि तथ्यों से ही उनकी डायरी भर जाती है। सत्यम्-शिवम्-सुन्दरम् से उन्हें कोई वास्ता नहीं होता। भारतीय तीर्थयात्री भक्ति-भाव से आते हैं आध्यात्मिक मार्ग से पुण्य कमाने। हालाँकि हर दल में कुछ अपवाद भी होते हैं क्योंकि हर व्यक्ति एक जैसा नहीं होता।

कैलास-मानसरोवर के भारतीय तीर्थयात्रियों को भारत सरकार के माध्यम से एक दल बनाकर दिल्ली से प्रस्थान करना पड़ता है। पर्यटकों को चीन भूखण्ड से होकर जाना पड़ता है। तिब्बत में एक ही हवाई अड्डा है गांगार जहाँ पहुँचने में ल्हासा से जीप या मिनिबस द्वारा दो घण्टे लगते हैं। अन्य देशों से सम्पर्क चेंग्दु तथा काठमांडू हवाई अड्डों से किया जाता है।

१९९० से ही मैं इस कोशिश में था कि मुझे अकेले तिब्बत घूमने की अनुमति मिल जाये। मैंने वीजा के लिए आवेदन किया था। किन्तु वे एक बार नकार दें तो दो साल के भीतर फिर आवेदन नहीं कर सकते। उनका कहना था कि दल के साथ तिब्बत और अकेले ल्हासा घूमने में कोई दिक्कत नहीं है। उनके तर्क को मैं नकार नहीं सकता क्योंकि मुझे भाषा नहीं मालूम, अकेले घूमने में असुविधा तो होगी ही।

इसके बाद उत्तरी ध्रुव और दक्षिणी ध्रुव की यात्रा में मैं व्यस्त हो गया था। मैं इन यात्राओं को यात्रा नहीं अभियान कहूँगा क्योंकि जिनके साथ मैं गया था वे सभी अभियात्री या एक्सप्लोरर थे और दक्षिणी ध्रुव के अभियान का नाम था 'अण्टार्कटिक एक्सीपीडिशन'। इन यात्राओं के बाद थोड़ा विश्राम लेकर मैंने पुनः तिब्बत अकेले घूमने के लिए वीजा मांगा। इस बार आवेदन के साथ मैंने अपने भू-पर्यटक होने के प्रमाणपत्र भी नत्थी कर दिया। मैं बहुत चकित हुआ जब अगले ही दिन मुझे बुलावा मिला और राजदूत मिस्टर लिंग ने मुस्कराकर मुझसे बातचीत की और कहा, "आप चीनी भाषा तथा तिब्बती भाषा नहीं जानते, इसलिए आपकी सुविधा के लिए एक तिब्बती दुभाषिए को साथ में ले लीजिए, उसके बाद एकमात्र वर्जित क्षेत्रों को छोड़कर आप कहीं भी जा सकते हैं, इसमें हमें आपत्ति नहीं।"

मैंने आभार व्यक्त किया। मैं बहुत खुश था। कुछ सप्ताह के बाद ही सन् २००० शुरू होगा। मेरे लिए यह नयी शताब्दी का श्रेष्ठ उपहार था।

नियत तिथि को मैं जेनेवा से रवाना हुआ। दिल्ली और काठमांडू होकर ल्हासा। ल्हासा के गांगार हवाई अड्डे पर उतरकर मैंने कैलासनाथ के उद्देश्य से प्रणाम किया। मन में एक अजीब सिहरन महसूस किया, आनन्द और अनुभूति से देह और मन कुछ हलका हो गया। याद आया दीर्घ चार दशक पहले घर से भागकर मैं साधुओं के एक दल के साथ पैदल ल्हासा आया था।

कस्टमस में एक ने मुझसे पूछा, "आप ही मिस्टर दे हैं?"

"जी हाँ।" मैंने कहा।

"मैं श्रोंशी हूँ, आपका दुभाषिया। वेलकम टु ल्हासा।"

ल्हासा में प्रवेश करते हुए चारों ओर देखकर मैं भौंचक था—यह क्या, मैं कहाँ आया? कहाँ है मेरे सपनों का ल्हासा? मेरा वह सपना जैसे गया में तोड़े गये साधुबाबा के पतीले की तरह ही चकनाचूर हो गया।

गाड़ी होटल में पहुँचने पर श्रोंशी ने दरवाजा खोलकर फिर एक बार मुझे वेलकम कहा। रिसेप्शन में कागजातों पर हस्ताक्षर कर मैंने अपना पासपोर्ट सौंप दिया। रिसेप्शनिस्ट युवती ने अंग्रेजी में कहा, "वेलकम टु ल्हासा, आपका कमरा नम्बर एक सौ आठ है, दूसरी मंजिल पर। आप जाकर विश्राम करें, मैं चाय लाती हूँ।"

कमरा नम्बर १०८ एक अच्छा नम्बर था। मेरे पास सूटकेस नहीं था, सब कुछ पीठ की बैग में था। कमरा बहुत साफ-सुथरा सजा-सँवारा था, फ्रांसीसी डिजाइन से डेकोरेशन किया गया था। खिड़की से बाहर झाँका, ल्हासा का दृश्य बिल्कुल बदल गया था। मैंने सुना तो था, पर अनुभव नहीं कर पाया था कि इतना परिवर्तन हुआ होगा। कल्चरल रिव्यूलेशन ने मेरे बचपन के ल्हासा का कोई चिह्न नहीं छोड़ा था। मुझे हताशा हुई। क्या यही देखने के लिए मैं यहाँ आया था?

रिसेप्शनिस्ट स्वयं चाय-बिस्किट दे गयी। चाय पीकर मैं बाहर निकला। काफी ठण्डक थी। ठण्ड के कारण श्रोंशी अपनी हथेलियों को रगड़ रहा था। मुझे देखकर वह करीब आया, बोला, "मेरे बॉस आपसे मिलना चाहते हैं। आप कहाँ-कहाँ जायेंगे, कहाँ ठहरेंगे, यान-वाहनों का कितना खर्च आयेगा आदि विषयों पर वे आपको सुझाव देंगे।"

"ठीक है, चलो।" मैंने कहा।

बॉस का दफ्तर ज्यादा दूर नहीं था। एक नये मकान की पहली मंजिल में पुलिस-स्टेशन जैसा था वह दफ्तर। अन्दर दाखिल होते ही अधिकारी ने कहा, "बैठिए।" उसके बाद इलेक्ट्रिक हीटर पांव से मेरी ओर सरकाकर अंग्रेजी में ही बोले, "आप देख ही रहे हैं कि यहाँ बिजली है, टेलीफोन है, कम्प्यूटर भी है। यहाँ बैठे-बैठे आप बेजिंग, शंहाई, चेंदु, गिलिन, कुनमिंग, नानजिंग, जियान आदि सभी शहरों में होटल बुक करा सकते हैं। अच्छे-अच्छे फाइवस्टार होटल हैं। हर होटल में

रेस्तोराँ, काफी शॉप, पियानो बार, डानसिंग, पिसिन, टेनिस कोर्ट, जिम, चेंज, गाइड, प्रायवेट कार आदि सब मिलेगा यह देखिए—सुझु फाइव स्टार, किंग वर्ल्ड, साउथ पैसिफिक....यह देखिए एक और जरूरी चीज—बेजिंग अभी आठ डिग्री, शंहाई दस डिग्री....'' वे अपना नया गेजेट दिखाने में बहुत उत्साही थे, लेकिन मुझे उन्हें टोंकना पड़ा—''सारी! मैं आज बहुत थका हूँ, कल सुबह मिलूँगा।''

''ठीक है, ठीक है, आपने तो देख लिया यहाँ आपको सारी सूचनाएँ मिल जायेंगी। आप श्रोंशी को आज के लिए पाँच डालर दे दीजिएगा।''

''ठीक है।'' कहकर मैं उनके दफ्तर से निकल आया। बाहर आकर श्रोंशी से कहा, ''मैं आज इसी शहर में अकेले घूमूँगा। तुम ये पाँच डॉलर लो, कल सुबह होटल में मिलना।''

''पाँच डॉलर में बहुत काम होते हैं, मैंने तो कुछ भी नहीं किया। ठीक है, चलिए, मैं आपके साथ रहूँगा, नहीं तो बॉस सोचेंगे मैं काम में कोताही बरत रहा हूँ।''

''ठीक है, चलो। लेकिन मेरे कुछ पूछने पर उत्तर दोगे, अन्यथा चुप रहोगे।'' वह राजी हो गया।

ल्हासा शहर, होटल का नाम भी था ल्हासा। पुरानी स्मृतियाँ मन को झकझोर रहे थे। दो सड़कों की फॉक से दूर में पोताला प्रासाद दिखायी देते ही मुझे नये ल्हासा में पुराने की महक **मिली**। खुशी से मन झूम उठा। मैंने श्रोंशी से कहा, ''पोताला चलो।'' उसने कलाई घड़ी में समय देखकर कहा, ''सर, वहाँ कोई रेस्तोरॉ नहीं है, यहाँ भोजन कर लें, फिर चलें।''

मैंने कहा, ''ठीक है, किसी अच्छे तिब्बती रेस्तोराँ में चलो।''

''तिब्बती रेस्तोराँ में फिर कभी चलिएगा, वहाँ वेरायटी नहीं है। आज चायनीज़ रेस्तोराँ में चलें।''

तिब्बत में आकर चायनीज़ खाना खाऊँगा। ठीक है, मान लिया। तिब्बत अब चीन के अन्तर्गत है। मैं चायनीज़ की उपेक्षा कैसे करूँ। कोलकाता, दिल्ली से लेकर जेनेवा-पेरिस-लन्दन-न्यूयॉर्क तक सर्वत्र चायनीज रेस्तोराँओं की भरमार है, वहाँ तो कभी मन विद्रोह नहीं करता, फिर यहाँ अनाकानी क्यों? मैं राजी हो गया।

खाने से ज्यादा परिवेश के साथ परिचित होना ही मेरा उद्देश्य था। मैंने स्प्रिंग रोल-नूड़ल-शापशुये का आर्डर दिया, श्रोंशी ने अपने लिए बियर और रोस्टेड डॉक मँगाया।

चार दशक पहले मैंने तिब्बत की इस राजधानी में जिन लोगों को जिन पोशाकों में देखा था वे सब मानो ओझल हो गये थे। अब सड़कों पर रेड-इंडियन जैसे हैट, तन पर लेदर या भारी प्लास्टिक के जैकेट अथवा विंड-चीटर। रेस्तोराँ के बाहर फुटपाथ पर बिलियर्ड खेलने वालों तथा देखने वालों की भीड़। हमें पहले चायनीज़

ब्लैक टी दिया गया। मैंने पूछा, "चैंग नहीं है?" जवाब मिला, "हम नहीं रखते, आप कहें तो इस चाय में मक्खन मिला देंगे।" रेस्तोराँ के मालिक चीनी थे। भोजन का इंतजार करते हुए मैंने श्रोंशी से घनिष्ठता बढ़ायी।

"तुम बिलियर्ड खेलना जानते हो?"

"हाँ, अच्छा खेलता हूँ। आप खेलेंगे?"

"नहीं। बिलियर्ड टेबिल बहुत महंगा आता है, है न?"

"नहीं, बहुत सस्ते में मिल जाता है। किसी भी क्लब या चाय की दुकान पर खेलने के लिए पैसे भी नहीं लगते। क्लब, स्कूल तथा संस्थाओं में यहाँ बिलियर्ड बहुत प्रिय खेल है। गाँव के लोग, खासकर वयस्क लोग चक्र घुमाते हैं। और यंग लोग बिलियर्ड खेलते हैं। समय बिताने के लिए कुछ तो करना ही होता है।" कहकर श्रोंशी जोर से हँस पड़ा।

"तुमने ठीक ही कहा। माला जाप करना भी शायद समय बिताने का जरिया है?"

"अवश्य। वे सब पुरानी आदतें हैं। ठीक से जीने के लिए हमें आधुनिक बनना होगा।"

समझा, वह रटी-रटाई बातें उगल रहा था। इस बीच भोजन सर्व किया गया।

"अच्छा, यही सड़क ही बारखर है, है न?"

"जी, आप ठीक कह रहे हैं। आपको कैसे मालूम? पहले कभी यहाँ आये हैं?"

"पत्रिकाओं में तथा डाकुमेण्ट्री फिल्म में देखा था।" मैंने उत्तर दिया।

"ओह, वही कहिए। हम लोग इस रास्ते से गुजरेंगे, फिर पोताला की ओर जायेंगे। यही सीधी सड़क है।"

मैं सतर्कता के साथ बातें कर रहा था। बिल का भुगतान मैंने किया। डॉलर मिलने पर ये खुश होते थे। एक डॉलर दस यूयान के बराबर था। श्रोंशी भी खुश था कि उसे पाँच डॉलर नगद मिले, ऊपर से बढ़िया खाना और डबल बियर। वहाँ से निकलकर कुछ ही दूर बढ़ा था कि अचानक मेरे दिल की धड़कने तेज हो गयी, सामने जोखांग मन्दिर था। मैं आनन्द से लगभग दौड़ पड़ा और जूते उतारकर मन्दिर के दरवाजे पर साष्टांग लेट गया। कोई प्रार्थना नहीं, कुछ पाने की चाह नहीं, केवल प्रणाम। जोखांग मन्दिर के देवता जर रिमपोच्चे की चरणों में अपना तन-मन और आत्मा को समर्पण कर उठ पड़ा और चारों ओर देखने लगा।

जोखांग मंदिर जैसा था, वैसा ही है—उसमें कुछ भी परिवर्तन नहीं हुआ था। चारों ओर पनपे नये भवनों के कारण वह दूर से दिखायी नहीं देता था, बस यही फ़र्क था। मेरा मन जोश और आनंद से भर उठा था। जोखांग के प्रवेशद्वार के खंभे, दीवारों की सजावट, प्रार्थना के लिए आये तीर्थयात्री, धूप की महक, घी का दिया आदि सब मिलकर मुझे चालीस साल पीछे ले गये। कुछ ही देर में मेरे मन में वह पुराना मौनीबाबा लौट आया।

जोखांग मंदिर के चारों ओर के परिक्रमा पथ को स्थानीय भाषा में बारखर कहते हैं। मंदिर के आसपास की दुकानों और बाजारों में अधिकांश पुरानी सामग्री या ऐण्टिक की दुकानें हैं। चक्र-माला, घण्टा-झाँझ, पुराने सिक्के और बहुत-सी जानी-अनजानी सामग्रियाँ यहाँ बिकती थी। बारखर का कोई-कोई हिस्सा एकदम आधुनिक लगता था, और मंदिर के आसपास का हिस्सा पहले जैसा ही था।

मैंने श्रोंशी से कहा, "मैं एक बार मंदिर के अन्दर जाऊँगा, मंदिर मुझे बहुत अच्छा लगा। तुम अभी जा सकते हो, मुझे लौटने में दिक्कत नहीं होगी। सुबह एक बार तड़के यहाँ आऊँगा, उसके लिए भी तुम्हारे आने की जरूरत नहीं। ब्रेकफास्ट के समय तक मैं होटल में पहुँच जाऊँगा। तुम सुबह नौ बजे आ जाना, तब पोताला चलेंगे।"

"ठीक है। आप अगरबत्ती तो खरीदेंगे? मेरे परिचित दुकान से ले लें।"

"सस्ते में मिलेगा न?" मैंने अमेरिकी अन्दाज में पूछा। अगरबत्ती की दुकान पर पहुँचा कर श्रोंशी चला गया। अगरबत्तियाँ लेकर मैं मन्दिर में पहुँचा। अगरबत्ती और घी के दिये के कारण दीवार काले हो गये हैं और गोंद की तरह चिपचिपा भी। पहले भी ऐसा ही था। मैंने गौर किया कि यहाँ आये भक्त सभी तिब्बती हैं तथा पुरानी तिब्बती प्रथा के अनुरूप परिक्रमा कर रहे हैं। कुछ ने सामने चमड़े का मोटा चादर फैला रखा था ताकि घुटने में चोट न लगे या सीमेण्ट की फर्श से ठंड न लगे। इनके चेहरे पर भक्ति और निष्ठा के भाव थे।

अगले दिन भोर की प्रार्थना देखने के लिए मैं साढ़े पाँच बजे निकल पड़ा। बहुत ठंड थी और घना कोहरा भी। मेरा दुर्भाग्य, वहाँ पहुँचकर देखा कि सब सो रहे हैं, कुछ के नाक गरज रहे हैं और दो-तीन लोग बैठे-बैठे खाँस रहे हैं। लगभग सात बजे तक इंतजार करने के बाद मैं लौट आया।

आठ बजे रिसेप्शनिस्ट जैम-बटर-ब्रेड लेकर आयी और बोली, "गुड मार्निंग सर, सुना कि आप बहुत सुबह जागिंग करने निकले थे। सावधान रहिएगा, कहीं ठण्ड न लग जाये।"

'जागिंग' सुनकर विस्मय हुआ, हिमालय के इस कोने में भी अमेरिकी स्टाइल पहुँच गया है। मैंने कहा, "हाँ निकला था। अच्छा, जोखांग मंदिर का कोई प्रोग्राम नहीं है?"

"जोखांग सुबह आठ बजे खुलता है, प्रार्थना तथा पाठ होता है।"

"मैं वहाँ तक गया था, बहुतों को वहाँ सोते देखा।"

"वे बहुत दूर से आये हैं। उनकी मनौती होगी। प्रार्थना पूरी करके वे लौट जायेंगे। ल्हासा के स्थानीय लोगों को रात में ठहरने नहीं दिया जाता।"

स्पष्ट था कि पूजा की रीति बदल गयी है। सरकारी नियम मानने को सभी मजबूर थे।

श्रोंशी ठीक समय पर पहुँच गया। पहले हम जोखांग मंदिर पहुँचे। वहाँ प्रणाम-प्रार्थना शुरू हो चुका था। पुरोहित और भिक्षुगण निम्न स्वर में पाठ कर रहे थे। भेरी की नाद से जोखांग के देवता जाग गये थे। पीली टोपी वालों की कतार बद्ध होकर सिर और देह हिलाने में एक छन्द था। वहाँ एक घण्टा बैठकर पूजा देखा, फिर उठ पड़ा। श्रोंशी बोला, "देखा न, यहाँ सब पीली टोपी वाले हैं, तिब्बत की अन्य गुम्फाओं में लाल टोपी वाले मिलेंगे। तिब्बत के ये दोनों सम्प्रदाय मुख्य हैं।"

श्रोंशी से सहमति जताकर मैंने कहा, "टोपी का रंग अलग होने पर भी वे सभी एक ही बुद्ध के शरण में जाते हैं। चाहे यान कोई भी हो, गंतव्य स्थल तक पहुँचना ही असल बात है, है न?"

"आप ठीक कह रहे हैं, मेरे पिताजी भी यही कहते हैं।" श्रोंशी ने पहली बार अपने पिता का जिक्र किया।

बारखर का बाजार इलाका पार करने के बाद पोताला प्रासाद स्पष्ट दिखायी पड़ा। प्रासाद बिलकुल पहले जैसा ही था। मेरी धड़कनें तेज हो गयी। तभी देखा दो महिलाएँ काठ के चोंगे में चाय में मक्खन मिला रही थीं। उनके बाल करीने से काढ़े हुए थे, पहनावे में रंगीन वस्त्र और गले में मनका की माला। निगाहें मिलते ही उन्होंने जीभ निकालकर अभिवादन किया। एक की उम्र कम थी, दूसरी प्रौढ़ा। हम रुक गये, हमें रुकते देखकर वे उत्साहित हो उठे। हम चाय की दुकान में जा बैठे और चैंग देने को कहा। मेरी पुरानी कैलास यात्रा की छवि अब भी मन में जीवित है, किंतु ल्हासा में पुरानी छवियों को ढूँढ़कर निकालना पड़ता है। पुरानी पद्धति का नमकीन, मक्खन, चाय अब भी ल्हासा में मिल जाता है। किंतु अब वह प्राचीन परिवेश नहीं है।

दलाईलामाओं का तेरह मंजिला प्रासाद मारपोरी पहाड़ पर ठीक हमारे सामने था। मन में उदासी छा गयी कि १९५९ से यह प्रासाद दलाईलामा के नहीं बल्कि चीनी सेना के कब्जे में है। कभी यही प्रासाद गोलुक-पा सम्प्रदाय का प्राणकेन्द्र था।

पोताला प्रासाद अजायबघर की तरह जनसाधारण के लिए खुला रहता है। अजायबघर की तरह ही यहाँ प्रवेश के लिए टिकट काटना पड़ता है। पर्यटकों के लिए होटल या ट्रैवेल एजेन्सी टिकट की जिम्मेदारी लेते हैं। पर्यटकों के लिए प्रासाद का कुछ हिस्सा निषिद्ध क्षेत्र है। बाहर की चौड़ी सीढ़ियों से होकर ऊपर के बरामदे के अंधेरे घरों से होकर हमें सीधे ऊपर की छत पर लाकर छोड़ दिया गया। अंधेरे के बाद रोशनी और सीलन से भरपूर कमरों को पार करने के बाद छत के खुले आसमान के नीचे आकर हमें राहत मिली। छत पर हमें और भी आठ पर्यटकों का एक दल मिला। पोताला की इस छत से जोखांग मंदिर और उसका चबूतरा साफ गोचर हो रहा था, साथ ही यहाँ से पूरे ल्हासा शहर का दृश्य दिखता था।

पोताला प्रासाद के दो भाग हैं, एक सफेद प्रासाद, दूसरा लाल रंग का। सफेद प्रासाद में ही दलाईलामागण एक के बाद एक पुनर्जन्म लेकर निवास करते आये हैं,

वहीं से समग्र तिब्बत पर शासन करते थे। सलंग्न लाल प्रासाद में विभिन्न राजकीय मंदिर तथा दलाईलामाओं की मृत्यु के उपरांत स्वर्णालंकार द्वारा भूषित उनकी स्मृति-सौध तथा समाधि वेदी रक्षित है। गाइड श्रोंशी के यह शब्द मेरे कानों में पड़े, "चौदहवें दलाईलामा तेनजिंग गीयात्सो ने इसी प्रासाद में अपना बचपन बिताया। सन् १९५९ में उनके मंत्री और परामर्शदाता उन्हें लेकर भारत भाग गये।" सुना, एक कान से सुनकर दूसरे कान से निकाल दिया।

सफेद राजप्रासाद की छत से लाल राज-प्रासाद के ऊपर के सिंह-ड्रागन की पैगोडाओं का सुनहरा रंग आँखें चौंधियाँ देती थीं। पर्यटकों के कैमरे का क्लिक और फ्लश यहाँ की निस्तब्धता तोड़ती थी। छत से उतरकर हम लाल प्रासाद में आये। रोशनी के अभाव में दीवारों की सूक्ष्म नक्काशियाँ ठीक से दिखाई नहीं देती थी। भीतर के हर मंदिर की दीवारों पर तथा खंभों पर काले तेल का प्रलेप था। गाइड ने गर्व के साथ कहा, "इतनी अच्छी नक्काशियों को लकड़ी के कोयले का धुआँ और तेल-घी का दीपक जलाकर उन लोगों ने नष्ट कर दिया था। कल्चरल रिव्यूलेशन के बाद हम लोगों ने वह सब दकियानूसी त्यागकर चीन देश की इन अमूल्य सम्पदाओं की रक्षा की है। हम प्रयत्न कर रहे हैं कि दीवार चित्रों और तांखाओं को साफ करके प्लास्टिक में मढ़ने का ताकि उन्हें दीर्घ समय तक रखा जा सके।"

लगभग डेढ़ घण्टा पोताला के रहस्यमय कमरों का चक्कर लगाने के बाद हम बाहर निकले। इतना सुन्दर सजाया हुआ राजप्रासाद, किंतु भीतर जाते ही मुझे न जाने क्यों भुतहा लग रहा था, लगा कि चारों ओर से विदेही आत्माएँ आकर मेरे आसपास मंडरा रही हैं। और कह रही हैं मुक्ति दो.....मुक्ति दो....मुक्ति दो.....। शायद मैं बहुत भावुक हूँ या संवेदनशील, तभी ऐसा लगा। पुनः सीढ़ियाँ लाँघकर हम सड़क पर आ गये और जोखांग की ओर चले। अचानक मुझे याद आया कि जोखांग मंदिर में प्रवेश करते ही दाँयी ओर अष्टधातु की एक महाकाल मूर्ति थी और उसके बगल में और एक नारीमूर्ति संभवतः महाकाली। तिब्बत तथा नेपाल की मंदिरों में कोई भी भक्त प्रवेश कर सकता है। मूर्तियों का चरण-स्पर्श कर सकता है, भारत की तरह यहाँ पुजारी और पंडाओं के व्यवसाय का अवरोध नहीं है, अत्यधिक ठंडी जगह है इसलिए स्नान नहीं करना पड़ता है, जूता उतारना भी अनिवार्य नहीं है। अनायास मंदिर में प्रवेश कर मैंने महाकाल मूर्ति को लगभग अवहेलित दशा में पाया किन्तु यह न समझ सका कि महाकाली की मूर्ति कहाँ चली गयी? दिनभर जोखांग के बरामदे में बैठकर दर्शन करता रहा और प्रार्थना करता रहा 'जय शाक्यमुनि लाखांग, जयो शाक्यमुनि, जयो रिमपोचे, एक ही मूर्ति के अनेक नाम थे।

शायद श्रोंशी कुछ ऊहापोह में पड़ गया था। उसे शायद लग रहा था कि इस ग्राहक का ध्यान मंदिर में अधिक है और तिब्बत तथा ल्हासा में कम, अतः शायद उसे यह ग्राहक खोना पड़े। तभी उसने स्वयं ही प्रस्ताव रखा, चलिए आज तिब्बती रेस्तोराँ में भोजन करेंगे?"

"हाँ, अवश्य।" मैंने मुस्कुराकर जवाब दिया, उसके बाद आन्तरिक स्वर में बोला, "श्रोंशी, तुमसे मैं कुछ व्यक्तिगत प्रश्न पूछूँगा, चाहो तो उत्तर देना, चाहो तो मत देना, मैं बुरा नहीं मानूँगा।"

कुछ हिचक के बाद उसने कहा, "ठीक है, पूछिए।"

"क्या तुम तिब्बती हो यानी ल्हासा के रहने वाले?"

"हाँ, हम तिब्बती हैं। हम की-चू नदी के किनारे उचू गाँव के हैं, यहाँ से जीप में वहाँ जाने में एक घण्टा लगता है।

"तो फिर मैं तुमसे खुलकर बता दूँ। मैं तिब्बत आया हूँ तिब्बत देखने के लिए, यहाँ के लोगों से मिलने के लिए। मैं शंहाई, बेजिंग, हांग-कांग, जियांग, चेंदु गया हूँ, चीन देश घूमा हूँ—किंतु यहाँ आया हूँ तिब्बत देखने के लिए। तुम जहाँ तक हो सके मुझे तिब्बत का मूल रूप दिखलाओ, यह मेरा अनुरोध है। हाँ, अगर हो सके।"

मेरी बातें सुनकर श्रोंशी काफी देर तक सोचता रहा, फिर बोला—"आप मुझे थोड़ा समय दीजिए। मैं आधे घंटे के अन्दर लौट आऊँगा। आप उस दुकान में, जहाँ बाहर गैस पर खाना बन रहा है, भोजन के लिए चले जाइए, मैंने उनसे कह दिया है। फ्राइड-राइस, सूखी मछली, सब्जी, सब मिलेगा; भोजन के पहले तथा बाद में चाय भी।"

मैंने कहा, "ठीक है।" उस होटल का मालिक तिब्बती ही था।

आधा घण्टा नहीं, लगभग एक घण्टे बाद श्रोंशी लौट आया। उसके साथ एक वयस्क व्यक्ति भी था। श्रोंशी ने परिचय कराया, "मेरे पिता। पिताजी बहुत माइ डियर हैं। हम लोग गाइड हैं, हमें बॉस की हिदायत के अनुसार चलना पड़ता है। मैं सरकारी गाइड हूँ, इसलिए सभी प्रश्नों के उत्तर नहीं दे सकता। किंतु मेरे पिताजी उत्तर दे पायेंगे। हम पर्यटकों को ल्हासा में कहीं भी ले जा सकते हैं, यहाँ तक कि अपने घर भी बुला सकते हैं, चाय के लिए। किन्तु कोई दलाईलामा का आदमी या पत्रकार हो तो हमारे साथ विशेष अफसर भी रहते हैं। आप समझ ही रहे हैं कि हम भी इंसान हैं, हमें भोजन चाहिए, जिन्दगी चाहिए, हमें बच्चों का भविष्य भी देखना है। दलाईलामा के चले जाने के बाद से हम सिर्फ उम्मीद लगाये बैठे हैं, आजाद तिब्बत का सपना देखते हैं, दीर्घ पैतांलीस साल हो गये—हम सुनते हैं दलाईलामा पेरिस जा रहे हैं, लंदन जा रहे हैं, न्यूयार्क जा रहे हैं, सब उनसे सहयोग कर रहे हैं, स्वाधीन तिब्बत के लिए वे चीन सरकार पर दबाव डाल रहे हैं। दलाईलामा फिर ल्हासा लौट आयेंगे, पोताला के चारों ओर स्वाधीन तिब्बत के झण्डे फहरायेंगे। मालूम है, मेरी उम्र अब तीस साल है, और कितने दिन इंतजार करें? मेरे माँ-बाप पिछले जमाने के हैं, उनमें धीरज है जो हममें नहीं है। हममें से जो भी दलाईलामा की बातें करता है उसे सावधान कर दिया जाता है। कोई नेतृत्व दिखाने की कोशिश करता है तो रातोंरात उसका तबादला हो जाता है। कोई थोड़ी भी ज्यादती करे या हिम्मत दिखाए तो उसे गायब कर दिया जाता है।

"क्या आप जानते हैं कि इस ल्हासा में हम तिब्बतियों की संख्या आधे से भी कम है, यहाँ अधिकांश चीनी हैं। व्यवसाय-वाणिज्य में नयी सुविधाएँ पाने के लिए लगातार चीन के लोग ल्हासा में आकर बस रहे हैं। हमें ये सुविधाएँ नहीं दी जाती, कोई न कोई बहाना कर दिया जाता है।

"सर, यकीन मानिए हम भी इंसान हैं, हम भी जीना चाहते हैं। हम अपनी जमीन पर जी रहे हैं, मरना हो तो यहीं मरेंगे। हम शरणार्थी बनकर जीना नहीं चाहते। जीने का एक ही रास्ता है, शिक्षित होकर कुछ करने का। ये लोग कम से कम यह अवसर जरूर दे रहे हैं—अब देखा जाय भविष्य में क्या होता है।"

इतना कहकर श्रोंशी रुका और तभी हम तीनों के लिए भोजन परोसा गया जो हमारे सामने ही पकाया गया था—हलका खिचड़ी, आलू-गोभी का भूंजा, दाल-आलू-टमाटर की सब्जी। अलग कटोरी में सुअर का गोश्त। मैंने श्रोंशी से कहा, खाने का भुगतान मैं करूँगा, शरमाना नहीं, जो खाना चाहो खाओ। ऐसा कहने पर उसने एक बियर का आर्डर दिया।

श्रोंशी के पिता का नाम नहीं मालूम। भोजन करते हुए उन्होंने अपनी जुबान खोली, "कल रात जब शी (श्रोंशी के घर का नाम) से आपके बारे में सुना तब मुझे इतनी खुशी हुई जो मैं बयान नहीं कर सकता। भारत है तभी तिब्बत का धर्म टिका हुआ है। हमारे यहाँ तो दिन-ब-दिन धर्म-भाषा का अस्तित्व मिटता जा रहा है। भारत में तिब्बती धर्म और भाषा पूरी तरह जीवित है। महामना दलाईलामा तो हैं ही, तिब्बत के सभी ज्ञानी-गुणी लोग भारत में हैं। आप जो जानना चाहें मैं आपको बताऊँगा। मेरे चार बड़े भाई भारत में हैं, छोटा भाई काठमांडू में। मैं तीन बार काठमांडू गया हूँ।"

श्रोंशी ने मुझे एक आवश्यक जानकारी दी, "मेरा बॉस या कोई भी आपसे पूछे तो कहिएगा कि आप तिब्बती भाषा व स्वास्थ्य पर चर्चा करने आये हैं। सतर्क रहिएगा, धर्म, समाज और दलाईलामा की चर्चा सरकार पसंद नहीं करती।" उसने यह भी बताया कि मैं उसे शी कहकर संबोधन न करूँ क्योंकि मेरे साथ उसका आफिशियल सम्बन्ध है।

ल्हासा के रेस्तराँओं में पर्यटकों के लिए भोजन की दिक्कत नहीं थी, खासकर तिब्बती रेस्तराओं में। जब चाहे वहाँ जाकर आर्डर देने पर वे तुरंत बना देते हैं। आजकल माँस आसानी से मिल जाता है। चीनी सूअर का मांस ज्यादा पसंद करते हैं, सब्जी इस समय चीन से मंगायी जाती है।

भोजनोपरांत हम उठ पड़े। श्रोंशी के पिता ने मुझे भोजन के लिए धन्यवाद दिया, फिर शी से बोले, "इस भले मानुष को लोबशांग ताशि के साथ परिचय करा देना।" कहकर वे चले गये।

अपराह्न हो गया था, मेरी और घूमने की इच्छा नहीं थी। सुबह से जो देखा था उसे मन में पिरोना पड़ेगा, शनैः-शनैः सब देखना ठीक होगा। मैं होटल में लौट

आया। कमरे की हीटिंग व्यवस्था अच्छी थी, बाथरूम में गीजर भी लगा था। कालिंग बेल दबाते ही वेटर हाजिर होता। भारत के किसी भी स्टैंडर्ड होटल जैसा ही था यह होटल।

खिड़की की बगल में सोफा पर बैठकर बाहर देखते हुए मैंने सोचा कि पहले मैं किस हालत में यहाँ आया था और अब किस हालत में हूँ। उस समय देह तुच्छ था, मन और आत्मा एक रहस्यमय आध्यात्म जगत में विचरण करता था। आज होटल के बाहर की भयानक ठंड से मैं देह को बचा रहा हूँ, शरीर को हर तरह का आराम दे रहा हूँ, किंतु मन जिस रहस्य से घिरे ल्हासा को ढूँढ़ रहा है वह अभी नहीं मिला।

अगले दिन श्रोंशी के आते ही मैं उसके साथ निकल पड़ा और बारखर के रास्ते जोखांग मंदिर पहुँचा जहाँ पूजा-पाठ आरम्भ हो चुका था। खुशकिस्मती से आज एक पुरोहित ने मुझे बुलाकर कहा, "तुम यहाँ बैठकर ध्यान करो, कड़ाही में लकड़ी का कोयला जल रहा है, यहाँ कुछ गर्मी मिलेगी।" मैं बैठ गया, मेरी बगल में श्रोंशी बैठा। धीमी किंतु भारी आवाज में पाठ होता रहा, कभी-कभी घण्टा और ढोल की आवाज गूँज उठती। लगभग एक घंटा ध्यान करने के बाद पुरोहित की अनुमति लेकर हम उठ पड़े और बाहर से अगरबत्ती तथा मक्खन की मोमबत्ती खरीदकर देवता के उद्देश्य में वहाँ दे आये।

इस बीच जोखांग के चारों ओर की दुकानें खुल गयी थीं और लगता था कि वहाँ मेला लगा है। माला-पत्थर-घण्टा, वज्र-चक्र, पोशाक, नये और पुराने सामनों का एक विशाल बाजार था वह। पुराने पैसे और लामाओं के उपयोगी सामानों की दुकानें अधिक थी। उत्तर की फुटपाथ पर पहुँचकर हमने एक सुन्दर बुटिक की दुकान में प्रवेश किया। वहाँ श्रोंशी ने दुकान-मालिक लोबसांग ताशि से मेरा परिचय कराया। उन्होंने आग्रह के साथ मुझे दुकान की सामग्रियाँ दिखायी जिनमें तांखा, माला, बैग, पोशाक, खासकर टोपियाँ, जूते और लामाओं का विशेष वस्त्र शामिल था।

मैंने कहा, "मैं तो लामा नहीं हूँ, अतः क्या ये पोशाक में ले पाऊँगा?"

ताशिजी ने हँसकर कहा, "ये तिब्बती पोशाक हैं, लामा भी पहनते हैं और साधारण तिब्बती भी। पर्यटक लोग आजकल बहुत खरीदते हैं। विदेशों में भी ये भेजे जाते हैं।"

"विदेश में भी?" मैंने आश्चर्य से पूछा।

"जी हाँ। चीन सरकार के साथ यूरोप के बहुत से व्यवसायी व्यवसाय करते हैं, वे ही निर्यात की व्यवस्था करते हैं, हो भी क्यों न, हमारे सभी माल तिब्बत में ही हाथ से बनते हैं। आप हमारे दुकान का इतिहास सुनेंगे?"

"क्यों नहीं, कहिए।" मैंने आग्रह दिखाया। उन्होंने बगल की दुकान में तीन कप बढ़िया चाय भेजने को कहकर हमें स्टूल पर बैठाया और दुकान का इतिहास बताना शुरू किया।

"हमारे पास कुल पाँच दुकानें हैं। दुकान की सारी चीजें यानी शत-प्रतिशत चीजें हमारे मठ में लामाओं द्वारा बनाये जाते हैं। पहले के जमाने में वे ध्यान और प्रार्थना में ही दिन बिताते थे, किन्तु समय बदल गया है। पहले दलाईलामा और पांचेनलामा का शासन था, मठों का खर्च सरकारी खजाने से दिया जाता था। पापुलर सरकार किसी-किसी मठ को मरम्मत का खर्च तो देती है किन्तु भोजन की व्यवस्था भक्तों को करना पड़ता है। किसी तरह गुजारा हो रहा है, न जाने ऐसा कब तक चलेगा। माननीय दलाईलामा अब भारत में हैं, वहाँ जाकर वे बच गये। माननीय पांचेनलामा बारह साल चीन के कारागार में कैद रहने के बाद देह त्याग दिया।"

लोबशांक ताशिजी की बातें सुनकर मुझे हैरानी हुई कि चीन शासित ल्हासा में बैठकर वे बेहिचक ऐसी बातें कैसे कर पा रहे हैं। मैंने उनसे पूँछ ही लिया, "मैं पर्यटक हूँ, मुझसे ऐसी बातें कहने के लिए आप पर विपत्ति तो नहीं आयेगी?"

शायद श्रोंशी ने मेरी बातें उन्हें अच्छी तरह समझा दिया था जिससे वे ठठाकर हँस पड़े। हँसते हुए बोले, "शायद शी ने आपको मेरे बारे में नहीं बताया। मैं, लोबसांग ताशि, पांचेनलामा का शिष्य हूँ, दीर्घ बीस वर्ष जेल में रहने के बाद सन् १९७९ में मुझे छुटकारा मिला। महामना पांचेन लामा के देहत्याग के बाद चीन सरकार ने मुआवजा के तहत पांचेनलामा की मूल मॉनस्टरि (मठ) ताशि लुम्पो के लामाओं को जीवन निर्वाह के लिए एकमुश्त कुछ रुपये दिये थे। मैं कमेटी में हूँ, उसी रुपये से हमने पाँच बुटिक खोला। बारखर के इन दुकानों से जो आय होती है उसी से हम मठ का सारा खर्च चलाते हैं।"

"आपने कमेटी की बात कही, इस बारे में कुछ खुलासा करें।"

चायवाला चाय दे गया, असली तिब्बती चैंग। स्वाद के लिए नहीं, बल्कि इसे पीते हुए लगता था कि तिब्बत की गंध शरीर में प्रवेश कर रही है। पुराने बांस का चोंगा, एक चोंगे में तीन-चार प्याली चाय। चाय-सुड़कते हुए ताशिजी ने पुनः शुरू किया, "कमेटी यानी हम जो लोग पहले विभिन्न मठ व आश्रमों के परिचालन मंडली में थे, उनमें से अनेक को अच्छे आचरण तथा अच्छे चरित्र के लिए सरकार ने जेल से रिहा किया था। उन्हीं को लेकर सरकार ने एक नया मठ-परिचालन मंडली बनाया। इसमें सरकारी प्रतिनिधि भी हैं, असल में उनका ही वर्चस्व है, हम खानापूर्ति के लिए हैं। लेकिन हमारे पास विद्या है, शिक्षा है, अनुभव है, सरकार हमारी बातें पूरी तरह नजरअन्दाज नहीं कर सकती। हम जो लोग लामा संन्यासी हैं, सभी बिना वेतन के काम करते हैं, लेकिन हमारे खान-पान, पोशाक और यातायात खर्च सरकारी भत्ते से मिलता है। मैं इन बुटिकों (दुकानों) की देखभाल करता हूँ, कुछ लोग भाषा की शिक्षा देते हैं, कुछ ने पूजा-पर्व का दायित्व लिया है, मठ की शिक्षा तथा परम्परा जीवित रखने के लिए हम जैसे बुजुर्गों को बुलाया जाता है।"

"इससे तो लगता है कि अब सब कुछ पूर्ववत् चल रहा है।"

"तिब्बत के दो महाज्ञानी गुरु, एक पांचेनलामा देहत्याग कर चुके हैं और दूसरे दलाईलामा भारत में शरणार्थी बनकर रह रहे हैं जिससे तिब्बत आज गुरुहीन है, ऐसे में कैसे कहूँ कि सब कुछ पूर्ववत् चल रहा है। इससे अधिक मैं कुछ नहीं बता पाऊँगा, शेष आप अपनी आँखों से ही देखें।"

उन्हें धन्यवाद कहकर तथा कुछ माला-तांखा आदि निशानी खरीदकर हम दुकान से निकले। ताशिजी ने मेरे नाम का एक मुहर बनाकर मुझे भेंट में दिया।

लोबसांग ताशि की यह बात मुझे अच्छी लगी थी कि 'शेष आप अपनी आँखों से ही देखें'। मैंने यह बात मान ली और अपनी आँखों से देखना शुरू किया। विवेचन नहीं, शिकायत नहीं, सिर्फ देखना।

अगले दिन हम फिर जोखांग मंदिर पहुँचे। पुजारी ने हमें आज भी आसन पर बैठाया। प्रार्थना के बाद हमने एक बार चाय पी, उसके बार ल्हासा के नये इलाके में आये जिसे न्यू-ल्हासा भी कहा जा सकता है। यहाँ सब कुछ नया था, मकानें, दुकानें आदि। माइक और रेडियो की आवाज के बीच सड़क पर भीड़-भाड़ थी। ल्हासा के पुराने क्षेत्र में और इस इलाके में काफी अन्तर था। यह क्षेत्र किसी चायना-टाउन की तरह लग रहा था। लोग आधुनिक लिबास में थे। राह में और दुकानों में तिब्बतियों से अधिक चीनी नजर आ रहे थे। बेतरतीब ढंग से इस क्षेत्र का विकास हुआ था। यह इलाका मेरे होटल से ज्यादा दूर नहीं था।

एक नये अस्पताल के सामने रुककर श्रोंशी ने बताया कि इस अस्पताल में उसके मामा कार्यरत हैं। यदि पर्यटकों को स्वास्थ्य और शिक्षा के विषय में जानने की रुचि हो तो इस नये अस्पताल का परिदर्शन करने की उन्हें इजाजत है।

हम अस्पताल में दाखिल हुए। आउटडोर की भीड़ के बीच से होकर श्रोंशी मुझे भीतर के एक कमरे में ले गया। वहाँ उपस्थित मेडिकल अफसर ने अभिवादनोपरांत सीधे अंग्रेजी में कहा, "मुझे खेद है कि आज मुझ पर काम का बहुत दबाव है, ज्यादा वक्त नहीं दे पाऊँगा। मैंने सुना कि आप भारत के बाहर रहने वाले भारतीय हैं, हमारे बारे में आपने बहुत कुछ सुना होगा जो अधिकांश पत्रकार बढ़ा-चढ़ाकर लिख देते हैं, सब नेगेटिव। हम लोगों ने बहुत अच्छे काम भी किये हैं और कर रहे हैं, इस बारे में भी आपको जानकारी देना जरूरी है। विदेशी पर्यटक हमारी भाषा नहीं जानते, इसलिए वे गैर-सरकारी लोगों से बे-सिर-पैर की बातें सुनकर उस पर नमक-मिर्च लगाकर रपट बनाते हैं और अखबारों में छाप देते हैं। मेरे पास आज समय नहीं है, नहीं तो आपको सब घुमाकर दिखाता। संक्षेप में मैं आपको कुछ महत्त्वपूर्ण जानकारी देना चाहूँगा। हमारी सरकार इस देश में स्वास्थ्य और शिक्षा की विकास के लिए बहुत प्रयास कर रही है। हर जिले में और महकमें में नये-नये स्कूल और अस्पताल बनाये गये हैं लेकिन स्कूलों में कोई आना नहीं चाहता। चीन एक विशाल

देश है, राष्ट्रीय एकता और सम्पर्क के लिए चाहिए राष्ट्रीय भाषा। किंतु ये लोग चीनी भाषा कतई नहीं सीखना चाहते। शिक्षित न हों तो उन्हें सरकारी नौकरी मिलेगी कैसे? सरकारी परियोजनाओं के अनुसार हमने ग्रामीणों को आकुपंचर सिखाने के लिए 'बेयरफुट डॉक्टर' परिकल्पना शुरू की, किन्तु वहाँ भी कोई नहीं आता। हम क्या करें? हम ल्हासा को नये सिरे से संवारना चाहते हैं। चीन के और प्रदेशों की तरह ऑटोनोमस तिब्बत व्यवसाय-वाणिज्य से जुड़े, विकास करे, सरकार यही चाहती है। हम चाहते हैं कि देश के लोग शिक्षित होकर सरकारी नौकरियों में आयें। और एक बात आपको बता दूँ। क्या आपने लोबसांग ताशि की दुकानों को देखा है? वे लामा हैं और चोटसोक कमेटी में हैं। चोटसोक सरकार की धार्मिक संस्था है। यह कमेटी तिब्बत के सभी मठ-मंदिर-आश्रम-पाठकेन्द्रों की परिचालना करती है। किस संस्था के लिए कितना धन मंजूर किया जाय या कितना व्यय होगा इसकी जिम्मेदारी इस कमेटी पर है। विदेशी लोग कहते हैं कि हम कम्यूनिस्ट हैं, इसलिए धर्म की अवहेलना करते हैं। असलियत यह नहीं है, इस कमेटी के जरिये हम लोग तिब्बत की परम्परा को बनाये हुए हैं। मैं आपको तिब्बत की उन्नति की वर्तमान तथा भविष्य की रूपरेखा विस्तार से बता सकता हूँ किंतु मुझे दुःख है कि आज मैं बहुत व्यस्त हूँ, अतः और समय नहीं दे पा रहा हूँ। आप हमारे थर्ड अफसर से मिलिए, वे आपको अस्पताल दिखा देंगें।''

एक साँस में इतना कहकर उन्होंने हमसे विदा ली। थर्ड अफसर ही श्रोंशी के मामा थे, उनका चेहरा ही बता रहा था कि वे तिब्बती हैं। यहाँ मिस्टर फलाने या किसी का नाम लेकर सम्बोधन करने का रिवाज नहीं था, ओहदे को अहमियत दी जाती। अस्पताल में घुसते ही कोई अफसर ऐसा भाषण देगा यह मेरी सोच से परे थी। श्रोंशी ने बताया कि यही सरकारी नीति है, कौन कहाँ बैठकर क्या कर रहा है समझना मुश्किल है।

थर्ड अफसर यानी श्रोंशी के मामा सज्जन व्यक्ति थे। उन्होंने हँसकर कहा, ''आप पूछिए जो पूछना हो, मैं जवाब दूँगा।''

प्रश्न : सुना है तिब्बत में जितने भी मठ और विहार हैं उनके रख-रखाव की जिम्मेदारी लोबसांग ताशि जैसे प्रवीण लामाओं पर है?

उत्तर : हाँ, अपने ठीक ही सुना है, लेकिन इन लामाओं की कोई क्षमता नहीं है। आजकल मठों की मरम्मत की जा रही है क्योंकि वे ही तिब्बत के मूल आकर्षण हैं।

प्रश्न : आपके एक अधिकारी ने बताया कि बहुत से स्कूल खोले गये हैं, लेकिन कोई पढ़ने नहीं आता। क्या यह सच है?

उत्तर : हाँ, इसकी मूल वजह है भाषा। चीनी भाषा सीखना अनिवार्य है। तिब्बती सोचते हैं कि चीनी भाषा में पढ़ाई करने से बच्चे अपनी भाषा भूल जायेंगे और चीन चले जायेंगे।

प्रश्न : गाँव के अस्पतालों में रोगी क्यों नहीं आते?

उत्तर : सामान्य बीमारियों में लोग अस्पताल नहीं आते, रोग जब बढ़ जाता है तब आते हैं। दूसरे बेयर-फुट डाक्टर कठिन बीमारियों का इलाज नहीं कर पाते क्योंकि उन्हें बेजिंग में मात्र तीन महीने की शिक्षा दी जाती है। मैं भी बेजिंग में था, सात साल तक ऐनाटॉमी और फिजिओलॉजी सीखने के बाद आकूपंचर सीखा। एक वजह और है, तिब्बतियों को चीनियों पर विश्वास नहीं रह गया है।

प्रश्न : इसकी वजह?

उत्तर : दो कारण हैं। पहला, १९५९ में शिक्षा और संस्कृति के नाम से इन्होंने तिब्बत की भारी क्षति की है। दूसरा, सन् १९८७-८८ में तिब्बत के स्वतंत्रता सेनानियों पर जो अमानवीय अत्याचार हुआ उसे लोग अब भी नहीं भूले हैं।''

अपने अधिकारी के बयान के विपरीत इन्होंने खुल्लमखुल्ला जो जानकरी दी उससे चौंक कर मैंने पूछा,''अच्छा, आप जो ये बातें बता रहे हैं इसमें आपको विपदा की संभावना नहीं है?''

वे स्मित मुस्कुराए, फिर बोले, ''विपदा का जोखिम तो हर कदम पर है, फिर भी हम कहते हैं—पर्यटक को समझकर। चीनी सांस्कृतिक क्रान्ति के नाम से १९५९ से शुरू हुआ था तिब्बती धर्म और संस्कृति ध्वंस करने की लीला। उसी समय पुराने धर्म-नेताओं पर अकथनीय उत्पीड़न चलाकर उन्होंने जबर्दस्ती चीनी नीति थोप दी। हजार-हजार तिब्बती नेपाल तथा भारत चले गये। कोई प्राचीन ज्ञानी-गुणी अब तिब्बत में नहीं है। वे सब तिब्बत से बाहर चले गये। अक्तूबर १९८७ में नवीन पीढ़ी ने तिब्बत की स्वतन्त्रता और ल्हासा को चीनियों से मुक्त करने के लिए विक्षोभ प्रदर्शन किया और इन आंदोलकारियों को भून डाला गया। जुलूस में शामिल होने वालों को जेल भेजा गया। १९८८ के मार्च तक यह जुल्म चलता रहा। आज पूरे तिब्बत और ल्हासा में कोई भी युवा नेता नहीं है। जो युवा थे उन्हें नौकरी देकर तिब्बत से बाहर भेज दिया गया। राजधानी ल्हासा और तिब्बत की आर्थिक उन्नति के बहाने बाहर से चीनियों को लाकर बसाया गया और उन्हें अब भी लाया जा रहा है। ल्हासा में अब लगभग सत्तर प्रतिशत चायनीज हैं। जोखांग और पोताला प्रासाद की परिक्रमा के समय आप तिब्बती देखेंगे लेकिन वे बाहर से लाये गये हैं, विभिन्न पर्वतीय क्षेत्रों से। नया ल्हासा भर गया हैं सिचुयान, किंघइ, यूनान आदि क्षेत्रों से आये चीनियों द्वारा और सेना से लेकर इस अस्पताल तक को चलाने वाले सभी आये हैं राजधानी बेजिंग से। उन्हें मालूम है कि हमारी रीढ़ की हड्डी अब टूट चुकी है, हम पर्यटकों को जो भी बताएँ उससे उनकी कोई क्षति नहीं होगी। उल्टे वे बाहर की दुनिया में प्रचार कर रहे हैं कि देखो, ये लोग स्वतंत्र हैं, चीन अधिकृत स्वाधीन तिब्बत। विदेशी पर्यटक आते हैं, घूमते हैं, तस्वीरे खींचते हैं और सोचते हैं कि तिब्बती मजे में हैं, सब ठीक-ठाक है। नयी पीढ़ी ने चीन सरकार को मान लिया है। लेकिन हाँ, हम कुछ भी कहें, सरकार को भनक मिल जाती है। जब तक न हम

दलाईलामा की संस्था, जनसभा, भड़काऊ भाषण अथवा बेजिंग सरकार की खुल्लमखुल्ला विरोधिता में लिप्त होते हैं तब तक तिब्बतियों के खिलाफ अब सरकार कुछ नहीं करेगी।

हाँ, मैंने आपको मन की कुछ बातें बता दी, क्योंकि आप भारतीय हैं, गाँधीजी के देश के हैं। अतीत में स्वयं भगवान बुद्ध से लेकर नारूपा, मार्पा, मिलारेपा, पद्मसंभवा तक सभी महान भारतीय दर्शन से आलोकित हुए हैं, अतः आपका दर्शन पाना भी पुण्य की बात है। हाँ, अब चलिए, आपको हमारा यह अस्पताल दिखा दूँ।"

उन्होंने मुझे अस्पताल का विभिन्न कक्ष और विभाग दिखाया। आउटडोर में लाइन लगा था, सुबह लाइन के लिए टिकट बँटता था। महिलाओं की अलग व्यवस्था थी। दुर्घटना-सर्जरी के उपकरण सब नये और आधुनिक थे। बच्चों के विभाग में न्यूट्रिशन और वैक्सिनेशन पर विशेष ध्यान दिया जाता था। छूत की बीमारी के लिए अलग बिल्डिंग था जहाँ हम नहीं गये। परिवार नियोजन यहाँ बहुत ही सफल रहा है। अत्याधुनिक उपकरणों से युक्त था यह अस्पताल और यहाँ के डॉक्टर भी अनुभवी एवं कुशल थे। यहाँ स्कैनिंग की व्यवस्था की जा रही थी। यह ल्हासा का पहला अत्याधुनिक सुविधायुक्त अस्पताल था। सब देखने के बाद मैंने पूछा, "इन रोगियों में तिब्बतियों की संख्या कितनी है?"

"बहुत ही कम।" वे बोले, "लेकिन दुर्घटना घटने पर तिब्बतियों को यहीं आना पड़ता है। प्रसव के केस भी काफी आते हैं। जो भी हो, यह अस्पताल हमारे लिए बहुत आवश्यक था।"

उन्हें धन्यवाद देकर हम बाहर निकले। मैंने श्रोंशी को उस दिन के लिए छोड़ दिया। यह एक इत्तफाक था कि मुझे एक ही विषय पर चीनी विचार और एक स्वदेशी तिब्बती का विचार मिल गया था।

अगले दिन हम पोताला परिक्रमा के लिए निकले। रोज की तरह हम पहले जोखांग पहुँचे जहाँ आज पूजा का विशेष आयोजन था क्योंकि आज पूर्णिमा थी और पद्मसंभवा का आविर्भाव दिवस भी। होटल से तड़के निकलने के बावजूद मंदिर में पूजा के बाद पोताला परिक्रमा के रास्ते तक पहुँचने में नौ बज गये। इस रास्ते को लिंखोर कहते हैं। मंदिर परिक्रमा की तरह यहाँ साष्टांग नहीं होना पड़ता। भक्त प्रासाद की दीवार स्पर्श कर, उस पर माथा ठोंककर चक्र घुमाते हुए बीजमंत्र जाप करते हैं या मणिमंत्र गुनगुनाते हुए आगे बढ़ते हैं। लिंखोर पहुँचकर देखा, बहुतों ने परिक्रमा शुरू कर दी थी। विभिन्न रंग के पोशाकों में यात्री आये थे, सभी तिब्बती थे, यह देखकर मुझे अच्छा लगा। श्रोंशी बोला, "ये लोग दूर से आये हैं, ये असल में

अशिक्षित हैं, इन्हें शायद नहीं मालूम कि पोताला प्रासाद में राजा नहीं हैं। किसके लिए ये परिक्रमा करते हैं?"

उसकी पीठ पर हाथ रखकर मैंने आत्मीय ढंग से कहा, "इन्हें अशिक्षित न कहकर कहो ये सरल और सीधे ग्रामीण हैं। प्रासाद में चतुर्दश दलाईलामा नहीं हैं तो क्या हुआ, उनके पूर्वज सभी दलाईलामा की समाधियाँ तथा मंदिर प्रासाद के अन्दर ही है, उन्हीं के उद्देश्य से यह भक्ति प्रदर्शन किया जाता है। तुम्हारे परदादा नहीं हैं, तो क्या उनके प्रति श्रद्धा निवेदन करना पाप होगा?"

मेरी ओर देखकर श्रोंशी हँसकर बोला, "आप सचमुच ज्ञानी हैं, मैं आपकी बात मानता हूँ। क्या यही भारतीय दर्शन है?"

मैंने संक्षिप्त उत्तर दिया, "हाँ।"

मैंने साष्टांग प्रणाम किया, उसके बाद हम परिक्रमा करने लगे। साथ-साथ चलते हुए श्रोंशी ने कहना शुरू किया, "हमारे आसपास जो लोग हैं उनमें कोई भी ल्हासा का नहीं है, मैं देखते ही पहचान लेता हूँ। ल्हासा में अधिकांश चीनी हान हैं, वे तीर्थ करने नहीं आते। और तमाम आंदोलन, अत्याचार और दंड भुगतने के बाद ल्हासा के स्थानीय लोग खुलेआम धर्म-चर्चा करने से डरते हैं। अब मठ और आश्रम खोले जा रहे हैं, सरकार अतीत को पुनः जगाने की कोशिश कर रही है।

"सामने जो बराबर कद वाले लम्बे बाल और लाल फीता बाँधे लड़के-लड़कियाँ दिखायी दे रहे हैं, वे चांग-तांग से आये हैं, वह यहाँ से उत्तर में है तथा यहाँ से अधिक सर्दी रहती है वहाँ। वे हमेशा भेड़ के चमड़े की पोशाक पहनते हैं। उनके बगल में चमड़े का बेल्ट बाँधे जो दो महिलाएँ हैं, वे सांग की हैं, खेती-बाड़ी उनकी आजीविका है। उधर देखिए, काला कोट-काला पतलून और वेस्टर्न फिल्म के अमेरिकी काउबॉय की तरह टोपी पहने—वे याक और भेड़ के कारोबार में अच्छा पैसा कमाते हैं, वे लिथांग से आये हैं। लिथांग क्षेत्र खाम के पूरब में है। चलिए आपको एक चीज दिखाऊँ, चाल बढ़ाकर उनसे आगे बढ़िए।"

हमने कुछ लोगों को ओवरटेक किया तो कानों में "कुचि कुचि" शब्द सुनाई दिये। श्रोंशी हँसकर बोला, आपको 'कुचि-कुचि' का अर्थ मालूम है?"

"नहीं"।

"इसका मतलब है "दो दो" यानी कुछ दे जाओ, अर्थात् भीख मांग रहे हैं। परिक्रमा के समय कोई किसी को ओवरटेक नहीं करता, जो करते हैं वे अवश्य टूरिस्ट हैं। पर्यटकों से भीख मांगने की मनाही नहीं है। आपने अवश्य देखा होगा ल्हासा में भिखारियों की संख्या बहुत कम हो गयी है, यह चीन सरकार की उपलब्धि है। हमारी दाँयी ओर के उस झुंड को देखिए, खूबसूरत और सरल लोग, वे तिब्बत के वीरपुत्र हैं, खाम्पा। वे भी खाम् क्षेत्र में रहते हैं। वे वीर और योद्धा होते हैं, चीन सरकार भी उनसे डरती है। १९५९ में जब चौदहवें दलाईलामा भारत की आरे भागे,

तब इन लोगों ने ही पीछे की चीनी फौज को रोक रखा था। ये लोग खाम प्रदेश के यायावर हैं, ये वीर और धार्मिक हैं। हम सभी मानते हैं कि खाम्पाओं ने ही तिब्बत की विशेषता को संभाल कर रखा है।''

मैंने श्रोंशी से कहा कि अब किसी को ओवरटेक न करे। परंपरा का सम्मान करना चाहिए।

पोताला परिक्रमा सम्पन्न करने में हमें ढाई घंटे लगे। बारखर पहुँचकर हमने चाय पी, फिर होटल की ओर चल पड़े। होटल के निकट पहुँचकर श्रोंशी ने विनय के साथ कहा, ''नयी ल्हासा में आजकल अच्छी-अच्छी सुन्दरी चीनी लड़कियाँ उपलब्ध हैं। ल्हासा में आर्मी हेडक्वार्टर है तथा काफी व्यवसायी हैं, असल में उन्हीं के लिए यह नया मुहल्ला पनप उठा है। हम गाइड हैं, सारी सूचनाएँ हम देते हैं, इसीलिए आपको बताया।''

मैंने कहा, ''धन्यवाद। कल फिर मुलाकात होगी।''

देखते-देखते कई दिन बीत गये थे। इस बीच पुरानी ल्हासा और नयी ल्हासा को मैंने अच्छी तरह देखा। यह स्पष्ट हो गया था कि ल्हासा की राजनीति, वाणिज्य, धर्म और संस्कृति पूरी तरह पापुलर या पीपल्स ऑफ चायनीज गवर्नमेण्ट द्वारा परिचालित होता है। राजधानी देखकर भी पूरे देश की हालत का अन्दाज लग जाता है।

ल्हासा देखने के बाद मैंने ल्हासा से बाहर जाने का कार्यक्रम बनाया।

ल्हासा से कुछ ही दूरी पर सेरा और द्रेपुंग नामक दो बौद्ध विहार हैं तथा लगभग पचास किलोमीटर की दूरी पर गानदेन नामक तीसरा मठ। दलाईलामा के समय ये तीनों मठ सम्पूर्ण तिब्बत में दर्शन और धर्म के मूल केन्द्र थे। पांचेन लामा की धार्मिक संस्था शीगात्से में थी।

बहुतों का मानना है कि सेरा बौद्ध विहार लामाओं का मूल शिक्षा केन्द्र था। विस्तृत क्षेत्र में फैले इस विहार में पाँच महाविद्यालय थे और तर्कशास्त्र तथा अति उन्नत प्रकार के ज्ञान योग की शिक्षा में किसी समय यह विहार शीर्ष में था। सेरा गेलुक-पा सम्प्रदाय का पीठस्थान भी था। १९५९ में जब चौदहवें दलाईलामा प्राण बचाकर भारत चले गये उस समय इस मठ में लगभग नौ हजार संन्यासी थे। इस मठ में लामाओं के अतिरिक्त तिब्बत की रक्षावाहिनी भी रहती थी। यही मठ तिब्बती सेना का मूल शिक्षाकेद्र था तथा दलाईलामा के सुरक्षाकर्मी यहीं से तैयार किये जाते थे। इसी कारण दलाईलामा को पोताला प्रासाद से भागने के बाद सेरा मठ पर चीनी पी. एल. ए. ने आक्रमण किया था। चीनी पीपल्स लिबरेशन आर्मी ने सोचा था कि मठ में तिब्बत की फौज होगी, इसीलिए उन्होंने खास प्रकार के कमान से हमला किया था। उस हमले में मठ में रहने वाले शिक्षार्थी संन्यासी और देशप्रेमियों में बहुतों

की जानें गयीं। जो बच गये वे आहतों को लेकर भागने को मजबूर हुए। मठ में गोला-बारूद के चिह्न और ध्वंसावशेष अब भी मौजूद हैं। चीनी हमले के बाद सेरा मठ और बौद्ध विहार का सारा कार्य बन्द कर दिया गया। तिब्बत के सेरा बौद्ध विहार के सारे कार्यकलाप कानून बनाकर पूरी तरह बन्द कर देने से भारत के लामा और तिब्बती, दलाईलामा को मानने वाले भारतीय तथा उनके भक्तों ने आहत होकर भारत की जमीन पर 'नवीन सेरा बौद्ध विहार' बनाने का निश्चय किया और यह खुशी की बात है कि कर्नाटक के बिलाकुप में बने इस विहार का लोकार्पण सन् १९९६ में हिज होलीनेस चौदहवें दलाईलमा ने स्वयं किया। दिसम्बर में आयोजित उस भावभीनी अनुष्ठान में शरीक होने का सौभाग्य मुझे भी हुआ था। कर्नाटक के बिलाकुप के शरणार्थी शिविर के तिब्बतियों तथा स्थानीय जनता को माननीय दलाईलामा ने आन्तरिक बधाई और धन्यवाद दी थी और भाव-विह्वल हो पड़े थे।

सन् २००० में जेनेवा की एक सभा में माननीय दलाईलामा ने मुझसे कहा था, "भारत के बिलाकुप के सेरा बौद्ध विहार में धर्मशिक्षा, खासकर तर्कशास्त्र की शिक्षा पुरानी परम्परा पर कायम हो सकी है क्योंकि तिब्बत की सेरा विहार के अधिकांश गुरु और अध्यापक भारत आ गये थे, हालाँकि उनमें से बहुत से ज्ञानी गुरु अब जीवित नहीं हैं। शायद वे ही नव-जन्म लेकर भारत की मिट्टी में तिब्बती बौद्ध धर्म की रक्षा कर रहे हैं।"

चीन सरकार अब तिब्बत के सेरा विहार को सजाने संवारने में जुटी है। भक्त शिल्पी दीवार की नक्काशी, तांखा और मूर्तियों की मरम्मत कर रहे हैं। ये कारीगर तिब्बती हैं। यहाँ के मूल कक्षों को नये ढंग से सज्जित किया जा रहा है। सैकड़ों ग्रामीण जुटे हैं टूटी दीवारों और छतों की मरम्मत के लिए। पर्यटक भी आते हैं, वे भी सरकार पर दबाव डालते हैं कि विहार को पहले जैसा बनाया जाये।

यह देखकर अच्छा लगा कि मूल मंदिर अक्षत ही था। 'हायग्रीवा' भी अक्षत हालत में मौजूद था।

श्रोंशी ने सेरा के प्रधान पुरोहित से मेरा परिचय कराया। उन्होंने कहा, "मिलारेपा-आर्पा-नार्पा जैसे गुरुओं ने महाज्ञानी अतीश गुरु से ज्ञान प्राप्त किया था। कोलकाता में अवश्य ही उनका बड़ा मंदिर होगा?"

मैंने खेद जताया, "नहीं, कोलकाता या उसके आसपास अतीश दीपंकर का कोई मंदिर नहीं है। उन्हें आप लोगों ने ही जीवित रखा है। हाल में मैंने तिब्बत गुरु मिलारेपा पर एक नाटक लिखा है जिसका मंचन कोलकाता के विभिन्न मंचों में हो रहा है। हमारी कोशिश है कि मिलारेपा दर्शन का प्रचार किया जाये।"

मेरी बात सुनकर वे बहुत खुश हुए और मुझसे श्रद्धा के साथ बोले, "रात में आइये, साथ भोजन करेंगे और आपकी बातें सुनेंगे।"

मैं तो राजी था, किंतु श्रोंशी ने कहा, "हमने गाड़ी बुक की है दो मठों में जाने के लिए, अभी ड्रेपुंग जाना है और रात में होटल में लौटना ही है, नहीं तो दिक्कत

होगी। अगर आप यहाँ आना चाहते हैं तो बाद में प्रोग्राम बनाना पड़ेगा।'' लगा कि पुरोहित कुछ कहना चाहते थे, किंतु बोल नहीं पाये।

सेरा में अब नौ हजार के स्थान पर केवल दो सौ लोग थे। मंदिर, मठ, चोरतेन और विद्यालयों का वह विशाल क्षेत्र सूनसान था। जब विभिन्न कोर्स के लिए बीच-बीच में छात्र आ जाते तब छात्रों की कुल संख्या चार सौ करीब होती। छात्र तीन महीने, छह महीने या एक साल के लिए आते। पहले छात्र दस से बीस साल तक यहाँ रह जाते थे। समय बदल गया था। शायद यही युगधर्म था। सेरा में दो घण्टे बिताकर हम द्रेपुंग के लिए प्रस्थान कर गये।

रास्ते में पेट्रोल लेने के लिए हम एक पेट्रोल पम्प पर रुके। वहीं एक रेस्तोराँ था जिसका मालिक नेपाली था। जीप रुकते ही नेपाली दम्पत्ति बाहर निकल आये और हाथ जोड़कर बोले, ''नमस्ते''। श्रोंशी ने भोजन का आर्डर दिया—भात, दाल, चिकेन, आलू की भूँजिया। उसने बताया कि यहाँ नेपाली भोजन बहुत सस्ते में मिल जाता है।

नेपाली मालिक ने, जिसे श्रोंशी ने 'बहादुर' कहकर सम्बोधन किया था, मुझसे कहा, ''नेपाली ग्राहक अक्सर मिल जाते हैं, भारतीय ग्राहक एकदम नहीं मिलते। मैं बहुत बढ़िया खाना बनाऊँगा, आपको हमेशा याद रहेगा। एक घण्टा समय लगेगा।''

एक घण्टा समय काटने के लिए मैं श्रोंशी के साथ निकट के गाँव में दाखिल हुआ। यहाँ पचास-साठ घर थे, पत्थर की नींव पर मिट्टी की दीवाल और ऊपर खपरे का छज्जा। बच्चे बाहर खेल रहे थे। दो ग्रामीणों ने जीभ निकालकर हमारा अभिवादन किया। अरसा पहले देखे गये दृश्य जैसा ही था तिब्बती गाँव का यह दृश्य।

श्रोंशी ने मेरा भ्रम तोड़ा। उसने बताया, ''इस गाँव में ज्यादातर नेपाली रहते हैं। ल्हासा में दो पुराने सम्प्रदाय अच्छा धंधा कर रहे हैं, ये काठमांडू भी जाते हैं, बेजिंग भी, और मौका मिलने पर स्मगलिंग भी करते हैं। ये सम्प्रदाय हैं नेपाली और तिब्बती मुसलमान। व्यवसायी हैं, देश के उत्थान-पतन से इन्हें कोई सरोकार नहीं। ये दलाईलामा के समय भी थे, आज भी हैं।''

गाँव के नेपालियों का अदब-कायदा तिब्बतियों जैसा था, वे वहाँ की आबोहवा में घुल-मिल गये थे। वहाँ लौटकर हमने खाना खाया, खाना लज़ीज था। बहादुर ने मेरे लिए दो चपाती भी बनायी थी। उसे धन्यवाद देकर हम पुनः आगे बढ़े।

कुछ देर बाद दूर से द्रेपुंग बौद्ध विहार दिखायी दिया। बहुत सुंदर पहाड़ को खोदकर बनाया गया दुर्ग जैसा। धूल उड़ाकर जब जीप तोरण पर पहुँचा तब चारों ओर से लामाएँ दौड़े आये और राह के दोनों ओर हाथ जोड़कर खड़े हो गये मानो कोई वी. आई. पी. आया हो। श्रोंशी, ड्राइवर और सरकरी जीप वे पहचानते थे। एक वयस्क लामा ने आगे बढ़कर अभिवादनोपरांत पूछा, ''आप के लिए भोजन का इंतजाम करूँ?''

"नहीं, हम भोजन कर चुके हैं।"

"तो फिर जाते समय चाय पीकर जाइएगा। सुना आप बंगाल से आये हैं, आप पाली भाषा जानते हैं, सुनकर अच्छा लगा। मैंने भी एक साल सीखा था, अब कोई शिक्षक नहीं है। मेरे पास ल्हासा से टेलीफोन आया था, मुझे आपको ड्रेपुंग की नयी शिक्षा व्यवस्था के बारे में बताना है....।"

मैंने उनको टोंका, "आपने अपना परिचय नहीं दिया।"

"मैं यहाँ का सहकारी अध्यक्ष हूँ, हमारे अध्यक्ष ल्हासा में रहते हैं। यह विशाल क्षेत्र ड्रेपुंग बौद्ध विहार का है। यह विहार तिब्बत में सबसे बड़ा, पवित्र और प्रसिद्ध है। पोताला से भी इसका यश अधिक है। दूसरे, तीसरे और चौथे दलाईलामा यहीं रहते थे, यहीं से वे इस विशाल देश में शासन करते थे। तब पोताला प्रासाद नहीं था। प्रासाद बनना शुरू हुआ था पाँचवें दलाईलामा के समय, वे यहीं से प्रासाद निर्माण की परिकल्पना और कार्य की देखरेख करते थे। उनकी समाधि पोताला में है, दूसरे, तीसरे और चौथे दलाईलामा की समाधि और मंदिर इस विहार में है। चौथे दलाईलामा के जमाने तक ड्रेपुंग को तिब्बत की राजधानी कहा जाता था। यह देखिए, सन् १४१६ में बना मूल मंदिर, प्रासाद और विहार। यहाँ चार महाविद्यालय थे और राज्य शासन के लिए विशाल कक्ष। यहाँ से दलाईलामा के प्रतिनिधि खाम, आमदों और दूर भारत के लद्दाख तक जाते थे। लद्दाख का बौद्ध विहार इसी के अनुरूप है....।"

वे कहते गये और मैं आँखें भरकर देखता रहा तिब्बत का अद्भुत स्थापत्य। अंदर करीने से सजाया हुआ भित्तिचित्र, तांखा, मूर्ति और छोटे-छोटे ताखों में हजारों पुस्तकें। आसपास बहुत से मंदिर, स्तूप और हवा में लहराते झंडे। दूर में दो टूटे मंदिर दिखायी पड़े। मेरा ध्यान उधर से हटाकर सरकारी सह-अध्यक्ष ने अपना रटा-रटाया भाषण जारी रखा, "यहाँ चारों ओर जमींदार और प्रशासकों का आवास था। यहाँ लगभग आठ हजार लोग स्थायी रूप से निवास करते थे। किन्तु तब यहाँ चिकित्सा की कोई व्यवस्था नहीं थी, केवल अमीरों और विशिष्ट लामाओं के लिए एक चिकित्सा केन्द्र था, गरीबों के बारे में कोई नहीं सोचता था। अब यहाँ आकूपंचर के लिए बेयरफुट सेण्टर खुला है, आकुपंचर की ट्रेनिंग दी जाती है। शिक्षा पर सरकार की पैनी नजर है, सबको शिक्षित बनना पड़ेगा। देश में कोई भिखारी नहीं रहेगा। धर्म के नाम पर सामन्तवादी सरकार गरीबों की अवहेलना करती थी और अपने स्वार्थ की रक्षा करती थी। अब स्थिति भिन्न है, सब कुछ बदल गया है। १९५९ के बाद एक विशाल सांस्कृतिक व आर्थिक आन्दोलन के जरिये गरीबों को मुफ्त में कृषियोग्य जमीन दी गयी जिससे तिब्बत अब रेगिस्तान नहीं, यहाँ मैदानों और पहाड़ों में गेहूँ और सब्जियाँ उगाई जा रही हैं.....।"

"आप उस खण्डहर के बारे में कुछ बताएगें?"

वे कुछ असमंजस में पड़े, फिर बोले, "तिब्बत के विकास के लिए जब चीनी सेना गरीबों की मुक्ति के लिए आगे बढ़ी तब धनी और अवसरवादियों ने विघ्न डाला था। चीनी मुक्तिवाहिनी ने कमान दागकर उन्हें ठंडा किया था, वह खण्डहर उसी का चिह्न है। आप समझ ही रहे हैं कि युद्ध एकतरफा नहीं होता।"

"यहाँ तो पहले निहत्थे शांतिकामी लामा और संन्यासी रहते थे, उनके विरुद्ध कमान क्यों दागना पड़ा?"

"लामा शांतिकामी थे, किंतु उनके पीछे सामन्तवादी सरकार का हाथ था।"

"एक और प्रश्न—इस मठ को चलाने के लिए आपको ट्रेनिंग और शिक्षा कहाँ मिली?"

"मैं तीन साल बेजिंग में था, उसके बाद चेंगदु में पहला पोस्टिंग, वहाँ साल भर रहने के बाद प्रमोशन पाकर यहाँ आया। मेरी मातृभाषा तिब्बती है। सरकारी भाषा चीनी। भविष्य में हमें एक ही भाषा अपनानी होगी। पुराने ग्रंथों का चीनी अनुवाद का काम चल रहा है, इससे जन-साधारण को सुविधा होगी....।"

मुझे और कुछ नहीं जानना था। बौद्ध विहार पर तोप के गोले का दाग मुझे पीड़ित कर रहा था। वहाँ के घर-द्वार, मंदिर, छोटी-छोटी गलियाँ और पहाड़ी सौन्दर्य आँखों से ओझल होकर एक ही दृश्य कौंध रहा था, हजारों निरीह ब्रह्मचारी संन्यासी और धार्मिक नेताओं के खून से यहाँ कभी खून की नदी बही थी।

साथ बैठकर चाय पीने के बाद हम ल्हासा के लिए वापस मुड़े। रास्ते में रामचे मंदिर में पन्द्रह मिनट रुके, वहीं एक तिब्बती चाय की दुकान में तिब्बती चाय पीकर हम ल्हासा पहुँचे और मैंने जीप छोड़ दी, श्रोंशी को भी छोड़ दिया। कमरे में पहुँचकर मैं पसर गया। मन को स्थिर नहीं कर पा रहा था।

मैं और दो दिन ल्हासा में रुका। जोखांग मंदिर क्षेत्र और पोताला प्रासाद के सिवा यहाँ सबकुछ 'मेड इन चाइना' था। सड़क पर चीनी जनता, रेडियो में चीनी गीत, चीनी भाषा में दुकानों और सड़कों के साइनबोर्ड। विदेशी पर्यटकों की सहूलियत के लिए कहीं-कहीं चीनी के साथ अंग्रेजी भी, किंतु तिब्बती भाषा कतई नहीं। दरअसल ये साइनबोर्ड चीनी सेना, चीनी व्यवसायी और चीनी कर्मचारियों के लिए लगाये गये थे। पोताला प्रासाद भी दिल्ली-जयपुर-आगरा-हैदराबाद अथवा एथेन्स, रोम, पेरिस, प्राग आदि शहरों के राजमहलों की तरह नुमाइश की चीज थी, गाइड इतिहास बताते, धर्म और दर्शन की चर्चा नहीं करते। वे दलाईलामा का पूरा नाम भी कम ही लेते, कहते छठे दलाई, सातवें दलाई आदि।

ल्हासा से बाहर निकलने की योजना बनाने के लिए मैं टूरिस्ट दफ्तर पहुँचा। मुझे माथापच्ची नहीं करनी पड़ी, पर्यटन अधिकारी के पास तयशुदा प्रोग्राम थे। वहाँ

दो जर्मन अपने जर्मन गर्लफेण्ड के साथ मौजूद थे, यानी चार लोग। अतः तय हुआ कि हम पाँचों एक ही गाड़ी से जायेंगे, इससे खर्च कम होगा। हमने साथ बैठकर तय किया ल्हासा के उत्तर में पहाड़ी ट्रेकिंग के लिए जायेंगे, नामसरोवर तक। हम सब खुश थे। गाइड, गाड़ी, ड्राइवर आदि का खर्च शेयर हो जायेगा। पर्यटन अधिकारी भी खुश थे क्योंकि ऐसे विदेशी पर्यटक दलाईलामा, धर्म, राजनीति पर खोद-खोद कर सवाल नहीं करते। चार दिन और तीन रात का प्रोगाम बना, सारा खर्च पाँच हिस्से में बाँटा जायेगा, मुझे एक हिस्सा देना होगा। पहली रात गेस्ट हाउस में, दूसरी और तीसरी रात कैम्पिंग, कुल खर्च प्रति व्यक्ति बीस डॉलर। अधिकारी ने बताया कि वहाँ से बुक करने के कारण हमें बहुत फायदा हुआ है, बाहर से करते तो दुगुना लगता।

कार्यालय से बाहर निकलकर श्रोंशी ने कहा, "आपकी किस्मत अच्छी है। वे आपको अकेले गनदेन विहार जाने की अनुमति नहीं देना चाहते थे।"

अगली सुबह हम रवाना हुए। मैंने अपना सामान होटल में ही रखवा दिया क्योंकि चार दिन बाद यहीं लौटना था। बड़ी जीप थी, ड्राइवर समेत हम कुल सात लोग थे, सामने तीन और पीछे चार लोग बैठे। ड्राइवर ने कहा कि जीप में दस-ग्यारह लोग भी आसानी से बैठ जाते हैं। दोनों जर्मन कपल (असल में बायफ्रेंड और गर्लफेंड) का नाम मार्क-जुडिथ और हान्ज-एलजा था। एडवेंचर पर निकले थे। चारों हँसमुख थे। वे दूसरे होटल में टिके थे जहाँ से जीप उन्हें ले आयी थी। जीप की छत पर तम्बू और उनके बैग रखे थे।

गाड़ी चल पड़ी। आज का प्रोग्राम था नरबुलिंका प्रासाद और ल्हासा का नया मार्डन टाउन होकर गानदेन विहार तक जाना, दोपहर का भोजन वहीं करेंगे।

कुछ दूर जाने के बाद गाइड ने अपना भाषण शुरू किया किंतु जीप की घड़घड़ाहट में उसकी आवाज दब रही थी और जर्मन उससे दुबारा कहने को कह रहे थे। तब श्रोंशी ने माइक थामा और कहने लगा, "यह देखिए, ल्हासा का आधुनिक इण्टरनेट साइट बिल्डिग, तिब्बत में ऐसी इमारत पहली बार बनी है। एवेन्यू को देखिए, साफ-सुथरा, चौड़ा, बेजिंग के बहुत से दफ्तर इसी मार्ग में हैं। पुराने ल्हासा के साथ इस नवीन ल्हासा की तुलना नहीं हो सकती, जमीन-आसमान का फ़र्क है। चीन के सभी राष्ट्रीय उत्सव यहीं मनाये जाते हैं और सेना का वार्षिक उत्सव भी। वे अनुष्ठान देखने लायक होते हैं। तिब्बती नव-वर्ष का त्यौहार यानी शाक्यमुनि का त्यौहार और दूसरे पारम्परिक त्यौहार जोखांग मंदिर में मनाये जाते हैं यानी पुरानी ल्हासा में।"

एक चीनी रेस्तोराँ के सामने चाय पीने और नयी ल्हासा की तस्वीरें खींचने के लिए जीप रोकी गयी। उसके बाद हम नरबुलिंका की ओर बढ़े।

"यह देखें दलाइयों का गृष्मावास—नरबुलिंका प्रासाद पोताला की तुलना में यह कुछ नहीं, किंतु इसकी निर्माण-विधि और दरवाजे देखने योग्य हैं।"

वह आगे कहता गया, "ल्हासा शहर के पश्चिम के इस भाग में घास और जंगली पौधों से ढका एक जलाशय था, वह छोटा जलाशय असल में एक गर्म पानी का सोता था। पानी का तापमान नहाने के उपयुक्त था। सातवें दलाई पाँव के दर्द से पीड़ित थे, यहाँ आकर कई बार नहाने के बाद उन्हें आराम मिला था। उसके बाद हर साल गर्मियों में वे यहाँ नहाने के लिए आते। इस खबर को सुनकर उस समय के चीनी प्रतिनिधि (द रेसीडेंट कमीश्नर फ्राम दी किंग डायनास्टी) ने यहाँ एक छोटा-सा घर बना दिया ताकि दलाई जब यहाँ नहाने के लिए आयें तब उन्हें तकलीफ न हो। उस घर का नाम उनावपोझांग रखा गया।

"उसके बाद सातवें दलाई ने स्वयं ही एक और विशाल भवन बनवाया, उसका नाम रखा गेसांगपोझांग। आगे चलकर पुराने जलाशय को चारों ओर से घेरकर पवित्र स्नान कुंड बना। गर्मियों में यहाँ की आबोहवा सुखद होती है। तब से दलाई लोग बचपन से लेकर अठारह वर्ष तक की आयु तक गर्मियों में यहीं रहकर शिक्षा प्राप्त करते थे।"

उसकी बातें सुनते-सुनते मेरे मन में बहुत पुरानी बातें कौंध उठी थीं। यही पर मैंने पहली बार चौदहवें दलाईलामा श्रीमत् तेनजिंग गीयात्सो को देखा था। वह दृश्य, वह अनुभव मुझे एकबार झकझोर गया। मैं आत्मचिंतन में कुछ तन्मय हो पड़ा था जब किसी ने मेरा सपना तोड़ा, "चलिए, गाड़ी में बैठिए।" वह श्रोंशी था।

जीप में बैठकर मैंने आखिरी बार नरबुलिंका प्रासाद को देखा। जीप आगे बढ़ी। मुझे लगा दलाईलामा के रूप में उस नवीन संन्यासी को जैसे सैकड़ों शृंखलाओं से घेरकर रखा गया था, दुनिया देखने की आजादी उस नवीन संन्यासी की नहीं थी। धर्म और तपस्या के बंधन में वे बंधे थे। आज वे ही धर्मशाला, गया, फ्रांस, अमेरिका में दिखायी देते हैं, एक सम्पूर्ण अलग व्यक्ति। पोताला और नरबुलिंका के बाहर एक मुक्त पुरुष। तिब्बती बौद्ध धर्म की तंत्रधारा और कालचक्र का दीक्षा गुरु आज प्रचार-प्रसार में लगे एक कर्मयोगी हैं।

जीप एक घाटी से गुजर रही थी।

मेरे मन में एक प्रश्न था, मौका पाकर मैंने श्रोंशी से पूछा, "तुम दलाई-दलाई क्यों कह रहे थे? तुम तिब्बती हो, तुम्हें तो उनके प्रति सम्मान रखकर दलाईलामा कहना चाहिए।"

"हाँ, मैं तिब्बती हूँ, लेकिन चीन सरकार का गाइड और दुभाषिया। हमें बेजिंग में ट्रेनिंग दी गयी है, उसी के अनुसार चलने को हम मजबूर हैं। वहाँ के लैंगुयेज गाइड और आर्किटेक्चर स्कूल ने हमें जो सिखाया है, हम उसी भाषा का व्यवहार करते हैं। हमारे प्रधान सचिव का नाम आपने सुना होगा—मिस्टर झांग हुइझेन, चायनीज और टिबेटन हिस्ट्री के प्रोफेसर, बहुत बार अमेरिका गये हैं।"

"ठीक है, धन्यवाद। तुम्हारे पास इतने क्वालिफिकेशन हैं, वाकई प्रशंसनीय है।"

घाटी का दृश्य मनोरम था। दूर में अनजान पहाड़ों की बर्फीली सफेद चोटियाँ। कभी-कभी छोटे-छोटे गाँव पड़ते। केवल जीप की आवाज एकरसता ला रही थी।

दूर में पहाड़ की दीवार खोदकर बनाये गये कुछ घर दिखायी पड़ते ही श्रोंशी ने उस ओर सबका ध्यान खींचा, "वह देखिए गानदेन मॉनस्तरी। बहुत सुंदर है।"

अभी विहार कुछ दूर था। लेकिन दूर से ही चौंकाने वाला अद्‌भुत प्राकृतिक सौंदर्य ने हमें मोह लिया, वहाँ एक अविस्मरणीय भास्कर्य का नजारा था। तीन पहाड़ी दीवारों पर बनी थी मानव-निर्मित बहुत-सी अविश्वसनीय अट्टालिकाएँ। कुछ निकट पहुँचने पर और भी हैरानी हुई। लगता था कि किसी जादूगर ने अलग स्थान पर इन भवनों का निर्माण कराकर उड़ने वाले दैत्यों के जरिये उन्हें लाकर यहाँ पहाड़ पर टांग दिया था। इसका स्थापत्य पोताला से भी उन्नत था। सन् १४०९ में गेलुक-पा सम्प्रदाय के प्रतिष्ठाता धर्मवीर त्सोंखापा की यह एक ऐतिहासिक कृति थी। चार हजार तीन सौ मीटर की ऊँचाई पर वृत्ताकर पहाड़ की दीवार पर बने इस बौद्ध विहार का आकर्षणीय सौन्दर्य हमें स्तंभित करने के लिए काफी था।

श्रोंशी को कुछ कहना नहीं पड़ा। सूर्योदय की तरह गानदेन बौद्ध विहार अपने सौन्दर्य से स्वयं ही उद्‌भासित था। मेरे सहयात्री जीप से उतरकर फोटो खीचने लगे और मैं उस सौंदर्य को अपने मन में और शरीर के हर कोष में भरने लगा। अचानक जूडिथ ने मुझसे कहा, "तुम कैमरा नहीं लाये? अफ़सोस मत करना, जर्मनी लौटकर मैं तुम्हें फोटोग्राफ्स की एक प्रति भेज दूँगी।"

मैंने कहा, "धन्यवाद। कैमरा के ये फोटो यहीं रह जायेंगे, साथ नहीं जायेंगे। मैं इन्हें अपने मन की गहराई में भर रहा हूँ, यहाँ सौन्दर्य मेरे हर कोष में समा गया है, अगले जन्म में भी इस सौन्दर्य का स्पंदन मैं अनुभव करूँगा।"

"तुम पुनर्जन्म मानते हो?"

"हाँ।"

"तुम भाग्यवान हो, क्योंकि तुम हो भारतीय हिन्दू।"

विशाल तोरण पार करके जीप पार्किंग स्थल पर खड़ी हो गयी। हम उतरे। पीला कम्बल ओढ़े पाँच-छह तरुण संन्यासी वहाँ खड़े थे। उन्होंने आगे बढ़कर हमारा स्वागत किया और हमें एक हॉल में ले आये। हॉल बहुत बड़ा था, दूर में अभयमुद्रा में भगवान बुद्ध की विराट प्रतिमा हमें आशीष दे रही थी। दीवार पर असंख्य तांखा लटके थे। बगल का कमरा पाठागार था जहाँ सुसज्जित ताखों में सैकड़ों धार्मिक पुस्तकें करीने से सजाकर रखी गयी थी। सुनहरा, पीला, नीला और लाल इत्यादि उज्जवल रंग से भित्तिचित्र में बुद्धदेव की जीवनी, मारा और मंडला के आकर्षक चित्र बनाये गये थे। हॉल के हर खंभे को अति यत्न से रंगा गया था। पूजा की हर सामग्री इतनी चमकदार थी मानो वे बिलकुल नयी हों। इतने यत्न से करीने से उन्हें सजाया गया था देखकर आश्चर्य होता था। इसके पीछे अकथ परिश्रम और शिल्पी—सुलभ

मनोभाव रहा होगा। दिन की रोशनी यहाँ अच्छी तरह आती थी, अतः सूक्ष्म नक्काशियाँ भी आसानी से गोचर होती थीं।

एक प्रौढ़ संन्यासी आगे बढ़ आये, मालूम हुआ कि वे ही इस मठ के प्रधान हैं। मैंने दण्डवत् प्रणाम किया, बाकी लोगों ने उनसे हाथ मिलाया। उन्होंने मुस्कराकर सविनय मुझसे पूछा, "क्या आप भारतीय हैं?"

"जी हाँ।"

"हमारी प्रार्थना और पाठ सम्पन्न हो गयी है, अब सभी लड़के भोजनालय में चले गये हैं। यदि आप चाहें तो उन्हें बुला सकते हैं, वे कांगीउर पाठ कर सुनायेंगे।"

"नहीं, उन्हें बुलाने की आवश्यकता नहीं।"

"तब चलिए, भोजन किया जाये।"

"मुझे आपत्ति नहीं है, लेकिन श्रोंशी से पूछना पड़ेगा।"

"मुझे आपत्ति नहीं है।" श्रोंशी बोला।

"भोजनोपरान्त यदि आप लोग चाहें तो यहाँ के पुनर्निर्माण कोष में कुछ दान कर सकते हैं जो इस मठ के काम में आयेगा।"

हम सम्मत हो गये।

वे हमें कालेज के भोजनालय में ले आये जो एक और हॉल था। वहाँ दो सौ से अधिक छात्र मौजूद थे किंतु बिलकुल चुप्पी थी। हम लोग भी भोजन के लिए बैठ गये। परोसा गया जौ का सत्तू, उबले आलू और पत्तागोभी का रसा।

भोजनोपरांत मठाध्यक्ष ने मठ के विषय में विभिन्न जानकारियाँ दी। गानदेन मठ तिब्बत का सबसे बड़ा शिक्षा केन्द्र था। १९५९ में यहाँ संन्यासियों (भिक्षुओं) की संख्या लगभग साढ़े पाँच हजार थी। सेरा और द्रेपुंग विहार भी ऐसे ही थे लेकिन शिक्षा व्यवस्था में यही सबसे उन्नत था। माननीय दलाईलामा के शिक्षागुरु और दीक्षागुरु का चयन इसी मठ से किया जाता था। यहाँ की एक और विशेषता यह है कि यहाँ के मठाध्यक्ष या प्रधान लामा का चयन पुनर्जन्म की प्रथा के अनुसार नहीं किया जाता था, तिब्बत में जितने भी मठ हैं उनमें जो सर्वश्रेष्ठ होते उन्हें ही गानदेन का मठाध्यक्ष बनाया जाता था, यानी वास्तविक योग्य व्यक्ति का चयन होता था।

मठाध्यक्ष की बातें मुझे अच्छी लग रही थी, किंतु साथी पर्यटक चाहते थे वे सब कुछ अपनी आँखों से देखें, तस्वीरें खींचे, वीडियो में यहाँ की हर चीज क़ैद करके ले जायें। उनका कहना था कि बाजार में तिब्बत के विषय में पुस्तकों की भरमार है, बस उन्हें छाँटकर पढ़ना पड़ता है। हम देखने आये हैं, अपनी आँखों से जो कुछ देख सकें देखेंगे। इन पर्यटकों की अवज्ञा नहीं की जा सकती थी। अतः श्रोंशी उठा, मठ को घूमकर देखना होगा, इतिहास की जरूरत नहीं। दुर्भाग्यवश मठाध्यक्ष अंग्रेजी या नेपाली नहीं जानते थे। मैंने उठते हुए पूछा, "एक सवाल, शिक्षा-दीक्षा के अतिरिक्त यहाँ मुझ जैसा तीर्थयात्री या तिब्बती तीर्थयात्री आकर क्या करते हैं?"

"वे यहाँ आकर इस प्रधान मंदिर के अभय और आनंदस्वरूप भगवान बुद्ध का दर्शन करते हैं, जो आप लोगों ने किया। दर्शन के बाद वे लिंखोर पथ परिक्रमा करते हैं जैसे कैलासनाथ में सभी परिक्रमा करने जाते हैं।"

श्रोंशी ने उनकी उक्ति अनुवाद करने के बाद कहा, "लिंखोर ट्रेकिंग के लिए ही हम यहाँ आये हैं। चलिए, हमारे साथ पंद्रह-बीस स्थानीय लोग भी जायेंगे। हमारा ट्रेकिंग होगा और उनका पुण्य।"

गानदेन वाकई एक विस्तृत क्षेत्र में फैला था, इसे मठ नहीं, मठ-गाँव कहना ही उचित होगा। एक के बाद एक मंदिर, तोरण और चोरतेन या स्तूपों की भरमार। सर्वत्र संन्यासी और ब्रह्मचारी नजर आ रहे थे। अच्छा ही लग रहा था लेकिन मुझे एकाएक धक्का लगा। कुछ नये मकानों के बाद भूकम्प से ध्वस्त हुए मकानों की तरह बहुत बड़ा ध्वंसस्तूप देखकर मैं विस्मय से ठिठक गया।

श्रोंशी ने बिना द्विधा के बताया, "१९५९ साल में यहाँ चीनी सेना का कोई उपद्रव नहीं हुआ था। लेकिन सन् १९६६ में एकाएक पीपल्स लिबरेशन आर्मी ने यहाँ धावा बोलकर बम फेंके, इसी के फलस्वरूप मूल मंदिर के संलग्न सभी भवन धराशायी हो गये। मठ का लगभग आधा हिस्सा धूल में मिल गया। लेकिन हर्ष की बात है कि यहाँ के संन्यासी, ग्रामवासी, ल्हासा का तिब्बती सम्प्रदाय सबने नये उद्यम से एकजुट होकर चंदा इकट्ठा कर श्रमदान द्वारा इस महिमामंडित गानदेन मठ को पुनर्जीवित किया। बहुत कोशिशों के बावजूद शिल्पकला बचाया नहीं जा सका। आजकल चीन की सांस्कृतिक कमेटी लामा शिल्पियों को उत्साहित कर रहे हैं यहाँ के भित्तिचित्र, तांखा और मंडलाओं को फिर से स्थापित करने के लिए।"

मैंने मन ही मन सोचा कि तिब्बत यदि यथार्थ ही चीन का हिस्सा है तो यह ध्वंसलीला चीन का ही बहुत बड़ा नुकसान है। समझ में नहीं आता कि इस ध्वंस के पीछे कैसे सांस्कृतिक विप्लवियों का हाथ था।

ल्हासा से निकलने के बाद मन कुछ हल्का हुआ था, यहाँ का ध्वंसस्तूप देखकर फिर बोझिल हो उठा। लिंकर करने से शायद कुछ हल्का हो सोचकर श्रोंशी से कहा, "चलो, परिक्रमा पर चलो।"

लिंकर या लिंखोर यानी गानदेन मठ का पहाड़ी रास्ता। एक ओर ध्वंसस्तूप और दूसरी ओर पहाड़ी घाटी का सुरम्य दृश्य। सांस्कृतिक क्रांति के नाम से चीनी सेना ने यहाँ जितने भी मंदिर और मनुष्यों को ध्वंस किया हो, वे यहाँ की नैसर्गिक दृश्य को जरा भी नहीं बिगाड़ सके।

मठाध्यक्ष और श्रोंशी ने आपस में सलाह करने के उपरांत हमें बताया कि जर्मन ग्रुप ज्यादा ट्रेकिंग करना चाहते हैं इसलिए श्रोंशी उन्हें लेकर दूर के प्लेटफार्म तक सीधें जायेगा ताकि वे वहाँ से वीडियो तस्वीरे ले सकें। उसके बाद वे वहाँ से उतरकर जीप लेकर शा क्षेत्र में पहुँचकर कैम्पिंग कर रात बितायेंगे। सुबह ड्राइवर वहाँ से जीप लेकर आयेगा और मुझे ले जाकर दल से मिलाएगा। एक दिक्कत यह भी थी कि मैं

स्लीपिंग बैग नहीं लाया था, श्रोंशी एक अतिरिक्त स्लीपिंग बैग लाया तो था लेकिन ड्राइवर को उसकी जरूरत पड़ेगी क्योंकि शा क्षेत्र में भयंकर शीत लहरी चलती है।

मुझे यह आयोजन और प्रस्ताव बहुत अच्छा लगा क्योंकि मेरी हार्दिक इच्छा गानदेन में रात बिताने की थी। मठाध्यक्ष को मालूम था कि मैं भारतीय हूँ, वे भी चाहते थे कि मैं वहीं रहूँ। मैंने श्रोंशी से कहा, ''चले जाओ, मुझे कोई दिक्कत नहीं होगी।''

श्रोंशी उन्हें लेकर आगे बढ़ गया। मेरे साथ आठ ब्रह्मचारी संन्यासी रह गये थे, तिब्बती भाषा में इन्हें त्राबा कहना ही उचित होगा।

गानदेन मठ और उपत्यका के साथ लद्दाख के लामायारु मठ और उपत्यका का काफी सादृश्य है। यहाँ का मनोरम दृश्य देखते हुए आगे बढ़े। त्राबाओं का दल फुदकते हुए मेरे आगे-आगे चल रहे थे। उनमें से एक नेता टाइप का त्राबा मेरे साथ धीरे-धीरे चल रहा था। उसे थोड़ी नेपाली आती थी, उससे परिचय के बाद मालूम हुआ कि उसके पिता ल्हासा में व्यवसाय करते हैं, अक्सर नेपाल जाते हैं, वह भी कई बार नेपाल गया है जिससे बोलचाल के कुछ शब्द सीख गया है।

यह तीर्थयात्रियों के परिक्रमा का पथ था, इसीलिए राह में अक्सर चोरतेन और माला-पताकाएँ दिखतीं। लगभग एक घण्टा चलने के बाद हम काफी ऊँचाई पर एक समतल क्षेत्र में पहुंचे। त्राबाएँ वहाँ एक स्तूप के पास जाकर खड़े हो गये। वहाँ चारों ओर हड्डियाँ और कंकाल बिखरे पड़े थे। स्पष्ट था कि वह स्थान श्मशान-मंच था। इस क्षेत्र का सबसे ऊँचा स्थान। यहाँ शव दाह की रीति नहीं है क्योंकि दाह के लिए लकड़ी चाहिए और इस ठंडी जगह में घास भी नहीं उगता। पथरीली जमीन पर कब्र देने के लिए गड्ढा खोदना भी असंभव था, इसके लिए चाहिए था बुलडोजर जैसा यंत्र। इसलिए स्थान के हिसाब से मृतदेह संस्कार की अजीब व्यवस्था थी—शव को काटकर छोटे-छोटे टुकड़ों में गिद्ध या चील के लिए ऊँचे स्थान में फेंक देना। इस स्थान को स्वर्ग-मंच कहते थे। यहाँ से दूर का दृश्य अत्यंत मनोरम था किंतु दुर्भाग्यवश यहाँ बैठना नामुमकिन था क्योंकि हवा बहुत ही ठंडी थी। इसलिए हमने वापसी का रास्ता पकड़ा। रास्ता एक ही था, जिस रास्ते हम आये थे।

लगभग तीन घण्टा चलकर हम मठ में लौट आये। मठाध्यक्ष शायद हमारे लिए ही बाहर इंतजार कर रहे थे, उनके साथ एक वयस्क सज्जन थे जिन्हें नेपाली और हिन्दी आती थी तथा कामचलाऊ अंग्रेजी भी। यहाँ सरकारी ओहदे पर न होने से कोई अपना नाम नहीं बताता था, मैंने भी नाम नहीं पूछा। यह स्पष्ट था कि मठाध्यक्ष और मेरे बीच दुभाषिये की भूमिका के लिए उन्हें बुलाया गया था।

मुझे वे सीधे शाक्यमुनि के मन्दिर में ले आये। विशाल मूर्ति की दांयी ओर के एक दरवाजे से हम संलग्न एक छोटे से कमरे में जाकर बैठ गये। एक छोटी खिड़की से जो रोशनी अन्दर आ रही थी वह काम चलाऊ थी। हमारे बैठने के [illegible] एक त्राबा केटली में चाय ले आया। मुझे बताया गया कि इसी कमरे [illegible]

व्यवस्था है। सोने के लिए घास का गद्दा था और ओढ़ने के लिए दो कम्बल। बांस के गिलास में चाय उड़ेला गया। उसके बाद मठाध्यक्ष ने सीधे प्रश्न किया, ''मुझे उपहार देने के लिए महामना दलाईलामा की कोई तस्वीर लाये हैं?''

''नहीं, मुझे दलाईलामा की तस्वीर लाने के लिए मना किया गया था।''

''ठीक। तस्वीर जो लेता है वह अपराधी है, जो देता है वह भी अपराधी। फिर भी बहुत लोग लाते हैं, हम भी आड़ में ले लेते हैं।'' कहते हुए वे हँस पड़े।

इसके बाद उन्होंने पूछा, ''क्या आपने हमारे तिब्बत-प्रधान दलाईलामा को स्वयं देखा है?''

''जी हाँ, उनसे मेरी घनिष्ठ साक्षात्कार हुई थी।''

मेरा उत्तर सुनकर दोनों ही उत्साहित होकर मेरा हाथ छूकर अपनी छाती में स्पर्श कराते रहे मानो उन्हें कोई दैवी प्रसाद मिल गया हो। उसके बाद उन्होंने प्रश्नों की झड़ी लगा दी। मान्यवर दलाईलामा के स्वास्थ्य से लेकर और तमाम प्रश्न, यहाँ तक कि अगले जन्म में वे भारत में ही रहेंगे या तिब्बत लौट आयेंगे। —ऐसे प्रश्न जिनका उत्तर देने में मैं अक्षम था। बहुत से प्रश्नों का उत्तर न मिलने पर भी जैसे वे प्रश्न पूछकर ही शांति पा रहे थे।

शाम को सूर्यास्त से पहले ही रात के भोजन की भेरी बजायी गयी। हम उठकर भोजन के लिए गये। दलिया और चावल की खिचड़ी और उसके साथ आलू-गोभी की सब्जी। भोजनोपरान्त सब त्राबा अपने-अपने कमरे में चले गये, पहले प्रार्थना फिर निद्रा। यहाँ बिजली न होने के कारण पहले जैसा नियम ही लागू था।

मठाध्यक्ष और उनके साथी मेरे साथ मेरे कमरे में आये। गद्दे के बगल में एक मोमबत्ती और माचिस रखकर वे बोले, ''इन्हें मैं दफ्तर से लाया हूँ ताकि आपको असुविधा न हो। टॉयलेट के लिए मैदान जाना ही ठीक होगा। यूँ बच्चों के टॉयलेट साफ-सुथरे हैं, लेकिन ठंड और अंधकार में आपको वहाँ जाने में दिक्कत होगी। हम आपसे दलाईलामा के विषय में और भी बातें जानना चाहते हैं।''

मैंने कहा, ''मैंने तो आप लोगों को उनके बारे में ढेर सारी जानकारियाँ दी। अब मेरे कुछ प्रश्न हैं, आप कृपा करके उत्तर दें तो मुझे प्रसन्नता होगी। जिस प्रश्न का आप उत्तर न देना चाहें, मौन रहिएगा, मैं समझ जाऊँगा कि मेरा प्रश्न ठीक नहीं था।''

वे सम्मत हुए। मैंने पूछा, ''क्या गानदेन का यह मठ पहले जैसा ही है?''

''नहीं, पिछले जमाने के साथ तुलना नहीं की जा सकती। दलाईलामा और पांचेनलामा के समय यह विश्व का अन्यतम धर्म-शिक्षा तथा दीक्षा का केन्द्र था, तब पांच-छह हजार स्थायी बासिन्दा थे यहाँ, अब केवल चार-सौ हैं।''

''चार-सौ मठवासियों को क्या पहले जैसी शिक्षा मिल रही है?''

''नहीं। शिक्षा पद्धति बदल गयी है। अब तांखा और मंडला-शिल्प पर अधिक जोर दिया जा रहा है। पुराने ग्रंथों का चीनी अनुवाद कराया जा रहा है। तर्क-विद्या

पहले जैसा है पर कुशल अध्यापकों का अभाव है, गुणी लोग सब भारत अथवा नेपाल चले गये हैं।''

''इन धर्मग्रन्थों का चीनी अनुवाद होने से तो अच्छा ही होगा, तब चीन देश की विशाल जनसंख्या के बीच तिब्बती दर्शन का प्रचार होगा, है न?''

मुझे यह प्रश्न दुहराकर उन्हें प्रश्न का आशय समझाना पड़ा, उसके बाद मठाध्यक्ष सिर हिलाते हुए ऊपर की ओर देखकर बोले, ''संभव नहीं है। हमारे गुह्यतत्त्व का अनुवाद संभव नहीं है। मैंने चीनी भाषा सीखी है। मैं जानता हूँ कि हमारे गुह्य तांत्रिक देव-देवी और मंत्रों का चीनी अनुवाद होने से उनकी मंत्रध्वनि नष्ट हो जायेगी। केवल तिब्बती भाषा नहीं, पाली भाषा तथा आदि देवभाषा संस्कृत के मंत्रों का यदि चीनी भाषा में अनुवाद किया जाये तो उनकी विशेषता नष्ट हो जायेगी।''

उन्होंने आगे कहा, ''यही देखिए न, बम मारकर मंदिर और मठ की बहुमूल्य तांखाओं और भित्तिचित्रों को नष्ट किये जाने के बाद बेजिंग सरकार ने बड़े-बड़े नामी कलाकारों को यहाँ भेजा भित्तिचित्र और तांखाओं को फिर से बनाने के लिए, किंतु वे उनमें प्राण नहीं भर पा रहे हैं, अनुवाद की भी यही समस्या है....।''

हमारी आलोचना अच्छी चल रही थी किंतु दोभाषिया महोदय मठ में नहीं रहते थे, वे पास के गाँव से आये थे और उन्हें लौटना था। उनका सूअर और मुर्गियों का फार्म था, सरकारी आर्थिक मदद से कारोबार अच्छा चल रहा था, लेकिन काम और जिम्मेदारी बहुत थी जिससे उनके लिए रुकना संभव नहीं था। अतः आंतरिक धन्यवाद देकर मैंने उन दोनों को शुभरात्रि कहा। वे चले गये तो मोमबत्ती बुझाकर लेट गया। इस रहस्यमय निस्तब्ध रजनी में अतीत में साधुबाबा के साथ मेरे देखे तिब्बत की स्मृतियाँ पुनः सजग हो उठीं।

अगली सुबह त्राबाओं ने मुझे जगाया। वे मेरे लिए चाय और बन-रोटी ले आये, मुझे मठ में इतने अच्छे ब्रेकफास्ट की उम्मीद नहीं थी। जीप सही वक्त में वहाँ पहुँच गयी और मैंने सबको आभार जताकर उनसे विदा ली।

सुन्दर पहाड़ी सड़क पर बढ़ते हुए की-चू घाटी का मनोरम दृश्य मन को आनन्द से उद्वेलित कर रहा था। हमें ज्यादा ड्राइव नहीं करना पड़ा, क्योंकि एक पहाड़ी गुफा में जर्मनी पर्यटकों ने तम्बू लगाया था जो पास ही था। मुझे देखकर वे उछल पड़े जैसे मैं उनका कोई पुराना दोस्त हूँ। वे तैयार थे, सामान चढ़ाकर जीप में आ बैठे। गाड़ी आगे बढ़ी और लगभग पैंतालीस मिनट की यात्रा के बाद हम एक पुराने मठ में पहुँचे। यहाँ पहुँचकर मुझे अचरज हुआ क्योंकि यहाँ संन्यासिनों का मठ था। महिलाओं का मठ देखने को मिलेगा, मुझे इसकी उम्मीद नहीं थी। इस क्षेत्र में

वृद्धाओं का एक आश्रम भी है, मुझे यह भी नहीं ज्ञात था। चीनी सेना ने जैसी तोड़-फोड़ की थी उससे तो ऐसे छोटे मठ समाप्त हो जाने थे, किन्तु देखा कि सब नष्ट नहीं हुआ, कुछ अपवाद भी है। मठ के नाम ने मुझे और भी चौंकाया—'नागा महिला आश्रम'।

हमें मठ के शाक्यमुनि मंदिर में प्रवेश की अनुमति दी गयी। जो लोग गाड़ी से आते उन्हें अनायास अनुमति दी जाती और जो लोग इधर ट्रेकिंग करने आते उनके पास अनुमतिपत्र भी रहता। व्यक्तिगत रूप से या अकेले आने पर मठ और मंदिर में प्रवेश पाना मुश्किल होता।

मठ में कुल इक्यासी संन्यासिन थीं। यह जानकर भी आश्चर्य हुआ कि इनमें बीस चीनी महिला भी हैं। दो चीनी शिक्षयित्री तथा अठारह संन्यासिन तिब्बती दर्शन और बौद्ध धर्म के अध्ययन के लिए आयीं थी। दोनों शिक्षयित्रियों ने तीन साल तक काठमांडू में धर्म व परम्परा पर अध्ययन किया था। एक मंदिर में तंत्रसाधक कर्म-पद्म की मूर्ति के पार्श्व में दीवार पर कामरेड माओ की एक विशाल तांखा टंगी थी। ल्हासा में भी सुना था कि बुद्ध पूर्णिमा के बाद ही वहाँ माओ-उत्सव मनाया जाता है।

महिलाओं द्वारा परिचालित इस नागा महिलाश्रम का भारतीय नागा संन्यासी या संन्यासिनों से कोई संबंध नहीं है। मंदिर दर्शनोपरांत उन्होंने हमें चाय पिलाकर विदा दी। इन महिला संन्यासिनों को देखकर लगता था कि उन्हें हँसने की मनाही है। वहाँ का परिवेश बहुत गंभीर था।

वहाँ से कुछ ही दूरी पर "शा" नामका एक और महिला मठ था जहाँ एक सौ तीस संन्यासिन थीं। यहाँ की परिचालिका चीनी थीं, किंतु अधिकांश संन्यासिन तिब्बती। इनका काम था विभिन्न दुर्गम पहाड़ी क्षेत्रों में जाकर ग्रामीणों को शिक्षा तथा स्वास्थ्य संबंधी सरकारी योजनाओं से रू-ब-रू कराना। यद्यपि अब चीनी सरकार, चीनी भाषा और चीनी प्रधान का युग था, तथापि तिब्बती ग्रामीणों के मन से मठ-मंदिर-बुद्ध-दलाईलामा-चोरतेन प्रणाम-परिक्रमा-मंत्र आदि भावनाओं को हटाया नहीं जा पा रहा था क्योंकि पुरानी पीढ़ी अब भी तिब्बती धर्म और संस्कार में विश्वास रखती थी। जोर, जुल्म, दंड, प्रलोभन कारादंड आदि के साथ-साथ नयी शिक्षा, सभ्यता, खाद्य, स्वास्थ आदि विषयक हजारों सरकारी योजनाएँ ल्हासा में सफल होने के बावजूद ग्रामीण क्षेत्रों में सरकार को कामयाबी नहीं मिल रही थी। इसीलिए चीन सरकार ने अब योजनाओं को जबर्दस्ती लादने के बजाय मिशनरी रास्ता अपनाया है। मठ, विहार, आश्रम, मंदिर आदि धार्मिक संगठनों के माध्यम से धीरे-धीरे तिब्बतियों के बीच आसानी से सरकारी सोच को पहुँचा रही है। शहर से दूर और हर तरह के राजनैतिक प्रभावों से दूर बसे इन महिलाश्रमों का कार्य तो हम देख नहीं पाये किन्तु बातचीत से यही समझ में आया कि ये लामा संन्यासिनें सभी संन्यासिन के वेश में ग्राम सेविकाएँ हैं। यह मानना होगा कि यह पथ उत्तम है, बेयरफुट डॉक्टरों का काम भी सेवा करना है। जो जीव की सेवा करता है वही ईश्वर की सेवा करता है।

हमारे संग जो दो जर्मन लड़कियाँ थीं, वे चाहतीं तो अन्दर जाकर वहाँ का काम-काज देख सकती थीं। किन्तु हमारे पुरुष दो-भाषिये को अन्दर जाने की अनुमति नहीं थी और यहाँ की कोई भी संन्यासिन अंग्रेजी नहीं जानती थी। अतः ये लड़कियाँ दल छोड़कर जाने को राजी नहीं हुई।

नागा और शा, इन दो आश्रमों को देखने के बाद हम पुनः उत्तर की ओर बढ़े। मनोरम शारापा-चू उपत्यका के बाद फिर पहाड़ी रास्ता। गाड़ी हिचकोले खाने लगी, उसकी आवाज भी बदल गयी थी। रास्ता बहुत खराब था, एक समय गाड़ी रोकनी पड़ी, हमें ट्रेकिंग करनी पड़ेगी। रास्ता खराब होने पर भी दृश्य अत्यंत मनोरम था। हम जहाँ उतरे उस स्थान का नाम था चेक-ला। उन्नतांश पाँच हजार मीटर। हम पैदल आगे बढ़े। चलते हुए बातें कम, सिर्फ देखते रहना। ड्राइवर जीप में ही रह गया था, श्रोंशी हमारे साथ था। कभी-कभी वह चारों ओर के दृश्य और पहाड़ों का वर्णन करता। और आधा घण्टा चलने के बाद हम पहाड़ी दीवार के एक मोड़ से घूमते ही हमारे सामने मिग्गी उपत्यका था, इसका दृश्य भी लुभावना था। दूर पहाड़ से सटा एक बड़ा-सा मकान देखकर हम हैरान थे कि ऐसे दुर्गम स्थल में इतनी ऊँचाई पर किसने मकान बनवाया? श्रोंशी ने हमारे प्रश्न का उत्तर दिया—

"वह मकान एक मठ है, सामद्रुप महिला मठ, उसे सामद्रुप लिंग भी कहते हैं। इस क्षेत्र का यह तीसरा महिला मठ है। वहाँ जो गाँव है उसका नाम 'रेटिंग गाँव' है। उस मठ के चारों ओर चार पहाड़ हैं, ये पहाड़ ही इस मठ के रक्षक हैं। आज तक इन पहाड़ों ने सामद्रुप मठ को बाहरी शत्रुओं के आक्रमण से बचा रखा है। ये तीनों महिला मठ वर्षों से प्रार्थना, ध्यान और तांखा शिल्प को बचाये हुए हैं।"

पहाड़ में दूर से कुछ देखकर उसकी दूरी आँकना मुश्किल होता है। हमें और डेढ़ घंटा लगे सामद्रुप मठ तक पहुँचने में। चलते-चलते काफी थक गये थे, किंतु इस मठ की महिलाओं का मुस्कुराता चेहरा, प्रार्थना के शब्द और हमें 'नमस्ते' कहकर अभिवादन ने हमारी थकान मिटा दी। मूल मंदिर के सामने हमारे लिए एक भारी दर्री बिछा दी गयी। यहाँ का परिवेश और मूल मंदिर की बनावट ने हमें मुग्ध कर दिया। मेरे सहयात्री दर्री पर बैठ विश्राम करते रहे और मैं घूम-घूम कर आश्रम के विभिन्न मंदिरों और भित्तिचित्रों को देखता रहा। लगा कि चीनी सांस्कृतिक सेना का यहाँ हमला नहीं हुआ था। हमें बैठाकर 'नमस्ते' कहकर ब्रह्मचारिणियाँ चली गयी थी।

मठ के बगल में ही गाँव था। आधा घण्टा मठ में बिताने के बाद हम गाँव के एक चाय की दुकान में पहुँचे। श्रोंशी ने चाय के साथ आलू-गोभी की भूँजिया देने को कहा। हमारे लिए इसी दुकान या होटल के रसोई में रहने की व्यवस्था की गयी, किंतु मेरे जर्मन दोस्तों ने बाहर तम्बू लगाने का निर्णय लिया। होटल मालिक वेश-भूषा और आचरण में विशुद्ध तिब्बती था और ल्हासा से बहुत दूर न होने पर भी अभी इस गाँव में चीनी टोपी का प्रचलन नहीं हुआ था।

मैं पहली बार एक ऐसा मठ और गाँव देख रहा था जहाँ एक भी चीनी नहीं है। काफी ऊँचे दुर्गम पहाड़ पर होने के कारण ही शायद ये चीनी प्रभाव से अछूते रह गये थे।

अगले दिन पुनः ट्रेकिंग करते हुए हम चेक-ला दर्रा पहुँचे और वहाँ से जीप पर सवार हुए। जीप अब नीएचेन-तांला पर्वत श्रेणी पर से गुजर रही थी, इन पर्वत शृंगों की ऊँचाई सात हजार मीटर से अधिक थी। किंतु हमें उतनी ऊँचाई पर नहीं चढ़ना था। हमने पाँच हजार एक सौ पचास मीटर की ऊँचाई पर ल्हाचेन-ला दर्रा पार किया। रास्ता खराब होने के बावजूद यहाँ की नैसर्गिक छटा मन में जोश भर रही थी। दर्रा पार होने के बाद सामने एक विशाल सरोवर का स्वच्छ नीला जल दिखायी पड़ा, इस लेक का नाम था नामत्सो लेक। शांत, पवित्र और सुंदर। हमलोग चुपचाप उस सौंदर्य को देखते रहे, गाइड या दोभाषी किसी भी भाषा में उस सौंदर्य को व्यक्त नहीं कर पाता। लेक की खूबसूरती निहारते हुए हमारा तन-मन पुलकित हो उठा। मैंने मन ही मन सोचा, यही तो तिब्बत है, यही तो तिब्बत का असली रूप है, यही देखने के लिए तो मैं आया था।

चीनी हमला, नीति में परिवर्तन, राजनैतिक आंधी, खून-खराबी—ये सब जागतिक हैं, नामत्सो का यह दृश्य और पवित्र रूप उन सबसे काफी ऊपर है। तिब्बत की सामाजिक परितर्वन से परे प्रकृतिदेवी यहाँ ध्यान मग्न होकर बैठी थी, इस पवित्रता को कभी कोई हर नहीं सकता। मैं यही सब सोच रहा था जब श्रोंशी ने कहा, "लेक के अन्दर जो छोटा-सा भूखण्ड दिखाई दे रहा है उसे तासि दोरजे द्वीप कहते हैं, लेक के चारों ओर घिरे पहाड़ों को नीएचेन तांला पर्वतमाला कहते हैं।

"लेक के किनारे कोई मठ या चोरतेन है क्या?" मैंने पूछा।

"नहीं, मेरी जानकारी में नहीं है। किंतु उस द्वीप पर जाते समय दाँयी ओर के पहाड़ पर कई गुफाएँ हैं, उन्हीं के निकट एक छोटा मठ है। सुना है, पहले ऋषि-मुनि लोग यहाँ आकर साधना करते थे। अब सब परित्यक्त है। इस लेक में रंग-बिरंगी पक्षियाँ, खासकर साइबेरिया के हंस बहुतायत से दिखते हैं। इतनी दूर से नहीं, करीब जाने पर देख पायेंगे। चलिए, हम उस तासि दोरजे द्वीप तक ट्रेकिंग करेंगे, आवाजाही में लगभग चार घण्टे लगेंगे।"

मेरे जर्मन साथी खुशी से उछल पड़े। वे इसी के लिए तो आये हैं, ट्रेकिंग करेंगे, देखेंगे, तस्वीरे खींचेंगे। किन्तु मैं इस सुन्दर दृश्य को खोना नहीं चाहता था। न जाने फिर कभी आना होगा या नहीं। इसलिए जितनी देर संभव हो, मैं इस दृश्य को हृदयंगम करना चाहूँगा।

मैंने कहा, "मैं और नीचे नहीं जाऊँगा।"

"क्यों, इतनी अच्छी ट्रेकिंग।"

"सही, किंतु नीचे उतरने पर यहाँ से दिखने वाला दृश्य नहीं दिखेगा। नैं यहीं घूमता-फिरता रहूँगा, उसके बाद गाड़ी के निकट पहुँच जाऊँगा। तुम लोग हो आओ।"

वे राजी हो गये और नीचे उतर गये। मैं एक स्थान पर बैठकर उस अनन्त सौंदर्य की ओर टकटकी बाँधे रहा। कैलास के मानसरोवर, सामदिंग के सरोवर से भी इस सरोवर का सौन्दर्य अधिक लगा।

यहाँ कोई तीर्थयात्री नहीं, ट्रकों की आवाज नहीं, आसपास कोई लोकालय नहीं, केवल नीरवता—एक अखण्ड नीरवता व्याप्त था। कभी-कभी पत्थरों से टकराती हवा के शब्द से लगता नेपथ्य में कहीं तानपूरा बज रहा है। मुझे लगा कि तिब्बत का वह रहस्य-दर्शन आज भी है, केवल स्थान बदल गया है।

आनन्द की घड़ियाँ बहुत शीघ्र बीत जाती हैं। इस परिवेश में मैंने खुद को खो दिया था। सूर्यदेव सिर के ऊपर चढ़कर थोड़ा झुक पड़े थे, ऐसे में कुछ लोगों की बातचीत सुनकर समझा कि वे लोग लौट रहे हैं।

हाँफते हुए मेरे करीब पहुँचकर वे लोग बैठ गये। फिर एक ने कहा, "तुमने इस ट्रेकिंग का आनंद खो दिया। यह ट्रेकिंग ऐडवेंचर से भरा है, साथ ही प्रकृति की शिक्षा और हंसों की किचिर-मिचिर। हम फिर यहाँ आयेंगे कुछ दिनों के लिए। साथ में भोजन रहता तो हम आज यहीं रुक जाते....।"

नामत्सो लेक का शांत सुन्दर दृश्य छोड़कर जाने की इच्छा किसी की नहीं थी, किंतु हमें लौटना ही था। जीप फिर चली—अब पश्चिम के पहाड़ों से होकर ल्हासा लौटना था। रास्ते के एक सराय में भोजन करने के बाद हम आगे बढ़े।

दूर बर्फ से ढके पहाड़ों का दृश्य बहुत आकर्षक लगता था। रास्ता अच्छा नहीं था, ड्राइवर बहुत संभाल कर चला रहा था। कभी-कभी जीप के चक्कों के नीचे आये ढीले पत्थर सरककर कई सौ मीटर नीचे की खाई में जा गिरते। बहुत जोखिम भरा था यह रास्ता। सन्ध्या से कुछ पहले हम एक सराय पर आकर रुके। पास ही एक छोटा-सा गाँव भी था। जीप की आवाज पाकर गाँव के लोग दौड़े आये। उन्होंने हमें चारों ओर से घेर लिया।

"क्या चाहिए?" श्रोंशी ने पूछा।

"कुछ नहीं, आप लोगों को देख रहे हैं।"

न मुझे न ड्राइवर को कोई थकान थी, बाकी लोग बुरी तरह थके हुए थे। रात के लिए सत्तू-दलिया-उबला आलू-सूअर का मांस और मांस का सूप बनाया गया।

वर्षों पहले मैंने जिन तिब्बतियों को देखा था वे ही शायद नवजन्म लेकर यहाँ मेरी प्रतीक्षा में थे, कोई बातचीत नहीं, बस वे जी भरकर हमें देख रहे थे और हमारी बातचीत के शब्द सुन रहे थे।

हमें दो कमरे दिये गये। जर्मनों ने आज कैम्प नहीं लगाया, कमरे में ही रह गये। यहाँ की ऊँचाई काफी थी और ठंड भी बहुत ज्यादा। दुर्भाग्यवश गाँव के कुत्ते सारी रात जीप के पास आकर भौंकते रहे जिससे कोई भी ठीक से नहीं सो पाया। हम लोग तड़के चैंग पीकर वहाँ से रवाना हो गये।

दोपहर को हम ल्हासा पहुँचे। मुझे लगा जैसे बहुत दिनों के बाद शहर लौटा हूँ। होटल के कमरे में खिड़की के पास इजी-चेयर पर बैठकर खुद को सांत्वना देता रहा कि शा, रेटिंग, सामद्रुप लिंग, नामत्सो लेक और नीएचेन पर्वतमाला देख आया, तिब्बत जो भी सामाजिक-राजनैतिक आँधी से गुजरा हो उसकी विशेषता, उसकी परम्परा, समाप्त नहीं हो गयी है, इन रहस्यमयी पहाड़ी घाटियों में वह अब भी सुरक्षित है। जो लोग यहाँ आना चाहते हैं उनसे कहूँगा—"आइए, चीन सरकार के प्रति अभिमान कर तिब्बतियों को परे मत धकेलिए, विदेशियों के आवागमन पर ही निर्भरशील है तिब्बती धर्म-संस्कृति की रक्षा तथा मठों और बौद्ध-विहारों का पुनर्गठन।"

आज पर्यटकों के लिए जिन मठों और मंदिरों की मरम्मत की जा रही है, कल शायद पर्यटक वहाँ तिब्बती धर्म और परम्परा बहाल होते देखना चाहेंगे। बाहरी दुनिया के साथ सम्प्रति तिब्बतियों के सम्पर्क का एकमात्र माध्यम पर्यटक ही हैं, इसीलिए आवश्यक है कि वहाँ भारी संख्या में पर्यटक पहुँचे। एक बार जो रास्ता खुल गया है शायद उसी रास्ते आयेगी मुक्ति की वाणी।

ल्हासा में और दो दिन ठहरकर मैं जीप से काठमांडू पहुँचा। ल्हासा से सामडिंग, गीयात्से, शीगात्से, फिनसोलिंग, शेगार, रंबुक, टिंरी, कासा होकर, कभी-कभी ट्रेकिंग करते हुए, मुझे काठमांडू पहुँचने में दस दिन लगे थे।

**श्री यंत्र**

ध्यान-धारणा के माध्यम से स्वयं को तैयार करने के बाद शुद्ध अनुभूति का मार्ग अपनाया जा सकता है। जीव की सृष्टि का रहस्य ज्ञात न हो तो उस पथ पर अग्रसर होना असंभव है। इसीलिए मन को संयत एवं तैयार करने के लिए तिब्बती तंत्रशास्त्र में विविध यंत्र रचे गये हैं। ये तंत्र चौक की तरह विभिन्न प्रकार के चित्र होते हैं। भूमि, दीवाल, चादर या कपड़े पर यंत्र का चित्रण करते हुए इसके माध्यम से विक्षिप्त मन को एकाग्रता की दशा में लाया जाता है। तदनंतर उसी दशा में तपस्या शुरू की जाती है। यंत्र का प्रयोग मंदिर की स्थापना तथा शांति-संस्थापन के लिए भी होता है।

जगत की सृष्टि के मूल में है बिंदु, इसी बिंदु से योनि तथा योनि से जगत की रचना हुई है। बिंदु ही सारी शक्तियों का मूल कारण है। बिंदु से ही गति बनी है।

श्री यंत्र लामाओं का सर्वाधिक आवश्यक यंत्र है। श्री यंत्र के केंद्रस्थल में बिन्दु का अवस्थान है जिसे त्रिभुजाकृति में योनि घेरे रहती है। बिंदु का रंग सफेद और योनि का लाल होता है।